Siegfried Isaacsohn

Urkunden und Aktenstücke zur Geschichte des Kurfürsten Friedrich Wilhelm von Brandenburg

Siegfried Isaacsohn

Urkunden und Aktenstücke zur Geschichte des Kurfürsten Friedrich Wilhelm von Brandenburg

ISBN/EAN: 9783741184086

Hergestellt in Europa, USA, Kanada, Australien, Japan

Cover: Foto ©ninafisch / pixelio.de

Manufactured and distributed by brebook publishing software (www.brebook.com)

Siegfried Isaacsohn

Urkunden und Aktenstücke zur Geschichte des Kurfürsten Friedrich Wilhelm von Brandenburg

URKUNDEN UND ACTENSTÜCKE

ZUR GESCHICHTE

DES

KURFÜRSTEN FRIEDRICH WILHELM

VON BRANDENBURG.

AUF VERANLASSUNG SEINER KÖNIGLICHEN HOHEIT DES
KRONPRINZEN VON PREUSSEN.

ZEHNTER BAND.

BERLIN.
DRUCK UND VERLAG VON G. REIMER.
1880.

URKUNDEN UND ACTENSTÜCKE

ZUR GESCHICHTE DES

KURFÜRSTEN FRIEDRICH WILHELM

VON BRANDENBURG.

STÄNDISCHE VERHANDLUNGEN.

ZWEITER BAND.
(MARK-BRANDENBURG.)

HERAUSGEGEBEN

VON

SIEGFRIED ISAACSOHN.

BERLIN.
DRUCK UND VERLAG VON G. REIMER.
1880.

Vorwort.

Als mir im Sommer des Jahres 1876 von der Kommission für die Herausgabe der Urkunden und Aktenstücke zur Geschichte des Kurfürsten Friedrich Wilhelm die Aufforderung zuging, die Herausgabe des die ständischen Verhältnisse der Mark Brandenburg betreffenden Abschnitts zu übernehmen, glaubte ich, obgleich in Arbeiten zur Geschichte des Preussischen Beamtenthums vertieft, mich derselben um so weniger entziehen zu dürfen, als meine eben damals das XVII. Jahrhundert betreffenden Forschungen, gewissermassen die Vorarbeiten für eine derartige Publication, die Möglichkeit boten, dieselbe verhältnissmässig früh zum Abschluss zu bringen.

Erst während der speciellen Beschäftigung mit dieser Arbeit wurde ich mir indess ihrer Schwierigkeiten bewusst. Enthielten auch das Geh. Staats- und das Stände-Archiv zu Berlin den besten Theil des einschlägigen Materials, so erschien es mir doch erforderlich, alles das mit aufzunehmen, was sich an für die Entwicklung dieser Dinge wesentlichen Aktenstücken bei den einzelnen Mitgliedern der früheren Stände, Prälaten, Herren, Ritterschaft und Städten, noch vorfinden mochte.

In erster Reihe kamen hier diejenigen Familien und Städte in Betracht, die in den Verhandlungen der Zeit eine leitende

Rolle spielten. Neben dem Stift Brandenburg, die Familien v. d. Schulenburg und v. d. Knesebeck in der Altmark, Putlitz und v. Winterfeld in der Priegnitz, v. d. Gröben, v. Schlieben, v. Jena in der Mittelmark, v. Arnim in der Uckermark, sowie die märkischen Hauptstädte Berlin-Cölln, Stendal, Salzwedel, Brandenburg, Prenzlau, Frankfurt a. O., Cüstrin.

Die Bereitwilligkeit, mit der man mir fast von allen Seiten entgegenkam, kann ich nicht genug rühmen. Nur äusserst Wenige verhielten sich meinen bezüglichen Anfragen gegenüber völlig ablehnend. Dem ist es zuzuschreiben, dass hier über einige in diesem Bande öfter erwähnte Mitglieder der Familie v. d. Schulenburg, sowie über die geh. Räthe Georg Adam v. Putlitz und Friedrich v. Jena über das bisher aus den Akten der Staatsarchive Bekannte hinaus nichts beigebracht werden konnte. Alle Uebrigen — Private wie Communen — gingen auf meine Wünsche in freundlichster Weise ein, und war auch der Erfolg meiner Forschungen in vielen Fällen nur ein geringer, so gelang es doch, auf diese Weise eine Uebersicht über das zu gewinnen, was noch an hiehergehörigem Material in nichtstaatlichem Besitz vorhanden ist.

Eine reiche, für den letzten Abschnitt dieses Bandes verwerthete Ausbeute lieferte das Archiv des Stifts Brandenburg, zu dem mir von Sr. Excellenz dem Herrn Staats-Minister a. D. v. Selchow zu Lauenburg der Zugang bereitwilligst gestattet wurde. Aus einem dort befindlichen Copialbande sind hier die Protokolle des denkwürdigen Ständetags von 1683 wortgetreu und, meines Wissens, zum ersten Mal abgedruckt worden. — Das wolgeordnete und mir unbeschränkt zur Verfügung gestellte Archiv der Familie v. d. Knesebeck auf Schloss Tilsen bei Salzwedel bot sowol über die Entwicklung der ständischen Angelegenheiten im Allgemeinen, wie über die drei hier in Betracht kommenden Persönlichkeiten, Thomas d. Ä. und d. J. und Hempo im Besondern, sehr erwünschte Aufschlüsse. Die dem 1. Abschnitte angehängte Korrespondenz zwischen den Brüdern Thomas und Hempo v. d. Knesebeck aus den J.J. 1647/48 und die Verhandlungen der kurf. geh. Räthe mit letzterem aus dem J. 1651 entstammen ausschliesslich diesem Archiv. Das mir mit gleicher Freundlichkeit geöffnete Archiv der Familie Arnim auf Schloss Boizenburg bei Prenzlau enthält erst für die Zeiten des XVIII. Jahrhunderts Dinge von allgemeinerem Interesse, für die Epoche des Grossen Kurfürsten ist fast nichts von Belang erhalten. Ich ergreife gern diese Gelegenheit, sowol Herrn v. Selchow als den gegenwärtigen Familien-Vorständen, Herrn Adolf, Graf Arnim-Boizenburg und Herrn Major a. D. Alfred, Freih. v. d. Knesebeck, welche letzteren sich mir auch persönlich hülfreich erwiesen, für ihre Güte meinen verbindlichsten Dank auszusprechen.

Die Korrespondenz mit den Nachkommen der meisten andern hier in Betracht kommenden Männer, den Herren v. Winterfeld, v. d. Gröben, v. Schlieben u. A., ergab leider ein fast ausschliesslich negatives Resultat, da die betreffenden Familien-Archive aus jener Zeit entweder gar nichts mehr enthalten oder geradezu im Lauf der Zeiten untergegangen sind. Am bedauerlichsten war dies für mich bei der Familie v. d. Gröben-Lichterfelde, deren Vorfahr Hans Ludwig in den JJ. 1650—1671 als Vorkämpfer der Stände in die erste Reihe tritt. Nur einige ganz spärlichen Angaben über denselben verdanke ich der Güte Sr. Excellenz des Herrn General a. D. v. d. Gröben zu Berlin aus einem Tagebuche seines Vaters, das mit einigen Notizen noch aus der Zeit des Grossen Kurfürsten nach alten Aufzeichnungen anhebt. Eben so wenig Erfolg hatten meine Nachforschungen über den Verbleib der Archivalien der einzelnen Kreisritterschaften. Trotz der Bemühungen der Herren Landrath v. Lattorf zu Salzwedel für die Alt-, und Kreisgerichtsrath Syndicus Alisch zu Prenzlau für die Uckermark liess sich dort ebensowenig etwas darüber ermitteln, wie das Stände-Archiv zu Berlin noch Material rücksichtlich der Verhandlungen der sieben Kreise der Mittelmark bietet.

Auch die Ausbeute aus den Archiven der alten märkischen Hauptstädte erwies sich als eine äusserst geringe. Weder das wolgeordnete Archiv der Stadt Salzwedel, noch das durch einen Umzug und ungeordnete Zusammenstellung augenblicklich kaum benutzbare von Stendal, noch auch diejenigen von Brandenburg a. H., Frankfurt a. O. und Prenzlau boten etwas von Belang. Nur dasjenige von Berlin-Cölln ergab einige merkwürdigen in den 5. Abschnitt mit aufgenommenen Korrespondenzen und Protokolle aus dem Frühling und Herbst d. J. 1667. Wenngleich die Ungunst der Verhältnisse nach dieser Richtung hin keinen beträchtlichen Zuwachs ergab, so fühle ich mich doch verpflichtet, den Herren Oberbürgermeister Reuscher zu Brandenburg a. H., v. Kemnitz zu Frankfurt a. O., Mertens zu Prenzlau, Bürgermeister v. Holleufer zu Salzwedel und Werner zu Stendal, sowie Herrn Archivar Fidicin zu Charlottenburg für die freundliche Unterstützung, die sie mir bei meinen Nachforschungen zu Teil werden liessen, meinen herzlichen Dank auszusprechen.

Am schlechtesten sind wir für die Neumark bestellt. Alle älteren Archivalien sind beim Brande Cüstrins gelegentlich der russischen Belagerung vom J. 1758 ein Raub der Flammen geworden, so dass von dorther, wie mir Herr Regierungs-Präsident Graf Villers zu Frankfurt a. O. auf meine Anfrage hin nochmals bestätigte, bis zum Ende des siebenjährigen Krieges nicht mehr das geringste zu erwarten ist. War ich somit, abgesehen von einzelnen interessanten Stücken, hauptsächlich auf die Sammlungen des Geheimen Staats- und des Ständischen Archivs zu Berlin beschränkt, so bot sich hier doch eine solche Fülle des Materials, dass Rücksichten auf den Umfang des Bandes von vornherein die grösste Beschränkung zur Notwendigkeit machten. Es war eine solche um so statthafter, als die Verhandlungen dieser Epoche sich durch eine Weitschweifigkeit auszeichnen, die eine Kürzung und Condensation des Stoffs der Sache eher förderlich als nachtheilig erscheinen liessen. Jene Kürzung ist zwiefacher Art gewesen. Alle die Stücke der Verhandlungen, die sich, ohne Neues zu bringen, wesentlich auf die Wiederholung früherer Argumente beschränken, sind fast durchgängig durch ein möglichst knapp gehaltenes Regest ersetzt. Daneben sind aber auch in den sonst wortgetreu mitgeteilten Aktenstücken einzelne Stellen, die sich gar zu ausführlich über Unwesentliches verbreiten — ähnlich, wie dies in früheren Bänden dieser Sammlung der Fall ist — regestenartig zusammengezogen. Sollte darunter auch bisweilen der äussere Anblick solcher Stücke leiden, so gewinnen sie dadurch hoffentlich auf der anderen Seite mehr noch durch grössere Uebersichtlichkeit. Den Vorständen genannter beiden Archive, Herren Geh. Archivräthen Hassel und Gollmert, spreche ich für ihre allezeit hülfreiche Teilnahme meinen ergebensten Dank aus.

Was die Einteilung und Gruppirung des hier zusammengebrachten Materials betrifft, so ergab sich dieselbe gewissermassen von selbst. So weit thunlich dem für diese Publication angenommenen Princip chronologischer Reihen-

folge treu bleibend, habe ich die Verhandlungen der beiden
ersten Jahrzehnte von Friedrich Wilhelms Regierung in
drei Abschnitte zusammengefasst, die die Ordnung der Steuer-
und Kreditverfassung nebst ihren Folgen in den ersten Jahren,
die Auseinandersetzung mit den Ständen in den Jahren 1650
bis 1654, endlich die Zeiten des Nordischen Kriegs behandeln.
Für die zweite Hälfte der Regierung, die Zeit von 1660—1688,
bin ich aus ähnlichen Gründen, wie dies schon vor mir geschehen ist, von der chronologischen Ordnung abgewichen,
um die beiden bedeutendsten Ereignisse dieser Jahre, den
Uebergang der ständischen Finanzverwaltung auf landesherrliche Organe und die Einführung der Accise, in ihrem Zusammenhang und ihrer innern Entwicklung ohne Unterbrechung
dem Auge des Forschers vorzuführen. Diese Trennung voll-
zog sich um so leichter, als hier die äussere Sonderung der
innern meist entspricht.

Wenn hier nicht alle Seiten des innern Lebens gleich
sehr zur Berücksichtigung gelangen, die Fragen finanzpoli-
tischer Natur vielleicht etwas zu sehr in den Vordergrund
treten, so liegt dies einmal, neben ihrer innern, hervorragenden
Bedeutung, an der Beschaffenheit des Quellenmaterials, sodann
aber war dies kaum vermeidlich, wenn der Inhalt der endlosen Reihe von Akten unter einige grösseren, die wesentlichsten, Gesichtspunkte gruppirt werden sollte.

Was die Form der Publication, Datirung, Orthographie u. Ä. betrifft, so bin ich bestrebt gewesen, den von
den Herausgebern der ersten Bände dabei befolgten Regeln
mich so eng als möglich anzuschliessen. Gleichwie im unmittelbar vorangehenden Band IX, ist auch hier zu Anfang
eines jeden Stücks das Datum desselben, neuen Stils, am Rande
vermerkt, was beim Nachschlagen eine hoffentlich nicht un-
erwünschte Erleichterung gewähren wird. Nur bei solchen

undatirten Stücken, bei denen jeder Anhalt zur Fixirung des
Datums fehlte, ist dies unterblieben. Bei solchen, deren Datirung sich ungefähr aus dem Zusammenhang bestimmen liess,
findet sich am Rand der Seite eine bezügliche Angabe nach
Monat oder Jahreszeit. Solchen undatirten Stücken endlich,
bei denen das Praesentatum vermerkt war, ist dies wenigstens
vorgesetzt worden, so dass nur bei einer verschwindend kleinen Zahl von Stücken die Zeit der Emanation ganz unbestimmt
gelassen werden musste.

Wenn sich rücksichtlich der Orthographie dennoch einige
Abweichungen und inneren Ungleichheiten finden sollten, so
möge dies mit dem augenblicklichen Schwanken in dieser
Beziehung, das den Schreibenden oft unwillkürlich in Mitleidenschaft zog, gütigst entschuldigt werden.

Dem Vorgang von Haeften's in Band I. der Ständischen
Verhandlungen, Band V. der ganzen Reihe folgend, habe auch
ich den Versuch gemacht, in einer der eigentlichen Publication
vorangeschickten Allgemeinen Einleitung die Entwicklung
der Märkischen Stände bis zum J. 1640 wenigstens skizzirend
zur Darstellung zu bringen. Wenngleich einige Schriften
über diesen Gegenstand veröffentlicht sind, so giebt es doch
keine, die dabei von politischen, verfassungsrechtlichen Ge-
sichtspunkten allein ausginge und diese völlig klar und un-
befangen zur Darstellung brächte. Dies, ausschliesslich auf
Grund urkundlichen Materials, in möglichst knapper Form
zu thun, war mein Ziel und ich hoffe, dass das darin vorge-
führte Bild der Entwicklung den Forschern auf diesem zu
lange vernachlässigten Gebiet als nicht völlig verfehlt erscheinen wird.

Den fünf einzelnen Abschnitten sind specielle Einlei-
tungen vorangeschickt. Auch bei diesen ist es mir ähnlich
wie meinem Vorgänger v. Haeften ergangen. Unwillkürlich

erweiterte sich der Versuch zur Skizzirung der in den betreffenden Abschnitten hervortretenden Persönlichkeiten zu einer Art von Uebersicht über den innern Kampf selbst, den die Aktenstücke zur Darstellung bringen. Wenngleich dies, genau genommen, nicht zu meiner Aufgabe gehörte, so hoffe ich dabei mindestens so objectiv geblieben zu sein, dass der Forscher, der später einmal diese Aktenstücke zu einer zusammenhängenden Darstellung der innern Politik Preussens zu verwerthen gedenkt, sich dadurch keineswegs beeinträchtigt fühlen wird.

Möge denn auch dieser Band der Urkunden und Aktenstücke, der vielleicht rücksichtlich der Fülle des Materials hinter manchen davon gehegten Erwartungen zurückbleibt, mit derselben freundlichen und nachsichtigen Teilnahme aufgenommen werden, die seinen Vorgängern entgegengebracht wurde, und an seinem Teil zu immer grösserer Förderung der neuerdings mit so erfreulichem Eifer betriebenen Forschung auf dem Gebiet vaterländischer Geschichte beitragen.

Berlin, 14. Juni 1880.

S. Isaacsohn.

Inhalt.

	Seite
Vorwort	V
Allgemeine Einleitung. Die Landständischen Verhältnisse in den Marken bis zum Jahre 1640	3
I. Die Ordnung des Contributionswesens bis zu den Recessen von 1643.	
Einleitung	33
Akten	50
II. Die Auseinandersetzung mit den Ständen 1650—1654.	
Einleitung	169
Akten	187
III. Die Militärfrage und der Nordische Krieg 1654—1660.	
Einleitung	300
Akten	305
IV. Die Ordnung des Ständischen Creditwerks 1662—1685.	
Einleitung	317
Akten	359
V. Die Einführung der Accise 1661—1684.	
Einleitung	475
Akten	488
Personenverzeichniss	625

Allgemeine Einleitung.

Die Landständischen Verhältnisse in den Marken bis zum Jahre 1640.

Die Landständischen Verhältnisse in den Marken bis zum Jahre 1640.

Trotz mancher Schwankungen vollzieht sich die Entwicklung der Landständischen Verfassung in den Marken vom Ende des 13. bis zu dem des 16. Jahrhunderts in immer aufsteigender Linie. Jene Schwankungen werden durch die Geschichte der Dynastieen bedingt, die in diesen Jahrhunderten die Marken beherrschten. Unter kräftigen und sparsamen Regenten sank der Einfluss der Stände, um unter schwachen und unwirthschaftlichen auf das frühere Mass und darüber hinaus zu steigen. Es kam den Ständen zu statten, dass sie stets blieben, während die Dynastieen wechselten und wiederholentliche Interregnen ihnen die Leitung der Regierung auf kürzere oder längere Zeit sicherten. Beschränkt dagegen wurde eine allzuschnelle Machterweiterung durch die bis tief ins 14. Jahrhundert hinein währende landschaftliche Sonderung. Jede der Landschaften, auf die die Kur gegründet war, Altmark und Priegnitz, Havelland und Zauche, Teltow, Barnim, Lebus, die Uckermark, das Land über Oder, fühlte sich als ein besonderes Ganze und wahrte ihre besondere Verfassung. Erst jene ausserordentlichen Verhältnisse, die den Abgang der Askanier begleiten und kennzeichnen, Friedlosigkeit und allgemeine Unsicherheit bei unerschwinglichen Auflagen, führten die Stände aller jener Gebiete unter der charakteristischen Form korporativer Einigung zusammen.

Es mag schwer sein, den Zeitpunkt, in dem die Märkischen Stände als solche zuerst auftreten, heute noch völlig zu fixiren; genug, dass wir damals, um das Jahr 1320, neben den Prälaten und Herren als erstem und der Ritterschaft als zweitem auch die Städte bereits als einen besondern, dritten Stand auftreten sehen. Hier wie anderswo war das Recht der Landstandschaft ein jus quaesitum, ein erworbenes Recht, das um so höher geschätzt wurde, je theurer der Preis dafür gewesen war. Schon die Askanier Otto I. und Johann III., die „Städtegründer", (1226—1266 resp. 1268) waren durch die Lage ihrer Finanzen genöthigt worden, an Ritterschaften und Städte mannichfache Hoheitsrechte zu veräussern. Diese, die dadurch zu autonomen „Obrigkeiten" gleich den Mitgliedern des ersten Stands wurden, einten sich dann mit den Prälaten und Edlen Herren bei der steten Erneuerung der Bede-Forderungen dahin, solche Beden nur nach gemeinsamer Berathung und Beschlussfassung auf Landtagen bewilligen zu wollen. Zu den Rechten, die sie bisher besassen, der Zustimmung zum Beginn von Kriegen, dem Abschluss von Verträgen, die das Land betrafen, den Verfügungen der Fürsten über Theile des Landes, Erbtheilungen, wie überhaupt zu allen Massregeln, die Land und Leute irgendwie angingen, kam hier als neuestes und werthvollstes das Steuerbewilligungsrecht hinzu[1]).

Die Bedeverträge von 1282/83 bilden gleichsam den Schlussstein dieser Verfassung, zunächst für die Altmark. Zur Sicherung des neuerrungenen Rechts bedingen sich die altmärkischen Stände die Einräumung der drei Landesfestungen, das Recht bewaffneten Widerstands bei Verfassungsverletzungen (jus insurrectionis), ja den eventuellen Uebertritt zu einem andern Herrn aus[2]).

Müssen sich die Markgrafen doch zur Bestätigung des ihnen aus der Mitte der Ritterschaft gesetzten Aufsichtsraths verstehen, der fortan über die Nothwendigkeit und Höhe fernerer Kriegs- und anderer Steuern zu befinden hat[3]).

Die unruhigen Zeiten zwischen dem Abgang der Askanier und dem Antritt der Wittelsbacher bringen ein neues Recht der Stände erst zu faktischer Uebung, bald zu verfassungsmässiger Geltung, das zur Bildung von Einungen, conjurationes. Ein indirektes Eingeständniss der Fürsten von ihrer Ohnmacht, ihre vornehmste Aufgabe, die Friedewahrung, zu erfüllen, konnte ein solches Recht nicht verfehlen, das Selbstgefühl der Stände mächtig zu steigern[4]). In dieselbe Zeit fällt das auch sonst oft wiederkeh-

---

[1]) Riedel, Cod. Diplom. Brand. I, 7, 85, II, 1, 34, 89, 90.
[2]) Der Vertrag Otto's und Conrads vom 1. Mai 1281 (?) bei Riedel III, 1, 11, geht, wie sein Wortlaut ergiebt, nur auf die Altmark. Die Fürsten verkaufen, mit Zustimmung ihrer Vasallen, peticionom sive precariam exactoriam quam in terra sive territorio Marchiae dignoscimus habuisse. Marchia schlechtweg heisst damals bis zur gänzlichen Erwerbung der Neuen (jetzt Mittel-) Mark durch Waldemar ausschliesslich die Altmark. Dazu stimmt, dass als die drei Landesfestungen Osterburg, Stendal und Tangermünde bezeichnet werden, wie dass der neugebildete Aufsichtsrath für die Fürsten aus Mitgliedern der vier altmärkischen Geschlechter Buch, Kerckow, Bus (Büsen) und Osterburg besteht. Auch der Ausstellungsort der Urkunde ist das altmärkische Sandow an dem linken Ufer der Elbe. Zum Datum derselben vgl. Kühns, Gesch. der Märk. Gerichtsverfassung II, 152 Note 2, wo aus ihren Worten selbst die Unhaltbarkeit der Jahreszahl 1281, die Einsetzung mindestens von 1283 dafür, überzeugend dargethan wird.
[3]) Für analoge Verträge mit den Städten der Altmark vgl. Riedel I, 15, 27 Urk. für Stendal; für dieselbe Entwicklung in den Nachbargebieten, Klempin's Einleitung zu Kratz, Gesch. der Städte Pommerns LXII ff. S. und den Rostocker Landfrieden für Mecklenburg und Pommern bei Riedel II, 1, 165.
[4]) Urk. für Altstadt Salzwedel vom 22. Dez. 1313 bei Riedel I, 14, 62.

rende Zugeständniss Ludwigs des Aelteren, in Dingen die die Sicherheit und Wohlfahrt seiner Lande beträfen nur nach dem Rath und Willen von Mannen und Städten im Lande zu verfahren [1]), ein Recht ohne Wirkung, wenn ein kräftiger Regent die Zügel der Regierung führte, doch in seiner Unbestimmtheit und Dehnbarkeit von um so grösserer, wenn der Fürst, wie es damals der Fall war, zum Spielball seiner Nachbarn oder gar seiner eigenen Räthe herabsank.

Das willkürliche Vorgehen eben dieses Markgrafen in der durch die Rüstungen gegen die böhmischen Luxemburger geschaffenen Notblage, seine Herabsetzung des Werths der Landesmünze und die gewaltsame Beitreibung unverwilligter Steuern führten die Stände zur ersten Erprobung ihrer Kraft auf dem Berliner Landtag von 1345. Gegen jene Massregeln ihres Fürsten appelliren sie an ihr Jus insurrectionis. Bei ihren „Treuen und Ehren" geloben sich Ritter und Bürger fest zu einander zu stehen und jeden Angriff auf ihre wolerworbenen Rechte gemeinsam abzuweisen. Sie verpflichten sich, Alle für Einen und Einer für Alle zu stehen und Niemand von ihnen wegen der Theilnahme an jenem unberufenen Landtage zur Rechenschaft ziehen zu lassen. Sie gehen noch einen Schritt weiter. Zur Sicherung vor ähnlichen Gefahren in der Zukunft wählen sie je zwei Mitglieder der Ritterschaft und Städte jeder Landschaft, die abwechselnd am Hoflager weilen und die Regierung des Fürsten kontroliren sollen [2]).

Auf diesem Wege fortschreitend erreichte die Machtstellung der Stände zur Zeit der Abdikation der letzten Wittelsbacher ihren Höhepunkt. Ausser den bisher genannten Rechten erlangten die Stände noch das Recht zur Anlegung von Befestigungen, castra und munitiones, die Niemandem, selbst dem Landesherrn nicht, offenstehen sollten. Sie erhielten allmählich neben der Polizei- und niederen auch die höhere Gerichtsbarkeit, das Recht zum Erlass von Willküren und Ordnungen innerhalb ihres Gerichts, das zu Bündnissen mit Auswärtigen, das Münz- und manch andres kurfürstliches Regal, mit andern Worten:

Der grösste Theil aller jener Befugnisse, die recht eigentlich das Wesen der Herrschaft ausmachen, befindet sich gegen den Schluss des 14. Jahrhunderts in den Händen der Märkischen Stände.

Der Uebergang der Regierung auf die Luxemburger führte zur Bestätigung aller ihrer Rechte. Als völlig autonomer Faktor treten sie Kaiser Karl IV. auf dem Tag von Tangermünde, beim Abschluss der Union von Guben (21. Mai 1374), die Böhmen und Brandenburg unter dasselbe Haus brachte, gegenüber. Ausdrücklich spricht ihnen die über diese Union ausgestellte Urkunde neben ihren sonstigen Rechten auch das zu, von diesem Vertrage und der Einigung zurückzutreten, falls das Grundrecht der Untheilbarkeit und Unveräusserlichkeit der Kurlande von dem andern

---

[1]) Urk. für Alt- u. Neustadt Salzwedel vom 24. Dez. 1343, Riedel I, 14, 85.
[2]) Urk. bei Fidicin, Histor. diplomat. Beiträge zur Gesch. Berlins IV, 26, 27.

Contrahenten verletzt würde¹). Die gewissenlose Wirthschaft Sigismund's von Ungarn und Jobst's von Mähren endlich führte zur fortdauernden Bethätigung des Einigungs- und Bündnissrechts, das, nach modernen Begriffen mit der Unterthanenpflicht unvereinbar, damals ziemlich allgemein von den Ständen der meisten deutschen Territorien ausgeübt wurde, und hier durch das Aufblühen der Hausa eine ganz besondere Bedeutung erhielt²).

So hatten die Märkischen Stände gegen Ausgang des XIV. Jahrhunderts jene ganze Libertät errungen, die in der Hand mächtiger und weitsichtiger Communen, wie in Ober- und Mittelitalien, in den Vororten der Hansa, zur Herstellung blühender aristokratischer Städte-Republiken geführt hatte, hier, bei dem engen Gesichtskreis der in den Räthen herrschenden Geschlechter, der traditionellen Eifersucht zwischen Ritterschaft und Bürgerthum, dem Verfall endlich der alten Kriegsverfassung einen Krieg Aller gegen Alle, die Ausbeutung des Schwachen durch den Starken herbeiführte.

Gesteht doch selbst derjenige Märkische Forscher, der in dem Ständischen Staat die Verkörperung der besten aller Staatsformen sieht³), dass die damals üppig emporwuchernden, endlosen Fehden zwischen Rittern und Städten das Land dem Untergang nahe brachten. Bei der Selbständigkeit, urtheilt er, welche die Abwesenheit oder Schwäche des Landesherrn beiden Theilen verlieh, entspann sich bald und aus natürlichen Ursachen ein Kampf zwischen Geldreichthum und Grundbesitz, zwischen Städten und Adel, der sich um die ganze politische Existenz des Einen oder des Andern drehte, indem die Städte, dadurch dass sie einen Theil des Adels in ihre Mauern zogen, wo sich demselben mannichfache Vortheile, Sicherheit und Bequemlichkeit darboten, ferner durch Aufnahme von Pfahl- und Ausbürgern, durch Erwerb von Landgütern zum Stadtrecht, auch wol geradezu durch offenen Kampf und Zerstörung der Schlösser des Adels sich eine ausschliessliche Herrschaft zu erwerben trachteten, während der Adel die anwachsende Macht der Städte mit Neid und Besorgniss ansah und dem Auftreten derselben auf alle Art hinderlich zu werden suchte. Mit zwingender Nothwendigkeit hatte die Freiheit zur Voranstellung des partikularen Interesses vor das allgemeine Wol geführt. Sollte hier Rettung geschafft werden, so musste dieselbe von Aussen kommen und der Verschiebung der Stellung zwischen Herrschaft und Ständen, und zwar schleunig, ein Ende gemacht werden.

Dass die 1415 neu eintretende Dynastie der Hohenzollern das Recht und die Pflicht der Landesherrschaft erkannte, diesen Zuständen ein Ende zu bereiten und entschlossen war, die dazu nöthige Stellung sich wenn es sein musste gewaltsam zurückzuerobern, dieser Umstand führte zur Rettung des Landes aus der Anarchie und zur langsamen aber stetigen Verdrängung der Stände aus jenen zuletzt errungenen Positionen.

¹) Vgl. die Zustimmungs-Urkunde der Märk. Städte bei Riedel III, 2, 36.
²) Vgl. die betr. Urkunde Sigismunds für die Alt-, Mittel- und Uckermärschen Städte bei Riedel III, 2, 72 ff.
³) G. W. v. Raumer, Cod. Dipl. Br. cont. I, 154, 55.

Nicht auf die innere Autonomie der Stände war es dabei abgesehen, sondern allein auf ihre politische Machtstellung. Das bezeugt bereits der erste bedeutsame Akt landesherrlicher Gewalt, den Friedrich I. noch als Verweser vollzieht, die Vereinbarung und Verkündigung des Landfriedensgesetzes auf dem Landtage von 1414 [1]). In schlichten Worten wird hier die Erhaltung der öffentlichen Sicherheit gegen äussere und innere Feinde als die erste Pflicht der Herrschaft, die capitale Bestrafung der Zuwiderhandelnden als ihr unveräusserliches Recht bezeichnet und jeder Landstand für die genaue Befolgung aller Punkte der neuen Ordnung in seinem „Gericht" verantwortlich gemacht. Es ist das erste Mal, dass die Stände in unzweideutiger Weise auf die ihren Rechten entsprechenden Pflichten hingewiesen werden, durch deren Vernachlässigung sie nicht nur ihre Rechte verwirkten, sondern auch härtester Strafe verfielen. Kamen sie ihren Verpflichtungen nach, so fand sich die für die Landeswohlfahrt nothwendige Ruhe von selbst wieder ein; thaten sie es nicht, so begingen sie ein Capitalverbrechen, das sie mit dem eignen Untergang sühnen mussten.

Was vorauszusehen gewesen war, trat ein. Ein beträchtlicher Theil des Adels verletzte die beschworene „Einung" und der Kampf begann. Der Arm, der die Schlösser der Quitzow und Rochow brach, brachte nach langer Zeit wieder zum ersten Mal den Widerspänstigen ein Bewusstsein bei von ihrer Unterthänigkeit unter die Gebote eines Herrn, der als Vertreter Kaiserlicher Majestät innerhalb der Grenzen der Reichs- und Landes-Verfassung unbedingten Gehorsam heischte.

Gleich dem Adel pochten die wolbefestigten, mit der Hansa innig verbundenen Immediatstädte auf ihre Selbstherrlichkeit. Auf ihr Bündnissrecht, kraft dessen sie in der Fremde vereinbarte Satzungen als auch für ihre Bürgerschaften verbindlich erklärten [2]), ihr Waffenrecht, dessen Beschränkung auf die Bekämpfung äusserer Angriffe und „unrechter Gewalt" sie nur zu oft vergassen, ja das sie gegen den eigenen Fürsten zu kehren nicht zurückscheuten, das Zoll- und Geleitsrecht, das sie oft nur faktisch, nicht rechtlich besassen und trotz wiederholter Mahnung nicht aufgaben, auf diese und ähnliche Rechte waren sie nicht gemeint freiwillig zu verzichten [3]). Auch ihnen gegenüber musste das geschwächte Fürstenthum erst wieder seine Kraft erweisen, ehe sie den stolzen Nacken beugten.

Es war Friedrich II. „Eisenzahn", der in weiser Berechnung den Kampf gleich mit der mächtigsten von allen, der Doppelstadt Berlin-Cöln,

---

[1]) Abgedruckt bei Raumer a. a. O. I, 83, vgl. die grundlegende Darstellung in Droysen's Gesch. der Preuss. Politik I, 219 ff

[2]) Ranke, Genesis des Preuss. Staats I, 2, 108: „Ein eigentliches Unterthanenverhältniss konnte nicht bestehen, da der Bund (die Hansa) Beschlüsse fasste, welche alle Glieder banden, und eine eigene Politik verfolgte".

[3]) Buchholz, Gesch. der Kurmark III, 98; Nicolai, Berlin 1, 31. Gercken, Cod. Dipl. Br. III, 349; Raumer I, 55; Droysen, II, 38.

aufnahm und gewandt durchführte. (1442, 47, 48)¹). Und als sein Nachfolger den ebenso starren Sinn der altmärkischen Hauptstadt Stendal gebrochen (1488), war für die minder mächtigen an einen Widerstand nicht mehr zu denken²).

Doch wahrten die Stände als solche noch im Wesentlichen ihre bisherige Stellung. Aus der Vereinbarung mit ihnen gingen die fürstlichen „Satzungen" hervor, die für alle Theile verbindlich waren. Und wenn der Fürst mit einzelnen von ihnen in Conflikt gerieth, so trat ihre Gesammtheit als die natürliche Instanz ein, vor der er Recht suchte und nahm. So erlässt Friedrich I. das oben erwähnte Landfriedensgesetz von 1414 „mit Rath, Vollbort und Wissen aller und iglicher Herren, geistlich und weltlich, Manne und Städte, beider Marken zu Brandenburg und des Grafen zu Ruppin und der Priegnitz³)". Die Versöhnung mit Hans von Quitzow und seine Neubelebnung findet 1421 auf einem andern Tage statt „um fleissiger Bitte unserer Herren, Mannen und Städte der Mark Brandenburg — — willen⁴)". Im Streit Albrechts mit den Ständen der Altmark um die Bierziese, 1470, um den Elbzoll, 1480, sind es abermals die Stände, die das Recht finden, und unter seinem Nachfolger Johann hat 1488 ein Aehnliches statt.

Der Pommersche Krieg (1467—1478), der den Haushalt dieser Dynastie zuerst mit einem Deficit belastete, führte in seinen Folgen zu neuen Verwicklungen mit den Ständen. Nichts ist für den Unterschied in der Auffassung des damaligen Fürstenthums von dem des vorhergehenden Jahrhunderts bezeichnender, als die Art, wie jetzt der hieraus entspringende Kampf um die Erhebung und Verrechnung ausserordentlicher Steuern geführt wurde. Den Fürsten aus bairischem Hause hatte es genügt, die von ihnen geforderten Steuern bewilligt zu erhalten, gleichviel auf welche Art sie aufgebracht und ihnen eingehändigt wurden. Das neue Fürstengeschlecht nahm es als sein natürliches Recht in Anspruch, die ständisch-autonome Steuerverwaltung, im Interesse der eigentlichen Contribuabeln, Bauern und Handwerker, in eine fürstliche zurückzuverwandeln. Wagte der von dem klugen Lebuser Bischof Friedrich Sesselmann geleitete junge Markgraf Johann auch noch nicht, dies offen und direkt als eine Prärogative der Herrschaft zu bezeichnen, so wusste er es doch unter glimpflichem Vorwand auf Umwegen dahin zu bringen, dass die Stände sich zuletzt mit der Kontrole der von fürstlichen Einnehmern geleiteten Steuererhebung begnügen mussten⁵). In unscheinbarer Form die Revindikation eines hochbedeutsamen Rechts!

---

¹) Fidicin III, 320 ff. Droysen II, 44, 75. Ranko 1, 2, 110.
²) Vgl. v. Ranmer Verhandlungen Kf. Albrecht Achill's mit den Märk. Landständen in den Märk. Forschungen I, 319—352 und dess. Cod. Dipl. Br. Cont. 1, 56, Droysen II, 274, 337 ff.
³) Raumer I, 82.
⁴) Raumer I, 71.
⁵) Raumer II, 47, 48. Verhandlungen über die Bewilligung einer Land-Bede

Ebenso sehr wie diese Tendenz bekundet der schon unter Friedrich II. eben mit dem Ausbruch des Pommerschen Kriegs auftauchende Versuch, ausserordentliche Bedürfnisse durch indirekte Steuern statt der bisher ausschliesslich üblichen direkten Grundsteuer oder Landbede zu decken, die dauernd festgehaltene Absicht des Fürstenthums, die von den Ständen neben andern Vorrechten erworbene Exemtion von jeder persönlichen Abgabe so zu umgehen. Dies ist der Ursprung jener Forderung einer Abgabe vom Bier, der Bierziese, die Friedrich II. 1467 zuerst stellte, und des Waaren-Zolls, mit dessen Forderung Albrecht seine Regierung eröffnete (1472).

Es ist bekannt, mit welcher Entschiedenheit die Stände sich gegen diese Zumuthungen wehrten, wie es ihnen gelang, die Einführung des Zolls, den ein kaiserliches Privilegium gestattete, dennoch zu verhindern, und wie nur die Zusicherung fernerer persönlicher Freiheit die Ritterschaft dazu bestimmen konnte, das Fürstenthum in seinem einundzwanzigjährigen Kampf mit den Städten um die Bierziese zu unterstützen¹).

Mit dem Ende des XV. Jahrhunderts, treten friedlichere Zustände für die Marken ein, die Bierziese aber hörte nur auf kurze Zeit auf. Selbst ein Wirth wie Joachim I. konnte sie bei dem geschmälerten Umfang der fürstlichen Domänen und der Vergabung einträglicher Regalien nicht mehr

auf sechs Jahre von 1480. „Item auch bitten sie (die Ritterschaft) von den Landen dazu zu schicken, die solich gelt einnehmen, und das solichs zu lossung der Herrschaft renth und schuld gegeben werd." Und darauf Johann's Vertreter: Item mit einnehmung und ussgeben des gelts wil sein gnad seiner Diener einen in einen iglichen ort schicken, die einzufordern und zu manen und alle jar rochenschafft seinen gnaden und den, die von prelaten, herrn und manschafft itzundes darzu geordnet und gegeben werden, zu thon, und verfügen, das es nach ihrem rath an solicher lossung der versatzten Zins und schaden gegeben werd; wanne, wenn es die manschafft selbst einnehmen solte, wollen sie den unwillen gegen den leuten, die sie geben sollen, nicht gern haben; damit wirt meinem gn. herrn die Landbeth verzogen und uf bestimmbt Zeit nicht ussgericht noch gegeben; Und ob denselben, die mein gn. herre also einzumanen die Landbeth schicken, hilff not sein wurd, weme denn sein gnaden darumme schreibet, solchs einzumanen, das denne dieselben solichs thun.

Uf solichs haben die von der Ritterschaft eingewilligt mit der lantbeth einzunehmen uf martini nechst anzuheben — — — Und haben daruf von der Ritterschaft benannt, die mit ob den Dingen, wie vorberurt ist, sein sollen, nemblichen: Herr Nickel Pfuel, Hans v. Bredow, Claus v. Arnim, Werner von der Schollenburg, Hans Barfut und Court Schlabbrendorff.

¹) Gercken, Diplom. Vet. March. I, 639 bringt die erste Urk. von Mittwoch nach Peter Paul 1467, die sich hierauf bezieht. Danach sollen die bürgerlichen Unterthanen statt aller Landbede und Groschenschoss d. i. Grund- und Kopfsteuer von jeder in die Städte eingeführten Tonne Bier 1 Gld. sechs Jahr lang zahlen. Der Hausbedarf bleibt steuerfrei.

entbehren, und die Stände, die die Berechtigung seiner Forderungen anerkennen mussten, verlängerten mehrmals den Termin ihrer Bewilligung[1]). Ueberhaupt hatte sich, eben infolge des friedlichen und geordneten Regiments, die Stellung des Fürsten zu den Ständen zu Gunsten des ersteren geändert, und Joachim, der erste Vertreter des modernen Fürstenthums auf dem Kurstuhl, war gerade der Mann dazu, diese günstige Lage zum Rückerwerb lang verlorener Rechte auszunutzen.

Die durch den Pommerschen Krieg verwilderte Mannschaft des Landes, besonders die jüngere Generation, für die auf den wenig ergiebigen Ritterhufen der Aelteren kein rechter Platz war, und die dann, zu Schwert und Schild geboren, oft nur allzu geneigt war, ihrer Kraft im Innern die Zügel schiessen zu lassen, wusste er mit gewaltiger Hand im Geiste des Landfriedens von 1414 zu zügeln. Den Rest aber gelang es ihm wenigstens theilweis durch Ansetzung auf wüsten Flecken oder neu erworbenem Boden, durch die Verwendung im Hofedienst und auf Gesandtschaften wieder an friedliche und erspriessliche Thätigkeit zu gewöhnen[2]).

Ganz anders noch machte er gegen den dritten Stand, die Städte, deren Macht und Ansehen im selben Masse wie das der Hansa sank, seine fürstliche Autorität geltend. Ein deutlicher Beweis für ihre veränderte Stellung ist sein selbständiger Erlass der für alle Städte verbindlichen Polizei-Ordnung von 1515[3]). Viele Ihrer politischen Rechte, so das der

---

[1]) Wie Hegel in seiner sonst trefflichen Schrift, Gesch. der Mecklenburgischen Landstände, Rostock 1856, S. 96 dazu kommt, von der Bewilligung eines Hufenschosses auf unbestimmte Zeit unter Joachim I. zu sprechen und daraus im Zusammenhang mit der Bewilligung der Bierziese auf Lebenszeit die Aufgabe des Steuerbewilligungsrechts seitens der Stände zu folgern, ist mir unerfindlich geblieben. Mylius, Corp. Const. March. VI hat für diese Regierung nur zwei Recesse über Bewilligung von Hufenschössen; die von 1524 (Sp. 15—16) und von 1534 (Sp. 31/32) beide auf acht Jahre. Wie wenig die Stände ihr Steuerbewilligungsrecht aus der Hand gegeben hatten, dafür sind gerade die Verhältnisse unter der Regierung des Nachfolgers, Joachims II., der beste Beweis.

[2]) Als eines von vielen Beispielen diene die Ordnung und Aussatzung der Muntz, Taglohnes, Dienstgeldes, Scheffel, Ellen, Gewicht und anders halben bei Raumer II, 224. „Als Wir of dem nechst gehaltenen Landtag Sonntag Exaudi mit eurem Rath unser Lande und underthan nottorft und anlygen betrachtet und denselben und gemeinem nutz zum besten etlich artickell berathslagt und entlich beschlossen haben, wie volgendts deutlich angezeiget wird; Synnen und begeren wir gutlicher und ernstlicher meynnung, Ihr wollet solliche Articel, — — vor euch selbs, soviel euch die betreffen, steet, vest und unverbrochen halten. Auch bei den euren ernstlich verschaffen, das dieselben also unverbrochen gehalten werden, bey vermeidung der straff nach gelegenheit der Uebertretung; Wo Ir aber euch daran verseumlich erzeigen würdet, werden wir vorursacht vor uns selbs, als der Landesfürst, dem gebueret, unser Lande und onderthauen gemeinen nutz zu befordern, also darein zu sehen, damit solich artickell stutiglich gehalten, und die Uebertretter gestraffet werden."

[3]) Mylius a. O. VI Nachlese S. 1 ff.

Waffenführung, des Bündnisses mit Auswärtigen, erloschen mit der Friedenszeit von selbst. Andere, wie die Setzung des Raths, die Uebung des Blutbanns, der Erlass von Willküren, wurden an den Consens des Fürsten geknüpft. Die stolzen städtischen Autonomieen waren im Begriff das wieder zu werden, was sie einsten gewesen waren, landsässige Orte.

Eine Reaktion, so tiefgreifend wie heftig, trat unter der Regierung von Joachim's gleichnamigem Nachfolger, Joachim II. (1535—1571) ein. Da die Neigung dieses Fürsten zu prunkhaftem Auftreten und schrankenloser Freigebigkeit noch von seiner Sorglosigkeit um die dazu erforderlichen Mittel übertroffen wurde, so brachte er es schon in den ersten fünf Jahren seiner Regierung zu einer Schuld von einer Million Gulden, fast dem Zehnfachen dessen, womit das Fürstenthum in den schwersten Jahren des Pommerschen Kriegs belastet gewesen war. Die Willigung der zu ihrer Deckung nöthigen Hufen- und städtischen Schösse auf dem Landtage von 1540 banden nun aber die Stände an die Bedingung, dass die Verwaltung zunächst dieser, bald auch aller übrigen Einkünfte des Fürsten steuerlicher und regalischer Natur in ihre Hände gelegt würde; wie dass jede öffentliche Angelegenheit von Belang mit ihrem Beirath, d. h. hier nach ihrem Gutbefinden, entschieden würde¹).

Als die Versetzung der noch übrigen Domänen und Regalien infolge des um nichts verminderten Gebrauchs zur Aufnahme einer neuen Schuld, diesmal von nahezu 2 Millionen Gld., führte, übernahmen die auf einem allgemeinen Landtage erst 1549, dann noch einmal 1550 zusammentretenden Stände zwar auch diese Schuld, zu deren Deckung sie neben mehreren direkten Steuern einen Zuschlag zur Bierziese auf 14 Jahre, das „Neue Biergeld", so im Gegensatz zur alten Ziese genannt, bewilligten. Dafür erlangten sie aber, neben der Bestätigung aller früheren Rechte, Privilegien und Exemtionen, die selbständige und ausschliessliche Verwaltung aller Steuern; der grösste Sieg, den sie seit den Zeiten Johanns errungen, und der erst mehr als ein Jahrhundert später nach hartnäckigen Kämpfen wieder wett gemacht wurde.

Das Ständische Kreditwerk mit seinen Verordneten zum Hufenschoss, zum Städtekasten und Neuen Biergelde, mit seinen Kassirern und Gegenschreibern, seinen Einnehmern und Exekutoren, dem Engen und Grossen Ausschuss endlich — letzterer eine 40—50 Köpfe starke Vertretung aller Stände mit numerischem Uebergewicht der Landschaft über die Städte, die fortan neben der obersten Leitung der Finanzen, die Repräsentation der Stände im politischen Leben übernahm und gewandt

---

¹) Recess Mittwochs nach Judica 1540 bei Mylius VI, 1, 65. „Zudem wollen Wir keine wichtige Sache, daran der Lande Gedeih oder Verderb gelegen, ohne Unser Gemeiner Land Stände Wissen und Rath beschliessen und furnehmen. Wir wollen auch Uns in kein Verbundnuss, darzu Unsere Unterthanen oder Landsassen sollten oder musten gebrauchet werden, ohne Rath oder Bewilligung gemeiner Land Räthe begeben". Vgl. Droysen II, 2, 200 ff.

durchführte — dies Werk und diese seine Organisation bezeichnen die bedeutsamste Wandlung in der verfassungsrechtlichen Stellung von Ständen zu Herrschaft, ja machten die Stände geradezu zum ausschlaggebenden Factor mindestens in der innern Politik¹).

Johann George's (1571—98) Oekonomie konnte hieran vorläufig nicht viel ändern. Genug, dass er in siebenundzwanzigjähriger unverdrossener Arbeit eine neue Daseinsgrundlage für ein von ständischer Beihülfe minder abhängiges Fürstenthum schuf. Ging doch sein Sinn kaum über dies Ziel hinaus, wie er denn die göttliche Ordnung darin sah, dass wie der Territorialfürst über seine Domainen, so jegliche Ortsobrigkeit, ländlich und städtisch, in ihrem Gericht, über ihre Unterthanen ein wenig beschränktes, patriarchalisches Regiment führe²).

Der dadurch vertagte Conflikt zwischen den auf die ungeschmälerte Erhaltung ihrer Macht bedachten Ständen und dem auf die Beseitigung der Privilegien und Exemtionen gestellten Fürstenthume brach mit doppelter Heftigkeit hervor, sobald ein neuer Herr, Joachim Friedrich, (1598 bis 1608) die Zügel des Regiments ergriff. Gleich seinem Vorgänger sah sich auch Joachim Friedrich in die Nothwendigkeit versetzt, von vornherein mit einer grossen Forderung zur Deckung der ihm hinterlassenen Schuld von 600,000 Thlrn. und zur Wiedereinlösung der noch immer theilweis verpfändeten Domainen an die Stände heranzutreten. Der Grosse Ausschuss, der Anfangs 1599 zu Berlin zusammentrat, überreichte ihm nun aber im Namen aller Heimgelassenen eine Reihe von Forderungen, von deren vorgängiger Erfüllung er jegliche Willigung abhängig machte. Es entspann sich aus diesem Gegensatz ein Kampf von mehr als drei Jahren, der zwar mit dem Sieg der Stände endete, den Kurfürsten aber in seiner Ueberzeugung von der Unmöglichkeit einer gedeihlichen Regierung auf dieser Grundlage noch mehr bestärkte und daher mit Recht als der Wendepunkt in der Geschichte der Ständischen Entwicklung bezeichnet worden ist³).

Die vierundzwanzig ständischen Gravamina geben durch das was sie sagen, wie durch das was sie verschweigen, durch das um dessen Herstellung, wie das um dessen Abschaffung sie sich bewegen, ein völlig klares Bild von der Auffassung staatlicher Dinge auf Seiten der Stände.

In kirchlicher Beziehung verlangen sie die nochmalige Proklamirung der Lutherischen als der Landes-Kirche mit dem Recht für die Stände

---

¹) Vgl. Isaacsohn, die Finanzen Joachims II. und das Ständische Kreditwerk in der Zeitschr. für Preuss. Geschichte 1879 S. 455—479. Haeften's treffende Darstellung der analogen Verhältnisse in Cleve-Mark s. Urk. u. Akt. V, 19 ff. Dieselbe Entwicklung wiederholt sich in ähnlicher Weise in den meisten Territorien des Reichs, vgl. Rudhardt, Gesch. der Landstände in Baiern S. 289 ff. Hegel, Gesch. der Mecklenburg. Landstände S. 135, 136. Schreber, Ausführl. Nachricht von den Churf. Sächsischen Land- u. Ausschusstagen, Dresden 1793, S. 75 ff.
²) Droysen II, 2, 316—330.
³) Droysen II, 2, 388—392.

neben den fürstlichen Räthen und Superintendenten Kirche und Schule,
die Lehrthätigkeit der Professoren zu Frankfurt a. O. wie den Wandel der
Pastoren auf den fürstlichen Aemtern, ja die Rechtsprechung der Consistorien zu kontroliren [1]).

In der Justizpflege beschränken sie sich nicht mehr auf den Besitz
der Jurisdiktion innerhalb ihrer Güter, sondern beanspruchen auch die
Majorität in der oberen, die Bestellung einer neuen, dritten Instanz für die
Privilegirten, eines „Appellations-Raths", halb aus fürstlichen Räthen, halb
aus Mitgliedern von Prälaten, Herren und Ritterschaft.

Als Gegenschlag gegen das ohne förmliche Sanktion verbreitete und
ihnen nicht genehme Landrecht des Kanzlers Lamprecht Distelmeier
von 1594 erbitten sie behufs Abstellung der Missstände in der Justiz die
Annahme einer von ihnen vorbereiteten Polizei-Ordnung und Landes-Constitution, dazu bestimmt, der allmählichen Verschlechterung in der rechtlichen Stellung des Bauern und Kleinbürgers die öffentliche Sanktion zu
geben.

Noch ungemessener sind ihre Forderungen wirthschaftlicher Natur.
Hier, wo die Interessen der Landschaft und der Städte auseinandergingen,
verlangte die erstere ohne Rücksicht und trotz des entschiedensten Protests der letzteren, nicht mehr und nicht weniger als die persönliche Freiheit von allen Aus- und Einfuhr-, Land- und Wasserzöllen, sowie das
Recht die Wirthschaftspolitik je nach ihrem Interesse und ihrem Ermessen
zu regeln [2]).

---

[1]) „Allen vorgeschlagenen Reformen, endet das 10. Gravamen, könnte durch
die zur Revision verordneten Hof- und Land-Räthe vermittelst einer nützlichen
Ordnung gebührend Mass gegeben werden. Daneben hielten es Stände für ein
bequemes Mittel, dass etliche von Sr. Ch. D. Räthen und aus dem Adelstande
zu Inspektoren ermeldter Universität, auf die Lektiones der Professoren und
andere Sachen fleissig Aufsicht zu halten, geordnet würden, welcher Punkt zu
Sr. Ch. D. Erwägen gestellet sein soll." Landtagsakten von 1599 ff. Jahren im
Geh. St. Arch. zu Berlin, dem auch die unten folgenden Excerpte in den Noten
entstammen.

[2]) Nicht um die Abschaffung aller Zollstätten bäten sie, sondern nur um die
der „neuen", besonders der Grenzzölle und die Festsetzung eines festen Gehalts
für die Zöllner. Dies würde die Nachbarn zu gleichen Massregeln veranlassen
und zur Hebung von Handel und Wandel, sowie dazu führen, dass sie ihren
„adelichen Stand und Freiheiten" gleich andrer Churfürsten Vasallen und Unterthanen bei Ruhm und Ehren führen mögen. — — Vor Kurzem habe man einen
neuen Fund erdacht und wider alles Herkommen sich unterstanden, von derer
von Adel Erbschaft unter der Herrschaft Namen Abschoss zu fordern, wie denn
diessfalls ganz ernste und bedenkliche rescripta und Befehle ausgegangen seien.
„Ob welcher Neuerung und zuvor unerhörter Begehren die Ritterschaft nicht
wenig Beschwerde getragen. Sie könnten auch bei sich nicht bedenken, was
diejenigen, welche der Herrschaft dieses eingebildet, für Gedanken gehabt hätten."
Zur Ausfuhr des Getreides und welchergestalt der Theuerung etlichermassen zu

Die wichtigste und letzte Forderung ist die um die unverkümmerte Erhaltung des **Steuerbewilligungsrechts**, ausgeübt sei es durch die Landschaft in corpore auf allgemeinen Landtagen oder durch ihre alte Vertretung, die auf den Kreistagen nominirten Depntirten, auf Grossen Ausschuss-Tagen. Es ist dies die Antwort auf den vom Kurfürsten das Jahr zuvor gemachten Versuch, die Höhe seiner Forderungen und die Art ihrer Aufbringung mit einem engen Kreise eigenmächtig berufener Vertreter, je vier in jedem der drei Kreise von ihm nominirten Land-Räthen, zu vereinbaren. Bei allem Theuersten, als Vater des Vaterlands, wird der Fürst von ihnen beschworen, in diesem Punkte, von dem recht eigentlich des Landes Gedeih und Verderb abhänge, keine unverantwortlichen Neuerungen einzuführen, denen sie sich nicht fügen, und zu denen kein ehrlicher Mann sich gebrauchen lassen würde.

Der Kurfürst verzichtete lieber zunächst auf die geforderten Summen, als dass er sich ihren, wie er in seiner Antwort nachweist, theils übertriebenen, theils grundlosen Beschwerden anbequemte. Wie in der Kirchenverwaltung, heisst es in dieser Antwort, so rügten die Stände auch in der Rechtspflege Mängel, ohne einzelne Fälle anzuführen. Geschähe dies, so würde es an Abhülfe von seiner Seite sicher nicht fehlen. Auch ihre Klagen über die Härte der Justiz seien mit keinem einzigen Beispiel erläutert und ihm eine solche Härte nicht bekannt. Das aber wisse er wol, dass zeit seiner Regierung viel Todschläge erfolgt, von etlichen seine Reskripte und Befehle missachtet seien, auch viel Unzucht im Schwange gehe, deswegen nothwendig zu seiner Verantwortung gegen Gott und zur Erhaltung seiner Reputation ein Ernst gegen die Delinquenten habe gebraucht werden müssen.

Einer Beschwerde über die — bekanntlich fünfzig Jahre zuvor geschehene — Veräusserung der Aemter, kurfürstlichen Häuser und Tischgüter setzt er die ironische Frage entgegen, ob die Reverse etwa die Mittel angäben, wie dieselben füglich wieder herbeizubringen seien.

Ebenso übertrieben und unberechtigt sei endlich ihr Hauptvorwurf, dass er durch willkürliche Berufung Einzelner die alte Verfassung untergrabe und Misstrauen und Zwietracht säe. Nur für Dinge lokaler Natur und zur Forderung geringer Darlehen seien Kreistage berufen worden. Sie wehren, heisst es: „Weil aber die Theuerung nicht allein an Getreidig, sondern auch an Vieh, Tüchern, Wolle und allerlei Victualien, fürnehmlich von den eigennützigen Vorkäufern verursacht worden, welche durch sich oder ihre Höker das Korn, Hopfen oder andere Waaren in den Dörfern und aufm Lande, bisweilen ehe denn es gewachsen, aufkaufen und haufenweise aus dem Lande führen, dazu sich dann auch mancher Zöllner in Chf. Gn. Namen und dann auch für sich selbst mit gebrauchen lassen, wodurch alles was man täglich bedarf, in höchste Steigerung und Theuerung gebracht wird", so seien sie bereit gewesen, mit den Städten Mittel zur Abhülfe zu berathen, was aber zu keinem Resultat geführt hätte.

würden keine Beschwer weiter empfinden, wenn sie sich seinem Vorschlag gemäss zur Bestellung ständiger Kreis-Vertreter entschlössen, mit denen er jeder Zeit zu verhandeln in der Lage sei. Wenn solche Ausschüsse ihre Aufgabe, woran nicht zu zweifeln wäre, gut erfüllten, so brauchten in Zukunft die kostspieligen und für sie selbst beschwerlichen allgemeinen Landtage nur in ganz ausserordentlichen Fällen berufen zu werden.

Der im Mai nach mehrwöchentlicher Vertagung wieder zusammentretende Grosse Ausschuss wahrte geschickt den bisher eingenommenen Standpunkt. Abermals forderte er zunächst einen Revers über seine Forderungen und gleichzeitig liess sich die Landschaft dahin vernehmen, dass sie auch so nur in die ganze Summe willigen könnte, wenn die Quotisations-Ordnung von 1594, die den Städten zwei Drittel jeder gemeinsamen Steuer auflegte, auch jetzt beibehalten würde. Was die vom Kurfürsten vorgeschlagene ständige Kreisvertretung betreffe, so seien auch sie von ihrer Nützlichkeit überzeugt, wenn man sie „auf gewisse Maasse" richte, wie zur Abnahme der Rechnungen, der allgemeinen Ausgabenkontrole und andern unpraejudicirlichen Dingen. Nur dürfte ihr nicht die Willigung ausserordentlicher Steuern zugemuthet werden.

Auch als der Ausschuss nach der Erndte im Herbst zum dritten Mal sich zu Berlin versammelte, kam man um keinen Schritt weiter. Statt unbegründete Beschwerden fallen zu lassen, begründete dem Vorschlage des Kurfürsten gemäss zu präcisiren, erhoben sich abermals, wie gleich nach dem Ableben Johann Georgs, Stimmen, die nach dem Verbleib des von jenem ökonomischen Kurfürsten angeblich hinterlassenen „Vorraths" riefen, ohne dass sie sich überzeugen lassen wollten, dass derselbe nur in ihrer Phantasie existire, auch zu der Thatsache einer bedeutenden ungedeckten Schuld im stärksten Widerspruch stehe¹).

---

¹) Die Uebernahme neuer Steuern, heisst es in einer ihrer Eingaben aus dieser Zeit, sei kaum möglich, die Unterthanen erschöpft. Misswachs, Pest, Theuerung hätten das Land verödet, Rebellionen des Bauern und des Bürgers seien zu gewärtigen. Wo gäbe es ein anderes Territorium, das in den letzten 60 Jahren soviel geschossst, als die Marken? Die Tilgung der Schulden und Zahlung von Gnadengeldern seien in erster Reihe aus den fürstlichen Einkünften zu bestreiten. Sie wünschten zu vernehmen, wo denn die Erträge der an Kurfürst Joh. Georg gezahlten Kreissteuern und Defensionsgelder geblieben seien, die doch als Vorrath hätten bewahrt werden sollen. Von des jetzigen Kurfürsten Bemühungen um Abstellung der von ihnen gerügten Mängel hätten sie mit Befriedigung Kenntniss genommen, zugleich aber ihr Gutachten und Bedenken aufgesetzt, „damit S. Ch. Gnaden etwas Anleitung, Ursach und Furbereitung haben möge, ob gedachte hochnothwendige Punkte ohne Süumen ins Werk zu setzen, gar nicht der Meinunge Sr. Ch. Gnaden fürzugreifen, noch derselben einige Mass oder Ordnung zu geben, wie oder welchergestalt das Werk anzugreifen, oder vorzunehmen, sondern allein aus gutem christlichen Gemüth, der Sachen weiter nachzudenken". Was Schuldentilgung und Gnadengelder beträfe, gäben sie zu bedenken, ob es christlich und dem Gewissen verantwortlich, Bürgern und Bauers-

Da erkannte der Kurfürst nach abermals länger als Jahresfrist zum selben Zweck fortgesetzten vergeblichen Bemühungen, dass er diesen, wenn überhaupt, nur auf einem allgemeinen Landtag erreichen würde. Er berief also einen solchen auf den Februar des Jahres 1602 und die Stände konnten sich mit dem stolzen Bewusstsein auf denselben vorbereiten, ihr altes Grundprinzip bis hierher siegreich behauptet zu haben.

Eine stattliche Versammlung von 1420 Prälaten, Herren, Rittern und Städte-Deputirten war es, die am 4. Februar 1602 in der Landeshauptstadt zusammentrat — ihr blosses Erscheinen in dieser Vollzähligkeit ein Sieg über den Fürsten. Dieser Sieg wurde zu einem um so vollständigeren, als hier dem seinen fürstlichen Kanzler Johann von Löben als Sprecher der Stände ein noch feinerer Kopf, der Comthur zu Lietzen, Adam von Schlieben, Direktor der Mittelmärkischen Landschaft, gegenüberstand, ein Mann, der die Erhaltung der ständischen Prärogative auf ihrer vollen Höhe zur Aufgabe seines Lebens gemacht hatte.

Mit Freude hätten die Stände aus den fürstlichen Propositionen entnommen, so etwa beantwortete Schlieben des Kanzlers Vortrag am 23. Februar, dass der Kurfürst sowie sein Kurprinz geneigt seien, allen Forderungen der Stände kirchlicher, jurisdiktioneller und wirthschaftlicher Natur gerecht zu werden. Sie könnten sich nicht enthalten den früheren noch einige entsprechende Forderungen hinzuzufügen, so, dass den Consistorialräthen „um mehrer Richtigkeit willen" einige aus dem Adel beigesellt würden, dass die Leibesstrafe muthwillig klagender Bauern auch auf die ausgedehnt würde, die die Unterthanen zu liederlichem Klagen verleiteten. Ausdrücklich kommt er noch einmal auf die Unverbindlichkeit der Distelmeierschen Sammlungen von Entscheiden und ihrer Kommentare zurück, da die neue Constitution und Landes-Ordnung ja eben erst aus der Beschlussfassung der Stände hervorgehen sollte. Der Revers vom 11. März d. J. und die „Fernere Resolution auf etliche von den gesammten Ständen beschehene Erinnerungen[1])" gewähren ihnen gegen die Bewilligung der ursprünglich geforderten Summe noch einmal den ganzen Bestand an Rechten und Vorrechten. Besonders ist es die Ritterschaft, die erst von

leuten, welche in den itzigen schweren elenden und betrübten Zeiten bei ihrer grossen, schweren Arbeit, die sie oftmals bei truckenem Brote und einem kalten Trunk Wassers verrichten müssen, kaum soviel erwerben können, dass sie sich mit Weib und Kindern aufhalten mögen, mit solcher Bürden der Gnadengelder zu belegen über ihre hohen Steuern hinaus. Fürnehmlich werden die Städte aus dem, dass sie nunmehr von Jahr zu Jahr, hin und wieder, grosse und geringe Hauptgelder aufnehmen und dieselben wiederum in Zinsen wenden müssen, der-. massen bedrängt, dass wofern ihnen nicht geholfen und bei Zeiten Rath geschafft werden sollte, sie in endlichen Verderb und Untergang gerathen müssten. Nach den Reden des Bürgermanns sei es mit seiner Geduld zu Ende, daher auch die Prediger von den Kanzeln solches zu strafen und die Zuhörer in Gehorsam zu halten, genug zu thun haben.

[1]) Mylius VI, 1, 151—180.

jetzt an neben der unbedingten Herrschaft über Arm und Geldbeutel des ländlichen Unterthanen sich, bei geringer Leistung zu den einmal angenommenen Steuern, die Freiheit von allen zukünftigen, wie von den gewichtigsten indirekten Abgaben ausbedingt. Sie bleibt frei von der Leistung aller Land- und Wasserzölle; die Schliessung des Landes, d. i. das Verbot der Ausfuhr von Landes-Produkten, ein im Interesse der Städte ziemlich oft ergriffenes Mittel, wird fortan von dem Ermessen des Grossen Ausschusses abhängig gemacht. Als Schlussstein der ganzen Verfassung erscheint dann auch hier wieder der Revers des Fürsten, keine neuen Schulden zu machen, keine unverwilligten Steuern aufzulegen, ohne den Rath der Landschaft nichts von Land und Leuten zu verkaufen, zu vergeben oder zu verpfänden, sowie die autonome Verwaltung des Ständischen Kreditwerks in jeder Beziehung zu respektiren. Doppelt und dreifach lassen sich die Stände versprechen, dass der Kurfürst wie seine Nachfolger keine Bestimmung weder dieses noch eines früheren Reverses durch neue Mandate aufheben, beschränken oder ändern wolle. Alles dies sagt er ihnen zu „bei seinen fürstlichen Würden, ohne alle Arglist und Gefährde". Gleich ihm beglaubigt auch sein Kurprinz Johann Sigismund auf das besondere Verlangen der Stände den darüber ausgefertigten Revers mit seinem Siegel und eigenhändiger Unterschrift[1]).

Die Macht der Thatsachen erwies sich indess bald stärker als Siegel und Reverse. Durch endlose Beschwerden stets wieder an die traurige Lage der unteren, mehr und mehr entrechteten Klassen gemahnt, setzte der Kurfürst seine Kraft dafür ein das verkehrte Verhältniss zwischen der Landesherrschaft und dem Unterthan, der zum grössten Theil nur noch durch das Mittel der Stände zu ihm in Beziehung stand, wenigstens so weit zu ändern, dass der völligen Ausbeutung desselben durch die privilegirten Klassen vorgebeugt wurde. Führte dies zu einem fortwährenden Geplänkel zwischen Fürst und Ständen über die Grenzen der beiderseitigen Competenz und zuletzt, trotz wiederholten ständischen Einspruchs, zur Ausdehnung der fürstlichen Prärogative bis zur äussersten Grenze, so gab die Bildung des Geheimen Raths (1604) zur Hälfte, mit Rücksicht auf den nahe bevorstehenden Anfall Preussens und der Jülichschen Lande, mit Vertrauensmännern aus jenen Landen und andern persönlichen Räthen des Kurfürsten Anlass zu einem neuen, fünfzig Jahre währenden Kampf, dem um das Indigenats-Recht. Nach dem Gedankengang der Stände hatte der Fürst die natürliche Verpflichtung, seine Regierung mit Männern aus ihrer Mitte zu Nutz und Frommen des Landes wie der Herrschaft zu führen. Die Fürsten hatten sich dieser wie mancher anderen ähnlichen Forderung im Prinzip aubequemt, sich indess durch eine Klausel die die

---

[1]) Ein Neben-Revers vom 14. April d. J. gestattet den ohnehin überbürdeten Städten, die auf ihr Theil neu übernommene Schuldenquote in das Scheffelgeld und den Städtekasten zu schlagen und eben zur Ermöglichung der bis dahin übernommenen Verpflichtungen, einen Theil des Bier- Scheffel- und Wollgeldes im eigenen Interesse erheben zu lassen.

Verwendung von Ausländern im Nothfall gestattete, wieder die Thür zu einer freien Wahl geöffnet. Und als auch Joachim Friedrich mit Berufung auf jene Klausel seine Wahl traf, mussten die Stände sich mit der alten Fassung ihres Privilegs begnügen, die dann ohne Unterlass bei allen ihnen missfälligen Berufungen den Streit wieder aufleben liess.

Den Anlass zur Aeusserung ihrer Beschwerden gab ihnen der durch die Vorgänge von 1698—1002 gewitzigte Fürst indess nur noch ein einziges Mal, als ihn die Aufbringung von 100,000 Gld. als sein Contingent zur Reichs- und Türkensteuer im Frühling 1606 zur nochmaligen Berufung eines Grossen Ausschusstages nöthigte. Wie sehr sich indess seine Stellung den Ständen gegenüber gebessert hatte, davon legt der Verlauf dieses Tages ein beredtes Zeugniss ab. In der langen Reihe von Beschwerden, mit der diese seine Forderung beantworten, unterscheidet der Kurfürst solche die nicht völlig unbegründet und solche die ebenso unbegründet wie unstatthaft seien. In seiner Resolution beschäftigt er sich nur mit den ersteren und weist nach, wie die Beschränktheit seiner Mittel, die Kargheit der Stände selbst die Erfüllung ihrer Wünsche unmöglich mache. Gern, heisst es in seiner Resolution, würde er ihrer Bitte um Einsetzung von Hauptleuten in den Kreisen, Vornahme von Visitationen u. A. Folge geleistet haben, wenn sie die dazu nöthigen Mittel bewilligt hätten. Auch den 1602 zugesagten Appellations-Rath würde er längst eingerichtet haben, wenn er nur brauchbare Subjekte dazu unter ihnen gefunden hätte. Was endlich ihre Klage darüber, dass Land- und Kreistage nicht mehr berufen würden, betreffe, so erklärt er ihnen gerade heraus, wie er entschlossen sei, deren keine mehr zu berufen, so lange nicht die äusserste Noth oder der Nutzen des Landes es erheische, wobei doch das Herkommen, soweit es erweislich sei, auch ferner in Acht genommen werden solle. Die Vorbringung grundloser Beschwerden aber verweist er ihnen nicht minder energisch als den ungehörigen Ton den sie sich der Landesherrschaft gegenüber anzunehmen anmassten in einem besondern der Resolution beigefügten Appendix. Diese schneidige Art verfehlte ihres Eindrucks nicht. Als der Ausschuss nach der Erndte wieder zusammentrat, bewilligte er nicht nur ohne Zögern die nothwendige Summe, und erklärte sich mit der Resolution des Fürsten, in seiner Interpretation, zufrieden, sondern leistete geradezu in einer besondern als Antwort auf jenen Appendix berechneten Schrift für etwaige Ungebührlichkeiten im Ausdruck demüthig Abbitte[1]).

---

[1]) Die Ritterschaft habe aus jenem Appendix mit betrübtem Gemüthe erkannt, dass die gelegentlich ihrer erzeigten Gutwilligkeit übergebenen Gravamina ungnädig aufgenommen und so angesehen worden seien, als ob man Se. Ch. Gnaden zu verunglimpfen gemeinet gewesen sei. Sie riefen Gott zum Zeugen an, dass ihnen solches nie in den Sinn gekommen sei. Dem Beispiel des Reichs, aller Königreiche und Fürstenthümer folgend, hätten sie bei dieser Gelegenheit ihre Beschwerden, vielleicht in etwas zu knapper Form, doch in guter Absicht, vorgebracht. Sollte dies anders aufgefasst worden sein, so bäten sie diese ihre Erklärung gn. aufzunehmen und jenen falschen Verdacht fahren zu lassen.

Unter Johann Sigismund (1608—1619) begann wieder eine für die Stände günstigere Zeit. Verschiedene Umstände trugen hierzu bei. Zunächst die Annahme des reformirten Bekenntnisses seitens des Fürsten, seiner Familie und seines Hofes, ein Schritt, der die Autorität des Fürstenthums über die lutherische Landeskirche beträchtlich verminderte und nach fünfzehnmonatlichem Conflikt im Revers vom 5. Februar 1615[1]) zu jenem denkwürdigen Abkommen führte, das unter dem Schein der Erhaltung des Status quo das Prinzip der Toleranz in kirchlichen Dingen zur wenngleich noch oft genug angefochtenen Geltung brachte. Sodann der starre Partikularismus am Rhein und an der Ostsee, der nicht verfehlte, auch die Märkischen Stände zu inniger Verbindung jenem gegenüber zu führen und so das Prinzip des territorialen Ständethums der modernen Staatsidee gegenüber überhaupt auf eine Zeit lang kräftigte. Endlich und vor Allem der Zustand der fürstlichen Finanzen. Diese gestalteten sich theils durch die Ausgaben zur Sicherung der beiden Anwartschaften und die beträchtlichen Beiträge an die Union und das Reich, mehr noch durch eine kostspieligere Hofhaltung und das unwirthschaftliche Mittel der Anlehen gegen die Verpfändung der einträglichsten Einkommensstücke, so des Lenzener Elbzolls und der vier altmärkischen Aemter Salzwedel, Arnsee, Diesdorf und Neuendorf, so ungünstig, dass die Nothwendigkeit, abermals den Beistand der Stände erkaufen zu müssen, in immer bedrohlichere Nähe rückte.

Nichts ist um diese Zeit ein untrüglicheres Mittel für die Erkenntniss vom Sinken der fürstlichen, dem Steigen der ständischen Macht, als die Zahl der Land- und Ausschusstage, wie dies Joachim Friedrich bereits klar erkannt und offen ausgesprochen hatte. Hatte dieser sich auf eine dreimalige Berufung der Stände beschränkt, so verging unter der Regierung seines Nachfolgers kaum ein Jahr, wo die Stände nicht zusammentraten, um ihr Votum über die Regelung der in's Schwanken gerathenen Finanzen abzugeben.

Nicht ganz mit Unrecht wurde dabei von Seiten der fürstlichen Räthe die Sorge für die „Defensions-Verfassung" in den Vordergrund gestellt. War doch die Anleihe, die der Kurfürst zur Deckung der Kosten für den Jülichschen Krieg beim Könige von Dänemark 1610 gemacht, der Anfang zur Erschütterung des Gleichgewichts in seinem Haushalt gewesen. Dennoch erschienen die Rüstungen hierfür wie später zu Zwecken der Union den Ständen als eine rein persönliche Angelegenheit des Fürsten, zu deren Durchführung sie durch keine rechtliche Bestimmung irgendwie verpflichtet seien. Jede Leistung zu solchen Zwecken war daher mit einer Gegenleistung zu erkaufen. Und dass ihre Wünsche im Masse zu den Forderungen stiegen, erhellt genügend aus der stets zunehmenden Zahl ihrer Beschwerden, wie ihnen denn das schwer erkämpfte Recht, dass neue Steuern nur von den gesammten Ständen auf allgemeinen Landtagen oder deren gesetzlicher Vertretung, dem Grossen Ausschuss, bewilligt werden

---

[1]) Mylius IV, 1, 260.

könnten und ausschliesslich durch ständische Organe einzubringen seien, aber- und abermals bestätigt werden musste.

Wie siebenzig Jahre zuvor, so hatte sich im Verlauf von kaum zehn Jahren abermals eine Schuldenlast von über zwei Millionen aufgehäuft, als die kurfürstlichen Räthe im November 1617 Vertrauensmänner der Stände behufs Berathung von Mitteln und Wegen zur Deckung von Schuld und Zinsen nach Berlin beriefen[1]). Diese Vertrauensmänner konnten nun freilich nicht umhin die Nothwendigkeit der Uebernahme eines Theils der dräugendsten Schulden, vor Allem der dänischen zum Juni des folgenden Jahrs gekündigten Schuld von 200,000 Thlrn. anzuerkennen, kamen aber in eine schwierige Lage, als sie mit dem Auftrag entlassen wurden, die Mitstände in den Kreisen, die im Dezember zu Kreistagen zusammentreten sollten, für jene Nothwendigkeit gleichfalls empfänglich zu machen.

Wie die Stimmung der Kreistage beim Vernehmen jener Nachricht gewesen sein muss, geht am besten daraus hervor, dass man es gar nicht wagte, ihre Designirten zum Grossen Ausschuss zu berufen, sondern statt dessen einfach 38 Mitglieder aus der Kurmärkischen und 17 aus der Neumärkischen Landschaft nebst den Bürgermeistern der Hauptstädte auf den Januar 1618 nach Berlin berief. Der Kanzler, Friedrich Pruckmann[2]), Löben's Amtsnachfolger, motivirte die Berufung mit der Bedrängniss, in die die Hofrentei durch die Aufkündigung zunächst eines Viertels der dänischen Schuld gerathen, sodann durch die durch Rückstände schnell anwachsenden Summen der Schuld an Unions- und Reichssteuern, denen die beträchtlichsten Ausfälle in der vornehmsten indirekten Steuer, dem Neuen Biergeld, gegenüberständen.

Die Erklärung welche die Vertrauensmänner darauf abgaben war äusserst wolfeil. Man müsse sich so einschränken, dass die Ausgaben von den noch nicht verpfändeten Einkünften bestritten werden könnten. Ob dies überhaupt möglich sei und ob, falls nicht, das Land für die zum grossen

---

[1]) Ihre Designation der kurfürstlichen Schulden schliesst mit 2,142,257 Rthlrn. ab; darunter $\frac{M.}{100}$ Thlr. restirende Fräuleinsteuer, $\frac{M.}{214}$ Thlr. Contribution zur Union, $\frac{M.}{300}$ Thlr. Türkensteuer, $\frac{M.}{920}$ Thlr. hypothecirte, zinsbare Hauptsumme nebst $\frac{M.}{85}$ Thlrn. fälliger Zinsen, $\frac{M.}{110}$ Thlr. restirende Besoldung, $\frac{M.}{40}$ Thlr. Gnadengelder, $\frac{M.}{113}$ Thlr. an „Jubilirer und Kremer", $\frac{M.}{38}$ Thlr. nicht hypothecirte, zinsbare Schuld mit allein 11,000 Thlrn. fälliger Zinsen. In der Landtags-Proposition vom Jan. 1618 wird die Höhe der Schuld bereits auf 24 - 26 Tonnen Goldes (= $\frac{M.}{2,400} - \frac{M.}{2,600}$ Thlr.) angegeben, was bei dem hohen Zinsfuss und dem Fortwuchern von Zins auf Zins nicht befremden kann.

[2]) Vgl. über ihn Cosmar und Klaproth, der Kgl. Preuss. Geh. Staatsrath 315, 16 und Isaacsohn, Gesch. des Preuss. Beamtenthums II, 66.

Theil im öffentlichen Interesse aufgenommenen Summen einzutreten habe, auf die Beantwortung dieser Frage wollten sich „die hierzu besonders verordneten Personen", wie sie sich charakteristisch genug zur Hervorhebung ihres ausserordentlichen Charakters stets unterzeichnen, überhaupt nicht einlassen. Am entschiedensten hebt wieder ihr Sprecher, Adam von Schlieben, trotz seines jetzigen Titels eines Kurfürstlichen Geheimen Raths der unerschütterliche Vorkämpfer der Ständischen Verfassung, wie sechszehn Jahre zuvor ihre Inkompetenz zur Willigung neuer Steuern hervor. Sie hätten ja gar kein Recht im Namen gesammter Stände etwas zu bewilligen, hätten sich auch gar nicht versehen, dass Geld von ihnen würde begehrt werden. Nur von den Kreisen könnten Bewilligungen ausgehen, was aber nach ihrem Ermessen fruchtlos sein würde, solange man nicht an dem Kurfürsten einen gebührenden Ernst sehen würde, dem Schuldenwerk abzuhelfen.

Alles was die Räthe schliesslich durchsetzten war die Aussicht auf die Ueberuahme der dänischen Schuld seitens der Stände mit dem Beding, dass ihnen zur Verzinsung derselben die Verwaltung des Leuzener Zolls überlassen würde. Und selbst diese eine geringe Zusage führte zu unendlichen Weiterungen. Bei der Frage über die Quote von Landschaft und Städten an den 200,000 Rthlrn. der Schuld brach nämlich der seit dem Recess von 1594 schlummernde Quotisationsstreit beider Theile wieder in hellen Flammen aus. Die Landschaft forderte, dass gemäss jenem Recess auch diese Schuld gleich einer Reichs-, Kreis- oder Türkensteuer zu behandeln sei, dass also auch hiervon die Städte zwei Drittel, sie, die Landschaft, nur ein Drittel übernähmen. Die dem Baukrott nahen Städte wollten sich dem natürlich nicht fügen, bis es zu einem Compromiss höchst eigenthümlicher Art gedieh. Man ging über die Quotisationsfrage hinweg und einigte sich dahin, die 200,000 Thlr. in das beiden Theilen gemeinsame Neue Biergeld zu übernehmen. Abgesehen davon, dass diese Entscheidung die Städte indirekt nicht weniger als die Zweidrittel-Quotisation belastete, zog die Landschaft hieraus auch noch einen andern Vortheil.

Die mit Schulden überbürdete Neu-Biergeld-Kasse konnte nämlich die fälligen Summen am Fälligkeits-Termin nicht in Baar aufbringen. Da stellte sich denn plötzlich heraus, dass die Landschaften der Altmark und Priegnitz wie der Mittelmark doch noch nicht so ganz leistungsunfähig waren, wie sie es früher wol darzustellen geliebt hatten. Sie brachten ihrerseits vorschussweise die nöthigen Gelder auf und erhielten dafür auf ihren Wunsch die vier einträglichen altmärkischen Aemter Salzwedel, Arntsee, Diesdorf und Neuendorf als Faustpfand[1])

---

[1]) „Wegen der Städte Unvermögen zu persönlicher Uebernahme ihrer Quote ist es dahin gerichtet, dass die ganze Summa der $\frac{M.}{200}$ Thlr. nur allein auf's Biergeld versichert, der Zins und Unkosten aber aus dem Zoll zu Lenzen, Ihrer Ch. Gnaden Erbieten nach, gehoben und ausgezahlet; inmittels das Biergeld

Zu den verderblichen Folgen einer solchen Finanzpolitik, die für ein Objekt von 12,000 Thlr. jährlicher Zinsen einen Zoll der das anderthalbfache oder doppelte trug und vier grosse Aemter vergab, zu vergeben gezwungen wurde, gesellten sich mit dem Regierungsantritt Georg Wilhelms (1619—1640) die erhöhten Ausgaben für einen kostbaren Hofhalt, der zu den fürstlichen Finanzen im schreiendsten Contrast stand. Schon nach den ersten Wochen konnte sich der treue alte Pruckmann, zu Berlin von den hadernden Ständen bedrängt, nicht erwehren, einen recht eindringlichen Mahnruf nach Königsberg, wo der junge Kurfürst noch weilte, ertönen zu lassen. Die letzten Herren, Joachim Friedrich und Johann Sigismund, hätten bei einem eingeschränkten Leben Schulden hinterlassen. Wohin solle es da führen, wenn der Kurfürst fortfahre, wie er begonnen habe! Die einträglichsten Stücke seien bereits vergeben oder gingen jetzt fort, so Lenzen, so das Amt Ziesar, das 6000 Thlr. Zinsen trage, so die vier altmärkischen Aemter und die dazu gehörigen Zölle, so der Zoll zu Schwedt; alle übrigen Aemter und Zinse aber seien mit Schulden belastet! Die Folge alles dessen war das Versiegen auch des letzten Kredits, sobald die Wirren des dreissigjährigen Kriegs sich den Marken näherten. Bald kam es dahin, dass alles Silber, was man im Lande, fand oder erkaufte, statt in die kurfürstliche Münze, direkt weiter ins Ausland wanderte, wo das feine Silber in Folge des beginnenden Kipper- und Wipper-Unwesens auf den fünffachen Werth der Scheidemünze allmählich stieg. Bald sah sich die kurfürstliche Münze genöthigt, aus Mangel an Metall ihre Arbeit einzustellen (1620) und es begann die Ueberschwemmung der Marken mit den elendesten Geldsorten, entwertheten Schillingen allerhand Gepräges, Dütchen, Schreckenbergern und wie die Sorten alle heissen mochten, die das letzte Edelmetall das sich noch verborgen hielt aus seinem Versteck hervorzogen. Eine natürliche Folge hiervon wieder war die fünffach vergrösserte Schwierigkeit, die Gläubiger der fürstlichen und ständischen Kassen, die in vollwichtigen Speziesthalern bezahlt sein wollten, zu befriedigen; und als gar die Neu-Biergeldkasse um diese Zeit einmal Miene machte, die Scheidemünze abzuweisen, da drohten, nach übereinstimmendem Bericht von Räthen und Ständen an den Kurfürsten, die „armen Leut" mit Aufruhr und Rebellion.

Unter solchen Umständen trat die Frage der Schuldentilgung in die zweite Linie zurück. In erster Reihe handelte es sich jetzt um zwei andere Dinge: die Versorgung des Landes mit einer hinreichenden Quantität Silbermünze und die Festsetzung des Werths der Scheidemünze, um deren

---

dennoch im Wenigsten nicht beschweret, noch einige Erhöhung oder Aenderung deswegen mit demselben vorgenommen, sondern alles in jetzigem Stande und termino confidejussionis wie bishero, kraft I. Ch. Ch. abgefasseten Recesses d. d. 4. Sept. 1619, bis Ihre Ch. Gn. andere Mittel — an die Hand geschafft, verbleiben, auch die Neumärker hiervon im Geringsten nicht eximiret sein sollen". Worte aus der Erklärung der Oberstände auf dem Ausschusstag vom Nov. 1619.

gänzlicher Entwerthung vorzubeugen. Im eigensten Interesse der Stände, an die die Räthe sich mit solchen Propositionen wandten, lag es, hier schnell und entschieden einzugreifen, und wenn auch das letztere, Münz-Valvation und -Probation, Sache der Reichs- und Kreis-Tage war, über die ständische Competenz hinausging, so unterliessen sie es wenigstens nicht, ihren Herrn zur schleunigsten Herbeiführung solcher Bestimmungen auf einem obersächsischen Kreistage anzurufen. Das erstere dagegen war, da ihre Kassen allein noch im Besitz einiges Edelmetalls waren, für sie wol erreichbar, sobald der Kurfürst sie in die Lage setzte, das Münzregal auf eine oder die andere Weise anstatt seiner auszuüben. Die äusserste Noth zwang Georg Wilhelm zu thun, wozu sich einst die Wittelsbacher verstanden hatten. Er verpachtete seinen Ständen das Münzrecht auf drei Jahre mit der einzigen Bedingung, dass alle unter ihrer Leitung geprägten Münzen sein Bild und die Legende seiner bisherigen Münze zeigten, um so wenigstens äusserlich Unterthanen und Fremden gegenüber sein landesherrliches Ansehn zu wahren. Die drei Jahre hindurch blieben die Stände nun wirklich in der Lage, die Prägung fortzusetzen und als der Kurfürst das Regal wieder zurücknahm, bekannte er offen, dass sie sich dadurch um das Land verdient gemacht hätten, ein Umstand, auf den die Stände in späterer Zeit mit Stolz zurückzukommen liebten.

Die Verkümmerung der Lehnskriegsverfassung nöthigte bereits 1620 zur Aufstellung einer Truppe von Söldnern zur „Landes-Defension". Es war billig, dass diejenigen, die einst mit ihrer Person für die Vertheidigung von Fürst und Land, Haus und Heerd eingetreten waren, jetzt auch die Last für die Erhaltung derer trugen, die zu ihrem Ersatz bestimmt waren. Die wichtige Urkunde, die diese Anschauung zuerst zum Ausdruck bringt, ist jener Recess vom 1. Mai 1620[1]), wonach die Ritterschaft den Unterhalt von 300 Reitern, die Städte von 1000 M. z. F. auf 3 Monate übernahmen. Mochte die Bewilligung immerhin nur auf eine so geringe Zahl lauten, wie sie zur erfolgreichen Deckung der Landes-Grenzen kaum ausreichte, mochte sie zeitlich und räumlich eng beschränkt sein, es war doch von der höchsten Bedeutung, dass es hier in öffentlicher Urkunde, einem feierlichen Vertrage zwischen Landesherrn und Ständen als eine Pflicht dieser letzteren anerkannt wurde, die zur Sicherung des Landes nöthigen Mittel soweit sie das Vermögen des Fürsten überstiegen aus dem ihrigen aufzubringen.

Freilich waren die ihnen dafür bewilligten Zugeständnisse weit genug. Sie erhielten nicht mehr und nicht weniger als die Mitleitung des Heerwesens neben den vom Kurfürsten damit betrauten Commissarien. Von den auf Vorschlag der Räthe ernannten vier Ständedeputirten sollten zunächst während jener drei Monate abwechselnd je zwei am Hoflager verweilen, um gemeinsam mit den fürstlichen Commissarien die Kontrole über die Söldner zu führen. Ihre Musterconnnissarien reiten neben denen des Fürsten an den Werbe- und Sammelplätzen auf, ihre Vertreter organisiren und üben,

---

[1]) Mylius VI, 1, 285.

Allgemeine Einleitung.

zusammen mit Haupt- und Amtleuten, die Miliz. Sie präsentiren dem Kurfürsten Mitglieder ihres Standes zu Offizieren und alle, vom Obersten bis zum geringsten Söldner hinab, werden ihnen neben dem Kurfürsten verpflichtet. Auch bei der Verlängerung der Geldwilligung blieb diese Organisation unverändert bestehen.

Indess schleppten sich die beiden anderen schwebenden Fragen, die Herstellung des Gleichgewichts im fürstlichen Haushalt und die Ordnung des Münzwesens, noch Jahre hindurch ohne Abschluss hin. Und die andauernde Zerrüttung des Münzwesens wirkte dann ihrerseits wieder in besorgnisserregender Weise auf die fürstliche, die öffentliche Schuld zurück. Die Schulden-Designation, welche die kurfürstlichen Commissarien den Kreistagen im Herbst 1622 vorlegten, schloss mit Passiven von zwar nur $\frac{M.}{430}$ Rthlr. in Species, dagegen aber $\frac{M.}{1,716}$ Rthlr. in leichter Münze ab. Stellen diese letzteren auch nur ein Capital von etwa $\frac{M.}{350}$ Rthlrn. in Spezies dar, so konnte ihre Aufkündigung, solange der ehemalige Münzfuss nicht wieder gesetzlich geregelt war, doch jeden Augenblick zu den erheblichsten Schwierigkeiten führen. Die Verwirrung nahm noch zu, als die Städte sich um diese Zeit kategorisch gegen die Anwendung der Zweidrittel-Quotisation auf die Kriegssteuern und die Contingentirung der kurfürstlichen Schuld erklärten, wodurch dann alles, fürstlicher Hofhalt und Ständisches Kreditwerk, Schuldentilgung und Kriegs-Etat, völlig ins Schwanken gerieth. Die Instruktionen, die Georg Wilhelm seinen Commissarien für jene Herbst-Kreistage von 1622 mitgab, entrollen ein düsteres Bild von der damaligen Lage. Das Erste und Nothwendigste, heisst es da, sei die Besserung des Münzwesens, ohne die Handel und Wandel. Fürst und Land untergehen müssten. Alle Gerichts- und Rathsstuben seien von Klagen darüber erfüllt, doch wären bisher alle dagegen versuchten Mittel vergeblich gewesen. Einen Reichsthaler entsprechend der Entwerthung der kleinen Münze für fünf anzunehmen, sei mit Rücksicht darauf, dass sein Werth in den Nachbarlanden auf 1¹/₂—1³/₄ Thlr., an manchen Orten gar nur auf die normalen 24 Groschen angesetzt sei, mehr als bedenklich, während doch umgekehrt für einen Thaler Münze nicht mehr als der fünfte Theil gezahlt würde. Die Folge davon sei der Ruin nicht nur aller derer, die auf eine bestimmte Rente angewiesen seien, sondern zuletzt auch aller solcher, die überhaupt Geld ausstehen hätten, so dass ihrer etliche beinahe desperat geworden und nur mit Mühe davon abgehalten worden seien, Hand an sich selbst zu legen. Da zur Abhülfe dieses Uebels einheitliche Massregeln, vor Allem eine von der Gesammtheit vereinbarte Münzordnung nothwendig erscheine, so würden die Kreise darum ersucht ihre Bedenken zusammenzutragen und auf dem Grossen Ausschusstag im Frühling des nächsten Jahres (1623) vorzubringen.

Betreffs der Frage der Landes-Defension sei darauf hinzuweisen, wie sehr der Kurfürst mit seinen Befürchtungen und den darauf begründeten Geldforderungen Recht gehabt habe. Unrecht und verkehrt sei es, wenn jetzt die Städte, im Vertrauen auf ihre festen Mauern, den Quotisationsstreit von Neuem begännen, ebenso verkehrt, wie wenn Glieder eines Leibes sich gegen einander kehrten. Fürst und Land seien eins. Nur mit der Beihülfe der Stände könne der Fürst seine Pflichten erfüllen, auf deren Erfüllung wiederum das Heil des Landes beruhe.

Die Schuldentilgung sei jetzt oder nie zu bewirken. Da die theils von Johann Sigismund überkommenen, theils selbst gemachten Schulden so schnell anwüchsen, dass nur ein sofortiger Vergleich mit den Kreditoren, ihre „Behandlung" wie damals der Ausdruck lautet, dem drohenden Bankrott vorbeugen könne. Schon seien einem solchen, zu des Kurfürsten höchstem Leidwesen, seine werthesten Bürgen binnen und ausser Landes verfallen. Ja ihm selbst würden die schärfsten und anzüglichsten Schreiben, Drohungen mit der Klage vor dem Reichskammergericht zugesandt. Solches ertrüge er länger nicht; lieber wolle er nicht leben, als das mit ansehen und anhören müssen.

Wie ist allen diesen Uebeln abzuhelfen, das ist die grosse Frage der Zeit, die alle Geister beschäftigt, alle Gemüther erregt. Welch Stand, welche Einzelnen, welche Objekte sind noch besteuerbar und steuerfähig? Die Städte sind anerkanntermassen überschuldet, der Landmann droht mit Rebellion, das Ständische Kreditwerk, die letzte Zuflucht von Fürst und Land, neigt unter den Schlägen der Münzentwerthung zum Bankrott. Wie früher in Zeiten der höchsten Noth, so griff man auch jetzt wieder zu dem einzigen Mittel, das übrig blieb und zu dem man in ähnlichen Fällen immer wieder greifen wird, zu dem der indirekten Besteuerung. Hatte man 1540/50 die neue Biersteuer, 1572 einen hohen Getreidezoll, den „Scheffelgroschen" durchgesetzt, so durfte man hoffen, jetzt endlich eine in jenen Zeiten wiederholt vorgelegte und jedesmal abgelehnte Steuer, die auf Kaufmannswaaren, in erster Reihe Seiden- und Wollenfabrikate, durchzubringen; eine Steuer, deren Ertrag einzig und allein der Schuldentilgung gewidmet bleiben und mit der Erreichung dieses Ziels von selbst wieder fortfallen sollte.

Dem dabei zu gewärtigenden Einwurfe, dass eine solche neue Steuer nur vom ganzen Lande, einem allgemeinen Landtag, beschlossen werden könnte, sei mit dem Hinweis auf die Kostspieligkeit solcher Tage zu begegnen, die auf 1500 Köpfe und eine Dauer von 3 – 4 Wochen berechnet bei dem dermaligen Münzstande auf 100,000 Thlr. zu stehen kommen würden und nur zu verlangen, dass die Deputirten mit einer allgemeinen Vollmacht auf bestmögliche Erledigung der Schuldentilgungsfrage nach Berlin entsandt würden. Uebrigens sei darauf zu verweisen, wie doch auch bei dem vollzähligsten Landtage der Gang der Verhandlungen und die schliessliche Entscheidung in der Hand einiger weniger, der Führer, ruhe [1]).

---

[1]) „So hilft es ja auch dem Wesen an sich nichts; denn ob Ihrer noch zwei- oder dreimal soviel zusammenkämen, müsste doch das Werk durch etliche Wenige dirigiret und geführet werden."

Die designirten Bevollmächtigten seien wegen etwaiger Befürchtungen vor Misstrauensvoten ihrer Auftraggeber zu versichern¹), und letztere darauf hinzuweisen, wie die in den verschiedenen Instruktionen zu Tage tretenden Ansichten und Wünsche sich nur durch ein Compromiss vereinigen liessen. Ein Blick auf die Praxis der Reichs- und Kreistage lehre, dass überall, Ausnahmefälle abgerechnet, die Majoritäten den Ausschlag gäben, Einstimmigkeit nur in den seltensten Fällen zu erzielen sei.

Vorstellungen dieser Art machten doch noch Eindruck genug, um die Landschaften der einzelnen Kreise zur Bestellung Bevollmächtigter zu vermögen. Dagegen beharrten die Städte auf dem seit vier Jahren eingenommenen Standpunkt. Ihre Deputirten erhielten abermals den Auftrag, die fürstlichen Propositionen in der Schuld- und Defensions-Frage mit anzuhören und auf „Hintersichbringen" zu nehmen, sich aber zu nichts zu verpflichten, so lange nicht der Quotisationsstreit in ihrem Sinne entschieden sei. Nur bezüglich der Münzreform zeigten auch sie sich zur Sanktion von Massregeln bevollmächtigt, die freilich an das moderne System des Zwangskurses oft bedenklich heranstreifen. Zwar klingt es annehmbar, wenn sie vorschlugen, den Speziesthaler nach dem Vorgang der Hamburger auf 1½ Thlr. in leichter Münze im Einverständniss mit den übrigen Ständen des Obersächsischen Kreises herabzusetzen und so innerhalb eines ausgedehnten Reichsdistrikts die Grundlage für eine gesunde Reform zu legen. Naiv dagegen bis zur Ignorirung der ersten Regeln der Wirthschaftslehre erscheint die andere Forderung, alle seit 1619 bei ständischen oder rathhäuslichen Kassen gemachten Anlagen nach dem demnächst zu vereinbarenden Thalerfusse zu reduciren.

In das Ermessen und Billigkeitsgefühl des Kurfürsten stellen sie die Entscheidung darüber ob die, die den Reichsthaler vorher wirklich für einen Thaler angenommen und nun ihre Capitalien bei den ständischen Kassen und Rathhäusern zu so hohem Preis „eingeschoben" hätten auch die Zinsen den Ständen zum Schaden bis zur höchsten Valvation stehen und aufwachsen liessen, aus der fünffachen Steigerung des Silbers Nutzen ziehen sollten. Dass sie das Geld seiner Zeit nur eben mit dem Preis, den es für sie hatte, bezahlt hatten, in andern Worten den Begriff des Geldes als einer Waare, die gleich jeder andern beständigen Werthschwankungen unterworfen sei, scheinen sie nicht gefasst zu haben — vielleicht nicht haben fassen wollen.

Unterdess verlief jener Ausschusstag von 1623, auf den man so grosse Hoffnung gesetzt hatte, schliesslich noch kläglicher als seine Vorgänger.

---

¹) „Es möchte auch wol vorgewandt werden, dass man etlichen guten Leuten, welche sich hiebevor als Gevollmächtigte absenden lassen, bei ihrer Wiederkunft, ob. sie wol alles gethan, was sie gesollt, wann sie es dahin nicht bringen können, dahin es der grosse Haufe gern gebracht gesehen, Ihres Vorrichtens schlechten Dank gewusst, dadurch dann nun Andere vor den Kopf gestossen würden."

Ehe man noch zu einer eingehenden Berathung über das Schuldenwerk kam, zerfiel alles unter dem heftig auflodernden Streit der Landschaft und der Städte über die Quotisation der Kriegssteuern. Jene hatten ihre Willigung in die Aufbringung der geforderten 500 M. z. R. an die Bedingung geknüpft, dass die Städte eine doppelte Summe zur Aufstellung und Unterhaltung von 2000 M. z. F. aufbrächten. Und als die Städte darauf betheuerten, dass sie über 1500 M. unmöglich hinausgehen könnten, ritten die von der Landschaft ohne Abschied auf und davon. Sie stellten es ausser Zweifel, sagen die Städte in ihrem Protest vom 1. April d. J., dass der Kurfürst der Prälaten und derer von der Ritterschaft soweit mächtig sein könne, dass seine Erklärung, sich mit der Willigung der Städte zu begnügen, ihren Effekt erreiche und ein Stand gegen den andern sich zur Bil.igkeit disponiren lasse. Denn die Ritterschaft stritte lieber über die Verfassung und deren unveränderte Erhaltung — wobei sie sich, ihrem Vorgeben nach, sehr wol, die Städte aber gar übel befänden — als dass sie von dem Ihrigen etwas dazu geben wollte. Selbst die von dem Kurfürsten abermals proponirte Steuer auf alle Kaufmannswaaren, die „General-Mittel" zeigten sich die Städte in diesem ihrem Protest jetzt zu bewilligen nicht abgeneigt, falls ihnen die Bestimmung über die Höhe der Steuersätze und der damit zu belegenden Artikel überlassen bliebe.

Die Landtagscommissarien schlugen nun den einzigen ihnen offen stehenden Weg ein. Sie schlossen in der Defensionsfrage wenigstens mit den Städten zu einem annehmbaren Satze ab, während die übrigen beiden Punkte unerledigt blieben. An die Prälaten, Herren und die von der Ritterschaft aber erging im Juni d. J. ein landesherrliches Mandat, gleichwie in den Nachbargebieten Mann für Mann aufzureiten, um das Land gegen den Einfall der Kosacken in's Züllichauische zu schützen. Für die Erledigung der Münz- und Schuldfrage wurde ein neuer Tag auf den Spätsommer angesagt.

Doch schon war durch die kleinliche Haltung des Oberstands auf jenem Frühlingstag auch die letzte Gelegenheit verpasst, die Rettung aus dem Schiffbruch in möglichster Ordnung vorzunehmen. So brach denn in der zweiten Hälfte dieses selben Jahrs 1623 die Katastrophe über das Land herein mit der Insolvenzerklärung der beiden vornehmsten Kassen des Ständischen Kreditwerks, des Neuen Biergelds und des Städteknstens. Nie hätte eine Verständigung mit dem Landesherrn über dessen unerlässliche Forderungen, eine Vereinbarung in der Münzfrage mehr im Interesse der Landschaft selbst gelegen, als eben im Frühling d. J. Dadurch dass sie die letzte Gelegenheit unbenutzt hatte vorübergehen lassen, änderte sich nun ihre Stellung zum Landesherrn mit einem Schlage in höchst bedeutsamer Weise.

Dem Grossen Ausschuss zum Neuen Biergelde, der im April 1624 zur Berathung über die in dieser Calamität zu ergreifenden Massregeln in Berlin zusammentrat, gab der Kurfürst auf die Bitte der Stände einige seiner Räthe als Berather bei. Anfang Juni kam es zur Verkündigung des

Recesses über die hier vereinbarten Massregeln[1]). Es waren drei verschiedene Massregeln beschlossen worden. Zunächst die Erhöhung des Neuen Biergeldes auf das Doppelte, von $3\frac{1}{2}$ auf 7 Rthlr. für das Gebräu von 38 Scheffeln. Dies vertheuerte nun aber zusammen mit der alten Ziese und dem Städte-Zuschüttel diesen Haupt-Produktions- und Konsumartikel der Marken dermassen, dass dadurch nach der in der Folge als richtig befundenen Ansicht der Hauptproducenten der Konsum, vorzüglich aber der nicht unbeträchtliche Export, aufs Aeusserste beeinträchtigt werden musste. Die Folge davon war, dass man von der Durchführung dieses Satzes in der Praxis wieder Abstand nahm und sich mit einer Erhöhung um noch nicht ein Drittel desselben begnügte. Glücklicher war man mit den beiden andern Massregeln, der Reduction der Schuld des Neuen Biergelds durch Ueberweisung einiger lästigster Posten in den Hufenschoss, der Dekretirung des Zwangskurses für die letzten Gläubiger dieser Kasse, wie der Herabsetzung des Zinsfusses von 6 auf 5 %; sodann der Bestellung einer ausserordentlichen Commission — von 1 Prälaten, 6 von der Ritterschaft und 5 von Städten — zur Untersuchung der Verwaltung von Landrentei und Münze während der Jahre 1620—23, unter der Leitung mehrerer Räthe des Kurfürsten.

Wie sehr man jetzt in der Nothlage von derartigen Regulirungen des Schuldenstatus kraft landesherrlicher Autorität alles Heil erwartete, geht daraus hervor, dass die Städte nun aus eigener Initiative, im entschiedensten Widerspruch zu ihrer früheren Sprödigkeit in Dingen städtischer Verwaltung, den Kurfürsten um eine Untersuchung und Regulirung des Städtekastens in derselben Art angingen, eine Bitte, der der Fürst nun seinerseits ausweichend begegnete[2]).

Während man noch über diese Fragen hin und her verhandelte, mahnte der Krieg, dessen Wogen eben jetzt die Grenzen der Marken zu überfluthen begannen, dringender als je an die Aufstellung einer bewaffneten Macht, die der Neutralität des Landes Achtung verschaffte. Der Kampf des Fürsten mit den Ständen über die dafür nöthigen Bewilligungen, die Nöthigung der letzteren, die Forderungen jenes als berechtigt anzuerkennen, geben den nächsten Jahren ihre Signatur. Und die 2—3000 Söldner die Georg Wilhelm durch das ganze Elend der Dreimonats-Bewilligungen hindurch beibehielt, weil ihre Abdankung oder „Reduction", wie der Ausdruck damals lautet, sich als unmöglich erwies, bildeten bei aller Zuchtlosigkeit dennoch einen handgreiflichen Beweis dafür, dass es ausserhalb der ständischen von jetzt ab noch eine andere Verfassung im Lande gab, die mit jener ebensowenig in ein Einvernehmen gesetzt werden konnte, wie dies zwischen der Lehens- und der modernen Kriegsverfassung möglich war.

[1]) Mylius VI, 1, 311, Recess, welchen S. Ch. D. zwischen den Ständen des Biergeldes halber ertheilet, welchergestalt nämlich aus demselben die herrschaftlichen Schulden bezahlt werden sollen, und wem das Brauen auch Freiheit vom Biergelde vergönnet sein solle. Berlin 9. Juni 1624.
[2]) Mylius VI, 1, 319, 320.

Mit grosser Consequenz vertraten die Stände in den Jahren 1625—27 das Princip der unbewaffneten Neutralität gegenüber dem der bewaffneten, das des Kurfürsten fähigste und treueste Räthe, Pruckmann, Sigismund von Götze, Samuel von Winterfeld, Levin v. d. Knesebeck, mit allen Mitteln der Ueberzeugung und doch vergeblich ihnen genehm zu machen bemüht waren. Da erhielten die ständischen Tendenzen plötzlich von einer Seite Vorschub, von der sie es am wenigsten erwartet hatten. Der nach und nach allmächtig werdende Minister Adam Graf Schwartzenberg wusste seinen Herrn mit dem Augenblick, wo Gustav Adolf im Polnischen Krieg die Grenzen Preussens überschritt, entgegen den Stimmen der oben genannten Räthe zum Schutz- und Trutzbündniss mit dem Kaiser zu vermögen und dies den Ständen dadurch plausibel zu machen, dass er ihnen nachwies, wie während des Kampfs im Osten die Marken durch kaiserliche Truppen vor aller Gefahr und der Aufbringung eigner Truppen gewahrt blieben.

Welchen Segen diese Einlager kaiserlicher Truppen den Marken brachten, während die kurfürstlichen Truppen im fernen Preussen Gustav Adolf gegenüberstanden, wie die Marken fünf Jahre hindurch gleichsam als Kornkammer für alle kaiserlichen Heere, die von Böhmen und Schlesien nach der Ostsee und von dort zurück dirigirt wurden, dienten, wie ungeheure Summen Wallenstein aus dem erschöpften Lande zu erpressen wusste, ist bekannt. Da endlich mussten die Stände in der Schule harter Leiden ihren Fehler erkennen lernen, als sie zur Erhaltung ihrer Machtbefugnisse im „Defensionswerk" die Propositionen der kurfürstlichen Räthe 1626 und 1627 leichtweg von der Hand gewiesen hatten.

Dennoch war es jetzt zu einer Aenderung zu spät. Denn schon war der Landesfürst selbst nicht mehr sein eigener Herr. Gleich einem Vasallen musste er seinem königlichen Schwager von Schweden Heerfolge leisten und als der Tod des Königs, die Schlacht von Nördlingen, die Verhandlungen von Pirna, endlich der Prager Friede, 1635, ihm wieder freiere Hand geschafft hatten, scheiterte er abermals an dem Widerstand der Stände in seinem Bemühen, seine bewaffnete Neutralität zu einer wirksamen zu machen, so dass seitdem Freund und Feind, die Kaiserlichen und die Schweden, das Land ungestraft bis auf das Blut aussogen. Wenn diese Haltung nun gerade nicht geeignet war, das Ansehen des Kurfürsten von Brandenburg in der Welt zu erhöhen, so waren die Verhältnisse für die bisherigen Prätentionen der Stände doch noch ungleich ungünstiger, so dass eine wenig merkliche aber doch stetig fortschreitende Verschiebung ihrer Stellung zum Landesherrn zu ihren Ungunsten dem Auge des Forschenden sichtbar wird. Der mit jedem Kriegsjahre tiefer sinkende Kredit ihrer Kassen konnte nur noch durch kurfürstliche, von Zeit zu Zeit verlängerte Moratorien künstlich aufrecht erhalten werden. Die Eintreibung der Contributionsreste durch Militär-Exekution brachte jedem, auch dem Mächtigsten von ihnen, denn alle waren sie im Rückstand, ihre zunehmende Machtlosigkeit praktisch zur Empfindung. Die in der Noth des Kriegs ohne oder erst mit später ertheilter Verwilligung ausgeschriebenen Steuern und Naturallieferungen erschütterten die Grundveste der alten Ständischen Verfassung und vergebens petitionirte man um die Berufung eines allgemeinen Landtags, wie er im Februar und März 1615 zum letzten Mal getagt hatte. Ihr Eintreten für eine passive Neutralität in dem Augenblick, wo Schwartzenberg den Kurfürsten zur zweiten Allianz mit Oesterreich gegen Schweden bestimmt hatte (1636), diskreditirte sie vollends, da ihnen in den nächsten vier Jahren nur das eine Recht verblieb auf den alljährlich berufenen, numerisch beschränkten Ausschusstagen ihre Gravamina zu überreichen und die verlangten Contributionen nach längerem Markten zu bewilligen. Die Bewilligungen wurden acceptirt, den Beschwerden sagte Schwartzenberg, der den in Preussen seit 1637 weilenden Kurfürsten als Statthalter der Marken vertrat, alle Abhülfe zu, doch war im Drange der Zeit wenig davon zu verspüren. Selbst in dem wesentlichsten Punkt, der Autonomie der Contributionsverwaltung, müssen sie dem Fürsten die Concession machen, dass seine Commissarien sich von ihren Kreis-Commissarien über die Höhe ihrer Ein- und Ausgänge Rechnung legen liessen, so dass schon damals faktisch, wenn nicht rechtlich, der Grundsatz von dem Recht des Fürsten zur Kontrole aller und jeglicher Steuern von Neuem zur Geltung kam¹).

¹) Dass S. Ch. Gnaden sich von Abhörung der Commissarien-Rechnungen sollte ausschliessen lassen, heisst es in der Beantwortung der ständischen Gravamina vom Febr. 1636, darin könnten Sie keineswegs willigen. Er sei der Landesfürst, die Kreis-Commissarien von ihm eingesetzt. Seine Amts-Unterthanen müssten so viel contribuiren, wie die des Adels. Auch die Amtsstädte, die er wol eximiren könnte, lasse er zur Contribution beitragen, daher wäre er zu seiner Forderung um so mehr berechtigt. So wie sie, Stände, die Rechnungen über Einkünfte und Ausgaben der Kriegskasse zu sehen beanspruchten, was der Kurfürst ihnen nicht verdenke, eben so wenig habe sich Jemand im Lande über seine Forderung zu beschweren, damit er wüsste, wie und wohin die von den Commissarien erhobenen Gelder verwendet würden und gerade ihre Weigerung errege Verdacht.

I.
Die Ordnung der Contribution
bis zu den Recessen von 1643.

Einleitung.

Kurfürst Friedrich Wilhelm befand sich bei seinem Regierungsantritt den Märkischen Ständen gegenüber in einer ebenso schwierigen Lage wie zu seinen Nachbarn und den kriegführenden Mächten. Seit mehr als drei Jahren bewegte sich die Brandenburgische Politik unter der Leitung des Statthalters Grafen Adam Schwartzenberg in einer den Wünschen und Interessen der Stände entgegengesetzten Richtung. Jene verlangten die Durchführung der im Prager Frieden bedungenen Neutralität auch gegen die Schweden, dieser hatte seinen Herrn zur Theilnahme an der habsburgisch-polnischen Offensive gegen die nordische Macht (1637) zu bewegen gewusst. Jene forderten immer nachdrücklicher die Minderung der Steuerlast durch die Reduction der Soldatesca auf einen Minimalbestand von Festungsgarnisonen, dieser trieb die nicht verwilligten Kriegsauflagen für das nominell auf über 10,000 Mann gebrachte Heer[1]) durch Militär-Executionen ein. Die Stände suchten sich wenigstens die ihnen verfassungsmässig zustehende Kriegssteuer-Verwaltung zu erhalten, Schwartzenberg entzog sich und seine Kreaturen jeder Kontrole durch Unterlassung der Rechnungslegung.

Mit Recht mochten die ersteren nach dem Nutzen einer Politik fragen, die für kaum erschwingliche Lasten ausser zum Verlust ganz Pommerns, um dessentwillen der Krieg erneuert war, in der Campagne von 1638 zu dem des grössten Theils der Altmark, in den beiden letzten Jahren zu dem des Landes jenseit der Oder, der festen Plätze Driesen, Landsberg, Frankfurt, Krossen geführt hatte. Als sie daher am 29. Nov./9. Dec. 1640, acht Tage nach dem Hinscheiden Georg Wilhelms, die Landtags-Propositionen zu Berlin zu hören bekamen, die auf neue Auflagen, noch entschiedenere Offensive gegen Schweden hinausliefen, war ihre Stimmung derart, dass auf ein Verständniss mit diesem Statthalter nicht mehr zu rechnen war.

---

[1]) Courbière, Brand.-Preuss. Heeres-Verfassung 40, 41.

Wie berechtigt ihre Klagen über die Verheerungen der Schweden, die Zuchtlosigkeit der eigenen Soldatesca waren, dafür spricht beredter als Worte die Thatsache, dass das Heer in den 22 Monaten vom Januar 1639 bis November 1640 durch Desertionen bis auf 6000 Mann, drei Fünftel des früheren Bestands, zusammengeschmolzen war [1]).

Drei Dinge verlangten die Stände von dem neuen Kurfürsten: die Entfernung der Schweden, möglichst auf friedlichem Wege, die Reduction des Heeres auf die nothwendigen Festungscompagnien, endlich die Endigung des Schwartzenbergischen Willkür-Regiments. Gewähre er dies nicht, so würden sie nicht in der Lage sein, die Contribation für den Rest der kurfürstlichen Truppen aufzubringen. Dies würde zur Ueberschwemmung des Landes durch die Feinde, zu seinem gänzlichen Ruin führen.

Ging der Kurfürst auf ihre zweite Forderung, die Reduction des Heers, jetzt ein, so war indess die Hereinziehung der schwedischen Heere auch in den Rest des Landes, die Erhöhung ihrer Forderungen für den Abschluss eines Waffenstillstands noch ungleich gewisser. Eines konnte nur nach dem Andern, die Reduction aber in letzter Reihe vorgenommen werden. Auch die Entsetzung Schwartzenbergs war nicht leicht zu bewerkstelligen. Der Graf war Meister des Landes durch die Obristen, die alle, bis auf Conrad von Burgsdorf[2]) in Küstrin, seiner Befehle gewärtig waren, zumal die Truppen in erster Reihe dem Kaiser, erst in zweiter dem Kurfürsten verpflichtet waren. Auch hier konnte nur durch eine bedächtige und geschickte Politik das Ziel erreicht werden.

So viel ersichtlich fast nur durch sich selbst berathen, lenkte der junge Fürst die Dinge von dem entfernten Königsberg aus in eine dem Lande in jeder Beziehung erspriessliche Richtung. Wenige wol berechnete Züge erschütterten die Stellung des bis dahin allmächtigen Ministers, raubten ihm die innere Zuversicht, die ihn bisher aufrecht erhalten hatte. Es bedurfte nur des bekannten Zwischenfalls, der Entleibung des Kammergerichtsraths von Zastrow durch einen seiner Cavaliere, um den innerlich Gebrochenen ganz zu Boden zu werfen. (März 1641). Die Stände-Deputirten, die den Kurfürsten mit dem Beginn des Jahres 1641 unter der Leitung des vielgeprüften und erprobten Samuel von Winterfeld,[3]) als Ueberbringer der ständischen Gravamina zu Königsberg aufsuchten, gelang es von der Unmöglichkeit einer sofortigen Reduction zu überzeugen. Dadurch wieder fand der Fürst Platz zu Verhandlungen mit den Schweden, erst mit dem Legaten Adler Salvius zu Hamburg, dann mit dem Stockholmer Hof direkt, wohin seine Gesandten Rumelian Leuchtmar und Balthasar von Brunn am 1. Mai abgingen.

[1]) Courbière 41, 42.
[2]) Vgl. über ihn U. A. I, 371, Droysen III, 1, 133 ff., Erdmannsdörffer, Graf Waldeck 53—56, Isaacsohn, Gesch. des Preuss. Beamtenthums II, 99, 103; Cosmar und Klaproth, Gesch. des Kgl. Preuss. Staatsraths 347.
[3]) Vgl. U. A. I, 379 ff., Cosmar und Klaproth 339, 340; Droysen III, 1, 31—58.

Einleitung.

Die eilfwöchentlichen Verhandlungen mit den Ständedeputirten zu Königsberg (Januar—März 1641) brachten ihn ein gutes Stück vorwärts. Man schenkte ihm Glauben, wenn er mit Eifer betheuerte, dass seine einzige Intention dahin gerichtet sei, wie er seine bedrängten Lande und Leute aus der Kriegsflamme in eine beständige Ruhe und Sicherheit setzen und wol regieren könne[1]), zumal er solche Betheuerung durch thatsächliche Bewilligungen erhärtete. Die Contributions-Verwaltung sollte den Ständen in früherer Selbständigkeit belassen werden, die Militär-Execution nur da eintreten, wo die civile fruchtlos blieb, die Auflagen auf's Möglichste herabgesetzt, die Art ihrer Eintreibung so verbessert werden, dass Niemand Ursache behalte, sich zu beschweren. Dennoch gab es einen Punkt, über den man nicht hinauskam. Die in der Proposition für das Jahr 1641 geforderten 150,000 Thaler erklärten die Deputirten als unerschwinglich und stellten so den von ihnen doch zuletzt zugesagten Bestand des Heeres auf 16 Compagnien zu 150 Mann z. F. und 3 Compagnien z. R. wieder in Frage.

Die General-Resolution d. d. Königsberg 31. März 1641 brachte des Kurfürsten definitive Antwort auf die ständische Eingabe[2]). Nicht das Geringste, heisst es im Eingang, solle ihnen von ihren alten Rechten, Freiheiten und Gebräuchen abgezogen werden, nur ginge es nicht an, dieselben so ohne Weiteres, in diesem Augenblick, fern vom Lande, in Bausch und Bogen zu bestätigen, da es nöthig erscheine, vorher wegen solcher Landesreverse, Abschiede und Privilegien etwas mehr Information einzuziehen, damit auch die Confirmation mit desto besserem Fundament darauf erfolgen möge. Nicht stark genug vermag der Kurfürst seine Bekümmerniss über das Bild auszudrücken, das die Eingabe der Stände vom Zustand des Landes vor seinen Augen entrollt habe. Er würde von Stund an sein Möglichstes zur Besserung desselben thun; es gebe keine Beschwerde, der nicht nach Kräften abgeholfen werden würde, sobald sie das Ohr des Landesherrn erreiche. Verwundern müsse er sich, dass solche Noth des Landes, „welche von etlichen Jahren her dermassen gewachsen und zugenommen, dass sie jetzt auf's höchste gestiegen sei, Ihrer Hochseligen Churfürstlichen Durchlaucht niemals recht vorgestellt und solche dienliche Mittel zugleich an die Hand gegeben seien, vermittelst deren Sie Ihrem Lande aus solchem Elende hätten helfen und Ihren Statum in etwas conserviren mögen". Sein Erstes werde sein, auf die Urheber dieses Zustands inquiriren zu lassen und werde er sich alsdann dergestalt darauf verspüren und vernehmen lassen, wie es der Sachen Nothdurft erheische.

Den Vorschlag der Stände, mit den Obristen und Hauptleuten an Stelle der ungewissen indirekten Bezüge Verhandlungen über ein festes

---
[1]) Vgl. Droysen III, 1. 155—167, der eine sehr eingehende und anschauliche Darstellung dieser ersten Jahre gibt.
[2]) Die Erledigung der etlichen vierzig Gravamina verschob die gleichzeitige Spezial-Resolution auf gelegenere Zeit.

Jahrgehalt zu beginnen, acceptirt er, desgleichen die Wiedereinführung des seit 1638 aufgegebenen Sommer-Tractaments für Offiziere und Gemeine[1]), dies letztere entgegen dem Rath sämmtlicher Geheimer Räthe, die diese Massregel als undurchführbar bezeichnen, und trotz des schriftlichen Protestes der meuterischen Reiterei. Auch die General-Untersuchung des Kriegs-Etats der letzten Jahre vor einer gemischten fürstlich-ständischen Commission sagt er zu. Vorsichtiger bescheidet er die Forderungen privatrechtlicher Natur. Betreffs der Milderung der Bestimmungen über die in der bankrotten Zeit doppelt fühlbare Haftpflicht von Bürgen für die Schulden insolventer ständischer und städtischer Kassen und der Executionsvollstreckung stellt er „gewisse Verordnungen interimsweise" in Aussicht, die auch die Rechte der Gläubiger nach Möglichkeit wahren würden. Der Streit über die Quotisation zwischen der Ritterschaft, die auch ferner, wie in den letzten drei Jahren, nur ein Drittel der Kriegssteuer geben wollte, und den ausgesogenen Städten, die zwei Drittel derselben aufbrachten, solle bis nach dem Abschluss mit Schweden vertagt werden; einem Augenblick, an dem auch die anderen Beschwerden ernstliche Berücksichtigung finden würden.

Zu Berlin hatte das Osterfest die Berathungen der Stände noch vor dem Schluss unterbrochen. Es handelte sich zunächst darum, den Statthalter durch eine geeignete Persönlichkeit zu ersetzen. Der Kurfürst betraute mit dieser wichtigen und schwierigen Stellung seinen zweiundzwanzigjährigen Vetter, Markgraf Ernst von Jägerndorf[2]), der am 11. Mai in der Residenz anlangte und die Stände auf den 17. Juni wieder berief. Vier Wochen darauf (14. Juli) kam es zu dem später von Schweden freilich nicht ratificirten Stockholmer Vertrage über eine zweijährige Waffenruhe für die Marken[3]). Um dieselbe Zeit wurde die meuterische Reiterei, bis auf 300 Mann unter O. E. von Burgsdorf[4]), zum Kaiser entlassen, die 2400 Mann zu Fuss auf den Kurfürsten allein vereidigt, der mit der Entfernung der alten Obristen bis auf Conrad von Burgsdorf das Land militärisch wieder in seine Hand bekam.

Der Convent vom Juni d. J. erhielt in den Propositionen nur die Forderung vorgelegt, die für die 2400 Mann z. F. und 300 Mann z. R. sowie die Reduction der Uebrigen nothwendige Summe von etwa 160,000 Thaler auf ein Jahr zu bewilligen. Trotz fünfwöchentlicher Debatten kam man auch diesmal nicht zum Ziel. Die Stände verharrten bei der Betheuerung, dass eine solche Leistung unerschwinglich für sie sei und forderten viel-

---

[1]) Vgl. U. A. I. S. 379.
[2]) Vgl. über ihn U. A. I. 370.
[3]) Die Verhandlungen über den Frieden wurden durch die Schuld der Schweden erst Februar 1642 wieder aufgenommen und ziehen sich bis Ende Mai 1643 hin, vgl. Droysen III, 1, 179 ff.
[4]) Vgl. über ihn U. A. I, 372.

mehr die Erledigung ihrer Beschwerden. Ernst hingegen verwies sie darauf, dass sie nur zur Berathung der Forderungen berufen wären, mit ihren Beschwerden sich direkt an den Kurfürsten, als allein zu ihrer Erledigung competent, wenden müssten. Der Recess, den der Statthalter unter Protest der Stände gegen die ihnen zugemuthete Leistung dem Kurfürsten unterm Datum des 21. Juli zur Ratification übersandte, wurde indess von diesem nicht einmal für ausreichend befunden und ihm die Ratification versagt.

In einer Beschwerdeschrift vom $\frac{28.\ Juli}{7.\ Aug.}$ motiviren die zu Berlin zurückgebliebenen Deputirten von Neuem ihre Forderung auf Minderung der Last mit den überhandnehmenden Verheerungen der Schweden im Lande jenseit der Elbe und in Ruppin, so dass das ganze Land dadurch ruinirt, „insonderheit die westlichen Kreise der Mittelmark, die bisher das Werk noch meistentheils stützen helfen, ad extrema gebracht seien", so dass sie fortan ihren Verpflichtungen gar nicht mehr nachkommen könnten. Daher bäten sie nochmals die Leistungen herabzusetzen, mit 12 statt 16 Compagnien z. F. und entsprechender Primaplana, dem durchgehenden Sommertractament sich zu begnügen. Diese Eingabe, die erst am $\frac{24.\ Aug.}{3.\ Sept.}$ in Königsberg anlangte, wurde durch einen gleichzeitigen Bericht des Statthalters bestätigt, der das Elend der Marken als grenzenlos schilderte und die Aufbringung von zwei Dritteln der übernommenen 150,000 Thaler schon als ein gutes Resultat bezeichnete, doch eben deshalb entschieden von der verlangten Retrocession der halben Kriegsmetze an die Stände abrieth, da gerade auf ihren Erträgen der Unterhalt der Garnisonen beruhe. Zugleich übersandte er eine Abschrift der 44 Beschwerdepunkte der Stände, um deren schnelle Bescheidung er den Kurfürsten ersucht.

Die Beschwerden drehen sich grossentheils um die allgemeine Finanzcalamität. Die Stände flehen den Kurfürsten an, sie durch Minderung der Lasten und eben so sehr durch Beschränkung der gesetzlichen Zahlungsverbindlichkeiten vor gänzlichem Ruin zu bewahren. Ihre hauptsächlichsten Forderungen sind: die Cassation oder mindestens Reduction der seit dem Krieg versessenen Zinsen und ebenso die Reduction des Zinsfusses von 6 auf 3 % für die Zukunft; Erneuerung des 1629 eingeführten und seitdem auf kurze Fristen mehrmals verlängerten Moratoriums; Gestattung zur Ausgabe von Obligationen an Zahlungsstatt, Suspension der Executionen in Grund und Boden; Aufhebung event. Beschränkung der Haftpflicht der Bürgen bei Schulden insolventer Communen und öffentlicher Kassen; endlich Herabsetzung der zur Zeit der leichten Münze (1620—1623) aufgenommenen Darlehen auf den Realwerth der damals erhaltenen Summen. Eine Revolution, wie man sieht, radikaler Natur, mit Forderungen, wie sie freilich ähnlich in fast allen deutschen Territorien auftraten, auf dem Reichstage zur Besprechung kamen und dort schliesslich in ihrem Kern, der Löschung verjährter Forderungen an Kapital und Zins und dem Erlass eines allgemeinen Indultum Moratorium zur Annahme gelangten[1]). Der Kurfürst ging nach dieser Richtung, wie wir sehen werden, mit äusserster Bedachtsamkeit vor. Hier wie bei den folgenden Forderungen schlug er das unter den Umständen allein mögliche dilatorische Verfahren ein und sagte Prüfung der Beschwerden durch seine Gerichte, ihre möglichste Erledigung auf Grund der Gutachten derselben und der Reichsbeschlüsse zu.

Jenen Forderungen finanzieller, reihen sich andere wirthschaftlicher Natur mit einer gegen die Städte gerichteten Spitze an. Sie sind nicht minder merkwürdig als die ersteren. Von Grund aus greift die von der Ritterschaft in letzter Reihe allein redigirte Schrift die vom Fürsten auf Wunsch der Städte in den letzten Jahren verfolgte gemässigte Schutzzollpolitik an. Auf's Entschiedenste tritt sie für die stete Offenhaltung des Landes ein, damit dem Grundbesitz nach wie vor freistehe, sein Getreide, sein Vieh, seine Wolle an die gut zahlenden Schweden im benachbarten Pommern und Mecklenburg loszuschlagen. Ebenso entschieden bekämpft sie den Impost auf Salz und sämmtliche Import-Artikel wie andere „Monopolia derer in Städten, die doch allezeit pro peste reipublicae gehalten worden".

Den Forderungen privatrechtlicher und wirthschaftspolitischer Natur reihen sich zum Schluss solche an, die tief in das öffentliche Recht einschneiden. An ihrer Spitze die Forderung, gelegentlich der alljährlichen Versammlungen des Engen Ausschusses zum Neuen Biergelde zu selbstständigen Conventen zusammentreten zu dürfen, um etwaige Beschwerden über die Verwaltung zu vereinbaren, ein Punkt, der vier Jahrzehnte hindurch, ähnlich wie in Cleve-Mark, zu den peinlichsten Verwickelungen führte, da es sich hier nicht sowol um das Biergeld, als vielmehr um die Frage: ob ständische Mitregierung oder absoluter Dominat handelte. Aehnlich der Wunsch, dass, alten Recessen gemäss, Vertreter der Stände zur Reform der bestehenden Gerichts- und Verwaltungsordnungen zugezogen würden, ihre eigene Autonomie in Kirche und Schule, Gericht und Polizei, vor allem der Finanzverwaltung wiederhergestellt werde. Es folgt die Bitte um Unterstützung des patricischen Regiments in Städten gegenüber den demokratischen Regungen der Bürgerschaften, die Kontrole und Theilnahme an der Regierung beanspruchten, und anderes dergleichen mehr.

Hier brach nun aber zum ersten Mal der alte Zwist zwischen Ritterschaft und Städten, der bisher unter der Asche geglimmt und an dem Streit über die Quotisation immer neue Nahrung erhalten hatte, in offenen Flammen aus.

Denn obgleich im Namen aller Stände abgesandt, war die Eingabe doch weit davon entfernt, die gemeinsamen Wünsche aller zum Ausdruck zu bringen, wie schon diese Analyse ergibt. Trotz langwieriger Berathungen hatten sich Ritterschaft und Städte weder über den Umfang noch die schliessliche Redaction ihrer Gravamina verständigen können. Die von

---
[1]) Regensburger Reichstags-Abschied von 1654, Art.: Soviel nun die Capitalien anlangt u. s. w.

der Ritterschaft scheuten sich nicht, ihr Concept trotzdem mundiren und im Namen aller Stände nach Königsberg schicken zu lassen. Die natürliche Folge davon war die umgehende Absendung eines feierlichen Protests der anwesenden Deputirten von Städten dies- und jenseits der Oder und Elbe gegen das Vorgehen der Ritterschaft am 12. Juli. Fast in der Hälfte aller jener Beschwerden erklären die Städte ihren Dissens von der Ritterschaft, vor allem natürlich von deren einseitiger Interessenpolitik in wirthschaftlicher Beziehung. Sie fordern im Gegentheil eine verschärfte Landschliessung für Getreide und Victualien aller Art in einem Augenblick, wo das Land selbst daran Noth litte; sie fordern daneben die Einstellung der Execution gegen Communen, die ihre adligen Kreditoren nicht befriedigen könnten als Ersatz für die den landschaftlichen Kassen in Aussicht gestellte Suspension, ohne welche auch diese zusammenstürzen würden. Mit der jenem Zeitalter eigenen Unklarheit und Systemlosigkeit in finanziellen Dingen mischt sich dazwischen die Forderung, der Kurfürst möge aus fürstlicher Machtvollkommenheit den Einlösungspreis von Obligationen jeder Art auf den Erwerbswerth derselben heruntersetzen. Sie scheinen keine Ahnung von dem Widerspruch zu haben, in den sie sich verwickeln, wenn sie einmal darum bitten, den gemeinen Rechten ihren strecken und ungehinderten Lauf zu lassen und gleich nachher, eben dies gemeine Recht zu ihren Gunsten zu beugen.

Gleichzeitig mit der Eingabe und diesem Protest läuft das Gutachten des Kammergerichts über die hauptsächlichsten in Frage kommenden Punkte in Königsberg ein. Dasselbe stellt sich streng auf den Boden des bestehenden Rechts und will jede Milderung der gesetzlichen Bestimmungen der compromittirenden Thätigkeit des Richters wie der Einsicht der Kreditoren von der Nothwendigkeit und Erspriesslichkeit gewisser Nachlässe überlassen wissen. Das einzige, was angerathen wird, ist der Erlass eines wolverklausulirten, gewissenhaft zu benutzenden Indultum Moratorium auf zwei Jahre.

Der Kurfürst schlug hierauf den oben angedeuteten dilatorischen Weg ein. Für die Erledigung eines Theils der Gravamina verwies er auf den Ausspruch des Kammergerichts, die Besprechung aller übrigen behält er sich bis zu seiner Rückkehr vor. Im Uebrigen kommt seine Resolution vom 7. September den Ständen in der Militärfrage so weit als möglich entgegen. Nur einen Punkt, die Wiederabtretung der halben Kriegsmetze, lehnt er, darin mit seinem Statthalter eins, rund und entschieden ab.

Diese dilatorische Behandlung konnte nun freilich nicht dazu beitragen, die schon vorher schwierigen Stände in eine bessere Stimmung zu versetzen. Der im Oktober abermals zusammentretende Ausschuss wurde in seinen allgemeinen Forderungen auf Herabsetzung der Contribution immer dringender, während sich gleichzeitig der Conflikt zwischen Ritterschaft und Städten immer mehr zuspitzte. Energischer noch als im Juli protestiren die Städte-Deputirten in einer zweiten Eingabe vom 1./11. November gegen die verfassungswidrige Landöffnung während des Winters und die abermalige Anwendung der neuen Drittel-Quotisation bei Aufbringung der Contribution für das Jahr 1641, entgegen der kurfürstlichen Verfügung, dass in der dermaligen ausserordentlichen Lage die Steuer nicht nach dem bisherigen Brauch, sondern nach dem Vermögen eines Jeden vertheilt werde. Und ebenso entschieden tritt die Ritterschaft für ihre Forderungen ein; ja sie erklärt geradezu ihre Bewilligung vom Frühling für unverbindlich, sobald man im geringsten von der Drittel-Quotisation abweiche.

Der gequälte Statthalter nahm die Proteste entgegen, versprach an den Kurfürsten darüber zu berichten, bestand aber natürlich auf der vollen Einbringung des einmal Verwilligten, ohne zunächst den Städten die ihnen in Aussicht gestellte Erleichterung gewähren zu können. Ja, es traten für das nächste Jahr, in dem man dem Abschluss mit Schweden entgegensah, neue Forderungen hinzu — die Contribution für die schwedische Truppe in den Marken von 100,000 Thalern und 20,000 Scheffel Korn — die, statt der erhofften Sublevation, eine beträchtliche Steigerung der Steuerlast in Aussicht stellten.

Die Propositionen vom 5. Mai 1642 legten den zu diesem Termin berufenen Ständen die Sachlage schlicht und wahrheitsgemäss dar. Auf die triftigsten Gründe von der Nothwendigkeit der doppelten Leistung für dies Jahr — einmal an die Schweden, dann für die kurfürstliche Soldatesca — hatten die Deputirten keine andere Antwort als die der Unmöglichkeit, vor der selbst die Nothwendigkeit weichen müsse. Diese den Schweden vorzustellen, entsandten sie unter Zustimmung des Kurfürsten zwei Abgeordnete ins schwedische Lager, die neben den Gesandten des Kurfürsten den harten Sinn des Feindes zu beugen suchen sollten. Dieser, der sich in seinen märkischen Quartieren völlig heimisch fühlte, sah durchaus keinen Grund, den Stände-Deputirten mehr zu bewilligen als den Gesandten des Kurfürsten, mochte das Land darüber auch völlig zu Grunde gehen. Dass es nicht mehr weit davon entfernt war, ergibt sich aus den ebenso traurigen und langgedehnten ständischen Eingaben wie den Klagen der Garnisonen, die am Nothwendigen Mangel litten. Zu einer Zeit, wo der Statthalter benachbarte Verwandte aufsuchte aus Mangel an Unterhalt zu Berlin (Juni bis August 1642), wo die Amtskammer den Geheimen Räthen in beweglichen Ausdrücken Kunde davon gab, dass ohne eine Beihülfe der Stände von monatlich 50 Thalern der Hofhalt nicht fortzuführen sei, gab es nur ein Mittel den Beschwerden der Soldaten abzuhelfen: die Bewilligung von Naturalien seitens der Stände an Stelle des Ausfalls an baarer Contribution. Ernst erhielt den Auftrag, die einflussreichsten unter ihnen mit der Finanzlage ihres Herrn vertraut zu machen und zur Einwirkung auf ihre Mitstände zu bestimmen. Zwar durfte man auch ihnen nicht die Bewilligung neuer Steuern zumuthen. Doch man forderte jetzt auch die ihnen bisher gelassene Hälfte der Kriegsmetze als Beihülfe zur Verpflegung der Festungen. Die Stände — wieder getheilt, da die Ritterschaft überhaupt für den Ersatz dieser indirekten durch eine direkte Steuer, die Städte für deren Beibehaltung auf noch ein Jahr waren — zeigten sich schwierig. Da liess der Kurfürst

Einleitung.

ihnen mit militärischer Execution der Contributionsreste drohen, und erst so erhielt er eine zeitweilige Bewilligung.

Im Uebrigen war es hohe Zeit, dass er in die Marken zurückkam. Ernst war in Verzweiflung und Irrsinn gestorben $\frac{21.\text{Sept.}}{4.\text{Okt.}}$ 1642. Die Verhandlungen mit den Schweden kamen nicht vorwärts; die Stände aber waren in einer Lage, dass für das nächste Jahr auch nicht einmal mehr auf die Hälfte der gemachten Verwilligungen gerechnet werden konnte.

Ende Februar 1643 langte der Kurfürst in Küstrin, am 4. März in Cölln a./Sp. an, gerade zur Zeit, dem auf jene Tage berufenen grossen Ausschuss beider Landestheile seine Propositionen in seiner Gegenwart vortragen zu lassen. Es sind genau die drei Punkte von 1641: Befriedigung der Schweden laut ihren Forderungen, Bewilligung einer zum Unterhalt der Garnisonen und der Garde nöthigen Contribution auf Grund einer gerechten Steuerverfassung und die Ordnung des Kredits. Wieder wie vor zwei Jahren legt er ihnen die Erledigung des ersten Punkts vor dem zweiten ans Herz und die Regelung des dritten abgesondert von jenen beiden. Und genau wieder wie damals steifen sich die Stände darauf, die schwedischen Forderungen nicht voll zu bewilligen, wenigstens etwas davon abzuhandeln, — Schweden hatte inzwischen für die Aufgabe der Altmark eine Mehrforderung von 40,000 Thalern erhoben — vor Allem aber darauf, die Bewilligung für die kurfürstliche Soldatesca erst nach völliger Erledigung der ersten Frage vorzunehmen.

Die Antwort des Kurfürsten lautete so klar und bestimmt wie zuvor. Wenn sie den Schweden etwas abzudingen hofften, möchten sie getrost ihre Deputirten ins schwedische Lager senden und neben seinen Gesandten verhandeln lassen, nur dürfe die Behandlung des zweiten Punkts, die Contribution für die kurfürstliche Soldatesca betreffend, nicht von dem Ausfall des ersten abhängig gemacht werden, da der Soldat zu essen haben müsse, „nicht vom Winde leben könne". Es half den Ständen nichts, wenn sie den Nachweis versuchten, dass sie die doppelte Leistung, etwa 160,000 Thaler an Schweden und ebensoviel für die eigenen Truppen, unter keiner Bedingung in einem Jahr aufbringen könnten. Eine Aenderung des Steuermodus, vor Allem der Quotisation, würde das Unmögliche schon möglich machen, meinte der Kurfürst. Es half ihnen nichts, dass ihre vier Abgesandten mit beweglichen Bitten das Herz der Schweden zu erweichen suchten. Keinen Pfennig liessen diese herunter und der Kurfürst war froh, selbst um diesen Preis durch den Vertrag vom 28. Mai d. J. der Plagegeister ledig zu werden, worin ihm die Stände schliesslich selbst beistimmen mussten[1].

---

[1] Pufendorf, De rebus a Fr. Guilielmo gestis etc. I, 20: Decreverant porro Marchiae Ordines, quia provincia cum aliis belli molis tum continuis copiarum hinc inde itineribus plano exhausta sit, operam dandam, ut Succi summa annua centum mille uncinlium adquiescere velint. Id si obtineri nequeat, satius videri si summae aliquid adjicere quam abrupto hoc negotio in hostilia relabi.

42 I. Die Ordnung der Contribution bis zu den Recessen von 1643.

Da man mit der Contributionsfrage während der Verhandlungen mit Schweden nicht vorwärts kam, hatte der Kurfürst den Ausschuss im April bis zur Mitte Juni vertagt, einem Termin, wo der Abschluss erfolgt sein konnte. Inzwischen wurde natürlich die Contribution nach der Aufstellung des vorigen Jahres fortgehoben, gleichzeitig in vertraulichen Conferenzen der beiden Stände und unter Leitung kurfürstlicher Commissarien das Werk in die Hand genommen, von dessen glücklicher Lösung die richtige Aufbringung der Kriegssteuer, ja Gedeihen und Untergang der Stände selbst abzuhängen schien — die Quotisationsfrage.

Ein Rückblick auf deren Geschichte lehrt uns, wie sie zuerst in der Zeit der grossen Türkenzüge im zweiten Drittel des 16. Jahrhunderts auftaucht, als für das märkische Heeres-Contingent, das Joachim II. als Reichsfeldherr so glänzend wie möglich aufzubringen liebte, neben den bisherigen ständischen zuerst eine ausserordentliche „Türken-Steuer" aufgebracht wurde.

Es war die Frage, in welchem Mass diese neue Steuer von jedem der beiden Stände, Ritterschaft und Städten, getragen werden sollte. Die letzteren machten geltend, dass die Ritterschaft, die seit Joachims I. Abgang nicht mehr persönlich aufreite, doch aber ihrem Herkommen nach zur Lehnsfolge pflichtig sei, in erster Reihe auch für Summen die den Ersatz des Dienstes bildeten aufzukommen habe. Die Ritterschaft hingegen hob hervor, dass sie wol zur Vertheidigung des Landes, zur Abwehr gegen Einfälle der Nachbarn, aber nicht zu weitaussehenden Unternehmungen gegen die Türken in Ungarn verbunden sei, die Last daher in erster Reihe die Städte treffe, welche ohnehin fast von jeder Dienstpflicht frei seien. Johann Georg verglich den lange schwebenden Streit im Recess von 1594¹) dahin, dass von der, 1593 angehenden, Türkensteuer der Oberstand die eine, der Unterstand die andere Hälfte übernehmen solle, und dass alle folgenden Türken-Steuern auf diese Weise bezahlt würden, dagegen „alle Kreishülfe, Aussteuerungen des Chur- und Fürstlichen Fräuleins nach der Verfassung, und alle vorbewilligten Contributionen vom Unterstand mit zwei und vom Oberstand mit einem Theil getragen würden".

Die Städte hatten gleich damals, nach einer Angabe ihrer Schrift vom 12. März 1643, gegen die letztere Bestimmung feierlich protestirt, auch hier die Uebernahme der Steuer zu gleichen Theilen gefordert, ohne dass dieser Protest zur Wirkung kam. Im Gegentheil, nachdem von ihnen in den Kriegsjahren 1625–1637 die Erlegung nur der halben Contribution an Kaiserliche und Schweden gefordert war, da man — mit vollem Recht — diese Auflage einer Türkensteuer, d. h. der Steuerung einer Reichscalamität, gleich behandelte, war Schwartzenberg durch das heftige Drängen der Ritterschaft bewogen worden, jene seit 1638 mit zwei Dritteln zu derselben heranzuziehen. Er hatte, vielleicht mit innerem Widerstreben, der ritterschaftlichen Auffassung nachgegeben, dass es sich auch hier nur um Kreis-

¹) Abgedruckt bei Wöhner, Contributionsverfassung der Kurmark Br. III, 17.

nicht um etwas wie Türkensteuern handle. Die Städte protestirten Jahr für Jahr, doch die Militär-Execution verstand es, die zwei Drittel herauszupressen, bis ein Nothstand geschaffen war, der auch dem Blödesten klar machte, dass es so ohne gänzlichen Ruin dieses Stands nicht weiter gehen könne. Dem Kurfürsten war diese Lage der Dinge nicht unbekannt, doch obgleich er die schwere Unbilligkeit der Forderung des Oberstands erkannte, konnte er noch nicht ohne Weiteres durchgreifen. Er musste mit dem Herkommen, mit der Stimmung der Mehrzahl des Adels, die sich auf den Recess von 1594 berief, zu paktiren suchen. Zwei Wege zur Besserung gab es, einen systematischen und radikalen: die Einführung der indirekten Steuer, der „General-Mittel"; den hatte der Adel entschieden von der Hand gewiesen und der Kurfürst verzichtete vorläufig darauf; und einen zweiten: die Behandlung der Contribution nach Art der Türkensteuer. Dazu bedurfte es aber des Einvernehmens beider Stände. Friedrich Wilhelm schlug diesen als den vorerst allein möglichen ein. Schon im März d. J. traten die Delegirten beider Stände zusammen und die Verhandlungen begannen. Trotz der Bemühungen der fürstlichen Commissare kam man auch hier lange zu keinem Resultat. Ja die Vertagung§, die Stimmung der Heimgelassenen wirkte eher noch schädlich auf die Frage ein, da die vom Adel entschlossener als je zurückkamen, nichts oder nur ein ganz Geringes nachzugeben. Da erhoben sich die Städte in einer neuen Schrift vom 18./28. Juni mit der ganzen Kraft ihres gerechten Unwillens gegen diese Hartnäckigkeit. Sie weisen nochmals darauf hin, dass ohne Aenderung ihr Untergang gewiss sei und das ganze Land, auch die Ritterschaft, darunter endlich leiden würde; sie zeigen, wie diese ein Jahrzehnt lang (1628—38) die Hälfte der Steuer, ohne darunter zu erliegen, aufgebracht hätte, jene dimidia, „welche ihnen ihr eigen Gewissen, die natürliche Billigkeit, die offene Noth vorschriebe". Ja, sie gehen noch einen Schritt weiter entgegen, um jenen noch den letzten Vorwand zu rauben. Sie erbieten sich, zu ihrer Hälfte noch 60 Thaler von der ritterschaftlichen Hälfte jedes Tausends zu übernehmen, wofern jene statt eines Drittels fortan 440 auf 1000 Thaler aufbrächten. Auch jetzt waren die Vertreter des Adels noch wenig bereit. Da legte sich der Kurfürst persönlich ins Mittel. Abermals durch sein Dazwischentreten und Zureden kam es nach weiteren viertägigen Verhandlungen endlich am $\frac{28.\,Juni}{8.\,Juli}$ 1643, einen Monat nach dem Schluss mit den Schweden, zum Abschluss auf die folgenden Bedingungen, die für die zwei nächsten Jahrhunderte fast unverändert, so weit die Steuer direkt blieb, aufrecht erhalten wurden.

Die Ritterschaft übernimmt neben ihrem bisherigen Drittel noch die Hälfte jenes Sechstels von $166^2/_3$ Thalern, das die Städte seit 1638 über die Hälfte hinaus gezahlt, also $1/_3 + 1/_{12}$ oder $5/_{12}$, während die Städte $7/_{12}$ oder in runden Zahlen 590 Thaler zahlen den 410 Thalern der Ritterschaft gegenüber. Es war, absolut betrachtet, nicht viel, was der Kurfürst für die Städte durchsetzte; dennoch muss man es als einen grossen Erfolg betrachten, da es mehr enthielt, als selbst die Milderen unter den Oberständen zu gewähren gewillt gewesen waren.

Noch harrte der dritte Punkt der Proposition, die Ordnung des Kredits, seiner Erledigung. Auch hier brachte der Kurfürst den übermässigen Forderungen der Stände gegenüber nach dreimonatlichen Verhandlungen im Recess vom 11. Juli 1643, der die bezüglichen Bestimmungen desjenigen vom 18. April d. J. wiederholt[1]), seinen Willen, richtiger die Sache der Gerechtigkeit, zur Geltung. Auch hier kam ihm die Divergenz der Ansichten und Forderungen der Ritterschaft und Städte zu statten, indem er, ein wenig über das Gutachten seiner rechtsgelehrten Räthe hinausgehend, die mittlere Linie fand, die Widerstrebenden zu einen. Dass eine Zahlungsfrist eintreten musste, war trotz der entschiedenen Verneinung seitens hervorragender Männer von Adel und Räthen aus des Kurfürsten nächster Umgebung doch unbestreitbar, und auch das Reich erkannte dies eilf Jahre später im Regensburger Abschied vom 17. Mai 1654 einmüthig an. Auch eine Herabsetzung der seit 16 Jahren höher als das Kapital angeschwollenen Zinsen schien nicht unbillig, dennoch gingen die Forderungen der Ritterschaft, die gänzlichen Erlass der seit 1627 versessenen Zinsen neben Herabsetzung der in den nächsten 3 Jahren fälligen von 6 auf 4 % und ein Indult auf 6 Jahre verlangte, zu weit, um nicht den ernstesten Widerstand aller davon Betroffenen hervorzurufen. Man erinnere sich, dass es sich nicht nur um Zahlungsfristung und Zinserlass für Private, sondern in erster Reihe um die nach ständischer Berechnung fünffach höher als alle Privaten belasteten öffentlichen Kassen, Neues Biergeld und Hufenschoss, Städtekasten und Rathhäusliche Kämmereien handelte, dass Waisen, Wittwen und Arme, Kirchen- und Schulbedienstete, ein grosser Theil des städtischen Patriciats in seiner Existenz von der rechtzeitigen und vollen Zinszahlung jener ihnen verschuldeten oder für ihre Bedürfnisse sorgenden Kassen abhing, um sich eine Vorstellung von der unlösbaren Verwirrung und dem endlosen Elend zu machen, wenn vor Allem jener Zinserlass für 16 Jahre in seiner ersten Fassung durchgegangen wäre.

Der Kurfürst nahm in dieser Frage mit grösster Bestimmtheit und Consequenz jene Stellung zu seinen Unterthanen ein, die typisch für seine Nachfolger und segensreich für sein Land geworden ist. Er widerstand jedem willkürlichen Eingriff in die privatrechtlichen Verhältnisse; er liess die Richter des höchsten märkischen Gerichtshofes ihre eingehend motivirten Gutachten über alle einschlägigen Fragen abgeben und richtete sich — bis auf eine unbeträchtliche Abweichung — in seinen bezüglichen Verfügungen genau nach denselben. Nicht genug können die Räthe des Kammergerichts die unendliche Mannigfaltigkeit dieser Verhältnisse hervorheben, deren gleichmässige Behandlung ein grosses Unrecht gegen den einzelnen Gläubiger und eine Versündigung gegen den Schuldner wäre,

---

[1]) S. Mylius VI, 1. 377—386.

dessen Leichtsinn und schlechter Wille dadurch oft gleichsam herausgefordert würde. Und dass eine derartige Anschauung nicht unberechtigt war, lehrte die Folge, wie einige anhangsweise mitgetheilte Briefe aus den Jahren 1647/48 beweisen. Daher ist es als ein Glück zu betrachten, dass die Städte sich von vornherein für möglichste Beschränkung der Nachlässe entschieden und so dem Fürsten den Pfad für seine Thätigkeit ebneten. Auch sie, denen in ihrer Grundauffassung zuerst noch das linkselbische Ritterschaftscorpus der Altmark und Priegnitz nabestand, erkannten zwar in ihrem Protest gegen die Eingabe der Mittel- und Uckermärkischen Ritterschaft am 22. März d. J. die Nothwendigkeit eines Moratoriums an, doch nicht in so allgemeiner Form wie jene, sondern mit der Beschränkung auf die ständischen Kassen und die Rathhäuser. Dehne man das Moratorium auch auf Private aus, so würde, wie sie sich ausdrücken, die Welt untergehen. Auch für einen Nachlass versessener und künftiger Zinsen waren sie, doch mit der nämlichen persönlichen und einer zweiten zeitlichen Beschränkung auf die drei letztvergangenen und etwa die sechs kommenden Jahre. Vor Allem kamen sie auch jetzt auf ihre schon früher vorgebrachte Forderung zurück, dass es denen von der Ritterschaft untersagt werde, ihre städtischen Kreditoren mit während der Kriegszeit oft zu Spottpreisen übernommenen Obligationen zahlungsunfähiger Communen zu bezahlen, wodurch sie alle noch Besitzenden in den Bankrott trieben. Eine andere gleichfalls von früher datirende Forderung verlangt die Wahrung des bisherigen Rechts der Executionsvollstreckung in Grund und Boden nach gerichtlicher Taxation und öffentlicher Subhastation, entgegen dem von der Ritterschaft vorgebrachten Verlangen, auch solche Executionen vorerst gänzlich zu suspendiren. Alles, was der Zustand Privater ernöthige, werde am besten der gütlichen Abkunft, event. dem Ermessen des Richters überlassen. Zinsenerlass und Moratorium für die öffentlichen Kassen motiviren sie mit deren völligem Bankrott seit den Zeiten der Münzentwerthung bis auf ein Fünftel (1620—1623), dem daraus resultirenden Zusammenbruch der Kreditoren dieser Kassen, endlich dem grossen Ausfall an Biersteuer und Scheffelgroschen, auf deren Ertrag jene Kassen einst fundirt worden waren. Diese Gründe waren unanfechtbar. Wir müssen es daher als eine optimistische Täuschung betrachten, wenn die Führer der Altmärkisch-Priegnitzischen Ritterschaft, die zuerst einen grossen Theil ihrer Standesgenossen mit sich fortrissen, zwar für Zinsnachlass, aber gegen jedes Moratorium stimmten, weil es sich, nach ihrer Ansicht, nicht gebühren wollte, unter dem Vorwande, Bestimmungen des Rechts zu mildern, die festesten und unantastbarsten Grundlagen der Gesetze niederzureissen. Sie mahnten daran, man möge in dieser Beziehung zunächst den Vorgang des Reiches abwarten. So lange dieses nicht gesprochen, sollte man in einem einzelnen Lande nicht zu solchen Aenderungen des gemeinen Rechts schreiten, die die Böswilligkeit der Debitoren geradezu provocirten, den Landeskredit schädigten und den Nachbarn zu Retorsionsmassregeln Anlass gäben.

Der Kurfürst handelte, wie es ihm zukam. Besonnen wartete er das gleich nach Eröffnung des Landtags geforderte Gutachten des Kammergerichts ab, das ihm am 20./30. März in sorglicher Ausführlichkeit vorgelegt wurde. Dies Gutachten fordert als Grundlage für eine zweckgemässe Regelung der Angelegenheit eine umfassende Enquête über die Entwickelung und den augenblicklichen Stand der ständischen und rathhäuslichen Kassen, um die Ursachen ihres Verfalls und die Mittel zu ihrer Hebung genau ausfindig zu machen, ein fruchtbarer Gedanke, der, in späteren Zeiten aus politischen Gründen wiederaufgenommen und erweitert, zur Aenderung der gesammten Ständischen Verfassung führte. Es ist gegen den Zinsnachlass, mit Anführung der Gründe der Majorität der Stände selbst und unter Hinweis auf die auswärtigen Gläubiger, die ihre Sachen vor das Reichskammergericht berufen würden, woraus Eingriffe der Reichsgewalt in die fürstliche Autorität sich mit Nothwendigkeit ergeben würden. Nochmals kommen die Räthe auf ihre frühere Ansicht zurück, alle Einzelfälle dem Ermessen des Richters zu überlassen, mit der Vollmacht für denselben, gegen Widerwillige Verordnungen zu erlassen.

Betreffs des Erlasses eines allgemeinen Indultum Moratorium lägen freilich eine zwölfjährige Praxis, die Indulte von 1631, 1634 und 1636 vor, doch nöthige deren Missbrauch seitens der Debitoren zu äusserster Vorsicht. Höchstens auf zwei Jahre wäre daher das Indult zu bewilligen und auch dann nur für das Kapital, die „Hauptsumme", nicht die Zinsen. Die Forderung der städtischen Kreditoren ritterschaftlicher Schuldner, nicht mit uneinlösbaren Landschafts- oder Stadt-Obligationen bezahlt zu werden, finden sie der Billigkeit gemäss und daher der Berücksichtigung werth. Desgleichen empfehle sich die fernere Forderung der Städte, die aus Mangel an Kapital verödeten und überschuldeten Lehngüter nach gerichtlicher Schätzung baldigst unter den Hammer zu bringen. Also im Grossen und Ganzen die Wiederholung ihres ersten Gutachtens unter Aufnahme der dringendsten Forderungen der Städte. Die vierzehn Tage später datirte Resolution des Kurfürsten schliesst sich diesen Ausführungen an, doch brachte sie die Angelegenheit noch nicht zum Abschluss. Denn alle Hebel hatte indess die Ritterschaft der Mittelmark angesetzt, das andere, überelbische, Corpus zu ihrer Meinung hinüberziehen, und wirklich liessen sich die Ritterschaften der Altmark und Priegnitz jetzt bestimmen, eine Entgegnung auf den kurfürstlichen Bescheid am 11./21. April mit zu unterzeichnen. Freilich war dieser Erfolg nur mit einer beträchtlichen Herabminderung ihrer ersten Forderungen erkauft worden. Das Indult wird — gleichwie von den Städten — nur noch auf drei Jahre statt auf sechs, die Reduction der versessenen Zinsen auf die Hälfte nur noch für die letzten sechs Jahre gefordert und auch hierin ein Einverständniss mit den Städten erzielt; die Ermässigung des Zinsfusses für die nächsten sechs Jahre nicht mehr auf drei, sondern nur noch auf vier Procent erbeten, eine Mässigung, die von ihnen den bezüglichen Forderungen der Städte gegenüber ganz besonders betont wird. Diese forderten jetzt in einer undatirten Schrift aus eben diesen Tagen ein dreijähriges Indult und die Zinsreduction für die letzten drei Jahre, hielten auch an ihrer Forderung betreffs des Unterschieds zwischen der Verbindlichkeit öffentlicher Kassen und Privater fest. Nur erklärten sie sich auch jetzt noch entschieden gegen die Reduction des Zinsfusses für die Zukunft.

Nochmals beschied der Kurfürst die Stände auf Grund eines dritten gerichtlichen Gutachtens dahin, dass er mit einem dreijährigen Indult und der Herabsetzung des Zinsfusses auf vier Procent für die nächsten drei Jahre, wie sie die Ritterschaft, und der Scheidung zwischen den Verpflichtungen öffentlicher Kassen und solchen Privater, wie sie die Städte forderten, einverstanden sei. Nur gegen den gänzlichen Erlass der versessenen Zinsen erklärte er sich. Ueber diese sei ein gütlicher Vergleich vor dem Richter zu erzielen.

Die gute Disciplin der Ritterschaft ermöglichte ihr, nach abermaligen mehrtägigen Verhandlungen auch diese Position zu erringen. In dem Recess vom 18. April d. J., der die Kreditfrage in den Hauptzügen regelt, bekennt der Kurfürst, dass er zwar gewillt gewesen in dieser Beziehung bei den Bestimmungen seiner ersten Resolution zu verharren, nachdem aber die Mittel-, Ucker- und Neumärkische Ritterschaft zur Verhütung aller Weitläuftigkeit auf eine gewisse Determination fest und inständig gedrungen, und dem auch zuletzt die Altmärkische und Priegnitzische Ritterschaft zugestimmt habe — so habe er hierin einen Mittelweg eingeschlagen. In dem laufenden und den beiden nächsten Jahren sollten neben den 4% an Current-Zins noch für die versessenen, drei halbjährige Zinse von 3% entrichtet werden, die andere Hälfte der versessenen Zinsen dieser Jahre bis zu fernerem Vergleich und Verordnungen suspendirt bleiben.

Das Zugeständniss genügte, auch der verschuldeten Ritterschaft wieder einigermassen Luft zu machen. Dennoch war diese mit dem Compromiss wenig zufrieden. Dies ergiebt sich aus den äusserst zahlreichen Aussetzungen, die sie auf dem Deputationstage macht, der am 11./21. Juni abermals zu Berlin zusammentrat. Doch mit grosser Entschiedenheit weist der Kurfürst im Recess vom 11/21. Juli jeden Anspruch dieser Art zurück, dessen Berechtigung er schon aus einem formellen Grunde bestreitet. Es sei der Tag nur ein Deputations-, kein Landtag, daher der Anspruch der Deputirten auf Ertheilung eines Reverses ohne Berechtigung; höchstens eine Interpretation der früher getroffenen Bestimmungen könnten sie beanspruchen und diese wird ihnen dann auch in ausführlicher Weise gegeben. Gleichzeitig wird hier eine Unterscheidung präcisirt und betont, die für die Entwicklung der ständischen Verhältnisse, vor Allem des Rechts zu regelmässigen Conventen, von sehr erheblicher Bedeutung werden sollte. Nur den zu wirklichen, „gemeinen" Landtagen berufenen Ständen wird das Recht zuerkannt, über Dinge von allgemeiner Wichtigkeit allgemein verbindliche Beschlüsse zu fassen, deren Verbindlichkeit auch für seine Person der Landesherr eben durch die Ausfertigung des Landtags-Recesses und in besondern Fällen eines Reverses anerkannte. Solcher Landtage sind in der Zeit von 1535 bis 1688 äusserst wenige gehalten worden. Nur die Tage von 1549/50, 1602, 1615 und in beschränktem Sinn von 1652 verdienen diesen Namen. Alle übrigen Zusammenkünfte der Stände waren repräsentativer Natur, nicht im heutigen Sinn des Worts, sondern insofern hier eine bestimmte Anzahl ständischer Deputirter die Gesammtheit der Privilegirten, ihrer ständischen Mitgenossen, vertrat.

Drei Arten von Tagen sind hierbei zu unterscheiden:

1. Die eigentlichen Deputationstage, mit denen wir es auch unter der Regierung Friedrich Wilhelms fast ausschliesslich zu thun haben. Die Zahl der zur Theilnahme an diesen Tagen berechtigten Stände hatte sich seit den Zeiten Joachims II. mehr durch Herkommen als durch Gesetze oder fürstliche Edikte geregelt. Es erschienen hier neben den Vertretern der Stifter und den Schlossgesessenen je zwei Mitglieder der Ritterschaft für jeden der etwa fünfzehn Kreise der Kurmark und ein bis zwei Vertreter der zehn Hauptstädte — die Neumark hatte eine ganz entsprechende Vertretung, die nur in seltneren Fällen mit der der Kurmark zu einem allgemeinen Deputationstag zusammentrat. Genau lässt sich die Zahl der auf einem solchen Deputationstage Anwesenden schwerlich noch konstatiren, da dieselben sich, soviel ersichtlich, nie namentlich, sondern stets mit der allgemeinen Formel „die anwesenden Deputirten von Prälaten, Herren, Ritterschaft und Städten", oft auch kürzer „von Prälaten, Ritterschaft und Städten" unterzeichnen. Sie wird, je danach, ob auch die Neumark daran theilnahm, zwischen einigen vierzig und einigen sechzig geschwankt haben.

2. Die vom Landesherrn aus eigner Machtvollkommenheit berufenen Ständetage. Kam man auf einem oder mehren aufeinanderfolgenden Deputationstagen über dringende Angelegenheiten, vornehmlich neue Steuern, zu keiner Verständigung, so berief der Fürst bisweilen durch die Noth gedrängt eine Anzahl von Ständen, auf deren guten Willen er hoffen konnte, verständigte sich mit ihnen so gut es eben ging und legte ihrer Willigung, unter der Fiction als ginge sie von einem regulären Land- oder Deputationstage aus, allgemein verbindliche Kraft bei.

Wie einst seine Vorfahren Joachim II. und Johann George so bediente sich auch Friedrich Wilhelm dieses Mittels im Sommer 1642, als es trotz anderthalbjähriger Verhandlungen mit den Deputirten der Stände über die Schwedische Contribution und den Unterhalt für seine Festungsgarnisonen zu keinem Abschluss kam. Auf sein Geheiss berief der Statthalter, Markgraf Ernst, „ein paar Leute aus jedem Kreise". Diese machten nothgedrungen einige Willigungen, protestirten aber vorher gegen die allgemeine Verbindlichkeit der Schlüsse dieses Tages, dessen Incompetenz sie dadurch einen Ausdruck verliehen, dass sie selbst sich nie als „Deputirte", sondern stets als „die zu diesem Werk verordneten Personen" unterzeichnen. Dieser passive Widerstand, der sich bei ähnlichen Gelegenheiten stets, bald mehr bald minder heftig, und erfolgreich, kund gab, war denn wol auch der

Grund, dass der Landesherr nur in den dringendsten Fällen zur Berufung eines solchen Tags seine Zuflucht nahm.

3. Die Grossen-Ausschusstage. Dieselben sind von 1. und 2. völlig verschieden und wol davon zu trennen. Wir lernen einen solchen Tag aus den in diesem Abschnitt vereinten Aktenstücken vom Anfang 1642 kennen, wo derselbe dem Kurfürsten gegenüber die Initiative rücksichtlich der drohenden neuen Werbungen ergreift. Wie wir in der „Allgemeinen Einleitung" sahen[1]), war der „Grosse Ausschuss" aus dem Mittel der Stände seit seinem ersten Auftreten ca. 1543 einzig und allein dazu bestimmt, die oberste Aufsicht über die Verwaltung des Ständischen Kreditwerks und der kurfürstlichen Schulden zu führen. Er kam früher im Frühling, zu unserer Zeit im Herbst jedes Jahres auf einige Wochen zusammen und ging nach erfolgter Décharge der Verordneten zum Neuen Biergelde und zum Hufenschoss, sowie der Vereinbarung über etwaige Amortisationen oder neue Anleihen und andere Geschäfte finanzieller Natur wieder auseinander. In dringenden Fällen mochte es dem Landesherrn bisweilen erwünscht scheinen, mit dem gerade tagenden Ausschuss, der bei geringerer Anzahl der Mitglieder sich auch leichter lenken liess, noch über andere Dinge, in erster Reihe neue Willigungen, Vorschüsse und Aehnliches zu verhandeln. Der Ausschuss seinerseits liess sich eine solche Erweiterung seiner Befugnisse gern gefallen, da dadurch der Competenz der Land- und Deputationstage nicht präjudicirt schien. Wie bedenklich dieselbe für die fürstliche Prärogative werden konnte, ergibt sich daraus, dass die Ausschusstage ein langjähriges Herkommen bald als die Grundlage eines ihnen neuerwachsenen Rechts betrachten lernten, dessen sie sich bedienten, um ihre Gleichstellung mit Landtagen durch Einreichung von Beschwerden, Erhebung von Protesten gegen einzelne Massregeln des Fürsten u. dergl. zu erweisen. Bekanntlich war dies für Friedrich Wilhelm vierzig Jahre später mit ein Anlass zur Reform der Verwaltung des Ständischen Kreditwerks. Dennoch folgte er bis dahin noch mehrmals auch in dieser Beziehung dem Beispiel seiner Vorgänger, zumal seit 1653, als er Landtage überhaupt nicht mehr, Deputationstage nicht mehr regelmässig berief.

---

[1]) S. 11.

Landtags-Propositionen, vom Statthalter Schwartzenberg den
Ständen im Namen des Kurfürsten Georg Wilhelm vorgetragen
zu Berlin, 29. November 1640.

1640. [Die Sachlage seit dem Prager Frieden. Die sieben Propositionen.]
9. Dez. Die Bemühungen des Kurfürsten seien auf Frieden gerichtet, doch
mahnten die Umtriebe der Gegenseite zur Vorsicht.

„Allein was für Sincerität, Ernst und Gemüthsmeinung dabei gewesen, redet die betrübte Erfahrung und bezeugen es so viel unzählbare heisse Thränen und Seufzer, welche von viel Millionen allerhöchst bedrängter armer Leute zu dem ewigen Gott deshalb täglich geschickt werden.

Dann, ob es zwar in Anno 1635 durch des Allerhöchsten Schickung dahin gediehen, dass zu Prag zwischen der Röm. Kaiserl. Majestät als dem hochgeehrten Oberhaupt und den Kurfürsten und übrigen Ständen als Gliedern des heiligen Röm. Reichs beständiger und ehrlicher Friede getroffen, auch wol verhoffet worden, es würde die Krone Schweden sothanen Frieden den Eingesessenen des heiligen Röm. Reichs, so gut derselbe gewesen, gegönnet, sich in aliena und sie durchaus nichts angehende negotia nicht gedrungen oder verwickelt und wie die in fremden Herrschaften und Regiment erwachsenen Differentien und Streitigkeiten beigeleget würden, sich ferner nicht bekümmert, sondern vielmehr die Waffen, als zu deren Fortsetzung sie einigen Schein Rechtens nicht vor sich gehabt, niedergeleget und mit gutem Contento, Reputation und Vergnügung |: wozu ihnen dann Mittel und Wege genugsam angetragen worden :| zu den Ihrigen gekehret und hernächst gute Freund- und Nachbarschaft mit dem Röm. Reich und dessen Ständen gehalten haben, so hat man doch jederzeit den Tractaten gar den Rücken geboten oder dieselben zu ander nichts als zu Gewinnung der Zeit und Ergreifung mehren Vortheils traisniret." —

Nach der Recapitulation der Pommerschen Ereignisse seit Boguslaw's XIV. Tod (1637) und der Schwedischen Eingriffe in des Kurfürsten

Rechte auf Pommern, spricht dieser die Hoffnung aus, die Stände würden bis zur Erledigung der Pommerschen Frage seinen Kriegsstaat mit erhalten helfen. Mit Rücksicht auf die vielen Klagen der Unterthanen und die Ansicht der Stände, dass auf einer Zusammenkunft am besten über die Mittel und Wege berathen würde, sei dieser Landtag berufen worden. Er hoffe dass die Anwesenden mit Vollmacht zu rühmlichem Schluss gekommen seien. Es handle sich um die folgenden Punkte:
1) Die Verproviantirung der Festungen und ihre Besetzung mit hinreichenden Garnisonen; 2) Die Deckung der Passagen und Grenzen; 3) die Recuperirung der von den Schweden besetzten Landestheile; 4) die Reform des Assignations- und Verpflegungswesens; 5) die Befestigung Spandows zur Deckung der Hofstatt; 6) die Beschaffung der nöthigen Armatur und Munition; 7) die Erhöhung der ganz geminderten und für Hofhalt, Legationen und Artillerie ganz unzureichenden Einkünfte der Hofrentei und Kriegskasse. Eine schleunige Erledigung aller dieser Fragen thue dringend Noth. Sollten die Stände Conferenzen mit den kurfürstlichen Räthen wünschen, so werde der Kurfürst sich gern dazu verstehen. Im Uebrigen hoffe er, dass die Stände sich, wie bisher, so auch ferner als Patrioten erweisen würden.

Schwartzenberg an die „anitzo versammelten Deputirten".
Dat. Cölln a./Sp. 7. Dez. 1640[1]).

[Forderung des Winter-Tractaments.]

1640.
17. Dez.

„Es haben bei Uns Unsere sämmtliche Krieges-Officirer ein solch Supplicatum als hierbei lieget, ihrer Verpflegung halber, dass ihnen dieselbe nunmehr hinwieder nach der höheren Ordonnance verreichet werden möchte, in Unterth. eingereichet;
Ob nun zwar nicht ohne, dass das Unvermögen Unserer getr. Land Stände und Unterthanen anitzo sehr gross, und Wir derowegen in Betrachtung dieses sie nicht allein mit Abstattung des hohen Tractaments in Gn. gern verschonet sehen, sondern auch von Herzen wünschen möchten, dass es auch des geringeren nicht mehr bedürfte und die höchstbeschwerliche Kriegscontributionen einmal gar cessiren

---

[1]) Noch im Namen des am 21. Nov./1. Dez. zu Königsberg verstorbenen Kurfürsten Georg Wilhelm. Nach einer Wendung in der Antwort der Stände vom 14./24. Dez. scheint das Mandat den Vertretern der Mittelmark, zur Mittheilung an die Mitstände, insinuirt worden zu sein. Officiell ist es an die „anitzo versammelten Deputirten" adressirt und diese Adresse hier beibehalten. Vgl. übrigens zur Sache selbst den U. A. I, 379, 388, 403—407 mitgetheilten Schriftwechsel zwischen dem Kurfürsten und Schwartzenberg.

möchten; So sehet Ihr doch selber genugsam, dass solche noch zur Zeit nicht zu vermeiden, noch diesen Supplicanten dasjenige, so ihnen vermöge Unserer einmal geschehenen Verordnung wegen des Wintertractaments gebühret, abgeschnitten werden könne; Wollen euch derowegen hiermit gndst. erinnert und befehliget haben, die Verfügung zu thun, dass vom 1. des itztlaufenden Monats Decembris an zu rechnen in allen Quartieren nunmehr die Eintheilungen nach der höhern Ordonnance gemachet, und den Officirern und Soldaten dasjenige, so ihnen vermöge derselben gebühret, abgestattet werden möge."

Die Stände an Schwartzenberg. Dat. Berlin 14. Dez. 1640.

[Das Mandat wegen Wiedereinführung des Winter-Tractaments zu cassiren.]

1640.
24. Dez.

"Hochwürdiger, Hochwolgeborner, Gnädiger Herr, Ew. Hochwolgeboren und Gnaden, sind unsere möglichste Dienste in Unterthänigkeit zuvor bereit, Und haben wir, die anhero verschriebene Land Stände, aus dem an die Stände der Mittelmark, sub dato den 7ten Decembris, dieses 1640. Jahres, im Namen S. Ch. D. nunmehr Christmildester Gedächtniss ausgefertigten Befehlich mit Bestürzung vernommen, dass denselben nicht allein anbefohlen werden wollen, die Eintheilung nunmehr nach dem hohen Winter-Tractament — vom Ersten des Monats Decembris anzufahen — zu machen, und den Officirern und Soldaten das Ihrige abzustatten; besondern es haben sich auch theils Officirer damit, fast verkleinerlich, zu rühmen wissen;

Nun sind zwar von wegen und im Namen Sr. Ch. D. die Landstände zu diesem Convent verschrieben worden, und zwar, wie das Ausschreiben und Proposition im Munde führen, aus Chur- und Landesfürstlicher Mitleidenheit und Vorsorge, Dero getreue Landes-Stände und Unterthanen von den grossen Krieges pressuren zu erretten oder zu erleichtern; Und solche Unserer gn. Herrschaft Gemüthsmeinung erscheinet noch viel mehr aus dem sub dato Königsberg den 6. Novembris des 1640. Jahres auf Suppliciren des Havelländischen und Zauchischen Kreises an Ew. Hochw. und Gnaden ertheileten Churf. Rescript, dass S. Ch. D. sich über die hohe Summa, so seither Anno 1638 bemelten Kreisen zur Contribution zugekommen, sehr verwundert; Gestehen und bekennen es auch, dass es mit dessen Continuation keinen Bestand haben könne, mit gn. Erklärung, wann es practicabel, dass es beim Sommertractament bliebe, dass es Sr. Ch. D. lieb sein würde, und die Officirer, als Deroselben Vasallen und Patrioten, nicht nur auf Ihren Privat Nutzen, sondern auf Conservation des Landes Ihr Absehen haben würden.

Dahero die anwesende Stände sich in deme gar betrübt befinden, dass Zeit währender Deliberation, unerwartet Ihrer Antwort, Ihnen im Namen Sr. Ch. D. Christmildesten Andenkens, dero Seel schon vorm dato zu Gott gediehen, ein solch Mandatum zugekommen, darinnen sie nach wie vor keine Erleichterung, sondern Continuation der Beschwerden und unerträglichen Kosten zu verspüren haben; denn ob es sich zwar mit der Stände Antwort in etwas verzögert, so wollen jedoch Ew. Hochwolgeboren und Gnaden erwägen, dass die sämmtliche Landes Stände etliche Jahr nicht convociret worden, derohalben ihnen ja die Zeit zu gönnen, dass sie ihre Gedanken zusammentragen und dieselben aus unterth. gutmeinenden Herzen eröffnen können; Die versammelten Stände können mit gutem Gewissen sagen, dass sie, ausser deme sie den Gottesdienst abgewartet, die andere Zeit mit diesen Consultationibus zugebracht; Ew. Hochwürden und Gnaden erinnern sich, dass Sie öfters, wann Dieselbe, als Sr. Ch. D. gevollmächtigter Herr Statthalter, um Erleichterung von den Ständen coniunctim oder separatim imploriret worden, sich ganz gu. erkläret, wie Sie mit den Ständen condolirten, und dieselbe von Grund Ihres Herzens gern nicht nur erleichtern, sondern der Last ganz entheben wollten, sich danebon auf andre Mittel und S. Ch. D. berufen.

Daunenhero den anwesenden Ständen es um soviel mehr bedenklich und betrübt vorkömmt, dass Ew. Hochwolgeboren und Gnaden, da mehrgedachte Stände im Werke begriffen, mit ihrer Resolution einzukommen, und ebe Unser antretender gu. Churfürst und Herr wegen des Landes Zustand gnugsam Bericht und Wissenschaft erlanget, ob auf solches verödetes Land solche hohe Verpflegung vor so viele Officirer und wiewol schwache Compagnien, da auch dem Lande soviel Kreise abgeben, ohne äussersten Untergang zu legen sei, obiger Sr. Ch. D. auch Ew. Hochwolgeboren und Gnaden selbst eigener Erklärung zuwider, solche Befehlige ausfertigen lassen; Zumaln da theils der Officirer selbsten auch noch in Ihrer Supplication vernehmen lassen, dass es fast unmöglichen mehr mit dem hohen Tractament hernacher zu kommen, dannenhero Sie ja so eifrig nicht gedrungen, dass also Ihnen fast ultra petita gewillfahret worden.

Es können auch die Stände hierbei nicht absehen, wie darum eine Dismembrirung der Compagnien, welche ohne das nicht voll und complet sein, erfolgen sollte;

Diesem allen nach gelanget an Ew. Hochw. und Gn. Unser, der Stände, unterth. Bitten, Sie geruhen gn., solche Mandata, bis die Stände mit Ihrer Antwort eingekommen, und Unser angehender Gn. Churfürst und Herr des Landes Zustandes wegen vergewissert worden, hinwiederum zu cassiren und aufzuheben. In diesem beschaffen Ew. Hochw. und Gn. ein Werk, so der Billigkeit und Landesgelegenheit conform, daraus auch die Stände und Unterthanen Deroselben Wolgewogenheit und zugethane Affection verspüren werden. In widrigem Fall wollen die Stände wider der Officirer-Attentaten solemniter protestiret haben."

Schwartzenberg an die Stände. Dat. Cülln a. Sp. 15. Dez. 1640 [1]).

[Eingehende Widerlegung der von den Ständen angeführten Gründe gegen die Wiedereinführung des Wintertractaments.]

1640.
25. Dez.

. — — Gleich wie Sr. hochw. Gnaden sich noch gn. zu erinnern, aus was Ursachen und zu was Ende die sämmtlichen Stände dieses löblichen Churfürstenthums voritzo zusammenbeschrieben sind, also ist weder Sr. Ch. D. höchstsel. und Christmildesten Andenkens, noch auch Sr. hochw. Gnaden Intention hierunter jemals gewesen, dass deshalb den Officirern und Soldaten, als welcher Sr. Ch. D. wegen der Wolfahrt Ihres Status voritzo hauptsächlich benöthiget und noch zur Zeit keineswegs zu entrathen haben, ihr behöriger Unterhalt und Lebensmittel abgebrochen und nicht verreichet, ihnen dadurch zu allerhand periculosen Gedanken und motibus Anlass gegeben und des Churf. Hauses Brandenburg ganzer Status in höchste und irreparabele Gefahr gestürzet, sondern vielmehr darum dass bemelter Soldatesca ihr bedürfender Unterhalt nach billigen Dingen und damit dieselbe zu einigem Disgusto, Confusion und Widerwillen mit Billigkeit nicht Ursach haben möchte verreichet, die Ungleichheiten, darüber bishero von Dörfern, Städten und ganzen Kreisen gegeneinander Klage ist geführet worden, zu billigmässiger Aequalität reduciret, und also dasjenige, was sonst mit Unordnung und Praegravirung eines Standes vor den andern doch auskommen müsste, mit guter Manier und gleich durchgehender Eintheilung zusammengebracht werden könnte, allermassen solches nicht allein das gedruckte Aus-

---

[1]) Vgl. U. A. I, 379—383, Schwartzenbergs Bericht an den Kurfürsten über den Verlauf des Tages.

schreiben, sondern auch die den Ständen von wegen Sr. Ch. D. vorgetragene Proposition ausdrücklich im Begriff und Munde führet. Und haben zumal S. Ch. D. sich auf Theils aus der Stände Mittel selbst unterth. Anhalten und Vorschlag zu dieser Zusammenbeschreibung gn. resolviret, nicht aber, wie gedacht, sich vermittelst derselben um Dero Völker, als auf welche voritzo [: menschlich zu reden :] die einige Versicherung Ihres Chur- und Landesfürstlichen status bestehet, durch Abstrickung der unentbehrlichen Lebensmittel zu bringen; Und sehen Ihre Hochw. Gnaden nicht, wie dasjenige Rescript, so unterm dato Königsberg den 6./16. Novembris des 1640ten Jahres die höchstselige Ch. D., auf Suppliciren des Havelländischen und Zauchischen Kreises, an S. Hochw. Gnaden ergehen lassen, in diesen Verstand einigermassen gezogen werden könne, dann ob zwar höchst ermelte S. Ch. D. Christmildesten Andenkens darinnen anziehen lassen, dass Ihr lieb sein würde, da es practicabel, wann es beim genannten Sommertractament verbleiben könnte, so ist doch in solchen Worten einiger Befehl oder Verordnung nicht enthalten, sondern ein blosser Wunsch und Constestation der Churf. Liebe und Zuneigung gegen Dero Landstände und wie S. Ch. D. es gerne sehen möchten, dass es Ihnen erginge, begriffen."

Der Statthalter versichert, dass er, schon aus persönlichem, mehr noch aus öffentlichem Interesse jede mögliche Sublevation ihnen angedeihen lassen möchte.

Eine recht gründliche Erwägung aller augenblicklichen Verhältnisse würde Stände selbst zur Erkenntniss dieser seiner Gesinnung bringen. Folgt die Aufzählung der Gründe für die Nothwendigkeit des Wintertractaments:

1) Das s. g. Sommertractament sei Frühling 1638 nur zunächst auf jenen Sommer eingeführt und 2) nur so von den Offizieren damals darauf eingegangen worden, da es ihrer Capitulation direkt zuwiderliefe; 3) diese Truppen seien die einzigen, bei denen es eingeführt, dadurch würde die Ausfüllung entstehender Lücken fast unmöglich gemacht; 4) die Verpflegung erfolge dem Reichsherkommen nach, das, von Oesterreich, Chur-Cöln und Baiern zuerst angenommen und in eine Verpflegungsordonnanz gebracht, auch für die übrigen Fürsten massgebend geworden sei. Würden sie nicht so hoch verpflegt, so würden die Mancos von Ständen und Unterthanen zur Reichskasse eingezogen werden bis zur Höhe der von Kurbrandenburg übernommenen Römermonate. „Woraus dann die Stände sattsam abzunehmen haben, dass es mit dem genannten Sommertractament theils — soviel Ihre Hochw. Gnaden betrifft — ein impracticabel, theils vor S. Ch. D. und Dero Stat ein schädliches, theils auch den Ständen selbst praeludicirliches Werk sein würde, angesehen der Soldat ihm dasselbe per praeceptum nicht aufdringen lassen, sondern viel ehe S. Ch. D). Kriegsdienste, gestalt Ihrer nicht

wenig, welche dasselbe alschon auf solchen Fall expresse begehret haben, quittiren würde, dadurch dann die noch übrige Ort, Festungen und Quartiere in feindlichen Gewalt gerathen und die vorerwähnte Römerzugsgelder, wodurch die itzige Völker zu Ross und Fuss unterhalten werden, dennoch einen Weg wie den andern von den Ständen eingefordert werden würden." Diese Erörterung bezwecke nicht den Soldaten einen Vorzug zu geben, sondern den Ständen die Unmöglichkeit der Fortführung des Sommertractaments zu erweisen.

„Dass aber Ihrer hochw. Gnaden von den Ständen zu Gemüth geführet werden wollen, sammt Sie sich gegen dieselbe zum öffteren erkläret, dass Sie Ihres beschwerten Zustandes halber Condolenz mit Ihnen trügen, Und dieselbe von Grund Ihres Herzens nicht nur gerne erleichtern, sondern der Last wol ganz entheben wollten, dessen entsinnen Sie sich, nicht aber, dass Sie das Sommertractament als ein dienlich und möglich Mittel hingestellt. Und ist diesem nach Ihrer hochw. Gnaden hierunter zu unfreundlich geschehen, wann gesetzet worden, dass Sie Dero selbst eigenen Erklärung zuwider solche Befehlige ausfertigen lassen, Ihre Erklärung ist dahin niemals gangen, und kann sich auch ohne dies auf impracticabele und unmögliche Dinge nicht extendiren lassen. — — Was hiernächst der Officirer halber angezogen, sammt dieselbe selbst in der Meinung wären, dass es fast unmöglich mit dem hohen Tractament mehr hernacher zu kommen, da wissen Ihro Hochw. Gnaden sich dessen zwar eigentlich nicht zu entsinnen, aber gesatzt, dass dem also, so würde doch daraus garnicht erfolgen, dass sie darum mit dem geringen und Sommertractament vorlieb nehmen wollten |: dann was bedürfte es sonst so vieles importunen Sollicitirens und Antretens :| sondern vielmehr dieses, dass man Ihnen bessere und austräglichere Quartiere, daraus Sie das Ihrige völliglich erheben können, anweisen solle, weil aber dieselbe, wie männiglich bewusst, nicht bei handen, was ist übrig, als dass man bei den vorigen bleiben und den Soldaten daraus das Ihrige verreichen lassen müsse. Und wäre wol gut gewesen, dass die von den Ständen der Sachen etwas eigentlich und ohne Bewegung des Gemüths nachgesonnen, da sie gesetzet, dass den Officirern fast ultra petita gewillfahret worden; Ihro hochw. Gnaden stellen dahin, ex quo affectu solches geschehen, dass es aber aus blosser Unwissenheit nicht wol herrühren könne, müssen Sie dahero muthmassen, weil den Ständen diejenige Supplication, welche der Obrist Moritz Augustus Freiherr von Rochow im Namen der sämmtlichen Officirer übergeben, und dabei noch allerhand mündliche Anführungen gethan, alschon zugeschicket und in dem Befehlich mit eingeschlossen worden. Es ist aber auch hiebei nicht allein geblieben, sondern es hat itzt bemelter Obrister auch seinen Obristen Lieutenant Jobst Friedrich v. Oppen und den Hauptmann Heinrich Albrechten von Bredow anhero geschickt, und durch dieselbe bei Sr. Ch. D. verordneten Kriegsräthen vorbringen lassen, dass wann man ihnen das vermöge der Capitulation ihnen schuldige Tractament nicht geben lassen wollte, so könnten und begehrten sie, keine Stunde länger zu dienen und würden sie genöthigt werden, ihren Abschied zu suchen; Insonderheit aber, dass wofern man Ihnen Ihr gebührendes Winter-Tractament nicht a primo Novembris geben wollte, er, der Capitän Bredow, den Befehl, auf habende Ordre von seinem Obrist, gar nicht annehmen sollte, worauf er auch eine Copey von dem an die Stände ergangenen Befehlich, um sich daraus zu ersehen, aus der Kanzelei begehret hat, welches dann wahrlich nicht allein petita, sondern postulata, ja interminationes und eventuale resignationes ihrer Dienste sein; soviel mangelt daran, dass man den Officirern ultra petita gewillfahret haben sollte, darum wol gut wäre, wann die von den Ständen sich vorerst wol von einer Sache informireten, ehe sie darüber ungleiche Gedanken fasseten. Könnten aber auch überdies mehrangeregte die von den Ständen die Officirer, als welchen sie zu dem allermeisten Theil mit Blutfreund- und Schwägerschaft verwandt, auch dero sehr viel mit väter- und söhnlichem Respect zugethan sein, durch gute und bewegliche Erinnerungen, und zumal durch Vorstellunge, dass sie selbst Patrioten und Sr. Ch. D. Unterthanen und Vasallen sein, dahin bewegen, dass sie in Consideration des Landes höchst erschöpften und niedergeschlagenen Zustandes mit dem geringeren Tractament sich vergnügen lassen wollten, das würde Ihrer Hochw. Gnaden von Herzen lieb sein und würden Sie zumal zu einem widrigen durch einige Befehlige oder Verordnungen wol nimmer Anlass geben: Sie haben an Ihrem Ort anders nichts davon als Verdruss und den Undank auf beiden Theilen, indem die Officirer dieselbe continuirlich antreten um das Ihrige zu haben, die Stände aber zu allen Zeiten ihr Unvermögen vorschützen ihnen etwas zu geben.

Als viel nun der Stände beschliessliches Petitum, dass nämlich Ihre Hochw. Gnaden solche mandata, bis die Stände mit Ihrer Antwort eingekommen und der angehende Churfürst, Unser gu. Herr, des Landes Zustandes wegen vergewissert worden, hinwiederum cassiren und aufheben möchte, erreichet; da werden Ihre hochw. Gnaden zwar eins Theils gewärtig sein, was die Stände auf die Ihnen im Namen und von wegen Sr. Ch. D. geschehene Proposition vor

58 I. Die Ordnung der Contribution bis zu den Recessen von 1643.

gute Erklärung von Ihnen geben wollen; können denselben auch anderstheils garnicht verdenken, dass an die itzoregierende Ch. D. Sie den Zustand des Landes nicht allein schriftlich berührten, sondern auch wol einen oder mehr dero Mittels dahin abordnen, S. Ch. D. gegenwärtige des Landes Beschaffenheit durch mündlichen Vortrag hinterbringen, und um Linderung der Beschworden ansuchen lassen; Allein, dass Ihro Hochw. Gnaden indessen den Soldaten befehlen und gegen derer Willen auferlegen sollten, mit dem geringen und Sommertractament zufrieden zu sein, dazu finden sich dieselbe nicht bemittelt, in sonderbarer Betrachtung, dass die itzoregierende Ch. D. Unser gn. Herr durch dero bestalten Kammerjunker, Werner von der Schulenburg[1]), welcher sich vorhero durch ein Ch. Creditiv genugsam legitimiret hat, bei Ihro Hochw. Gnaden unter andern auch dieses vorbringen und an dieselbe gn. begehren lassen, dass Sie dem Feinde, an einem und andern Ort, wo Sie könnten, Abbruch thun lassen, jedoch ihr vornehmstes Absehn alstets auf die Vestungen, damit die nicht in eines Andern Hände gerathen möchten, richten sollten, gleichwie Ihro hochw. Gnaden solches bishero löblich und rühmlich gethan hätten. Diesem Sr. Ch. D. gn. Befehl und Begehren finden Ihre hochw. Gnaden sich obligiret ein gehorsamstes Genügen zu thun, und dahero Ihr unmöglich zu sein, den Officirern und Knechten zu höchstem dero disgusto, und daher besorglich entstehender ganz unersetzlicher Gefahr und Unglücks bei den Festungen das geringe Tractament gegen deren Willen befehlsweise aufzudringen und werden Ihro Hochw. Gnaden desfalls von keinem, so ohne Passion von der Sache urtheilen will, können verdacht werden, dass Sie sich mit einer so hohen, und überschweren Verantwortung gegen S. Ch. D. und das ganze heil. Reich nicht beschlagen lassen wollen.

Da aber, wie vorgedacht, entweder die Officirer selbstwilliglich hierzu sich versehen wollten, oder die Stände ins Künftige bei Sr. Ch. D. ein anders erhalten könnten, das würde Ihre Hochw. Gn. Ihnen sehr gerne gönnen, wie nicht weniger alle gute Beförderung Ihnen darunter zu erweisen geneigt verbleiben, indessen aber werden mehrermelte Stände die Eintheilungen auf das Wintertractament nothwendig, und damit allerhand gleichsam schon gliscirende Ungelegenheiten, confusiones und schädliche motus, als weshalb Ihre Hochw. Gn. hiemit vor Ihre Person hochfeierlich protestiret haben wollen, ohne Ausbruch zurück bleiben mögen, machen, und den Officirern

---

[1]) Vgl. über ihn und seine Sendung U. A. I, 373.

dieselbe ohnverlanget ausgeben, unbeschadet demjenigen, so entweder der Landtagsschluss besseres bringen oder Sr. Ch. D. ins Künftige deshalb gn. verordnen möchten.

Und dieweil nicht weit vom Eingang dieser Supplication von den Ständen ist angeführet worden, dass es zu verwundern, was vor hohe Geldposten seither anno 1638 bis daher auskommen wären, so haben Ihro Hochw. Gnaden nöthig zu sein erachtet, nur mit wenigem den Ständen zu Gedächtniss führen zu lassen, dass sie einmal aus dieser Verwunderung wol hätten gesetzet werden können, wenn sie, gleichwie von der höchstsel. verstorbenen Ch. D. Ihnen zu mehrmalen und benanntlich in Annis 1634, 1635 und 1636 ist an die Hand gegeben worden, einige Ihres Mittels Sr. Ch. D. zu den Krieges Expeditionen verordneten Räthen beisetzen, wann von Unterhalt der Soldatesca und andern zum Kriege erfordernden Nothwendigkeiten deliberiret worden, mit einrathen helfen und alda gegenwärtig, wo die auskommenden Geldposten hinverwendet worden und noch würden, ansehen und vernehmen wollen, welches Mittel dann Ihnen auch aunoch bevorstehet. Und zweifeln Ihre hochw. Gnaden nicht, es werden Sr. Ch. D. auch hiermit an Ihrem hohen Ort gn. wol friedselig sein. Anderstheils die Stände auch ohne dies gute, ja die beste und eigentliche Wissenschaft haben, wohin die ausgebrachte contributiones verwandt, indem Dieselbe, ausser einem ganz wenigen, als 300 Thaler monatlich, nichts in die Krieges-Cassa geliefert, sondern das Uebrige entweder durch Ihre Einnehmer selbst in Empfang nehmen und ausgeben, oder aber die Anweisungen denen Officirern in Handen stellen und darauf die Execution verrichten lassen.

Und dieses ist, was mehrbochermeltes Statthalters Hochw. Gnaden den Anwesenden von den Ständen :| welche sie hiemit nochmaln, die Eintheilunge nunmehr auf's ehiste zu beschleunigen, günstiglich erinnert, und auf den widrigen Fall wegen aller besorgender motuum, Gefährlichkeiten und Unglücks praesertim in praesenti casu mutationis Domini et a militibus nondum praestiti sacramenti vor Ihre Person quam solennissime protestiret haben wollen :| zu Bescheid zu ertheilen nöthig erachtet haben."

Die Stände an Schwartzenberg. Dat. Berlin 16. Dez. 1640.
 [Antwort auf die sieben Propositionen.]
Stände bekunden ihre Theilnahme über das 1. Dez. erfolgte Ableben 26. Dez. des Kurf. Georg Wilhelm und die Genesung des neuen Herrn aus schwerer Krankheit.

I. Die Ordnung der Contribution bis zu den Recessen von 1643.

"Sonsten ist es Ihrer Ch. D. hochlöbl. Gedächtnisses höchst nachzurühmen, dass Dieselbe die gn. landesväterliche Vorsorge thun wollen, dass die Stände convociret und zusammengefordert worden, zumal da es die itzt vor Augen schwebende grosse Noth, dann auch die in Annis 1540, 1572, 1602, 1611 und 1615 erlangte Land-Reverse : in welchen enthalten, dass Sr. Ch. D. keine wichtige Sachen, woran der Lande Gedeihen oder Verderb gelegen, ohne der sämmtlichen Stände Vorwissen und Rath schliessen und vornehmen, Sich auch in keiner Verbündnüss, darzu die Unterthanen oder Landsassen sollten oder müssten gebraucht werden, ohne Rath und Bewilligung gemeiner Land-Räthe begeben wollten :| erfordert haben.

Gestalt dann die Stände solemniter acceptiren, dass man dieselbe den Land-Reversen und Fundamental-Satzungen gemäss vor dies Mal in des Landes höchsten Nöthen und Anliegen hat vernehmen wollen, mit unterth. Bitte, alle Rechte der Landschaft zur Theilnahme an der Regierung der Lande und deren trostlose Lage dabei zu respectiren; Wie dann die Stände von Herzen bestürzet worden, als sie die Postulata und was man von ihnen begehret mit erstarrtem Gemüthe gelesen und erwogen, dann sie soviel befunden, dass solches alles also beschaffen, wann gleich das Land in gutem vollem Flor und voller Nahrung ohn einige Beschwerde wäre, nicht mehr von demselben könnte gefordert werden, die weil es alles auf Geldgeben hinausläuft, und fast das Ansehen gewinnen will, gleichsam man annoch die Gedanken auf die Continuation des Krieges, wobei bis anhero wenig Glück und Effect gewesen und das Land nur verwüstet worden, geworfen hätte, wodurch dann nichts anderes als die Total-Ruin des ganzen Landes ohnzweiflig erfolgen dürfte, da man doch vielmehr verhoffet, dass die Stände nach so vielen ausgestandenen Drangsalen nunmehr hinwieder in Frieden und Ruhe sollten gesetzet werden, damit soviel tausend betrübter Seelen hinwiederum refacilliret würden und nicht zur gänzlichen Desperation kommen möchten. —
— Dass aber dennoch obermelte Kreise, sonderlich die Ritterschaft bis dahero noch in etwas das Contributions-Wesen getragen und auf sich gehabt, ist einig und allein dem Credit zuzuschreiben, so sie bis dato noch durch eines und des andern Beförderung bei den Kauf- und andern Leuten gehabt haben.

Nachdem es aber leider nunmehr dahin kommen ist, dass Sie weder Ihren Privat-Creditoribus, noch diesen Leuten, so sie zu Ertragung der Contribution zum öftern aus Nöthen geholfen haben, mit dankbarer Zahlung nicht einhalten können, so muss auch nothwendig dieser Ihr Credit fallen, und werden bei weitem dasjenige nicht mehr praestiren und thun können, was Sie wol bishero gethan haben. — — Und hat zu dieser Devastation des ganzen Landes von Ritterschaft und Städten die grösste und meiste Ursach gegeben der praeposterus militum modus; sintemal der Reuter und Officirer Unbilligkeit zu gross, indeme sie das Land gleichsam zu ihrem Eigenthum und Raub gemachet, die gemeine Schatzungen aber vielleicht in ihre Privatsäckel gestecket; wie dann der gemeine Soldat heftig klaget, dass er nichts bekommen, massen es die Erfahrung bezeugen würde, wann doswegen Nachfrage geschehen sollte und der Soldat nicht aus Furcht die Wahrheit hinterhalten müssen. — — Nicht weniger demoustriren es die unbillige, übermässige Executiones; denn ausser deme, dass die Officirer mehr, denn ihnen in der Churf. Ordinantz vorgeschrieben worden, zu einer Partei Tribulanten nehmen, so haben die Regimenter einer jeden Stadt Quoten unter Ober- und Unter-Officirer eingetheilet, sein also in die dreissigerlei Parteien Tribulanten auf ein Mal auf die Execution, nur auf eigenthätiger Anweisung Ihrer Obersten und selten auf der gn. Herrschaft Befehl, ankommen, Quartier und Unterhalt genommen, und, wie es beleget werden kann, doppelt soviel verzehret, als das assignirte Quantum ausgetragen; Interim ist solcher Tribulanten Sold den Officirern, welche ausserdem noch aus den Salvaguardien Geld geschmiedet, zugewachsen, welches dann soviel weggefressen, dass es zum Verderb des Landes sufficient und gnugsam gewesen. — — Wann aber die Executores keine solche Mittel gefunden oder durch Zwang von den Unterthanen nichts erlangen können, so haben sie sich aufm Lande an die Commissarien und Einnehmer, in den Städten an die Bürgermeister gemacht, dieselben aufs heftigste und ehrenrührigste injuriiret und geschmähet, geschlagen und dasjenige, was der ganze Kreis und Städte zu geben nicht vermocht, zu schaffen angehalten, Pferde, Ochsen und Kühe zu verkaufen und aus dem Hause zu laufen gezwungen, da doch die Bürgermeister über ihre grosse beschwerliche Mühewaltung gleich ihren Nachbarn ihre eigene quotas richtig abgetragen. Ja man hat sie als Sklaven weggeführet und gefangen herumgeschleppet, inmassen denn fast in allen Kreisen, Haupt- und incorporirten Städten dergleichen geschehen, und hat man mit Personal-Arresten sie dahin gezwungen, dass sie sich vor der Kreise und Städte Resten fast gefährlich in privato verschreiben müssen — —."

Dieser trübselige Zustand werde ihnen nur minimale Leistungen ermöglichen. Betreffs der fortan zu verfolgenden Politik hegten sie folgende unvorgreifliche Gedanken:

„Anfangs stellen die Stände dahin, wie und welchergestalt I. Ch. D. hochsel. Andenkens in den Krieg geflochten worden; Sie haben bis dahero hiervon keine ernstliche Wissenschaft getragen, auch sind über die vorausgegangenen letzten grossen und starken Werbungen, dadurch das Land vollend desolat gemachet, niemaln Ihre wenigen Gedanken und Einrathen begehret worden. Zwar erinnern sich die Stände, dass Sie auf gn. Erfordern Ihrer Ch. D. Christsel. And. aus vielen erheblichen Motiven und Ursachen unterth. beiräthig gewesen, dass Sie sich der zwischen Ihrer Kais. Maj. und Chur-Sachsen gemachten Pacification nicht entziehen wollten, Sie hoffen aber, wann Ihre Bedenken recht angesehen und considerirot werden, dass zu befinden, dass Sie ihre unterth. treuherzige Erinnerungen mit gewissen Cautelen und Conditionen umschränket haben, dergestalt, dass I. Ch. D. dahin gn. sehen und sich bemühen möchten, wie die Kron Schweden mehr in der Güte denn armata manu von des Reichs Boden zu bringen und also Ihrer Ch. D. Lande in keine Ruin geratben dürften, wie solches die damaln eingegebene Bedenken mit mehrem besagen. — — Es geben aber die Stände dieses zu bedenken an die Hand, ob nicht unter andern eine grosse Ursache mit gewesen, dass diese Lande von den Schwedischen hostiliter tractiret worden, dass man es bei der Kais. Maj. zu Wien am 31. Julii datirten und publicirten Avocatorio Mandato nicht verbleiben lassen, sondern die Kron Schweden vor des Reichs und Ch. D. Feinde ohne der Stände Einrathen, Wissen und Bewilligung von den Kanzeln und durch gedruckte Patenta öffentlich erklären lassen; Massen dann etliche der Stände aus des Feldmarschall Wrangels Munde gehöret, als sie sich aus Noth um Abwendung aller Insolentien und Hostilitäten zu ihm verfügen müssen und unter andern, dass ja die Unterthanen nichts Feindliches tentiret, vorgewandt, bemelter Wrangel geantwortet: Was, sollet Ihr nicht unsere Feinde sein! hat man Uns doch in allen Krügen und Dörfern vor Feind anschlagen lassen und kann man feindliche Obrigkeit nicht anders strafen, als mit Ruinirung derselben Unterthanen.

So viel dann anhängig diesem die proponirte Puncta und zwar den Ersten betrifft, begreift derselbe drei Membra in sich, als 1) wie die Hauptfestungen nach Notdurft zu besetzen 2) wie die umliegende Städte, so zur Blocquirung der Festungen gelegen, mit bastanter Gegenwehr gleichfalls zu versehen und 3) wie die Völker können beibehalten und recrutiret werden; Halten die Stände davor, soviel die Hauptfestungen insgemein betrifft, sei hochnöthig und vornehmlich darauf zu sehen, wie dieselben mit nothdürftigen und tauglichen

Guarnisonen, die von Niemanden anders als von der gn. Herrschaft allein dependiren, wol verwahret werden.

Sie praesupponiren auch, dass dieselbe und andere innehabende Posti mit bastanten Guarnisonen albereit müssen besetzet sein, dieweil die unterschiedliche Regimenter, die I. Ch. D. sel. Ged. Anno 1638 geworben, nachmals enger zusammengezogen und reduciret, schon dazu gebrauchet.

Sollten aber die damals reducirten Regimenter wieder in Abnehmen kommen sein, erachten Stände davor, dass solche wiederum reduciret und zusammengestossen und aus den alten, 16 Compagnien z. F. jede von 150 M. unter zweene Obristen gemachet würden, wovon nicht allein die Festungen, sondern auch Oderberg und Werber Schanz mit Guarnisonen [: solange diese Unruhe währet und bis die Besatzungen wieder auf den alten Fuss können gerichtet werden :] zu versehen.

Wiewol die Stände ohne Massgebung davor halten, weil ohne das durch das grosse Wasser die Werber Schantz nicht beständig bleiben kann, und zu deren Conservation grosse Unkosten gehören, man auch nichts siehet, was sie Ihrer Ch. D. nützet, dass dieselbe zu rasiren, auch also, dass sie der Feind nicht wieder aufbauen und zu seinem Vortheil gebrauchen kann, zumal auch dieselbe bis dahero den Ruin und Untergang der angelegenen beiden Kreise Priegnitz und Ruppin augenscheinbarlich befördert; dieses aber wird dem Lande eine grosse Erleichterung geben, indem die grossen Verpflegungen und hohen Stäbe der Officirer vom ersten Blatte weggehen.

Wie aber, vor's Andere, die umliegenden Städte, so zur Blocquirung der Festungen gelegen, mit bastanter Gegenwehr zu versehen, solches können die Stände nicht absehen wie es geschehen möge; denn dieses ein gross Volk erfordern würde, welches zu unterhalten unmöglich ist; zudem ist itzt die winterliche Zeit, da die Wässer und Morässe leicht zufrieren können, welche Occasion der Feind dürfte in Acht nehmen, die Pässe liegen zu lassen, und dennoch die Kreise in Ruin und Ungelegenheit zu setzen — —.

Wie, drittens, die Völker können beibehalten und recrutiret werden, erklären sich die Stände der noch wenig übrigen vom Feinde befreiten Kreise, dass sie zwar post reductionem das Ihrige thun nach aller Möglichkeit, soviel sie hernachkommen können und so lange sie von Feind und Freund nicht infestiret werden |: sonsten es ihnen so unmöglich fallen wird als andern vom Feinde occupirten und ganz desolaten Kreisen das Ihrige zuzutragen :| Bitten daneben unterth., dass es ihnen durch die harte winterliche Verpflegung nicht alzuschwer gemacht werde.

So wäre vor's Vierte auch dem Lande erträglich, ob die militärische Execution ganz abgeschafft und hingegen die Seumende durch jedes Orts bestallte Landreuter zu Erlegung ihrer Contributionen angehalten werden. Und ob zwar Theils der Stände mit obgedachten wolmeinenden Helfunges-Mitteln bis anhero nicht haben können gehöret werden, sondern vielmehr zusehen müssen, wie sie sein ruiniret worden, so ist doch nicht abzusehen, wie mit dem Unterhalt zu continuiren, wofern dieses der Stände als getreuer Unterthanen und redlicher Patrioten wolbedachtes, auf ihre hohe Pflicht fundirtes und zu des Landes Bestem und Conservation angesehenes Bedenken und Einrathen nicht solte attendiret und nach der armen Unterthanen Vermögen |: auf welcher Conservation nicht weniger, als auf der Soldaten Unterhalt zu sehen, weil man der unterth. Hoffnung lebet, die itzige Ch. D. werde jener länger als dieser zu gebrauchen haben :| das Tractament gerichtet werden, sonsten zu befahren, dass alles über einen Haufen geworfen, und in höchst schädlicher Confusion gebracht werde, welches die Stände gern verhütet sehen!"

Ueber Punkt 5, den Spandau'schen Festungsbau betreffend, wäre ihre Meinung gar nicht eingeholt, sonst würden sie davon überhaupt abgerathen haben.

„Beim sechsten Punkt, woher nämlich die Festungsmängel, als Proviant, Munition und andere Kriegsbereitschaften, ersetzet und die Nothdurft herbei möge geschaffet werden, erinnern sich die Stände, dass nicht allein viele hundert Winspel Korn nebst andern Vivres in die Vestungen vor diesem geschicket worden, dahero wol nöthig wäre, dass deswegen Rechnung gefordert würde, wo es geblieben; sondern es besaget auch Ihrer Ch. D. Christmild. Andenkens Patent wegen der doppelten Metze |: worüber, wie auch wegen der andern neuen Licenten und Auflagen in den Zöllen, sonderlich des Salzes, die Stände zwar nicht gehöret noch dieselbe bewilliget, dahero auch hoffen wollen, dass I. Ch. D. gn. Erklärung nach mit denselben nicht werde continuiret werden :| sub d. Cölln a./Sp. den 12. Aug. 1637, dass dieses Mittel vor das beste und erträglichste bei dem verderbeten blutweinenden Zustand des Landes sei befunden worden, nicht allein die Vestungen zur Nothdurft davon zu proviantiren, sondern auch denen darin liegenden Guarnisonen behörigen Unterhalt und unentbehrliche Lebensmittel etlichermassen davon zu entrichten, welche dann Ihrem Bedünken nach ein überaus grosses muss zugetragen haben und demnach zu Ersetzung dieser und anderer Mängel sufficient genug erachtet wird.

Denn sie in denen Gedanken, dass ein grosser Vorrath über dem so verkaufet und in der Krieges Cassa gebracht ist, müsse gesammelt sein; So sind auch albereit vor langer Zeit Artillerie Gelder gegeben worden, welche auch eingekommen und, davon sonder Zweifel wird geschaffet sein, was zu allen angegebenen Mängeln vonnöthen. — — Sollten diese Mittel über Verhoffen hierzu nicht angewendet werden, sondern man wollte das Absehn auf das arme durch Krieg und Contribution ausgesogene Land nehmen, so wissen sie dazu keinen Rath noch Vorrath.

Was endlich den siebenten Punct anreichet, woher nämlich die sowol bei der Krieges Cassa als Hof-Rentei vorfallende unumbgängige Ausgaben, als Legationskosten, Artillerie-Spesen, Post-Gelder u. dergl. bei erschöpftem aerario hergenommen werden können, ist es den Ständen von Herzen leid, dass die Chf. Hof-Rentei in ein solch Ungedeihen kommen, dass sie auch nicht die geringe Sachen beischaffen kann. Daraus aber kann umsovielmehr abgenommen werden, demnach bei so ansehnlichen Aemtern und unterschiedlich erhöheten Zöllen dennoch in der Hof-Rentei ein solcher Abgang gespüret wird, wie es um die getr. Stände, auch derselben Vermögen beschaffen sein müsse.

Und ist kein Wunder, dass in der Hof-Rentei nichts einkommt, dieweil man die Aemter ungebauet liegen lässt, darüber sich keine Unterthanen wieder finden; So sind auch alle commercia zu Wasser und Lande gehemmet, dass die Zölle nichts tragen können, zumal weil das Rauben und Plündern auf den Strassen gross und die Brandschatzungen in theils Vestungen und andern mit Guarnisonen belegten Plätzen nicht nachbleiben.

Anreichend die Krieges Cassa ist den Ständen bewusst und kann bewiesen werden, dass zu derselben jährlichen ein überaus grosses ist hergegeben worden, wie solches eines jeden Kreises Registraturen und in Händen habende Quittungen ausweisen: So ist auch notorium, dass alle Licent Gelder, welche sonder Zweifel ein sehr hohes tragen, in selbiger Cassa müssen eingeliefert werden; Nicht weniger ist kundbar, wie fast an allen Orten Metzkorn verkauft und das Geld zu dieser Cassa gebracht worden; Deshalben dann auch vermuthlichen ist, dass ein Grosses in der Krieges Cassa müsse vorhanden sein und dahero die specificirte Kosten wol werde abwerfen können.

Es sind auch Stände in denen Gedanken, dass noch theils Aemter in ziemlichem esse sein und ein ehrliches tragen, dahero auch nicht unbillig aus diesen proventibus und Einkommen die in diesem siebenten Punct specificirte Spesen zu nehmen.

I. Die Ordnung der Contribution bis zu den Recessen von 1643.

Ueber dem hat die gn. Herrschaft ja noch die Preussische und Clevische Lande, dahin diese Lande hiebevor ein überaus grosses geben müssen, dass es also ja nicht mehr als billig wäre, wann dieselbe hinwieder zu dieser exhaurirten Landen Sublevation in ihrer Drangsal ein ansehnliches herreichten; Auf dieses elende und bis aufs Blut ausgesogene Land hat man sich wegen des angeführten und für Augen gestellten Uebeln Zustands desselben hinfüro keine begründete Rechnung zu machen; sintemaln die Unmöglichkeit am hellen Tage und gnugsam bezeuget, dass zu diesen Spesen nichts kann hergegeben werden.

Und dieses sind der Stände unvorgreifliche Gedanken auf die vorgetragene Puncta.

Nachdem aber hieraus gnugsam kund und offenbar, dass diese ganz ausgemergelte Lande fast wenig mehr oder auch wol gar nichts bei diesen Sachen thun und der itzigen Ch. D. unter die Arme greifen können; So gewinnen die Stände dannenhero hohe Ursach, wegen der Pflichte, damit I. Ch. D. und dem Lande sie verbunden, Ihro Hochw. und Gnaden getreulich und unterth. zu erinnern, Dieselben auch wehemüthig und um Dero Ch. D. selbst eigen, und Ihrer armen Lande, in welchen albereit so viel Tausend Seelen elendiglich verschmachtet und aus dem Lande ins bittere Elend getrieben worden, Bestes willen zu bitten, zu geruhen, solche Mittel zu ergreifen, damit man aus dieser öffentlichen Hostilität mit Schweden, es geschehe per inducias, armistitium, suspensionem armorum, tolerantiam oder conniventiam, oder wie es sonsten am füglichsten geschehen kann, gelange. Nicht also, dass dadurch die itzige Ch. D. sich aus Ihrer Kaiserl. Majestät Devotion oder an Ihren wolhergebrachten Rechten der Pommerschen Landen etwas begeben sollen, sondern nur dass Sie und Ihre arme Unterthanen aus dieser Gefahr, Noth und Elende, die Ihnen angedrohet wird, mögen gerissen werden.

Und dass I. Ch. D. doch aus dem allgemeinen Krieg, welchen die Kais. Maj. und der Churfürst von Sachsen zu führen vermögẹ des klaren Buchstabens im Pragerischen Friedens-Schluss Ihnen reserviret, nicht einen absonderlichen Particular Krieg zu Ihres Hauses und ganzen Status Äusserstem Ruin und Verderben continuiren wollen. — — —

Viel nützlicher würde es auch sein, wann man tempori etwas codirct, als wann man in den extremis verharret, und darüber die itzige Ch. D. und ihren Statum in das äusserste Verderben setzen wollte. Aldieweil es die vor Augen schwebende höchste Noth des Landes anitzo nicht anders erfordert; Massen einem unvermeidlichen Meersturm man nicht besser begegnen kann, man lasse dann die Segel herunter. Wann dieses erhalten, könnte man die Cavallerie der Kaiserl. Maj. zuschicken, Dero die mehre Dienste als alhier werden thun können; Die Infanterie könnte man, wie oben erwähnet, reduciren und allein soviel behalten als zu Besetzung der Vestungen vonnöthen; Es würde Ihro Ch. D. und Ihrem ganzen Lande dieses eine grössere Sicherheit bringen, als wenn Sie einen starken exercitum auf den Beinen hätten, den man doch nicht unterhalten könnte; die Chf. Aemter, Hof-Rentei und andere Gefälle, ja das ganze Land könnte in etwas respirįren; diejenigen Kreise, welche von diesen gleichsam abgeschnitten, könnten allmählich durch die Mittel wieder herbeigebracht, die Commercia wieder getrieben, und ein Anfang, das Land wieder in etwas zu erbauen, gemachet werden; hingegen totalis eversio erfolgen muss, wenn man auf der proponirten Intention bestehen und das Land in perpetuis concussionibus drücken und pressen lassen wollte, welches ohne das dermassen verwüstet, dass auch das Kind in der Wiegen, wann es gleich achtzig oder mehr Jahre erleben sollte, dennoch das Land nicht sehen wird in dem Stande — damit man nur der wenigen Zeit gedenket — wie es noch vor sechs Jahren gewesen.

Sollte man so geschwinde zum Armistitio nicht kommen können; ersuchen Ew. Hochw. und Gn. die Stände in Unterthänigkeit, ihnen inmittels nachzugeben und per conniventiam zu toleriren, dass sie sich quocunque modo vor der Schwedischen Partei, unbeschadet Ihrer Pflicht, conserviren und versichern können, dieweil es ja juris naturae. quod omnis honesta ratio sit expediendae salutis, auf welchen Fall dann mit dem Partei-Reiten und Wegtreiben des Viehes, womit der Feind zu Infestirung des Landmannes nur lacessiret wird, einzuhalten.

Es bezeugen die Stände hiermit vor Gott und der itzigen Ch. D., dass sie dieses alles aus keinem andern Respect, als vermöge der theuer geleisteten Pflichte und dieweil sie befunden, dass I. Ch. D. und Dero Landen äusserste Noth solches erfordert, erinnern müssen, damit sie also ihre Gewissen salviren und bei der folgenden Posterität entschuldiget sein mögen; Bitten demnach unterth., Ihro H. und Gn. diesen der Stände unvorgreiflichen Vorschlag nicht übel deuten und in Ungnaden vermerken, sondern vielmehr in Gnaden wolle befördern und cooperiren helfen, dass dieses Mittel, wodurch allein diese arme ausgemattete Lande zur Beruhigung kommen können, ins Werk möge gerichtet werden."

Assignationen seien ohne vorherige Berufung und Willigung der Stände ausgeschrieben und erhoben worden, Mitglieder der Ritterschaft und Bürgermeister von Städten seien bei fruchtloser Execution in Kreisen und Städten persönlich inhaftirt worden. „Als bitten sie in Unterth. I. H. und Gn. wolle mit den getr. Land Ständen und Unterthanen, als welche jederzeit bei der gn. Herrschaft umgetreten und Ihr äusserst unter die Arme gegriffen, so hart mehr nicht verfahren und sie als Rebellen und Esclaven tractiren lassen, in sonderbarer Erwägung, dass obgleich die Stände in die vorige Werbungen, woraus viel ihres Unglücks hergeflossen, niemaln gewilliget, dennoch das Ihrige den Churf. Völkern dahin gegeben. — —

Also bitten die Städte auch unterth., dass ihnen ihre Jurisdiction ungeschwächet gelassen und die prima Instantia nicht de facto abgeschnitten, auch,˙do wider den Magistrat Klage geführet wird, inaudita causa nicht condemniret wird, wie es wol leider eine Zeitlang daher gungen."

Sie büten endlich es beim alten Gebrauch zu lassen, Stände nicht durch gedruckte Patente, sondern durch verschlossene Schreiben zu convociren.

Schwartzenberg an die Stände. Dat. Berlin 27. Dez. 1640.

1641.
6. Jan.
[Zurückweisung ihrer Beschwerden. Einrichtung eines gemeinen Kastens.]

Ihre Schilderung vom elenden Zustande des Landes sei übertrieben. Die bezeichneten Kreise und zumal die Altmark hätten nun eine geraume Zeit dem Feinde nach und nach viel Regimenter und Compagnien, dahingegen aber Sr. Ch. D. mehr nicht als die einige Compagnie in der Werberschanz unterhalten. Ihre Vorwürfe wegen der Erpressungen der Soldatesca fielen daher auf die Feinde, nicht den Landesherrn zurück. Sollten Excesse der kurfürstlichen Söldner vorgekommen sein, so wäre eine Bestrafung der Schuldigen nur bei genauer Angabe der Einzelheiten möglich.

„Sonsten würde I. H. u. G. Ermessen nach wol der beste modus sein, wann die Stände ingesammt oder ein jedwedes Corpus von Ritterschaft und Städten apart einen gemeinen Kasten machten, die Contributiones, so lange man nämlich derer wegen des anhaltenden Kriegeswesens nicht wird gelübriget sein können, dahinein zusammenbrächten und sodann die Officirer und Soldaten vor der Bank — wie es genannt wird — bezahleten, dann dadurch würden nicht allein der Officirer geklagte Unterschleife unterbrochen und die gemeinen Knechte gleich Ihnen licentiret und bei Willen erhalten, sondern auch die Stände der kostbaren und verderblichen Executionen gelübriget sein können und wollten I. H. u. G. in Wahrheit von Herzen wünschen, dass es dahin zu des ganzen Landes grosser Erleichterung, wie das merkwürdige Exempel der Herren Staaten der Vereinigten Niederlande, die nun den Krieg in die siebenzig Jahre ohne Ruin der Lande führen, dieses nachweiset, zu bringen stünde. Zwar hat man vor etwa anderthalb

Jahren in dem Havelländisch- und Zauchischen Kreise etwas dergleichen versuchen und einführen wollen, dabei dann I. H. u. G. und alle Sr. Ch. D. Räthe auch ein sonderbares Vergnügen gefunden, allein wie lange es gehalten worden und wie es darmit abgelauffen, wird den Ständen bezeichneter Kreise noch wol erinnerlich sein. Da es aber je auf diesen Weg des gemeinen Kastens nicht gerichtet werden könnte, so würde der Sachen dennoch nicht wenig beforderlich und den Ständen vergnüglich sein, wann sie einige ihres Mittels von Ritterschaft und Städten Sr. Ch. D. zu den Krieges Expeditionen verordenten Räthen beisetzen wollten, welche den deliberationibus von den Unterhaltungsmitteln mit beiwohnen und sodann das Beste und Erspriesslichste zu des ganzen Landes Erleichterung und Aufnahme mit einrathen helfen könnten; Gestalt den Ständen noch wol unabgefallen sein wird, dass Ihnen solches schon zu verschiedenen Malen von der Höchstsel. Verstorbenen Ch. D. als in annis 1634. 35 und 36 ist frei und an die Hand gegeben worden, welches dann die itztregierende Ch. D., I. H. u. G. Vorsehen nach, auch gn. wol geschehen lassen werden."

Für den schlechten Zustand der städtischen Renteien, der die Zahlung der Contributionen und Reste unmöglich mache, ist in erster Reihe die üble Administration der Consuln, Quästoren u. s. w. verantwortlich. Ueber einen Aufschub würde man sich wol verständigen, desgleichen „super modum exigendi, wann nur ein solcher an die Hand gegeben wird, dadurch die resta würklich einkommen mögen, und würde doch zum wenigsten die Execution in die bona civitatis, als welche tacite davor haften, vermittels eines Curatoris, welcher die gemeine Fälle und reditus bis zu Sr. Ch. D. völligen Contentirung an sich nehme und berechnete, verrichtet werden müssen; Und ist gleichwol, dass durch Saumselige hierunter das meiste versehen, unschwer daher abzunehmen, weil dennoch etliche von den Städten, so nicht das geringste Contingent diesfalls auf sich haben, das Ihrige entweder ganz richtig oder doch auf ein gar weniges abgestattet haben".

Was ihre Klage über die Zustellung von Obligationen an die Offiziere beträfe, so sei jenen dieser Modus früher auf das dringende Bitten der Städte selbst gestattet worden, etwaige Ausschreitungen der Offiziere seien zu specificiren und würden dann streng untersucht werden.

„Sonsten vermeinten I. H. u. G., weil von den sämmtlichen Ständen insonderheit der Städte Ruin und Erschöpfung so beweglich angezogen wird, es könnte zu deren Sublevirung ein billig und zureichendes

Mittel sein, wann die von der Ritterschaft die eine halbe tertiam, welche die Städte voritzo über ihre dimidiam geben müssen auf ein Interim und solange diese beschwerliche tributa militaria et extraordinaria noch anhalten möchten, wiederum über sich salvo tamen suo jure tam in petitorio quam in possessorio genommen hätten, das würde sonder Zweifel den verderbten Städten zu grosser Erleichterung gereichen und würden dieselben Gelegenheit haben, sich wiederum in etwas zu erholen und die Last desto besser tragen zu helfen, in mitleidentlicher Erwägung, dass die beide Städte Brandenburg allein, wie von denselben oft angezogen worden, bis auf ein gar weniges eben soviel als die ganze ansehnliche Ritterschaft des Havelländischen und Zauchischen Kreises geben, welches gleichwol, wann die Anlagen secundum aes et libram gemacht werden sollten, eine merkliche Disproportion weisen würde."

Für die Werbung der 6 Regimenter im Jahre 1633 sei er nicht verantwortlich, da er zur Zeit abwesend und in Cleve gewesen sei, meine aber, dass die Stände, damals nach Küstrin berufen, darin eingewilligt hätten. Uebrigens sei diese Massregel zur Sicherung des Landes unbedingt nothwendig gewesen, in einer Nothlage, vor der selbst die ältesten ständischen Rechte weichen müssten. „Dann, worin wollte man eines Landesfürsten Pflicht und Gebühr setzen, wenn er zu Beschütz- und Rettung wie auch Recuperirung seiner Lande und Leute, als deren Wolfahrt ihm billig das höchste Gesetz machet, nicht diejenige Mittel, welche Gott, die Natur, allgemeine Vernunft und aller Weisen und Regiments-Verständigen Opinion und Exempel zu allen Zeiten zugelassen und approbiret haben, zur Hand zu nehmen befuget sein sollte? Worin wollte auch die reciproca obligatio zwischen Herren und Unterthanen verificiret und gefunden werden, wann der Herr zwar seine Gefälle und schuldige tributa fordern, sich aber der Unterthanen auf den Fall feindlicher Bedräognis nicht nach äusserster Möglichkeit annehmen und sie vertreten sollte?" Kein Stand im ganzen Reich würde sicherlich in solchem Moment Sr. Ch. D. seinen Beistand versaget haben.

Zur Herstellung der Neutralität seien seit 1635 mehre, freilich vergebliche, Versuche gemacht worden, wofür die Schuld aber jene treffe.

Was die Propositionspunkte und zugefügten Beschwerden der Stände beträfe, so habe eine Reduction der Truppen 1638 wirklich statigefunden, die Rasirung der Werbener Schanze könne nur nach direkter kurf. Verordnung vorgenommen werden. Das Wintertractament müsse wenigstens halb beibehalten werden.

„Dass die Contributiones nicht durch die Soldaten, sondern durch die Landreuter ausgebracht werden, werden I. H. u. G. gar gerne sehen, und würde Ihr sehr lieb sein, wann es von den Ständen dahin gerichtet und also practiciret werden könnte, doch müsste der Unterhalt für die Soldaten rechtzeitig aufgebracht werden, denn wenn darüber reflectiret wird, wird sich befinden, dass wann Sr. Ch. D. keine Soldaten haben, Sie auch endlich kein Land und Leute oder Stände und Unterthanen haben werden, wie das die vorige Zeiten, wann sie mit den itzigen conferiret werden, gnugsam bestätigen.

Anlangend ihre übrigen Behauptungen, da ist nicht ohne, was die doppelte Metze angehet, dass S. Ch. D. bei Anordnung derselben davor gehalten, es würde vermittels deren so viel eingesammelt werden können, dass dadurch nicht allein alle zum höchsten entblössete Vestungen und andere importante Orte und posti mit einem zureichenden Vorrath würden zu versehen, sondern auch andere nöthige Ausgaben, — womit man sonst die Stände absouderlich hätte beschweren müssen, — zu nehmen gewesen sein, wann nur das Werk mit mehrem Ernste von theils privatis selbst, wie es deror Pflicht wol erfordert hätte, wäre secundiret, das Land auch durch der Feinde Gewalt dergestalt wie leider für Augen nicht also von einander gerissen und dismembriret und alle diese, wie auch andere Sr. Ch. D. Gefälle in den vornehmsten und besten Provinzen derselben entzogen worden, auch noch dato entzogen würden. Allermassen dann den Ständen nicht unbekannt sein wird, dass in der ganzen Alten- Ucker- und Neumark, dem Lande Sternberg, Herzogthum Crossen, Lebusischen und anderen Kreisen, vor Sr. Ch. D. nun in geraumer Zeit durch bezeichnete Kriegesmetze fast wenig oder nichts gesammelt oder einbracht worden. Was die übrige Mittelmärkische Kreise angehet, dieselbe sind einestheils ganz verödet, andorntheils geben bei den Müllern und andern der Unterschleife soviel vor, dass denselben durch allen anwendenden Fleiss nicht gnugsam gewehret werden kann. Wie dann auch durch der Ziesemeister Besoldung und was an Unkosten, das Getreidich von den Müllern in die Städte und von dannen in die Vestungen zu bringen, jährlich ein gut Theil von solchen Gefällen absorbiret wird, zugeschweigen, was mit Gewalt auf den frontiren von den marchirenden Truppen weggenommen und sonst auf dieselbe gewendet werden muss und in die Vestunge nicht gebracht wird; aus welchem dann in genere die Stände von selbst leichtlich ermessen werden, was solch Werk der doppelten Metze bei itzigem Landes Zustande eintragen müsse. Gestalt dann denenselben auf Ihr Begehren, eine genauere Remonstration, was aus einem und andern Ort in specie eingehoben und Sr. Ch. D. zu Nutz berechnet, auch wohin alsolches

hinwieder verwendet worden, zu ihrer desto vollkommnerer Information eingeantwortet werden kann."
Nur durch den Ertrag der doppelten Metze seien in den letzten Jahren die Festungen mit dem nothwendigsten Proviant zu versehen gewesen; der indess während der schwedischen und kaiserlichen Einlager 1636 und 37 beträchtlich habe angegriffen werden müssen, wie eine Verrechnung mit den Obristen ergeben würde.

„Was diesem nächst den erhöheten Salzzoll und die augeordneten Licenten angehet, da wissen I. H. u. Gn. von keinen Licenten, als dass S. Ch. D. in der Werberschantz einen geringen Zoll, welcher demjenigen, so zu Havelberg und an andern Orten genommen wird, fast gleichkommt, vor ungefähr 3 Jahren aus gewissen Ursachen angeordnet und es Licenten genannt haben, und werden die Stände bei diesem Puncte sich noch wol zurück zu erinnern haben, was es nun von langen Jahren hero und seither die gn. Herrschaft den Salzhandel an die sämmtliche Städte pensionsweise von gewissen Jahren zu gewissen Jahren transferiret um dieses Werk, das Salz, so in dies Churfürstenthum eingeführet wird, betreffend vor eine Bewandniss gehabt hat, dass nämlich die Städte eine gewisse Pension in die Hofrentei und jährlich 20 Last Salz in die Kurf. Küche lieferten; dahingegen aber sie, die Städte, das Salz so hoch, dass sie zu ihrer jährlichen Pension und den 20 Last Salz gelangen, wie auch sonsten Ihren Nutzen bei diesem Handel schaffen können, zu verkaufen und auszubringen sind befugt gewesen. Als nun in Anno 1637 solcher Contract expiriret, da haben S. Ch. D. Höchstsel. Anged. dafür gehalten, dass es denen Einwohnern des Landes erträglicher, wie auch nützlicher fallen würde, wann sie einen leidlichen Zoll, und der proportionabiliter der Städte Aufsatz auf jedwede Tonne wegen der entrichtenden Pension adaequirte, auf jede Tonne setzen, die zu Werben einheben und männiglichen wer da wollte oder könnte mit Salz handeln liesse. Darbei dann in Wahrheit, wann das Werk im Grunde und sanis oculis angesehen wird, die sämmtliche Stände nicht allein keinen Schaden, sondern auch noch Vortheil haben, indem S. Ch. D., anstatt da die von den Städten eingehobene Pension zu dero Rentei und Kammer eingebracht und daselbst verrechnet worden, diesen Zoll, welcher, wie gedacht, gleichsam in locum mehrermelter Pension getreten, bei dero Krieges Cassa einliefern, zu den Krieges Ausgaben allerdinge anwenden, und hierdurch die Stände vieler Collecten befreien liessen. Und können I. H. u. Gn. die Stände wol versichern, dass alles dasjenige, was nach Abzug der 20 Lasten Salz, so jährlich aus dem erhöheten Salzzoll vor die Hofhaltung geliefert werden müssen, durch diese beide Mittel einkommen, nicht unnützlich, sondern zu Sr. Ch. D. und des Landes Besten, insonderheit aber zu den Baukosten der Werber-Schantz wie auch Anschaffung Salzes vor die Vestungen und in andre nöthige Wege angewendet und berechnet worden"

Die Krieges-Cassa habe nicht nur keinen Vorrath, sondern sei im Rückstand. Stände sollten von dem ihnen früher gemachten Vorschlag, Deputirte in den Kriegsrath zur Theilnahme an den Berathungen und der Rechnungslegung zu senden, Gebrauch machen, so würden sie sich selbst davon überzeugen.

Die Wiederbestellung der Kurfürstl. Aemter sei zwecklos, da der Feind jeden Augenblick wiederkommen und alles verderben könne.

Was wegen der Preussischen und Clevischen Lande angezogen, so erinnerte I. II. u. Gn. sich gar wol, dass denenselben zu gute ein grosses aus diesen Landen hiebevor dahin sei gegeben worden; wollte auch für seine Person von Herzen wünschen, dass in gegenwärtigen grossen Drangsalen auch diesen Landen etwas von dahero zu erlangen wäre, wie er dann an seiner Bemühung und Fleiss, dafern dieselbe nur immer zureichen wolle, nichts werde ermangeln lassen.

„Allein können Sie zu der Stände guten Nachricht nicht vorbei, zu melden, dass, soviel Preussen anlanget, S. Ch. D. auch daselbst in grossen Schuldenlasten stecken und die Höchstsel. verstorbene Ch. D. deshalb schon viele stattliche Aemter wegen Abführung der Zinse verarrendiren müssen. Dahero bei also beschaffenem Zustande wol schwerlich etwas zu erhalten sein möchte.

Die Clevische Lande betr. stehet es daselbst noch viel übler, indem nunmehr notorium und weltkundig, dass nicht allein die Frau Landgräfin von Hessen Sr. Ch. D. verschiedene vornehme Plätze in selbigen Landen mit Gewalt genommen, sondern auch die Herren Staaten der Vereinigten Niederlande wegen der an Sr. Ch. D. praetendirenden Schuld, so sie vor itzo auf 1,500,000 fl. oder 600,000 Rthlr. anrechnen, zugreifen und Sr. Ch. D. die beste Gefälle einzuziehen anfangen, dass alsolcher Beschaffenheit nach auch wol de praesenti gar schlechter Staat auf selbige Lande zu nehmen sein wird.

Anreichend hiernächst, dass von I. II. u. Gn. begehret wird, nachzugeben, oder per conniventiam zu toleriren, dass die Stände sich quocunque modo, unbeschadet Ihrer Pflichte, vor die Schwedische Partei conserviren und versichern mögen, da werden auch hierunter dieselbe vor Ihre Person den Ständen nicht adversiren, allein will vors Erste solches bei I. H. u. Gn. nicht bestehen, sondern es wird zuförderst bei Sr. Ch. D. müssen gesuchet werden; vors Zweite würde auch von der Noth sein, dass die Stände die modos so sie wollten verstanden haben deutlich exprimirten, damit I. H. u. Gn. wissen könnten, was Sie sich deshalb eigentlich resolviren oder an S. Ch. D. unterth. gelangen lassen sollten; Zum Fall nun die Stände sich diesfalls etwas klärlicher heraus lassen werden, so sind I. H. u. Gn. erbötig, deshalb an S. Ch. D. unterth. zu schreiben und der Stände Wolfahrt aufs beste sollicitiren zu helfen."

Das Parteireiten und Viehwegtreiben können von dieser Seite doch nur unter der Bedingung eingestellt werden, dass auch von Seiten der Schweden keine Feindseligkeiten begangen werden. Solange dies nicht der Fall ist, würde es schmählich sein, sich nicht zu revanchiren.

„Den bis hiezu in Ausschreibung der Contributionen observirten modum anreichend, da hätten I. H. u. Gn. nebst den Räthen längst von Herzen gern gesehen, dass von den Ständen ein besseres und dem Lande zuträglicheres hätte an die Hand gegeben werden können, wie Sie sich dann erinnern, dass dieselbe zu mehrmalen darum ersuchet worden, allein es ist, wie bekannt, nichts erfolget, daher man, subente necessitate, weil man das Volk noch zu unterhalten gehabt, bei demselben verharren müssen, und haben auch die Anwesende von den Ständen leichtsam zu urtheilen, dass, solange S. Ch. D. das Volk dergestalt wie bishero auf den Beinen erhalten, dieselbe nothwendig verpfleget werden müssen, und wollte die Verantwortung ohne S. Ch. D. gn. Special-Befehlich hierunter etwas zu ändern Ihrer Hochw. Gn. viel zu schwer fallen, wollen sich auch nicht versehen, dass Ihr die Stände ein solches gönnen oder zumuthen werden.

Der angehängete Punct wegen Verrichtung der Executionen wird durch die Stände selbst resolviret und das dabei eingeführte Gravamen abgeschaffet werden können, wann sie nämlich die Austheilung nach eines jedweden Vermögen machen und die assignationes darauf ausreichen werden. Ausser deme, und wann dem plura possidenti wenig, dem minus habenti aber viel zugeschrieben wird, kann es nicht wol anders sein, als dass auch Irregularitäten bei den Executionen vorgehen müssen."

Die Klagen über Eingriffe in ihre Jurisdiction seien zu specificiren; ihm sei ein solcher Fall nicht erinnerlich.

Die Stände an den Kurfürsten. Dat. Berlin 21. Dez. 1640. Präsentat. Königsberg 17./27. Jan. 1641.

[Beschwerde über die Höhe der Contribution. Die Leistungen der Mittelmark.] 1641.
„— — Damit E. Ch. D. die Unmöglichkeit nur mit Wenigem re- 31. Dez.
monstriret werde, so geruhen Sie aus beigelegten Extracten in Gnaden zu ersehen, was die Stände in sechs Monaten geben sollen.

Kurzer Entwurf, was die wenige übrige Kreise von Ritterschaft und Städten zum hohen Winter-Tractament vor die Soldatesqua zu Ross und zu Fuss ausbringen sollen in sechs Monaten.

An baarem Gelde.

113,239 Rthlr. 12 gr.		die Havelländische und Zauchische Ritterschaft und Städte, zu deror Bezahlung über 8088 Winspel Korn gehören;
21,154 -	— -	die Teltowische Ritterschaft und Städte
4,614 -	— -	der Stork- und Besskowische Kreis
13,800 -	— -	die Stadt Berlin
6,900 -	— -	die Stadt Cöllen zu Tafelgeldern
8,758 -	— -	der Crossnische und Zülchowische Kreis
13,553 -	6 Sh.	das Cottbus'sche Weichbild
182,018 Rthlr.	6 Sh.	

An hartem Korn zum Futter

716 Wspl.	6 Schffl.	der Havelland- und Zauchische Kreis
316 -	12 -	der Teltowische Kreis
186 -	— -	der Stork- und Besskowische Kreis
1218 Wspl.	18 Schffl.	don Winspel zu 15 Rthlrn. gerechnet thut an Gelde
18,281 Rthlr.	6 Sh.	
200,299 Rthlr.	12 gr.	

Ohne was den Prignitzirischen, Ruppinischen, Niederbarnimschen und Lebusischen Ständen, so doch meistentheils wüst und ruiniret sein, assigniret und sonsten in mehr Puncten begehret worden."

Stände schliessen mit einer wiederholten, dringenden Bitte, dem Statthalter Befehl zu ertheilen, interimsweise nur das Sommer-Tractament zu assigniren und sich erst, nachdem er sie gehört, zu resolviren.

Nach nochmaligem Schriftwechsel zwischen Schwartzenberg und den Ständen, in dem jener auf die Bewilligung des Wintertractaments, diese auf Dimission des Tags bis zum Eintreffen des kurfürstlichen Bescheids auf ihre zweite Eingabe nach Königsberg vom 8./18. Jan. (s. u.) bestehen, sieht sich der Statthalter genöthigt, dem Wunsch der Stände Rechnung zu tragen.

Schwartzenberg an die Stände. Dat. 13. Jan. 1641.
[Dimission der Stände.]

1641.
23. Jan.

Das Schreiben der Stände vom 11. Jan. sei ihm richtig zugegangen. „Und nachdem Sie daraus soviel wahrgenommen, dass alhier zu einem würk- und nützlichem Schluss in denen von wegen der Höchstsel. Ch. D. den Ständen proponirten Puncten nicht zu gelangen sein möchte, als können I. II. Gn. wol geschehen lassen, dass wolgedachte die von den Ständen nunmehro wiederum von einander und ein jeder zu dem seinigen ziehen, werden auch nebst ihnen zu erwarten haben, was die itzregierende Ch. D. für gn. Resolution bei einem und andern Punct nehmen und I. II. Gn. darüber vor gemessene Befehlich ertheilen werden, welchem dieselbe sodann in allen Articuln mit höchster Punctualität nachzuleben geflissen sein werden.

Was abermals wegen des Wintertractaments angezeiget worden, da ist den Ständen unverborgen, wie ausführlich und extense I. II. Gn. diesen Punct in vielen deshalb gewechselten Schriften beantworten und Dero Erklärung mit guten und begründeten rationibus also fassen lassen, dass Sie Ihr nicht wol persuadiren können, dass die Stände theils die Unmöglichkeit dieses Suchens, soviel I. II. Gn. Person und Engagirung bei demselben betrifft, theils auch die Undienlichkeit desselben als viel die gegenwärtige Conjuncturen und Läufte anreichet, daraus nicht sollten begriffen haben, Und zweifeln I. H. Gn. dannenhero im geringsten nicht, es werden die Stände in reifer Erwägung derselben, als welche I. H. Gn. anhero wörtlich wiederholet haben wollen, nicht allein I. II. Gn., dass Sie sich hierunter gegen die Officirer per viam praecepti nichts ermächtigen können, wol entschuldiget halten, sondern auch dahin ohne weiteres Obliquiren trachten, dass den Regimentern und Compagnien, so lange S. Ch. D. dieselbe im Dienste wird behalten, und deshalb kein widriges verordnen, die Assignationen auf dero höchst nöthigen Unterhalt, als welcher nunmehro bei den meisten in die drei Monat nachstehet, nach der Mass und Weise, wie mit der Höchstseligen Ch. D. sie capituliret und sich bestellen lassen, ausgereichet werden möge, dann im widrigen unverhofften Fall besorgen I. II. Gn., es möchte endlich solche Confusiones und Weiterungen bei der Soldatesca geben, die man zwar sodann beklagen, aber zu remediren nicht wol bemittelt sein würde, wozu dann dieses ponderose und hoch zu attendirende Bedenken kommt, dass man der Soldaten gleich itzo, als da der Feind mit allem Ernste und Gewalt auf die noch bis dato vor seinen Direptionen sicher gewesene Ort und Kreise andringet, am allerhöchsten vonnöthen und dahero fast nimmer unzeitiger gefallen sein könnte, mit ihnen der bedürfenden Lebensmittel halber zu disputiren, welches aber S. Hochw. Gn. nicht zum avantage und Vortheil der Soldaten, sondern zu Nutz und Wolfahrt der Stände anführen lassen [1]."

Eingabe der zu Berlin anwesenden Deputirten der Stände an Kurfürst Friedrich Wilhelm in Königsberg. Dat. Berlin, 8. Januar 1641 (überreicht durch Sam. v. Winterfeld)[2]).

[Bitte um Befreiung von den schwersten Lasten wie Winter-Tractament und doppelte Metze, Ermässigung der Contribution, Armistitium mit Schweden und baldige Rückkehr in die Marken. Bestellung eines geeigneten Statthalters und Wiederbesetzung der verwaisten Regierungs- und Verwaltungsbehörden.]

Stände recapituliren den Verlauf des auf den 29. November st. v. 1640 von Georg Wilhelm berufenen Landtags, stellen den zerrütteten Zustand der Mark dar, der sofortige Waffenruhe mit Schweden und eine der Schwartzenbergischen entgegengesetzte Politik und möglichste Reduction des Heeres erheische und geben ihre Erklärung auf die ihnen vorgelegten eilf Punkte ab.

Dem Ausdruck des Dankes für ihre Berufung durch den verstorbenen Kurfürsten schliesst sich folgende Darstellung über die verfassungsmässige Nothwendigkeit dieses Schrittes an:

„Dabei dann die Stände alsofort im Eingang mit sonderbarem

1641. 18. Jan.

---
[1] Vgl. U. A. I, 406, 407.
[2] Die mit der Ueberreichung der Beschwerdeschrift der Stände betrauten Deputirten sind S. v. Winterfeld, der Obrist G. Ehrentreich v. Burgsdorf, der Comthur Maximilian v. Schlieben, und die Bürgermeister von Berlin und Perleberg, Fr. Blechschmidt und Joachim Hasse. Diese fünf Deputirten verhandeln während der Monate Februar und März mit den kurfürstlichen Räthen zu Königsberg, ohne indess mehr als allgemeine Versprechen zu erhalten, wie dies auch aus der unten folgenden General-Resolution vom 31. März hervorgeht. Gleichzeitig petitioniren die Städte zwischen Oder und Elbe um Zinsermässigung. Reduction der in leichter Münze aufgenommenen Capitalien, die Monopolisirung des Salzhandels, die Einführung der Generalmittel, sowie die Aufhebung der Haftpflicht von Magistraten und Verordneten für die Schulden und Rückstände Einzelner. Der vom 29. März datirte Bescheid des Kurfürsten verweist die Erledigung der ersten Punkte auf die Zeit nach seiner Rückkehr in die Marken, wegen der Aufhebung der Haftpflicht auf ein inzwischen ergangenes kurf. Mandat, und hält die Einführung der Generalmittel bei dem Widerstand der Ritterschaft für unzeitgemäss.

unterth. Dank gegen Ew. Ch. D. abgelebten Herrn Vater — — nachzurühmen, dass Sie aus Landesväterlicher Vorsorge die Convocation Dero getreuen Stände veranlassen wollen, Zumaln solches die vor Augen stehende Noth und die in annis 1540, 1572, 1602, 1611 und 1615 aufgerichtete Land Reverse, worinnen expresse enthalten, dass Ihro Ch. D. keine wichtige Sachen, woran der Lande Gedeihen oder Verderb gelegen, ohne der sämmtlichen Stände Vorwissen und Rath schliessen und vornehmen, Sich auch in keiner Verbundtnüss, darzu die Unterthanen oder Landsassen sollten oder müssten gebrauchet werden, ohne Rath und Bewilligung gemeiner Land-Räthe begeben wollten, erfordert haben. Gestalt dann Ew. Ch. D. wir hiermit unterth. bitten, weiln, wann eine Landesfürstliche Obrigkeit Dero Unterthanen ihrer Landes-Väterlichen Affection und Manutenirung ihrer Privilegien versichert und in demjenigen, was communem utriusque partis salutem betrifft, auch communia suffragia erfordert, dadurch mutua obligatio inter Dominos et subditos gestärket und allerhand verkehrte opiniones et suspiciones verhindert werden, Sie wollen Uns die Landes Reverss, unsere Privilegien und Freiheiten gn. renoviren, confirmiren und uns dabei schützen, zu dessen Behuf Ew. Ch. D. wir dann Gottes gnädige Hülfe und des Heiligen Geistes Assistenz adpreciren — — — — — — — — — — —

Wie sehr aber eine gute lange Zeithero die Land-Reverss und die von Obrigkeit und Unterthanen so hoch betheuerte pacta publica bei diesem universali reipublicae morbo kräncklich darnieder gelegen, und die gesammte Land-Stände übel tractiret, Land und Leute verwüstet, die Unterthanen aufs äusserste verderbet und von dem Ihrigen verjaget worden, Solches zeiget der Augenschein, und werden Ew. Ch. D. aus unten Angefügtem mit mehrem vernehmen."

Denn obwol der Statthalter, Graf Schwartzenberg, ihnen remonstriret, wie der verstorbene Kurfürst, nachdem Sie mit Bewilligung der gesammten Landstände den am 30ten May Anno 1635 gemachten Pragerischen Frieden acceptiret, durch der Schweden Hartnäckigkeit zur Fortsetzung des Kriegs genöthiget gewesen, „so muss man zwar solches alles an seinen Ort gestellet sein lassen, erinnern sich aber die Stände, dass sie Sr. Ch. D. Scl. Angedenkens zum Pragerischen Frieden zu treten, mit solchen Conditionen gerathen, dass Sie vorhero dahin sehen und sich bemühen möchten, wie die Kron Schweden mehr in der Güte, denn armata manu von des Reichs Boden zu bringen."

Folgt die Ausführung dieser Behauptung unter Angabe ihrer Vorschläge, wie am schnellsten zum Armistitium mit Schweden zu kommen sei.

„Welchergestalt ihre treugemeinten Erinnerungen ins Werk gesetzt, wüssten sie nicht, zumalen die Stände dasieder niemaln mehr gehöret, sondern alles, was vorgangen, wider derselben Wissen und Willen expediret werden müssen."

Ihre Ansicht sei, dass nicht die Annahme des Pragischen Friedens die Ursache von Schwedens Hostilität sein könne, da die anderen Lande, die ihm beigetreten, Mecklenburg, Anhalt, davon verschont geblieben wären. Der Grund dieser Hostilität sei ihrer Meinung nach die feindselige Haltung gegen Schweden seit Ende 1635.

Der ins Land gezogene Kaiserliche und Sächsische miles hätte dasselbe nicht nur nicht geschützt, sondern wäre desselben schlimmster Feind geworden. Der Stände Versuche, sich einzeln mit den Schweden abzufinden, seien durch harte Strafen und Drohungen oft verhindert, erfolgte Abschlüsse durch die darauf erfolgende Einlagerung der Churfürstlichen Soldatesca, besonders der Cavallerie, wieder aufgesagt worden, so dass sie alle an den Bettelstab gebracht seien.

„Summa man hat wol solche Discurs hören müssen, dass die Ch. D. zu Brandenburg Ihre Land und Leute des Feindes halber nicht conserviret haben wollen¹), Allermassen dann etliche hohe Officirer von der Reutterey, als dieselbe in Anno 1640 kurtz nach der Erndte in dem Prignitzer- und Ruppinischen Quartier genommen, sich verlauten lassen, sammt sie eben darum ausgeschicket, die Städte der Oertter zu ruiniren und allen Vorrath zu verzehren, damit dem Feinde nichts überbleiben möge, unter welchem Praetext auch dieselbe von theils Städten, sie darunter zu verschonen, auf gewisse Posten Obligationen erzwungen und genommen.

Da man sich doch aus keinem Scribenten dergl. Exempels zu erinnern, dass ein Potentat darum gutwillig sein Land und Leute ruiniren lassen und sich selbsten dadurch von aller Macht und Kraft entblösset, dass der Feind nichts finden, sondern demselben dadurch Abbruch geschehen sollen.

Und dieses ist der praeposterus belli modus, wodurch Land und Leute verdorben und wüst gemacht worden.

Dass aber dennoch obbemelte Kreise, sonderlich die Ritterschaft, bis dahero noch in etwas das Contribution Wesen getragen und auf sich gehabet, ist einig und allein dem Credit zuzuschreiben, so bis dato noch durch eines oder des andern Forderung bei den Kauff-

---

¹) Cf. Droysen III, 1, 206/7.

und andern Leuten gehabt haben. Nachdem es aber leider nunmehro dahin kommen, dass sie weder Ihren Privat Creditoribus noch auch diesen Leuten, so sie zu Ertragung der Contribution zum öfftern aus Nöthen geholfen haben, mit dankbarer Zahlung nicht einhalten können, so muss auch nothwendig dieser ihr Credit fallen, und werden bei weitem dasjenige nicht mehr praestiren und thun können, was sie wol bishero gethan haben."

Die Zuchtlosigkeit der Soldatesca hat das Elend des Landes aufs höchste gebracht, da sie sich mit der Contribution nicht begnügt, sondern das Land wie ihr Eigenthum behandelt hat. Der Uebermuth der Officirer und A. sei straflos geblieben, da man stets vorgegeben, den Thäter nicht zu kennen, gerade als wann nebenst den ordinario nicht ein processus inquisitorius wäre.

Die Unterthanen seien mit ihren Anzeigen höhnisch gehalten, wol auch neben ihrem grossen Schaden gleichsam für vogelfrei erklärt und wenn man sie am besten tituliren wollen, vor Hunde und Rebellen gehalten worden.

Dazu käme die Militär-Execution, die um so schrecklicher, als die Contribution oft nach der Officiere Willkür ohne der Stände Consens assignirt und unmögliche Leistungen exequirt worden wären.

„Und wird dergleichen den Städten, wegen der bei diesen zerrütteten Zeiten aufgeschwollenen Rentei-Gefällen auch täglichen angedräuet, welches aber gleichwol unbillig und wieder den in Anno 1633 den Ständen ertheilten Land-Revers und publicirte Ordre läufet, zumal unmöglich, dass einzele Personen bei diesen Kriegs Zeiten, welche alle Mittel und Intraden nebst Menschen und Viehe praeter culpam denen Unterthanen weggefressen, dasjenige zahlen sollen, was wol bei weit besseren Zeiten ganze Communen nicht leisten können. Aus vorerzählten tribulationibus et concussionibus erfolget auch diese Beschwer, dass endlich die Städte, gar wenige ausgenommen, ihrer bona publica et privata, so doch bereits Kirchen, Schulen, Hospitalien und den piis corporibus unterpfändlich haften, wegen der überaus grossen Contributions-Resten, da eine Stadt in particulari über 2. 3. 4. 6. 7. 8 bis zehen Tausend Thalern, ohne was zeithero, nach ausgegebenen Obligationen, in etlichen Monaten weiters aufgeschwollen, schuldig worden, nach der Officirer selbst eigenen Notul und als wann sie solche Gelder baar vorgestrecket, verschreiben müssen, da doch rebus ita deperditis die Güter also depretiiret, dass sie fast in keinem Preis mehr sein, darum dann die Officirer dieselbe um ein Hundebrod denken an sich zu bringen, und muss man ihnen dieselbe Contribution-, Schoss- und von allen oneribus frei verschreiben, und Cousens darüber zu schaffen versprechen, die auch wider Vermuthen erfolget sein sollen. Ob es aber Ew. Ch. D. und der Städte hohem Interesse halber, zumaln auf den Schoss der sämmtlichen Städte Schuldenwerck, so sie Ew. Ch. D. hochlöblichen Vorfahren und Gross Eltern halber auf sich nehmen müssen, meistentheils bestehet, cum effectu geschehen könne, wird fast sehr gezweifelt, zumaln solche bona publica propter tributa singulorum cum effectu Juris nicht oppignoriret und verpfändet, weniger den Rathhäusern, Kirchen, Schulen, Hospitalien zum Praejudiz veräussert werden können; Massen dann hiermit dowieder solennissime protestiret wird, ungeachtet sie bereits in theils Haupt- und Incorporirten Städten etliche Weinberge, Häuser, Aecker und Wiesen an sich gebracht, und warten nur darauf, wann dieser Convent vorbei, wie sie den Rest vollends an sich bringen mögen, also dass den Anwesenden Städten grauet, dass sie sich wieder zu ihren Angsthütten begeben sollen. —

Zu dem progrediret der Geiz auch bei andern Ew. Ch. D. Bedienten so weit, dass sie um ein geringes die Posten, so auf den Rathäusern stehen, von privatis und andern dürftigen Leuten contra constitutionem Anastasianam an sich zu bringen (suchen), welche sich nachmals in der Städte gemeine Güter wollen immittiren lassen. Und wird ihnen soweit favorisiret, dass man ihnen wieder die Churfürstliche Ordnunge Mandata Executorialia von 14 Tagen zu 14 Tagen, ganz schleunig und ehe sich der Debitor recht besinnen kann, ertheilet, da doch der Vortheil dem Debitori zu Gute gehen sollte; —

Summa die Licentia militum ist so gross, die Disciplina militaris aber so laxa bis dato gewesen, und ima summis et summa imis commisciret worden, dass man oft es nicht gewusst, ob man vor Menschen und getreue Unterthanen oder vor was anders gehalten wird.

Woher dann alle Kreise und Städte und die ganze Chur und Mark Brandenburg simul viris et viribus destituiret worden, dass daraus allenthalben gnugsam erscheinet, wie gar der Stände Vermögen dahin gerissen worden, und wie sie ihre bona privata dem publico hingegeben und sie nun nicht mehr hernacher können.

Was aber dem Publico damit geholfen, ist gnugsam am Tage, dahero dann die übrige Einwohner Anlass nehmen, theils sich in Polen, Sachsen, Holstein und Seestädte zu begeben; die aber bleiben, sehen keine Mittel, wie sie sich sammt den Ihrigen vor Hunger erhalten und etwas mehr thun können, sondern den andern bald ins Elend folgen müssen."

Dieses alles hätten Stände zur Erklärung dafür voraus schicken müssen, dass die Forderungen der Landtags-Proposition von ihnen in ihrem Zustand nicht begehret, weniger von den Ständen verwilliget und gehalten werden können.

Zu den Punkten der Landtags-Proposition übergehend, wiederholen sie ad 1 ihre Erklärung an Schwartzenberg vom 16./26. Dez. 1640 wörtlich; daran schliesst sich die Darlegung der Exactionen der Officiere.

„Bitten darneben unterth., dass es ihnen durch die harte winterliche Verpflegung nicht allzuschwer gemacht werde, wie leider bis anhero geschehen, sonsten sie unter der Last liegen bleiben müssten und die Vestungen in höchster pericul gesetzet und gerathen würden. Die ruinirte aber und vom Feind occupirte, wie auch die Kreise, welche quovis momento incursionibus et invasionibus hostium subjugiret und also in praesentissimo periculo versiren, entschuldigen sich nochmalen unterth., dass sie wegen ihrer notorischen Unvermögenheit hierbei anitzo und ehe sie sich wieder erholen und zu Kräften kommen und der stetigen Gefahr geübriget, wenig oder wohl garnichts thun können.

Was die Recrutirung der Regimenter betrifft, stehet man in denen unzweifelichen Gedanken, dass theils derselbigen merklichen müssen zugenommen haben; Aldieweil sie nicht allein etliche Monat lang, mit des Landes überaus grossen Schaden, ungeachtet manche Compagnie nicht über 30 oder 40 Mann stark ist, complet haben müssen tractiret werden, und das Geld, so sie zu viel empfangen, noch nicht wieder herausser gegeben, sondern auch noch darzu diejenige Gelder, so den Ständen der Havelländischen und Zuchowischen Kreisen und von Ruppin ihnen zu Erleichterung versprochen worden, zu Recrutgeldern sollen gebrauchet sein. Und würden die Stände ihren sauern Schweiss und Blut sehr übel haben angewendet, wann sothane Recrut- und Completirung nicht erfolget wäre, zu geschwoigen, dass sie sich auch noch über dem bis anhero hoch genug tractiren lassen.

Derowegen dann diejenige Officirer, die dieser Tractamenten genossen, dahin würden anzuhalten sein, dass sie die Völker, auf welche sie ihre Verpflegung und Contributiones empfangen, auch effective darschaffen und praesentiren, bei Vermeidung ernster Einsehung und Strafe, wo ein Eigennutz bei den Officirern verspüret würde, und sie privatam utilitatem mehr als salutem patriae gesuchet; und dadurch würden hoffentlich alle nach beschehener Reduction übrige 16 Compagnien, so zur Besetzung der Vestungen vorgeschlagen, completiret und erfüllet, das ganze Land in Einem Jahre ungefährlich auf 361,968 Thlr. 12 gr. hoch, wann die drei ohne dass sehr schwache Regimenter zu Fuss und acht Compagnien zu R. sammt den Stäben eingezogen würden, erleichtert werden." Zudem würde, selbst wenn die Neuwerbung von Recruten gestattet würde, diese Werbung aus Mangel an geeigneten Menschen erfolglos bleiben. „Wann nun der Werber siehet, dass er nicht fortkommen kann, so macht er sich solcher zusammt dem Gelde aus dem Staube, und wird also die gn. Herrschaft und das Land übel angeführet." Auch erscheine den Ständen eine Remonstration des Kurfürsten beim Kaiser am Platz wegen der verhältnissmässig viel zu bedeutenden Leistungen der Mark seit 1635, die ihr jetzt auf Schonung Anspruch gäben.

2. Die Grenzpässe seien so zahlreich, dass die Verpflegung der dafür nöthigen Völker das Land eben so völlig aussaugen würde, wie feindliche Einlagerung, daher impracticabel.

3. Der dritte Punct sei noch schwerer zu practiciren, da dazu eine starke Armee erfordert wird; fremde Armeen aber ins Land zu rufen sei, wie die Vergangenheit beweise, gleichbedeutend mit dessen Totalruin.

„So ist es auch nichts, dass man sich auf das Land-Volk verlassen und solches gebrauchen könnte, dann die Mannschaft ist weg und den Uebrigen ist mit dem Gut der Muth genommen, zugeschweigen, dass es sich gar nicht thun lassen will, dass sich die Unterthanen den Actionibus der Soldaten immisciren."

Zudem seien die meisten bisherigen Attaquen unglücklich abgelaufen, die Haltung der eignen Truppen bei Belagerung oder Einnahme eines festen Platzes aber derart, als wenn sie im feindlichen Lande sich befänden. Was erbeutet würde, käme doch dem Gemeinen Wesen nicht zu gut, noch weniger würden die Stände dadurch subleviret und ihre Contributionen erleichtert, „dahero dann von dieser Seite justissima belli causa male agendo verderbet worden, und hat man gleichwie die Ismaeliter wegen des Achans bis auf gegenwärtige Stunde nichts glückliches ausrichten, sondern dem Feind jederzeit den Rücken kehren müssen".

Der Versuch, dem Schweden allein das Land zu wehren, sei unnütz, da man es mit dem Kaiser und Sachsen zusammen nicht vermocht.

„Derowegen werden Ew. Ch. D. dem Allerhöchsten Gott in Geduld still halten, bis Seine Allmacht zur Recuperation derjenigen Posten, so der Feind innehat, durch einen allgemeinen Friedenschluss Mittel verleihen wird.

Beim Vierten Punct müssen die Stände zwar bekennen, dass

wol Ungleichheiten zwischen sie, der Contribution halber, vorgangen seien. Allein dieselbe seind ursprünglich daraus entstanden, dass nun eine Zeithero die Contributiones ohne der Stände Vorwissen und Einwilligung ausgeschrieben und ihnen nur die Assignationes pro unius atque alterius arbitrio zugeschickt worden, und bezeugen es die Stände ingesammt und insonderheit die armen Städte, dass sie mit solchen monatlichen modis contribuendi, so Zeithero ihnen aufgebürdet und mit den unbilligen Executionibus abgepresset worden, nicht mehr hernacher kommen können.

So viel sonsten der Völker Unterhalt betrifft, wie nämlich dieselbe nach billigen Dingen ferner zu unterhalten, also dass die Soldaten über nicht auskommendes Tractament, die Unterthanen aber über unerträgliche Lasten zu klagen nicht Ursache haben mögen, können zwar die Stände nicht begreifen noch conciliiren, wie beides bei einander stehen können, dieweiln es Contraria, quae simul stare non possunt; sie halten aber dafür und können keine andere Mittel finden, do das Werk anders soll Bestand haben und nicht über einen Haufen gehen, als wann unumwegig, wie oben erwähnet, die fünf Regimenter zu Fuss bis auf 16 Compagnien, jede zu 150 Mann unter zween Obristen, reduciret werden.

Dobei dann in Acht zu nehmen, dass nicht so sehr auf die Menge, als auf die Qualitäten der Soldaten zu sehen: Dann wann noch soviel der untüchtigen Knechte beihanden, kann doch damit nichts fruchtbarliches verrichtet werden, wie solches die Exempla erwiesen haben.

Zum Andern, dass nur die effective praesentes tractiret und denenselben der Unterhalt nicht durch ihre Officirer, sondern durch einen gewissen Einnehmer richtig erleget werde. Also erhielte man willige Knechte, darauf man sich auf alle Fälle zu verlassen, dann wieviel daran gelegen, hat sich mit Driesen, Landsberg und Ruppin ausgewiesen — —.

Zum Vierten ist Reduction der Feldprediger und Unterbeamten möglich.

Zum Fünften könnten auch die gemeine Knechte und Unterofficirer das Jahr durch nach der publicirten Sommer Ordinantz oder täglich mit 2 Pfd. Brodt und 1 Sgr. verpfleget werden, damit sie sich müssen vergnügen lassen, in Betrachtung, dass die Schwedischen Völcker noch wohl ein Geringers bekommen und sich nichts desto weniger damit behelfen müssen.

Und weiln der Unterhalt Niemand anders als denen, so effective vorhanden, darzureichen, müssen die Officirer dahin angewiesen werden, dass sie ihre Compagnien complet hielten, zu welchem Ende sie alle Viertel-Jahr auf einen Tag zu Verhütung Unterschleifs von denen dazu von Ritterschaft und Städten unterschiedlich verordneten Commissariis zu mustern wären.

Wollte man dann bei den Vestungen auch etwas Reuterei haben, so wären etwa in allem 3 Compagnien, jede von 100 Reutern, zu behalten, die könnten durch 3 Rittmeister commandiret werden, mit welchen man sich gleichergestalt nach der Sommer Ordinantz oder aufs geringste als immer möglich zu vergleichen, dadurch dann das inconveniens fiele, dass ein Officirer wohl dreierlei Gagen praetendiret und sich verreichen lassen. Die übrige Reuterei könnte zur Kaiserlichen Reichs Armada abgeführet werden.

Es müssen aber die Raubereien und Plackereien durch scharfe zureichende Mittel abgeschaffet und deswegen auch die Officirer ohne Respect der Personen abgestrafet und zugleich die Obristen Officirer ernstlich angehalten werden, weiln die Servitien bis anhero zu Gelde geschlagen und verreichet worden, dass sie ihnen ihre Holzunge, Licht, Salz, Essig, Fütterung um ihren Sold selbsten schaffen und weder den Magistrat, noch den Bürger und Landmann deswegen molestiren, wenigers eigenthätige Executiones anordnen: Massen leider eine lange Zeithero geschehen, do insonderheit dem Magistrat und Bürger in Städten die Servitia, welche doch an baarem Geld unter dem Tractament mit auskommen, von denen Officirern so schwer gemachet, dass sie dadurch nicht wenig ruiniret worden.

Zum Achten bitten die Stände unterth., dass, solche oberzählte gute Intention zu erreichen, die alte aufgeschwollene Resta, obgleich darüber albereit Obligationes ausgestellet werden sollen, mögen cassiret und keine Executiones darauf verstattet werden; Aldieweiln selbige nur zum Vortheil der Officirer und nicht den gemeinen Soldaten, welchen sie pro rata gebühren, zu gut kommen, zumaln mittler Zeit der gemeine Soldat und Officirer von Land und Städten ihren Unterhalt nichts mindern empfangen.

So wäre es auch dem Lande erträglich, wann die militarischen Executiones ganz abgeschaffet und hingegen die Säumende durch jedes Orts bestallten Landreuter zur Erlegung ihrer Contribution angehalten würden. Und ob zwar theils der Stände mit obgedachten wol meinenden Hülfsmitteln bis anhero nicht haben gehöret werden können, sondern vielmehr zusehen müssen, wie sie seind ruiniret worden, so ist doch nicht abzusehen, wie mit dem Unterhalt zu continuiren, wofern dieses der Stände als getreuer Unterthanen und redlicher

Patrioten wolbedachtes auf ihre hohe Pflicht fundirtes und zu des Landes Besten und Conservation angesehenes Bedenken und Einrathen nicht sollte attendiret und nach der armen Unterthanen Vermögen !: auf welcher Conservation nicht weniger als auf der Soldaten Unterhalt zu sehen, weiln man der unterth. Hoffnung lebet, Ew. Ch. D. werde dieser länger als jener zu gebrauchen haben :' das Tractament gerichtet werden, sousten zu befahren, dass alles über einen Haufen geworfen und in höchst schädlicher Confusion gebracht werde, welches die Stände gerne verhütet sehen.

Wegen des Fünften Punctes, wie man nämlich den Vestungs-Bau zu Spandow möge zur Perfection bringen, können sich die Stände nicht entsinnen, dass vor Anfang desselben ihre Gedanken darüber wären erfordert worden; sousten würde man so viel remonstriret haben, dass es mehr wäre eingestellet als angefangen worden. Es sei aber wie ihm wolle, so können die Stände propter notoriam impossibilitatem hierzu weiters nichts hergeben. Der arme, umwohnende Landmann ist überdies dadurch bis aufs Aeusserste schon erschöpft.

Beim Sechsten Punct, woher nämlich die Vestungsmängel, als Proviant, Munition und andere Kriegsbereitschaft ersetzet, und die Notdurft herbei möge geschaffet werden: Erinnern sich die Stände, dass nicht allein viel 100 Wspl. Korn nebst andern vivres in den Vestungen vor diesem geschickt worden, dahero wol nötig wäre, dass deswegen Rechnung gefordert würde, wo es geblieben, weiln die Soldaten vom Land unterhalten worden, sondern es besaget auch Ew. Ch. D. Herrn Vaters Christsel. Andenkens Patent, dato Cölln a./Sp. den 12. Augusti 1637 wegen der doppelten Metze ': worüber wie auch wegen der andern Neuen Licenten und Auflage in den Zöllen, sonderlich des Salzes, die Stände zwar nicht gehöret, noch dieselbe bewilliget, dahero auch hoffen wollen, dass höchstgedachter Ch. D. Sel. Erklärung nach mit denselben nicht werde continuiret werden :| dass dieses Mittel vor das beste und erträglichste bei dem verderbten, blutweinenden Zustand des Landes sei befunden worden, nicht allein die Vestungen zur Notdurft davon zu proviantiren, sondern auch denen darinliegenden Guarnisonen den behörigen Unterhalt und unentbehrliche Lebensmittel davon zu reichen; welche dann ihrem Bedünken nach ein überaus grosses muss getragen haben, wie solches die Rechnung, so deswegen die Stände zu nehmen und ihnen zu communiciren unterth. bitten, geben wird, dann sie in denen Gedanken, dass ein grosser Vorrath über deme, so verkaufet, und in die Kriegs cassa gebracht ist, müsse gesammlet sein."

Folgt die Darstellung anderer Aufbringungen, die einen grossen Vorrath nach ihrer Berechnung ergeben mussten. Neue Leistungen zum Unterhalt der Truppen seien unnöthig und unmöglich.

„Was endlich den Siebenten Punct anreichet, woher nämlich die so wol bei der Krieges Cassa als Hofrenthei vorfallende unumgängige Ausgaben, als Legations-Kosten, Artillerei-Spesen, Postgelder und dergleichen bei erschöpftem aerario hergenommen werden können, ist es den Ständen von Herzen leid, dass die Churfürstliche Hof-Renthei in ein solch Ungedeihen kommen, dass sie auch nicht die geringe Sachen beischaffen kann. Daraus kann aber um soviel mehr abgenommen werden, do bei so ansehnlichen Aemtern und unterschiedlich erhöheten Zöllen dennoch in der Hof-Renthei ein solcher Abgang gespüret wird, wie es um die getreue Stände und Unterthanen, auch deroselben Vermögen beschaffen sein müsse, und ist kein Wunder, dass in der Hof-Renthei nichts einkommt, dieweil man die Aemter ungebauet liegen lässet und nicht zugeben wollen, dass sie, zuweilen mit geringen Kosten, conserviret und bestellet werden dürfen, darüber sich keine Unterthanen wieder finden.

So seind auch alle commercia zu Wasser und Lande gehemmet, dass die Zölle nichts tragen können, zumalu weil das Rauben und Plündern auf den Strassen zu gross und die Brandschatzungen in den Vestungen und mit Guarnisonen belegten Plätzen nicht nachbleiben, darum dann billig dahin zu sehen, dass die Commercia zu Wasser und Land frei und ungehindert gehen mögen.

Anreichend die Kriegs Cassa ist den Ständen bewusst und kann erwiesen werden, dass zu derselben jährlich ein überaus Grosses ist hergegeben worden, wie solches eines jeden Kreises Registraturen und in Händen habende Quittungen nicht allein ausweisen, sondern auch die Berechnung geben wird.

So ist auch notorium, dass alle Licentgelder, welche sonder Zweifel ein sehr hohes tragen, in selbiger Cassa müssen eingeliefert werden. Nicht weniger ist kundbar, wie fast in allen Orten Metzen-Korn verkauft und das Geld zu dieser Cassa gebracht worden, derohalben dann auch vermuthlichen ist, dass ein grosses in der Krieges Cassa müsse vorhanden sein und dahero die specificirte Kosten wol werde abwerfen können.

Und dieses seind der Stände unvorgreifliche Gedanken auf die vorgetragenen puncta, dabei die Stände klagen, dass sie nicht wissen, wie sie es aufnehmen und verstehen sollen, was des Herrn Statthalters hochw. Gn. zu Ende der Proposition erwähnen lassen, dass sie sich mit Anführung ihrer bis dahero erlittenen Drangsals und Ungemachs nicht soweit aufhalten sollen, dass sie darum die gute Verfass- und Regulirung dessen, was doch sonsten mit Unordnung und vielleicht gedoppeltem Schaden geschehen wird, aufziehen oder gar beiseite setzen sollten.

Dann sie ja nimmer hoffen wollen, haben es auch als getreue Unterthanen nicht verschuldet, dass man ihnen dieses schwere Werk über den Kopf nehmen und noch ferner, wie es anhero geschehen, nur die Contributiones ausschreiben, darauf Assignationes ertheilen und von ihnen durch unchristliche militarische Execution wolle extorquiren lassen; welches gleichwol vor diesen niemals, als do man zu den letzten Kriegs-Waffen gegriffen und Ew. Ch. D. Herr Vater hochsel. Andenkens in Preussen commoriret, geschehen. Sondern es seind die Stände erfordert, dieselbe haben laudiret, worauf nachmals die Austheilunge und Assignation erfolget, welches aber, wie oben angeführet, die Zeithero nicht geschehen, dahero das Land wüste worden und vollends verwüstet werden wird, dass weder Ew. Ch. D. Staat noch der principatus mehr wird bestehen können.

Nachdem aber hieraus gnugsam kund und offenbar, dass diese ganze ausgemergelte Lande gar nicht oder gar wenig bei diesen Sachen thun und Ew. Ch. D. unter die Arme greifen können, so gewinnen die Stände dannenhero hohe Ursache wegen der Pflicht, damit Ew. Ch. D. und dem Lande sie verbunden, Ew. Ch. D. getreulich und unterth. zu erinnern, Dieselbe auch wehemütig und um Ew. Ch. D. selbst eigenen und Ihrem armen Lande, in welchem albereit so viel Tausend Seelen elendiglich schmachten und aus dem Lande ins bittre Elend vertrieben worden, Bestens willen zu bitten, Sie wollen geruhen:

Vor's Erste, aus diesem Vorerzählten Anlass zu nehmen, dero getreue Land und Leute forthin keines absoluto Dominatui, wie bis dato leider geschehen, allein zu übergeben, sondern dieselbe vielmehr entweder selbsten, darum dann die Stände ganz unterth. bitten, oder, do es aus erheblichen Ursachen sobald nicht geschehen könnte, durch verständige treue Patrioten regieren zu lassen;

Zum Andern die fünf ohne das sehr schwache Regimenter z. F. auf 16 Compagnien, jede zu 150 Mann, so von guten Qualitäten sein, zu Besetzung der Vestungen unter etwa zwei Obristen reduciren, und die Reuterei, bis auf etwa drei Compagnien jede von 100 Pferden zur Battirung der Strassen bei jeder Vestung, zur Kaiserlichen Reichs-Armada abführen zu lassen;

Zum Dritten die Zeithero wider der Stände Wissen und derselben Vermögen assignirte Contributiones und dabei geführte modos contribuendi, wie auch die darauf oberzählte unbilliger Weise angeordnete Executiones wider Menschen und Viehe, so die alimenta, alles Saat- und Brodkorn, Anspannung, Gesinde-Lohn und also totam substantiam hinweg genommen, abzuschaffen, keine Executiones wider die Commissarien und Magistrat in Städten zu verhängen, wenigers einen Stand, Stadt oder Person mit des andern ausfallenden quota beschweren, sondern die tributa, do noch einige den Ständen, wider besser Hoffen und Vermuthen, aufgeleget werden können, nach Proportion eines jeden Standes und Ortes Qualität und Vermögen, mit Vorwissen der Stände reguliren und um deswillen den Unterhalt vor die reducirte Völker nach dem Sommer-Tractament richten und wo immer möglich denen Obristen und Officirern, als welche meistentheils Ew. Ch. D. verpflichtete Vasallen sein, eine Jahresbestallung, womit sich wohl vornehmere Bediente contentiren lassen müssen, zu verordnen; die unteren Officirer und gemeinen Soldaten aber, so effective praesentes, mit Brod, oder wie Land und Städte am füglichsten dazu kommen können, unterhalten, alle Viertel-Jahr durch die von Ritterschaft und Städten deputirte Commissarien mustern, auch was inzwischen die Officirer und Soldaten wegen des aufgebürdeten Winter-Tractaments zuviel erpresset, den armen Unterthanen zum besten in Abzug bringen und deswegen mit jedem Officirer, sonderlich denen, so reduciret werden sollen, und sich Ew. Ch. D. sonsten ganz widrig erwiesen und ihren Beutel vom Schweiss der Armen gespicket, Rechnung anlegen, und nach Befindung ernste Verordnung machen zu lassen;

Zum Vierten und insonderheit solche Mittel förderlichst und ohne Verlierung einziger Zeit zu ergreifen, damit man aus dieser offentlichen Hostilität mit Schweden, es geschehe per inducias, armistitium, suspensionem armorum, tolerantiam oder conniventiam, oder wie es sonsten am füglichsten geschehen kann, gelangen möge, und dasselbe nicht dergestalt, sammt Ew. Ch. D. sich aus Ihrer Kais. Maj. Devotion oder an Ihren wol hergebrachten Rechten an den Pommerischen Landen etwas begeben sollten, sondern nur, dass Sie und Ihro arme Unterthanen aus dieser Gefahr, Noth und Elend, die ihnen angedräuet und angethan wird, mögen gerissen werden; und dass Ew. Ch. D. doch aus dem allgemeinen Krieg, welchen die Kais. Majestät und die Ch. D. zu Sachsen zu führen vermöge des klaren Buchstabens im Pragerischen Friedenschluss Ihnen reserviret, nicht einen absonderlichen Particular - Krieg zu Ihres Hauses und ganzen Status äussersten Ruin und Verderben continuiren wollten.

Für den Kurfürsten dürfte jetzt „tempori zu cediren" die beste Politik sein, „Aldieweilu es die vor Augen schwebende höchste Noth des Landes anitzo nicht anders erfordert, massen man einem unvermeidlichen Meersturm nicht besser begegnen kann, man lasse dann die Segel herunter. Diese Politik würde das Land mehr sichern, als ein starker exercitus, den sie doch ob notoriam impossibilitatem zu unterhalten nicht vermöchten. So auch könnte Ackerbau und Handel und dadurch auch die Hof-Renthei in etwas respiriren; die kriegerische Politik wird dagegen totalem eversionem des Landes zur Folge haben, welches ohne dass dermassen verwüstet, dass auch das Kind in der Wiegen, wann es gleich 80 oder mehr Jahre erleben sollte, dennoch das Land nicht sehen wird in dem Stand : damit man nur der wenigern Zeit gedenket : wie es noch vor sechs Jahren gewesen. Zur Erleichterung der Verhandlungen bitten Stände, jede Feindseligkeit der Brandenburg. Truppen gegen die Nachbarn zu verhindern.

Es bezeugen aber die Stände hiermit vor Gott und Ew. Ch. D., dass sie das alles aus keinem anderen Respect, als vermöge der theuergeleisteten Pflichte und dieweilu sie befunden, dass Ew. Ch. D. und dero Lande äusserste Noth solches erfordert, erinnern müssen, damit sie also ihr Gewissen salviren und bei der folgenden Posterität entschuldiget sein mögen.

Zum Fünften bitten die Stände, dass Ew. Ch. D. wollten den doppelten Korn Metz wie auch die aufs Salz und Bier, wider der Stände Vorwissen, geschlagene Licenten und Imposten cassiren, oder do der doppelte Metz : dann das Bier muss ohnhin gnugsam vorzieset werden, so können auch sonsten Ew. Ch. D. wie vor diesem bei den Städten vom Salz besseren Nutzen haben : so schleunigst nicht abgeschaffet werden könnte, zum Unterhalt vor die Guarnisonen und zur Sublevation und Erleichterung der Contributionen anwenden, auch zuförderst von denen, welche Zeithero die Einnahme solcher hohen Imposten gehabt, richtige Rechnung nehmen und solche den Ständen communiciren lassen.

Wegen der Erkenntniss ihrer traurigen Lage und Verödung geruhen Ew. Ch. D. vors Sechste zu Dero besserer Information solches alles durch gnugsam autorisirte Personen weiter untersuchen zu lassen, damit Sie alsdann in einem und andern um soviel bessere und nachdrücklichere Verordnung machen können wider diejenige, so hierunter in culpa befunden werden;

Zum Siebenten wollten Ew. Ch. D. gn. geruhen, diejenige Contractus et Obligationes, so über die bona publica et privata den Officirern wegen der unerschwindlichen Contribution vi metuque ausgestellet werden müssen, vor null und nichtig zu erklären und alle sothane, mit obligationes versicherte resta, als welche einzig und allein den Officirern zuwachsen und den gemeinen Soldaten, welche unterdessen von Land und Städten, wo sie logiret, unterhalten worden, nicht zu gut kommen, cassiren oder zum wenigsten, bis zu gelegener Zeit die cassatio geschehen kann, suspendiren und keine Executiones darauf verstatten;

Zum Achten bitten sie um eine Ordre an Officirer und Soldaten, die Servitien aus der Gage zu bestreiten und nicht noch einmal in natura von den Wirthen zu fordern;

Desgl. 9. um Freiheit von der Auslösung der gelegentlich von Executionen gefangenen Reuter und Soldaten;

Zum Zehenden wollen Sich Ew. Ch. D. auch gn. berichten lassen, wassergestalt theils der Stände vor Ew. Ch. D. Christsel. Vorfahren auf hohe Geld-Posten in Bürgschaft sich eingelassen, wider welche itzo die Executiones, auf der Creditoren Anhalten, aus dero Cammergericht verordnet werden.

Wann aber so wenig Ew. Ch. D. selbsten als den ausgesatzten Bürgen bei diesen Extremitäten des Landes möglich, solche hohe Geld-Posten, deren Zinsen auch die Capitalia, ja der Bürgen sämmtliches Vermögen übertreffen, abzuführen;

Als bitten Ew. Ch. D. die Stände ganz unterth., Sie geruhen solche gn. Verordnung zu machen, damit die ausgesatzte Bürgen von den Creditoren unangefochten und bei diesen bösen Zeiten nicht behelliget werden mögen, dergleichen dann Ew. Ch. D. auch mit denen Capitalien, so bei Landschaft, Städten und Privatis stehen, bei itzigen sehr bösen Läuften anordnen und die Executiones nur auf die Zinsen in dero Cammergericht befehlen lassen wollen, doch dass insonderheit das Pflug-Viehe, Anspannung, Saat- und Brotkorn, auch das Gesindelohn dem Debitori aufm Gut gelassen werde;

Als auch schliesslichen und zum Eilften dem Lande hieraus grosser Schade zugewachsen, dass man erfahrene, wol meritirte Räthe abgeschaffet, und öfters die Abscheide des Cammergerichts absque causae cognitione mit widrigen Decreten reformiret, dann auch, wann gleich eine Sache an das Cammergericht zur Verhör gediehen, den Herren Räthen der Abscheid per mandata vorgeschrieben und libera decidendi potestas benommen worden; dabei auch sonsten allerhand ungleiches mit eingeschlichen, dass wol die Protonotarii advocando et scribendo sich gebrauchen lassen und den Städten öfters prima instantia benommen worden, welches alles wider die Rechte läufet und Justitiam nicht wenig hindert;

So bitten die Stände unterth., Ew. Ch. D. geruhen, den Geheimbten Rath mit einem verständigen Canzler und mehrern Räthen, so zugleich auf die Conservation des Vaterlandes und der Unterthanen, dorin Ew. Ch. D. Staat beruhet, ein Auge haben, zu versehen, die Cammergerichts-Ordnung revidiren und alles in eine solche Harmonie bringen zu lassen, wie die Justiz ungehindert befordert, allem Unwesen abgeholfen und den Ständen von Ritterschafft und Städten die gebührende prima Instantia gelassen werden möge."

Schliesslich empfehlen sie sich und das Land dem Kurfürsten mit dem Wunsche, dass der vielgütige Gott doch einmal seiner Barmherzigkeit eingedenk und diesem Lande wieder gnädig sei.

Resolution des Kurfürsten auf der Stände abgegebene Supplication. Dat. Königsberg 31. März 1641.

[Die Confirmation ihrer Privilegien werde nach deren näherer Einsicht erfolgen. Alle Missstände, die durch die Soldatesca hervorgerufen, sollen nach scharfer Untersuchung, unter Betheiligung ständ. Deputirter, abgestellt werden. Die Zahl der Compagnien werde reducirt werden, die Assignation unter Zuziehung ständ. Deputirter erfolgen. Kreis-Commissarien und Stadt-Magistrate sollen nicht ferner für einzelne Contribuable haften, kein Ort einen andern Zahlungsunfähigen übertragen. Mit den Regimentern solle genaue Abrechnung erfolgen. Ueber die event. Abschaffung der doppelten Metze, Salz- und and. Imposten werde der Kurfürst nach erfolgter Untersuchung resolviren, ähnlich über die Beschwerden wegen Erpressungen der Offiziere.]

1641.
31. März.

„Der durchlauchtigste und hochgeborne Fürst und Herr, Herr Friedrich Wilhelm pp. Haben gn. angehöret und Ihr ausführlich referiren lassen, was dero getreue und gehorsamste Stände der Chur- und Mark Brandenburg diesseits und jenseits der Elbe und der Oder Abgeordnete, die wolwürdige, woledle und veste, auch ehrenveste und wolweise, Herr Samuel von Winterfeldt, Domdechant zu Havelberg, Herr Georg Erentreich von Burckstorff, Obrister und designirter Commendator zu Schiefelbein, Herr Maximilian von Schlieben, Commendator zur Lietzen, Friederich Blochschmidt, Bürgermeister zu Berlin, und Joachim Hasse, Bürgermeister zu

Perleberg, bei Ihrer Ch. D. unterth. vorbracht und hernachmaln in Schriften gehorsamst übergeben.

Und nehmen anfangs högstgedachte Ihre Ch. D. mit sonderbarem (sic) diese dero gehorsamster Stände beschehene Deputation und Abordnung auf und an; verspüren daraus deroselben beständige getreue und unterth. Devotion, woran Sie gleichwol zu vorhero niemaln einigen Zweifel getragen haben.

Hiernächst bedanken Sie sich gn. vor die unterth. Contestation ihrer schuldigsten und getreuesten Condolenz und Mitleidens, so sie mit Ihrer Ch. D. wegen des unverhofften frühezeitigen, doch seeligen Ablebens des weiland durchlauchtigsten und hochgebornen Fürsten und Herrn, Herrn Georg Wilhelmens, Marggrafen zu Brandenburg, Ihrer Ch. D. gnädigen und hochgeehrten Herrn Vaters Christmildesten Andenkens, tragen und haben. Es können Ihre Ch. D. in keiner Abrede sein, dass Ihr solcher tödtlicher Abgang Ihres nunmehr in Gott ruhenden seel. Herrn Vatern nicht allein wegen dero Ihr von Natur eingepflanzten söhnlichen Liebe sehr schmerzlichen zu Herzen gehe; sondern massen Ihr auch dadurch zumal bei diesen so schweren und zerrütteten Zeiten und Leuften eine überaus schwere und mühsame Regierung von dem Allerhöchsten aufgeleget worden, deren Sie, wann es des Allerhöchsten väterlicher Wille gewesen, noch viele Jahre gerne geübriget bleiben möchten. Es geleben aber Sr. Ch. D. zu dem vielgütigen Gott des ungezweifelten festen Vertrauens, es werde Seine Göttliche Güte Sr. Ch. D. nicht mehr auflegen, als Sie ertragen können, Ihr auch diese Last, so Ihr aufgeleget worden, selbst mittragen helfen, warum Sie dann täglichen den barmherzigen und gnädigen Gott mit ihrem inniglichen Gebet anrufen und bitten.

Und gereichet demnach Ihrer Ch. D. zu besonderm gn. Gefallen, dass auch Ihre getreueste und gehorsamste Stände Ihr zu solcher angetretenen Regierung von dem Allerhöchsten dessen reichen und milden Segen, Hülf und Beistand wünschen und bitten.

— — Diesem nach hätten Ihre Ch. D. an Ihrem Ortte kein Bedenken, dero hochgeehrten Vorfahren den Ständen ertheilte Landes-Reverse, Abschiede und privilegia ihnen gleich itzo zu confirmiren. Es befinden aber Ihre Ch. D. eine Notdurft zu sein, dass Sie vorhero wegen solcher Landes Reverse, Abschiede und Privilegien etwas mehre Information einziehen und die Reverse und Abschiede zuvor in Originali sehen, damit auch die Confirmation mit desto besserem Fundament darauf erfolgen möge. Indessen aber wollen Ihre Ch. D. die unfehlbare Vorsehung thun, damit die Stände wider Recht der

Landes-Reverse und Abschiede, sowol in Religions- als Profan-Sachen nicht sollen beschweret, sondern überall das Herkommen in fleissige Obacht genommen werden. Wie tief aber Ihrer Ch. D. dieses zu Herzen gehe, dass ohn einiges ihr Verschulden ihre Lande und Leute in eine solche Desolation, Noth und Elende und dadurch Ihr ganzer Status in eine gänzliche Confusion und Zerrüttung gesetzet worden, können die Stände bei sich selbst leichtlich ermessen, wann nurt ein jedweder auf seine eigene Noth, die ihn bisher gedrückt, seine Gedanken wenden will; dann, so viel ein grössers Interesse Ihre Ch. D. an dem wol und übeln Zustande Ihrer Lande, als einige ihrer Unterthanen haben und tragen, so viel schmerzlicher gehet es Ihr auch zu Herzen, was der Länge nach von den Ständen wegen des Zustandes, in welchem Ihr Churfürstenthum voritzo begriffen, deduciret und angeführet worden.

Sie müssen sich verwundern, dass solche Noth des Landes, welche von etlichen Jahren her dermassen gewachsen und zugenommen, dass sie numehr aufs Höchste kommen, ob sie gleich von den Ständen ohn allen Zweifel vielfältig geklagt und berichtet worden, dennoch Ihrer hochseeligen Ch. D. niemaln recht vorgestellet und solche dienliche Mittel zugleich mit an die Hand gegeben worden, vermittelst welcher Sie Ihren Landen aus solchem Elende hätten helfen und Ihren Statum in etwas conserviren mögen. Dann, wann solches geschehen, wäre nicht zu zweifeln, es würden Ihr Ch. D. Christmildesten Andenkens aus sonderlicher landesväterlicher Liebe zu ihren Unterthanen und Ihres hierunter versirenden selbst eigenen hohen Interesse halber diesem Unwesen also lange nicht zugesehen und es solche Wege haben erreichen lassen, da fast aller Rath und Hülf sich verlieren wollen.

S. Ch. D. erachten vor unnöthig, alles itzlichen weitläuftig zu wiederholen, was von den Ständen zu aller Genüge ist angeführet, und geben demselbigen allen auch vollen Glauben.

Sintemaln Ihre Ch. D. von unterschiedlichen Privatis, so derer Orten heraus kommen, ein ebenmässiges vernehmen müssen.

Es wollen aber S. Ch. D. dennoch durch gewisse hierzu deputirte Räthe vollkommene Erkundigung über allen Verlauf einziehen, auf die Autores desselbigen inquiriren lassen, und sich alsdann darauf dergestalt verspüren und vernehmen lassen, wie es der Sachen Notdurft erheischen und erfordern wird.

Und werden alsdann die Stände wegen ihres Interesse sich bei Ihrer Ch. D. Commissariis wol anzumelden und dieselbige über deme was sie nöthig befinden werden, darauf die Inquisition anzustellen, weiters zu informiren wissen. Gestalt sie dann mehrgedachten Ihren Commissariis gn. anbefehlen wollen, dass sie die Stände mit ihrer Notdurft fleissig hören und solches alles bei der ihnen aufgetragenen Inquisition in guter Obacht nehmen sollen.

Hiernächst wollen Ihre Ch. D., allermassen Sie albereit damit den Anfang gemacht, Ihren geheimbten Rath und andere Collegia mit qualificirten Personen hinwiederum besetzen, welche Recht und Billigkeit, auch des Landes Bestes in schuldige Obacht halten sollen, also dass sich die Stände weiters zu beschweren nicht Ursach haben werden.

Die Reduction der Regimenter z. F. wollen I. Ch. D. gebetenermassen ehist zu Werke richten, sintemaln Sie selbst befinden, dass die viele Stäbe und Officirer, wann darbei wenig Knechte vorhanden, nur das Land in schwere Kosten bringen, Ihre Ch. D. aber wenig Dienste erweisen können. So wollen auch Ihre Ch. D. der Pferde halber, wie viel sie deren behalten wollen, ehiste Verordnung machen. Weiters wollen auch Ihre Ch. D. mit Zuziehung gewisser Personen aus der Stände Mittel die Austheilung machen lassen, damit Niemand über Vermögen beschweret werde.

Auch soll in den Executionibus der Stände Suchen in Acht genommen, alle Insolentien verbütet und hinfüro keine Execution wieder Menschen vnd Saatviehe vollnstrecket werden, auch Saat und Brodkorn sammt dem Gesindelohn ihnen gelassen werden.

Wider die Commissarien und den Magistrat sollen keine Executiones wegen anderer Seumsal verstattet werden, doch werden sie in Einbringung der Contribution ihren schuldigen Fleiss wenden. Die tributa sollen auch hinfüro mit Vorwissen der Stände nach eines jedes Kreises itzigem Vermögen ausgetheilet und kein Kreis den andern, viel weniger eine Stadt oder Person die andere, zu übertragen schuldig sein.

Wegen des Unterhalts derer im Dienst bleibender Officirer und Soldaten soll mit Zuziehung der Stände und zwar aufs erträglichste nach der Stände beschehenem Vorschlage gehandelt und es indessen bei dem Sommer-Tractament gelassen, auch quartaliter Musterung angestellet und der Stände etliche mit dazu gezogen werden.

Dass auch über allen Empfang Rechnung mit den Regimentern angeleget und derjenige, welcher zu viel empfangen, zu dessen Wiedererstattung angehalten werde, solches ist Ihrer Ch. D. gn. Ermessens recht und billig.

Die Executiones sollen hinfüro also moderiret werden, dass die dabei geklagte Excesse sowol wegen der Vielheit der Tribulanten, als der dabei vorgehenden Insolentien allerdings abgeschafft bleiben bei ernster Strafe. Könnten auch die Stände einen bessern Modum erdenken, durch weme das Geld einzunehmen, und da durch den Landreuter die Execution könnte verrichtet werden, wäre solches Ihrer Ch. D. gar nicht zuwider, dann obwol Ihre Ch. D. bei itzigen unruhigen Leuften dero gehorsamen Stände Hülf nothwendig bedürfen, wie dann solches die Stände selbsten gern recht und wol erkennen; so wollten doch Ihre Ch. D. am allerliebsten sehen, dass solches mit dem wenigsten Schaden und Nachtheil dero gehorsamsten Stände und Unterthanen geschehen möge.

Was zu Tranquillir- und Beruhigung Ihrer Lande immer nüz- und verträglich wird können bedacht und erfunden werden, wollen S. Ch. D. förderlichst zu befördern Ihr fleissig angelegen sein lassen, dennoch aber Ihren Pflichten gemäss als ein löblicher Churfürst des heiligen Reichs alstets in Ihrer Kaiserl. Maj. und des heil. Reichs Devotion verbleiben. Sintemalen es S. Ch. D. gänzlich davor halten, dass Sie Ihrer Kais. Maj. und dem heil. Reiche weit grössere Treue und Dienste erweisen, wann Sie Ihre Lande conserviren, als wann Sie dieselbe selbst ruiniren und sich Ihrer Kais. Maj. und dem heil. Reich einige nützliche Dienste insküuftige zu erweisen untüchtig machen. Zu dem erkennen Sie mit dankbarem Gemüthe, dass Ihr vornehmlich von der Allerhöchsten Maj. Ihre Lande und Leute anbefohlen worden, der Sie auch davor Rede und Antwort geben müssen. Diesemnach wollen S. Ch. D. durch die gnädige und väterliche Hülfe und Beistand des vielgütigen Gottes alle ihre actiones dahin dirigiren und richten, damit sie dieselbe gegen der Göttlichen, auch der Kaiserlichen Maj., dem heil. Reiche und sonsten jedermänniglich mit aufrichtigen guten Herzen und Gewissen verantworten können.

Was sonsten die Stände wegen der doppelten Metze, Aufsätze auf das Salz, Bier und andern Licenten und Imposten vor Beschwer führen, und dass dieselbige, wofern sie nicht allerdings abgeschaffet werden können, dennoch zu der Stände Sublevation angewendet und gebrauchet werden mögen, suchen und bitten, hierauf können sich I. Ch. D. aus Mangel genugsamer Information vor diesmal eigentlich nicht erklären. Sie wollen aber zuförderst etliche aus der Stände Mittel Rechnung aufnehmen lassen, was solche Imposte getragen, wohin sie verwendet, auch welchergestalt dieselbe eingeführet worden.

Wann sich auch der Zustand I. Ch. D. nur in etwas besser befinden möchte, so wollten Sie solche doppelte Metze sofort gänzlich den Ständen überlassen zu ihrer Sublevation.

Es ist aber den Ständen selbst bekannt, wie es um Ihrer Ch. D. Patrimonialgüter beschaffen, wollen sich demnach gn. versehen, es werden die Stände I. Ch. D. zu besserer Ertragung der Regierungsonerum die Hälfte von solcher doppelten Metze bis auf gewisse fernere Vergleichungen noch eine Zeitlang erheben lassen, und verbleibet die andere Hälfte zu Unterhaltung der Soldatesque den Ständen ungehindert.

So viel die Contractus super bona publica et privata, welche vi et metu von den Officirern extorquiret worden, anreichet, mögen sich die Stände desshalben bei I. Ch. D. Statthalter und Geheimen Räthe anmelden, welchen I. Ch. D. deshalb gemessenen Befehl ertheilet, und wollen sich auf beschehener genugsamer Deduction, wann auch die Officirer mit ihrer Notdurft hierunter gehört und vernommen, aller Billigkeit gemäss resolviren und erklären.

Und befinden I. Ch. D. nicht unrecht zu sein, dass die Execution wegen der alten Reste suspendiret worden, sintemal das Land mit den monatlichen Contributionibus ohne das genug beschworet, deswegen dann den Officirern Inhibition geschehen soll.

Wann die Officirer die Servitia mit in ihrer Gage geschlagen und sie dieselbigen noch hierüber von den Wirthen fordern wollten, so wäre es zumal unrecht, und soll deswegen I. Ch. D. Statthaltern und Geheimen Räthen nothwendiger Befehl zugeschickt werden. Die andern gemeinen Soldaten können sich bei des Wirths Feuer und Lichte wol behelfen, und wird ihnen hierüber die Notdurft an Salz und Essige gereicht.

Dass aber die Stände auf dem Lande und in Städten den Officirern Wagen oder Fuhren in dero eigenen Privatgeschäften zu vorschaffen schuldig sein sollten, können I. Ch. D. nicht befinden, vielweniger können Sie dieses vor christlich halten, dass sich die Unterthanen in Karren einspannen und die Soldaten über Feld mit ihren Leibern ziehen sollten. I. Ch. D. wollen solches hinfüro inhibiren, auch gebürliche Inquisition darüber einziehen lassen.

Den Officirern welche um ihren Sold dienen soll nicht nachgegeben werden, Brau-Nahrung in der Stadt oder auch auf dem Lande zu treiben, Krüge zu verlegen, oder den Städten wider ihrem Willen Salvaguardien aufzudringen.

Wann ein anderer Modus die Execution zu verrichten könnte bedacht werden, wäre es wol dem Lande am zuträglichsten, und dürfte man der Reuter und Soldaten halber alsdann dergleichen Klagen nicht führen. Es wollen I. Ch. D. wegen derer Reuter und Soldaten so auf der Execution gefangen werden, den Ständen gewissen Bescheid nachschicken, indessen sollen die diesfalls angeordnete Executiones aufgehoben werden.

Wegen der Bürgschaft derer, so vor I. Ch. D. höchstgeehrten Vorfahren ihre Siegel ausgesetzet, haben I. Ch. D. an beiden Ihren Regierungen geschrieben wie die Copia ausweiset.

Es wollen auch I. Ch. D. weiters über deme, was der Landschaft und Städte, wie auch der privatorum Capitale halber und wegen der Execution gesuchet worden, gewisse Verordnung interimsweise, damit den Creditoribus gleichwol nicht zu gross Unrecht geschehen möge, zu machen nicht unterlassen.

Was aber bei dem eilften Punct unterschiedlich geklagt und erinnert worden, solchs wollen I. Ch. D. in gn. Obacht halten, auch den geklagten Mängeln remediren und abhelfen und alles dasjenige, was zu ihrer getreuen Land-Stände Nutzen und Besten und der gesammten Unterthanen Wachsthum und Aufnehmen gereichend sein kann, Ihr mit gn. landesväterlicher Sorgfalt angelegen sein lassen. — —"

Landtag vom Juni—November 1641.

Durch Ausschreiben vom 18. Mai werden die Stände auf den 17. Juni 1641 nach Berlin berufen.

In dem bezüglichen Concept des Notificatoriums an die drei Commissarien der Altmark Thomas und Hempo v. d. Knesebeck und Christoph v. Bismark, das zugleich das Ersuchen enthält, für die Aufbringung der Altmärkischen Quote von 4000 Thalern zu sorgen, heisst es nach der Einleitung, dass der Kurfürst die Beschwerden der Stände und ihr Gesuch um Reduction bei dem schlechten Zustand des Landes, wie er ihm erst kürzlich von den Ständischen Deputirten dargelegt sei, gern berücksichtigt hätte, wenn nicht die drohende Stellung der Schweden für den Augenblick noch zu voller Bereitschaft nöthigte. Eben deshalb sei über folgende Punkte zu berathen.

1. „Wie und welchergestalt Unser bisher geführtes Kriegswesen am füglichsten auf einen andern besseren Fuss zu setzen und wie viel Volk zu notdürftiger Besetzung der Vestungen notwendig?

2. Woher der nothwendige Unterhalt und durch wass Mittel?

3. Ob nicht zur Verhütung der bisher eingeführten militärischen Executionen und dabei mit untergelaufenen und von theils indisciplinirten Knechten verübten unchristlichen Procedüren und eigenmächtigen Vergewaltigungen eine besondere Cassa anzurichten und sowohl Officirer als Knechte vor der Cassa durch gewisse von Uns und den Ständen darzu Deputirte auszuzahlen?

4. Was für Executionsmittel wider die Säumigen anzuwenden?

5. Ob und wie die Obristen und andere hohe Officirer auf billige Wege zu behandeln?

6. Wie die so ganz gefallene Kriegsdisciplin zu redressiren?

7. Und dann will auch fürnehmlich davon zu reden und mit Ernst dahin zu trachten sein, weil diese vorseinde Veränderung des Kriegsvolks sonder eine erkleckliche Summe baares Geldes [: soll anders grössere und den Ständen höchstgefährliche Confusion verhütet und dem bisher eingerissenen Land Verderb cum effectu remediret werden :] gar nicht zu practiciren und ins Werk zu richten; es sei dann, dass also fort ein ziemlich Stück Geldes, und zwar von einem jedweden Kreise zum Anfang und auf Abschlag seines Contingents, in der Eile zusammengebracht und dadurch dieses dem Lande so hochnöthiges Werk maturiret, alle fernere Unordnung abgewendet und also dies commune malum Unseres Landes gedämpfet werden möge."

8. Der Bau der Festung Spandow sei weit vorgeschritten; erfordere aber noch beträchtliche Summen zur Vollendung. Die Einstellung des Baues in diesem Augenblick würde zum Verfall des schon Vollendeten führen, was „aber Uns und dem Lande zumal disreputirlich und schädlich fallen würde". Daher würden sie ersucht werden, auch die dazu nöthigen Mittel zu bewilligen.

9. Auf Mittel zur Wiederanrichtung der Universität Frankfurt und der Fürstenschule zu Joachimsthal bedacht zu sein.

Die 9 Punkte werden dann in der Landtags-Proposition vom 17./27. Juni noch einmal ausführlich entwickelt.

Am 20. Mai richten die „itzo anwesenden Stände von Ritterschaft und Städten" an den kurz zuvor in Berlin-Cölln eingetroffenen neuen Statthalter, Markgraf Ernst, eine Eingabe, in der sie um vier Dinge bitten: 1) Die sofortige Reduction der Infanterie und Entlassung der Reiterei in kaiserliche Dienste; 2) die Fusion der an Effectivbestand verringerten Compagnien behufs Ersparung des Unterhalts für die vielen Stäbe; 3) eine Musterrolle von den Präsenten als Unterlage für die Ausschreibung der Assignationen; 4) einen Status des Ertrags der doppelten Metze, deren Hälfte ihnen verblieben ist. Ernst's Antwort vom 27. Mai macht die Reduction von der sofortigen Einzahlung eines Stücks baaren Gelds abhängig und sagt Erledigung der petita auf dem Landtage zu. Im Namen der Stände beantwortet der Comthur Maximilian v. Schlieben Ernst's Proposition vom Juni, sie hätten gewünscht es wäre dem Kurfürsten möglich gewesen, sie in Person anzugeben, bäten zur Beantwortung um Dilation, „weil es doch auf ein schweres, nämlich Geldgeben, hinausliefe."

Der Statthalter erklärt ihnen darauf, dass des Kurfürsten persönliches Erscheinen unmöglich gewesen, und er zu seiner Vertretung da sei. Er mahnt sie zugleich, alles recht verschwiegen zu halten, da er erfahre, dass Leute da wären, die auf ihre Deliberationen Achtung gäben. In ihrer Exceptionsschrift vom 29. Juni / 9. Juli erklären die Stände 16 Compagnien z. F. und 3 z. Pf. für genügend zur Deckung des Landes. Bis zur Herstellung des

Armistitii mit Schweden seien die dazu nöthigen Leistungen durch gleichmässige Vertheilung allein aufzubringen. Die Mittel dazu seien die schleunige Reduction des Heeres, besonders der Stäbe, die Entfernung der Schweden aus allen Theilen des Landes. Ueber die von ihnen aufzubringende Summe könnten sie erst nach Beendigung des zwischen Ritterschaft und Städten schwebenden Quotisationsstreits endgültigen Bescheid geben. Zur Bezahlung der Soldatesca genüge die Landschaftliche Kasse zu Berlin, eine besondere General-Kriegskasse erscheine überflüssig. Die doppelte Metze möge als verfassungswidrig abgeschafft, Militärexecutionen und Haftpflicht Dritter untersagt, die Militär-Disciplin verschärft und nur auf wirklich militärische Vergehen beschränkt werden. Die zum Zweck sofortiger Reduction geforderten 8000 Thaler seien nicht aufzubringen. Sie bieten vorläufig 2000 Thaler und bitten um strenge Untersuchung der vorgekommenen Erpressungen. Der Spandow'sche Festungsbau erscheine eher schädlich als nützlich. Die Neubestellung der Akademie zu Frankfurt sei wünschenswerth, doch hätten Stände keine Mittel dazu, bäten übrigens um Bestellung lutherischer Professoren, vor allem in der theologischen Facultät.

Unterm 3./13. Juli erwidert ihnen Markgraf Ernst, dass ihrer Bitte gemäss eine Untersuchung gegen die Urheber der Werbungen von 1637 eingeleitet werden solle. Die Aufbringung der geforderten Geldmittel aber sei zur Reduction wie zur Erfüllung aller anderen der Regierung harrenden Aufgaben unbedingt und zwar sofort nothwendig. Im öffentlichen Interesse möchten sie ihren Streit untereinander über die Quotisation der jetzt erforderlichen Kriegssteuer bis nach dem Abschluss mit Schweden verlagen. Eine festere Organisation der Kriegsgelder-Receptur, wie sie irrthümlich annähmen, sei gar nicht beabsichtigt. Die jetzige Einrichtung, wobei die Kreiscommissarien die Steuer in den Kreisen, die Magistrate in den Städten erhöben, genüge, wofern diese Organe nur völlig ihre Pflicht erfüllten. Den gerügten Mängeln der Militärexecution werde Abhülfe geschehen. Die von ihnen geforderte Pensionirung der Stabsofficiere verspreche nur eine geringe Erleichterung. Ihre Forderung auf Beschränkung der Jurisdictionsgewalt der Officiere über die Truppen sei mit der Kriegsdisciplin unvereinbar. Der Spandow'sche Festungsbau endlich könne nach so vielem Kostenaufwand nicht mehr aufgegeben werden. Die Stände bieten darauf 120,000 Thlr. auf ein Jahr, eine Summe, die nach ihrer Berechnung, unter Zugrundelegung des Sommer-Tractaments für den Unterhalt von 16 Comp. z. F. zu je 150 M. und 3 Comp. z. Pf. zu je 100 M., ausreiche, wogegen Markgraf Ernst eine Summe von 160,000 Thlrn. verlangt, da die Truppen darauf bestünden mindestens das halbjährige Wintertractament weiter zu beziehen, während die Stabspersonen sich mit 4 Monaten Winter- und 8 Monaten Sommer-Tractament begnügen wollten. Nach längeren Verhandlungen willigen die Stände endlich unter Zurückgehung auf 12 Comp. zu 200 M. u. 1 Comp. Reiter zu 150 M. in die Aufbringung von 150,000 Thlrn., doch beharren sie darauf, dass die Truppen für das ganze Jahr nur nach Maasgabe des Sommertractaments gelöhnt würden. Der Statthalter indess, der bei seinen Verhandlungen mit den Obristen und Offizieren bei dem äussersten Grad des Erreichbaren angelangt war, liess dem Landtage, der der Aerndte wegen um seine Vertagung bis zum Oktober gebeten, einen Recess-Entwurf unterm 21. Juli vorlegen, der die Beibehaltung von 16 Comp. z. F. à 150 M. und 2 Comp. z. R. à 100 M. sowie die früher erwähnten Bedingungen btr. des Wintertractaments enthielt, entgegen dem bestimmt ausgesprochenen Verlangen der Stände. Da die grosse Mehrzahl in diesen Tagen bereits in die Heimath zurückgekehrt war, so protestirte in ihrem Namen der in Berlin zurückgebliebene engere Ausschuss in einem umgehenden energisch gehaltenen, an den Kurfürsten[1]) gerichteten Schreiben vom 28. Juli a. St. gegen den Bruch der ihnen zu Königsberg gemachten Zusagen durch die Bestimmungen des Recess-Entwurfs über die Zahl der Compagnien, das Wintertractament u. A. „Diesem allen nach", endet das Schriftstück, „gelanget an E. Ch. D. unsere ganz unterth. Bitte, bei solcher sichtbaren Impossibilität und elendem, blutweinenden Zustand des armen Vaterlands einmal die 16 Comp. bis auf 12, jede von 200 Köpfen mit dem ersten Blatte, — — abzuschaffen, und die zwo Comp. z. R. |: im Fall dieselben nicht vollends gänzlich abgeführet werden können :| bis auf eine Compagnie von 150 Pf. mit dem ersten Blatt weiter zu reduciren und einzuziehen; dann, vor's Andere, weil die Soldaten nicht zu Felde ziehen, sondern continuirlich in Vestungen zur Besatzung liegen bleiben, den Commandanten ex officio entweder eine jährliche Besoldung zu machen, oder nebst andern Officirern aus Churf. Macht dahin zu halten, dass die sämmtlichen Officier nebst den gemeinen Knechten mit dem Sommertractament — — durchs ganze Jahr content sein sollen, auch deshalb an des H. Statthalters Mkgr. Ernst fürstl. Gn. zu rescribiren — — drittens auch und insonderheit bei der Kron Schweden um ein Armistitium und Herausgabe der besetzten Lande: Neu-, Altmark, Priegnitz, Ruppin, Frankfurt u. s. f. einzukommen — —."

Unterm 11./21. August sendet Markgraf Ernst dem Kurfürsten zu Königsberg einen vom 29. Juli datirenden Bericht über den Verlauf des Landtags ein. Nur bei der nicht erfolgten Einwilligung der Obristen der Fussregimenter in das reine Sommertractament wäre mit 150,000 Thlrn. auszukommen gewesen. Das Bestehen jener auf 4 Monate Wintertractament, sowie der bedeutende Ausfall fast aller Landschaften ergebe ein sehr beträchtliches Deficit von 50,000 Thlrn. Nur 103,600 Thlr. blieben für den Unterhalt der Soldatesca verfügbar. Er habe dies den Deputirten vorgestellt, das Elend sei aber so gross, dass die Entfernung der Schweden als die einzige Rettung erschiene. Mehr als die interimistische Assignation des Futters für die Reiter bis Ende Oktober sei von den Deputirten nicht zu erhalten gewesen, alles übrige auf die Reassumtion des Tags am 18. October

---

[1]) Die von den „Anwesenden" Deputirten von Prälaten, Herren, Ritterschaft und Städten" unterzeichnete Schrift ist mit den Siegeln von vieren aus der Ritterschaft und der Städte Berlin-Cölln versehen.

verschoben worden. Beim Punkt der Eintheilung sei der alte Quotisationsstreit wieder aufgelebt, doch habe die Ritterschaft ihr Anrecht, nur ein Drittel beizutragen starr behauptet. Nur in dem Lande zwischen Elbe und Oder hätten sich beide Theile nach langer Verhandlung „etzlicher modorum generalium und einer allgemeinen Casse verglichen, vermittels deren sie die ihrige quotam aufzubringen vermeinen; was aber daraus nicht zu erheben sein wird, muss von beeden Ständen nachgeschossen und pro una tertia von der Ritterschaft, pro duabus tertiis aber von den Städten aus andern ihren Particularmitteln ersetzet werden. Wie es nun mit Einführung dieser General-Mittel — — hernacher gehen, und ob sie so schleunig zum Effect zu bringen sein werden, stehet zu erwarten, unsres Orts aber wollen wir an Mühe zu derselben Beförderung und Handbietung nichts ermangeln lassen." Die Aufbringung des nöthigen Proviants sei, selbst die Forderung der 12 Comp. z. F. und 1 Comp. z. R. zugestanden, nur aus der dem Kurfürsten verbliebenen Hälfte der doppelten Metze zu bestreiten; diese dürfe daher unter keinen Umständen aufgegeben werden. Für die Oktober-Zusammenkunft, wo die Frage gewiss von Neuem angeregt würde, bäte er dieserhalb um des Kurfürsten Willensmeinung und gemessenen Befehl. Uebrigens rathe er nicht nur nicht zur Abschaffung dieser Auflage, sondern vielmehr zu ihrer Wiedereinführung in Alt- und Neumark nach deren event. Räumung durch die Schweden. Nach dem Bericht über die andern Fragen mindern Belangs gedenkt er zum Schluss der von den Ständen eingereichten dringenden Gravamina, von denen er einen Extract einsendet. Eine Besprechung derselben habe er abgelehnt, weil diese Zusammenkunft kein ordentlicher Landtag gewesen, sondern „nur gewisse Deputirte aus den Kreisen verschrieben und zwar nicht zu dem Ende, dass von Landgravaminibus, sondern allein von Reformirung der Soldatesque und der künftigen Verpflegung geredet werden sollen." Da einige darunter die Justiz beträfen, so wolle er das Gutachten der anwesenden Geheimen und Kammergerichts-Räthe darüber einholen und dem Kurfürsten seinerzeit ferneren Bericht einsenden.

Extract der von den Ständen beim Statthalter und den Geh. Räthen unterm 5. August 1641 eingegebenen Beschwerden.

1641.
15. Aug.
1) „Wird unterth. gebeten, dass I. Ch. D. sich gn. wollten belieben lassen ihre Aemter zu Erhaltung dero Hofstatt wieder anzubauen, damit die Stände mit forneren Oneribus zu Erhaltung der Hofstatt nicht dürften beschweret werden.

2) Bitten die Neumärker, wie es denn auch alle Stände vor billig halten, dass alle neue Zölle und Auflagen in der Mark Brandenburg als auch in Polen |: woselbsten fast ein jeder Edelmann seines Beliebens Zoll aufschläget, oder den Jüden, denen sie die Zölle gemei-

niglich vermiethen, solches zu thun verstatten :| möge abgeschaffet und dass ohne der gesammten Stände Vorwissen das Land auf keinerlei Wege möge geschlossen werden.

3) Dass die Dörfer die Churfürstl. Holz und Hütung benutzt für den Niessbrauch während des Kriegs nach dem im Frieden fixirten Canon zur Tilgung ihrer haftenden Schuld mit herangezogen würden.

4) Dass der hohe Salz-Zoll möge abgeschaffet und vermöge der Landes Reverse die vom Adel soviel Salzes, als sie vor ihre Haushaltung vonnöthen, zollfrei behalten mögen, sie mögen's holen, wo sie wollen, desgleichen, dass es mit Korn und andern Victualien, so die vom Adel vor ihre Haushaltung bedürfen, auch ausserhalb Landes an ihrem eigenen eingeworbenen Korn verkaufen, zollfrei haben mögen, inhalts der Churf. Landes-Reverse. (sic.)

5) Weil in dem Justiz-Wesen eine grosse Ungleichheit vorgehet, dass der Adel von den Privatis sehr molestiret und geschimpfet wird, da er doch, wann er nur wider die Communen und Städte verholfen würde, ohne solche Mittel zur Zahlung wol kommen könnte, und dahero unbillig, dass der Adel auf Capital und Zins executiret wird, als wird vorgeschlagen, ob es nicht dahin zu bringen, dass eine Allgemeine Interims Verfassung gemacht würde, damit eine durchgehende Justiz gehalten und ein Stand vor dem andern mit Executionibus nicht molestiret werden möge.

6) Weil durch die geschwinde Executiones aus der Canzlei nicht geringer Schade dem Lande widerfahren, das was noch übrig von der militärischen Execution verblieben der Landreuter alles hinweggenommen, der Acker nicht weiter wegen Mangelung des Viehes bestellet und ein Gut nach dem andern wüste gemachet worden: Als wird I. Ch. D. unterth. gebeten, gn. Verordnung bei dero Canzlei zu machen, dass keine Executiones über Saat- und Brodkorn, Zugvieh, Gesindelohn und tragende Contributionen, weil das publicum dem privato billig zu praeferiren, nicht mögen verstattet werden, wie dann auch das statutum moratorium zu renoviren von den Ständen vor billig und zu des Landes Restauration vor dienlich erachtet wird."

7) Bäten sie um eine Moderation des Zinses, desgl. 8) um das Verbot der Taxation und Subhastation der verschuldeten Güter; dann folgen noch sechs andere Beschwerden geringeren Belangs.

Resolution des Statth., M. Ernst. Dat. Cölln a./Sp. 5. Aug. 1641.

1) „Soviel die Wiederanrichtung der Aemter, damit die Stände mit ferneren oneribus zu Erhaltung des Hofstaats nicht beschweret werden

dürfen, anbelanget, da wollen S. Ch. D. es an gebührender Erinnerung bei der Ch. Amts-Cammer, als dero dieses zu befordern obliegt, nicht ermangeln lassen. 2) Gleichergestalt wollen Sie auch wegen dessen, so die Abschaffung der neuen Zölle und Auflagen betreffend erinnert werden, die Notdurft an S. Ch. D. zu bringen unvergessen sein. 3) Was aber diejenige Pension, so etliche Dörfer wegen der von ihnen gebrauchenden Ch. Amtswiesen, wie auch Hölz- und Hüttungen zu erlegen schuldig, anreichen thut, deshalb vermögen S. Ch. Gn. keine Verordnung zu machen — —."

Betr. des 4. Punkts soll dem Adel die bisherige Freiheit bleiben. In der Justiz (5) wird gleichdurchgehendes Recht für alle zugesagt. Ueber P. 6—8 solle der Kammergerichts-Räthe Bedenken, vor welche diese Sache gehört, eingeholt werden. Bei der Beschwerde über die Widersetzlichkeit von Bürgern gegen die Magistrate (11) möchten sie specielle Fälle anführen. Die neue Kipperei (12) solle nach Kräften verhindert werden; die Tilgung der Reste (13) könne nur allmählich vor sich gehen. Unstatthafte Convoy-Zumuthungen (14) seien den Offizieren untersagt worden.

Das Kammergericht entscheidet sich in seinem Gutachten vom 6. Sept. a. St. fast in allen Punkten gegen die Ansprüche der Ritterschaft. Der Vorwurf „geschwinder Executionen" (Art. 6) sei unbegründet. „Wenn aber Debitores sich daran gar nicht kehren, noch ihre Creditores behandeln, so können wir endlich nicht umhin, sondern müssen nothwendig, wollen wir anders uns denegatae justitiae nicht beschuldigen lassen, executiones anordnen." Das schon unter Georg Wilhelm mehrmals ertheilte Indultum Moratorium sei als ungerecht wieder aufgehoben, sollte der Kurfürst es erneuern wollen, so möge es auf grosse Capitalien beschränkt und nur auf ein Jahr ertheilt werden. Die Zinsermässigung (7) sei geradezu ungerecht und unbillig; die Forderung würde von vielen Leichtsinnigen missbraucht. Bei der grossen Verschiedenheit der Fälle sei eine der Billigkeit gemässe jedesmalige Entscheidung durch den Richter weit zuträglicher. Auch die Forderung, Taxationen, Subhastationen und Alienationen der Güter einzustellen (8) sei abzuweisen, da sonst mancher sein Lebtage die Zahlung seiner Schuld nicht würde erlangen können. Freilich entspräche es der Billigkeit, die Schätzung nicht nach dem jetzigen Zustand der Güter, sondern nach dem vor der Verwüstung durch den Krieg vorzunehmen. Die Beschwerde, dass „theils eigennützige Leute sich unterstehen, der Landschaft und Städte Obligationes um ein geringes Geld an sich zu bringen und hernach das volle Capital und Zinsen zu fordern" sei nicht unbillig. Solchen Gläubigern wäre nur ihre wirkliche Zahlung nebst üblichem Zins zu vergüten. Auch die Forderung der Ritterschaft, dass jeder Gläubiger gehalten sein solle, gute Obligationen statt baaren Geldes anzunehmen, sei nicht angänglich. Der Kurfürst beantwortet den am $\frac{4.\text{Sept.}}{25.\text{Aug.}}$ d. J. zu Königsberg eintreffenden Bericht des Statthalters am 7. Sept. Er ratificirt den Recess-Entwurf vom 21. Juli, unter gleichzeitiger Genehmigung des Wunsches der Stände, die 2,400 M. z. F. in 12 statt 16 Compagnien zu formiren und nur 150 M. z. R. zu behalten. Diese letztere ganz abzudanken ginge bei dem durch Partheien gefährdeten Zustand des Landes noch nicht an, „sondern es wird es die Nothdurft erfordern, dass durch solche die Strassen fleissig battiret werden, damit der Landmann wie auch kleinere Städte desto sicherer bei ihrem Acker und Nahrung verbleiben und ihr Contingent zu der laudirten Contribution desto besser abführen können." Die Obristen und andern Offiziere möge der Statthalter zum Sommer-Tractament, das für sie genüge, disponiren; den Soldaten sei eine kleine Zulage zu machen. Die Einführung der General-Mittel in der Mittelmark acceptire er gern. Seine Hälfte der doppelten Metze werde ausschliesslich zur Proviantirung der Soldatesca verwandt werden. Mit der Krone Schweden sei ein Waffenstillstand auf zwei Jahre vereinbart, der für den Unterhalt der Schwedischen Garnisonen bestimmte Anordnungen treffe, die von jenen strikt innegehalten werden müssten.

Auf dem Deputationstage, der am 18. October d. J. zusammentritt, beginnen sofort wieder die gegenseitigen Anfeindungen und Vorwürfe der Ritterschaft und Städte. Die letzteren wenden sich gegen die von der Ritterschaft auch jetzt noch behaupteten Immunitäten und Privilegien, die Ritterschaft gegen das Salzmonopol der Städte und deren Forderung um Schliessung des Landes gegen fremde Kaufleute. Wie der Statthalter vorausgesehen, erneuern sich hier auch die in den früheren gravaminibus enthaltenen Forderungen auf Erlass eines Indults, Zinsermässigung, die Aufhebung der doppelten Metze u. A. Zwei Eingaben der Ritterschaft vom 2. und 8. Nov. beantwortet der Statthalter, 10. Nov. a. St., in meist zusagender Weise, nur betreffs des Salzmonopols der Städte verweist er sie an den Kurfürsten, der darüber allein zu befinden habe. Dennoch vereinigen sich die hadernden Stände auf das Gerücht, der Kurfürst beabsichtige neue Werbungen, zu einem äusserst demüthigen Schreiben an Kanzler und Räthe zu Königsberg vom 14. Jan. 1642 a. St., worin sie um deren Intercession beim Kurfürsten gegen die Ausführung etwaiger Massregeln dieser Art bitten. „Unsere grossgünst. Herren, schliessen sie, können wir mit Bestande versichern, dass die verwilligten Contributiones noch dergestalt schwerer fallen, dass auf Seiten der Ritterschaft fast alle Verfassungen zergeben und der Städte angewendete monatliche Special-Accisen an manchem Ort in einem Monat dreifach angeleget werden müssen, wofern ihr Contingent soll herausgebracht werden, welches dann eine überaus schwere Last ist und können dahero die Leute im wenigsten nicht emergiren. Würden nun S. Ch. D. sich dahin bewegen lassen, dass Dero erschöpften Unterthanen noch ein mehres sollte aufgebürdet oder sie gar mit neuen Wer-

106   I. Die Ordnung der Contribution bis zu den Recessen von 1643.

bungen beschweret werden, so würde es um diese Lande gethan sein, denn männiglich seine gute gefasste Hoffnung fallen lassen und bezwänglich zu seinem oder der Seinigen Aufenthalt andere Ort würde suchen müssen — —." Dies Gerücht bestätigt sich zwar zunächst nicht; dennoch beginnt der folgende Deputationstag, der am 5./15. Mai d. J. (1642) eröffnet wird, mit abermaligen Querelen der Stände über die ihnen zugemutheten Leistungen, 100,000 Thlr. und 20,000 Schfl. Korn zum Unterhalt der Schwedischen Garnisonen neben der dem Kurfürsten Sommer 1641 bewilligten Summe von 150,000 Thlrn. Wenigstens die Leistungen an die Schweden während des Winters 1611/42 mögen auf diese Summe in Abrechnung gebracht werden; auch die Quote der Altmark, in der jene noch lagerten, müsste abgezogen werden. Sie fordern, dass zwei aus ihrer Mitte mit den Schweden neben den kurfürstlichen Gesandten über Höhe und Art der an jene zu zahlenden Contribution unterhandelten (21. Mai). Der Kurfürst ist mit dem letzteren Wunsch seiner Stände einverstanden. Da auch ihm die Forderung der Schweden, die sich, die Aufbringung der Altmark eingerechnet, auf mehr als 200,000 Thlr. jährlich beliefe, die Leistungskraft des Landes zu übersteigen scheint. Demgemäss gehen bald darauf zwei ständische Abgesandte nach der Altmark ab, ohne indess mehr als die des Kurfürsten dort auszurichten.

Der Ausfall an den für die Festungsgarnisonen bestimmten Leistungen des Landes nöthigte den Kurfürsten bald darauf, eine neue Forderung an die Stände zu stellen. Er liess durch den Statthalter zum 4. Sept. d. J. „ein paar von jedem Kreise" nach Berlin verschreiben und die Retrocession auch der andern Hälfte der doppelten Metze fordern, die ihnen noch unter Georg Wilhelm überlassen worden war. Auf der freien Verfügung über den gesammten Ertrag dieser Steuer beruhte, bei dem Mangel an baarem Gelde, für den Augenblick die Existenz der Truppen in den Marken, wie dies Markgraf Ernst den Zusammenberufenen in der Proposition vom 5./15. Sept. eingehend darlegte. Die Stände verweigern indess, das Geringste nur zu bewilligen und gehen schon nach wenigen Tagen auseinander, so dass dem Kurfürsten nichts übrig bleibt, als die Erledigung dieser Sache gleich aller übrigen auf die Zeit nach seiner Rückkehr, Auf. 1613, zu vertagen, inzwischen die im J. 1641 bewilligten Summen durch Militär-Commandos einheben zu lassen.

Landtag vom Frühling 1643.

Unterm 17. Jan. 1643 beauftragt der Kurfürst seine Geh. Räthe zu Berlin zum Auf. März einen Grossen Ausschusstag nach Berlin zu berufen — ein Gleiches wird für die Neumark angeordnet — und die Kreise in dem Ausschreiben aufzufordern, ihre Deputirten für den Schluss über die schwebenden Fragen, die höheren Contributionsforderungen der Schweden und den Unterhalt der kurf. Garnisonen, die Regulirung der Contributionsaufbringung und die Ordnung des Kreditwesens zu bevollmächtigen.

Diese drei Punkte, Armistitium mit Schweden, Unterhalt der Garnisonen und Aufbringung der Contribution, werden dem Ausschreiben vom 1. Febr. 1643 inserirt und erscheinen in derselben Weise in den Landtags-Propositionen vom 1./11. März.

Die Erklärung der Deputirten, d. d. Berlin 23. März 1643, verweist Punkt 3 auf mündliche Auseinandersetzung; betreffs des Armistitii ersuchen sie den Kurfürsten, darauf bedacht zu sein, dass was mit den Gesandten abgeredet auch ratificirt und von Feldmarschall Torstenson beobachtet würde.

„So viel dann das Quantum antrifft, bitten die Stände untertb., E. Ch. D. wolle es gn. dahin vermitteln helfen, dass es bei den 100,000 Thlrn. und den 20,000 Schffln. Korn, da es ja nicht geändert werden kann, verbleiben möge; in sonderbarer Erwägung, dass der Zustand des Landes durch die Schwedische Armee und des ankommenden Succursus in Jahresfrist sich gemindert, — — — und ist das ganze Land solcher Gefahr noch täglich unterworfen."

Bei der Berathung hierüber sei auch die geringere Leistungsfähigkeit des inzwischen von den Kaiserlichen besetzten Landestheils in Betracht zu ziehen.

„Der modus collectandi bleibet einer jeden Provinz, Kreis oder Stadt frei, auf Mass, wie er ihme getrauet, am besten mitfortzukommen; da aber die baaren Gelder nicht zur Cassa kämen, sollen die Assignationes durch die Directores dem Schwedischen Commissario oder Deputirten in den nächsten bei den Schwedischen Guarnisonen gelegenen Oertern assigniret werden, weil der Misswachs sehr gross und vor Martini nichts erfolgen kann.

Die Execution wider die Seumigen kann keinesweges den Schwedischen Commissarien oder Officirern in den Händen gelassen, sondern es lässet ein jeder Kreis-Commissarius oder Director in denen Städten der Magistrat etweder durch Civilische oder Militärische Execution, die er aus den nächst angelegenen Churf. Guarnisonen zu nehmen, verrichten. Und würden die Commandanten hierzu befehliget sein müssen, auf Begehren der Commissarien oder des Magistrats aus den Städten die Soldaten zur Execution abfolgen zu lassen, doch dass die Execution verrichtet werde auf Mass wie am 21. Julii 1641 verglichen ist, dass der Soldat des Tages 3 Sbg. bekomme, davon ihm 2 anstatt der Löhnung abgerechnet und den dritten vor seine Mühe behalten; und dass kein Kreis den andern noch ein Privatus den andern, oder der von Adel seine Unterthanen, oder in Städten der Magistrat die Bürger zu übertragen gezwungen werde." Auf Wunsch des Kurfürsten selbst hätten Stände vier Deputirte ins Schwedische Lager gesandt, die sich neben den Gesandten ihres Herrn um Ermässigung der Forderungen bemühen sollten. „Insonderheit will zu praecaviren sein, dass das Salz mit keinen Imposten möge oneriret, und da der Anfang gemachet, wie vor Lauwen- und Boizenburg, als man an einem Ort 14, und am andern 7, und zu Löckenitz 18 Sgr. auf die Tonne Salz geschlagen, wie auch die Spiringe¹) die Zölle am frischen Haff arrendiret und ihres Gefallens Imposten aufschlagen, dass solche abgethan und gänzlich cassirt werden. So will auch von denen von Adel, so das Ihrige nach Polen schicken oder führen, noch ein absonderlicher Zoll gefordert werden, als bitten sie, dass solches hinwiederum bei dieser Handlung gänzlich abgeschafft werde.

Den andern Punkt anreichend, wie die Churf. Guarnisonen richtiger, als bishero geschehen, unterhalten, dass die Excentiones verhütet, und sowol die Soldaten als Officirer ferneres Lamentirens und Klagens geübriget sein möchten, halten die Stände dafür, dass man erst mit der Kron Schweden des Quanti halber verglichen sein müsse, hernacher wäre die Eintheilung zu machen durchs ganze Land gleich wie vor die Schwedische Guarnisonen. Und weil den Ständen schwer fället, allen Unterhalt mit baarem Gelde allein abzutragen, Als werden die Officirer sich belieben lassen, Tuch, Schuh und andre Waaren, wie auch nach der Erndte Korn in einem gewissen pretio anzunehmen."

Der Kurfürst an die Stände. Dat. Cölln a. Sp. 15. März 1643.

[Ihre Wünsche. Die schnelle Bewilligung des Quantums.]

1643.
25. März. Ihre Wünsche würden möglichst berücksichtigt werden, die Ratification des Armistitii mit Schweden sei zu Stockholm bereits erfolgt, wäre auch wol bereits publicirt, „wann es sich nur nicht an dem Quanto, so zu Unterhaltung der hiesigen Schwedischen Garnisonen herzugeben sein möchte, noch in etwas gestossen hätte." Sobald dies geschehe, werde die Ratification erfolgen und auch Feldmarschall Torstenson den Bedingungen des Waffenstillstands nachkommen.

„Nachdem aber, wie hoch und eifrig man auch sich hierunter nun zum öfteren bemühet, solches nicht allein nicht zu erheben gewesen, sondern man Schwedischen Theils, intuitu der Alten-Mark anfangs 72,000 Thlr., endlich aber 40,000 Thlr. noch dazu gefordert und haben wollen, so können S. Ch. D. Dero Ständen zu Erlangung einiger Ringer- oder Milderung der obgedachten Summe der 100,000 Thlr. und 20,000 Schffl. die geringste Hoffnung so gar nicht machen, dass Sie vielmehr anstehn müssen, ob es

---

¹) Vgl. über sie U. A. I, 21 ff.

auch bis dahin zu bringen, und die noch übrige 40,000 Thlr. gänzlich und zumal abzuhandeln sein werden." Ihr Wunsch, die Kosten ihrer Gesandschaft aus den 1642 bewilligten 5000 Thlrn. Legationsgelder bestreiten zu lassen, sei bei der Lage der Dinge unerfüllbar.

„Es seind nunmehr die allgemeine Friedens Tractaten vor der Thür und möchte wol in Kurzem ein Tag zum Congress benannt werden. Was nun dazu für schwere Kosten und Spesen gehören und dass auch mit denen insonderheit dazu bewilligten 5000 Rthlrn. nicht auszureichen sein wird, haben Sie, Stände und deren Deputirte, wann Sie alle Umstände etwas genauer erwägen, vernünftig selbst zu ermessen;

Gesinnen derowegen S. Ch. D. an sie gn. sie wollen nicht allein die zu dieser Stettinischen Legation, sondern auch zu dem bevorstehenden hochheilsamen Pacification Werk bedürfende Kosten nunmehr ungesäumt an die Hand bringen, damit man deren auf begebenden eilenden Fall ohne Fehl habhaft sein könne und ein solch gemeinnütziges und dieser Lande Heil und Wolfahrt concernirendes Werk aus Mangel nöthiger Zehrung nicht remoriret werden dürfe.

Soviel nun diesemnach den Andern Haupt-Punkt betrifft, lassen zwar S. Ch. D. derer Stände hierbei angeführtes unterth. Bedenken, dass man erst mit der Kron Schweden des Quanti halber versichert sein müsse, und hernacher die Eintheilung durch's ganze Land am füglichsten zu machen sein würde caeteris paribus dahin gestellet sein. Es werden aber die Stände und derer Deputirte selbst vernünftig wol begreifen, dass durch eine solche verzögerliche Resolution dem Werk und zuforderst den Nothleidenden und wegen bisher erfolgten unrichtigen Bezahlung und erlittenen grossen Mangel zum heftigsten dolirenden und ganz schwierigen Soldaten keinesweges geholfen.

S. Ch. D. werden so wol von Officirern als Reutern und Knechten fast täglich mit ganz beschwerlichen Klagen angelaufen und beheiliget, auch dabei von ihnen, was endlich, im Fall den Soldaten die unentbehrliche Lebensmittel nicht gereichet werden sollten, für höchstgefährliche Inconvenienten daraus zu besorgen, ganz wehemüthig remonstriret und angezogen; auch ist ja den Ständen unverborgen, dass albereit wegen bewilligter aber nicht erfolgter Verpflegung die Magazin in den Vestungen, hat anders grösseres Unheil verhütet werden sollen, angegriffen, alles Unterhalts entblösst und derselbe den gemeinen Knechten, um deren Hunger dadurch zu stillen, unvermeidlich dahin gegeben werden müssen. So seind auch blos von Zeit der gehaltenen Reduction die Reste in so kurzer Zeit dergestalt aufgewachsen, dass

I. Die Ordnung der Contribution bis zu den Recessen von 1643.

sich der Obristen eingeschickten unterth. Berichten nach, dieselbe nunmehr weit über die 60,000 Thlr. belaufen, welches alles dann S. Ch. D. gewisslich nit ohne Befremdung und zu grossem Ihrem Missfallen vernehmen müssen.

Und weil dann gleichwol der Soldat vom Winde nicht leben kann, und dieser Punct gar keine moram leiden will, sondern der nothdürftige Unterhalt für die Soldatesque, inmittels, obgleich das Armistitium zu seiner Perfection noch nicht gelanget, dennoch einen Weg wie den andern unumgänglich gereichet werden muss, so lassen S. Ch. D. dero Deputirte gnädigster Meinung hiemit nochmaln treulich erinnern, sie wollen aller Notdurft fleissig und als treuen Patrioten wol anständig nachdenken, damit diesen der Officirer und Soldaten fast beschwerlichen Klagen und Lamentiren würklich remediret, der versprochene Unterhalt |: auch auf die noch unreducirte :| richtiger dann bishero geschehen, ausbracht und dadurch die im verbleibenden Fall den Vestungen und ganzen Landen imminirende äusserste Gefahr abgewendet — werde."

Ihrem Wunsch entsprechend wird den Obristen die Weisung zugeben, statt des baaren Gelds auch Getreide, und in Zukunft auch Tuch und Schuhe, anzunehmen. Die gewünschte Prüfung des Präsenzstands seiner Compagnien und der letztjährigen Rechnungen werde er vornehmen lassen, „Es will aber die Notdurft sein, dass auch aus Mittel der Stände einige Deputirte solcher Revision und Abrechnung zugleich mit beiwohnen und des Landes Notdurft dabei in gebührende Obacht nehmen."

Die Schlichtung des Quotisationsstreits zwischen Ritterschaft und Städten werde er auf einem besondern Tage selbst in die Hand nehmen.

Die Stände an den Kurfürsten. Dat. Berlin 31. März 1643.

[Der Unterhalt der Garnisonen. Die Militär-Execution.]

1643.
10. April.   „— — Was den Unterhalt der Churf. Guarnisonen anreichet, so ist der Stände Meinung gar nicht, sich mit vielem Queriliren aufzuhalten, sondern haben nöthig erachtet, E. Ch. D. nur dieses zu dero gn. fernerem Nachdenken zu eröffnen, dass auf den Unterhalt E. Ch. D. Guarnisonen jährlich gehet, ungerechnet den Unterhalt auf die 150 unreducirte Knechte auch ausgesetzt die Kleidungsgelder, weil E. Ch. D. sich gn. resolviret dem enervirten Lande zum Besten die Soldatesca zu kleiden, 97,638 Thlr. Und ob wol bei nächster übergebener Duplica die Rechnung etwas geringer eingegeben, so ist es doch daher entstanden, weil die rechte Eintheilung nicht eben zur Hand gewesen."

Hierzu das Futterkorn, den Winspel zu 20 Thlrn. thut 6075 Thlr., und die jährlichen 100,000 Thlr. der Schwedischen Garnisonen, 16,666 Thlr. für 20,000 Schffl. Korn zu 20 gr. oder 833 Winspel 8 Schffl., 2,000 Thlr. jetzige Legations-Kosten nach Stettin, 5,000 Thlr. vorjährige Osnabrückische Legations-Kosten, 1,000 Thlr. nur auf der Stände Deputirten nach Stettin, 60,000 Thlr. versessene Resta laut der Kurf. Offiziere eingegebenen Liquidationen, ergebe in Summa 288,379 Thlr. Rechne man die Nachforderungen der Schweden und des Kurfürsten hinzu, so käme man sogar zu mehr als 330,000 Thlrn. Diese Summe aufzubringen sei unmöglich; daher im Interesse von Festungen und Garnisonen selbst, eine erschwingliche Summe von ihnen zu acceptiren. „Weil dann in diesen Zeiten die Nothwendigkeit der Impossibilität weichen muss, als ersuchen die Stände unterth. E. Ch. D., es mit dero getr. Land-Ständen auf erträgliche Mittel richten und die Officirer auch auf billige Wege disponiren zu wollen, damit sie von den Ständen nicht unmögliche Dinge begehren."

Die Verhandlungen über die Schwedische Contribution dauern bis Mitte April d. J. Erst auf die ernstesten Vorstellungen des Kurfürsten entschliessen sich die Oberstände zur Bewilligung jener Forderung; auch dann nur gegen die Garantie des Quotisationsrecesses von 1594.

Die Deputirten der Ritterschaft an den Kurfürsten.
Dat. Berlin 6. April 1643.

[Die Höhe der Contribution.]

1643.
16. April.

Ew. Ch. D. sein dero getreuen Land-Stände von der Ritterschaft unterth. gehorsamste Dienste in pflichtschuldigen Treuen jederzeit bevor. Und haben Sie dasjenige was E. Ch. D. ihnen gestriges Tages loco Quintuplicae proponiren lassen in Unterthänigkeit vernommen und mit gebührenden Fleiss erwogen. Nun wollten sie diejenigen ungern sein, welche E. Ch. D. vorsätzlicher Weise aus Händen gehen, dieselbigen [mit vielem verweislichen Queruliren aufhalten und das Werk durch unnöthiges Difficultiren noch schwerer machen thäten.

Allein ist alhier die notoria impossibilitas am Tage und giebt es der Augenschein wie das Land überall so grausamlich und jämmerlich verheeret, dass ganze vornehme weitleufige Oerter und sowol Haupt- als Incorporirte Kreise ausfallen und bei diesem Werke überall nichtes oder wenig zu thun vermögen.

So seind auch die meisten Städte verwüstet, ausgeplündert und theils abgebrannt, als dass die ganze Last etlichen wenig Orten alleine zuwachsen muss. Sollte man nun dieselbige so mit ihren quotis mehr denn zuviel zuthun haben und auch in schweren Retardaten stecken mit Uebertragung der ganzen Summen graviren, würde das Werk also fort primo mense fallen, und nicht einmal ein Anfang darauf zu machen sein.

Es haben die Lande mit den Anno 1641 angelegten 97,638 Talern nicht hernach gekunnt, sondern es seind der Officirer Angaben nach in die 60,000 Taler Restanten aufgewachsen, da es doch an scharfen Executionibus nicht gemangelt hat, als welche auch wider die vorgenommen werden müssen, so man für vermögene Leute gehalten; man hat aber dennoch nichts als bittere Thränen und Seufzer zu Gott von den armen betrübten Leuten erpressen können. Und solches ist geschehen, da die Laude den Vortheil der gedoppelten Metze noch in Händen gehabt. Was will wol erfolgen, da die Contribution der 97,638 Thlr. noch gesteigert und auf 15,595 Thlr. erhöhet werden, das subsidium aber der Hälfte des Metz-Korns daneben gänzlich fallen sollte. Und ist hiebei insonderheit wol zu consideriren, dass es mit den Tractaten mit der Kron Schweden noch in sehr weiten terminis stehet. Denn es haben die Schwedischen ihre Forderung auf 20,000 Schffl. Korn und 140,000 Thlr. angestellet.

Nun haben sie solches Geld, wo nicht ein mehrers, aus ihren Quartieren und haben sich bishero der militairischen Executionen solches mit Gewalt zu extorquiren gebrauchet.

Dahero wol zu vermuthen, dass Sie auf solcher Summe Geldes opiniastrischer Weise bestehen und sich auf die gewaltsame Executionsmittel, welche Sie in Händen haben, verlassen möchten.

Wenn nun von dem Lande noch so eine unerträgliche Geldschatzung erpresset und dennoch auf die begehrte 117,733 Thlr., oder wann es schon weniger und geringer wäre, die Aulagen gemachet werden sollten, wird ja ipsa natura et ratio dictiren, dass dieses lautere impossibilia postulata sein, welche dem Lande, den Vestungen und E. Ch. D. Intraden den Total-Untergang zuziehen werden.

Thun demnach E. Ch. D. die Land-Stände ganz demütigst, flehentlich und wegen der Armen Leute um Gotteswillen ersuchen, Sie wollen Ihr die grosse Noth und Drangsalen des Landes in Gnaden mitleidentlich zu Herzen gehen, und da ja keine remissio zu erhalten, es bei denen Anno 1641 angelegten 97,638 Thlr. oder im Fall ja der Unterhalt der noch ungereducirten 150 Knechte hierbei in considerationem kommen und also noch 4500 Thlr. darzu geleget werden sollen es bei den 102,138 Thlrn. bewenden lassen.

Sollten aber E. Ch. D. über alles Verhoffen damit nicht friedlich sein, so wollen sich die von der Ritterschaft endlich und pro extremo mit Zuziehung der Städte zu 110,000 Thlrn., darin jedoch die Fourage und alle andere praetensiones, sie rühren von Kleider-Kosten, Steigerung des Soldes oder andern Forderungen her, mitbegriffen, anerboten haben, jedoch mit der ausdrücklichen Protestation und Verwahrung, weil ihnen des Landes Unvermögen bekannt und sie fast sehr in Zweifel stehen, ob auch eine solche Summe aus einem so sehr verödeten und verderbten Lande erfolgen kann, dass sie die Eintheilung darauf zwar machen wollten, aber Sr. Ch. D. keinesweges der Zahlung halber versichern können. Sie erbieten sich ihren äussersten Fleiss anzuwenden die Termine bei Zeiten auszuschreiben, und dasjenige bei dem Werke zu thun, was ihnen ihres Theils möglich sein wird. Derowegen sie sich dann auch um so vielmehr versehen, man werde ihnen hernach nichts weiter imputiren, noch der Ausfallenden Quoten und Contingent denen so das Ihrige gethan oder noch zu thun erbötig aufdringen. So würden auch solche 110,000 Thlr. andergestalt, jedoch mit Wiederholung voriger Protestation, nicht gewilliget werden können, es sei dann, dass bei den Stettinischen Tractaten es bei den 100,000 Thlrn. und 20,000 Schffln. Korn der Schwedischen halber verbleiben müge; dann sollten dieselbige, wie fast zu vermuthen, auf 140,000 Thlr. praecise bestehen, immassen sie es denn bei der Contribution so An. 1641 gegeben nicht bewenden lassen, sondern den belegten Oertern in der Altenmarck, Neumarck und andern Kreisen die Exactiones in duplum vel triplum erhöhet, so würde nothwendig das Werk in ein Stocken gerathen und beide Contributiones zugleich mit des Landes eussersten Verderb über einen Haufen fallen.

Und haben hiebei die mit Schwedischen Guarnisonen belegten Oerter zu erinnern, dass ihnen so viel als ihr Contingent zu E. Ch. D. Contribution austräget von den Schwedischen Exactionibus hergegen proportionabiliter abgenommen oder, da solches die Schweden nicht zugeben sollten, sie dagegen mit andern Assignationibus pro rata verschonet und über ihre Contingent nicht beschweret werden mügen.

Die gedoppelte Metze seind die Land-Stände E. Ch. D. in denen Oertern, da sie bishero noch üblich gewesen, bis zur Erndte in Unterth. abzutreten und hernachmals mit E. Ch. D., weil die gedoppelte Metze wegen vielfältiger Unterschleife länger zu continuiren nicht rathsam noch dienlich, absonderlich auf andere Wege sich zu vergleichen in Unterth. erbötig."

Aktenstücke zum Quotisations-Streit, März—Juli 1643.

Die Deputirten der Städte an den Kurfürsten.
Dat. Berlin 12. März 1643.

[Die Schwedische Contribution gleich einer Türkensteuer zu behandeln, d. h. von beiden Ständen zu gleichen Theilen zu tragen.]

1643.
22. März.

„— — Ob man zwar gerne zugestehet, dass in der Welt unterschiedene Stände sein, und ein Stand vor dem andern sonderbarer Dignitäten und Freiheiten zu geniessen habe, gestalt solches Gott selbsten also geordnet, und in allen wolbestallten Republicquen, so mit politischer Vernunft regieret werden, beobachtet worden und davon in weltlichen Rechten und derselben Doctorn viel zu finden und zu lesen;

So lieset man jedoch nirgends, dass die von Adel in casu publicae necessitatis propter nobilitatem tam ratione personae quam patrimonii ab oneribus seu tributis befreiet wären."

Wenn im Quotisations-Recess von 1594 nur die Türkensteuer als solche erwähnt werde, bei der die dimidia statt der Zweidrittel-Quotisation für die Städte eintrete, so sei dies darin begründet, dass man zu jener Zeit von Schweden- oder Franzosen-Steuern noch nichts gewusst habe. Diese gehörten wie jeno zu den ausserordentlichen Steuern über die ein Schluss bisher überhaupt noch nicht gefasst sei und daher jetzt gefasst werden müsse.

„Und damit E. Ch. D. die Läsion, Unbilligkeit und Ungerechtigkeit etwas besser begreifen und deprehendiren mögen, so können wir nicht vorbei, E. Ch. D. etzliche Exempla anzuführen.

Wann 100,000 Thlr., der Ritterschaft eingebildeter Meinung nach, nach den Tertien eingetheilet werden sollten, so würde die Alte und Neue Stadt Brandenburg geben müssen 4464 Thl. 10 Gr. 8 Pf., darinne sich doch in der Alten Stadt von 365 Feuerstätten und Bürgern nicht mehr dann noch 75 und in der Neuen Stadt von 700 Feuerstätten und Bürgern noch etwa 400 praeter propter befinden.

Dagegen dürfte die Havelländische und Zauchowische Ritterschaft nicht mehr als 3149 Thlr. 4 Gr. 3 Pf. contribuiren, die doch unterschiedene Städte, als Ziesar, Cremmen, Werder und Friesack |: darin mehr Bürger als in beeden Städten Brandenburg sein :| wie auch etzliche Flecken als Saarmund, Pritzerbe, Retzin, Bellin, Plauen und Rinow, ingleichen über 240 Dörfer und 6397½ Hufen — — in ihren Begriff haben, des vornehmen Adels nicht einsten zu gedenken.

Folge davon ist die unerträgliche Verschuldung der Städte, gestalt dann die Mittel-, Uckermärkischen und Ruppinischen Städte über

13 Tonnen Gold Capitalien und beinahe soviel Zinsen schuldig, zu deren Abtragung der Städte und Bürgerschaft Hab und Güter itzigem ihrem Zustand nach kaum zureichen werden; bevoraus die Communen auch ohne das mit Schulden beladen, die Bürger auch |: derer in den 30 Haupt- und incorporirten Städten der Mittel-, Uckermark und Grafschaft Ruppin über 2000 nicht viel übrig sein werden :| meistentheils des lieben Brods mangeln, dasselbe bitten und nur das blosse Lager in Häusern haben.

Hierüber wolle den armen Städten ihre gebührende Nahrung entzogen werden, dann theils von Adel, auch Priester unterfangen sich Krüge zu verlegen und allerhand Vieh-, Korn-, und andere Handlungen zu treiben, so ihnen in Landes-Reversen und gemeinen Kaiser-Rechten verboten; die Wolle wird aus dem Lande geführet und so hoch in's Geld gejaget, dass kein Tuchmacher |: darin doch die meiste Bürgerschaft bestehet :| dieselbe auf'm Werth verarbeiten, wenigers davon leben, noch weniger contribuiren kann.

Die Commercia liegen, weil die Kauf-, Handels- und Fuhrleute vielfältig beraubet und um allen Credit kommen. Die Literati leiden ob defectum Stipendiorum Noth, und ist allenthalb nichts dann Dürftigkeit, Armuth, Jammer und Noth zu finden, und ob man gleich vorgeben will, sammt das geraubte und gestohlene Gut in die Städte gebracht und dadurch der Bürger bereichert würde, so ist doch solches allerdinge noch nicht beibracht, weuigers kann's den Unschuldigen praejudiciren. —

Als gelanget an E. Ch. D., ihren gn. Landesvater und Herrn, der sämmtlichen anwesenden Deputirten von Städten ihr unterth. gehors. Bitten, Sie wollen doch ihre angezogene Noth nicht allein vor sich selbsten, sondern auch, wie obgedacht, mit Zuziehung dero Geheimbten und Cammergerichts-Räthe gn. erwägen, derselben unparteiisches Judicium darüber vernehmen, folgends auch die Ritterschaft zur Schwedischen Contribution und E. Ch. D. Soldatesque Unterhalt ad aequales zu contribuiren anhalten."

Um den Verdacht zu meiden, als beabsichtigten sie nur die Eintheilung zu hindern und damit auch die Ausführung der Stettinischen Traktaten, übergeben sie beifolgend ein Project der Eintheilung auf die Dimidia. Wofern die Ritterschaft noch weiter die Aequalität ausschlagen würde, wollen sie „Gott und der Zeit befohlen sein lassen, was dessen Allmacht allerseits über sie verhängen wird."

116 I. Die Ordnung der Contribution bis zu den Recessen von 1643.

Die Deputirten von Prälaten, Herren und Ritterschaft an den Kurfürsten. Dat. Berlin 15. März 1643.

1643.
25. März.
[Das bestehende Recht. Ihr kläglicher Zustand.]

Die Türkensteuer könne nicht ad alios casus bellicos zum Vergleich gezogen werden, ihre Forderung sei als rechtmässig allerseits anerkannt.

„Und können uns nicht gnugsam wundern, qua fronte doch die Städte exceptionem rei judicatae, contrariam observantiam, possessionem longaevam et praescriptionem longissimi temporis einwenden dürfen, da ihnen doch gnugsam bewusst, dass die Ritterschaft in possessorio sententiam und rem judicatam erhalten und dass sie von Churfürsten zu Churfürsten mit starken Reversalibus versehen, auch Anno 1594 ausserhalb der Türkensteuern zu allen andern damals gewilligten Collectis Imperii und Anno 1615 zu den auf solchen Landtag verglichenen und aufgebrachten 135,000 Thlrn. nur unam tertiam zugetragen."

Mögen auch die Folgen eines andern Kriegs gleich furchtbar sein wie die eines Türkenkriegs, so folge daraus noch nicht die verfassungsmässige Verpflichtung der Ritterschaft zur Leistung der Dimidia. Selbst die Behauptung der Städte, dass Noth über Privilegien gebe, zugestanden,

„So folget doch daraus noch nicht, dass die Ritterschaft eben dimidiam partem zu tragen, und allein auf die fundos und bona immobilia das onus collectarum müsse geschlagen werden. Es ist in solchen Fällen auch insonderheit auf die commercia und negotiationes zu sehen, welche dem Adel interdiciret, und dagegen aller Vortheil von Handel und Wandel den Städten allein zuwächst.

Man reversiret hier nicht in terminis der Exemption und Immunitäten, sondern in terminis der Quotisation und desfalls haben die von der Ritterschaft notoriam possessionem für sich und wenn sie zu Zeiten ein mehres gethan, ist solches von den Landesfürsten stets für ein precarium gehalten worden."

Es sei unrichtig zu behaupten, dass Graf Schwartzenberg das alte Verhältniss 1638 willkürlich geändert habe; vielmehr sei damals durch ein kurfürstliches Mandat unter Beseitigung der precaria des Oberstands die alte Eintheilung von 1:2 wiederhergestellt worden. Die Darstellung der Städte von ihrem und der platten Landes Zustande sei theils übertrieben, theils unwahr.

„Man halte die Städte Berlin und Cölln gegen den ganzen Ober- und Niederbarnimschen, die Stadt Prentzlow gegen den ganzen Uckermärkischen Kreis, darein nicht mehr dann noch 16 von Adel vorhanden, man wird finden, dass solche Städte mehr dann das ganze Land besäet, der andern Handlungen und Trafiquen zu geschweigen." Sie bäten den Kurfürsten als gerechten Richter zu entscheiden und es beim Bisherigen zu belassen.

Unterm 29. März a. St. erneuern die Deputirten der Städte der Altmark und Priegnitz, der Mittelmark und Grafschaft Ruppin, gestützt auf das Gutachten der Juristen-Fakultäten von Königsberg, Frankfurt und Leipzig, ihr Gesuch um Entscheidung des Quotisationsstreits nach dem Gutachten der sämmtlichen Räthe. Der Kurfürst setzt ihnen als Termin den Montag nach Joh. Bapt. (12. Juni) 1643. Die Ritterschaft ihrerseits bietet jetzt über die Dimidia hinaus eine Unterstützung von 6000 Thlrn. und 1000 Schffln. Korn an. Mit Dank nehmen die Städte-Deputirten den Vorschlag des Kurfürsten an, doch mit grösster Entschiedenheit wenden sie sich (10./20. April) nochmals gegen jenes Gebot der Ritterschaft. Zur Aufklärung über die Sachlage seit 1638 bemerken sie noch: „Demnach die Städte sich hierbei erinnern, dass wie der Graf Schwartzenberg sie in Anno 1638 de facto aus der dimidia gesetzet, und die Städte restitutionem in integrum gebeten, dass zwar darauf in E. Ch. D. hochpreislichem Cammergericht Verhör angesetzt, auch Commission zu Brandenburg, daselbst die Geh. Räthe als Commissarii nebst den Städten erschienen, angeordnet worden, die Ritterschaft aber nicht compariren oder sich einlassen wollen, sondern sich den Tractaten bis auf diese Stunde entzogen haben und solch des Grafen widerrechtliches Attentatum nunmehr pro possessione anziehen wollen". Sie bäten daher der Ritterschaft den Montag nach Joh. Bapt. pro termino peremptorio festzusetzen, mit der Massgabe der Verbindlichkeit der dort zu fassenden Beschlüsse auch für den Fall, dass ihre Vertreter dort ausblieben.

Die Propositionen vom 12. Juni 1643, die neben der strikten Innehaltung der Raten der Schwedischen Contribution eine Nachforderung von 6000 Thlrn. für den Militär-Etat des Kurfürsten und von 10,000 Thlrn. Legationsgelder enthalten, verweisen die Entscheidung des Quotisationsstreits nochmals auf die gütliche Einigung beider Theile. Eine Eingabe der Ritterschaft vom 13./23. Juni „Rationes warum die von Städten billig in Kriegs- und Land-Steuern mehr als die von der Ritterschaft tragen müssen" fasst noch einmal alle früher vorgebrachten Gründe zusammen: ihr jus possessorium, uralten Gebrauch, ihre Verpflichtung zu persönlichem Dienst, die gleiche Verfassung im ganzen Reich, die grössere Einbusse des platten Lands während des Kriegs u. s. f. Da thun die Städte einen ersten Schritt entgegen, wie die hier folgende Eingabe vom 18./28. Juni beweist.

118   I. Die Ordnung der Contribution bis zu den Recessen von 1643.

Die Deputirten der Alt- Mittel-Uckermärkischen, Prignitzirischen und Ruppinischen Städte an den Kurfürsten. Dat. Berlin 18. Juni 1643.

[Neue Vorschläge. Bitte um sofortige Entscheidung.]

1643.
28. Juni. Sie dankten dem Kurfürsten für seine Bemühung, eine gütliche Einigung herbeizuführen.

„Dass sie (die Ritterschaft) aber nicht einsten in der Schwedischen Contribution ihre schuldige dimidiam, welche ihnen ihr eigen Gewissen, die natürliche Billigkeit und publica necessitas selbsten auferlegt, über sich nehmen, noch auch sonsten in Churf. Contributionen — — wie von Anno 1628—1638 geschehen, aequaliter zu tragen noch provisionaliter ein mehres über eine tertiam contribuiren wollen;
Da müssen die Städte solche Härtigkeit dem Gerechten Gott und E. Ch. D. anheim geben und nochmals unterth. bitten, wann es menschlich und möglich, dass sie E. Ch. D. gethanem gn. Vorschlage nach die Türken-Steuer aussetzen, und in übrigen Contributionen allen, wie die immer Namen haben mögen, entweder in perpetuum oder auch nur provisionaliter salvo processu et cujusque partis jure zu 1000 Thlrn. 440 Thlr., die Städte aber 560 Thlr. über sich nehmen mögen."

Nach einer Berechnung der auf beide Theile dann entfallenden Quoten an Schwedischer und kurfürstlicher Contribution fahren sie fort:

„Wollte dann die Ritterschaft sich hierzu annoch nicht verstehen, so müssten die armen Städte lieber eine Decision gewarten, als durch ihr unverantwortliches Einwilligen zu ihrem Untergang einzige Ursach geben und noch dazu des gewöhnlichen Vorwurfs und Verweises gewärtig sein, Unmögliches gewilligt zu haben.

Bitten dannenhero E. Ch. D. nochmaln um Gottes willen, Sie geruhen gn., Ihr eigen Gewissen gegen Gott desto besser zu verwahren, pares curiae niederzusetzen, die Schwedische Contribution, darin die Ritterschaft, welches ein Jeder, der nach seinem Gewissen reden will, bekennen muss, dimidiam zu tragen schuldig, zu separiren und interimsweise, unbeschadet des Processus und eines Jeden Rechtens, eine billige Verordnung zu machen, wie die Contribution vor E. Ch. D. Vestungen und Soldaten, ausser den schlechten tertion, erträglicher Weise inter status ausgebracht werden solle.

Es provociren hierbei die Städte auf E. Ch. D. sämmtlicher Geh. Räthe christliches Gewissen und Eid, damit sie der Gerechtigkeit zugethan sein, dass sie E. Ch. D. zu einer solchen Verordnung leiten und führen mögen, wie sie es an jenem grossen Tage vor dem Richter aller Welt, in dessen Gerechtigkeit die armen Städte ihr Sach befehlen, zu verantworten gedenken. Welches E. Ch. D. die anwesenden Städte aus hochdringender Noth zu ihrer endlichen Resolution schriftlich übergeben müssen, mit unterth. Bitte, E. Ch. D. wollen es in Gnaden vermerken und Ihr gn. Churfürst und Herr sein und verbleiben."

Der Recess-Entwurf vom 20./30. Juni behielt dennoch die Dimidia einfach bei, da die Ritterschaft durchaus darauf bestand. Gegen diese Bestimmung reichen die Städte unterm 23. Juni a. St. folgenden abermaligen Protest ein.

Protest der Städte diesseit der Oder gegen den Recessentwurf vom 20./30. Juni. Dat. Berlin 23. Juni 1643.

[Gegen die im Recessentwurf beibehaltene Dimidia sprechen Gründe rechtlicher, wie ihr seit 1594 stets aufrecht erhaltener Protest, und praktischer Natur, so ihr Unvermögen und der bessere Zustand der Ritterschaft.]

„1) Des H. Taschenbergers[1]) und aller andern Räthe protocolla werden klar besagen, dass die Städte per modum conventionis — — ein mehres ultra dimidiam allein in Schwedischen oder Kurfürstlichen Steuern über sich zu nehmen niemals gewilliget, sondern jederzeit auf der dimidia bestanden seien und der Ritterschaft narratis — — nicht nur in etzlichem, sondern in allem widersprochen, angesehen dieselben Irregular-Steuern wären, die gleich der Türkensteuer zu behandeln seien. Es hat sich hier nicht um einen Land-, sondern den Krieg des ganzen Reichs gehandelt. Zudem ist die Folge der Steuer, d. i. der Landesfriede, dem platten Lande viel dienlicher.

1643. 3. Juli.

Dazu käme 2) ihr seit 1594 stets wiederholter Protest, wie es Kurfürst G. Wilhelm auch dahin vermittelt habe, dass von Anno 1635—38 die Stände solche Collecten zu gleichen Theilen salvo tamen utriusque Jure getragen, nach Art einer Reichssteuer, vor der die Immunitäten fallen.

3) Der Beweis, dass die Ritterschaft dies Recht in possessorio übte, sei keineswegs erbracht, wie ein Vergleich mit dem Recess vom 22. April 1624 § 16 ergebe, wonach die Städte nach Anleitung der Verfassung von 1594 contribuiren sollten, d. h. zu Reichssteuern die Dimidia, sie hätten also „notoriam possessionem vel quasi contribuendi tantum dimidiam" für sich

---

[1]) Protonotar im Geb. Rath.

besage der Verfassung, des Recesses von 1624 und erfolgter zehnjähriger Observanz;

4) Gebe es die Verordnung des Recesses von 1635 § Es werden auch u. s. f.

Gegen die Verordnung von 1638 hätten Städte protestirt; es wäre auch eine Tagefahrt nach Brandenburg auf den August angesetzt worden; des Kurfürsten Abreise nach Preussen habe es aber zu keiner Entscheidung kommen lassen. Daher sei der Streit als schwebend zu betrachten und müsse es bei dem Stand von 1635 und von 1638 vor extrahirtem widerrechtlichen Bescheide verbleiben.

5) Mit Unrecht lege die Ritterschaft den betr. Paragraph des Recesses von 1594 zu ihren Gunsten aus.

6) Durch einen Rechenfehler seien Städte seit 1624 in einen Schaden von 8500 Thlrn. gerathen, der jetzt nicht zu ihrem Praejudis gedeutet werden dürfte.

7) Das Verharren bei der bisherigen Quotisation werde die Städte unfehlbar zu Grunde richten, weshalb sie ihre Bitte um General-Revision der Vermögen erneuerten.

8) „Städte finden sich |: quod iterum salvo honore Illustrissimi, welchen die Städte wol entschuldiget halten, dictum sit :| auch darin beschwert, dass in sententionando die gesuchte Revisio des ganzen Landes übergangen und nicht einsten berühret worden, welches ohnzweiflich die Gegentheil und die ihnen favorisiren verhindert; denn sie ziehen an ihr grosses Unvermögen, darin sie vor den Städten viel tiefer stecken thäten, econtra negiren's die Städte und sagen, sie wären in grösserer Armuth als die Ritterschaft begriffen. Gründliche Nachricht hierüber ergiebt nur die gebetene General-Revision, daraus nicht allein der Ritterschaft Ungrund, sondern auch, dass sie in manchem Kreis weniger Hufen collectiren, als besäeter Hufen darin zu finden sein, herfür kommen wird."

Vom Entwurf des 20. Juni ergriffen sie daher das beneficium Appellationis; von des Kurfürsten Gerechtigkeit und Güte sei allein ein erträgliches und für alle heilsames Erkenntniss zu erwarten.

Der Quotisations-Recess d. d. Cölln a./Sp. 28. Juni 1643 (abgedr. bei Wöhner, a. O., III, 18.) setzt fest, dass vom 1. Juli d. J. ab die Ritterschaft zu jedem Tausend Thlr. Contribution 410, die Städte 590 Thlr. aufbringen. Nach dieser Quotisation werden fortan alle Steuern, als „nach einer von den Ständen einhellig beliebten und von Sr. Ch. D. bestätigten Vereinigung und ewigwährenden und unveränderlichen Norm, Regel und Richtschnur", eingetheilt werden. Keiner von beiden Ständen soll indess zur Aufbringung „General-Mittel, so dem andern Stand zu Schaden, Praejudiz und Nachtheil gereichen", einführen.

Das Indultum Moratorium und die Reduction der Schulden.

Die Deputirten der Städte an den Kurfürsten. Dat. Berlin 22. März 1643.

[Schädlichkeit eines Indultum Moratorium. Unterschied zwischen der Schuld öffentlicher Kassen und Privater. Mittel zur Hebung des Kredits und Meidung der Insolvenz.]

1643.
1. April.

Die Wichtigkeit des Gegenstands werde die Verzögerung ihrer Erklärung entschuldigen. Zwischen der Schuld öffentlicher Kassen und derjenigen Privater sei hierbei wol zu unterscheiden.

„Denn ob es zwar kläglich genug, dass die Corpora der Landschaft und Städte nicht dergestalt, wie es vor diesem geschehen, Zahlung thun können, so seind doch derselben Schulden von der Privatorum Debitis in viele Wege zu unterscheiden und anderergestalt zu consideriren.

Jene seind eigentlich vor diesem von der gn. Herrschaft den Corporibus zugeschlagen und zu derer Bezahlung gewisse media überlassen und von den Ständen aus treuherziger unterth. Devotion angenommen worden, welche media, weil sie in consumptionibus meistentheils beruhen, in hoc turbulentissimo rerum statu ob defectum hominum zurückgeblieben und noch bleiben; diese seind der privatorum propria debita, welche ein Jeder in seinem Stand, auch bei guten Zeiten, contrahiret und entweder in propriam utilitatem zu Erkaufung Lehen und Erbgüter oder zu Ausstattung seiner Kinder und Sicherung seines Standes verwendet, dennoch aber bis auf itzo sparsame Zahlung gethan, ungeachtet er aus seinen Gütern in viele Wege andere erhebliche Zahlungs-Mittel, dergleichen den Corporibus mangeln, nehmen können; darum dann theils von Adel nicht befuget, ihren Privat Creditoribus der Corporum Obligationes ipsis invitis zu obtrudiren, wenigers einige Compensation anzustellen, viel weniger aber der Bezahlung ihrer eigenen Schulden sich zu entziehen, angesehen, dass sie bei Abführung der Contribution und Landesbürden de patrimonialibus nichts thun; hingegen aber die Bürger in Städten nicht allein ihre Haus und Hof auch liegende Gründe, welche sie zum zehnten Theil nicht gebrauchen können, sondern auch intuitu ihres ganzen Vermögens auch die sterilia nomina, ja die Ziegel auf'm Dach versteuern müssen.

Dass aber von nun an alle Biergefälle, wie die Namen haben, ohne Unterschied und Abzug zur Landschaft Kasten gebracht und unter die Gläubiger nach Proportion eines Jeden Forderung ohne Respect und Favor bei den Quartalen ausgetheilet und dagegen die Anweisungen cassiret, auch die Zahlung auf die leichten Gelder, bis man desbalb einen richtigen Schluss nach beschehener Relation der Revision zum Neuen Biergelde machen kann, suspendiret werde, damit seind die Städte ganz einig."

Sie erinnern nur daran, dass die Waisen, Witwen und pia corpora dabei zu berücksichtigen, die Ziesemeister anzuweisen seien, nur auf den Rathhäusern, nicht in ihren Privatwohnungen Ziesezeichen auszugeben u. s. f.

„Demnach aber unterschiedene Creditores bei E. Ch. D. Befehl erhalten, dass ihnen zu 3, 4, 500 und mehr Thlr. ausgezahlet werden sollen, welches hoc rerum statu, da die Gefälle ob defectum hominum so geringe sein, unmöglich; so bitten E. Ch. D. die Städte hierbei unterth., forthin die anhaltende Creditores dahin anzuweisen, mit den bräuchlichen Quartal-Zahlungen zufrieden zu sein; die Execution und Personal-Arrest der Mitglieder der städtischen Räthe für Schulden der Corporation zu hindern, und eine zeitweilige Suspension der Zinsen, wie die Abrechnung der gethanen Zahlungen auf die Hauptsumme zu verfügen."

Anders verhalte es sich mit den Schulden Privater, die trotz aller von der Ritterschaft beigebrachten Rationen untilgbar seien. Mit Barmherzigkeit allein regiert, ginge jetzt die ganze Welt unter. Die Verschuldeten könnten unterstützt werden durch Erneuerung und Erweiterung des Ind. Moratorii vom 14. Febr. 1636, Zinsnachlass auf 3 Jahre „salvis omnibus contractibus prioribus", Bestrafung des Wuchers, Verkauf der Güter nur nach gerichtlicher Taxation.

Gegen den Erlass der halben Zinsen für die Zeit von 1627 bis zum gegenwärtigen Augenblick und darüber hinaus bis zum Ende des event. Moratorii protestirten sie dagegen ganz entschieden.

Die anwesenden Deputirten der Ritterschaft der Altmark und Priegnitz an den Kurfürsten. Dat. Berlin 24. März 1643.

[Protest gegen den Erlass des Indultum Moratorium.]

1643.
3. April.

„— — Gloich wie der gemeine Pöbel bei einer mutatione Reipublicae absolutae monarchicao übel handelt, wann er ad alterum extremum gar zu sehr decliniret, und ex monarchia anarchiam quae quavis tyrannide deterior machen thut, also will sich nicht gebühren sub praetextu leniendi summi juris certissima et indubitata legum principia zu convelliren und es soweit zu bringen, dass fast gar keine justitia mehr im Lande zu spüren.

Es wird gleich wie a parte improborum Creditorum et foeneratorum also auch a parte obaeratorum debitorum sehr pecciret, indem mancher allerhand subterfugia ad eludendum Creditorem suum hervorsuchet, denselben maliciose von einer Zeit zur andern aufhält und wenn es mit grosser Mühe und Unkosten einmal zur Execution kommen, post festum eine Verhör ausbringet, und dann per appellationem die Sache wol etliche Jahr lang protrahiret und endlich doch eine Commissionem et Concursum Creditorum erreget."

Die Reduction der versessenen Zinsen oder die Zinssuspension auf 4—6 Jahre, die Reduction des Zinsfusses auf 5 oder 4 % und die Entscheidung der Richter nach Billigkeit unter Anbahnung gütlicher Vergleiche seien genügend, den verworrenen Zustand allmählich zu bessern

„Aber so gar indistincte et generaliter die alten versessenen Zinse nicht allein zur Hälfte aufzuheben, die andere Hälfte in vielen Jahren einzutheilen, die künftige usuras auf den halben Theil zu richten, sondern auch dem moroso debitori noch ein Indultum und inducias moratorias zu concediren will sich unsers Erachtens nicht wol thun lassen. — — Und hat die Erfahrung bezeuget, dass solche Indulten dem Creditori geschadet, dem Debitori aber überall nichts genutzet haben."

Bei der grossen Verschiedenheit der Fälle sei das meiste arbitrio Judicis zu überlassen. Im Neuen Biergelde würde dagegen die gleichmässige Behandlung aller Creditoren am angemessensten sein. Sie fügen die Bitte hinzu, wie früher geschehen, so auch jetzt wieder die Creditoren der Altmark und Priegnitz an einem Ort ihres Landes, etwa zu Stendal oder Salzwedel, befriedigen zu lassen, statt zu Berlin, was zu vielen Unzuträglichkeiten führe.

„Ein Theil getreuer Land-Stände" an den Kurfürsten. Sine dato.
(Randnotiz: Einkommen 25. März 1643.)
[Protest gegen Indult und Zinssuspension.]

1643.
4. April.

„Ob uns wol nicht unbekannt, dass E. Ch. D. bei Ihrer Ankunft mit des Landes Geschäften dergestalt überhäufet, dass wir billig in Bedenken ziehen sollten, Dieselbe mit diesem unseren unterth. Erinnern zu molestiren; dieweiln uns aber gewisse Nachricht worden, dass einestheils anjetzo von der Ritterschaft versammelte Deputirte bei E. Ch. D. um die von Anno 1627 aufgeschwollenen Zinsen den

Debitoribus in diesen Landen meistentheils zu remittiren und auch die künftigen und was deme mehr anhängig ist, auf noch geraume Jahre halb zu decurtiren und abzuschneiden, einzukommen und anzusuchen Vorhabens sein sollen; und aber wir ungefärbet dafür halten, dass solch postulatum Gottes Wort und der kundbaren Ehrbarkeit zuwiderlaufe, auch vorgewissert sein, dass E. Ch. D. sämmtliche gehorsamen Stände damit nicht einig, ein gut Theil der Debitoren solches auch nicht begehren, in Anmerkung wir sowol als andere Debitoren den Creditoribus richtigst unter Augen zu gehen bei adelichen Ehren, wahren Worten und also an Eidesstatt promittiret; welche Promission und Zusage wir illaesa conscientia und salva honestate nicht würden brechen können; zu geschweigen, dass durch sothanes Begehren Kirchen, Schulen, Wittiben und Waisen defraudiret und um das Ihrige gebracht würden; hingegen seind diejenigen, so dieses dergestalt gern befördert sehen, wol alle schuldig, dahero es auch scheinen will, dass mehr das privat commodum denn das publicum bonum hierunter gesuchet wird:

So haben wir nicht umhin gekonnt, mit dieser rechtmässigen Protestation E. Ch. D. aufzuwarten, gestalt wir dann hiermit aller Derjenigen Begehren, welche dabei E. Ch. D. um Aufhebung deren von ihnen und ihren Vorfahren ausgestelleten Obligationen und Vorwilligungen sammt Erlassung der Zinsen angesucht oder noch Ansuchung thun möchten, kräftigster massen zu contradiciren und wissen, dass derselbe so halten werde was er geredet und mit seinem Nächsten nicht betrüglich handle, nach Sirach's Lehre allezeit seine Notdurft finden werde.

Wir zweifeln auch nicht, es werden die Creditores mit denjenigen Debitoren, so durch den Krieg und nicht durch ihr eigenes Verursachen in Vorderb gerathen, ein Christliches Mitleiden haben und der Gebühr, soviel ihrer selbst eigene Ruin zulassen wird, darzu wir unsrestheils auch geneiget, sich bei Präsentir- und Abführung der Zinsen also erweisen, dass E. Ch. D. daran ein gn. Gefallen und die Debitores einen Nutzen davon haben werden.

Dahero setzen wir das ungefärbte Vertrauen zu E. Ch. D., Sie werden nicht gemeinet sein, den Creditoribus inaudita causa das Ihrige abzusprechen, sondern vielmehr justitiam administriren und dem Recht seinen Lauf zu lassen."

Die „Deputirten der Ritterschaft" an den Kurfürsten. Dat. Berlin 27. März 1643.

[Erlass eines Indultum Mor. auf 6 Jahre; Cassirung der Hälfte der Schulden seit 1627. Herabsetzung der Zinsen für diese Zeit von 6 auf 3%.]

1643. 6. April.

Nach der Erklärung auf die zwei ersten Punkte der Landtags-Proposition, die Schwedischen Traktaten und den Quotisationsstreit betreffend, fährt die Schrift mit Beziehung auf den dritten Punkt, das Indultum Moratorium, fort, dieser sei seiner Bedeutung wegen nicht gleich auf dem letzten Ausschusstage, sondern erst nach reiflicher Berathung zum Schluss gebracht.

„Inmittelst halten die Stände dafür, dass gleichwol, vornehmlich soviel das Corpus des Neuen Biergelds betrifft, dahin zu sehen, dass die Gelder, so von diesem Corpore noch einkommen könnten, richtig alhier eingebracht, aller Unterschleif soviel möglich zu vermeiden, und dass keine Anweisung mehr zu ertheilen, sondern alles dasjenige, was in diesem Werke fällt, proportionabiliter auszuzahlen und hierunter keinem vor dem andern einig favor oder Gunst zu bezeigen sei; wie denn auch diejenigen, so den ganzen oder doch den grössten Theil der Zinsen erhoben, billig so lange zurückstehen, bis die, so garnichts oder weniger dann sie erhoben, ihnen gleich kommen. So aber leichte Gelder in dies Werk geliehen, können keine Zinse mehr ehe ausgezahlet, weniger mehre Anweisungen gegeben werden, bis sie ihre Rechte genugsam erwiesen, worinnen der Grosse Ausschuss bei der nächsten Relation der Revisionen und Abnahm der letzten Rechnungen einen gewissen Schluss machen wollen — —.

Mit dem Hufenschoss hat es eine solche Beschaffenheit, dass deme auch schwerlich vor itzo zu helfen, dann da man die versessene Schösse, so theils von 17 Jahren, wegen der beschwerlichen Kriegesläufte, herrühren, auf einmal fordern wollte, oder dass der itzige Einwohner, welcher, oder sein Vorfahre, vor der Zeit vier Hufen verschosset, itzo aber kaum eine halbe besäet, gezwungen werden wollte, von allen vieren den Hufen- und Giebelschoss zu entrichten, würde das Werk mehr dadurch über einen Haufen geworfen, als in etwas wieder aufgerichtet werden, weil die Contribution zugleich mit fortgehet, und kein Einwohner solches zu ertragen vermag". Sie schlugen daher vor, von den Directoren und Commissarien eine allgemeine Designation anfertigen und von jeder Hufe, resp. Handwerker, 18 Groschen in die Kasse zahlen, die Auszahlung aber in derselben Weise wie beim Neuen Biergelde vornehmen zu lassen.

„Der allgemeinen Städte Kasten betreffend haben die Abgeordneten der Städte E. Ch. D. absonderlich ihren Bericht unterth. einschicken wollen, dahero wir verhoffen, dass solches wol geschehen wird.

Was dann das andere Membrum des dritten Punkts, als die Privatschulden, belanget, seind die Mahnungen derselben sehr rigoros angestrengt und die darauf erfolgete Executiones von eines Theils Creditoren wider die Debitoren sehr hart bis dato angestellet. Und hat E. Ch. D. löbliches Cammergericht dieselben dergestalt erkannt, dass auch das sonst privilegirte Saat- und Brodkorn, ingleichen Zug-Vieh und was man bei diesem beschwereten Kriegeswesen fast täglich an Contribution aufwenden müssen, nicht verschonet worden; Wann wir aber gleichwol sehen, dass durch diesen Rigor das betrübte und agonisirende Vaterland mehr zur Desperation und Totalruin als zum Aufnehmen wieder möchte gebracht werden, aldieweil nicht möglich, dass bei diesem itzigen betrübten Zustande, do die meisten gar verarmet und durch das leidige Kriegswesen gar zum Boden getrieben, man zugleich die Contributiones richtig erlegen und die Schulden gänzlich sollte bezahlen können;

So bezeugen wir mit Gott und unsern Gewissen, dass die anwesende wenige, sie mögen von Condition gehalten werden, wie sie wollen, nicht ihr Absehen auf ihren Privatnutz gehabt, weniger haben, besondern nachdem sie täglich bei ihren Landesleuten umgehen und nicht ohne Thränen erfahren, wie mancher redlicher und vornehmer Mann, der da praeter omnem suam culpam durch den langwierigen und ungeheuern Krieg zum Bettler geworden, anitzo aber allmählich wieder — — — etwas zu bauen gesonnen, anitzo vermittelst derer vorhero gedachten Executionen nicht allein abermal von dem Seinigen verstossen, besondern ex denegata alimonia wol gar ums Leben, auch wol mit allem zur Kleinmütigkeit gebracht werden will; können demnach nicht vorbei — — diejenigen Querelen, so bei uns einkommen, E. Ch. D. aufs gehorsamste zu eröffnen."

Sie schlagen dem Kurfürsten daher vor, den Creditoren zur Erleichterung einen Zinsnachlass und Zahlungssuspension zu gewähren und begründen ihren Vorschlag mit folgenden Motiven:

„Denn obzwar erstlichen man sich wol erinnert, dass keinem ehrliebenden Biedermann etwas besser anstehet, dann dasjenige zu halten, was er einmal adelich und aufrichtig versprochen, und ihm dannenhero für's andere gebührete, da er durch Erweiterung seiner Lehne, bei andern ehrlichen Leuten etwan Gelder aufgenommen, dieselben verschriebenermassen zu verzinsen, ja auch wol gar abzuführen, ob auch gleich ferner keinem das Seinige auch nicht von der hohen

Obrigkeit billig kann genommen werden; vor's vierte keiner durch des Andern Schaden reich werden, sondern alles secundum jus et aequum observiret und beibehalten werden soll; es auch zwar fünftens scheinen möchte, dass dadurch vielen Wittiben, Waisen und andern, so sich blosser Dinge von ihren Zinsen ernähren, zu nahe getreten und geschadet werde; auch den Ständen zum sechsten sollte vorgeworfen werden, es würden sich auswärtige Creditores diesem unsern per majora getroffenen Landes-Belieben und darauf verhofften E. Ch. D. gn. Confirmation nicht submittiren, sondern vielmehr allerhand arresta und repressalia anstellen:

So weiss man doch hingegen, dass die Rechte nicht nur einem, sondern Allen und Jeden zu Aufnahme und Besserung introduciret und beschrieben sein, welcher finis entweder utilitas oder necessitas ist, derjenige auch, welcher sich ihrer gebrauchet, seinem Nächsten nicht zu nahe thut; Also hoffen die Obaerati es würde ihnen nicht verdacht, viel weniger zu einem unziemlichen Behelf gedeutet werden, da sie sagten, dass eine jede Zusage müsste verstanden werden rebus ita stantibus oder aber da die Sachen in vorigem Stande blieben."

Dabei sei also zu berücksichtigen: 1) die Verwüstung des Landes; 2) die Reinheit der Debitoren von jeder eigennützigen Absicht; 3) der Umstand, dass für die Creditoren nur eine Verzögerung, keine Minderung ihrer Rechte einträte; 4) die Debitoren keinen Gewinn zum Schaden der Gläubiger begehrten; 5) die Wittwen und Waisen bei solchen Zeiten auch das Ihrige zur Erhaltung des Ganzen beitragen müssten; 6) die ausländischen Creditoren durch das Jus retorsionis in Schach gehalten würden.

„Ueberdies und zwar zum Siebenten heisset's ja nach der sonsten gewöhnlichen Regul Cessante causa cessat effectus; nun dann causa usurarum diese ist, dass post factam mutationem der Debitor des Creditoris Gelder zu geniessen hofft, solches aber, wo Raub, Nahme und Brand eine geraume Zeit im Schwange gegangen und noch gehet, nicht sein kann, als kann auch dieser, nämlich der Creditor, kein Zins von demjenigen fordern, welches jener nicht genossen, zumaln uti in rebus omnibus ita maxime in jure aequitas spectanda.

Zum Achten sagen ja auch die Rechte quod nemo duplici onere gravandus sit. Es würde aber solches geschehen, wann der Debitor, der diese Kriegesläufte durch die Landesonera von seinen vermittels geliehenen Geldern innehabenden Lehen hat tragen müssen, auch die aufgewachsene Zinsen noch dazu abstatten sollte, dadurch die Güter, weil sie den Creditoribus haften, pro parte Creditorum sein und dannenhero auch billig von dem Debitore nur so versteuert und die Collectae auch nur pro rata dero davon habenden Uebermass gefordert werden sollen."

Die fürstlichen Finanzen selbst seien in letzter Reihe an der Erfüllung ihrer Forderungen im höchsten Masse interessirt und alle Völker hätten in ähnlicher Lage zu ähnlichen Ausnahmemassregeln gegriffen.

„Daher bitten die Deputirten von der Ritterschaft: dass die alten und bis dato versessenen Ziusen seit Anno 1627 inclusive von einer jeden Schuldpost, sie sei in demselben Jahre oder seithero contrahiret, zur Hälfte fallen; von welchen aber die Zinsen völlig durch Executions-Mittel erzwungen worden, selbte wären die nächstenfolgenden drei Jahr über gänzlichen damit zu übersehen, ausgenommen gar arme Wittiben, Waisen, Kirchen, Schulen, Hospitalien, Stipendiaten u. dergl.

Und weil die schwere Contributiones, Marchen und Einquartierungen, deren incommoda einzig und allein auf die liegenden Gründe fallen, immer continuiren, wäre in künftigen sechs Jahren drei pro Cento zu geben.

Die alten restirenden und moderirten Zinsen aber würden abgetragen, als jährlich ein moderirter alter und ein Current Zins, thut doch sechs pro Cento —."

Ferner bäten sie die Schulden der Communen ebenso wie die Privater zu behandeln, mindestens die Cession von Stadtobligationen vom Debitor an den Creditor zu gestatten; wer auch den moderirten Zins nicht einhalten könne, soll an den Creditor die haftenden Lehnstücke nach vorhergehender Taxation abtreten dürfen, letzterer zur Annahme derselben verpflichtet sein. Die Haftpflicht der Bürgen endlich möge laut der Kammergerichtsordnung Johann George's erst wirksam werden, wenn der Principalschuldner gerichtlich für Insolvent erklärt sei. Ueber diese Punkte sei die Ritterschaft per majora, wie auch ein Theil der Städte, übereingekommen. Der andere Theil setze mit Unrecht das jus strictum der Billigkeit voran.

„Denn zu geschweigen der Corporum conditiones, seind die Rathhäuser in den meisten Städten also obaeriret, dass sie weder Zinsen noch Capital zahlen können; ja deswegen Wittiben und Waisen, wo ja nicht ganz an den Bettelstab gediehen, doch grosse Noth leiden müssen; Und haben sie, die Städte, ja keine andere Entschuldigung ihrer Nichtzahlung, als dass der Krieg Haus und Hof ruiniret, die Einwohner diminuiret, die Nahrung entzogen, Handel und Wandel aufgehoben und dadurch alles was vorher möglich unmöglich gemachet, und wird kaum ein Creditor sein, wie er zum wenigsten einen Termin, dass die Capitalia nur auch zum Theil sollten gezahlet werden, erlangen könnte, dass er damit nicht gern zufrieden sein sollte, aber wenn Einer von Adel Einem aus den Städten was schuldig, so gilt bei ihnen das strictum jus mehr als alle Billigkeit.

Nun sollten sich gleichwol die Städte erinnern, dass wann sie nur das aes alienum bei den Corporibus in beiden Ständen und ihre Privat-Schulden auf die Rathhäuser mit der Beschuldigten von Adel Schuldenlast in eine Wagschaale legten, dass vielleicht der Corporum und der Rathhäuser die andere weit überwiegen sollte; und das haben sie ja selber bei dieser Zusammenkunft tota die erwähnet, ja expresse angedeutet, dass sie künftig auf die Zinsen bei ihren Kasten nichts mehr zahlen könnten, sondern was gefiele, das müsste der Creditor auf das Capital annehmen, haben auch keine andere Ursache solches Unwesens als den verderblichen Krieg vorzuschützen gehabt — —.

Sollen nun alle Rechtspfeile wider den armen ruinirten Edelmann, der auf dem Lande gewohnet und sich weder mit Thoren und Mauern schützen können, allein und zwar auf einmal abgehen, hingegen andere befreiet sein, das würde ja ein Ansehen haben, als wann man den Adelstand und die alte Geschlechter ganz ausrotten wollte, welches wir doch nicht hoffen, dass E. Ch. D. Clemenz und Christliche Resolution, den bedrängten Unterthanen zu helfen, das zulassen, sondern vielmehr diese bösen Zeiten — — den heidnischen scharfen Rechten praevaliren lassen."

Gutachten des Vicekanzlers und der Kammergerichts-Räthe über das Indultum Moratorium. Dat. Cölln a./Sp. 30. Mart. 1643.

1643.
9. April.

„Nachdem E. Ch. D. am 27. d. M. Martii zu späten Abend der Deputirten von Praelaten und Ritterschaft dies- und jenseits der Oder Erinnerung in puncto der Zinsen und Indulti moratorii, theils der Landstände Protestation, der Altmärkischen Ritterschaft Erklärung und der Deputirten gesammter Städte Resolution uns zugeschickt mit gn. Befehl selbige zu verlesen und unser Bedenken darauf unterth. zu eröffnen, als haben wir solchem gehorsamst nachgelebet und folgendes Vormittags ermeldete Schriften collegialiter verlesen und nach Notdurft erwogen.

Befinden anfänglich, was von den Ständen selbst, zuförderst den Städten, ein Unterschied gemachet wird zwischen der Communen und Corporum Schuldenwerk und der Privatorum.

Jenes werden die Stände bei ihren fernern Zusammenkünften wol in reife Deliberation ziehen und wie demselben bester Massen zu remodiren, auch was am nützlichsten und zuträglichsten zu verordnen sein möchte, beobachten und effectuiren, auch in wichtigsten Puncten bei E. Ch. D. sich in Unterth. Raths erholen.

Es erinnert die Ritterschaft, dass die Städte ihren Creditoren vor Commissarien richtige Rechnung thun möchten von ihren Ziesegefällen, Scheffelgroschen und Schössen, welches wir auch billig halten, weil die Creditoren am meisten daran interessirt und sie principaliter angehet. Aber dass auch die Landschaft und derer Verordnete den Creditoribus vor Commissarien Rechnung vom Biergeld, Land- und Giebelschössen ablegen möchten, achten wir ob paritatem rationis ebenmässig vor recht und billig. Sonsten was dabei von Städten vorgeschlagen wird, das wenige, was gezahlet wird, soll auf die Capitalien abgerechnet, und die Zinsen zurück gesetzt werden, ist widerrechtlich, und würde den Creditoribus daran sehr ungütlich geschehen, wenn's nicht mit ihrem Willen oder durch Behandlung hergehet.

Betreffend aber der Privatorum Schuldwesen vernehmen wir, dass die Deputirte der Ritterschaft |: die sich gleichwol nicht nennen und vielleicht viel darunter sein, so damit nicht einig :|' dahin zielen und begehren, E. Ch. D. möchten wegen des hoch beschwerlichen elenden Zustandes der Lande die Zinsen von Anno 1627 inclusive zur Hälfte cassiren und in künftigen sechs Jahren die usuras futuras auf 3 pro cento restringiren; dem widersprechen aber theils ihres Mittels in ihrer eingewandten Protestation, wie nicht weniger die Anwesende der Altmärkischen und Prign. Ritterschaft, so wol die Abgeordnete der gesammten Städte. Dass also unsers Ermessens die meisten der widrigen Meinung sein, denen billig vor jenen Beifall zu geben. Und halten wir gleichfalls dafür, dass angeregtes postulatum der Cassirung halber Zinsen und Restriction auf drei pro centum mit nichten zu concediren sei. Dann es läuft widor klare Disposition gemeinen Rechtens, auch contra jus gentium quod vult pacta et acquitatem. Und ist jeder schuldig, sein ausgesetzt Hand und Siegel ehrlich und aufrichtig zu halten. Und kann sich mit dem Vorwenden rebus ita stantibus nicht entbrechen, quia post rem mutuo acceptam periculum ad debitorem transit praesertim concurrente mora. Ja es könnten sub hoc praetextu fast alle contractus gelöchert und zu nichte gemachet werden non sine magno reipublicae incommodo. Jus a Creditoribus rite quaesitum eis invitis auferri nequit ne quidem a principe praesertim sine justa causa. Und würde ihnen die grösseste Unbilligkeit widerfahren, wann sie non citati nec auditi sollten um den halben Zins gebracht werden, und müssen doch einen Weg wie den andern in voriger Ungewissheit sitzen, ob sie der andern Hälfte und der Capitalgelder jemals möchten habhaft werden. Es erfordert solches mit nichten publica utilitas, sondern vielmehr dieses dass jedem das Seine oder was ihm gebühret gelassen werde. Und ist das Begehren nicht wenig ungereimt und contra omnia jura, dass auch diejenigen, so die Zinsen praeteritis annis gezahlet, mögen Macht haben, die Hälfte am Künftigen zu decurtiren und innezubehalten: Repetitio soluti debiti non admittitur, et manifesto cessat ratio petitae cassationis. Hierzu kommt, dass durch Cassirung der halben Zinsen vielen Wittiben, Waisen und andern, so sich blosser Dinge von ihren Zinsen ernähren, weh geschehen, und sie in äusserston Schaden und Verderb gesetzet würden. Dann sie an Orten, da sie wohnhaft, der Contribution nicht befreiet, sondern das Ihre zutragen müssen, wie auch die andern Creditorn, wann sie gleich keine Lehngüter haben, dennoch von ihren gewissen Geldeinkünften pro rata die onera tragen müssen. Ihrer viel haben durchs leidige Kriegswesen ja so wol Schaden gelitten, als die Schuldner. Viele seind ärmer und dürftiger als die Debitores; Nicht wenige haben wegen Ausbleibung ihrer Zinsen nicht allein ihre pretiosa veräussern, sondern auch zu ihrem und der Ihrigen Unterhalt und Abführung der Contribution bei andern Geld aufnehmen und sich in Ungelegenheit setzen müssen. Sollten sie nun ihrer Zinsen entrathen, würden sie multiplici onere gravirt, ihr ehrlicher Nam würde periclitiren und manchem die Lebensmittel gar entgehen: dass nichts als jämmerlich Queroliren, Seufzen und Lamentiren erfolgen würde. Hingegen der Schuldner nicht wenig sein, die gleichwol ziemlich ihre Güter genossen, sich und die Ihrigen davon unterhalten, keine grosse Noth gelitten, sondern guten Nutz gehabt.

Wie auch die vom Adel in Städten, so keine Plünderung ausgestanden, item die im Havelland, Glin und Potstamischen Werder keine sonderliche Ursach haben, Cassation der Zinsen oder langes Indultum Moratorium zu bitten. Darneben zu bedenken, dass die auswärtigen Gleubiger es besser haben würden, als die einländischen. Dann sie an die Cassirung der halben Zinsen nicht würden wollen verbunden sein. Würde man ihnen solche denegiren oder aberkennen, so würden sie sich unterstehen zu appelliren an's Kaiserl. Cammergericht oder Kaiserl. Hof oder würden Process extrahiren ex capite denegatae justitiae oder aber mandata de solvendo ausbringen. Welches alles zu nicht geringer Verkleinerung E. Ch. D. hohen Privilegien gereichen und allerhand Ungelegenheit causiren würde. Auch zu besorgen, sie werden nicht unterlassen sich der Repressalien, Arresten und Anhaltung Märkischer Unterthanen an den Zollstätten und andern Orten zu gebrauchen. Wie dann will berichtet werden, dass man in der Nachbarschaft albereit einen solchen Anfang zu machen beginne. Zu geschweigen dass es denen von Adel bei andern fast verächtlich sein würde, wann ad ipsorum instantiam so nachtheilige Constitution erginge und promulgirt würde. Und ist ohne das am sichersten, man bleibe in den Schranken gemeinen Kaiserrechtens, darauf diese Lande gewidmet, und in tramite justitiae, als dass man sub vano praetextu nescio cujus publici commodi davon abweichen und deflectiren wollte.

Man hat Exempel vor Augen, dass durch dergleichen Abweichung nicht allein das bonum publicum nicht befordert, sondern das Land und die Unterthanen in trefflichen Schaden und Ungelegenheit geführet worden. Die vornehmste Ursach gesuchter Halbirung der Zinsen bestehet auf jetzigen vieler Debitorn kümmerlichen bedrängten Zustand, dass ihre Güter durchs Kriegswesen verdorben, sie derselben eine zeitlang wenig oder fast gar nichts geniessen können, und anjetzo auf Wiederanrichtung sehen müssen, daran sie durch der Gleubiger exactiones ganz verhindert würden. Aber auf der Creditorn Seite erzeugen sich ebensowol viel und mancherlei incommoda wie vorhin albereit angedeutet. Und variiren die Umstände ratione personarum et rerum trefflich sehr, dass man bei Remedirung solcher vorfallenden Inconvenientien nicht wird gelangen können. Damit aber gleichwol zu beiden Theilen das Pecciren verbleiben, das moderamen getroffen, christliche Lieb und natürliche Aequitet in gebührende Obacht genommen werde, wäre unsers einfältigen Erachtens die Abhelfung dieses schwierigen Werks arbitrio atque dexteritati judicantium zu committiren: dass sie die Klagende und ihre Gegentheile vor sich bescheiden, ihres Zustandes und Gelegenheit sich erkundigen, Handlung zwischen ihnen mit Fleiss versuchen und sie nach Möglichkeit vergleichen; und ob sich die Parten nicht wollten weisen lassen, sie Macht haben sollten inspecta facti veritate, ponderatis circumstantiis, ex bono et aequo solche Verordnung zu machen, dass der bedrängte Debitor nicht zu hart gedrückt, noch der Creditor zu sehr an seinem Recht verkürzt werde, sondern die Billigkeit utriusque statt finden möge und so wenig rigido exactori als tergiversirendem Schuldner ichtwas zur Ungebühr verhänget werde.

Dass die Concursus Creditorum schleunig befördert werden, geschiehet an sich selbst billig. Wir haben's auch bis anjetzo so viel an uns, befordert, der Mangel aber ist bisher entstanden bei den Creditoren, die den Process ihres Theils nicht emsig fortgesetzt, sondern öfters geraume Zeit stecken lassen. Der Obaeratus thut auch nichts dazu, wenn er unterdess in Gütern sitzet. Was von Ziusen der prioritätischen Gläubiger erwähnet wird, dass sie sollten zurückstehen, bis die sämmtliche Capitalia bezahlt, läuft contra manifesta jura, dadurch würde jus competens ipsis invitis extorquirt, welches zu Recht verboten. Und wollte unbillig sein, dass sie sich besser vorgesehen, älter Recht oder starke Versicherung haben und ex commiseratione eine Zeit lang mit dem Schuldner Geduld gehabt, sollten der andern Unvorsichtig- oder Unachtsamkeit entgelten, dass sie bei der Darleihung ihrer Gelder sich nicht besser vorgesehen und mit dem contrahirt, cujus conditionem nosse vel investigare debuerant. In Sachsen ist's zwar durch sonderbare Constitution eingeführet. Aber man hat mehrmals Bedenken gehabt, in diesen Landen sich mit dem in Sächsischen Landen üblichen Rechte zu conformiren.

Als dass die Bürgen, so der Excussion und Division legitime renunciirt, sich gleichwol derselben non obstante renunciatione sollen gebrauchen mögen, ist auch den principiis juris zuwider und an sich selbst unbillig dass dem Gläubiger die Renunciation gar nicht soll zu statten kommen. Bevorab da der Bürge, wann er angefasset und besprochen wird, den Debitorem also fort vornehmen und zur Benennung urgiren und antreiben kann. Dass aber die ausländischen Confidejussorn von den Einheimischen, ob sie gleich renunciirt, nicht dürfen übertragen werden, nisi prius excutiantur, ist aus vernünftiger Ursach bisher durch üblichen Gebrauch beständig eingeführet und wird billig hinfürter auch also gehalten.

Was ferner das auf sechs Jahr lang gesuchte Indult betrifft, ist zwar nicht ohne, dass E. Ch. D. Herr Vater hochl. Ged. in annis 1631, 634 und 636 solche auf Capitalien gewisser Maassen auf der Landsassen unterth. Anhalten ertheilt. Es haben aber etliche Creditores darüber sich beschweret und ist von etlichen Schuldnern missbraucht worden, welche dürftigen Creditoribus mit Zahlung wol hätten zur Hand gehen und sich liberiren können; habens aber vorsätzlich unterlassen. Aber weil die Zeiten noch sehr schwer und den Creditorn an ihrer Forderung nichts abgehet, sondern die alleine differiret wird, stehet zu E. Ch. D. gn. Belieben und Gefallen, ob sie gebetenes Indultum Moratorium ertheilen wolle, nicht zwar auf die Zinsen, dann selbige die Gleubiger zu ihrem Unterhalt und anderer täglich vorfallender Notdurft zum höchsten bedürftig, und wäre damit zu halten und anzustellen, wie vorhin gedacht, sondern allein auf die Capitalien und nicht auf sechs Jahr, wie vorgeschlagen, sondern etwa auf zwei Jahr. Wollen's E. Ch. D. gn. concediren, könnte deshalb gerichtet und modificiret werden nach vorigen Indulten, die alsdann zu revidiren, und was dabei weiter nützlich zu erinnern sein mochte, mit Fleiss in Acht zu nehmen. — — — — — — — — — — — —

Auch wird unsers Ermessens den Bürgern in Städten die auf dem Lande zu fordern haben nicht können auferlegt werden, sich an die Städte, da man jetzo wenig oder nichts bekommen kann, weisen zu lassen. Wie dann ebensowenig die Creditores können gedrungen werden, wider ihren Willen nomina bei den Landschaften anzunehmen. Da auch ein Schuldner sich von der Schuld zu liberiren dem Creditori sein Gut antrüge und dessen Gelegenheit nicht wäre, sich damit zu beladen, kann er zur Annehmung nicht gezwungen werden, sondern sie mögen beiderseits, zuförderst der Debitor, sich nach einem Käufer umthun, der das Gut justo pretio an sich bringe und den Gleubiger contentire. Dass auch bei dieser schwierigen Zeit mit Distraction der Güter nicht zu sehr geeilet, sondern dahin getrachtet werde, dass sie mögen justo pretio oder ohne sondern Schaden verkauft werden, ist nicht unbillig. Dann weder Creditor noch Debitor des andern Schaden und Ungelegenheit, soweit sie kann verhütet werden, begehren soll.

Und das seind, Gn. Churfürst und Herr, unsere unverfängliche Gedanken und Considerationes über den uns zugefertigten Schriften. Stellen solche E. Ch. D. reiferen Nachsinnen, dero von Gott hochbegabten Verstande nach, ohne Massgebung unterth. anheim."

Der Kurfürst an die Stände. Dat. Berlin 6. April 1643.

[Ein Indult auf 2 Jahre für Zahlungsunfähige. Betreffs Reduction des Capitals und Erlass der versessenen Zinsen Verweis auf gütlichen Vergleich.]

1643.
16. April. Der Protest der Altmärkisch-Priegnitzirischen Ritterschaft und der Städte hindere ihn, auf die zwei hohen Forderungen der Mittelmärkischen Ritterschaft ohne Beschränkung einzugehen. Er habe daher das Gutachten des Kammergerichts eingeholt.

„Und diesem nach nun und nach fleissiger und reifer Erwägung aller Umstände befinden S. Ch. D. nicht, dass das von Mittelmärkischer Ritterschaft gesuchte sechsjährige Universal-Indult so schlechter Dinge durchgehend und ohne einige Limitation zu verwilligen sein könnte. Denn zu geschweigen, dass die übrigen Stände ingesammt solches nicht begehren, sondern ihnen hierin vielmehr widersprechen, denen ja wider ihren Willen kein beneficium obtrudiret werden kann, so scheinet es zumal hart und unbillig zu sein, dass der Creditor, der öfters seine Capitalien zu Bezahlung seiner eigenen Creditoren oder auch sein und der Seinigen selbst eigene Unterhaltung nach Entrichtung der Contributionen und Landes-Onerum zum allerhöchsten bedürftig, soviel Jahr aufgehalten, und daneben in äussersten Schaden, Beschimpfung seines ehrlichen Namens, ja wol gar um das Seinige und am Bettelstabe gebracht werden solle.

So sehen auch S. Ch. D. alschon von ferne gar wol, dass dadurch allein dem Publico nichts würde gefrommet, sondern demselben vielmehr geschadet, die Creditores |: deren auf'm Lande sowol als in Städten viel Tausend sein :| an Wiederanrichtung ihrer ruinirten, abgebrannten Güter und Häuser, auch Abgebung ihrer schuldigen Contributionen merklich gehindert, die commercia dadurch gehemmet, Sr. Ch. D. Zollgefälle geringert, bei den Auswärtigen allerhand Repressalien auch Personal-Arrestationes |: inmassen sich ihrer theils schon öffentlich verlauten lassen :| verursacht und in Summa fides publica und des ganzen Landes Credit nicht wenig labefactiret, ja die ganze Märkische Nation in Schimpf und böse Nachrede gesetzt werden. Auch hat's die Erfahrung in vorigen Jahren gnugsam gegeben, dass zwar die den Ständen in Anno 1630 u. folg. Jahren ertheilte Indulte den Gläubigern grossen Schaden und Ungelegenheit, den Schuldnern aber doch keinen Nutzen geschaffet, sondern von vielen die ihnen indulgirte Fristen zu ihrem selbst eigenen Ruin nur missbrauchet worden. Und aus diesen und vielen andern von theils Ständen selbst vernünftig angeführten, bewegenden Considerationen mehr hätten S. Ch. D. wol Ursach das gesuchte Indult gar abzuschlagen; damit aber dennoch, wie hochbegierig und geneigt Sie sein, aller Ihrer getr. Unterthanen und insonderheit auch der dürftigen und ohne ihr Verschulden durch das leidige Kriegswesen ruinirten Debitoren Wolfahrt und Wiederaufnahme zu befördern männiglich im Werk zu verspüren haben möge;

So erklären sich S. Ch. D. in mitleidentlicher Consideration der gegenwärtigen Calamitäten unsers geliebten Vaterlandes der supplicirenden Ritterschaft zu Gnaden dahin, dass Sie die hiebevor der Capitalien halber publicirte Indulte renoviren, auch auf zwei Jahr von dato an zu rechnen dergestalt prorogiren lassen wollen, dass in diesen nächst folgenden Jahren keine Execution weiter angeordnet, sondern suspendiret, auch die albereit eingesetzte Curatores, ob sie gleich auf die Capitalia eingewiesen worden, hinwieder abgeschaffet werden sollen allermassen und gestalt wie in den hiebevor ertheilten Moratoriis mit mehrem versehen.

Aldieweil aber diese Beneficien nur den Dürftigen, Bedrängten, Geplünderten und Hartbeschädigten zu Gute aufgesetzet, auch von implorirender Ritterschaft für dieselbe allein gesucht und begehret wird, so können sich diejenigen, welche an dem Ihrigen so grossen Abgang nicht erlitten, auch ihre Schulde durch Abtretung tauglicher nominum oder sonsten aus ihrem übrigen Vermögen zu bezahlen wol bemittelt sein, desselben zu der dürftigen Gläubiger noch mehrer Beschwer ob notoriam causae deficientiam nicht gebrauchen. — —"

Ihre zweite Forderung, auf Erlass eines allgemeinen Edikts wegen Cassirung der Hälfte der seit 1627 versessenen Zinse erscheine, bei der sehr verschiedenen Lage der Debitoren, gleichfalls unzulässig.

„Gleichwie nun implorirende Ritterschaft übel empfinden, sich auch zu beschworen billig Ursach haben würde, ob S. Ch. D. Jemandem ihres Mittels sein jus agnationis vel conjunctae manus ex pacto et providentia majorum sibi quaesitum wider seinen Willen nehmen wollte; also wenig und noch viel weniger finden Sie sich bemächtiget, den Creditoribus ihr jus ex contractu quidem oneroso ipsis invitis non citatis nec auditis zu extorquiren; Sie erinnern sich vielmehr, dass einem löbl. Regenten nicht zustehe, pacta und Contracten so juris gentium sein und vinculum naturale in sich haben aufzuheben oder einem andern sein legitime quaesitum jus unerhörter Sach zu nehmen oder verringern, auch nicht ex plenitudine potestatis." Das arbitrium Judicis müsse in solchen Fällen der Forderung der Altmärkisch-Priegnitz. Ritterschaft gemäss eintreten. Ihre übrigen Wünsche würden Berücksichtigung finden.

„Ermahnen demnach S. Ch. D. die sämmtliche Stände dero Verordnete hiermit ganz gn. und trenlich, sie wollen diesem wichtigen Punct, daran des Landes Ehr und Reputation auch so vieler dürftiger Creditoren zeitliche Wolfahrt hanget, reiflich nachsinnen und bei ihren bevorstehenden Consultationen solche zureichende Resolution fassen, damit allen bei beeden Corporibus bis hierzu eingerissenen Missbräuchen und Unordnungen würklich remediret, das Werk recht hinwiederum gefasset und zu Stande gebracht, den Creditoren mit schuldiger Zahlung begegnet, auch inmittels die einkommende Gefälle gleichmässig und nach Proportion eines jedweden habender Forderung ausgetheilet, Niemand aber hierunter so gar proferiret und vorbei gegangen werden möge.

Sousten werden S. Ch. D. nicht umhin können auf der Creditoren ferneres unnachlässiges Ansuchen die Hand am Werk mit anzuschlagen, durch gewisse deputirte Commissarien richtige Rechnung von allen und jeden Gefällen abzunehmen oder auch sonst sowol wider die Communen als andere privatos die Execution durch Beisetzung gewisser Curatoren bei den gemeinen Kasten ohn Ansehen der Person ergehen zu lassen.

Und weil dieser Punct auf Deliberation des Ausschusses annoch bestehet, wollen S. Ch. D. dero unterth. Gutachten und Gedanken hierüber mit dem förderlichsten gewärtig sein und darauf es an behöriger gu. Confirmation oder aber, nach Befindung, gebührender Verordnung nicht ermangeln lassen."

Die Deputirten der Ritterschaft an den Kurfürsten. Dat. Berlin 11. April 1643.

(Beschränkung der bisherigen Forderungen auf 1) den Erlass der in den 6 letzten Jahren versessenen Zinsen, 2) die Reduction des Zinsfusses für die nächsten. 3 Jahre von 6 auf 4 %, 3) die Verkündigung eines Moratoriums auf drei Jahre Vergleich mit den Forderungen der Städte. Die Nothwendigkeit ihrer Forderungen.]

1643.
Nach der Recapitulation aller in den früheren Eingaben angeführten 21. April. Gründe heisst es weiter:

„In welches allen und andern mehren Betracht haben vorgedachte Altmärkische und Priegnitz. Ritterschaft uebest uns vor christlich, billig und recht, ja pro hoc statu vor hochnöthig und unumgänglich angesehen, beliebet und gegen Gott und Männiglich wol zu verantworten gehalten, befinden auch, dass den privatis creditoribus und debitoribus, zuforderst dem Statui publico nicht anders vor diesmal ': jedoch zunächst göttlichen gu. Segens :| geholfen werden kann, als dass

1) die versessene Zinsen von nächst verschienenen sechs Jahren, als in welchen die allergrössesten Hostilitäten von beiden kriegenden Armeen wider diese Lande verübet, auch deshalben an vielen Orten weder gesäet noch gemähet worden, gänzlich und ohne Unterschied der Debitoren erlassen werden mögen;

2) in künftigen dreien Jahren der hohe Cursus Usurarum von 6 bis auf 4 pro Centum jährlich reduciret, unterdessen aber quotannis nebens diesem neu reducirten auch ein alter Zins abgetragen werde; und dann

3) dass über die Zahlung der Capitalien ein Indultum Moratorium

auf drei Jahr lang, jedoch welches mehr einem favori als odio ähnlich, constituiret und promulgiret werde."

Da jetzt darüber die gesammte Ritterschaft einig, und von Städten die der Priegnitz, Ruppin, Ucker- und Neumark nebst Frankfurt in ihrer Communication für den Erlass der versessenen Zinsen zur Hälfte, die Reduction der neuen Zinsen in den nächsten 6 Jahren von 6 auf 3 Proc. und ein Indultum Moratorium auf 6 Jahre sich aussprechen, so würde der Kurfürst klärlich erkennen, dass dieses ihr unterth. Suchen a maxima populi parte, quae alias pro toto populo zu halten, herrühre; er möge daher ihre Bitte erhören und könne dieses, weil ungestrittenes Rechtens quod Princeps non solum jus alteri quaerendum ad tempus impedire sed etiam ex causis justis et quidem intuitu utilitatis publicae alicui bona sua auferre possit. Der Kurfürst möge der Worte seines Vorgängers vom J. 1624, einer Zeit geringerer Noth, eingedenk sein: die Noth leidet kein Gesetz, weiset auch vor sich, was man thun und folgen soll und will sich durch keine vernünftigen Ursachen und Beweggnissen flectiren und abwenden lassen.

„Welchermassen letztlich E. Ch. D. vor billig erkennen, dass die Justitia durchgehend und sowol wider die Corpora bei Ritterschaft, Städten und Rathhäusern als privatos angesehen werden sollen, solches ist zwar sehr rühmlich und hochlöblich, wann wir aber des ganzen Landes Zustand in Augenschein nehmen, wie nämlich Städte und Dörfer so jämmerlich desoliret, und der meisten Einwohner beraubet, so muss man bekennen, dass die Creditores ingesammt, wo nicht gar keine, doch sehr wenige Hoffnung ihrer völligen und genauen Bezahlung zu schöpfen haben. Und geschiehet zum öftern, wenn der Creditor zwei oder drei hundert Thaler Zins bei den Corporibus zu fordern, dass eines Theils kaum 5, 6 oder 8 Thlr. auf Abschlag, theils aber, ob sie gleich vor sechshundert Thlr. 100 Thlr. zu nehmen sich erbieten, doch ganz nichts bekommen. Weil nun diesem also, wie kann ein ehrlicher Mann, der das Seinige bei denen Communen ausstehen hat, hingegen andern wieder verhaftet, sich selber helfen oder sich gegen seine Creditores liberiren, zumaln die Städte in ihrer Schrift auch soweit gehen und die Unmöglichkeit bei ihren Kasten und Rathhäusern also gross machen, dass sie auch I. Ch. D. bitten dürfen, ihre Creditores dahin zu weisen, dass sie mit deme, was ihnen quartaliter nach Proportion gezahlet wird, zufrieden sein und sich bis zu einer besseren Zeit patientiren sollen, ja sie dürfen schreiben, dass sie nicht sehen, wie sie mit dem Zins gänzlich werden fortkommen können, sondern die Creditores sollen sich dasjenige was quartaliter gefället von den Capitalien defalciren lassen.

Weil es nun nicht einen bessern Zustand mit den Corporibus der Ritterschaft hat, viel Privati hingegen aus den Communen ein Ansehnliches wiederum zu fordern haben |: welches wann es erfolgen könnte, der meiste Theil weder auf die remissiones Usurarum noch auf Constituirung eines Indulti Moratorii auf die Capitalia dringen würde :|, so sehen E. Ch. D. gn., wie fest eines Credit von dem andern dependire. Und weil auch E. Ch. D. landesväterlichen und mitleidentlichen Gemüths vernommen, wie nun in kurzer Zeit — das platte Land von den marchirenden Soldaten geängstet und geplaget, ja den Einwohnern fast nicht ein Stück Brod gelassen wird, so kommt anitzo wie auch von etzlichen viel Jahren hero kein Hufenschoss ein, ja die Biergefälle lassen auch sehr und über die Mass nach; als nun von diesem der Creditor Corporum soll beibehalten, der Krieg aber die gemeine Einnahmen verhindert, so kriegt derjenige, welcher bei den Corporibus das Seine ausstehend hat, ganz nichts und also kann er auch per consequens andern Leuten nicht wieder an die Hand gehen; in Summa, dass in dem Privat-Creditwesen eine solche Unrichtigkeit vorgehet, ist blosser Dinge der Brunnquell die Übele Einhaltung der Corporum, deren debita sich wol sechsmal höher als der Privatorum belaufen, soviel uns wissend. — —

Demnach aber bei einestheils Posten allerhand Considerationes vorgehen, über welche eine gewisse Erkundigung einzuziehen und dann die von vielen Jahren her geführte Rechnung zu revidiren aus unsern Mitteln gute redliche Leute verordent sein, die denn, wie sie eines und das andere befinden, der gesammten Landschaft gebührlich Relation thun werden, als verhoffet man mit göttlicher Hülfe, das ganze Werk wieder in eine solche Verfassung zu bringen, wodurch allgemählich einem Creditori sowol als dem andern nach äusserster Möglichkeit kann begegnet werden."

Die Deputirten aller Städte an den Kurfürsten. Dat. Berlin
19. April 1643.

[Nothwendigkeit des Indultum Moratorium.]

1643.
29. April.

„Was E. Ch. D. auf der Stände Bedenken vom dritten Proposition Punct zur Resolution ertheilet, solches haben die Städte erwogen, und soviel befunden, dass sie in allen Puncten damit wol einig sein können, ausser deme, was de aerariis publicis zum Beschluss annectiret ist; dann hierbei haben sie in Unterth. zu erinnern, obwol nicht nein, dass die Justiz durchgehend ist und die Communen sowol als Privati ihre ausgesatzte Brief und Siegel zu lösen Rechtswegen verbunden sein; so ist doch hiebei zu bedenken, ob's auch zu practisiren sei, welches die Städte so wenig müglich befinden, als sie aus nichts etwas zu machen vermüglich sein.

Dann diese Schulden seind von der gn. Herrschaft vor langer Zeit bei gutem Zustande des Landes den Ständen zu bezahlen zugeschlagen, und gewisse von Herrschaft und Ständen beliebte Mittel an Schössen, Bier- und Mahl-Accisen zu Abführung der Zinsen gewidmet und verordent. Dieselbige aber seind bei diesem continuirenden landverderblichen Krieg dergestalt in Abnehmen gerathen, dass sie hoc rerum statu nicht können ersetzet oder in völligen Lauf gebracht werden." Nach einer Darstellung der Folgen des Kriegs für Wolstand und Gewerbe in den Städten fahren sie fort: „Und weil für's Andere kundbar, dass nicht der sechste Theil Einwohner im Lande ist und zu fürchten stehet, dass die Anzahl bei noch währenden grossen Kriegs-Beschwerden von Tage zu Tage sich verringern werde; als folget auch hieraus, dass fünf Theile der Bier- und Mahl-Accisen abgehen, und können demnach von den Ordinari-Gefällen die Zinsen bei weitem nicht gehalten, vielweniger Capitalia gezahlet werden.

Wollte man auch auf die Gedanken fallen, den Ausfall durch neue Contributionen neben denen für die Schwedischen und die Guarnisonen der Landes-Vestungen aufzubringen, so ginge das nicht an. Sunt enim impossibilia et incompatibilia, quoties autem duo incompatibilia concurrunt praeferendum id quod magis necessarium est. Würden auch einige scharfe media, dadurch mancher vermeinet unmügliche Dinge müglich zu machen, in terminis executionis verordent, so sehen die Städte mit klaren Augen, dass der ganze Status würde umgeworfen werden.

Und weil die Rathhäuser in Städten von gemeiner Städte Kasten Wesen ihre Dependenz haben, indem die Vorfahren von Privatis etzliche Gelder zinsbar aufgenommen, auf die Rathhäuser versichert und sothane Gelder hinwieder bei erster Stiftung des Kastenwerks, welche man alte und neue Anlagen nennet, dem Corpori der Städte vorgesetzet haben; als erfolget per consequentiam, dass auch die Rathhäuser mit Abgebung ihrer Capitalien und Zinsen nicht hernach können.

Diesemnach halten die Städte dafür, dass das Schuldenwerk bei den Corporibus und Communen ex summa et inevitabili necessitate eine dispensationem werde leiden können und müssen."

Dergleichen sei nicht ungewöhnlich, wie das Beispiel von Magdeburg, Hessen-Kassel, Leipzig, Goslar, Görlitz, Sagan, Nürnberg lehre; es handle sich nur um eine suspensionem nicht sublationem Juris. Die Regelung im Einzelnen werde die Schädigung eines Jeden möglichst zu verhüten wissen.

Eingabe der „Protestirenden von Adel" gegen Erlassung eines Indults und Zinsermässigung. Sine dato.

„Dass hiernächst E. Ch. D. unsere neulichst überreichte Protestation wider derojenigen Ansuchen, die wünschen und begehren thäten, dass E. Ch. D. mit dero unschuldigen Creditoren Untergang und höchsten Schaden ihnen die aufgeschwollene Zinsen schenken und noch darzu ein Indult auf etzliche Jahr vergönnen wolle, gn. auf und angenommen; auch deshalben der von der Ritterschaft anwesenden Deputirten wiederrechtlichen Begehren noch zur Zeit nicht fügen wollen, dasselbe erkennen wir mit höchst dankbarem Gefühl, von Grund unserer Seelen wünschende, dass der Allerhöchste E. Ch. D. dafür segnen und die verspürte Begierde zur lieben Justiz in Sie vermehren wolle. Wann wir dann so viel Nachricht erhalten, dass die Anwesende von Ritterschaft und Städten noch nicht acquiesciren, sondern anderweit bei E. Ch. D. einkommen wollen, um die aufgewachsene Zinsen von Anno 36 bis hierher ihnen zu erlassen und zu verordnen, dass auf die 6 zukünftige Jahr nur vier Procente gegeben werden möchten, auch darnächst auf 3 Jahr ein Indult zu verwilligen, als wollen wir hiermit unsere eingewandte Protestation repetiren und ersuchen E. Ch. D. unterth. Fleisses, Sie wollen nochmals in Consideration ziehen 1) dass man den Creditoren ihre Jura und Forderung nicht wol nehmen, 2) arme Wittiben und Waisen auch Kirchen und Schulen, so zum Theil von Zinsen unterhalten werden müssen, nicht defraudiren können, 3) dass die Zusage so ein Jeder bei wahren Worten und adelichen Ehren seinem Creditori gethan, salva conscientia invitis creditoribus, nicht möge revociret und gebrochen werden, 4) dass dies gemeine und noch brennende Kriegswesen den Creditoren ja sowol als den Debitoren betroffen und dass deshalben die Creditoren deterioris conditionis als die Debitores nicht sein müssen und dannenhero den Deputirten dero Ritterschaft in ihren unbilligen Begehren nicht fügen, sich darnächst versichernde, dass unserer Protestanten nicht nurten zwo seind, sondern alhier in loco wol vierzig, und wann es zu Jedermanns Ohren kommen sollte, würden sich gewiss viel getreue

Patrioten und aufrechte von Adel finden, so am allerwenigsten in solch unbefugtes postulatum willigen würden. Wir behalten das ungefärbte Vertrauen zu E. Ch. D., dieselbe werde unsere treuherzige Erinnerung gnädigst vermerken — —."

Der Mittel-, Ucker- und Neumärkischen Ritterschaft Reprotestation gegen den Protest eines Theils von Adel. Sine dato.

Nach der Bitte an den Kurfürsten, bei seinen ihnen günstigen Absichten trotz des Protestes eines Theils von Adel zu beharren, kommen sie auf die drei Punkte selbst: 1) das erbetene Indultum moratorium über die Capitalien, 2) den Erlass der versessenen, 3) die Ermässigung der künftigen Zinsen. Zur Forderung des ersten habe sie bewogen:

1) „Die kundbare Armuth des Ritterstands, die jetzt jedem kaum das Nöthige für den Haushalt lässt, 2) die entsprechende Bestimmung des Röm. Rechts, 3) die durch den Krieg hervorgerufene Noth der liegenden Gründe, 4) die hohe Forderungen, die die Privati bei den Communen ausstehen haben, 5) der Wunsch, alle adelichen Familien zu conserviren."

Für die Ermässigung der Zinsen spreche das göttliche Recht, der Vorgang anderer Staaten, die Reichsabschiede von 1495 und 1554, das Herkommen, wie vor allen Dingen die unbestreitbare Thatsache, dass die Hauptlast des Krieges auf Grund und Boden geruhet habe. Dieselben Gründe sowie die Nothwendigkeit, die neuen Contributionen weiter aufzubringen, sprächen für ihre Bitte um Ermässigung auch der künftigen Zinsen von 6 auf 3 %.

1643.
28. April. Der am 18./28. April vereinbarte Recess[1]) gewährt betr. der Schuldenregulirung die von der Ritterschaft aufgestellten Forderungen in ihrer letzten modificirten Gestalt. Es heisst darüber: „Soviel hierunächst den dritten und letzten Propositionspunkt anlanget, ist zwar anfänglich Sr. Ch. D. aus vielen den Ständen zu Gemüth geführten wichtigen Considerationen den Lauf der Justiz einigerleiweise zu hemmen hoch bedenklich gewesen, haben auch die gewisse Hoffnung gehabt, es würden die Stände mit Sr. Ch. D. ersten gn. Erklärung [: darinnen Sie gewisslich albereit so weit gegangen, als salva Justitia nur immer geschehen können oder mögen :] wol vergnüget gewesen sein, zumal sich sowol aus dem Mittel der Ritterschaft, als der von Städten nicht wenig gefunden, so diesem Suchen hart widersprochen und darwider solenniter protestiret.

[1]) Vgl. Mylius VI, 1, 377 ff.

Der Recess vom 18./28. April 1643.   143

Nachdem aber die Anwesende Deputirte noch eine anderweite bewegliche Instanz gethan und Sr. Ch. D. dabei soviel remonstriret, dass bei diesen noch immer continuirenden verderblichen Kriegszeiten und daher rührenden Landesbeschwerungen, Durchzügen, Einquartierungen und andern Ungelegenheiten denen so hart ruinirten und beschädigten Debitoren unmöglich fallen thäte, ihren Creditoren mit dermassen richtiger Satisfaction, wie sie wol schuldig und ihren ausgestellten Obligationen gemäss, zu begegnen; so haben S. Ch. D. sich endlich bewegen lassen und berührter Dep. erwiederten, so inständigem unterth. Suchen insoweit in Gnaden geruhet, dass Sie den gemeldeten Debitoren ein dreijähriges Indult gn. verwilligt, also und dergestalt, dass bis auf Ostern des 1646ten Jahres auf ausgeliehene zinsbare Capitalia keine Execution verstattet, sondern bis dahin in suspenso gelassen werden solle, es wären denn die Capitalia gar geringe, etwa von 100, 200 oder 300 Thlr. oder der Gläubiger begehrt nur so viel von einer grossen Hauptsumme, und wäre dieser Post in fürfallenden Ehe und Nothfällen so benöthigt, dass er sonsten in sehr grossen unwiederbringlichen Schaden gerathen würde; auf welchen Fall ihm, jedoch auf vorgehende gerichtliche Erkenntniss, die hülfliche Hand geboten werden muss. Wofern aber einige Summen wiederkäuflich auf gewisse Jahr gethan, und dieselbe verflossen wären oder auch in Zeit dieses Indults ihre Endschaft erreichten, kann der Creditor nicht gezwungen werden, wider seinen Willen länger in Widerkauf zu stehen, sondern do je der Verkäufer die Wiederbezahlung zu thun nicht vermöchte, hat er sich mit dem Käufer andrergestalt zu vergleichen.

Der restirenden Zinsen halber hätten zwar S. Ch. D. gern gesehen, dass derer Erlass oder Moderirung auf gütliche Behandlung mit dem Creditor wäre gesetzt oder aber Sr. Ch. D. gethanem wolgemeintem Vorschlage nach dem arbitrio judicis anheim gegeben worden, damit also cum causae cognitione und inspecta rei veritate ponderatisque singulis circumstantiis ex bono et aequo die Gebühr und Billigkeit jedesmal verordnet, der Debitor nicht so hart bedränget, der Creditor aber auch an seinem Rechte nicht zu sehr laediret und verkürzet werden möge; Nachdem aber die Mittel-Ucker- und Neumärkische Ritterschaft zu Verbütung aller Weitläuftigkeit auf eine gewisse Determination fest und inständig gedrungen, dem auch endlich die Altmärkische und Priegnitzirische Ritterschaft zugestimmt, so haben S. Ch. D. auch diesem ihrem unterth. postolato gn. geruhet und es dahin gerichtet, aldieweil bei diesen Zeiten auf theils Capitalien sehr viele Zinsen aufgeschwollen, die oft dem Capital nahe kommen oder dasselbe wol gar übersteigen, und dahero, wann solche auf einmal ingesammt exigiret werden sollten, der Debitor in die höchste Ungelegenheit würde gesetzet werden, so haben höchstged. S. Ch. D. diesen Mittelweg und Moderation getroffen, dass in diesen itztlaufenden und beiden nächstfolgenden zweien Jahren |: damit der Schuldner seine ruinirte Güter in etwas wieder anzurichten Zeit und Gelegenheit haben möge :| jährlich aufs Hundert vier Thaler, wegen der versessenen und noch rest'renden aber |: denn was bereits gezahlet, dabei hat es wie billig allerdings sein Verbleiben :| jährlichen zu dem obigen moderirten Current-Zins noch ein halbjähriger Ordinari-Zins, als drei vom Hundert, gezahlet, die andere Hälfte der versessenen Zinsen aber ingesammt, bis zu künftiger fernerer Vergleich- oder Verordnung, vor itzo ausgestellet und in suspenso gelassen werden sollen. Wobei sich jedoch die Deputirte selbst erkläret, dass sie hierunter arme nothleidende Creditores, wie auch Kirchen, Schulen, Hospitalien, Stipendiaten und andere dürftige Personen, so von ihren Zinsen leben und sich erhalten müssen, ingleichen alles versessene Gesindelohn und jährliche Bestallungen nicht verstanden noch gemeinet haben wollen, sondern dass solche privilegiata debita, item die zu Unterhaltung gewisser Stipendiaten oder sonsten ad pias causas verordente legata sowohl von den Communen als andern Privatschuldnern ohne Abgang und überall, jedoch die versessene auf leidliche und erträgliche Termine, wie man sich dessen mit ihnen zu vergleichen haben wird, unfeilbar abgetragen und an solche Oerter wohin sie gewidmet verwendet werden sollten, wobei es dann S. Ch. D. auch Ihres Orts bewenden lassen."

Nach Bestimmungen über die Execution gegen solche die die ermässigten Zinsen nicht rechtzeitig zahlen und diejenigen Kategorien von Schulden, auf die das Indult und die Zinsermässigung keine Anwendung finden, heisst es bezüglich der executionsfreien Objekte: „Damit aber auch bei den Executionen so albereit angeordnet oder noch künftig wider die Debitoren angeordnet werden müssen, gebührend Temperament gehalten werde, soll dasjenige, was die Deputirte hierbei unterth. erinnert, in gebührende Acht genommen, auch dem Kurfürstl. Kammergericht rescribiret werden, bei diesem des Landes verderbtem Zustande keine Pfändung in Saat- und Brodkorn, Zugviehe, Gesinde-Lohn und instrumenta agriculturae zu verhängen und daneneben auch dahin zu sehen, damit zuforderst die laufende Contributiones vor allen andern Creditoren ex fructibus feudi abgeführet, der Debitor auch mit allzustrengen Executionen nicht zu hart beschweret, wie auch mit Distraction der Güter nicht zu sehr geeilet, sondern dieselbe in billige Taxa gebracht, und auf vorgehende genugsame und dreimal wiederholte Subhastation, soviel zu geschehen möglich ohne des Debitors Schaden — — plus licitanti verkauft werden mögen, dabin dann die Creditores, sonderlich die posteriores, wol selbst sehen werden —."

Puncta darüber eine rechtmässige Information bei dem itzigen Zustande des Landes in puncto des Schuldenwesens vonnöthen.
(Concept aus der Geheimen-Rath-Stube s. d.)

1643.
16. April.   1. „Ob Ihre Ch. D. nicht schuldig, gleichmässige justitiam allen Ihren Unterthanen zu administriren und ob es sich verantworten lasse, wider etliche privatos debitores zu verhelfen und obendieselbige

hernach wann sie von den andern Corporibus ansehnliche Posten zu fordern — — hülflos zu lassen.

2. Ob nicht bei itzigem des Landes-Zustand die publica onera der privatorum usuris zu praeferiren und dannenhero billig, dass, do ja Curatores in die Güter zu setzen, dieselbige vornemlich dahin zu weisen, dass sie vor allen Dingen die publicas contributiones, welche zu des ganzen Landes Conservation laudiret, abtragen müssen, damit nicht, wann durch der Creditorum importunas Exactiones die fructus weggenommen, alsdann die Andern im Kreis Angesessenen, ob sio wol denselbigen Creditoribus nicht schuldig, diejenigen quotas so durch die Creditores ausgesogen mit übertragen möchten.

3. Ob nicht die Lehn allererst in subsidium, wann das allodium nicht zureichend, vor die Schulden haften, und ob man mit Fug einigen Debitorem, der ansehnliche Posten im Lande, an solchen Orten, die noch nicht pro non solvendo erkannt worden, in seinen Lehen molestiren könne, welches auch nicht vonnöthen, wann einem jeden zu dem Seinigen verholfen würde.

4. Ob nicht des Kurfürsten Interesse an den Lehen, als domini directi, dem der privatorum usurarum zu praeferiren.

5. Ob der Kurfürst nicht aus diesem Grunde in praejudicium usurarum Lehen neu erbauen und ihren Besitz verändern könne.

6. Ob zuzulassen, dass in hac calamitate publica einige Lehngüter für ein Drittel des früheren Preises durch Subhastation etc. zu Verkauf kämen.

7. Und dieweil voritzo das kundbare Unvermögen der Corporum, der Städte und Dörfer vor Augen, ob nicht durch Suspension der Capitalien und aller andrer fällig gewesenen Zinsen und durch Moderation der künftig fälligen Zinsen auf gewisse Jahre ein solches Mittel zu bedenken, damit das ganze Land sich wiederum erholen, die Städte an Bürgerschaft, die Dörfer an Unterthanen zunehmen können, und hierdurch die Städte Ihre Schoss und was die Städte sonsten einzunehmen, die Landschaft Ihren Hufenschoss erlangen und insgemein das Biergeld wiederum seinen Gang hätte, und hierdurch den Corporibus und aus denselbigen auch den privatis geholfen werden könnte, welches aber aus einem solchen verwüsteten Lande, Städten und Dörfern nimmermehr zu verhoffen, und wie weit hierunter mehr auf die publica utilitas als der privatorum commoda zu achten."

Antwort des Vice-Kanzlers und der Hof- und Kammergerichts-Räthe auf diese 7 Fragen. (Eingekommen den 12. April 1643.)

22. April. (ad 1. Gleichmässige Justiz allen Unterthanen zu administriren seien sie vom Kurf. bestellt und hätten sie bisher stets gethan. Jetzt lägen besondere Verhältnisse vor, denen Rechnung zu tragen wäre seitens der klagenden Creditoren). „Wann sie (die Creditoren) Posten zu fordern haben bei Corporibus, die itziger Zeit nicht zahlen können, oder bei beschuldeten privatis, die nicht allodialia haben, darein verholfen werden können; so ist der Mangel nicht an uns, die wir das unsrige thun, sondern an gegenwärtigem Unvermögen oder inopia Debitorum, quae executionem reddit inanem; derowegen sie sich ungleicher Justiz mit Fug nicht zu beschweren haben: sondern ihre Creditores würden sich denegatae justitiae hoch beschweren, wann man ihnen wider sie nicht wollte verhelfen um deswegen, dass debitorum debitores nicht zahlen können. So haben auch die Verordnete der Corporum bei E. Ch. D. an uns erhalten, dass wider sie bei diesem zerrütteten Zustande nicht sollen executiones angeordnet werden. Weil die Schuldner contra Creditores executionem petentes öfters Verhör ausbringen, wann es gleich schon mit Mühe und Kosten zur Execution gebracht und doch die Verhör öfters prorogiren lassen, haben wir zwischen ihnen gehandelt, wollens auch nochmals nicht unterlassen, wann solche Sachen vorkommen, Handlung zwischen den Parten zu versuchen. Do aber der Creditor nicht zu disponiren ist, ein wenig in Ruhe zu stehen, dass der Debitor etwas von seinen Schuldnern einmahnen und erlangen könne, müssen wir ergehen lassen, was recht ist: dann wir zur Justiz bestellt und haben darauf geschworen.

2) Der ander punct concerniret onera publica sive contributiones: die haben wir der privatorum Forderungen an Capital und Zinsen praeferiret, auch den Landreutern und nothwendig eingesetzten Curatoren auferleget dahin zu sehen, dass vor allen Dingen die Contributiones richtig gemacht und was zu Abführung laufender Contributionen nöthig dabei gelassen werde: Wollens auch hinfurter also halten. Aber das Unwesen gehet bei etlichen obaeratis vor, dass sie die Contributiones lassen hoch aufschwellen, verbringen des Guts Intraden in andere Wege. Wann nun Creditori verholfen wird, so findet sich ziemliche Menge der versessenen Contributionen; die müssen erst abgetragen werden und wird also die Execution sehr remoriret oder gar eludiret.

3) Beim dritten Punkt ist ausser Streit, dass die Leben erst in subsidium, wann der Creditor ex allodio nicht Zahlung erlangen kann,

Schulden tragen. Wann auch einem jeden zu dem Seinigen aus des
Schuldners Allodialvermögen, darunter auch die fructus und Einkünften
mit gehören, könnte stets verholfen werden, so bliebe das Lehn verschonet, und wäre nicht vonnöthen, darein zu verhelfen, ja eben
darum wird vorerst an die mobilia — — verholfen, damit das Lehn
verschonet bleibe. Wenn auch nomina exigibilia bei dem Debitore
vorhanden, davon der Creditor seine Zahlung wol erlangen kann, so
wird auch daran verholfen. Wann aber der Schuldner Posten im
Lande stehen hat, an solchen Orten da denn Debitores zwar pro
non solvendo nicht erkannt worden, aber difficilis exactionis sein,
dass davon der Creditor seine Zahlung nicht leicht oder wol, allem
Ansehen nach, gar nicht erlangen kann, wie jetziger Zeit bei den
Corporibus und vielen privatis sich ereuget, so können wir nicht
unterlassen in subsidium an das Lehn und in ipsam feudi substantiam
zu verhelfen, sonst würden die Creditores viel zu kurz kommen, und
ihnen Unrecht geschehen, wann sie sollten propter nomina inexi-
gibilia hülflos gelassen worden und ex feudo nicht Zahlung haben;
da sie doch bei Darleihung ihres Geldes oder Geldeswerth vornehmlich aufs Lehn gesehen, dass in omnem eventum sie daraus des
Ihrigen würden können habhaft werden.

4) Vierter Punct betrifft E. Ch. D. als des Domini Feudi grosses
Interesse an den Lehn, das bestehet vornehmlich in den Lehndiensten,
welche die Lehnleute auf Erforderung zu leisten schuldig und auf be-
gebender Apertur oder Heimfallung. Lehndienst und was dazu gehört
gehen jeder andern Forderung vor. Bei Heimfall haftet der Lehnherr
für keine Schulden, abgesehen von den Schulden, die mit Consens
gemacht sind, derhalben auch in der Lehns-Canzlei auf die Güter die
auf dem Fall stehen Consens nicht gegeben wird."

5) Beim fünften Punct sei zu wissen, dass weder der Churfürst,
noch selbst die Lehnsvettern und Erben pflichtig seien, bei Execution
in feudi substantiam zu verhelfen. „Aber E. Ch. D. höchstgeehrte
Vorfahren — — haben länger als vor anderthalbhundert Jahren den
gesammten Lehnleuten gn. indulgiret und zugelassen, dass sie zu
Erlangung Credits und Rettung ihres ehrlichen Namens mögen Schulden auf Lehen machen, welche die Agnati zahlen müssen, wie solches
auch die Land-Reverse Churf. Johann Georgens de Anno 1572 und
Churf. Joachim Friedrichs de Anno 1602 bezeugen und ausweisen,
auch die Ritterschaft dies vor ein sonderbares grosses Privilegium hält.
Daher rühret, dass in Mangel des Allodial-Vermögens den Creditoribus
muss an die Lehen verholfen werden, als welche Recht auch an den

Lehngütern erlanget haben, welches ipsis invitis nicht kann genommen werden."

Als Lehnsherr habe der Kurfürst das Recht, die Vasallen zur guten Haltung ihrer Lehen anzuhalten, jetzt würde gedeibliche Wirthschaft und Befriedigung der Creditoren indess durch der Debitoren zahlreiche Ränke eludiret, die executionsfähige Sachen wegschafften oder subornirten, die Weiber, die müssen das Vieh und etliche andere Sachen vor das Ihrige, das sie mit ihrem Gelde erkauft hätten, vertheidigen oder auf fräulich Gerechtigkeit gehen.

Bei der grossen Verschiedenheit des Zustands der Güter und des Vermögens der Debitoren sei hier fast unmöglich eine allgemein gültige Decision zu treffen, sondern am besten arbitrio judicantium zu dimittiren.

„Und damit die Lehnleute mit Refection der Güter besser können zu recht kommen, könnte E. Ch. D. das Indult de non solvendis capitalibus auf 2 oder 3 Jahr ertheilen und wie solches nach vorigen Indulten aufs beste geschehen kann reguliren und rectificiren, etwa mit einer Clausel die die Creditoren zu möglichster Schonung mahnte.

7) Beim siebenten und letzten Punct wegen Moderation der Zinsen beziehen Räthe sich auf ihr voriges Bedenken und die dort gegen die Moderation geltend gemachten Gründe. Bei guter Wirthschaft der Debitoren und christlicher Nachsicht der Creditoren ist zu hoffen, dass sich das Land erhole und dadurch den Corporibus, an derer Wiederanrichtung die Wolfahrt des ganzen Vaterlandes zu höchst gelegen, auch den privatis geholfen werden könne und würde E. Ch. D. wol thun, wann Sie vornehme, dem gemeinen Nutz wol affectionirte Leute deputirten, welche mit besonderem Fleiss von heilsamen Mitteln deliberirten und wol beratschlageten, wie den Corporibus hinwiederum mit guter Gelegenheit aufgeholfen werden möchte. —"

E. Ch. D. Unterthänigste gehorsamste Diener
Vice-Canzler und Cammergerichtsräthe
Andreas Kohl.   Balzer v. Dequede.   Otto v. Schwerin.
Petrus Fritze.   Joachim Kemnitz.   Andreas Wernicke.
Matth. Wesenbecius.   J. G. Reinhardt[1]).

---

[1]) Ein Kurf. Rscr. an Vice-Kanzler und K. G. Räthe dat. Cölln 18. April 1643 zeigt ihnen an, dass der Landtag bis zur Verständigung der beiden Stände über das Moratorium unter einander auf den 11. Juni vertagt und daher bis dahin jede Execution auf Grund alter Forderungen und Reste suspendirt werden solle.

Churf. Bescheid, so auf der Stände Gravamina ertheilet.
Dat. Cölln a./Sp. 4. Juli 1643.

1643.
14. Juli.

Dem durchlauchtigsten und hochgebornen Fürsten und Herrn, Herrn Fr. Wilhelm etc. ist nicht allein, was dero getreue und gehorsamste Stände dies- und jenseits der Oder und Elbe in ihrer unterth. Supplication wegen Corroboration der Landtags-Abschiede, Reversen, Indulten, Concussionum, Immunitätum und Rescriptorum tam in genere quam in specie, wie nicht weniger auch die überreichte puncta, die sie in einen Revers mit einzurücken begehren, auch die gravamina, derer Erledigung sie demüthigst suchen und bitten, unterth. vorgetragen worden.

Nun haben S. Ch. D. dero getreue und gehorsamste Stände albereits zu unterschiedlichen Malen dessen versichert, dass S. Ch. D. alles dasjenige was Sr. Ch. D. höchstgeehrte Vorfahren dero gehorsamsten Ständen in den Landtags-Abschieden zugesaget und versprochen sowol in Religion und Gewissens-, als Prophan und weltlichen Sachen fürstlich halten, dawider nicht handeln, noch Jemand dawider zu handeln verstatten wollen. Solches I. Ch. D. gn. Anerbieten wollen auch S. Ch. D. kraft dieses nochmaln wiederholende und dessen allen dero getr. und gehorsamste Stände hiermit versichert und vergewissert haben.

So viel aber den gesuchten Revers betrifft, ist den anwesenden Herrn Praelaten, Herrn und Ritterschaft bekannt, dass niemalen einige dergl. Revers als auf offenem Landtage, da alle Stände beisammen und zwar mit Vorbewust und vorgehender Verhandlung so durch gewisse Commissarien geschehen, zwischen den Ständen ertheilet worden, damit nicht über deme was dem einen Stande gewilliget sich der andere Stand zu beschweren Ursach hätte, und solches auch vornehmlich alsdann, wann sich eine ehrbare Landschaft mit Uebernehmung der Herrschaft Schulden oder sonst durch andere Verwilligungen zu der Herrschaft Bestem dergestalt angegriffen, dass dannenhero die gn. Herrschaft Ursach genommen, ihnen vermittelst dergl. Reversen ihre vorige erlangte Privilegien zu exlaudiren und mit Ertheilung neuer Privilegien Ihre gn. Dankbarkeit zu contestiren und zu bezeugen.

Vor einen solchen allgemeinen Landtag aber werden die wenige Anwesende von Praelaten, Herrn und Ritterschaft diesen Conventum (erg: nicht ansehen), welcher um gewisser Ursachen willen ausgeschrieben und zwar vornehmlich zu ihrer und der Ihrigen selbst

I. Die Ordnung der Contribution bis zu den Recessen von 1643.

Besten, damit sie auf ihren Gütern sicher wohnen, dieselbigen wiederum anrichten und also ihre Nahrung in Ruhe fortsetzen können. So erinnern sich auch die Anwesenden von Praelaten, Herrn und Ritterschaft, dass noch ihrer keiner seine schuldige Lehnspflichte abgeleget und die renovationem ihrer Lehnbriefe, wie solches Herkommens und sie vermöge der Rechte zu thun schuldig sein, aufgenommen, dannenhero der ordo hierdurch würde invertiret werden, wann S. Ch. D. sich dero Ständen, ehe und zuvor dieselben sich Sr. Ch. D. mit Eiden und Pflichten verwandt gemacht, mit dergl. Reversen verbindlich machen sollte.

Es wollten aber S. Ch. D. bald nach der Erndte die Stände zu Erstattung solcher ihrer Pflicht erfordern lassen, welches S. Ch. D. um der Stände selbst Besten willen bis anhero differiret und verschoben; wann nun dieses alles vorhergangen und Ihre Ch. D. zu einem allgemeinen Landtage die sämmtliche Stände beschreiben werden, so wollen alsdann S. Ch. D. sich auch in diesem Punkt also gnäd- und väterlich erklären und erweisen, dass S. Ch. D. dero sämmtliche Stände dann unterth. Dnnk zu sagen Ursach haben sollen.

Welches S. Ch. D. denen Anwesenden von Praelaten, Herrn und Ritterschaft zu dero gn. Resolution nicht verhalten wollen, denen Sie mit beharrlichen Ch. Hulden und Gnaden alstet wol beigethan und gewogen verbleiben.

1643.
21. Juli.

Landtags-Recess d. d. Berlin 11. Juli 1643. (Original.)

Unser gn. Churfürst und Herr p. p. hat bei jüngst gehaltenem Convent die gn. Veranlassung gemacht, dass dero getreue Stände von Praelaten, Herrn, Ritterschaft und Städte diesseits und jenseits der Oder und Elbe am 11. jüngsthin abgewichenen Monats Junii durch gewisse Deputirte albier abermal einkommen und die jüngsthin noch unerörtert gebliebene und zu ferner Verhandlung und Deliberation ausgestellte Puncta zur endlichen Richtigkeit bringen und befördern möchten, dieselbe auch dem zu gebührender schuldiger Folge auf bestimmte Zeit sich gehorsamst eingestellet;

Als haben Höchstgedachte S. Ch. D. zuförderst und für allen Dingen die zu gänzlicher Hinlegung des zwischen den Alt-, Mittel- und Uckermärkischen auch Priegnitzirischen und Ruppinischen Ständen |: dann die Neu-Märkische und zugehörige Kreise haben ihre absonderliche Verfassung unter sich und sind hieran nicht interessirt :| von langen Jahren hero geschwebten und bis auf gegenwärtige Zeit eifrig getriebenen Quotisation-Streits fürgeschlagene gütliche Tractaten reassumiret und diesen Lapidem offendiculi, wodurch alle gute Consilia bishero zu des Landes Schaden nicht wenig remoriret worden, dermaleinst aus dem Wege zu räumen und hingegen zwischen Ihren obbemelten lieben Ständen das alte gute Vertrauen postliminio hinwiederum zu restabiliren und wieder einzuführen Ihr höchstes Fleisses angelegen sein lassen.

Es hat auch der grundgütige Gott diese Sr. Ch. D. hochrühmliche landesväterliche Intention und darunter angewandte hohe unaussetzliche Bemühung also väterlich felicitiret und gesegnet, dass Sie diesen ganzen Streit und lange gewehrete Misshelligkeit nach schwerer und bis in den 17ten Tag continuirter Handelung endlich aus dem Grunde glücklich gehoben, gänzlich sopiret und obbemelte Ihre liebe Stände mit ihrer allerseits freiwilligen Beliebung und Zustimmung eines allgemeinen beständigen hauptsächlichen Schlusses vereiniget und verglichen. Allermassen die hierüber unterm dato am 28. Juni dieses jetzt laufenden 1643. Jahres aufgerichtete sonderbare Verfassung |: so hiemit in allen und jedweden Puncten und Clausulen zu gleicher Weise, als ob die von Wort zu Wort hierin auch begriffen und beschrieben stünden, nochmaln anhero wiederholet und kräftigstermassen bestätiget und befestiget sein soll :| der Länge nach und mit mehrem zeiget und nachweiset.

Und ob dann wol fürs and'er die Schwedische Stettinische Armistitii Tractaten zu ihrem endlichen und gänzlichen Schluss noch zur Zeit nicht gelangen können, sondern dieselbe, bis der Königl. Maj. in Schweden Erklärung auf Sr. Ch. D. an dieselbe gethane freund-vetterliche Schreiben und des Herrn Legati Relation eingelanget, ausgesetzet werden müssen; Alldieweil aber dennoch es interimsweise dahin gerichtet und veraccordiret, dass alle Hostiliteten cessiren und die Unterthanen aufm Lande und in den Städten bei dem Ihrigen sicher und ohne Beschwer gelassen, dahingegen aber zur Unterhalt der sämmtlichen Schwedischen in diesen Sr. Ch. D. Landen logirenden Guarnisonen monatlich Zehntausend Thaler und Eintausend Scheffel Korn, halb Roggen halb Gersten, zu Proviantirung der besetzten Plätze und Verpflegung der marchirenden und durchgehenden Völker gegeben werden sollen, so haben die Stände und dero Deputirte voritzo alsofort die Eintheilung dieser bewilligten Summ Geldes und Korns nach Anleitung vorberührter Vergleichung unter sich gemacht, sollen und wollen auch darob sein, damit dieses versprochene Quantum, vom 1. Mai anzurechnen, richtig auskommen und einer jedwoden Guarnison dasjenige was ihr von dem Königl. Schwedischen Herrn Legato davon verordnet und assigniret, als benanntlich der Landsbergischen und Driesischen jeder Achtzehnhundert Thaler, und Einhundert und achtzig Scheffel Korn, der Frankfurtischen Zweitausend Thaler und Zweihundert Scheffel Korn, der Crossnischen Vierzehnhundert Thaler und Hundert und vierzig Scheffel Korn und dann letzlich der Gardelegischen Dreitausend Thaler und Dreihundert Scheffel Korn, durch den Kreis Commissarien und Magistraten in den Städten jedesmal unfeilbar erleget und ausgezahlet, nicht aber durch fürgehende fürsetzliche Säumniss den Schwedischen Officirern zu fernerer eigenmächtiger Hinwegnehmung Sr. Ch. D. und der Landschaft Gefälle oder auch neuen Excursionen und andern Exorbitantien Ursache und Anlass gegeben werden müge. Es darf aber gleichwol das Geld nicht eben an Reichsthalern in specie gezahlet werden, sondern wird gnug und die Schwedischen Officirer sich darmit contentiren zu lassen schuldig sein, wann die Auszahlung an Land gangbarer Münze jedesmal aufgebracht und gegeben werden kann. Und demnach man auch dieses Armistitii und dessen endlicher Vollnziehung halber nothwendig noch eins wird zusammenkommen müssen, darzu aber die von vorigen zu dieser Schickung bewilligten Legation Kosten noch übrige wenige Gelder nicht reichen können, so haben die Stände und dero Deputirte auf beschehenes Sr. Ch. D. gnädigstes Gesinnen unterthänigst bewilliget und auf sich genommen, nicht nur die rückständige Summ, sondern auch zu Behuf dieser Stettinischen Tractaten noch fünfhundert Thaler und dann zu der Frankfurtischen Legation, weil dero Abgeschickter mit denen zu verordneten tausend Thalern ebenmässig nicht ausreichen kann, auch fünfhundert Thaler mit dem forderlichsten zu Haufe zu bringen und darneben die Versehung zu thun, damit diese beede Posten ehesten Tage und zwar an Reichsthalern in specie oder aufs wenigste an Ducaten erleget und Sr. Ch. D. Hof-Rentmeistern ausgezahlet werden mögen, damit die Schliessung und endliche Perfection dieses so gemeinnützigen Werks des Armistitii |: welches S. Ch. D. noch ferner nach höchsten ihrem Varmögen zu befördern gnädigst geneigt und geflissen sein und verbleiben wollen :! nicht etwa durch Mängel des Geldes verhindert werden, auch der Herr Wesenbeck auf dem Frankfurtischen Deputation-Tag darauf das ganze Reich, auch die Auswärtige, ein sonderbares Auge geschlagen, zum höchsten Schimpf und Verkleinerung Sr. Ch. D. nicht Mangel leiden dörfte.

3. So seind auch ferner und vor's dritte die Stände die zu denen

bevorstehenden Universal Friedens Tractaten vor diesem bewilligte und noch hinterstellige viertausend Rthlr. nunmehr aufs eilfertigste und zwar die Hälfte derselben noch vor der instehenden Erndte, die übrige 2000 Rthlr. aber bald nach Endigung derselben in Vorrath zusammenzubringen und, damit man derselben, sobald die Schickung nacher Osnabrück fortgängig sein wird, stündlich mächtig sein könne, in parato zu halten anheissig worden.

4. Als auch hiebeneben ferner wol erwogen worden, dass dieses Pacificationwerk sowol wegen seiner überschweren grossen Wichtigkeit als auch wegen der hohen und vielen Interessenten eine geraume und lange Zeit erfordern und dahero diese ansehnliche Legation mit denen hiebevorn albereit gewilligten und noch restirenden 4000 Thlrn. bei weitem nicht zu verrichten sein würde;

Und aber Sr. Ch. D. selbst eigene Mittel und Cammergefälle vor itzo dergestalt nicht beschaffen, dass daraus diese Kosten genommen und erhoben werden mögen;

So haben S. Ch. D. dero getr. Stände auch in diesem Stück um einen erklecklichen freiwilligen Zuschub abermal gnädigst anzulangen und zu ersuchen nicht umgehen können, und nachdem diese auch an ihrem unterthänigsten Ort, wie hochnöthig, auch wie viel dem ganzen heil. Röm. Reich und diesen Sr. Ch. D. Landen insonderheit daran gelegen, dass von Sr. Ch. D., als welche neben Chur Mainz und Cöln anstatt des Gesammten Churf. Collegii darzu peculiariter deputiret und verordnet sein, sowol dieser Ossenbrügische als auch der Münsterische Tag beschicket werde, wol angemerket und befunden; So haben sie zu desto mehrerer Beförderung eines der ganzen Christenheit so hochnöthigen und nützlichen Werks zu obigen 4000 Rthlrn. noch dreitausend Thlr. also und dergestalt unterthänigst verwilliget, dass dieselbige absonderlich eingetheilet und die eine Hälfte auf Martini, die andere aber auf Weihnachten dieses Jahres zur Hand geschaffet werden soll, welches dann S. Ch. D., weil es vor diesmal weiter nicht zu bringen gewesen, mit danknehmigen gnädigsten Gefallen also acceptiret und angenommen, auch die Stände, dass solche Ihre treuherzige unterthänigste Willfährigkeit zur Consequenz nicht gezogen werden soll, hiemit versichert.

5. Soviel die vom 1. Julii Anno 1641 aufgeschwollene und der Churf. Soldatesque noch rückständige Reste betrifft, wird es derentwegen bei dem was bei jüngst gehaltener Zusammenkunft verrecessiret allerdings nochmal gelassen, und weil von solchen Restanten nicht nur der nothleidende arme Soldat befriediget, sondern auch die aus-

geleerte Magazine in den Vestungen, von deren Conservation Sr. Ch. D. Staat und des ganzen Landes Wolfahrt nächst Gott dependiret, nothwendig und unvermeidlich hinwiederum ersetzet werden müssen, so werden diejenige so noch etwas in confesso restiren ein liquidum machen, sich mit den Officirern benehmen und dann die zureichende und unfehlbare Anstalt thun, damit nunmehr auf gewisse Termine, worüber man sich mit dem Obristen zu vergleichen haben wird, die Reste richtig eingebracht, hinfüro aber die Contributiones von Monaten zu Monaten zu rechter Zeit abgeführet und dadurch viel andere böse inconvenientia, insonderheit aber die dem Lande so hochbeschwerliche Executiones verhütet werden mügen. Und obwol S. Ch. D. Ihre getreue und gehorsame Stände zumal bei jetzigen ihrem verderbten Zustande über die vorhin zu Ihrer Völker Unterhaltung bewilligte 110 Tausend Thlr. ungern weiter beschweren, sondern viel lieber noch wol mit einer geringern Summ, wenn nur die Nothwendigkeit dadurch erreichet oder der Sachen sonsten gerathen werden können, gnädigst gerne zufrieden sein wollen,

So ist jedennoch nach beschehener fleissiger und genauer Ueberlegung nicht müglich befunden werden, dass mit dieser Summ das ganze Werk gehoben und die von Sr. Ch. D. den untern Officirern und gemeinen Reutern auf dero höchst flehentliches und unaufhörliches Lamentiren und Anhalten gnädigst versprochene Verbesserung ihrer bisher gehabten alzugeringen Gage zu Werk gerichtet und einen jedweden auch nur ein weniges zugeleget werden könnte, dannenhero dann S. Ch. D. abermal auch wider Ihren Willen genöthiget worden, Ihre getreue Stände noch um einen Nachschub und Zulage von 6000 Thlrn. anzutreten. Es haben zwar anfänglich die Stände ihr äusserstes Unvermögen und das; zu Erlangung solcher hohen Summen als der Schwedischen und Churfürstlichen Völker Verpflegung albereit erheischen und sich alschon über 230 Tausend Thlr. belaufen thäten, keine zureichende Mittel absehen könnten, ganz beweglichen remonstriret und sie mit dieser angesonnenen Zulage zu verschonen gehorsamst und inständig gebeten; Nachdem aber dahingegen S. Ch. D. der Sachen Bewandnüss und unumbgängliche Nothwendigkeit ihnen noch weiter zu Gemüth zu führen und noch eine Instanz thun lassen, haben sie sich endlich, weil es anders nicht sein mügen, auch hierin Sr. Ch. D. desiderio gehorsamst accommodiret und dahin bewegen lassen, dass sie zur besseren Entretenirung der Churfürstl. Soldatesque noch 5000 Thlr. in diesem Jahre zuzulegen und dann der Bees- und Storkowische Kreis absonderlich noch 3000 Thlr. zuzutragen, und diesem nach, die Ein-

theilung für Sr. Ch. D. Völker in allem auf Einhundert und achtzehn
tausend Thaler zu richten sich pro extremo resolviret, dabei es dann
auch endlich S. Ch. D. in Gnaden bewenden lassen und die Ihrer
Stände gethane unterthänigste Erklärung zu danknehmigen Gefallen
acceptiret. Sind auch solches um Ihre gesammte getreue Stände mit
Churfürstl. Gnade und Treuen, auch aller landesväterlichen Fürsorge
hinwiederum zu jeder Zeit zu erkennen gnädigst anerbötig und wolgeneigt.

Hierauf nun seind zwarten die Stände unter sich zur Particulair-
Eintheilung der obbemelten Posten geschritten, es hat sich aber bald
anfangs soviel herfür gethan, dass wegen etzlicher Kreise notorischen
Unvermögens und erlittenen Ruin die alte hergebrachte Quotisirung
vor diesmal durchgehend nicht gehalten, sondern ein jedweder Kreis
und Stadt nach Gelegenheit seines jetzigen Zustandes und Vermögens
consideriret und angeschlagen, theils Kreise und Städte auch zum
grossen Theil nothwendig übertragen werden müssen, gestalt dann
darauf sowol Ritterschaft als Städte sich zusammen gethan und ein
jedwedes Corpus mit seinen Zugehörigen und Incorporirten sich hierunter à part und in der Güte verglichen oder noch ferner zu vergleichen haben.

Es soll auch dieses alles was vor diesmal also verordnet weiter
nicht als nur auf ein Jahr gemeinet, auch keinem Theile zu einigem
Praejudiz oder Verschmälerung ihrer unter sich habenden Verfassungen
und hergebrachten Quotisation gereichend, weniger ein Kreis für den
andern |: ausser dem was jetzo verglichen :| zu' zahlen angehalten
werden, sondern einem jedweden Theile seine jura allerdings salva et
integra reserviret sein und bleiben.

Soviel schliesslich den Punctum Crediti et Debiti und darbei im
Namen der Ritterschaft der Chur und Mark Brandenburg abermal eingewandte unterthänigste Erinnerung betrifft und anlanget, hat sich
zwarten aus denen von beeden Ständen einkommenen Schriften kein
allgemeiner und einhelliger Schluss, sondern vielmehr in vielen Stücken
eine merkliche Discrepanz befunden, indem insonderheit die gesammte
Städte ihrer vorigen Erklärung und darauf von Sr. Ch. D. erfolgten
und dem jüngsten Recess einverleibten gnädigsten Resolution allerdings nochmals inhaeriret, ein guter Theil des Ritterstandes aber ihre
vorige eingewandte Protestationes anderweit wiederholet und aus
vielen angezogenen rationibus sowol wider das gesuchte Indult als
auch Moderirung und Remission der Zinsen de novo solenniter protestiret und ihnen ihre competirende Jura und actiones darwider noch-

mals bester Massen reserviret, welche ihre Protestation dann auch S. Ch. D. dahin gestellt sein lassen. Aldieweil aber gleichwol durch das ertheilte Indult der Creditoren Schuldforderung nicht überall benommen, weniger die Zinsen gar aufgehoben, sondern den Gläubigern vielmehr ihre Jura allerdings salva et integra gelassen und nur allein die Executiones auf eine gewisse Zeit und Maass aus beweglichen Ursachen suspendiret werden, S. Ch. D. auch jemanden das Seinige, wozu er Rechtswegen befuget, wider seinen Willen und ohne sein Verschulden zu nehmen nach wie vor nicht gemeinet, so seind Sie der ungezweifelten guten Zuversicht, es werden obgedachte protestirende vom Adel auf diese Sr. Ch. D. wiederholte abermalige gnädigste Erklärung sich nunmehr zufrieden stellen und es bei dem im vorigen Recess ertheilten dreijährigen Indult, so hiermit nochmaln repetiret, auch dem künftigen Moratorio also einverleibet werden soll, auch ihres Orts bewenden lassen. Dass aber die von der Ritterschaft bei diesem Punct noch ferner unterthänigst erinnert und gebeten, dieses Indult auch auf gar geringe Capitalia von ein-, zwei- oder dreihundert Thlr. zu extendiren, dasselbe hat so gar indiscriminatim und ohne Unterschied justitia et aequitate salva nicht verordnet werden können. Es hat aber auch gleichwol bei Sr. Ch. D. die Meinung nicht gehabt, dass auch in solchem Fall, wenn der Debitor notorie arm und unvermögend, hingegen aber des Creditoris Conditio also bewandt, dass er seine Capitalien ohne seinen Schaden wol entrathen kann |: welchen casum die Ritterschaft praesupponiren und figuriren :| auf diese oberührte kleine Capitalia exequiret werden sollte, sondern Sie haben diese Limitation allein dahin verstanden, decrariren auch dieselbe hiemit nochmals derogestalt und also, dass, wann dem Creditori unvermeidliche Ehe-, Ehr- und Nothfälle zu Handen stossen und es wäre derselbe so dürftig, dass er einer solchen Summ von seinem Capital, ohne seinen äussersten unwiederbringlichen Schaden nicht entrathen könnte, hingegen die Debitoren vermögende und wolbegüterte Leute, welche dergleichen Posten unschwer und ohne ihren Schaden oder ihrer Güter Ruin aufzutreiben vermöchten, auf solchen Fall dem Creditori die Hülfe nicht zu versagen, sondern demselben auf so hoch die hülfliche Hand in alle Wege zu bieten sei, und diesen casum haben Sr. Ch. D. in Gott ruhenden hochgeehrten Herrn Vaters Gnaden in allen und jeden Ihren Indulten jedesmal expressis verbis excipiret. Es ist auch derselbe in göttlichen und weltlichen Rechten, ja in der christlichen Liebe und Billigkeit fundiret und begründet, und würde es gewiss |: immassen die von der Ritterschaft selbst erkennen :| gar ein seltsam Ansehen ge-

winnen, der christlichen Liebe und Billigkeit in aller Völker Rechten
zuwiederlaufen, wenn in hoc casu ein anders statuiret und in solchen
Nothfällen nur dem Debitori praevidiret, der dürftige Creditor aber,
der seinen Nächsten mit seinem sauren Schweiss und Blut in seiner
Noth gerettet und ausgeholfen, in gleichmässiger und wol höherer Necessität auch in so geringen Posten hülflos gelassen werden sollte.
Soll nun der werthen Gerechtigkeit und christlichen Liebe nicht zu
nahe getreten werden, so muss das gerechte temperamentum zwischen
Schuldnern und Gläubigern ergriffen, gegen des Schuldners Klage
auch die Noth und Dürftigkeit der Gläubiger in eine Wage geleget
und sowol des Creditoris als Debitoris Condition und Zustand wol
consideriret und einem sowol als dem andern die christliche Liebe
mitgetheilet werden. Vornehmlich aber dem Creditori, als dessen conditio in pari causa et necessitate weit melior und favorabilior ist und
sein muss, als des Debitoris, zudem für denselben nicht nur lex cha-
ritatis, sondern zugleich auch lex justitiae stark militiret, massen es
derowegen S. Ch. D. bei diesem Pass bei voriger Ihrer gnädigsten Erklärung nochmals bewenden lassen, doch mit dieser fernern Erleute-
rung und Declaration, dass in Ehe-, Ehr- und Nothfällen, darunter auch
die Abführung der Contributionen mit zu verstehen, dem dürftigen Cre-
ditori |: der ausserdem sich aus solchen Nöthen zu retten keine zu-
reichende Mittel hat und eines solchen geringen Particels von seinem
Capital so hoch benöthiget, dass er sonsten in grossen unwiederbring-
lichen Schaden gerathen würde :| von dem Schuldner, wann derselbe
des Vermögens ist, dass er solche kleine Post wol abführen kann, neben
dem Zinse noch ein- oder zweihundert Thaler Capital gezahlet und
abgeführet, auch darauf wieder den Schuldner verholfen werden soll.

Dass vors ander die generales renunciationes, wann in den Obligationibus den beneficiis Juris und Indultis Principum nur ins gemein
renunciiret worden, nicht attendiret, noch auf dieses Indult gezogen
worden, lassen S. Ch. D. in Gnaden wol geschehen.

Dass aber derjenige Debitor, welcher nominatim und in specie
den beneficiis oder induciis moratoriis quinquennalibus, eisern oder An-
standsbriefen, imgleichen allen Kriegsverheerungen, Plünderungen,
Brandschäden und dergl. wissentlich abgesaget, sich dennoch mit
diesem Indult zu behelfen haben solle, haben S. Ch. D. den allgemeinen klaren Rechten entgegen zu sein erachtet. Die sämmtliche
Städte haben diesen Casum expresse excipiret, beruhen auch nochmaln
dabei beständig. Wann auch dergleichen sonderbare und specialia pacta
conventa nicht attendiret werden sollten, ist zu besorgen, dass da-

durch die vincula humanae societatis, fides data, Treue und Glaube möchten gebrochen und violiret werden, ja des ganzen Landes Credit, ohne welchen kein Land noch Stadt bestehen kann, gar dahin fallen. Wer würde oder wollte auch mit einigen Menschen mehr zu contrahiren oder jemanden sein Geld weiter zu creditiren Lust haben, wann solche und dergleichen bei dem Contract ausdrücklich bedingte Pacta und Renunciationes nichts operiren oder aber nur bei glücklichen und friedlichen Zeiten ihre Wirkung haben sollten. Aus diesem und andern erheblichen Motiven mehr ist von Sr. Ch. D. hochbedenklich gehalten auch solche Special Renunciationes, da der Debitor den moratorischen Indulten und zwar bei währenden diesen Kriegszeiten, do er tam praesentem suam quam ingruentem conditionem wol gesehen, aber dennoch sich der moratorischen Indulten ausdrücklich und wolbedächtig begeben, sogar aufzuheben und dadurch dem Creditori an seinem ex pacto erlangeten Jure quaesito zu praejudiciren, finden sich auch dazu nicht bemächtiget.

Die dritte der Ritterschaft Erinnerung haben S. Ch. D. für billig erachtet, soll auch bei Abfassung des Indults in Acht genommen und dasselbe auch auf Kramerschulden, so in mutuum convertiret und zinsbar gemachet, extendiret werden.

Wie dann auch S. Ch. D. ferner und vors Vierte nicht entgegen, dass derjenige Wiederkaufscontract, in welchem sich beede Theile die Loskündigung vorbehalten, mit unter diesem Indult gezogen werde, wegen der übrigen aber, so entweder albereit Ihre Endschaft erreichet oder Zeit währenden diesen Indults noch erreichen würden, haben sich beede Theile, aufs beste Sie können oder mögen, von neuen zu vergleichen oder der Käufer auf allen Fall sich seines juris retentionis, bis er contentiret wird, zu gebrauchen und das Gut ferner auf Rechnung um gewöhnlichen Zins bis zur Wiederablösung einzubehalten.

Beim fünften Punct wiederholen S. Ch. D. Ihre dem jüngst ertheilten Recess einverleibte gn. Erklärung nochmaln auhero, und wollen in dem künftigen Moratorio die expresse Vorsehung machen lassen, dass die eine Hälfte der versessenen Zinsen, doch dass neben dem Current Zins jedesmals ein halbjähriger ordinari Zins zugleich mit abgegeben werde, sowol als die Capitalia suspendiret und darauf Zeit währenden Indults keine Execution verstattet werden solle.

Und weiln die Deputirte der Ritterschaft hierbei bedinget, dass gleichwie den Creditoren hierdurch ihre Actiones integrae verbleiben, auch ihnen ihre Jura wegen praetendirten Vorschusses salva illaesa gelassen werden möchten, so ist solche ihre Protestation hiermit in quantum de jure angenommen worden, jedoch vorbehaltlich der Creditoren Gegen-Notdurft. Was bei diesem Punct ferner wegen vieler pravitatum usurariarum, so in theils Obligationibus, darin den Creditoren an Statt der Zinsen Korn verschrieben, sich befinden sollen, erinnert worden, lassen S. Ch. D. an seinen Ort gestellt sein und wol geschehen, dass in den Contractibus pignoratitiis oder antichreticis die reditus des Guts ad ordinarium modum usurarum und auf 6 procento reduciret, auch was den gewöhnlichen modum excediret in sortem computiret werde. Auf die Wiederkaufs Contracte aber, darin der Creditor mit Churfürstl. Consens jeden Winspel hart Korn für zweihundert Thaler bona fide und dem Landesgebrauch gemäss an sich erkauft, können dergleichen moratorische Indulte |: als welche vermöge klarer Rechte in emptionibus et venditionibus keine stattfinden :| gar nicht appliciret, weder dieselbe pro contractibus usurariis gehalten werden. Dann sonsten auch alle andere Erbkäufe, darinnen ein Winspel hart Korn vermöge kundbaren Landesgebrauchs niemals höher als auf 200 Thaler taxiret und verkauft wird, pro usurariis zu halten sein würden.

So hat es auch mit solchen Contracten gar eine andere Beschaffenheit, und muss der Käufer im Fall der Winspel Roggen oder Gersten nicht 12 Thaler, sondern, wie zu Zeiten wol geschiebet, nur 8, 9 oder 10 Thaler gilt, den Schaden und Abgang über sich gehen lassen und hat er deshalb seinen Verkäufer weiter im geringsten nicht zu belangen, muss ihm derowegen auch billig das lucrum, wann das Korn etwas höher in pretio steiget. dictante ipsa naturali ratione dagegen gegönnet werden. Und über dem sind alle solche wiederkäufliche Contracte mit Sr. Ch. D. als des Lehnherrn Consens |: dann ausserdem sind sie pro validis nicht zu achten :| corroboriret und hat dadurch der Creditor ein zweifachs jus quaesitum, so ipso invito nicht genommen werden kann, vor sich erlanget, dabei er auch billig zu schützen.

Jedoch halten S. Ch. D. so gar unbillig nicht zu sein, dass die bei diesen schwierigen Zeiten zurück gebliebene und versessene Kornpächte und zwar jeder Winspel hart Korn zu Gelde etwa zu zwölf, oder im Fall der Käufer darzu nicht zu bewegen, aufs Höchste zu 15 Thlrn. aestimiret und angeschlagen, auch die Abführung derselben auf leidliche Termine behandelt werden, wollen auch deshalb dero Cammergericht die Notdurft zu rescribiren und zu befehlen nicht unterlassen.

Was supplicirende Ritterschaft wegen des Mülcke Viehes und Refection der Gebäude ferner und fürs Sechste gehorsamst gesuchet, demselben haben S. Ch. D. Ihnen zu Gnaden in soweit geruhet, dass von den executionibus neben vorhin verwilligten Stücken, auch soviel Mülke Viehe als zur Haushaltung, doch allen Ueberfluss ausgeschlossen, erfordert wird, ingleichen die nothwendige Refection Kosten, darüber jedoch der Creditor jedesmals zuvernehmen, eximiret und solches dem moratorio rescripto inseriret werden solle.

7. Wäre es auch Sache, dass zwar ein Curator einem Debitori doch extra casum concursus eingesetzet werden müsste, so soll derselbe sowol dem Debitor als Creditori sich mit Pflichten verwandt machen, und es im Uebrigen wegen der Schlüssel zu den Scheunen und Kornboden, auch Speise-Cammer, Küch und Keller also, wie im vorigen Recess deutlich versehen, gehalten werden. Es ist aber jedoch unter dem was an Getränke zur Haushaltung gehöret der Zuwachs an Weine nicht zu verstehen, sondern darinnen wird dem Creditori nicht unbillig verholfen.

8. Mit den adeligen Wittiben haben sich diejenigen, so ihnen an Zinsen Deputat und Alimentgeldern etwas im Rest verblieben, nach billigen Dingen zu vergleichen oder im Churf. Cammergericht darüber Erkenntnüss zu gewarten. Dann dass S. Ch. D. Ihrer ungehört und sine praevia sufficienti causae cognitione hierunter etwas widriges verordnen oder ihnen ihre restirende oder künftige Alimenta zum Theil abschneiden oder auch verringern und dadurch dero Thränen und Seufzen über sich und Ihre Lande laden sollen, ist deroselben nicht anzumuthen gewesen.

9. So vermögen Sie sich auch wegen der Liquidation Processe. Concursuum Creditorum und Behandelung der Zinsen bis aufs alterum tantum aber usque ad tempus formati processus zu einem mehren nicht als vorhin geschehen erklären, sondern lassens in diesem wie auch im Uebrigen allen bei Jüngstem bewenden. Wollen auch die gnädigste Anstalt thun, damit numehr vorigem und jetzigem Recess gemäss das begehrte Moratorium begriffen und dem Churfürstlichen Cammergericht sich darnach gehorsamst zu achten demandiret und aufgeleget werden solle.

Unterdessen ist vorjetzo gegenwärtiger Recess hierüber begriffen und von Sr. Ch. D. mit eigenen Händen und dero Churfürstl. Major Secret bestätiget worden. Gegeben und geschehen in Cölln an der Spree am 11ten Julii des 1643ten Jahres.

Aus der Correspondenz des Geheimen Raths Thomas v. d. Knesebeck mit seinem Bruder, dem Landeshauptmann Hempo v. d. Knesebeck, und dem Hof- und Landrichter der Altmark.

Thomas an Hempo v. d. Knesebeck. Dat Cölln a. Sp. 25. Juni 1647.

[Räth die von den Ständen gewünschte Zusammenkunft zu vertagen. Schädlichkeit des Indults. Die Lage der Ständischen Kassen.]

1647. 5. Juli.

„Demselben sein meine bereitwillige Dienste jederzeit bevor, und habe ich sein Schreiben vom Herrn Hof- und Landrichter wol empfangen. Es hat auch derselbige nebens seinem Adjuncto und dem Deputirten der Mittelmark ihre petita, darüber sie instruiret worden, im Geheimbten Rath eingegeben, und zielen sie ingesammt auf eine Convocation und Zusammenkunft, dazu nicht alleine die Ritterschaft der Alt-, Mittel- und Uckermark, sondern auch das Corpus Civitatum und die Landschaft aus der Neumark jenseit der Oder mit zu beschreiben.

Wir wollen solches Sr. Ch. D. bei der ersten Post zuschicken, und möchte dieselbige ihnen die Zusammenkunft gern und gn. willigen. Es wird aber nichts fruchtbarliches können ausgerichtet werden nisi praesente et auctoritatem suam accommodante principe und dahero dürfte sich's mit der Convocation wol verweilen bis zu Sr. Ch. D. Wiederkunft, davon wir aber nichts gewisses schreiben können. Die Herren Geh. Räthe haben zu der vorgeschlagenen Zusammenkunft schlechte Lust und vermeinen, es möchten den Land-Ständen gleichwol mit andern postulatis non adeo favorabilibus, so auf ein Collectiren und Contribuiren hinaus laufen, die Ohren gerieben werden.

Im Hauptwerk wird allem Ansehn nach das Werk so die Ritterschaft für hat ganz vergeblich sein. Was die Indulten bisher genutzet haben, hat der Ausgang erwiesen; die Debitores sind dadurch in ein weiteres Stocken gerathen und ist ihnen das Werk schwerer denn vorhin geworden. Ich habe einmal auf Joachim v. Bardelivens Kinder Vormünder die Creditoren, darunter Christoph von Bismark der vornehmste gewesen, auf eine dreijährige Dilation und Erlassung dreijähriger Zinsen disponiret; es ist aber mit grossem Schaden der Unmündigen geschehen; dann die Güter dadurch je länger je mehr deterioriret und negligentia tutorum, so sich solcher Dilation nur zu ihrem Vortheil gebrauchet, auf's ärgste verwüstet und zu nichte gemachet worden. Bei währendem Indulto, so S. Ch. D. den Ständen Anno 1643 ertheilet, ist nichts gezahlet und der moderirte Zins je so wenig als die graviores usurae auskommen. Sollte man mit den subhastationibus et distractionibus bonorum ganzer sechs Jahr einhalten, möchten einestheils Güter wol in ein solch Abnehmen gerathen, dass sie hernach gar keinen emptorem mehr finden könnten und die Zinsen würden sich zum Schaden und Nachtheil der posteriorum Creditorum häufen und das wird all der Vortheil sein, so ex ista protractione et suspensione justitiae zu hoffen. Zudem ist dem Bruder bekannt, dass die Debitores conventi gemeiniglich eine Commission ausbitten und einen concursum selbst erregen; Darauf kann nichts anders erfolgen als eine Immissio emptoris et consequenter bonorum subhastatio et distractio und sind viel Güter, mit denen es auch ante belli tempora auf eine Alienation bestanden, als in specie Luthern von Alvenschlebens Antheil Gute zu Calbe, Joachim Steinbrechers Gut zu Neukirchen u. a. m. Wäre man zu rechter Zeit mit der Distraction verfahren, würde es für die Debitores und Creditores gut gewesen sein. Itzo haben die usurae sortem superiret, und müssen die posteriores Creditores das ledige Nachsehen haben. Zu dem so sind ein Haufen casus von den Indultis excipiret als verdientes Lohn, Handwerkerschulden, Alimentationgelder, was zu den Kriegescontributionibus und zu Abwendung der militarischen Execution geliehen, debita pupillorum, Ecclesiarum et piarum causarum pensiones, census conducti und was dergl. exceptiones mehr sein, also dass einem clementi debitori in effectu mit den Indulten überall nichts gedienet. Dass die Zinsen bei diesen Kriegesläuften moderiret worden, ist billig, aber quotusquisque debitorum thut auf die Zinsen etwas offeriren oder seinem Creditori Handlung anbieten? Wenn nun ein Debitor so gar sehr tergiversiret und auf die monitoria, executoriales und Erkundigung des Landreuters sich nirgend zu erkläret, so ergehet hernach die Execution billig auf Capital und Zinsen, aldieweil excipienti nichts eingeräumt und die Vorschläge von dem Debitore selbst, nicht aber von dem judice ex officio, geschehen müssen.

— — — Was soll man denn den creditoribus viel aberkennen, da sie zu dem geringen und behandelten debito ja so wenig Hoffnung haben, als zu den gravioribus usuris. Es würde hierbei die gütige Handlung ein mehrers als ipsius principis rescripta operiren, und ergehen ohne das die subhastationes et distractiones nicht wider den so die zu vermeiden begehren und tracto temporis mit den creditoribus Richtigkeit zu treffen erbötig, sondern wider diejenige so bonis cediren oder sich judicialiter erklären, dass sie nicht anders als mit Gütern zahlen können. Dass in concursibus creditorum die usurae in etwas zurück gesetzt werden und die posteriores auf ihre Capitalien auch etwas bekämen, ist admodum favorabile, und könnte hierin, wenn alle Stände damit einig, wol ein Mittel getroffen werden. Ich besorge mich aber auch hierin einer gewaltigen Contradiction von vielen welche vigiliret und churf. Consensc ausgebracht oder de jure tractas hypothecas oder privilegia praelationis haben. Sollte nun das jus commune geändert und die dispositio juris Saxonici eingeführet werden, ein solches Werk auctoritatem principis et consensum der gesammten Land-Stände, wie solches bei allen Landtagsschlüssen üblich und gebräuchlich, erfordert. Dass eine durchgehende Richtigkeit gehalten und die Hülfe sowol wider die Communen als privatos ergehe, ist billig, ob aber die Communen solvendo seien, davon lasse ich den Bruder selbst urtheilen. Es sind die Altmärkischen Städte in die anderthalb Millionen schuldig, dazu werden die bona civitatum schwerlich reichen und hat der Bruder selbst erfahren, wie nichtig und vergeblich alle Executiones so von ihm und mir adversus Civitates angeordnet worden gewesen. Die Mittelmärkischen Städte machen es nicht besser, und wenn die Neustadt Brandenburg, Berlin und Cölln, Frankfurt a. Oder und Ruppin excipiret wird, so ist der übrigen Vermögen nichts werth. Sollte man nun particularia debita einer jeglichen Stadt als Seehausen, Werben etc. ansehen, wird prout intuitu der Schuldenlast das Vermögen weit übertroffen und also sich bald ausweisen, ob die civitates solvendo sein oder nicht. Das Schuldenwesen im Biergelde und Hufenschoss ist dem Bruder bekannt, wie geringes einem jedweden Creditori nach der Proportion und weil sie alle in tributum gehen müssen, angewiesen wird. Sollte man solches ändern und Executiones anzuordnen sich gelüsten lassen, wird das Werk auf einmal ganz übern Haufen fallen. Und also hat der Bruder leicht zu ermessen, dass alle Arbeit und Mühe, auch alle Zusammenkunften so diesfalls S. Ch. D. willigen möchten vergeblich sein und den scopum desideratum nicht erreichen würden. Der Hof- und Landrichter, so das Werk sehr eifrig treibet, will es nicht glauben. Er wird es aber bald erfahren; der Bruder kann künftig unsern Ständen in der Altmark mit einräthig sein, und ihre Instruction ein wenig reguliren, damit keine injusta postulata hineingesetzt werden, noch die deputati gar zu viel expostuliren und extra limites vagiren mögen etc."

164 I. Die Ordnung der Contribution bis zu den Recessen von 1643.

Thomas v. d. Knesebeck an den Hof- und Landrichter der Altmark. Dat. Cölln 14. August 1647.

[Ein Landtag vor der Rückkunft des Kurfürsten ergebnisslos. Verlängerung des Indults bis zu diesem Termin.]

1647.
24. Aug.

„— — Sonsten wird sich der H. Hof- und Landrichter noch wol zu erinnern wissen, was des Indults halben und was solchem Punct anhängig für Discursen unterdess zu Metzstorff[1]) vorgefallen, und hat ihnen S. Ch. D. gewilliget, dass die Land-Stände diesseits der Oder von Ritterschaft und Städten gegen Bartholomaei zusammenkommen und von diesem negotio consultiren, auch ihre Bedenken den Herrn Geheimten Räthen übergeben möchten. S. Ch. D. hat auch zu weiterm Bedenken gestellt, ob auch die Creditores mit zu convociren wären, weil mit derselbigen Bewilligung alles billig zugehen sollte. Es hat auch der Herr Canzler in meinem Abwesen die Herrn Cammergerichts-Räthe zusammen gefordert und ist communibus suffragiis für gut angesehen mit Convocation der Land-Stände bis zu Sr. Ch. D. Wiederkunft einzuhalten. Denn weil die Geheimbten Räthe blos in mandatis gehabt, alles ad referendum anzunehmen, so würde die Zusammenkunft doch vergeblich sein, und indessen gleichwol grosse und schwere Unkosten darauf gehen, die convocatio creditorum würde wol speciem formati concursus mit sich bringen, wird auch verhoffentlich der Ritterschaft Meinung niemals gewesen sein. Interim ist von Sr. Ch. D. gewilliget, dass das Indult de anno 1643 usque ad reditum principis observiret werden sollte, womit dann auch ein jedweder Debitor wol zufrieden sein kann. — —"

Th. an Hempo v. dem Knesebeck. Dat. Cölln a./Sp. 10. September 1647.

1647.
20. Sept.

„— — Die Altmärkische Ritterschaft hat einen Befehl an den Bruder ausgebracht nach dem Churf. Indulto auf diesem Quartalgericht und künftig ferner zu erkennen und zu sprechen. Es ist kein Kreis der das Werk so heftig und eifrig treiben thut, als die Altmark, welche das beste und vernünftigste Votum Anno 1643 geführet, darüber sich männiglich nicht gnugsam verwundern kann. — —"

---

[1]) Dorf in der Altmark, in dem die Kreistage dieser Mark abgehalten worden.

Thomas an Hempo v. d. Knesebeck. Dat. Cölln a./Sp.
9. October 1647.

(Die beiden Briefe H.'s habe er bei seiner Rückkehr nach Berlin vorgefunden) „auch aus der Relation gesehen, was in der Städte Schuldsachen zu Stendal vorgangen und worauf die Sachen anitzo beruhen. Es soll davon so bald wir im Geheimbten Rath zusammen kommen geredet und consultiret werden, wie entweder der Bruder zu beantworten oder was an die Städte zu schreiben und denselben zu befehlen sein möchte. Es wird an Schössen ein mehrs als die Städte vorgeschlagen colligiret, wie auch auf andere extraordinaria media müssen gedacht werden, sonsten ist unmöglich, dass das Werk bestehen könne. —

Die Schliessung des Landes und Verbietung des Hopfenausführens ist für diesmal weder von der Mittelmark noch auch von den Städten, sondern einig und alleine von dem Licentiaten Bercholmann [1]) herkommen, welcher vermeinet, es würde ein solches Verbot dem allgemeinen Ziesewerk merklichen Nutzen bringen; und hat also ein Rescript aufgesetzet und die Vollziehung bei dem Herrn Canzler, so es aber im Hause unterschrieben und mit unser keinem davon communiciret, erhalten." Diese Massregel sei verkehrt, obgleich der Geh. Rath Striepe vermeint, es gereiche solches Verbot zu Aufnehmung der Braunahrung und consequenter auch der Ziesegefälle etc.

Thomas an Hempo v. d. Knesebeck. Dat. Cölln a./Sp.
27. October 1648.

Die Stände seien zusammenberufen, um die an Schweden zu zahlenden Contributionen in Höhe von 150,000 Thlrn. zu bewilligen. „S. Ch. D. argiren sehr anitzo eine arctiorem unionem et foedus defensivum mit der Kron Schweden, damit das Land einen perpetuum militem behalten und unsere Officirer desto mehr Geld sammeln und ihre Reputation behalten mugen. Ob es aber zu rathen, dass I. Ch. D. mit einem potentiori sich einlasse, demselben certa subsidia verspreche und also ihre libertatem gleichfalls in die Schanze schlage, stelle ich einem Jeglichen anheim." Die libertas commerciorum, Einstellung aller Hostilitäten, communis administratio justitiae und was zu guter Freundschaft und Correspondenz dienlich, könne auch wol absque foedere defensivo erreicht werden.

---

[1]) Landrentmeister der Stände der Kurmark.

II.

Die Auseinandersetzung mit den Ständen
1650—1654.

Einleitung.

Die folgenden Zeilen sind, bei der Bekanntschaft mit dem Verlauf und den Hauptresultaten des Kampfes von 1652 und 1653[1]), dazu bestimmt, den Blick auf die feineren Einzelheiten desselben hinzulenken, den Zusammenhang aufzudecken, der eins mit dem andern verknüpft. Sie sollen die Stimmung andeuten, in der Fürst und Stände sich in jenem Augenblick befanden, als die seit einem Jahrzehnt schwebende Militärfrage so zu sagen acut wurde.

Die Zeitverhältnisse lagen im Beginn jener Auseinandersetzung für den Kurfürsten so ungünstig als möglich, um dies gleich vorauszuschicken. Es war die Zeit, in der nur das dreimal verlängerte Indultum Moratorium die Ritterschaft und Städte vor allgemeinem Bankrott bewahrt hatte, wo die völlige Zerrüttung der öconomischen Verhältnisse jede Leistung doppelt fühlbar machte. Dazu waren seit der Herstellung des Friedens immer wachsende und fast noch grössere Forderungen an die Stände gestellt worden, als selbst in den schwersten Kriegsjahren: sei es für Zwecke der Landesvertheidigung und der schwedischen Contribution, sei es für Römermonate und Legationsgelder, sei es endlich für den Unterhalt jener Garnisonen längs der Pommerschen Grenze, die jeden Augenblick bereit waren, den übermüthigen Nachbar, der ganz Hinterpommern als Faustpfand für die Reichs-Kriegscontribution widerrechtlich innebehielt, von Neuem mit Krieg zu überziehen, falls er unerfüllbare Bedingungen stellte.

Was Wunder, wenn die Stände dabei Vergleiche mit dem glücklicheren Loose mancher ihrer Nachbarn, so der Sachsen, der Lüneburger, der Braunschweiger anstellten, wenn sie einer jeden ihrer Eingaben, Bittschriften und Beschwerden die dringliche Bitte anfügten, Seine Churfürstliche Durchlaucht möge sie doch in Ihrer angebornen Gütigkeit und Milde endlich einmal auch die Früchte und den wahren Effect des süssen Friedens wirklich geniessen lassen, ihnen gewähren, was ihnen so oft in Aussicht gestellt sei, während die Auflagen sich doch von Jahr zu Jahr mehrten.

Mindestens ebenso grosse Bedenken wie vom finanziellen Gesichtspunkt aus erregte indess das Ansinnen des Kurfürsten, ihm an Stelle einmaliger

---

[1]) Vgl. Droysen III. 2, 118—132; Erdmannsdörffer, Gr. Waldeck 66—69.

170　II. Die Auseinandersetzung mit den Ständen, 1650—1654.

Bewilligungen auf kurze Zeit ein beträchtliches Pausch-Quantum auf eine Reihe von Jahren für sein Heer zu bewilligen, auch vom politischen aus. Wenn jene oft zugesagte und nie verwirklichte Reduction der Soldatesca nie eintrat, mussten da nicht Rechte und Freiheiten, die ganze politische Stellung der Stände in eben dem Masse sinken, wie die fürstliche Autorität emporstieg! Und schloss nicht die Bewilligung der einen grösseren Summe auf mehrere Jahre schon halb und halb das Zugeständniss ein, dass die Erhaltung einer ständigen bewaffneten Macht, des miles perpetuus, eine Nothwendigkeit sei für Kur-Brandenburg, ein Geständniss, vor dem man sich bisher auf das Sorgsamste gehütet hatte!

Wol erkannten die klar Blickenden unter den Ständen die Tragweite des Kampfes, der sich hier entspann. Wie dem Fürsten, so galt er auch ihnen von vornherein als die Frage, ob fortan die auf ein stets bereites Heer gestützte fürstliche Macht, der „absolute Dominat" des Fürsten oder aber das ständische Regiment der tonangebende Factor im Lande sein sollte. Während der Lauf der Dinge mit Nothwendigkeit jenen Umschwung herbeiführte, klammerten sich die Stände an den zu Recht bestehenden Zustand. Ein Kampf des modernen mit dem historischen Recht des Ständischen Staats ist es, der sich hier abspielt, und eben dieser Gegensatz verleiht den endlosen, ermüdenden Debatten der Jahre 1650—1653 ein höheres Interesse. Im Fürsten erkennen wir hier den Repräsentanten der neuen Zeit, in den Ständen die des alten, nicht mehr existenzberechtigten Zustands, deren Niederlage, so schmerzlich sie den Einzelnen berührte, doch für die Gesammtheit schliesslich zum Heil ausschlug.

Freilich gaben die alten Landtagsrecesse und fürstlichen Reverse von 1540 herab bis zu denen von 1615 den Ständen eine feste, scheinbar unerschütterliche Grundlage. Da stand obenan das Grundrecht, in allen Fragen, daran des Landes Gedeih und Verderb gelegen, mitzurathen und mitzuschliessen. Eben so klar und unzweideutig war jene andere Bestimmung, die die Stände nur in vier genau bezeichneten Fällen zur Leistung von Steuern verband. Umgekehrt enthielten sie nichts von der Verpflichtung zu einer Kriegssteuer oder Contribution, jenem odiosum und odiosissimum nomen, das erst die traurige, ausserordentliche Kriegszeit eingeführt hatte. Wol aber war dort ausgesprochen, dass jede neue, jede ausserordentliche Auflage ihrer Eintheilung, Aufbringung und Verrechnung, der formellen Zustimmung der zum Landtage versammelten Stände bedürfe, so dass jede nicht bewilligte verfassungswidrig war. Wenn nun aber doch solche Steuern ausgeschrieben worden, wie dann? Das Vorbild der Cleve-Märkischen Stände deutete für einen solchen Fall auf die Steuerverweigerung, den offenen Conflikt mit dem Landesherrn, und auch unter ihnen mochte es Einzelne geben, die vor einem solchen nicht zurückbebten, die ihn vielleicht geradezu zu provociren wünschten. Dennoch war in der überwiegenden Mehrzahl die traditionelle Anhänglichkeit an das hochverdiente Fürstengeschlecht, das Gefühl vor Allem wach, dass der junge, ritterliche Fürst auf dem Kurstuhl nicht der Mann sei, absichtlich Conflikte mit seinen Getreuen heraufzubeschwören. Dies Gefühl stimmte zum Entgegenkommen, ohne dass man über eine bestimmte Grenze hinausgehen wollte. Denn darin waren sie alle einig, dass jener Paragraph unversehrt erhalten bleiben müsse, der jede Auflage von der Bewilligung eines regelmässig berufenen Landtags abhängig machte, dass ihnen bei der Bewilligung einer festen Geldsumme die Befreiung von allen Naturallasten zugesagt werden müsse; sie alle endlich beanspruchten als Entgelt für ihre Willigung die Bestätigung und Erweiterung ihrer obrigkeitlichen Rechte dem „Unterthan" gegenüber, alleinigen Niessbrauch der Hauptmannschaften, der Aemter und Pfründen in der Form des Indigenatsrechts, persönliche Exemtion von allen Lasten, Privilegien verschiedenster Art.

Was aber sollte geschehen, wenn der Kurfürst ihrer ungehört trotzdem neue Auflagen ausschrieb? Dann, war die Meinung, müsse man auch unberufen zusammentreten, gegen ein solches Vorgehen feierlich Protest einzulegen, den Fürsten um Berufung eines Landtages zu bitten und dabei an seine früheren Versprechungen, die Bestimmungen der bestehenden Verfassung zu mahnen.

Und dies war der Verlauf der Dinge in den Jahren 1650 und 1651. Jene unberufene Zusammenkunft des Ausschusses der Märkischen Stände, November 1650, die Drohung mit einer zweiten im Sommer des folgenden Jahres, unmittelbar nachdem die Stände der Altmark (Mai 1651) unter der Führung des dortigen Hauptmanns und Kreiscommissars Hempo von dem Knesebeck zusammengetreten und gegen die verfassungswidrigen Massregeln der kurfürstlichen Regierung zu Berlin protestirt hatten, entrollen uns ein Bild ebenso sehr von der erregten Stimmung jener Jahre, wie von dem fürchterlichen Elend infolge des Krieges, der dem Lande alles Lebensblut aus den Adern gesogen hatte. Sie sind sozusagen der erste Akt jenes Dramas der Auseinandersetzung zwischen Fürst und Ständen, das im Landtags-Recess vom 26. Juli 1653 seinen — vorläufigen — Abschluss erhält.

Charakteristisch heben sich von dem Untergrunde, auf dem sich ihre Thätigkeit entwickelt, einige der leitenden Persönlichkeiten auf beiden Seiten ab. Noch stand an der Spitze der Ritterschaft jener Comthur Maximilian von Schlieben, der die Traditionen seines Oheims und Vorgängers im Direktorat der Landschaft unter George Wilhelm und in den Anfängen Friedrich Wilhelms bewahrt hatte. Und dass sein Einfluss immer noch als massgebend galt, geht daraus hervor, dass der Kurfürst sich im Augenblick der Eröffnung des Landtags von 1652 zu dem ihm gewiss nicht leichten Schritt entschloss, jenen Führer der Opposition in einem Handschreiben von Cleve aus um seine Mitwirkung zur Durchbringung seiner Vorlagen zu ersuchen. Schlieben scheint den Traditionen seines Hauses treu oder nicht einflussreich genug gewesen zu sein, da dieser Tag ohne festes Ergebniss endete. Speciellere Nachrichten über sein persönliches Auftreten mangeln indess.

Genauer sind wir über den Führer der Altmärkisch-Prignitzirischen

II. Die Auseinandersetzung mit den Ständen, 1650—1654.

Ritterschaft, des Landeshauptmanns Hempo v. d. Knesebeck[1]) Haltung unterrichtet. Dieser, ein Ehrenmann durch und durch, der seit dem Tode seines ehrwürdigen Vaters, Thomas II., zwei Jahrzehnte hindurch der Altmark mit grösster Selbstentsagung in der Stellung des Hauptmanns vorgestanden hatte und noch vorstand, gewährt ein vorzügliches Beispiel für die Verwirrung, in die ein grosser Theil der Stände durch den Widerspruch zwischen den an sie gestellten Forderungen und ihren hergebrachten Vorrechten gerieth.

Knesebeck hegte die Ueberzeugung, dass mit der Ausschreibung eines nicht verwilligten Kriegssteuer-Zuschlags, der ebensowenig vereinbarten geringeren Ausprägung von Current- und Scheidemünze, der Einführung einer neuen Stempelsteuer endlich im Lauf des Jahres 1650 ein Verfassungsbruch indicirt sei, den er und seine Mitstände dem Kurfürsten zu notificiren nicht nur berechtigt, sondern geradezu verpflichtet seien. Hätte er mit seinen Nachbarn und Kreiseingesessenen dem im Mai 1651 auf der Reise nach Cleve eben in dem der Altmark benachbarten Flecken Gröningen weilenden Kurfürsten eine bezügliche Eingabe überreicht, so hätte Niemand etwas dagegen haben können. Doch da man, dem Protest grösseren Nachdruck zu geben, ein officielles Vorgehen der Ritterschaft der Altmark als solcher für geeigneter hielt, so berief der nur zur Ausschreibung der Kriegssteuer und zur Kontrole ihres Eingangs befugte Kreiscommissar in seiner Eigenschaft als Landeshauptmann, die ihn doch zu genauester Befolgung aller kurfürstlichen Verordnungen verband, die Stände seines Kreises, gleich als wäre er vom Kurfürsten zum Commissar eines altmärkischen Kreistages bestellt.

Die Folge davon ist die sehr ernstliche Auseinandersetzung erst der Geheimen Räthe, dann des Kurfürsten persönlich mit dem Hauptmann über die Pflichten eines kurfürstlichen Beamten und mit den Ständen der Altmark über den Zusammentritt zu einem Kreistage ohne officielle Berufung. Und hatte schon der Grosse Ausschuss zum Neuen Biergelde der ganzen Kurmark, Herbst 1651, als er sah, dass man Ernst zu machen begann, den Rückzug aus seiner ungleich vortheilhafteren und unabhängigeren Position angetreten, wie viel mehr musste es mit den Ständen dieser einen Mark, dem loyalen alten Hauptmann der Fall sein, der des Kurfürsten Vorwürfe mit dem Ausdrucke aufrichtigsten Kummers beantwortet und meint, dass er nur nach völliger Verzeihung für sein gutgemeintes und höchstens unbesonnenes Vorgehn sein graues Haupt ruhig in die Grube legen könne.

Die Ironie des Schicksals wollte, dass eben der wenig Jahre ältere Bruder Hempo's, der Geheime Rath Thomas von dem Knesebeck[2]), der, wie aus seiner oben mitgetheilten Correspondenz mit Hempo aus den vierziger Jahren hervorgeht, diesen Anschauungen nicht zu fern stand, ge-

---

[1]) Vgl. über ihn A. v. d. Knosebeck, Aus dem Leben der Vorfahren etc. 118—129 und Isaacsohn, Gesch. des Preuss. Beamtenthums II, 153.
[2]) Vgl. Knesebeck, Aus dem Leben der Vorfahren etc. 96—118.

meinsam mit dem bürgerlichen Juristen Dr. Johann Tornow[1]) den Auftrag erhielt, die märkischen Stände in dieser Frage zur Parition zu bringen. Wir können Knesebeck unsere Bewunderung nicht versagen, wenn wir sehen, mit welcher Selbstüberwindung er bemüht ist, die Absichten seines Herrn den ihm durch tausend Fäden verbundenen Standesgenossen gegenüber energisch zur Geltung zu bringen.

Und Friedrich Wilhelm wusste, dass dieser Mann nicht nur ein „Patriot", sondern ein dem fürstlichen Hause völlig ergebener Diener, dass er zugleich der tüchtigste Jurist unter den ihn zur Zeit umgebenden vertrauten Räthen war, mit gleicher Kenntniss des öffentlichen wie des Privat-, des Gemeinen Rechts wie der Landes-Constitutionen der Marken. Der Kurfürst fühlte, dass nur ein Mann wie Knesebeck die Aufgabe lösen konnte, die Ansprüche des modernen mit denen des territorialen Lehn-Staats in Einklang zu bringen, und daher wol auch die noch hervorragendere Stellung, die er ihm später in den entscheidenden Momenten des Langen Landtags von 1652 und 1653 anwies.

Sein Gehülfe schon in den Jahren 1650 und 1651 ist Johann Tornow. Tornow's äussere Schicksale sind bekannt. Auch über seine Ansichten und seine Gesinnung, seine schwierige Stellung im Geheimen Rath wie zu den Ständen ist hinreichendes Licht verbreitet. Es wird genügen, hier nur seine Thätigkeit während der ständischen Verhandlungen dieser Jahre in's Auge zu fassen. Es ist ihm wol — nicht ganz mit Unrecht — der Vorwurf gemacht worden, dass er bisweilen im entscheidenden Augenblick den Muth habe sinken lassen, den Ständen nicht durchgehends die unerschütterliche Energie gezeigt habe, wie etwa Daniel Weimann in Cleve-Mark oder Graf Waldeck zur selben Zeit in den westlichen und östlichen Gebieten des Kurfürsten. Dabei ist indess zu berücksichtigen, dass keiner von jenen, selbst Weimann nicht, sich in einer so schwierigen und isolirten Stellung befand, wie Tornow damals zu Berlin-Cölln.

Wir sehen ihn hier vor uns, wie er die missliebigsten und am meisten anfechtbaren Handlungen des Kurfürsten, eine wirklich verkehrte und zuletzt auch als solche anerkannte Münzpolitik, die Auflage der unverwilligten Stempeltaxe, die bald als zu unpopulär wieder zurückgezogen wurde, die Assignation nicht nur unbewilligter, sondern mehrmals entschieden verweigerter Kriegssteuer-Zuschläge, den äusserst gereizten Ständen gegenüber, mit ihm meist abholden Genossen im Geheimen Rath im Rücken, zu vertreten hat. Wir sehen ihn trotzdem diese Massregeln mit Geschick und Erfolg durchsetzen, die dagegen Hetzenden und Handelnden — vor Allem eben Hempo von dem Knesebeck — mit grösster Energie verfolgen und die Opposition mindestens zum Schweigen bringen.

---

[1]) Vergl. über Tornow, Cosmar und Claproth 355; U. A. IV, 830; Erdmannsdörffer 66 ff.; Isaacsohn, Gesch. des Preuss. Beamtenthums II, 116, 155.

Wenn er dann aber auch seinerseits dem in Cleve weilenden Kurfürsten wiederholt und dringend zur Reduction seines Heeres, vor Allem der Abschaffung der vier gegen Pommern bestimmten Arnimschen Compagnien und der Leibgarde zu Ross räth, — worauf ein Haupt-Gravamen der Stände zielte — so motivirt er diesen Rath, wie die unten folgenden Akten darthun, genügend mit der Noth und dem Elend der Marken, die nach diesem unparteiischsten aller Zeugen trotz siebenjähriger Waffenruhe und ebenso langem Zablungs-Indult so gross war, dass auch ihm die durch Reste und Executionsgebühren reissend anschwellende Contribution geradezu unerschwinglich erschien. Erst an der Hand seiner Correspondenz mit dem Kurfürsten und dessen Umgebung in diesem und den nächstfolgenden Jahren wird uns die ganze Schwierigkeit der Situation erkennbar, gewinnen wir auch ein richtiges Urtheil über das, was dieser Mann unter den ungünstigsten Verhältnissen dabei geleistet hat.

Wann die Sehnsucht der Stände nach einem Landtage im alten, ächten Sinne des Wortes, das heisst dem Aufreiten der gesammten Herren und der Ritterschaft in der Residenz, der Verhandlung mit dem Kurfürsten in Person — nach Art der Tage von 1611 und 1615 — gestillt worden wäre, wenn nicht auch den Fürsten zwingende Gründe zur Ausschreibung eines solchen Tages genöthigt hätten, ist bei dessen ausgesprochener Abneigung dagegen schwer zu sagen.

Das Scheitern des Versuchs gegen den Neuburger (Herbst 1651), die immer höher steigenden Forderungen der Schweden in Pommern zeigten, dass der Kurfürst selbst mit den bisher schon ganz beträchtlichen Leistungen seiner Territorien seine nächste Aufgabe — die Durchführung einer bewaffneten Defensiv-Politik — nicht lösen konnte. Es bedurfte dazu klärlich einer ausserordentlichen Anstrengung aller seiner Unterthanen, vor Allem der des grössten und Stammlandes, der Marken, deren Interessen vom Erwerb des das Meer erschliessenden Pommerns am nächsten berührt worden.

Unmittelbar nach der Reorganisation der obersten Staatsbehörden (December 1651) ergingen daher die Ausschreiben in alle kurfürstlichen Lande, die deren Stände zum Anfang 1652 zum Landtage und zur Berathung der in jenem Ausschreiben mitgetheilten Punkte beriefen. Die zum 23. März 1652 nach Berlin berufenen Märkischen Stände kamen hier in seltener Vollzähligkeit zusammen. Der Tag ist auch deshalb bemerkenswerth, weil er das einzige Beispiel eines wirklichen Landtages während der ganzen Regierung Friedrich Wilhelms ist. Weder 1643 noch 1646 waren die gesammten Stände berufen worden — man darf sich dabei durch den Namen Landtag, der auch jenen Deputationstagen gegeben wurde, nicht beirren lassen — noch wurde die Entscheidung im Juni und Juli 1653 durch einen allgemeinen Landtag herbeigeführt. Der Kurfürst mied seit dem Scheitern seines Versuchs auf dem Landtage von 1652 geflissentlich, einen solchen zu berufen. Dieser Tag ist daher der letzte eigentliche Landtag, der in Brandenburg überhaupt zusammentrat, falls man nicht die Huldigungs-Landtage beim Regierungs-Antritt der späteren Regenten als solche bezeichnen will.

Einleitung. 175

Wenn der Kurfürst im Frühling 1652 eine Ausnahme von der sonstigen Regel machte, so geschah dies mit gutem Grunde. Einmal stellte er an das Leistungsvermögen der Stände höhere Ansprüche als je zuvor, sodann aber hoffte er zuversichtlich, jene von der Nothwendigkeit dieser Forderungen zu überzeugen und so zu einem allen genehmen und von allen angenommenen Schluss zu kommen.

Zunächst sollten die beiden Landtags-Commissarien, Joachim Friedrich von Blumenthal und Johann Tornow, eine Summe von 500,000 Thlrn. für die nächsten fünf oder sechs Jahre nebst der Retrocession der vier einträglichen altmärkischen Aemter Diesdorf, Arntsee, Neuendorf und Salzwedel für den einstigen Cessionspreis von 200,000 Thalern fordern, eine Forderung, die die Leistungen der Stände während der letzten Jahre noch nicht einmal erreichte und daher durchzusetzen gewesen wäre. — Daneben aber — und das war das novum — wurde ihnen im Augenblick dieser grossen Bewilligung an Stelle der erbetenen Sublevation ferner zugemuthet, dasjenige Truppeneffectiv, das über die Höhe der Garnisonen hinausging, einige Tausend Mann zu Fuss und die Leibgarde von einigen hundert Reitern, bis zur völligen Evacuation und Huldigung Pommerns aus ihrer Tasche zu unterhalten.

So ungeheuerlich diese Forderung den erschöpften Ständen erschien — wie ja auch hieran der einmal unterbrochene und dann reassumirte Landtag nach vielwöchentlicher Dauer scheiterte — ebenso unerlässlich war sie. Dies geht am besten aus der Motivirung selbst hervor, mit der die Stände diese Forderung ablehnten. Sie sei, äusserten sie sich, schon deshalb unannehmbar, weil jene Räumung eine offene Frage, von dem Belieben des Stärkeren abhängig sei, dem Schwächeren sein Eigenthum herauszugeben, daher eine solche Verwilligung unter Umständen ins Unendliche verlängert werden könnte. Eben weil er dies noch klarer als seine Stände erkannte, eine Weigerung aber auch unter Umständen zum casus belli gegen Schweden zu machen bereit war, musste der Kurfürst auf seiner doppelten Forderung bestehen, was dann wieder zum Conflikt mit den Ständen führte, die sich nicht berufen fühlten, den letzten baaren Pfennig für das ihnen fremde Pommern ihrem „Unterthan" aus der Tasche zu ziehen.

Doch neben diesem eigentlichen und Hauptgrunde gab es noch einen zweiten mehr äusserlich formellen für das Scheitern der Verhandlungen. Uralter Gewohnheit, ihre Gravamina gelegentlich der Zusammenkunft zum Landtage ihrem Fürsten zu unterbreiten, blieben die Stände auch diesmal getreu. Noch nie hatten sie eine so ansehnliche Reihe von Beschwerden zusammengebracht, noch nie — etwa mit Ausnahme der Tage von 1540 und 1550 — so energisch auf deren sofortige Abhülfe, ihre Erledigung vor der Berathung über die fürstlichen Propositionen gedrungen. Die auch sonst dafür massgebende Befürchtung, gleich nach der Bewilligung der fürstlichen Forderungen durch vorzeitige Auflösung um die Erledigung ihrer Beschwerden gebracht zu werden, war diesmal entscheidender noch als sonst.

Handelte es sich hier doch um die Erweiterung und Sicherung der ihnen verfassungsmässig zukommenden bevorrechtigten Stellung, um die Befestigung ihrer obrigkeitlichen Gewalt über die Masse des Volks, den „Unterthan", hofften sie doch, sich in der Erweiterung ihrer Rechte und ihrer Macht nach unten für das schadlos zu halten, was nach oben hin die fürstliche Gewalt durch die Stütze einer nicht ganz unbeträchtlichen Truppe gewann.

Der erste Theil des Landtags schloss ohne Ergebniss, weil die fürstlichen Commissare in dieser wie in jener Beziehung mit den Ständen keine Vereinbarung erzielen konnten. Nur von der persönlichen Anwesenheit des Kurfürsten und unter dessen persönlicher Einwirkung war ein befriedigender Schluss zu gewärtigen. Daher die Vertagung vom Mai bis zur Mitte Juni, die Abreise Blumenthals nach Cleve, dem Kurfürsten über die Stimmung der Stände Bericht zu erstatten; dann bei der Verzögerung der Rückkehr des Fürsten bis zum Herbst dieses Jahres eine abermalige Prorogation nach dreiwöchentlichen neuen Verhandlungen — wobei Thomas von dem Knesebeck des abwesenden Blumenthal Stelle neben Tornow vertrat — bis zu eben jenem Termin. Als die Berufung Friedrich Wilhelms zum Kaiser Ferdinand nach Prag, Oktober 1652, auch dann wieder die persönliche Leitung des Kurfürsten verhinderte, trat aus eben dem Grunde eine dritte Vertagung bis zum 8. Januar 1653 ein, der um ähnlicher Ursachen willen eine vierte, eine fünfte, eine sechste bis zum 2. Mai 1653 folgten; das heisst eine sechsmalige Prorogation binnen zwölf Monaten trotz der flehentlichen Bitten der Stände, der unerträglichen Ungewissheit über das was von ihnen gefordert, das was ihnen bewilligt werden sollte ein Ende zu bereiten.

Die Stände begannen allmählich an einer Lösung zu zweifeln und zu verzweifeln. Das aber mochte gerade die Stimmung sein, in die sie Friedrich Wilhelm bei der endlichen Reassumtion des Landtages versetzt zu sehen wünschte; denn nur heraus aus der positiven Erkenntniss von ihrer Ohnmacht dem sich erhebenden Militär-Staat gegenüber war auf eine Einigung im Sinne des Fürsten zu rechnen.

Wolweislich mied es der Kurfürst, die Ritterschaft zum reassumirten Landtag viritim zu berufen, da die grosse Masse derselben, in dieser Frage urtheilslos, durch fortdauernde Agitation zu bedauerlichen Schritten hätte hingerissen werden können. Umsomehr als die im Frühling 1652 gemachten Bewilligungen jetzt durch neue beträchtliche Forderungen überboten wurden. Einmal wurde die doppelte oder Kriegs-Metze, die damals noch auf ein Jahr unter lebhaftestem Protest der Stände bewilligt worden war, jetzt für die ganzen sechs Jahre, die Dauer der Termin-Zahlungen der 500,000 Thlr. gefordert. Dazu trat die Forderung, Willigungen zu machen für die Leibgarde z. R., die der Fürst nicht entbehren und doch aus seinen geschmälerten Domänen-Einkünften nicht unterhalten könnte, desgleichen Legationsgelder für den Regensburger Deputationstag und Römermonate zur Ausführung der Bestimmungen des Friedens-Instrumentes zu willigen, endlich

Einleitung.

neben den ersten 500,000 Thlrn. noch andere 20,000 Thlr. zu übernehmen, die der Alt- und Mittelmärkischen Ritterschaft zum Entgelt für die Rückgabe der vier altmärkischen Aemter herausgezahlt werden sollten. — Der Landtag von 1653 nahm einen ähnlichen Verlauf wie der des vorhergehenden Jahres. Wiederum ertönten ebenso laute, ebenso bittere Klagen über die in dem Ausschreiben nicht angegebenen Nachforderungen, über die man aus mangelnder Instruction zu einem Schlusse nicht gelangen könne; wiederum machte sich die Forderung auf Erledigung der Gravamina geltend, ehe man an die Berathung irgend eines der Punkte der Proposition herantrete. Der Kurfürst schlug den praktischen Weg ein, diesen Tag einfach als die Reassumtion des im Juni 1652 ohne Schluss auseinandergegangenen und die dort gemachten Willigungen als noch jetzt für die Stände verbindlich zu betrachten. So galt es nur noch, die Nachforderungen von etwa 40—50,000 Thalern durchzubringen. Auch dies wäre ihm sonder Zweifel gelungen, hätte er die von den Ständen geforderte Reduction der Soldatesca formell zugesagt und gleichzeitig die Behandlung der Gravamina in die Hand genommen. Da er jenes nicht thun mochte noch konnte, so sah er sich zu einer abermaligen — siebenten — Vertagung von Anfang Mai bis Mitte Juni genöthigt, um inzwischen die üble Stimmung der Heimgelassenen, ihre Forderung, sofort und auf jeden Fall zum Schluss zu kommen, auf die in die Heimat zurückkehrenden Deputirten einwirken zu lassen.

Die neuen Verhandlungen vom 12. Juni bis zum 25. Juli nahmen denn nun endlich den gewünschten Verlauf. Auch die letzten Forderungen des Fürsten wurden bewilligt auf das allgemeine Versprechen hin, die Reduction nach Ablauf der sechs Jahre eintreten zu lassen sobald es nur der Zustand von Sr. Ch D. Landen irgend zulasse. Die Verhandlungen selbst wurden derart geführt, dass die Punkte der Proposition und die ständischen Beschwerden meist gleichzeitig und nebeneinander in den mündlichen Conferenzen der fürstlichen Landtags-Commissarien mit den Delegirten der Stände behandelt wurden. So kam nach abermals sechs Wochen jener denkwürdige Recess vom 26. Juli 1653 zu Stande, der zusammen mit den zwei analogen für die Neumark vom 29. August desselben Jahres das Fundament bildet, auf dem sich die Stellung der Stände im Brandenburgisch-Preussischen Militär-Staat des ausgehenden XVII. und des ganzen XVIII. Jahrhunderts erhebt, um erst im Anfange unsres Jahrhunderts einer neuen Entwicklung Raum zu machen.

Mit Recht ist von unserm Recess gesagt worden, dass er für die Stellung des Adels in diesem Staat normativ geworden sei, das Herrenrecht der Ritterschaft für Jahrhunderte festgestellt habe. Dies sei als eine überaus grosse Entschädigung für eine nicht gar grosse und noch zeitlich sehr beschränkte Bewilligung zu betrachten. Und als Erklärung für diese scheinbar so befremdliche Erscheinung ist dann die naheliegende Absicht des Kurfürsten geltend gemacht worden, den Junker auf dem Lande, den Rath in den Städten zum Halt und Mittelpunkt der lose gewordenen unteren Massen zu gestalten, ihn aus diesem Grunde mit einer obrigkeitlichen

Gewalt auszustatten, die ihn in den Stand setzte, den Widerwilligen, den schweifenden Bauer und Handwerker unter Umständen mit eiserner Fessel an seine Scholle, sein Gewerbe, seine Zunft zu binden.

Eine genauere Prüfung der einzelnen Paragraphen dieses Recesses und ihre Vergleichung mit den bezüglichen Bestimmungen früherer Abschiede ergibt indess, dass der Gewinn der Stände doch kein so unbeschränkter war, als er zuerst erscheint. Mustert man jene 72 Artikel des Recesses vom 26. Juli mit ihren zahlreichen Nebenartikeln, so findet man, dass sie zwar dem Adel in materieller Beziehung die Befreiung von fast allen öffentlichen Lasten, in politischer eine grosse Unabhängigkeit innerhalb seines „Gerichts", in socialer eine noch schärfer hervortretende Sonderstellung gegen Bürger und Bauer gewähren. Die genauere Prüfung ergibt indess zugleich, dass dieser Recess kaum eine Bestimmung fundamentaler Art enthält, die nicht schon früher bestanden hätte. Schon seit 1550 ist der Gerichtsherr in der Lage, seine Bauern nach Belieben misshandeln und aus ihrem Erbe austreiben zu können. Schon im Recess von 1572 wird seine Gerichtsherrlichkeit im weitesten Sinne bestätigt und gegen Eingriffe der Vertreter des landesherrlichen Gerichtsbannes geschützt. Seit 1540 bereits ist die Theilnahme nicht nur an der Gesetzgebung, sondern auch an der Verwaltung des Landes den Ständen feierlich gewährleistet, seit 1615 die oberste Kontrole über die lutherische Landeskirche ihnen neben dem reformirten Fürsten überlassen.

Finden sich im Recess von 1653 besondere Bestimmungen und Beschränkungen für den Uebergang eines Lehnguts aus adligen in nichtadlige Hände, für die Verkürzung des Erblehns bei der Heirath einer adligen Frau mit einem „honesten" Mann von Bürgerstand, die Verschärfung der Bestimmungen über die Leibeigenschaft, die genaueste Beschränkung der landesherrlichen Beamten, Fiskale, Zöllner, Steuereinnehmer, Amtleute, dem „Gericht" des Junkers gegenüber, so gewähren diese Paragraphen dem Adel nicht sowol völlig neue Rechte, als dass sie — das Abbild des bestehenden Rechtszustands — diese der Ritterschaft jetzt noch einmal gesetzlich gewährleisten.

Man könnte meinen, ein solches Ueberwuchern ständischer Gerechtsame sei um jeden Preis zu hindern gewesen, und ein energischer und schon so mächtiger Fürst wie Friedrich Wilhelm wäre im Stande gewesen, das zu vollbringen. Dem ist zu entgegnen, dass der Preis um den jener Recess erkauft wurde der einer militärischen Stellung war, ohne die der Brandenburgisch-Preussische Staat sich überhaupt nicht bilden konnte. Sodann aber dürfen wir unsere Begriffe von politischer und socialer Gleichheit nicht in eine Zeit hineintragen, die jene Unterschiede und Schranken, wenn nicht als heilige, mindestens als uralte und natürliche betrachtete und sich darin schickte, so gut es ging.

Doch — und dies ist ein zweiter bisher vielleicht nicht genügend hervorgehobener Gesichtspunkt — was der Kurfürst auch immer zugestehen mochte, er hielt sich wenigstens die Möglichkeit offen, Verletzungen des hier festgestellten Rechtszustandes, wenn sie vor ihn gebracht wurden, schnell und energisch zu sühnen. Nach dieser Richtung hin geht dieser Abschied noch weiter als der nicht ratificirte Original-Haupt-Recess von 1652, der nach mancher andern dem Adel mehr lässt. So tritt uns bei jedem neuen, dem Adel gegenüber dem Unterthanen gemachten Zugeständniss doch die eine Schranke entgegen, dass dem letzteren bei Uebergriffen jenes das Recht der Klage bis zum Landesherrn hin freisteht. Mochte diese Bestimmung dem armen Unterdrückten in Wirklichkeit auch wenig nützen, hier war doch ein Punkt gegeben, wegen wiederholten Missbrauchs auch wieder vorkommenden Falls eine Beschränkung der im Recess bestätigten Rechte eintreten zu lassen. So wird auch hier zuerst in allgemeinster Fassung (Art. 41) dem Fürsten das Recht zugesprochen, auf den nach dem Kriege nicht wenig zahlreichen wüsten Flecken neue, freie Bauern anzusetzen, wogegen ein Einspruch der benachbarten Junker nicht gelten solle, und so von Neuem die Grundlage zu einem freien Bauernstande gelegt. So erhält hier auch zuerst der Amtsunterthan in Gestalt seines Amtmanns einen geeigneten und unabhängigen Vertreter auf dem Kreistage und in den Kreisausschüssen, denen die Assignation, Einbringung und Verrechnung der Contribution zusteht. So wird hier zuerst für Zwistigkeiten zwischen Amtmann und Junker und deren Unterthanen ein neues Forum gebildet. Der Geheime Rath wird zu einer Art Oberverwaltungsgericht, was dann nach wenigen Jahren zur festen Constituirung eines mit Juristen besetzten Ausschusses desselben, des Geheimen Raths zu den Verhören (1658) führt[1]).

Wenden wir schliesslich noch einmal unsern Blick auf die Persönlichkeiten, die in den Jahren 1652 und 1653 den Kurfürsten vertraten, so tritt uns neben Th. v. d. Knesebeck und Tornow besonders Joachim Friedrich von Blumenthal entgegen. Dieser, März 1652 von Halberstadt, das er seit der Huldigung als Statthalter verwaltete, nach Berlin zur Leitung des Landtags berufen, mochte als der geeignetste unter den damaligen Räthen des Kurfürsten für die ihm zugewiesene schwierige Aufgabe erscheinen. Von umfassender Rechts- und Verwaltungskenntniss war er, ein märkischer Edelmann, der mit seinen Standesgenossen vielfach verbunden und ihnen in hohem Masse sympathisch war, doch zugleich ein durchaus ergebener Diener seines Herrn der sich in die Gedanken desselben genügend eingelebt hatte, um sie unter Umständen mit Entschiedenheit den Ständen gegenüber zur Geltung zu bringen. Dennoch genügte er dem Kurfürsten zuletzt, als er hier einmal gescheitert war, nicht mehr. Wie weit die Intriguen Waldecks, der den Rivalen aus der nächsten Umgebung des Kurfürsten entfernen wollte und seine Bestellung zum Vertreter auf dem Tage zu Regensburg 1653 bewirkte, hierzu beigetragen, lässt sich schwer ausmachen; sicherlich wird der Graf nicht unterlassen haben, die Weichheit Blumenthals für das Scheitern der Verhandlungen von 1652 mit verantwortlich zu machen.

An Blumenthals Stelle trat seit dem Sommer d. J. 1652 Thomas v. d. Knesebeck, auf dessen Thätigkeit, als eigentlichen Redactors des

---

[1]) Isaacsohn, Gesch. des Preuss. Beamtenthums II, 216.

II. Die Auseinandersetzung mit den Ständen, 1650—1654.

Abschieds, hier mit einigen Worten zurückzukommen ist. Auf ihn fiel die Hauptlast der Geschäfte. Bald hatte er mit den Delegirten der Stände mündlich zu verhandeln, bald über ihre Wünsche und Eingaben dem Kurfürsten und den Geheimen Räthen zu berichten, bald Abschiede zu entwerfen, bald wieder einzelne Forderungen seines Herrn den einzelnen Curien des Landtags gegenüber persönlich zu vertreten. Es war wahrlich kein leichtes Werk, die so weit divergirenden Ansprüche des einen und andern Theils, die anfangs unvereinbar schienen, erst zu mildern, zuletzt wenn nicht zu versöhnen, doch durch Compromisse derart abzuschwächen, dass ein Ausgleich möglich wurde.

Knesebecks Eifer und Ausdauer waren unermüdlich. Einen ganzen, umfangreichen Folio-Band füllen seine Protokolle über die Verhandlungen mit den Ständen, seine Berichte darüber an den Kurfürsten, die Recessentwürfe von seiner Hand. Es scheint, als habe er sich hier in der Wahl seiner Worte und Wendungen nicht genug thun können; wieder und wieder ändert, verbessert er das eben Niedergeschriebene, das zuletzt bei reiferer Ueberlegung doch wieder gänzlich verworfen wird. Für jede Mehrforderung seitens der Stände hat er eine Gegenforderung des Kurfürsten, für jeden Einwand eine Entgegnung bereit.

Besonders anzuerkennen ist seine Unparteilichkeit den Standesgenossen gegenüber, denen er doch von Herzen alles Gute gönnte; mehr noch, dass es ihm ernstlich darum zu thun war, aus dem Chaos der Herkommens-Rechte zu den unverrückbaren Bestimmungen eines geschriebenen Rechts vorzudringen, mochte hierbei immerhin manches von dem geopfert werden, was bisher erhalten war. Nicht nur die Lücken, deren der Recess in dieser Beziehung leider nur zu viele enthält, auch die positiven Bestimmungen desselben sind zu berücksichtigen; und will man ein Urtheil über die Leistungen dieses Mannes gelegentlich des Langen Landtages gewinnen, so darf man nicht den Schluss-Abschied allein ins Auge fassen, sondern muss ihn mit den Forderungen der Stände in Gestalt ihrer Gravamina vergleichen, um zu erkennen, dass hier schliesslich noch mehr durchgesetzt wurde, als man anfänglich hatte hoffen dürfen.

Die Auseinandersetzung mit den Ständen
1650—1654.

Trotz mehrmaligen Protestes der Stände erhob der Kurfürst in den Jahren 1643—1650 die für den Unterhalt von etwa 3000 Mann nöthigen Einkünfte nebst der doppelten Kriegsmetze. Die Besetzung Pommerns durch die Schweden und die Fortführung der Friedens-Executions-Traktaten zu Nürnberg nöthigte zu neuen Ausgaben und damit auch neuen Forderungen an die Stände, die durch die Verlängerung des Indulti Moratorii und Milderung der Zahlungsbedingungen, Juli 1650, einigermassen besänftigt wurden. Dennoch wagte der Kurfürst nicht, seine neuen Forderungen für den ferneren Unterhalt einer Truppe Dragoner unter Oberst Arnim, als Grenzwacht gegen Pommern, und die Auslösung seines Gesandten Matth. v. Wesenbeck[1]) auf dem Deputationstag zu Nürnberg den gesammten Ständen, oder auch nur ihrem Grossen Ausschuss vortragen zu lassen. Er liess vielmehr zu Anfang September dieses Jahres nur eine geringere Zahl solcher zusammenberufen, von deren versöhnlicher und entgegenkommender Haltung er die Annahme der Forderungen erwartete. Dass er sich hierin täuschte, darüber lassen die Aktenstücke keinen Zweifel. Die Propositionen vom 7. Sept. d. J. forderten von den Ständen die Bewilligung der Kosten für die Arnim-Dragoner bis zur Auseinandersetzung mit Schweden unter dem Versprechen der Reduction der Soldatesca nach diesem Zeitpunkt, die Einbringung der früher bewilligten, noch ausstehenden Legationsgelder und die Contribution in ihrer bisherigen Höhe. Ihre Antwort datirt 2 Tage später.

Die Deputirten der Stände an den Kurfürsten. Dat. Cölln a./Sp.
9. September 1650.

1650.
19. Sept.

Sie beschweren sich, „dass nur ihrer etliche wenige haben wollen beschieden und denenselben die Eintheilung via praecepti angemuthet werden",

---

[1]) Vgl. über ihn U. A. I, 694, 799 ff., Isaacsohn, II, 95, 207; Cosmar und Klaproth 359.

gegen den alten Grundsatz, dass Neubewilligungen nur in corpore statthaft wären. Sie bitten, dem alten Gebrauch gemäss, zu Landtagen die des ganzen Landes Interesse und Wolfahrt concerniren vorher Ausschreiben an die Kreise zu erlassen, zur Instruction ihrer Deputirten. Ihre eigene Instructionslosigkeit über die drei ersten Punkte, d. h. die neuen Forderungen von Geld, hindere jegliche Beschlussfassung.

„Denn obgleich E. Ch. D. mit den Schweden des Pommerschen Grenzstreits halber noch nicht zur Richtigkeit sein, so wollte doch diesen Landen sehr ungütlich geschehen, wann sie um der Pommerschen Lande willen noch länger leiden und unerträgliche Beschwerung ausstehen sollten. Es wird auch verhoffentlich dem Instrumento Pacis gemäss durch der Röm. Kais. Majestät und anderer Chur- und Fürsten Interposition diesem Werke wol in der Güte abgeholfen werden, dafern die Schweden nicht endlich für sich selbsten die aequitatem causae erwägen und sich zu billigem Ziel legen sollten, dass es deswegen, ob Gott will, zu keiner öffentlichen Feindschaft kommen wird! E. Ch. D. sein auch für itzo nicht in einem solchen statu und Verfassung, damit Sie mit Bestand den Schweden das aequilibrium halten könnten; es würde auch nicht zu rathen sein, dass man um dieses Streits willen zu den Waffen greifen und in Gefahr sich setzen sollte. —"

1650.
23. Sept.
Replik der Geh. Räthe. Dat. Cölln a. Sp. 13. September 1650.

Die Reduction der Miliz könne noch nicht erfolgen, viel weniger nach der Stände Ansatz auf 1600 Mann, der auf alle Fälle zu gering sei. Der Unterhalt der Festungen solle sie nur vorübergehend treffen. Sie wiederholten ihre Bitte, die Arnim'schen Völker nur noch zwei Monate lang zu unterhalten. Auf doppelte Metze und Licenten könne für die Zukunft noch nicht verzichtet werden.

1650.
24. Sept.
Duplik der Deputirten. Dat. Berlin 14. Sept. 1650.

Sie böten 10 Compagnien und die doppelte Kriegsmetze auf noch drei Monate, September, October, November, d. h. vom Anfang des Ausschuss-Tages an gerechnet bis zum 30. November, als letztes Gebot und ersuchten um die Berufung eines allgemeinen Tages für diesen Termin.

„Dabei aber E. Ch. D. wir in schuldigstem Gehorsam ersuchen, Dieselbe Ihren getreuesten Land-Ständen die Gnade erweisen und nach Ablauf der drei Monate sie mit der allernöthigsten Sublevation erfreuen, inmittels aber die Reduction mit Dero Herren Räthen nach Notdurft überlegen und darüber zu verstatten wollen, dass den Land-

Ständen zugelassen sein möchte, etwa gegen den 17. Novembris alhier per Deputatos in mehrerer copia wieder einzukommen und sich ferner mit E. Ch. D. über die Reduction und wie dieselbe mit des ganzen Landes Sicherheit anzustellen und zu Werke zu richten unterth. vergleichen mögen."

Der Kurfürst sagt unterm 16. September alles zu, nur um Bewilligung 26. Sept. der vier Arnimschen Compagnien und seiner bisherigen Soldatesca bittet er.

In der Quadruplik vom 17. September wiederholen die Stände ihre 27. Sept. Wünsche, doch schon in dringenderer Weise und mit Angabe des Grunds ihrer Bitte um Neuberufung:

„Und ersuchen E. Ch. D. wir nochmals gehorsamst, dass den Ständen vergönnet sein möge, ihre Deputatos gegen den 17. Novembris anhero zu verordnen, die mit E. Ch. D. sich alsdann weiter der Reduction und des Modi halber unterth. zu vergleichen haben; denn dafern solche Zusammenkunft noch weiter bis in den December sollte verschoben werden, so würde dem Lande gänzlich die Hoffnung benommen werden, derselben vor Winters theilhaftig zu werden."

Da auch hierauf keine günstige Erklärung der Landtags-Commissarien erfolgt, so geben die Deputirten am folgenden Tage, 18. September, folgende Finalerklärung ab:

Der Deputirten Finalerklärung. Dat. Berlin 18. Sept. 1650.

1650.

„E. Ch. D. seind unsere unterth. Dienste in unabsetzlichen Treuen 28. Sept. allemal zuvor. Und können unser und des ganzen Landes unumgänglicher hoher Notdurft nach keinen Umgang haben, mit wenigem zu recapituliren, was bei dieser Zusammenkunft allenthalben vorgangen und wie weit man bis hieher kommen, da denn zwarten anfänglichen als E. Ch. D. nur die Commissarios der Kreise und etliche wenige von Städten anhero zur Eintheilung des Unterhalts der Dragoner beschrieben und citiret, und solches zwarten deuen Land-Ständen in gemein etwas befremdet und nachdenklich vorkommen wollen:

So haben sie dennoch sich gehorsamst erwiesen und uns mit gewissen Instructionibus, auf diesen einzigen Punct gerichtet, weil auch in den Ausschreiben von einem mehren nicht gemeldet worden, anher abgefertiget;

Dabei wir aber sofort erfahren müssen, dass in der in E. Ch. D. Namen, nicht aber in Deroselben Churf. Gegenwart, wie sonst es bei dergleichen Occurentien zu beschehen gebräuchlich, vorgetragenen Proposition weit mehrere und schwerere Puncta enthalten gewesen, und dass endlich E. Ch. D. darauf bishero bestanden, nicht allein der Dragoner Verpflegung mit einzutheilen, sondern dass uns auch danebst angedeutet worden, das augmentum zu den Frankfurtischen und Crossenschen Guarnisonen und die Verpflegung der Arnimschen Esquadron auf drei Monat zu verwilligen. Dahingegen aber haben wir mit genugsamen wolgegründeten ratiouibus dargethan, dass den Land-Ständen über das, was sie in Anno 1643 überhaupt verwilliget, ein mehres mit Fug nicht könnte zugemuthet werden, und dass man sich zu dem begehrten augmento, noch weniger aber zu der Arnim'schen Esquadron Verpflegung nicht verstehen könnte, wobei wir insonderheit nebst dem grossen kundbaren Unvermögen des Landes uns defectu mandati entschuldigen und es dabei auch nochmaln billig verbleiben lassen müssen.

Weil aber dessen allen ungeachtet E. Ch. D. immerfort Ihren postulatis insistiret, so haben wir endlich über uns genommen und pro ultima uns gestriges Tages dahin erkläret, dass nicht allein noch auf drei Monat, den jetzigen laufenden mensem mit eingeschlossen, der im Augusto eingetheilte Unterhalt auf E. Ch. D. Völker, als 10,000 Thaler, noch weiter sollten hergereichet, sondern auch darüber der Dragoner Tractament von 920 Thaler mit eingetheilet werden, doch dass E. Ch. D. hingegen den Ständen die Erhörung widerfahren und den Ständen gn. freigelassen würde, den 17. Novembris alhier wieder ihre Deputatos einzuschicken, die ferner des modi sublevationis mit E. Ch. D. unterth. einig werden möchten.

Wir vernehmen aber, dass auch solch unser ganz billiges Erbieten noch nicht wolle acceptiret werden, sondern dass E. Ch. D. immer weiter bei vorigem bestehen und uns danebst entdecken lassen, dass im Fall der nicht erfolgten Einwilligung Sie die Arnim'sche Esquadron selbst eintheilen und verlegen lassen müssen; und was uns noch zum meisten betrübet, so wird den Ständen dabei nicht einmal einige gewisse Hoffnung gemacht, ob nach Ablauf dieser drei Monaten sie sich einer wirklichen Hülfe getrösten könnten.

Hierbei können wir nun zwarten unseren mandatis nach ein mehreres nicht thun, als dass wir alles dasjenige, was bishor passiret ist, ad referendum annehmen.

Dieweil wir aber dennoch nicht allein für uns selbsten äusserst uns dahin bemühen, E. Ch. D. bei gn. Affection gegen Ihre Land und Leute zu erhalten, sondern auch gerne alle Confusion und Inconvenientien, die aus einer solchen Verlegung der Arnim'schen Esquadron entstehen könnten, verhüten wollten, so haben wir uns noch weiter

Bitte um Gestattung eines Deputationstags für den Nov. 1650.

hierüber zusammengethan und endlich per majora dahin geschlossen, dass über alles vorige und bis zur Ratification unserer Committenten und Heimgelassenen wir wegen dieser bemelten Völker, die doch dem Lande im geringsten nicht angehen, auch nicht um dieses Churfürstenthums willen, sondern blos wegen der Pommer'schen Lande beibehalten werden, E. Ch. D. semel pro semper Drei Tausend Thaler verwilligen und dieselbe nebst dem übrigen so schweren contingenti in diesen vorig benannten drei Monaten mit ausbringen wollen; damit werden E. Ch. D. es alsdann also beschaffen, wie sie es befinden, dass es zu Deroselbst eigenem und Ihrer Lande Aufnehmen und Besten gereichen werde.

Dabei aber ersuchen E. Ch. D. wir nochmaln gehorsamst, dass den Ständen gn. möchte concediret werden, gegen den 17. Novembris Ihre Deputirte anhero wieder zu verschicken, die weiter nebst E. Ch. D. und Dero Herren Räthen die so nöthige Erleichterung beschliessen helfen können. Denn in einer so hohen und schweren monatlichen Contribution will dem Lande weiter zu subsistiren nicht möglich fallen; und gehet gleichwol E. Ch. D. gn. Erbieten in dem Landtages Recessu de Anno 1643 ausdrücklich dahin, dass, wann sich die Zeiten etwas bessern|, E. Ch. D. alsdann Ihren Unterthanen nöthige Hülfe widerfahren lassen wollten;

Ueberdas werden E. Ch. D. die Stände auch dabei versichern, dass diese gutwillige Bezeigung ihnen nicht zu Schaden und Nachtheil noch zu einer schädlichen Consequenz gereichen und jemaln dafür gedeutet werden sollte.

Wofern aber dann auch dieses unser in ipsissima aequitate bestehendes Erbieten nicht sollte acceptiret, sondern alles den Ständen überhaupt genommen werden; so wissen wir weiters zur Sachen nicht zu reden, sondern müssen mit betrübten Gemüthe uns wieder nach Hause wenden, und von allem dem, so vorgangen ist, den Heimgelassenen Relation thun, welche allerseits gewisslichen sehr nahe gehen würde, wann auf die Weise dergleichen Collecten und Steuern dem Lande sollten aufgelegt und zugemuthet werden.

Wir geloben aber nebst ihnen der ungezweifelten unterth. Hoffnung, weil E. Ch. D. von Anfang Dero Churf. Regierung Ihre Lande und Leute mit aller Churf. Clemenz und Sanftmuth regieret, und darüber in und ausserhalb Röm. Reichs sich einen unsterblichen Namen und Nachruhm gemacht, als werden auch Dieselbe noch ferner in solchem Christlichen und löblichen Vornehmen verharren, und die Land-Stände nicht aus denen, von E. Ch. D. Herren Vorfahren eine so geraume Zeit hero continua et non interrupta serie erhaltenen und wolhergebrachten, auch von Deroselben selbst confirmirten Privilegiis setzen, und dergleichen voluntarias collectas denselben pro autoritate et via praecepti nicht zuschreiben und aufbürden lassen. Es würde ein solches bei Männiglichen ein sehr grosses Nachdenken haben und Aufsehen gewinnen, dass, da die Röm. Kaiserliche Majestät und andere Potentaten, Churfürsten und Fürsten nach getroffenem Universal-Frieden ihre Unterthanen derer durch den Krieg eingeführten Contributionen entheben und empfindliche Sublevationen geniessen lassen, E. Ch. D. dennoch Ihre Unterthanen unter einer so schweren Last noch verbleiben und darüber ihnen die Völker zuweisen wollten, die doch diesen Landen nicht zum Besten geworben, noch jemaln zu deren Dienste nicht emploiret worden, auch noch anitzo um keiner andern Ursachen willen sollen beibehalten werden, denn dass sie nach erlangter Actualpossession der Pommerschen Lande dahin können verlegt werden, da dann gleichwol diesem Churfürstenthum gar zu ungütlichen geschehen würde, wann dasselbe um der Pommerschen Grenzstreitigkeit willen noch länger leiden, und in stetiger Bedrückung verbleiben sollte. E. Ch. D. haben bis hieher von Dero getreuesten Ständen dieses Ihres Churfürstenthums mit gutem Grunde sagen können was bei dem Historico Comminaeo stehet: Se habere populum fidelissimum, qui libenter imperata faciat, qui nullum onus recuset, qui pacientissime quidvis toleret, qui damnum acceptum moderatissime ferat.

Dahingegen aber stehen sie auch in der unterth. Zuversicht, E. Ch. D. werde ihre unterth. gehors. Bezeigung ihnen nicht zu ihrem äussersten Verderb und Schaden gereichen lassen, noch ex absoluta potestate ihnen dasjenige zulegen, welches von den gesammten Ständen niemaln bewilliget, ihnen auch zu erlangen und auszuführen unmöglich fallen würde.

Welches aus unterth. Schuldigkeit E. Ch. D. wir nochmaln gehorsamst vermelden, unsere vorige petita wiederholende und dieselbe in tiefster Demuth ersuchen wollen, uns darüber zu erhören und nunmehr gn. Dimission widerfahren zu lassen."

Da der Kurfürst sie ohne ein solches förmliches Versprechen entlässt, so treten die Mitglieder des Gr. Ausschusses zum Neuen Biergelde, der Ende November zur Rechnungsabnahme in Berlin versammelt ist, zur Aufsetzung ihrer Beschwerden am 25. d. M. zusammen. Anf. Dezember kehren dieselben, ohne irgend ein Versprechen erhalten zu haben, in ihre Heimat zurück. Die ihre Gravamina enthaltende Schrift datirt vom 28. d. M.

Die „Anwesenden Deputirten" an den Kurfürsten.
Dat. Berlin 28. Nov. 1650.

[Die Forterhebung des Unterhalts für die Arnimsche Escadron.]

1650.
8. Dez.

Stände hätten die Assignationen für die 4 Arnimschen Compagnien obgleich unverwilligt, doch pünktlich aufgebracht „in fester Hoffnung, E. Ch. D. werde solche Demonstration in Gnaden vermerket haben und hinfüro nicht mehr ex plenitudine potestatis, wider allen wollhergebrachten Gebrauch, einige Soldatesca Ihren Landen ohne der LandStände Consens und Einwilligung einlegen lassen.
Weil dann solche drei Monat nunmehr passiret und E. Ch. D. in der jüngst übergebenen Triplica sich hochgeneigt und gn. dahin erkläret, dass Sie nach deren Verfliessung auf andere Mittel und Wege gedenken wollten, als haben wir uns aus allen Kreisen alhier, bevorab weil es uns von E. Ch. D. jüngst gn. erlaubet worden und die äusserste Notdurft es erfordert, zusammengethan, und können nunmehr nicht fürüber, E. Ch. D. gehorsamst anzuflehen, dass Sie Ihrer gethanen Vertröstung den Effect geben und die vier Arnim'schen Compagnien abdanken, da ein Ende der Pommerschen Tractaten unabsehbar, die vier Compagnien auch unzureichend seind."

Auch um die Abdankung der Compagnie Dragoner und Reuter, die unnütz sei, sowie die Reduction der Infanterie und der FestungsGarnisonen bäten sie. Der Kurfürst thäte damit nur, was alle seine Nachbarn bereits gethan hätten.

„Stellen derowegen E. Ch. D. unmassgebig anheim, ob Sie von Dero Geheimen Räthen und Krieges-Officirern etliche deputiren wollen, die mit uns hieraus und wie die Reduction am füglichsten vorgenommen werden könnte, conferiren möchten; so wollen wir uns gewisslich aller Gebühr zu erzeigen wissen."

Der Kurfürst an die Deputirten. Dat. Cölln a./Sp. 29. Nov. 1650.

[Versprechen der Berufung im Januar des folgenden Jahres.]

1650.
9. Dez.

Er würde, wenn seine Mittel es gestatteten, die Kosten der LandesDefension am liebsten ganz aus eigner Tasche decken. „S. Ch. D. können auch Dero getr. Land-Stände so gross nicht verdenken, dass dieselbige, ob sie schon nicht convociret worden, sich wieder eingestellet und S. Ch. D. um Remedirung und Abhelfung der bishero continuo und unaufhörlich getragenen Lasten angingen. Wiewol S. Ch. D. am

188　II. Die Auseinandersetzung mit den Ständen, 1650—1654.

liebsten gesehen, dass sie der Zeit und des Termini, welchen S. Ch. D. selbst anzusetzen und zu praefigiren Willens gewesen und dabei keine Vergessenheit oder Versäumnüss vorgehen sollen, erwartet hätten. Gestalt dann S. Ch. D. nochmals entschlossen sein, in mense Januario des Gott gebe mit Glück herannahenden 1651ten Jahres, noch für Ablauf desselbigen Monats Dero getr. Land-Stände von Ritterschaft und Städten dies und jenseit der Oder und Elbe zu convociren, dero gravamina und Beschwerungen zu vernehmen, und an allem, was zur Sublevation Dero getr. Lande und Leute dienlich, soviel Sr. Ch. D. status publicus nur immer leiden und zugeben will, nichts erwinden noch ermangeln zu lassen.

Dann in solcher Zeit sich das gewisslich ereignen wird, was S. Ch. D. Dero Hinter-Pommerischen Lande halben sich zu den Schwedischen möchte zu versehen haben, und was wegen Abführung, Reducirung oder Abdankung der Soldatesca für consilia zu fassen und für ein Schluss zu machen sein wird, und werden die Land-Stände solche moram unius vel alterius mensis ihnen nicht verdriesslich sein lassen, weil doch wegen Mangels an Zeit zu Effectuirung ihrer petita für den Monat December jedenfalls die völlige Contribution erleget werden müsste."

Die Deputirten an den Kurfürsten. Dat. Berlin 30. Nov. 1650.

[Die Militärlast unerträglich, eine Reduction unerlässlich. Das Beispiel der Nachbarn. Des Kurfürsten Versprechen, die Stände im Dezember zu hören, habe zum Zusammentritt ermuthigt. Bitte um Erhörung ihrer petita.]

1650.
10. Dez.　„E. Ch. D. auf unser eingereichte unterth. Supplication erfolgte Churf. Resolution ist uns anheute mit dem frühesten wol eingehändigt worden.

Nun haben wir zwar dieselbe mit unterth. Respect, massen uns auch nicht anders gebühret, empfangen, seind aber darüber, weil wir uns viel einer andern Erklärung versehen, dermassen bestürzt worden, dass wir uns kaum begreifen können; denn bei der jüngsten Zusammenkunft im September seind wir nicht allein in unsern petitis im geringsten nicht erhört worden, sondern man hat uns anstatt der hochnöthigen Sublevation noch mit dem Unterhalt der vier Arnim'schen Compagnien, Verpflegung der Dragoner und andern augmentis, conclusa pace, de facto graviret und belästiget. Anitzo abermals sollen wir ohne einigen Trost re infecta so gut wieder hinziehen, wie wir herkommen; und ob wir wol auf eine neue Tagefahrt im Januario

Die Stände um Reduction der Soldatesca, Herbst 1650.

des herannahenden 1651ten Jahres verwiesen werden, so seind wir doch ganz ungewiss, ob und wie weit E. Ch. D. unsern desideriis Satisfaction zu geben geneigt sein mögen.

Solches, gn. Churfürst und Herr, gereichet uns zu merklicher Beschimpfung gegen Jedermann und wissen wir nicht, womit wir'es verschuldet haben, dass wir von E. Ch. D. so rigoros tractiret und denuo secunda vice ohne einige, auch die allergeringste, Sublevation abgewiesen worden.

Vor diesem wird man kein einiges Beispiel haben, dass bei E. Ch. D. hochlöbl. Vorfahren Zeiten die Land-Stände jemaln so schimpflich und trostlos wären dimittiret worden, denn sie je in allen Dingen und Puncten nicht erhöret und voti compotes worden, so haben sie doch jederzeit etwas erhalten und seind nicht so schlechterweise wie wir für diesesmal abgewiesen. Bei andern Potentaten wird es viel anders gehalten, und gönnen wir zwar deren Unterthanen solch Glück gerne, möchten es aber von Grund unser Seelen auch von E. Ch. D. Hand erwarten. — — Dass aber im ganzen Röm. Reich ein Exempel sollte zu finden sein, dass conclusa pace den Unterthauen ein mehres sollte aufgebürdet und lauter nichts abgedanket sein, solches wird nicht demonstriret werden können und haben wir diesfalls unser Fatum billig zu beklagen.

Nun kann gleichwol nicht geläugnet werden, dass E. Ch. D. vorhöchst- und hochgedachten Potentaten weder an Macht noch Verstand und Weisheit im geringsten nichts nachgeben, sondern vielmehr sie alle und jede übertreffen, warum wollten Sie dann denselben auch an Güte und Mildigkeit, quae propria virtus principum est und dadurch sie den Göttern gleich gemacht werden, weichen. Wir hoffen vielmehr solche Güte, wenn E. Ch. D. die Sache etwas eifriger zu Gemüthe ziehen werden, ebenso mildiglich von Deroselben zu empfangen und zu geniessen.

Wir müssen zwar bekennen, dass wir für diesmal ohne empfangenes Ausschreiben albier aus allen Kreisen erschienen, leben aber der gewissen Zuversicht, dass uns solches nicht werde verargt werden können und dass weder in modo petendi noch in petitione ipsa uns werden verstossen haben.

Denn was den modum petendi betrifft, so haben E. Ch. D. in Dero jüngsten Quintuplica uns gn. nachgegeben, dass wir uns zusammen betagen möchten, auch sich dahin erkläret, wann wir etwan circa principium Decembris wieder albier einkämen, dass Sie unser Erinnerung und Gutachten wegen Reducirung der Völker gerne, willig und in Gnaden vernehmen, und an allem, was zur Sublevation Dero getr. Land Stände dienet und ersprießlich sein mag, soviel die Zeiten und Läufte nur immerfort leiden wollen, überall nichts ermangeln lassen wollen. Es ist auch nächstens bei E. Ch. D. gesuchet worden, dass Sie uns circa finem Novembris anhero convociren möchten; weil aber solches nicht geschehen und die drei Monat, auf welche der Unterhalt der vier Arnimschen Compagnien und Dragoner verwilliget, zu Ende gelaufen, so haben wir nicht vorbeigekonnt, uns proprio motu anhero zu verfügen und bei E. Ch. D. als unserm Landesvater Hülfe und Erleichterung zu suchen, die wir alhier auf dieser Erden bei keinem andern zu suchen und zu erlangen wissen.

Nun kann ja keinem Bettler gewehrt werden, seine Supplication bei E. Ch. D. einzugeben, Sie werden dieselbe auch gewiss annehmen; so werden dann E. Ch. D. Dero getreuen, gehorsamen Land-Ständen nicht verdenken können, dass sie ihr hohes schweres Anliegen Dero geklaget, da sie nächst keine Erhörung erlanget, ihr petitum reassumirt und solches E. Ch. D. etwas extense zu Gemüthe geführt, denn das heisst ja kein conclusum machen, sondern omnibus licitis et legitimis modis die solange gehoffte Hülfe von E. Ch. D. emendiciren.

Das petitum ipsum anreichend wird darinnen verhoffentlich nichts unbilliges zu befinden sein; denn da E. Ch. D. im Septembri den Unterhalt auf die vier Arnimsche Compagnien Dragoner und das Augmentum auf die beide Frankfurtische und Crossnische Compagnien (begehrt) und sich daneben herausgelassen, dass Sie finitis hisce tribus mensibus auf andre consilia bedacht sein wollten, so wird ja nicht übel gethan sein, dass wir E. Ch. D. Dero Promiss und landesväterliche Vertröstunge unterth. erinnert und daneben die Cassirung der Reuter, als die weder E. Ch. D. noch Dero Lande die geringste Dienste nicht geleistet, noch leisten können, gesucht haben.

Bei der Reduction Dero Infanterie hat man begehret, E. Ch. D. möchte von Dero Geheimen Räthen und Krieges-Officirern etliche deputiren, die mit den Land-Ständen Conferenz hielten, ob und wie weit solche Reduction zu practiciren sein möchte.

Wann man solches hätte erlangen können, wären vielleicht Mittel zu finden gewesen, dass man Herrschaft und Unterthanen ohne sonderbare Discrepanz von einander hätte setzen können; denn man ist nie der Meinung gewesen, dass E. Ch. D. Ihre Vestungen von aller Mannschaft denudiren sollte, sondern dass man durch gute ordre die Völker zusammenstossen, in weniger Compagnien bringen, die beste

Knechte behalten, und die gar alte, und so nicht sonderlich zu gebrauchen, licentiren und also zugleich E. Ch. D. Assecurance und der Unterthanen Erleichterung procuriren möchte.

Ob man nun hierin Unrecht und zu viel gethan und ob die Land-Stände hierüber nicht vielmehr lobens- als strafwürdig und dass man sie ultra solitum zu hart tractire nicht meritiret, lassen wir E. Ch. D. und einen jeden unpassionirten gern urtheilen.

Es werden aber hierbei E. Ch. D. selbst gerne zugestehen, dass der Unterhalt der Völker nunmehr conclusa pace ein subsidium voluntarium und nicht necessarium sei. Und würde den Land-Ständen viel zu viel geschehen, wenn man sie in re mere liberi arbitrii zu hart astringiren und wider die alten Land Reverse ex plenitudine potestatis höher, als sie selbst nicht wollen oder können, collectiren oder executiren wollte. E. Ch. D. versichere sich, dass Sie Mittel uns zu helfen, in continenti zu helfen, und in allem zu helfen haben, wie solches gnugsam demonstriret werden könnte, wenn man uns die Gnade thun und die vorgeschlagene Conferenz gestatten wollte.

Die Procrastinirung der Hülfe und dass man unsere Gravamina erst nach Verfliessung zweener Monat hören will, gereichet den Ständen zu grossem merklichen Schaden, verursachet schwere Unkosten, die auf das Hin- und Herreisen gewendet werden müssen und es ist noch ungewiss, ob die Land-Stände im Januario, wann die Elbe in Eise gehet, wieder zusammenkommen können.

Bishero haben die Soldaten den Armen Leuten die Thränen ausgepresset; nun wir in die Hand der Obrigkeit gerathen, wollen wir nicht hoffen, dass dergleichen Sünde und Unglück uns treffen werde, denn der Bedrängten Thränen fliessen zwar die Wangen herunter, sie steigen aber über sich und schreien zu dem, der Aller Elenden Vater ist und können nimmermehr dem, der sie eliciret, zum besten kommen. E. Ch. D. wissen die Noth Dero armen Unterthanen, und da Sie daran einigen Zweifel hätten, so können Sie es durch Ihre Haupt- und Amtleute sattsam erfahren. Der andern Unterthanen, so dem Adel und andern zustehen, Condition ist nicht besser, sondern sie seind alle zu solcher Decadence gerathen, dass es eine Gewissenssache ist, wenn man ihnen mehr auflegen oder sie in vorigen Pressuren wollte stecken lassen. Werden derowegen Dieselbe Dero gehors. Ständen nicht verdenken, dass sie bei Dero ihnen ertheilten Resolution nicht acquiesciren können, sondern Sie wollen um Gottes und des bittern Leidens Christi willen gebeten sein, die Sache noch einmal reiflichen zu erwägen und die Stände mit einer andern gewierigen Erklärung zu erfreuen. – – – – – – Es kömmt ihnen auch befremdet vor und thut ihnen wehe, dass sie ihre Mittel dazu geben sollen, was sie für Augen sehen, was weder E. Ch. D., noch ihnen, noch dem ganzen Lande keinen Nutzen schaffen kann, sondern vielmehr verhinderlich ist und verursacht, dass viel Leute, die sich sonst in diesem Lande wol setzen wollten, sich an andere Oerter begeben, weil alhier des Contribuirens weder Anfang noch Ende zu finden! So gehen auch bei der itzigen Einquartierung allerhand Insolentien für, wie die Supplication, so die Stadt Landsperg an die sämmtliche Land-Stände alhier gethan nebst der Beilage mit mehrern meldet, die gewiss ein weites Aussehen haben.

Es haben die Stände sich gnugsam überwunden und E. Ch. D. zu untertb. Ehren diese drei Monat die ihnen sonst zu schwere Last getragen; nunmehr aber kann ihnen mit keinem Fug mehr zugemuthet werden; denn dass wegen der noch übrigen Differenz mit der Kron Schweden die Chur und Mark Brandenburg immerzu in vorigen Beschwerungen verbleiben sollte, solches ist ganz unnöthig. Das Instrumentum Pacis vermag, dass die Schweden nicht gehalten sein sollen, Hinter-Pommern zu quittiren, bis die Irrungen vollkömmlich componiret; weil man dann nicht weiss, wie bald solche aufhören möchten, warum lässt man uns länger zappeln und schreitet nicht vielmehr zur hochnothwendigen Sublevation? Es ist genug, dass man versichert ist, dass die Kron Schweden vi armata wider E. Ch. D. nichts suchen werde. So ist auch E. Ch. D. nicht zu rathen, solcher geringen Zwiespalt halber mit den Schweden zu den Waffen zu gerathen. Die amicabilis compositio muss hierin das Beste thun, wozu E. Ch. D. der Röm. Kaiserl. Majestät und Dero Mit-Churfürsten Interposition, auf den Fall da es noth sein sollte, sich nützlich werden gebrauchen können.

Bitten derowegen nochmals in tiefster Demuth, E. Ch. D. wollen Dero Hülfe nicht bis in Januarium künftiges Jahres aufschieben, sondern uns Ihrem Wolvermögen nach alsofort zur merklichen Erleichterung verhelfen. Die Abdankung der vier Aruimschen Compagnien Reuter und Dragoner kann wol in acht Tagen geschehen und wäre höchlich zu bedauern, wenn wir diese alte Pressuren noch ins neue Jahr hineinbringen sollten.

Endlich weil die doppelte Metze, und was demselben wegen der Licenten und Imposten anhängig, ein continuum gravamen in sich hat, und E. Ch. D. uns darauf nichts zur Antwort werden lassen, so wollen Sie geruhen, auch in diesen Sachen uns einer gewierigen Resolution zu würdigen.

In Summa E. Ch. D. wolle den Armen, der zu Ihr schreiet, erhören, und Ihren bedrängten Land-Ständen, die sonst zu Niemanden Zuflucht zu nehmen wissen, unverzüglichen helfen; Gott wird Sie wieder erhören an dem Tage, wann Ihr Hülfe noth sein wird und Sie mit zeitlicher und ewiger Wolfahrt überschütten. Solches wünschen Dero getr. Land Stände von Herzen und thun sich Deroselben zu beharrlichen Churf. Gnaden und hochgewünschter Erhörung unterth. befehlen."

Duplik der Geh. Räthe im Namen des Kurfürsten.
Dat. Cölln a./Sp. 2. Dez. 1650.

[Scharfer Verweis ihrer ungehörigen Sprache. Versprechen einer baldigen Erleichterung.]

1650.

"Der Ch. D. zu Brandbg. Unserm gn. Herrn ist der Gebühr nach 12. Dez. vorgetragen worden, was im Namen derer anwesenden getr. Land-Stände loco Replicae eingeschickt und übergeben. Und hätten S. Ch. D. sich gänzlich nicht versehen gehabt, weil Sie sich in Gnaden erboten, die gesammte Land-Stände im Monat Januario anderweit zu convociren, deró Gravaminibus und Beschwerden nach Möglichkeit zu remediren und an allem, was zu würklicher Sublevation Sr. Ch. D. getr. Lande und Leute dienlich, soviel Status publicus immer leiden und zugeben wird, nichts ermangeln zu lassen; es würden die anwesende Land-Stände bei solchem billigen und gn. Erbieten acquiescirt, und S. Ch. D. mit fernerem Repliciren nicht behelligt, oder, da sie noch ein mehreres einzugeben und zu suchen für nöthig erachtet hätten, solches mit mehrerm Glimpf und nicht so harten und scharfen Worten, als in der übergebenen Schrift enthalten sein, gethan haben.

S. Ch. D. haben dasselbige über die Massen übel empfunden und hätten sich dergleichen zu Ihren getr. Land-Ständen nicht versehen; Sie thun auch gn. und zugleich ernstlich gesinnen, dafern die Land-Stände künftig von Sr. Ch. D. ferner verschrieben werden und noch mit einem mehrern einkommen müssten, dass sie dasselbe anderergestalt nicht, dann mit guter Bescheidenheit und einem solchen Respect, welchen gehorsame und getr. Unterthanen ihrer hohen Obrigkeit und Landesfürsten zu leisten schuldig, thun wollen.

Im Hauptwerk können S. Ch. D. Dero getr. Land-Stände wol versichern und rufen den Allwissenden Gott zum Zeugen, dass Ihr die Noth und Klage Ihrer armen Lande sehr zu Herzen gehen und dass wol keinem die militärische Execution so wehe thun könne, als es

Sr. Ch. D. wehe thut, dass Sie auch für diesmal Dero getr. Land-Stände ohne Hülfe, dazu Sie doch von Grund Ihres Herzens geneigt sein müssen, von sich ziehen lassen müssen. Alleine werden die Land-Stände dieses gleichwol vernünftiglich zu ermessen haben, dass S. Ch. D. sich eines Gewissen nicht entschliessen können, bis Sie etlichermassen ersehen, wohin die Tractaten wegen der Hinterpommerischen Lande mit der Kron Schweden, so allererst für wenig Tagen reassumiret worden, hinausschlagen möchten. Demnach dieselbige sich anlassen, es sei zum glücklichen und gewünschten Fortgang oder zur gänzlichen Zerschlagung, so werden S. Ch. D. Consilium pro re nata nehmen müssen und wollen auf den einen oder den andern Fall was zu Dero Lande Wolfahrt und Besten gereichen mag zu befördern und in Acht zu nehmen in kein Vergessen stellen. Das Exempel der andern Chur- und Fürsten will sich anher nicht ziehen lassen, denn ob dieselbige zwar auch auf die Kron Schweden ob vicinitatem locorum ein Absehen haben müssen, so ist es doch keinem um die Acquisition oder Verlust einer ganzen Provincien und Fürstenthums zu thun, als Sr. Ch. D. respectu der Hinterpommerischen Landen, wiewol Sie dann noch intuitu boni publici von Ihrem Rechte viel nachgelassen und ansehnliche zu Hinterpommern gehörige Pertinentien abgetreten."

Ohne äusserste Noth werde der Kurfürst keinen Krieg beginnen; „Allein müssen die Land-Stände bedenken, dass nunmehr die Churf. Lande und Pommern gleichsam membra unius capitis sein. Gleichwie nun die gesammte Land-Stände Sr. Ch. D., wann Dieselbige um eine Provinz der Churmark Br. periclitiren sollte, sich als getr. Unterthanen würden anzunehmen schuldig sein, also können sie nicht für-über, auch respectu der Pommerischen Lande, so gleichfalls an S. Ch. D. kommen, etwas auf sich zu nehmen."

Im Uebrigen sollten auf den für den Januar des folg. Jahrs beabsichtigten Convent alle ihre Beschwerden, soweit thunlich, berücksichtigt werden.

Triplik der Stände. Dat. Berlin 2. Dezember 1650.

[Zurückweisung der Vorwürfe. Bewilligung des Unterhalts für die Garnisonen auf die zwei forneren Monate Dezember und Januar.]

1650.
12. Dez.

„— Dero gn. Resolution, so Sie loco Duplicae uns zugeschickt, haben wir anheuten mit gebührender Reverenz empfangen, verlesen und uns darüber zusammengethan und daraus zuförderst vernommen,

Ablehnung des Vorweises seitens der Stände. 195

dass E. Ch. D. ungerne gesehen, weil Sie albereit sich erklärt, Dero getr. gehorsame Land-Stände im Januario anderweit zu convociren und ihren gravaminibus nach Möglichkeit zu remediren, dass wir nichtsdestoweniger mit fernerem Repliciren Sie beheiliget.

Nun wollen wir, gn. Churf. und Herr, gerne acquiesciret und E. Ch. D. des Ueberlaufens und Molestirens überhoben haben, wann uns nur in etwas wäre geholfen worden. Weil wir aber solches zu erhalten nicht vermocht und unsere Instructiones uns gleichwol vorbinden, des Landes äusserste Wolfahrt beweglich zu repraesentiren und um gn. und unvorlängerte Erhörung unablässig anzuhalten, so haben wir nothwendig unsere Petita reiteriren müssen, damit unsere Heimgelassene uns nichts zu imputiren hätten und hoffen, E. Ch. D. werde solches in keinen Ungnaden vermerken.

Die scharfe Reprimande aber, die E. Ch. D. uns geben lassen, werden wir vorhoffentlich nicht verdient haben. Wir müssen sie zwar von Derselben, als unsrer Obrigkeit, annehmen und uns selbst mit Geduld überwinden, wüssten uns aber nicht zu erinnern der harten und scharfen Wort, die E. Ch. D. hätten offendiron und zu üblen Vermerkungen verursachen können.

Des schuldigen Respects, den E. Ch. D. als unser von Gott uns vorgesetzten hohen Obrigkeit wir zu leisten schuldig, werden wir Zeit unsres Lebens nimmermehr vergessen, haben darwider vorsätzlich niemals nichts gethan, sondern können E. Ch. D. wol versichern, dass wir Sie von Grund unser Seelen jederzeit geliebt, mit gebührendem Respect venerirt, Ihr mit Hergebung des Unsern bis auf den äussersten Grad unter die Arme gegriffen und um Ihre und Ihres Hauses Wolfahrt unaufhörlich Gott den Allmächtigen angerufen haben; und dabei wollen wir mit göttlicher Hülfe continuiren und von schuldigem Gehorsam uns nicht abhalten lassen. Den Grund der Wahrheit aber wegen der Pressuren, die E. Ch. D. getr. Unterthanen drücken und derer flehentliche desideria haben wir Derselben unterth. vorzustellen keinen Umgang haben können.

Und obwol solche Klagen an ihnen selbst unannehmlich, so wird doch der billig zu entschuldigen sein, den die äusserste Noth damit herfür zu brechen treibt. — Bitten derowegen, E. Ch. D. wolle von Dero gehorsamen Land-Ständen keine sinistras opiniones fassen oder sich zu einem Widerwillen wider sie commoviren lassen.

Was das Hauptwerk anreicht, ist uns herzlich lieb, dass E. Ch. D. so hoch contestiron, dass der Lande Beschwer Ihr leid thue; wünschten aber gern den Effect dieser Condolenz zu sehen. Dass aber E. Ch. D.

13*

wegen der Pommerschen Tractaten in starker Bereitschaft und Verfassung bleiben müssen, können wir nicht absehen, dass es nöthig sei; die werden doch wol zur Accomodation gedeihen.

Und würde der Churmark Brandenburg sehr ungütlich geschehen, wenn dieselbe respectu Pommerns länger sub duriore jugo Contributionis gehalten werden sollte, denn dergestalt würden die Märkischen Unterthanen exhauriret und dürfte E. Ch. D. an denselben mehr verlieren, als Sie in Pommern gewinnen würden. So betreffen auch die Pommerische Difficultäten nicht eine ganze Provinz, sondern ist nur für einen Grenzstreit zu achten. Wie nun Pommern, Preussen und die Clevische Lande wenn wegen der Chur Brandenburg ein Grenzstreit vorfiele, schwerlich uns zu Hülfe kommen oder unserthalben etwas auf sich nehmen würden, also wird man auch die Märkischen Lande mit der Ausländischen Provincien Streitigkeit nicht wol vermengen, oder ihrenthalben härter als sonst belegen können.

Wenn dann E. Ch. D. Völker ausserhalb derer, die in den Vestungen liegen, weder zur Defension noch Offension bastant sein, so wiederholen wir unser voriges Petitum und bitten nochmals, E. Ch. D. wollen sich doch so weit erweichen lassen und uns die Gnade erzeigen, dass die Arnimische Esquadron uns alsofort abgenommen und abgeführt werde, in sonderbarer Betrachtung, dass dasjenige was wir auf E. Ch. D. Völker geben ein subsidium mere voluntarium ist, in welchem keine coactiones noch executiones von Rechtswegen stattfinden können."

Den übrigen Völkern wollten sie zu Bezeigung ihres besondern Gehorsams und guten Willens auch ohne specielle Verwilligung den Unterhalt für die Monate Dezember und Januar weiter reichen. Ohne eine dann eintretende Sublevation würde aber der Pommer'sche Grenzstrich mit ihrer Unterthanen eignem Verderben erkauft werden. „Damit wir dann unsrer Zusammenkunft im Januario desto gewisser sein mögen, so bitten E. Ch. D. wir gehorsamst noch um dieses, dass Sie alsofort uns einen gewissen Tag, etwa, jedoch ohne Massgebung, circa medium Januarii alhier zu benennen geruhen wollten; so bedürfte es keiner ferneren Convocation und würde sich ein Jeder danach zu achten wissen —."

Der Kurfürst lässt ihnen eine diesbezügliche Zusage machen, die von den „Anwesenden Deputirten von Prälaten, Herren, Ritterschaft und Städten der Churmark Brandenburg zum Neuen Biergelde" mit Dank angenommen wird. Doch behalten sie sich auch jetzt für den Fall der Nichtinnehaltung dieses Terminus den Zusammentritt ohne Berufung vor. „Denn weil E. Ch. D. getreuen Landständen bei der Beschwerung die sie itzo haben länger zu continuiren unmöglich und sie sonsten auch keine andere Hülfe als von

E. Ch. D. zu gewarten haben, so werden sie anderweit ihre Anliegen Deroselben vorzutragen keinen Umgang nehmen können."
Statt dieser Berufung erfolgt unterm 9./19. Januar 1651 ein kurfürstl. Ausschreiben in die Kreise, die Contribution wegen unumgänglicher Nothwendigkeit noch auf kurze Zeit in der bisherigen Höhe aufzubringen. Die Stände beantworten dies Rescript Ende des Monats mit einer abermaligen Petition um Reduction der vier Arnimschen Compagnieen; die gänzlich unbeantwortet bleibt. Da thun sie sich zu einem abermaligen entschiedenen Protest unterm 8./18. März zusammen, der mit der Drohung schliesst, dass sie, falls ihren Beschwerden nicht bald Abhülfe geschehe, wiederum ohne Berufung zusammentreten würden. „Es sind ja bisher von E. Ch. D. hochlöblichsten Vorfahren Dero getreue Landstände, wann sie es gesucht, jederzeit convociret und mit sonderbarer Mildigkeit vernommen und erhöret worden, welches auch von andern Potentaten, ja auch von der Röm. Kais. Majestät nach geschlossenem Frieden hin und wieder geschehen. So wird ja E. Ch. D. auch uns solche Churf. Gnade erzeigen, keinen widrigen ungnädigen Concept von uns fassen, sondern uns festiglich zutrauen, dass wir bis auf den äussersten Blutstropfen Deroselben getreu verbleiben und jederzeit dasjenige bei E. Ch. D. leisten und praestiren werden, was treuen Unterthanen wol ansteht und gebührt."

Die „zu Berlin anwesenden Deputirten zum Grossen Ausschuss" an den Kurfürsten. Dat. Berlin 15. April 1651.

[Von dem Engen Ausschuss zum Neuen Biergelde zur Erledigung wichtiger Angelegenheiten berufen, benutzen sie diese Gelegenheit, ihre Anliegen vor den Kurfürsten zu bringen. Die Schwartzenbergische Schuld. Verpfändung des Lenzener Zolls. Die Neue Münze.]

1651. 25. April.

„— — Und können Deroselben nicht bergen, dass die Verordneten hiesiger Landschaft zum Neuen Biergelde dem Grossen Ausschuss zu vernehmen gegeben, welchergestalt unterschiedliche wichtige Sachen vorfielen, denen sie ohne Assistenz des Ausschusses nicht gern allein ihre abhelfliche Masse geben möchten, auch einige wichtige Consultation erfordern würden. Weswegen man denn in den Kreisen schlüssig worden, bei itziger ihrer Anwesenheit zur Distribution der eingesammelten Gelder ihnen etliche wenige Personen zu adjungiren, die mit ihnen die vorfallenden Sachen überlegen und was zu des Biergeldes Bestem gereichen würde, beschliessen, auch dabei E. Ch. D. in einem und andern unterth. anlangen und Dero gn. Hülfe ersuchen könnten."

Das erste betreffe die Erledigung der Schwartzenbergischen Schuld von nahezu 30,000 Thlrn.

Das zweite, der Landschaft Interesse bei dem im Jahre 1650 verarrendirten Lenzenschen Zoll.

3) sei das Münzwesen in Consideration zu ziehen, weil zu besorgen, dass der Schade, welchen die ohne ihr Zuthun eingeführte leichte Münze verursachen würde, zu allererst dies Corpus betreffen, und solche leichte Sorten durch die Accisen, die täglich und einzeln müssten ein- und aufgenommen werden, dem Biergelde dürfte zugeschoben werden[1]), „denn ob zwarten die Landstände nochmaln nicht gemeint sein, sich in E. Ch. D. hohe Regalia zu mengen, sondern dieselbe billig damit nach des Heil. Röm. Reichs Satzungen gebahren lassen; so läuft dennoch bei dieser herausgelassenen geringen Münze ihr merkliches Interesse mit unter, und befinden

---

[1]) Vgl. Mylius IV, 1229, das Münz-Edict vom 17. Febr. 1651. Georg Wilhelms Edict vom 1. Jan. 1623 (Mylius IV, 1203) habe zwar durch ausschliessliche Gestattung von Reichs-Schrot und Korn das verworrene Münzwesen wieder auf einen richtigen Stand gesetzt; durch die Steigerung des Preises von Reichs-Ducaten und anderen Goldmünzen sei aber das Land derart mit schlechten Ducaten überschwemmt worden, dass der kleine Mann für eine Reihe von Arbeitstagen ausschliesslich mit Ducaten bezahlt worden sei, dafür aber weder Bier noch Brod habe kaufen können, da keiner für einen Ducaten 2 Thlr. klein Geld habe hergeben wollen und können. „Wann Uns danu Unsre gehors. Stände bei ihrer letzten Zusammenkunft unterth. ersuchet, Wir möchten Gefallen haben, diesem Uebel abzuhelfen und einige kleine Usual-Münze zu Entscheidung der Leute schlagen zu lassen, auch Uns zu Ohren kommen, dass etliche Unsrer Unterthanen gewünscht, wann sie nur kupferne Current- und Hand-Münze haben könnten, dass sie dieselbe gern nehmen wollten, und Wir dabei angemerket, wann wir gleich dem Reichs-Schrot und Korn gemäss sothane kleine Münze schlagen lassen wollten, dass jedennoch damit Unsern gehors. Unterthanen wenig geholfen wäre, weil man eben auch diese neue Münze aus dem Lande führen würde; so haben wir aus Landesväterlicher Vorsorge, damit wegen Mangel der kleinen Usual-Münzen einiger Unfug und Tumult in U. kaum beruhigten Landen nicht angestiftet und erreget werden, U. Unterthanen aber im täglichen Handkaufen desto leichter von einander kommen möchten, eine Current- und Hand-Münze mit U. Wappen und Scepter, auch auf der andern Seite 2, 1 Groschen, 6 und 2 Pfennige Brandenburg. Landes-Münze bezeichnet, in U. Münze zu verfertigen und zu prägen Verordnung gethan, welche Münz-Sorten dann, soviel die unumgängliche Nothdurft erfordern wird, geschlagen und gleich der andern Reichs-Münze, als 24 Groschen auf 1 Reichsthaler gerechnet, in U. Landen in folgenden 20 Jahren gelten und gänge sein sollen — —. Und wiewol Wir nicht vermuthen, dass aus angezogenen Ursachen sich jemand verweigern werde, diese Münze begierlich und willig anzunehmen: So Wir jedoch denenjenigen zum besten, die manchmal ohne Ursach Lust zum Streiten haben, hiermit ordnen, dass alle Obligationes, so auf Gold- und Reichsthaler oder sonsten auf gewisse Reichs-Sorten getheidiget, gerichtet und paciaciret worden, beständig gehalten und Niemand wider seinen Willen genöthigt werden solle in Zahlung aufs Hundert über Zehen Thlr. dieser Münz anzunehmen. — —" Vgl. auch Riedel, Brandenburg.-Preuss. Staatshaushalt in den beiden letzten Jahrhunderten, S. 21, 22.

nicht, wie eine solche Aenderung sich wol werde practiciren und diese Groschen, die des Heil. Röm. Reichs Schrot und Korn nicht gemäss sein, und secundum bonitatem intrinsecam kaum den halben Theil ihres rechten valoris behalten, mit Land und Leuten Nutzen können eingeführt werden; denn es ist ja in Heil. Göttlicher Schrift die Verringerung der Mass und Gewicht insonderheit ernstlich inhibirt, indem dieselbe für ein Greuel vor dem Herrn erachtet wird, und ist bekannt, wie harte Wort der Prophet von denen führt, so den Epha verringern und den Sekel seigern, und wie schwere Land- und andere Strafen denen gedräuet werden, so an solchem Unwesen schuldig und es mit Rath und That befordern helfen."

Daneben sei unverborgen, dass die Veränderung in der Münze sowol in den gemeinen beschriebenen Rechten, als besonders in den Reichs-Constitutionen gänzlich verboten und speciell mit dürren und deutlichen Worten darin vorgesehen sei, dass die Landmünze sich nach dem Gehalt und Werth der Reichssatzungen regulire und danach angeordnet, ingleichen die kleinen wie die groben Münzsorten von gleichem Schrot und Korn sein sollen.

Eine gangbare beständige Usual-Münze sei freilich dringend noth. "Ein solches erfordert auch die Belegenheit dieser Churlande, denn weil die Eingesessenen mit den benachbarten Fürstenthümern Sachsen, Braunschweig, Magdeburg, Lüneburg, Mecheluburg, Pommern, vornehmlich aber mit den Städten Hamburg und Lübeck traffiquiren und ihre commercia treiben müssen; an allen diesen Oertern aber man von keiner andern als guten und schweren Münze weiss, so ist leicht zu erachten, dass die Exteri im Kaufe und Verkaufe diese Sorten nicht annehmen und daher alle Commercia mit denselben, die man doch durchaus nicht wird entrathen noch geübrigt sein können, an sich selbsten fallen und in ein Stocken gelangen müssen, die ausländischen Kaufleute auch entweder diese Lande meiden oder aber ihre Waaren danach steigern und setzen und also consequenter darüber eine grosse und doch unnöthige Theuerung dürfte causiret werden.

Da dann die gesammte Reichs-Stände des Röm. Reichs albereits in Anno 1570 hochvernünftig wahrgenommen haben, dass die Verfälschung der Münzsorten nicht die geringste Ursach sei der beharrlichen Steigerung in allen Victualien und Commercien. Ist nun solches albereits zu der Zeit verspürt worden, wie vielmehr hat man sich anitzo dafür zu befürchten, da seithero die Waaren von Jahren zu Jahren ersteigert, und nunmehr leider also erhöht worden, dass sie fast mit Gelde nicht zu erreichen sein.

So ist auch mit Händen zu greifen, dass hierbei wol etwas wider die christliche Liebe und den Nutzen des Nächsten vorgehen dürfte. Sonderlich aber würde Kirchen- und Schuldienern, Hospitalien und

Gotteshäusern, Wittiben und Waisen und in summa allen miserabilibus personis durch diese geringe Münze zu nahe geschehen, auch diejenige, so um Besoldung dienen, merklich verkürzt werden, indem ihnen ihr Lohn dermassen beschnitten wird, dass sie sich kaum des dritten Theils ihres ordentlichen Salarii und Lohns dürften zu erfreuen haben, wobei nur lauter Weheklagen und gegen Himmel schreiende Seufzer würden verursacht werden.

Es wird auch hierbei der Adel und Ritterstand, ingleichen diejenigen, deren Vermögen in Pächten und annuis reditibus besteht, grossen Abgang und Schaden empfinden, denn dadurch dass die Unterthanen ihre Dienste und Erbzinsgelder, welche ganz einzeln von einem und andern aufkommen, mit einer solchen Land-Münze einbringen, auch in geringen Summen, dem Edict nach, von ihnen angenommen werden müssen, so bekommt der Guts- und Zinsherr darüber nicht ein geringes Partikel seiner Intraden und also eine ziemlich hohe Summa der geringen Groschen in den Beutel und wird nicht wissen, wo er damit in grossen Zahlungen bei seinen Beschwerden hinwieder verbleiben solle, und dergleichen wird auch E. Ch. D. eignen Aemtern und Zöllen zu Händen kommen.

Allermeist aber wird der Schaden und die daraus entstehende confusiones die aeraria publica, als das Biergeld, der Städte Kasten und jeglichen Kreises Schuldenwesen betreffen und werden dieselbe damit trefflich erfüllt werden. Denn ob es zwarten das Ansehen haben will, dass E. Ch. D. durch das ausgelassene Edict solchem zuvorkommen wollen, in deme Sie verordnen, dass keiner genöthigt werden solle, in Zahlung aufs Hundert über zehen Thaler dieser Münze anzunehmen, so ist doch wol zu erwägen, dass die Accisen von demjenigen, der sich der Braunahrung gebraucht, nicht in Summen, die sich über zehn Thaler erstrecken, sondern in ganz einzelnen und Particular Posten — eingebracht werden."

Auch der grösste Theil der städtischen Schösse würde in dieser Münze eingebracht werden. Die Ausländer aber würden sich weigern dieselbe in Zahlung zu nehmen, sich wol gar an andern Orten darüber beschweren. Dies würde die sämmtlichen Ständischen Corpora in Verruf bringen „denen doch gleichwol ein solches nicht zu gönnen, weil sie aus unterth. Treu E. Ch. D. Abnherren und hochlöbl. Vorfahren Schulde über sich nehmen, solche in diese Gesammtwerke hineinschlagen und anderweit mit Entleihunge schwerer Summen sich beladen müssen". Böse, gewinnsüchtige Leute würden um leichte Münze das Gold und Silber aus dem Lande herausziehen, wodurch auch Polizei- und Tax-Ordnung ins Stocken gerathen würden.

„So ist ebenmässig noch bei männiglichen in recenti memoria, was das verfluchte Münzwesen für wenig Jahren in diesen Landen für Unruhe, Irrungen und Zwiespalt angerichtet, da doch dasselbe kaum bei zwei Jahren gestanden. Was wollte dann geschehen, wann das Land ganzer zwanzig Jahr, welche für eine lange Zeit zu halten und in quibusdam casibus gar eine praescriptionem einführen können, damit sollte affligirt und beschwert verbleiben, und wird alsdann keinem der Schade, den er sofort zu Anfange apparenter genug an seinem Vermögen hiedurch erleiden muss, nach Genügen können erstattet werden. Es dürften auch bei zutragenden menschlichen Fällen, welche doch der grundgütigste Gott in allen Gnaden verhüten wolle, E. Ch. D. Erben und Successores wol difficultiren, ob sie an die Einlösung solcher geringer Land-Münze astringirt oder nicht vielmehr befugt sein sollten, auch ihres Theils damit weiter zu continuiren zu unwiederbringlichem grossen Schaden und Verderb dieser armen Lande und Unterthanen.

Und weil dann nun, gn. Churf. und Herr, E. Ch. D. als ein so hochverständiger Fürst hieraus selbst erkennen können, was für grossen, unwiederbringlichen Schaden Dero getr. und gehors. Unterthanen aus einer solchen Veränderung der Münze zu gewarten, und gleichwol anitzo keine so grosse Necessität vorhanden, um derentwillen man zu solchen extremis und verbotenen Mitteln greifen müsste, sondern E. Ch. D. vielmehr, als einer Fundamental-Säulen des Röm. Reichs, selbst daran gelegen, dass die Reichs-Abschiede und Constitutiones, darin die Grund-Veste des Reichs besteht und daran E. Ch. D. majores so eifrig mit arbeiten und dieselbe ad effectum befördern helfen, in ihren Kräften und Würden verbleiben mögen; auch wider E. Ch. D. selbst eigene Reputation laufen würde, wann dawider gehandelt und unter Dero Autorität und Namen eine untüchtige Münze sollte introduciret werden: So gelanget derowegen an E. Ch. D. Dero getr. Stände und gehors. Unterthanen unterth. und ganz flehentliche Bitte, Sie geruhen gn. diesem Unwesen in Zeiten entgegen zu gehen und es dahin zu verordnen, dass diese leichte Münze wieder möge abgethan oder wenigstens ad justum valorem reducirt und gebracht werden, ehe und zuvor dieselbe weiter einreissen und die Reducirung hernach um so viel schwerer fallen möchte; seind auch der gewissen Zuversicht, dass E. Ch. D. Dero Lande hinfüro mit mehren Beschwerungen und Neuerungen nicht belegen werden — —.

Mit grossen Schmerzen und Weheklagen haben Stände erfahren müssen, dass ihnen noch ein mehres zugelegt worden und auf E. Ch. D.

Völker weit eine höhere Summe monatlich müsse hergegeben werden, denn vorhero, da die Lande doch in der Flamme des Krieges noch gestanden, darauf gerichtet gewesen. Nun ist es aber eine wahre Unmöglichkeit — — (denn) es hat ein Jeder wegen der hohen und schweren Schwedischen Satisfaction-Gelder, die in so gar geringen Fristen nach einander aufkommen sollen, damit den theuern Frieden endlich zu redimiren und die Deslogirung fremder Nationen, Völker und Armeen zu E. Ch. D. selbst eignen Besten abzuschaffen und auszukaufen, dasjenige hingeben müssen, was er gleichsam bei dem Herzen gehabt und ist damit das noch wenige Vermögen ganz hingangen."

Dazu komme Misswachs, Ueberschwemmung der Elbe und anderer Ströme u. a. m. Sie hofften, dass der Kurfürst die Versprechen, die er Herbst vorigen Jahres und zuletzt im Schreiben vom 9. Januar d. J. rücksichtlich der Entlassung der 4 Arnim'schen Compagnieen und der Reduction der Miliz gemacht, jetzt einlösen werde. Zu letzterem Zweck erscheine, wie schon früher proponirt, der Zusammentritt einer Commission aus Geh. Räthen, Offizieren und ständischen Deputirten am zweckmässigsten. Die Reise nach Cleve, von der sie gehört hätten, bäten sie bis nach dem Schluss mit Schweden „um ihrer Gnade willen" zu verschieben.

Die Anwesenden Deputirten an die Geheimen Räthe.
Dat. Berlin 16. April 1651.

(Als Begleitschreiben zur Eingabe an den Kurfürsten vom 15. April.)

[Ditto um Befürwortung ihrer Anliegen.]

1651.
26. April. „Denenselben verbleiben unsere ganz bereitwillige und geflissene Dienste bestes Fleisses zuvor.

Und ist Ihnen allerseits ohne einiges weitläufiges Anführen bewusst, welchergestalt bei Sr. Ch. D. unserm gn. Herrn Dero gehorsamste und getreueste Stände der Chur- und Mark Brandenburg seither dem allgemeinen getroffenen Friedensschluss unterth. ganz beweglich und inständig angehalten, dass S. Ch. D. in Gnaden geruhen wollten Dero gehorsamste Stände zu convociren, sie in ihren Beschwerungen und Gravaminibus sowol in militaribus als politicis zu hören, auch so viel als möglich denenselben landesväterlich abzuhelfen.

Ob nun gleich S. Ch. D. den Ständen darauf gn. einige Hoffnung machen lassen, so sein dennoch, als von Neuem darum demüthigst Erinnerung beschehen, dero unterth., mit allen gebührlichen Respect,

Glimpf und Bescheidenheit abgefasste Supplicata nicht einmal einer
einzigen Antwort gewürdigt worden, welches dann den Ständen allerseit sehr nahe gehet, haben sich auch ein solches nicht versehen,
in Anmerkung, dass S. Ch. D. ja zu Anfang Ihrer hochlöblichen Regierung den Ständen nicht allein gn. aditum allemal gerne gegönnt,
sondern sie auch in ihrem unterth. Suchen soviel der damalige betrübte Zustand des Landes erleiden wollen gerne geholfen und sich
jederzeit gn. erboten, wann die Zeiten sich ändern würden, dass Sie
alsdann ferner Ihren erschöpften Landen helfen und alle Gnade erweisen wollten.

Sr. Ch. D. Herrn Vorfahren haben dergleichen convocationes den
Ständen ganz gn. und willig wiederfahren lassen, sie auch selbst in
angelegenen und wichtigen des Churfürstenthums Notdurft angelegenen Sachen nicht alleine erfordert, mit ihnen die vorgefallene negotia
communiciret und ihr unterth. Bedenken gehört, sondern sich auch
in den ausgegebenen Landes-Reversen dahin jederzeit erklärt, dass
Sie keine Sachen daran des Landes Wolfahrt gelegen oder daraus
einiges Verderben oder Nachtheil erfolgen könne ohne der Stände
Wissen und Willen nicht beschliessen und anwenden wollten. Solche
Landes-Privilegien haben nun S. Ch. D. selbst den Ständen in allen
und jeden Clausuln und Puncten zu Gnaden confirmirt. Derowegen
denn ihnen sehr tief zu Herzen und Gemüthe gehen thut, dass sie
nunmehr den so viel und auf's beweglichste gesuchten Access nicht
erlangen und noch darüber vernehmen müssen, dass durch Anstiftung
etwan widerwärtiger Leute S. Ch. D. noch wol gar ein widriges Concept wider Dero Land-Stände mögen gefasst haben, da wir doch für
uns und unsere Committenten und Heimgelassenen mit Gott und reinem
guten Gewissen Sr. Ch. D. das gewiss versichern können, dass Sie
von allen und jeden Ihren Unterthanen dieser Churlande zum höchsten geliebt und venerirt wird. — —

Wann aber gleichwol grossgünstige, hochgeehrte Herren die
äusserste unumgängliche Notdurft erfordert, dass des Vaterlandes Noth
und Anliegen Sr. Ch. D. repraesentirt und unumgängliche Hülfe |: dafern anders der Total-Ruin dieser Churfürstl. Landen soll verhütet
werden :| auf's beweglichste angehalten werden, und inmittelst das
Biergeldwesen erfordert hat, dass für diesmal den Herrn Verordneten
aus jeden Kreisen etliche zu Berathschlagung der vorfallenden Sachen
adjungirt würden, so haben unsere Heimgelassene uns mit gewissen
Instructionibus anher abgefertigt, die wir auch in einer unterth.
Schrift zusammengetragen und unsern hochgeehrten Herrn hiermit

dienstlich offeriren mit hochfleissiger Bitte, solche unserm gn. Churfürsten und Herrn mit gebührendem Respect vorzutragen, welche dann vornehmlich auf drei Puncta beruhen thut: Als dass 1) bei dem Zoll zu Leutzen einige Verordnung vorgenommen und dabei der Landschaft hohes Interesse gar nicht considerirt oder erwähnt worden.

Da doch unsern grossgünstigen Herrn wol wissend ist, quo titulo admodum onerosa die Landschaft bei diesem Zoll interessirt und wie sie aus unterth. Liebe und Affection gegen die damalige Herrschaft mit Darlegung der darauf verpfändeten und verschriebenen hohen Summe den Zoll gleichsam ex manu potentioris Regis errettet und denselben dem Chur-Hause zum besten bis an diese Stunde beibehalten haben.

Die andere Beschwerung besteht auf die wider der Stände Vorbewusst eingeführte Neue geringe Münze, dabei die grosse Inconvenientien und Confusiones auch andere böse Nachrede bei Auswärtigen die daraus zu befahren Sr. Ch. D. allerglimpflichst für Augen gestellt worden.

Und der dritte Punct antrifft die so längst desiderirte Sublevation in der beschwerlichen Contribution und dass doch endlich auch diesen Landen der gewünschte effectus pacis gegönnt werden möchte.

Und weil nun bei allen und jeden Sachen nichts Unbilliges, nichts Ungereimtes, noch auch etwas, was wider unsern schuldigsten Gehorsam und Treu, die wir allesammt bis an unser Ende beständig erhalten wollen, laufen sollte, gesucht wird:

So gelangt derowegen an unsere hochgeehrte Herrn unser ganz fleissiges und dienstliches Bitten, Sie wollen als Patres patriae und die der allerhöchste Gott gewürdigt, Sr. Ch. D. an die Seite zu geben, damit durch Ihr Einrathen Land und Leute mit Recht und Billigkeit könnten regiert werden, sich gegen Ihr Vaterland als getreue Patrioten erweisen, diese unterth. Schrift Sr. Ch. D. nicht allein bestens vortragen, sondern auch mit Ihren Consiliis uns also assistiren, damit wir gnädigsten Zutritt und Erhörung erlangen mögen.

Die Stände suchen hierbei nichts anders, denn dass sie Sr. Ch. D. den Zustand Ihrer Lande und deren Anliegen für Augen stellen und soviel möglich einige Remedirung erlangen mögen. Denn dafür seind ja je und allewege Convocationes und Land-Tage von allen Politicis für gut befunden worden, damit bei denselben Herrschaft und Unterthanen gleichsam in ein Privat-Colloquium treten und rathschlagen möchten, was dem Vaterlande zum besten gedeihen wollte, auch damit der privatorum querelae absque dolo et fuco der Herrschaft recht für Augen kommen möchten. Und hat es jederzeit um das gemeine Wesen daselbst wol gestanden, wo eine solche liebliche Harmonie zwischen Herren und Unterthanen befunden worden."

Der Kurfürst an die Anwesenden Deputirten zum Grossen Ausschuss. Dat. Cölln a./Sp. 20. April 1651.

[Die Schwartzenbergische Schuld. Das Guthaben der Stände am Lenzener Zoll. Die Sublevation der Unterthanen. Nothwendigkeit der Clevischen Reise.]

1651.
30. April.

Betreffs Untersuchung der Schwartzenbergischen Schuldsache schlage er ihnen die Bestellung einer gemeinsamen Commission vor. Ihr Guthaben am Lenzener Zoll wolle er durch Theilzahlungen in möglichster Kürze ausgleichen.

„Den Punct des Münzwesens betreffend müssen S. Ch. D. gänzlich dafür halten, dass die Land-Stände in facto nicht gnugsam informirt sein, sintemaln Sr. Ch. D. niemaln in den Sinn kommen, mit einer solchen Münze das Land zu erfüllen, dadurch die reditus der Landschaft, Städte, auch andrer Communen und eines jeden Privati Einkünften verringert und verschmälert, die pretia rerum gesteigert und die commercia cum exteris sollen gehemmt werden, welches alsdann zu besorgen, wann in grosser Menge und unaufhörlich eine solche Münze geschlagen werden sollte; welche Meinung es denn bei Sr. Ch. D. niemaln gehabt, sondern weil an Usual-Münze ein so grosser Mangel gewesen, dass in concursibus an schlechten Summen keiner von dem andern kommen, noch für Ducaten, Reichsthaler und andere grobe Sorten klein Geld gewechselt werden können, so seind dahero S. Ch. D. auch auf Einhalten Dero Land-Stände bewogen worden, keine Reichs-, sondern Land-Münze, welche nur im Lande gelten und in modica summa geschlagen werden sollen, münzen zu lassen, welches auch in infinitum nicht continuiren, sondern sobald als möglich wieder aufhören solle."

Die Fortdauer der Pommerschen Tractaten verhindere vorerst noch die auch von ihm erstrebte Sublevation der Unterthanen. Die Verpflegung der Dragoner und Reiter solle mit Ende Mai aufhören; die Arnim'sche Eskadron in Fortfall kommen, sobald der Pommersche Handel geordnet sei, desgl. dann allen übrigen Beschwerden abgeholfen werden. Die Reise nach Cleve sei durch das Befinden der Kurfürstin eröthigt; seine Geheimen Räthe würden in seiner Abwesenheit das Beste des Landes zu wahren wissen.

Replik der Anwesenden Deputirten. Dat. Berlin 21. April 1651.

1651.
1. Mai.

[Acceptiren die Vorschläge betr. der Schwartzenbergischen Schuld und der Amortisation ihres Guthabens am Lenzener Zoll. Rücksichtlich der Reduction und Münze verbleiben sie bei ihrer Forderung. Die Stempelsteuer.]

Wegen der Schwartzenbergischen Gelder sei ihnen nochmalige gemeinsame Prüfung genehm. Sein Erbieten jährlich 12,000 Thlr. Current- und 4000 Thlr. versessene Zinsen des Lenzener Zolls an sie zu zahlen, acceptirten sie mit Dank. Den Vorschlag wegen Behandlung der Restanten im Zoll nähmen sie ad referendum.

„Man würde auch solcher Reste halber in E. Ch. D. nicht dringen, wenn nicht die äusserste Notdurft des so gar zerfallenen Bierwesens ein solches requirirte, denn Deroselben ist aus vorigen unterth. remonstrationibus bekannt, dass durch die Dennemarkische Post bei Zeiten der leichten Münze dies Schuldenwerk mit mehr als 660,000 Thlrn. an Capital Posten |: andrer Ungelegenheiten dabei zu geschweigen :| aggraviret worden, da dann leicht zu gedenken, was daraussen vor Zinsen angeschwollen, davor man gegen andere haftet.

Soll nun guter Credit erhalten werden, so ist dem Ausschuss nicht zu verdenken, dass sie hinwieder bei demo, was die Landschaft mit Recht zu fordern hat, vigiliren müssen; wobei man sich dennoch der unterth. Moderation jederzeit gebraucht hat, dass man E. Ch. D. ratione der Schäden und Ungelegenheiten, so aus Bezahlung der Dennemarkischen Post entstanden, und wozu Deroselben Herr Grossvater hochsel. And. expresse sich verpflichtet gemacht hat, nicht behelligen mögen."

An Usual-Münze sei kein Mangel; auch widerspräche die neue Münze den Reichssatzungen. Die Behauptung, dass nur geringe Quantitäten davon geschlagen seien, könnten sie nicht zugeben. Auch selbst dann würde sie zu grossen Unbequemlichkeiten führen, auch die Falschmünzerei erleichtern.

„E. Ch. D. werden sich auch nicht dahin überreden lassen, als wann in solcher leichten Münze einiger Vortheil stecken sollte. Denn wie wollte bei einer solchen Sache, die mit vielen Execrationen wider Gottes Wort und die Liebe des Nächsten läuft, einiger rechtschaffener Vortheil und Gedeihen zu gewarten sein. Und da gleich einiger Gewinn dabei sein könnte, so ist doch solches wider die Reichssatzungen, sintemaln in Constitutione Spirensi de Anno 1570 diese Wort enthalten, dass die Münzgerechtigkeit keine Mercanz sein solle, sondern dass dieselbe für ein sonderbares Regale zu achten, so die Reichs-Stände nicht zu ihrem selbst gesuchten Vortheil, sondern dem Heil. Reiche zu Ehren und Wolfahrt gebrauchen sollten."

Die Reduction der Miliz sei unaufschiebbar; sie bäten nochmals um eine bezügliche Conferenz mit einigen der Geheimen Räthe und der Offiziere. .Und wie wir nun, gn. Churf. und Herr, eben im Werke begriffen sein, Dero getr. Stände äusserste Noth und Anliegen noch weiter unterth. also zu repraesentiren, so wird uns wider alles Vermuthen vorgebracht, als sollte ein novum emergens sich hervorthun und durch ein neues Inventum des Stempels die Canzlei-Gebühr auf ein grosses erhöht, den Supplicanten auch die Verordnungen solange vorenthalten werden, bis sie zuvor diesen Aufsatz nebst voriger Gebühr bezahlt haben. Nun können wir zwar zur Zeit noch nicht wissen, wie hoch dieser Impost angelegt werde, auch worauf er eigentlich angesehen sei, weil davon mit den Ständen vorhero nichts geredet, noch etwas publicirt worden; unterdessen aber seind wir von Herzen erschrocken, dass bei so anhaltender schwerer Contribution und Belästigung des Landes noch andre neue modi wollen erdacht werden, womit die Armuth könne gedrückt und der übrige wenige Vorrath der so hart bedrängten Unterthanen herausgepresst werden. Wir haben uns auch dergl. nimmermehr versehen können, weil E. Ch. D. in dieser Ihrer gn. Resolution sich noch dahin erklären, dass Sie hinfüro alle Ihre consilia und actiones dahin richten wollten, damit Ihre Land und Leute in den vollkommlichen so lange gewünschten Frieden wieder gesetzt und zu allem glücklichen Aufnehmen gelangen möchten, dessen auch E. Ch. D. in Ihrer selbst eigenen Churf. Gegenwart bei Dero Valetudinirung uns nochmaln gn. versichern lassen. Leicht können E. Ch. D. den Jammer der Heimgelassnen ermessen, dass in dem Moment, da E. Ch. D. den Fuss von hinnen gesetzt, zugleich auch alle Billigkeit weichen, und mit Einführung einer solchen unerhörten Art und Weise männiglichen ein unerträgliches Joch über den Hals wolle gelegt und die bisher gehabte Libertät gänzlich entnommen werden.

Denn dafür halten wir es ganz gewiss, dass solange dieses Fürstenthum gestanden, noch weniger aber bei Regierung des hochlöbl. Stammes der itzigen Markgrafen zu Brandenburg dergleichen nicht vorgangen, noch den Ständen wider Ihr Wissen und Willen einiger neuer modus contribuendi dergestalt aufgedrungen sei; sondern im Fall die gn. Herrschaft in einigen Anliegen begriffen gewesen, dabei Sie der Lande Hülfe und Zuschub benöthigt gewesen, so seind die Stände allemal convocirt, mit ihnen alles reiflichen überlegt und dann etwas Gewisses beschlossen worden, womit der Herrschaft geholfen werden können. Der modus aber der Anlagen und wie das, was bewilligt gewesen, herbeizuschaffen, ist allewege den Ständen in Händen verblieben und ihnen allemal starke Reversalien darüber gegeben worden, dass in Sachen, daran des Landes Gedeihen oder Verderb gelegen, nichts ohne der Stände Rath und gemeiner Bewilligung sollte geschlossen werden. — —

Es rathen auch alle Politici, dass man nicht leicht zu einiger Neuerung treten oder etwas einführen solle, was bei einem Lande oder Statu nicht hergebracht gewesen; und könnte mit Exempeln ex Historiis wol dargethan werden, dass solche Veränderungen zu grossen motibus und Unruhe auch Verderb Ursache und Anlass gegeben haben.

Nun weiss man aber, Gott Lob, so wenig in diesen als allen andern Oertern des Heil. Röm. Reichs von dergl. schädlichen Inventionen noch deren Inventoribus, man hat auch bei allen diesen schweren Kriegeszeiten, da doch viele Arten und Weisen erdacht worden, wie man von den armen Leuten Geld herausbringen möchte, noch nie einen solchen modum ergriffen, und ist daher zu erbarmen, dass nunmehr erst wolle darauf gedacht werden, da man höchste Ursach hätte, alle Consilia dahin zu richten, dass Land und Leute wieder zum Aufnehmen und Flor gelangen möchten. Ein solches will bei allen Benachbarten und hin und wieder einen bösen Nachklang haben und werden auch die Ausländischen sich darüber beschweren, dass die Justitia wolle venal gemacht und dadurch gleichsam der ordentliche Lauf der Gerichte gehemmt und aufgehalten werden.

E. Ch. D. Land-Stände werden hierdurch wider dero Privilegia graviret, und da in denselben ausdrücklich enthalten, dass die Taxa in der Canzlei bei dem alten Gebrauch verbleiben, und Niemand darin zur Unbilligkeit solle beschwert werden, so wird doch dieselbe dergestalt hoch hinangetrieben, dass mancher arme Mann, der das Seinige unumgänglich der Justiz suchen muss, seine gerechte Sache, indem er die schweren Kosten nicht ertragen kann, verlassen und anstatt der gesuchten Hülfe solche Gott wird befohlen müssen, und werden viele Leute aus Ungeduld beschwerliche Reden und gegen Himmel schreiende Seufzer heraus und über sich steigen lassen."

Besonders würde der Ritterstand bei seinem Grundbesitz dadurch gravirt und gegen den Usus und seine Privilegien zur Propalirung seines Vermögens genöthigt.

„In Summa, es seind die hieraus besorgende Ungelegenheiten und Belästigungen dieser Churlande so gross, dass nicht wol fehlen dürfte, dass darüber männiglich Hände und Füsse sinken lassen und mancher gar ad desperationem gebracht werde.

Es müssen auch E. Ch. D. getr. Stände es dafür gänzlich achten, dass diejenige, so diese und andere neue modos auf die Bahn bringen, es weder mit E. Ch. D. noch Deroselben hohen Reputation viel weniger aber mit Ihrem Vaterlande und diesen Landen und Leuten gut meinen, sondern nur blos auf ihren geldsüchtigen Nutzen und Privatgewinn sehen und sich wenig um den Schaden Joseph bekümmern noch darauf gedenken müssen, was recht. ehrbar, billig und einer christlichen Regierung wol anständig sei. Wir seind auch gewiss, dass diese exactiones dennoch den offectum nicht erreichen werden, der E. Ch. D. will dabei imprimirt und eingebildet werden."

Des Kurfürsten ruhmvolle und gerechte Regententhätigkeit werde ein solches nicht zulassen.

„So gelangt an E. Ch. D. unser ganz flehentliches und um Gottes willen gehorsamsten Bitten, Sie wollen dies grosse Unwesen bei Zeiten abthun und nicht zugeben, dass dadurch Dero erschöpfte Unterthanen noch ferner Mark und Bein ausgesogen und endlich das Land in äusserste Dürftigkeit gesetzt werde."

Die Geh. Räthe ersuchen den Kurfürsten in dem Begleitschreiben vom 25. April, mit dem sie ihm die Schrift der Stände übersenden, betreffs der Münze es beim vorigen Bescheide verbleiben zu lassen, dass nämlich nur eine geringe Quantität leichter Münze für den Kleinverkehr geschlagen werde, die bald ausser Landes gehen würde; zu ihrer schwereren Ausprägung seien keine Mittel vorhanden. Die Beschwerde über die Stempelsteuer erscheint ihnen „nicht de nihilo"; daher dürfte die Suspension der betr. Massregel angebracht sein.

Der Kurfürst an die Geh. Räthe. Dat. Grüningen 13. Mai 1651.

[Die drei ersten Forderungen erträglich. Beschaffenheit der Stempelsteuer.]

1651.
23. Mai.

Wegen des cedirten Gräfl. Schwartzenbergischen Geldes werde ihnen Rechnung abgelegt werden. Betreffs des Lenzuer Zolls verbleibe er bei seinem Gebot von 80,000 Thlrn. Der dortige Pensionarius solle sich den Ständen „auf gewisse Masse" verpflichten.

„Die neue Usual-Münze, gleichwie dieselbe dem armen gemeinen Manne sehr angenehm ist, hätten Wir vermeint, auch ihnen, Ständen, nicht zuwider sein würde, zumal sie nicht leugnen können, dass sie selbst Uns unterth. darum ersucht, und also ist Uns um so vielmehr entgegen, dass sie, Stände, wider solch nützlich Werk reden und mit den in Unserm Edict und neulichst ertheilten Resolution angeführten rationibus und Versicherungen nicht content sein wollen.

Letzlich müssen Wir mit sonderer Befremdung vernehmen, dass Unsere Stände soviel von dem kleinen Siegel, welches Wir nirgends mehr dann nur bei Unsrer Geh. Kanzlei einführen lassen, machen, wie Wir dennoch dessen ganz unbillig und ohne gnugsame Information beschuldigt werden." In der Erwartung, dass man eine so ungerechtfertigte Beschwerde zurückziehe, lasse er es für diesmal dahingestellt: der Stempel solle weder im Kammergericht, noch wo sonst der Stände Consens erforderlich ist, gebraucht werden.

Die Deputirten der Stände an die Statthaltenden Geh. Räthe.
Dat. Berlin 16. Juli 1651.

1651.
26. Juli.

Sie hätten im März eine unterth. Supplikation über die Münze dem Kurfürsten in Grüningen überreichen lassen, die ohne Resultat geblieben sei, „sondern ist vielmehr letztmal zu Gröningen unsere unterth. Supplication ohne einige Remedirung, worüber wir heftig bestürzt worden, unsern Deputirten zurückgegeben worden." Im Jahre 1621 als sie bei ähnlicher Bewandtniss um das Gleiche gebeten hätten, sei ihren Bitten willfahrt worden. Sie hofften, dass auch jetzt trotz aller bisherigen Weigerungen dasselbe ihnen werde zu Theil werden.

Ausschreiben des Landeshauptmanns von dem Knesebeck zu einem Kreistag der Altmark. Dat. Tilsen 28. Mai 1651.

1651.
7. Juni.

„Ich Hempo v. dem Kuesebeck, Hauptmann der Altmark, auf Tilsen erbsessen, entbiete denen sämmtlichen in der Land Reuterei Tangermünde gesessenen und beschlossenen von Adel meine freundliche Dienste, und ist ihnen sonder Zweifel gnugsam bewusst, wie oft und flehentlich man seider dem Decembri verwichenen Jahres bei I. Ch. D. zu Brandbg. unserm gn. Herrn, angehalten, dass die vier Arnimische Compagnien abgedankt, die Compagnie Reuter und Dragoner cassirt und die Soldatesca in denen Vestungen reducirt werden möchte, damit das Land dermaleinst nach geschlossenem Friede den Effect desselben realiter zu empfinden hätte.

Es ist aber auf solch inständiges Sollicitiren weiter nichts erfolgt, als dass nur blos der Unterhalt der Dragoner uns in diesem Monat abgenommen. Weil dann diese Linderung viele zu geringe, so ist I. Ch. D. ferner von den Land-Ständen unterth. ersucht: Einmal mit Abdankung der vier Arnimischen Compagnien dermaleinst zu verfahren und die hochnothwendige Reduction der Soldatesca in den Vestungen nicht länger aufzuschieben; Fürs andere, die leichte Münze abzuthun oder ad justum valorem zu redigiren; Und drittens, das verhasste Stempelwerk nicht einzuführen, sondern alsofort zu verbieten. Es ist aber hierauf von der gn. Herrschaft, ausserhalb im letzten Punct, keine annehmliche Resolution erfolgt. Wenn dann gleichwol solche Last in die Länge zu ertragen unmüglich und davon zu deliberiren sein wird, wie man die gn. Herrschaft mit gebührendem Respect erweiche, als habe ich eine Notdurft befunden, Ritterschaft und Städte dieser Kreise zu convociren: Thue derowegen vorbemelte im Tangermündischen Beritte gesessene und beschlossene von Adel sammt und sonders hiermit bescheiden, sie wollen auf den 14. Junii, ist der Donnerstag für Johannis, jedoch des Abends vorhero, einkommen, zu früher Tagezeit in Mestorff sich gestellen, der angestellten Conferenz mit beiwohnen und einen solchen Schluss mit machen helfen, der zu des Landes Erspriesslichkeit gereichen möge; darinnen werden sie sich gutwillig bezeigen.

Tilsen den 28ten May, Anno 1651.

An den Land Reuter zu Tangermünde,
wie auch an den Landreuter zu Arneburg.

Dr. Johann Tornow an den Kurfürsten. Dat. Berlin 11. Juni 1651.

(Die neue Münze. Knesebecks Berufung eines Altmärkischen Kreistages.)

1651.
21. Juni.

Er habe seit der Abreise des Kurfürsten von Lehnin nach Cleve den v. Schwerin[1]), mit dem ihm das Münzwesen gemeinsam aufgetragen worden, stets von dem was sich diesbezüglich ereignet in Kenntniss gesetzt. Da er vernehme, dass Schwerin verschickt sei, so wende er sich mit seinem Bericht darüber jetzt direkt an den Kurfürsten. Er könne mittheilen, „dass die neue Landes-Münze dem gemeinen Manne nach wie vor sehr angenehm sei und soviel nicht gemacht werden könne, als täglich von den Leuten gleichsam bittweise begehrt wird. Nur mangelt's etliche Mal an Silber, dann solches habe ich, wie sehr ich

---

[1]) Otto v. Sewerin, Geheimer Rath und seit 1658 Ober-Präsident aller Collegien. Vgl. über ihn Droysen III, 2, 51, 52, 221 ff., 395 ff. Erdmannsdörffer, Graf Waldeck S. 51, 61, 72. Isaacsohn, Gesch. des Preuss. Beamtenthums II, 101, 109 ff. Cosmar und Klaproth 350; U. A. I, IV, VII, IX passim.

mich bemüht, in einer grossen Quantität nicht zur Hand schaffen mögen. — — Obgleich über 10,000 Thlr. sothaner Landes-Münze fertig gemacht und ausgegeben worden, so ist doch wenig davon zu sehen, denn der Mangel der Landes-Münze continuirt an allen Oertern —.
Sonsten habe ich eine Zeithero mit sonderm Fleiss bei einigen getr. Ständen allhier erforscht, dass die harte protestationes und supplicata wider diese so nützliche Landes-Münze in der Altmark ihren Ursprung genommen, und ist mir im Vertrauen gesagt worden, ob hätte jemand von E. Ch. D. Bedienten denen Altmärkischen Ständen von Grüningen aus geschrieben, sie müssten nicht ablassen, E. Ch. D. unterth. zu sollicitiren, die Münze abzuthunde, dann sie würden von denen benachbarten Fürsten deshalben bald Assistenz bekommen. Ich halte den Herrn Oberkammerherrn[1]) dessentwegen entschuldigt und stelle es zu dessen Verantwortunge, der solches gethan, wie wol in Zeiten viel dahin geredet wird. Meine Gedanken confirmirt beigefügtes copeiliches Convocations-Patent[2]); daraus E. Ch. D. erlernen, mit welchen Ständen Sie es eigentlichen zu thunde haben. Ich wollte unvorgreiflich dafür halten, E. Ch. D. liessen einen solchen Befehl, wie mein Concept hierbei verwandt sub Lit. B zeigt[3]), an die beide Hof-Advocaten allhier ergehen; dann, würde solches nirgends mehr zu dienen, so würde es einige Leute und zum mindesten diejenige, die E. Ch. D. Brod essen und grosse Gnade von derselben gehabt, scheu machen, E. Ch. D. in Ungüte zu gedenken oder Ihro in billigen Sachen zu contradiciren die Unterthanen anzufrischen."

Gelegentlich eines Anschreibens des Schwedischen Generals Carl Gustav Wrangel an den Kurfürsten zu Sachsen über die Münze habe er Informationen über die Bewandniss der Schwedischen Land-Münze in Pommern eingezogen. Die dort übliche Sorte, Witten genannt, ergäbe einen Schlagschatz von über 30 %. Augenblicklich ständen die Schweden im Begriff eine noch geringere Münze auszuprägen. Als Antwort auf das „Schwedische Proclama" (vom 10. April d. J.), das die Ausfuhr des guten Pommerschen Silbers und die Einfuhr fremder Landmünze verbiete, schlage er Retorsionsmassregeln gegen Pommern vor.

---
[1]) Conrad v. Burgsdorf.
[2]) Liegt nicht mehr bei; vgl. den hier gegebenen Abdruck aus dem Tylsener Archiv S. 210, 211.
[3]) Der betr. Entwurf Edicts an die Hofadvocaten Eckhardt und Zaunschleiffer trägt ihnen eine General-Inquisition der Altmärkischen Wirren auf, in deren Folge eine Spezial-Inquisition die Hauptschuldigen heranziehen werde.

Der Kurfürst an Dr. Tornow. Dat. Cleve 4. Juli 1651.
[Das Verfahren gegen H. v. d. Knesebeck.]

1651.
4. Juli.

„— Im Uebrigen gereicht Uns zu gn. Gefallen, dass Ihr so fleissige Nachforschung wegen des autoris der so harten wider besagtes Münzwesen eingelangten Protestationen thun wollen. Wir hätten Uns dergleichen, zumal zu dem Hauptmann der Altemark, als dem Wir so viele und grosse Gnade erwiesen, nimmer versehen. Und ob Wir wol Ursach gnug hätten, ihn wegen seines unbesonnenen Beginnens mit behöriger Schärfe anzusehen, so haben Wir doch noch zur Zeit den gelinden Weg gehen und zuvor wider ihn wie auch alle andern seine complices inquiriren lassen wollen, gestalt Wir dann zu dem Ende das von Euch an die beiden Hofadvocaten aufgesetzte Rescript vollnzogen und hierbei zurücksenden.

Wir haben auch über das nöthig befunden, ein absonderlich Abmahnungsschreiben an unsere Altmärkische Stände abgehen zu lassen, damit sie ins künftig auf eines Edelmannes Convocation sich nicht gestellen sollen."

Der Kurfürst an Sämmtliche Altmärkische Stände.
Dat. Cleve 4. Juli 1651.

1651.
4. Juli.

„Unsern gn. Gruss zuvorn. Veste und Ehrbare. Wir bringen in glaubhafte Erfahrung, was gestalt sich Unser Hauptmann der Altemark Hempo v. dem Knesebeck ganz unbesonnener Weise unterstanden, Euch als Unsere getr. Stände, dem Herkommen zuwider, ohne einigen habenden Befehl auf den 14ten nächst abgewichenen Junii zu convociren und gleichsam zur Contradiction in Unserm billigen Suchen wider Uns anzufrischen. Nun zweifeln Wir nicht, Ihr werdet allerseits selbst wol begreifen, dass dieses eine Sache ist, die Uns, als dem Landesfürsten zum höchsten praejudicirlich und dahero umsovielweniger so schlechter Dinge darüber hinzustreichen anstehen will. Allermassen wir es dann zu seiner Zeit schon der Gebühr nach zu ahnden wissen wollen.

Damit aber hinfüro dergleichen ungewöhnliches Werk tanquam perniciosi exempli nicht ferner angestellt oder in Observanz gebracht werden möge, so haben Wir der Notdurft zu sein befunden, Euch Eurer unterth. Treu und Pflicht zu erinnern und zugleich gn. und ernstlich zu ermahnen und anzubefehlen, dass Ihr Euch inskünftige so wenig auf dieses, als auch sonst einiges andern Edelmannes eigenmächtige Citation zusammen thut, sondern es zu Verhütung aller sonst daraus besorgenden Inconvenientien bei dem Herkommen allerdings verbleiben lasset; gestalt Wir Uns dessen eigentlich versehen wollen."

Die Geheimen Räthe an Hempo von dem Knesebeck.
Dat. Cölln a./Sp. 29. Juli 1651.

[Aufforderung sich wegen der Convocation zu verantworten.]

1651.
8. Aug.

„Unsere freundliche Dienste zuvor. Hochedler, Gestrenger, Vester, insonders hochgeehrter, lieber Herr und Freund. Wir mögen demselben nicht bergen, dass S. Ch. D. — vom 2ten Augusti st. n. uns gn. rescribirt, dass Sie für ein ganz ungewöhnliches, weitaussehendes Werk hielten, dass der Herr, als höchstbesagter Sr. Ch. D. Rath und Diener, deme Sie so viele und grosse Gnade erwiesen, einvorwahrte Convocation der Eingesessenen vom Adel in der Altmark durch die Landreuter daselbst herumtragen lassen und dass wir ihm solches gebührend vorhalten, auch denselben hierüber punctuellement vernehmen sollten. Gleichwie wir nun pflichtschuldig seind, Sr. Ch. D. gn. Befehl zu gehorsamen, so thun wir demselben anstatt mehr höchstbenannter Sr. Ch. D. hiermit befehlen, für unsere Personen aber freundlich ersuchen, er wolle für eine Churf. Gnade achten, dass Sie seiner ungehört nichts widriges gegen ihn verordnen und dessentwegen, falls er autor dieser berührten beiverwahrten Citation, auf zugelegte Puncten mit Ja oder Nein antworten, auch sothane Verantwortung durch Zeigern uns zusenden, damit Sr. Ch. D. wir davon gehörige Relation gehorsamst thun mögen.

Womit wir unsern hochgeehrten Herrn Gottes Obacht befehlen, und verbleiben Ihme zu angenehmer freundlicher Diensterweisung unseres Ortes allezeit willsam."

Geben zu Cölln a./Sp.   Churfürstl. Brand. Hinterlassene
am 29. Julii 1651.   Statthaltende Geheimbte Räthe daselbst.

Dom. George Gans. Ewald von Kleist. Joh. Tornow D. mp. Edler Herr zu Potlitz.

Puncta

Worauf der Herr Landeshauptmann in der Altmark, Hempo von dem Knesebeck, inhalts beiverwahrtes Convocationsschreibens zu antworten.

1. Ob ihme zugelassen, die Ritterschaft der Altemark wider seinen gn. Churfürsten und Herrn zu convociren?
2. Ob er solches in seinem Namen thun mögen?
3. Weil er pro ratione in der Convocation anziehet, dass man vom Decembri her um Reduction und Cassation der Soldaten augehalten, ob er Wissenschaft habe, wer die deshalb Sr. Ch. D. überreichte harte Supplicata concipiret?
4. Oder ob er selbst der Concipient sei und etwa dieselbe in seiner Gegenwart versiegeln lassen oder solche zum Versiegeln herumgesandt und jedem vorlesen lassen?
5. Aus was Ursachen er Sr. Ch. D. neue Münze öffentlich eine leichte Münze nenne?
6. Ob er nicht solches Sr. Ch. D. zum Despect thue, weil er so aus dem Churf. Edict, so auch aus dem Gepräge der Münze ersicht, dass je in Zeit der Noth ad tempus eine Landmünze und als schwer Geld ausgegeben werden solle?
7. Dieweil er gedenkt, dass diese Münze ad justum valorem zu reduciren, ob er per justum valorem nicht verstehe, dass die Münze des Reichs Schrot und Korn gemäss sein solle?
8. Ob ihme gnugsam wissend, dass es in der Altemark an kleiner Münze mangle, und man keinen Ducaten bald gewechselt bekommen können?
9. Ob ihme nicht dahero bekannt, dass aus Mangel der kleinen Münze in der Altenmark allerhand Sorten, die den Reichsconstitutionen und dem Churf. Edict de anno 1623 nicht gemäss, gänge und gäbe seiud?
10. Ob er wol gethan, dass er, als ein Churfürstl. Diener, die neue Canzleitax, so doch schon, seinem Zugestehen nach, aufgehoben gewesen, gegen die Ritterschaft zu Sr. Ch. D. Verkleinerung nochmals so gehässig und spöttlich als ein Stempelwerk angezogen?
11. Ob die Ritterschaft auf seine Citation zu Mossdorff erschienen?
12. Und was sie daselbst verhandelt?

Concept der Rechtfertigungsschrift H.'s v. d. Knesebeck s. d.

„Was auf die 12 Inquisitions-Puncte, die mir die Churf. Brandenburgische Geh. Räthe am 29. Julii d. J. zugeschickt, ich geantwortet, das kann und werde ich nicht leugnen. Ich weiss auch, dass solches, bevorab wenn man den ganzen Context liest und nicht nur etliche Wort, einen verhasst zu machen, herauszieht, so eingerichtet ist, dass es Niemand, der es mit unpassionirten Augen besehen wird, tadeln kann, und könnte ich wol leiden, dass solches in öffentlichem Druck ausgeben würde, dass die ganze Welt drüber erkennen möchte. Dass aber solches I. Ch. D. etwa so nicht vorgebracht, wie ichs gemeint, sondern Etwas dran in einen andern Verstand, als mir niemals in Sinn kommen, ausgedeutet werden will, das muss ich Gott dem Allerhöchsten befohlen und wollte wünschen, dass man meine Verantwortung darüber was übel aufgenommen begehren möchte.

Ich verhoffe, ich wollte meinem gn. Herrn solche Satisfaction thun, dass I. Ch. D. nicht nur allerdings zufrieden sein könnten. Möchte ich aber die Gnade erlangen, dass mir diejenigen, die mich bei Sr. Ch. D. ohne Ursach angegeben, benennet würden, wollte ich dieselbe mit Grunde der Wahrheit so eintreiben, dass sie einen ehrlichen alten Cavalier, der Zeit seines Lebens keine andere Intention gehabt, als das zu thun, was er für Gott den Allmächtigen und seiner gn. Herrschaft zu verantworten und zu des Landes Nutz und Wolfahrt gereichen mag, hinfüro ohnangefochten lassen sollten¹)."

Des Hauptmanns der Altmark Erklärung auf die ihm vorgeschickten Puncta:

„Ad primum. Wider seinen gn. Churfürsten und Herrn einige Convocation anzustellen gebühret sowenig mir als Einem von I. Ch. D. Räthen und Dienern; es wird mir auch in Ewigkeit dass ich solches gethan nicht erwiesen werden können.

Das Patent an ihm selber, wenn es mit unpassionirtem Gemüthe angesehen wird, demonstrirt viel ein anderes. Ich hätte auch der Convocation gerne geübrigt sein wollen, weil aber der Landstände Abgeordnete an I. Ch. D. von Groningen wieder zurückkommen und von ihrer Verrichtung Relation thun wollen, so hat alhie in der Alte-

---

¹) Vgl. Aus dem Leben der Vorfahren auf dem Schlosse Tylsen S. 125.

mark Niemand anders als ich, dem das Directorium aufgetragen, die
Stände zusammenbescheiden können. Dass aber daselbst etwas so
I. Ch. D. mit Fug offendiren könnte vorgangen, wird sich nimmermehr
befinden. Ich weiss Gott Lob wol, wie ich meine Landesobrigkeit
lieben, ehren und respectiren soll und wozu mich meine Lehnspflicht
und juramentum subjectionis et homagii verbindet, werde auch bei
unterth. Devotion und Treu gegen I. Ch. D. und Dero Churf. Haus
bis auf meinen letzten Blutstropfen und ins Grab mit göttlicher Hülfe
continuiren.

Und damit hat auch der andre Punct seine Abfertigung.

Ad tertium et quartum. Weil ich sieder dem Decembri verwichnes
Jahrs in Berlin nicht gewesen, so kann ich nicht eben wissen, wer
die abgangene supplicationes und Schriften concipiret, halte aber davor, weil solche scripta von den sämmtlichen Ständen vollnzogen, dass
sie von ihnen müssen approbirt sein. Zudem kann man bei solchen
Conventibus nicht wol sagen, wer der Autor dieser oder jener Schrift
sei, denn weil die vota aller Kreise zusammengebracht werden müssen
und hernach die Schrift collegialiter vorgelesen wird, so liegt sehr
oft vor, dass viel geändert werden muss. Die Versiegelung aber geschieht allezeit collegialiter omnibus praesentibus; harte Reden werden
soviel möglich vermieden und jederzeit dahin getrachtet, dass die
supplicata mit gebührendem Respect eingerichtet werden.

Ad quintum. Die itzige Neue Münze, so vor kurzer Zeit geprägt
worden, habe ich zwar etwan leichte Münze genennet, aber im geringsten aus keinem bösen Fürsatz oder Verrichtung, sondern weil sie
von jedermänniglich so intitulirt wird und ad differentiam der bishero gebräuchlichen Kupfer- und andern alten guten Silbergroschen.

Ad sextum. I. Ch. D. zum Despect etwas zu thun ist mir niemals in den Sinn oder Gedanken kommen. Denn ob ich zwar von
Herzen wünschen wollte, dass diese Neue Münze nie wäre introducirt
worden, ob multas praegnantes rationes, so weiss ich doch wol, was
der schuldige Gehorsam gegen die Obrigkeit mit sich bringt, dem
ich mich keinesweges zu entziehen gedenke, sondern werde auch nur
männiglich darzu ermahnen.

Ad septimum. Dass die Münze ad justum valorem reducirt werden möchte, dadurch habe ich nichts anders verstanden, als dass sie
des Reichs Schrot und Korn gemäss sein sollte, wie solches in den
Reichs-Constitutionibus auch von der Landmünze erfordert wird.

Ad octavum. Dass kleine Münze überflüssig in der Altemark sein
sollte, solches kann nicht eben asserirt werden. Es hat sich aber

dennoch derselben bis dato soviel funden, dass man von einander kommen können. Sonst ist die vornehmste Ursach, warum die Altmärker gebeten, dass die Neue Münze nicht introducirt werden möchte, diese, dass sie zu Hamburg, im Herzogthum Braunschweig und Lüneburg, wie auch im Fürstenthum Magdeburg, wohin alle unsere Commercia gehen, gar nicht genommen wird.

Ad nonum. Die kleine Münze so bishero in der Altemark gänge und gäbe gewesen wird meines Erachtens dem Churf. Edict de Anno 1623 wol gemäss sein, denn die Braunschweigische und Lüneburgische Groschen seind ganz gut und des Reichs Schrot und Korn gleichförmig. So seind auch die Hamburgische und Magdeburgische Groschen solange nicht getadelt worden. Die Churf. Brandenburg. Kupfergroschen seind auch von jedermann gerne genommen.

Ad decimum. Dass ich die Neue Canzlei-Tax, I. Ch. D. zu Verkleinerung, ein Stempelwerk gehässig und spöttlich angezogen, wird mir kein ehrlicher Mann überbringen können. In re nova et inusitata usus sum vocabulo communi, bevorab weil ich gesehen, dass die Landstände in ihrer Schrift an I. Ch. D. solches Worts gebraucht. Ich weiss gar wol, dass ich ein Churf. Diener bin, werde mich auch in gebührenden Terminis wie einem treuen Diener geziemt wol zu halten wissen. Wie kann man mir denn Schuld geben, dass ich I. Ch. D. zur Verkleinerung etwas thun sollte. Ich halte Sie in meinem Herzen hoch und respectire Sie als meinen Churfürsten, Landesvater und Landesherrn. Gott verzeihe es denen, die mich bei I. Ch. D., da ich doch gegen Dieselbe unschuldig wandele, ohne Ursach denigriren und mir auf meine alte Tage einen Schimpf zuziehen wollen. Das Beste ist, dass ich mich eines guten Gewissens tröste. Darum wird Gott in dieser Sachen Richter sein und die Zeit dermaleins geben, wer es treulich gemeint oder nicht.

Ad undecimum. Auf die geschehene Citation haben sich etliche Deputirte von Ritterschaft und Städten gestellt.

Ad duodecimum. Das Commune Conclusum in der Altemark ist gewesen, ob man wol grosse Ursache hätte, um Reduction der Soldatesca in den Vestungen und dass der Abwesenden Unterhalt dem Lande abgenommen würde anzuhalten, dass man doch damit, weil I. Ch. D. itzo mit andern Entreprinsen umginge, etwas anstehen und sich bis Bartholomaei, wenn etwa der Grosse Ausschuss zusammen käme, patientiren sollte.

Wegen der Neuen Münze aber hat man davor gehalten, es würde nicht undienlich sein, ob das Land damit überfüllt würde, denuo an

I. Ch. D. zu suppliciren, dass solche ad justum valorem gebracht und solche Sorten nicht mehr geschlagen werden möchten, und solche Supplication, weil die andre Stände jenseit der Elbe auch damit eins gewesen, ist neulich abgangen.

Im Uebrigen ist wegen Räumung der Ströme der Diese und Milde wie auch, wie denjenigen die ihre Elbteiche nicht wieder in Stand bringen könnten auf ergangenes Churf. Rescript succurrirt werden möchte, dann auch, wer zum Assessore im Hof- und Landgericht zu constituiren, deliberirt worden."

In einem Schreiben an die Geh. Räthe d. d. Tilsen 3. Aug. 1651 betheuert Knesebeck noch einmal seine gute Absicht und bittet die Räthe, für ihn beim Kurfürsten einzutreten.

Hempo von dem Knesebeck an den Kurfürsten. Dat. Tilsen 14. September 1652[1]).

(Entschuldigt sich mit seinen guten Absichten. Bitte um das alte Vertrauen.]

1652.

Durchlauchtigster, Hochgeborner Fürst. E. Ch. D. seind meine 24. Sept. unterth. gehorsamste Dienste in unabsetzlichen Treuen bevor. Gnädigster Herr, Ich erfahre mit sonderbarer Bestürzung, dass E. Ch. D. über mein, als Dero geringsten, jedoch treuen Diener, geführte Actiones zu einiger Displicenz sich haben bewegen lassen, und Dero gn. Zuneigung zu mir etlichermassen geändert. Wie schmerzlich nun mir solches zu Gemüthe steige, kann E. Ch. D. ich mit Worten nicht entdecken, denn wie ich in dieser Welt nächst der Gnade bei dem Allerhöchsten Gotte nichts höheres als E. Ch. D., die ich in meinem Herzen jederzeit geliebt und geehrt, und für Dero Wolfahrt ich ohne Unterlass Gott angerufen, beharrliche Churf. Hulde geschätzt, so wehe thut mir zu vernehmen, dass dieselbe nicht allerdinge ohnverrückt geblieben. Ich bezeuge mit Gott und meinem guten Gewissen, dass ich von Jugend auf alle meine Actiones dahin gerichtet, dass sie Gott gefallen und zu meiner gn. Herrschaft sonderbarem Aufnehmen und des Landes Wolfahrt ausschlagen möchten."

---

[1]) Dieser Brief ist, obgleich erst dem Jahre 1652 angehörig, doch gleich hier des Abschlusses wegen eingereiht. Vgl. übrigens: Aus dem Leben der Vorfahren etc. 125, 127.

Joh. Tornow an den Kurfürsten. Dat. Berlin 13. Aug. 1651.

(Einkommen zu Duisburg 20./30. August.)

[Die neue Münze nimmt guten Fortgang. Knesebecks Behauptungen unbegründet. Dennoch Gnade vor Recht anzuwenden.]

1651.
23. Aug. Es empfehle sich mit der Münzung in bisheriger Weise trotz Wrangels Edikt fortzufahren, da die Pommerschen Witten weit leichter seien, auch Chursachsen jetzt Silber aufkaufe, um eine ähnliche Landesmünze prägen zu lassen.

„Dabei erinnere ich demüthigst, dass, obgleich der Herr Landeshauptmann in der Altenmark ein anders bezeugen will, dennoch aus Mangel der kleinen Münze daselbst allerhand untüchtige Münz im Gebrauch und gänge sei. Um solches recht zu erfahren, habe ich durch den hiesigen Gewardein die Altmärkische Münz prüfen lassen, der mir berichtet, dass er sonderlich allerhand Sorten Dreyer nicht auf 2 Pf. werth befinde. Er will von allen Sorten unter seiner Hand einen Probe-Zettel mir zustellen, den will ich über 8 Tage E. Ch. D. zusenden. Also stelle ich gleichfalls zu E. Ch. D. gn. Gutfinden, ob im berührten Edict nochmals alle solche Münzsorten verboten werden sollen, die des Röm. Reichs Constitutionen nicht gemäss seind. Mir ist vor gewiss berichtet, dass I. Ch. D. zu Sachsen allenthalben Silber aufkaufen lassen; was Sie vorhaben, weiss ich nicht, — (jedoch) praesumire ich, Sie werden E. Ch. D. folgen, denn es gewiss ist, dass E. Ch. D. Landesmünz auch ausser Landes begierlich genommen werde, und wird der von Kleist nachrichtlich sagen, wie diese Münz des Wrangelschen Edicti unerachtet in Pommern gänge sei — — — — — Weiters werden E. Ch. D. aus des Herrn von Putlitz und meinem unterth. Memorial ersehen haben, wie sich der Herr Landeshauptmann in der Altenmark entschuldigt und vormeint, wolgethan zu haben. Ich will nicht ihn, noch andere Leute denigriren, sondern wünschen, dass E. Ch. D. denselben zu Gnaden nehmen und nichts widerliches wider ihn statuiren mögen. Dieweil ich aber vom Secretario Joh. Friedr. Müller vernommen, dass E. Ch. D. mich (nach Cleve via Lüneburg und Hamburg) bescheiden, so bitte ich der Sache bis nach persönlicher Besprechung Anstand zu geben etc."

Des Kurfürsten Antwort d. d. Duisburg 6. September entscheidet demgemäss.

Joh. Tornow an den Kurfürsten. Dat. Berlin 27. Aug. 1651.

[Nachweis, dass in der Altmark nur sehr geringe Münze umlaufe.]

1651.
„Vermittelst unterth. Darbietung meiner pflichtschuldigen Dienste 6. Sept.
und gehorsamer Aufwartunge sende ich gehorsamst des Gewardeins
Probir - Zettel der Altmärkischen Münzsorten. Er entschuldigt sich,
dass viel bei der Münz eine Zeithero zu thunde vorgefallen, darauf
er nicht alles vor diesmal ausführen und deutlicher setzen können;
will aber dasselbe künftig gehorsamst verrichten. Ich kann wann es
vonnöthen ist beweisen, dass in der Altenmark wider das Churfürstl.
Brandenburg. Münz-Edict de anno 1623 und des Nieder-Sächsischen
Kreises Valvation, am 25sten Octobris Anni 1622 zu Halberstadt gehalten,
aus grossem Mangel der kleinen Münze viel leichte und bekannte
böse Münzsorten von etlichen Jahren hero bis auf diese Stund
gänge und gäbe gewesen; aber E. Ch. D. davon eine wahrhafte Probe
zu zeigen, habe ich meiner unterth. Schuldigkeit nach auch den erwähnten
Zettel übersenden wollen; bin also noch der unvorgreiflichen
Meinung, dass kein Altmärker Ursach habe, sich über E. Ch. D. gute
und gn. Intention zu beklagen und lieber fremden Potentaten als
Deroselben den Vortheil zu gönnen. Ich habe mit Wahrheit geschrieben,
dass bis auf diese Stund nicht soviel Landesmünze gemach
werden können, als die Unterthanen begierlich allemal gewechselt,
erfahre aber, dass dem von dem Knesebeck alhier mit dieser Post
geschrieben, dass er am besten wissen würde, ob dem also wäre.
Die von mir nach Cleve mitzubringenden Rechnungen werden dies
auch bezeugen. Ich kann auch sonsten gern leiden, dass diejenigen,
die einig Misstrauen in mich setzen, sich bemühen, das Wiederspiel
zu bestärken. Ich will ihnen unerschrocken antworten etc."

Beilage: Des Münz-Guardin Carol Thauer Bericht über den
Gehalt der Münze in der Altmark.

Keine einige in der Altenmark gangbare Münz, soviel mir derer
an Groschen und Dreyern zu probiren gegeben worden, hat sich dem
Reichsschrot und Korn gemäss befunden, allermassen ich solches künftig
mit mehrem berichten werde, unter denenselben aber:

Ein unbekannter und wie man an dem fast verdunkelten Gepräge
noch sehen können, ein Holsteinischer Groschen, derer 24 Stück einen
Thaler gelten sollen, aufgezogen, probirt und nach den Churfürstl.
Sächsischen Reichsgroschen, da vermöge der Reichsmünz und Pro-

bation-Ordnung anno 1559 aufgerichtet an Schrot 108½, St. auf die Cöllnische Mark gehen und an Korn 8 Loth fein Silber salva exceptione remedii halten, valviret, gehen solcher Groschen auf die Cöllnische Mark 162 Stück, seind an Schrot zu leicht 53½, Stück; an Korn hält eine Mark 7 Loth 16 gren, seind an Korn zu gering 2 gren ist
Verlust an 100 Thlrn. 32 Thlr. 10 Gr. 1⁹⁹⁄₄₁ Pf.
und das Stück ist werth 7¹¹⁄₇₇ Pf.

Allerhand in der Altenmark gangbare Dreyer, deren 274 Stück auf die Cöllnische Mark gehen und 5löthig sein sollen, seind an Halt befunden worden 4löthig und gehen 316 Stück auf die Mark, thut
Verlust auf 100 Thlr. 30 Thlr. 15 Gr. 3⅔ Pf. und das Stück ist werth 2¹⁰⁹⁄₇₄₃ Pf., so etwa 2⅛ Pf.

Dat. Cölln a./Sp. 27. Aug. 1651.　　　Carol Thauer.

———

In den ersten Tagen des Jahres 1652 tagt noch der Grosse Ausschuss zu Berlin. In einer Eingabe vom 10. Januar bittet er um die längst zugesagte Reduction bis auf die nothwendigen Garnisonen, zu deren Unterhalt er seit Ende November nicht mehr verpflichtet sei, zumal seit dem 1. Dezember 1651 die bisher nicht verwilligte Auflage für den Unterhalt der Leibgarde z. Pf. hinzugetreten sei, „weil bei Friedenszeiten die Landstände zur Unterhaltung der Völker nicht verbunden seien". Die Petition schliesst mit der erneuten Forderung, die Neue Münze, von der der Kurfürst selbst keinen Nutzen gezogen, schleunig abzuschaffen.

Unterm 13. Januar st. n. rescribirt der Kurfürst von Cleve aus an den Statthalter Blumenthal und die Geheimen Räthe, die Stände zu convociren und zur Bewilligung seiner Forderungen noch auf einige Zeit zu bewegen: „ihre Beschwerden zu vernehmen, ihnen aber gleichwol zu verstehen zu geben, dass Wir bei so beschaffenem Zustande die Contribution und andere onera nicht fallen lassen könnten, sondern sie würden nothwendig noch etliche Jahre damit continuiren müssen", da die Domänenintraden derart geschmälert seien, dass sie nicht einmal zum Unterhalt des Hofstaats hinreichten.

Das Landtagsausschreiben vom 24. Januar auf den 23. März fordert zum vorherigen Zusammentritt der Kreistage auf, die ihren Deputirten auf folgende 7 Punkte Vollmacht ertheilen sollten:

1. Die von den Ständen bisher seit 1610 innegehabten vier altmärkischen Aemter Diesdorf, Arntsee, Neuendorf und Salzwedel mit Rücksicht auf die für den Hofhalt unzureichenden Mittel des Kurfürsten zurückzucediren.
2. Die Contribution zum Unterhalt der Soldatesca noch auf einige Zeit fortzusetzen.
3. Auf einen billigeren modus contribuendi zu denken „und ob es dann nicht Sache wäre, dass die Generalmittel wieder eingeführt, und durch die-

selbe und andere billige und nicht sonderlich empfindliche, auch sowol Reiche als Arme betreffende Wege das Quantum der verwilligten Contributionen aufgebracht und darzu eine Generalcassa gehalten würde".

4. Die Erhaltung der Arnimschen Escadron noch auf einige Zeit mit Rücksicht auf Pommern auf sich zu nehmen.

5. „Wann auch Wir Uns zuträglich und dem Lande nicht schädlich zu sein befinden, dass die neue Canzlei-Taxa wieder eingeführt würde, so werden die Stände derselben Taxen gemäss künftig die Gebühr zu verrichten sich bequemen."

6. Für eine Reparatur der Wege, Brücken und Dämme eine Bewilligung zu machen; dabei möge ein Vorschlag eingebracht werden, „dass ein Wegepfennig auf die reisenden Leute gelegt werde".

7. „Wird nicht weniger zu bedenken sein, wie Unserm, der Landschaft und der Städte Schuldenwerk zu helfen."

Unterm 7./17. Februar berichten die Geh. Räthe dem Kurfürsten über die ständischen Gravamina. Dieselben zerfielen in drei Gruppen, solche die unbedingt gerecht, solche die streitig wären und bei denen sie nachzugeben empfehlen, und solche die unbedingt nicht zu bewilligen seien. Sie bitten, dies ihr Gutachten zur Grundlage der Verhandlungen machen zu dürfen. Sie würden die vier Aemter und auf 5 Jahre eine jährliche Contribution von 120,000 Thalern fordern, wovon die Ritterschaft der Alt- und Mittelmark, als Pfandgläubigerin der vier Aemter, 20,000 Thlr. jährlich zurückbehalten sollte.

Instruction für die kurfürstlichen Geheimen Räthe zum Tage Oculi 1652. Dat. Cleve 16. März 1652.

[Die sieben Punkte, auf die der Kurfürst bestehen müsste. Seine Leistungen für das Land. Nothwendigkeit der Erhaltung der Truppen.]

1652. 16. März.

„Anfänglich und vor's Erste sollen Unsere Räthe den Anwesenden Ständen Unsere Churf. Hulde und Landesväterliche Vorsorge für die gemeine Wolfahrt und Aufnehmen des Landes zu vernehmen geben und sie dessen ferner versichern, auch dass sie auf Unser gn. Gesinnen gehorsamst erschienen rühmen und hiernächst folgendergestalt ihnen hauptsächlich proponiren.

Es würde sowol ihnen annoch in unterth. dankbarem Angedenken schweben, als es sonst ausser und innerhalb Reichs jedermänniglich bekannt wäre, welchergestalt wir bald bei Antretung Unserer so schweren und gefährlichen Regierung nur darauf bedacht gewesen, wie Wir dem fast agonizirenden Vaterlande zu Hülfe kommen und demselben zur Respiration einige Gelegenheit und Erleichterung geben möchten. Zu dem Ende hätten wir derer Stände nacher Preussen abgeschickte Deputirte nicht allein gn. gehört, sondern ihnen auch in allem ihrem unterth. Begehren Satisfaction gegeben; wie wir dann unsere Reuterei ausser Landes geschafft und die Fuss-Völker reducirt, auch sonsten damalen eine und andere gn. Verordnung zu des Landes Besten gemacht; wodurch diese Lande, gleichsam mitten in der Kriegs-Flamme, in etwas in Frieden zu leben angefangen, auch sich, wie die Stände gern zugestehen werden, gestalt es auch der Augenschein gegeben, auf ein grosses bis auf diese Stunde verbessert, worinnen sie dann alle die Jahr hero vor allen andern Landen im Röm. Reich einen grossen Vorzug gehabt, welches sie gleichwol zuforderst der göttlichen Providenz und dann Uns und Unserer gn. Vorsorge einig und allein zu danken und zuzuschreiben hätten.

Nun wäre aber dagegen am Tage, dass wir Unser eignes und zwar so hohes Interesse darüber zum guten Theil verlieren und hintansetzen müssen; ja es wären [: weil wir von der Contribution nichts participirt, sondern alles zur Defension und Conservation des Landes nur anwenden lassen :] Unsere Aemter und Cammergüter in solchen Verderb darüber gerathen, dass Wir auch nicht Unsere Statt und Tafel davon führen und halten könnten, und könnten Wir dessentwegen ohne einige Hülfe Unserer getr. löbl. Stände Unserm fast zerfallenen Staat nicht wol wieder aufhelfen.

Wann Wir dann, wie auch Unsere hochlöbl. Vorfahren, bei Unsern gehorsamen Ständen zu jeder Zeit eine sonderbare getr. Devotion verspürt, so hätten wir nicht umhin gekonnt, von Unserm itzigen Zustande mit denselben gn. zu communiciren und in Churf. Gnaden an sie zu gesinnen, dass sie ihre hergebrachte unterth. Willfährigkeit auch nochmals anitzo bei dieser gegenwärtigen Occasion durch freiwillige Abtretung derer nun etzliche 30 Jahr hero innegehabte Altmärkische vier Aemter, Arntsee, Diesdorf, Salzwedel und Neuendorf, wie in Unserm Ausschreiben erwähnt worden, erweisen wollen; inmassen Wir nun umsovielmehr in guter Zuversicht stünden, weil sie, die Stände, bei auswärtigen und fremden Potentaten hiebevor wol ein mehrers gethan, dann diese Gelder, so auf sothane Aemter ausgeliehen worden, austragen, und dass sie dahero unter sich schon eine Vergleichung treffen würden, wie sie nach Gelegenheit des itzigen Schuldenwesens Beschaffenheit, da die Creditores, wann sie nur baar Geld wüssten, alle Zinsen remittirten und die Hälfte des Capitals gern nehmen, denen Alt- und Mittelmärk. löbl. Ritterschaften, als welche die berührte Gelder allein ausgezahlt, gerecht werden wollen.

Vor's Andere, ob Wir wol, so bei denen Osnabrügischen, Münsterischen und Nürnbergischen, als noch itzo bei denen Pommerischen Tractaten ein grosses Geld aufwenden und spendiren müssen, so haben Wir jedoch gleichsam vor allen andern Chur- und Fürsten des Reichs das Unglück gehabt, dass Wir bis auf diese Stunde Unsere völlige Beruhigung nicht erlangen können, sondern es würden Uns, wie es am Tage, Unsere von Gott und Rechtswegen gehörige Hinter-Pommerische Lande nicht allein vorenthalten, sondern man wollte noch in's künftige unerträgliche onera und Servituten auf solchen Landen behalten, dahero Wir vor Andern gleichsam des Friedens unfähig gemacht würden; zudem auch noch in- und ausserhalb Reichs sich hin und wieder allerhand motus ereugeten; dahero die hohe Notdurft erforderte, dass Wir Uns noch zur Zeit der nöthigen Defension des Landes nicht gänzlich entblössten, sondern die Vestungen wol verwahren und auf eine und andere Occasion gute Aufsicht haben liessen; hätten demnach das zuversichtliche Vertrauen zu Unsern gehorsamen Ständen, sie werden mit der gewöhnlichen Contribution und Unterhalt der Soldatesca noch eine Zeitlang continuiren. —

Und weil drittens von verschiedenen Kreisen und Städten ganz wehmüthige Klagen einkommen, das sie nicht wol mit ihrem Contingent hernach könnten und Wir dafür hielten, dass diese Klage von einiger ungleichen Eintheilung, da man diesem oder jenem Kreise eine grössere quotam aufzubringen öfters aus einer blossen Opinion oder aus einer alten Verfassung, die jedoch bei itzigem Zustande garnicht practicabel wäre, aufdringe, nur herfliessen müssten; so wollten Wir zu Unsern getr. Ständen die gute Hoffnung geschöpft haben, sie würden sich nunmehr dieses Puncts halber etwas besser unterredet und verglichen haben, auch dannenhero voritzo mit Unsern Geh. Räthen sich zusammensetzen und eine solche Verfassung und modum contribuendi einführen, dadurch, soviel müglich, dergleichen Klagen möchten abgestellt werden. Unmassgeblich hielten Wir das beste Mittel zu sein, dass man, wie hiebevor wol geschehen, bei der Landschaft und der Städte Gewölbe eine General-Cassam einführte und dass man dahin aus allen Kreisen und Städten die Contributiones bringen und dann wieder auszahlen liesse. Die Media, die Contribution aufzubringen, könnten durchgehend general sein, also dass man im ganzen Lande oder in gewissen Kreisen nach dem Ort des Ackers von jedem Scheffel Aussaat, von jeder Person, Viehe, Waaren, Handwerkern und dergl. ein gewisses gebe. Wo dann ein Kreis oder Stadt wol besetzt wäre oder nicht, der oder die gebe viel oder wenig, dass also die Stände

viel geruhiger und einiger sein könnten. Sie würden auch, indeme
sie sich beflissen keinen vor dem andern zu beschweren, Gottes Segen
desto besser zu verspüren haben.

Weiters und vor's Vierte hätten Wir Unsern getr. Ständen nicht
bergen können, dass die Vestunge im Lande nicht allerdinge mit
Volk versehen wären, dahero Wir auch nicht daraus einige Völker
nehmen oder entrathen könnten. Wann Wir denn denselben Esquadron,
welchen der Obriste Lieutenant Berndt Friedrich von Arnimb hiebevor commendiret gehabt, zu dem Ende beibehalten müssten, auf
dass Wir Colberg dermaleins damit besetzen könuten, als liessen Wir
an Unsre getr. Stände gesinnen, sich des Unterhalts dieses Esquadrons
nicht zu verweigern und zwar nur bis Colberg, welches ja nicht lange
mehr anstehen könnte, übergeben würde, dann Wir keinen ferneren
Rath zu deren Unterhaltung wüssten.

Vor's Fünfte hätten Wir ganz ungern vernommen, als Wir vorm
Jahr bei Unserm Abreisen eine neue Canzlei-Tax eingeführt, dass die
Stände so gross Beschwer darüber geführt, gestalt Wir daun nicht
absehen können, ob sie sondere Ursach dazu gehabt, sintemaln verhoffentlich dieselbe wol wissen würden, dass an andern Höfen die
Canzlei-Taxen viel höher denn diese sich beliefen; und wann Wir Uns
nicht vorschreiben lassen könnten noch wollten, was und wieviel Wir
an Canzlei-Gebühr und der Tax nehmen lassen sollten, sonderlich bei
Unserer Geh. Canzlei, so wollten Wir nunmehr verhoffen, die löbl.
Stände würden sich ins künftige alles Beschwerens und Klagens dessentwegen enthalten und was ihnen desfalls gebührt, verreichen.

Sechstens, wann auch nicht geleugnet werden könnte — dass
die Wege, Dämme und Brücken an den meisten Oertern des Landes
sehr verderbt und schadhaft worden — als begehrten Wir gn. sie, die
Stände, wollten doch selbst dermaleins darauf bedacht sein und uns
ihr unterth. Gutfinden hierüber bei der itzigen Zusammenkunft eröffnen, damit alles in möglichster Eil reparirt und dann endlich conservirt werden möchte; dann obwol gewisse Städte und Dörfer einige
Wege, Teiche und Dämme auch Brücken zu halten schuldig wären,
so wären jedoch die meiste Oerter anitzo ganz ausser Gewohnheit
kommen, hätten auch öfters weder Nachdruck noch Mittel, ein solches
anzuordnen oder zu Werk zu richten. Dahero würde nicht undienlich sein,
dass zu Anfange das ganze Land die ins Verderb gebrachte Dämme und
Wege reparirte und in esse hinwieder brächte, nachmals aber auf die
reisenden fremden Leute ein Wegepfennig geschlagen und von jedem
Ort im Lande um ein geringes jährlich verreicht würde; so wollten

Wir einen Brückenmeister bestellen, welcher mit Fleiss beobachten sollte, dass von solchen Mitteln die Wege allemal in Würden erhalten würden.

Letzlich und zum Siebenten wäre männiglichen unverborgen, wie sowol Wir als die Landschaft und Städte mit einer grossen Schuldenlast beschwert und behaftet. Nun erforderte gleichwol die hohe Noth, darauf zu gedenken, wie man endlich mit guter Manier und sonder grossen Schaden aus diesem Werk gelangen und schreiten möchte. Wir wollten dannenhero Unserer gehors. Stände unterth. Gedanken darüber vernehmen und dann durch Unsere Geh. Räthe fleissig cooperiren helfen lassen, damit das Schuldenwerk auf einen gewissen Fuss dermaleins gesetzt werde. Gleichwie Wir nun nicht zweifeln, Unsere getr. Stände werden sich sowol wegen Abtretung der vier Aemter und Unterhaltung der Soldatesca als auch auf andern Puncten Unserer gn. Intention gemäss gehors. und unterth. erklären, also haben sie sich dahingegen wol zu versichern etc."

Falls die Stände auf diese Forderungen nicht eingingen, sondern „der Gewohnheit nach die bekannte Exceptiones und hiebevor vermeinte Gravamina anführten und einwendeten", so sollten die Geh. Räthe nochmals auf das hinweisen, was bisher durch ihre Leistungen für das Land erreicht sei. Es folgen dann eine Reihe von Specialvorschlägen, die die Räthe den Ständen bei den einzelnen Punkten als Grundlage für ihre Besprechungen an die Hand geben könnten. So heisst es betreffs des ersten Punkts, der Retrocession der vier altmärkischen Aemter, dass die Gesammtheit der Stände für die Ritterschaften der Alt- und Mittelmark 100,000 Thlr. als Entschädigung aufbringen könnte, eine Summe, die hinreichen werde, um alle oder fast alle von diesen letzteren darüber ausgegebenen Obligationen und Hypotheken zu decken. „Bevorab, da sie hiebevorn selbsten ausgegeben, sammt hätten sie dieser Aemter auf so hoch die Zinsen sich betragen niemaln jährlich geniessen können, sondern hätten die aufgenommenen Gelder in den Hufenschoss schlagen müssen; dass also, wann sie auch gleich mit 100,000 Thlrn. die hergeschossene Summ von den Creditoren nicht völlig einlösen könnten, sie dennoch ohne Schaden wären; zumaln sie noch itzo kaum jährlich 6000 Thlr. davon zu heben hätten. Sollten aber diese und andere Motiven bei den Ständen nichts gelten wollen, auf solchen Fall sollen die Räthe den Ständen etwas näher und deutlicher zusprechen und ihnen nur zu erkennen geben, wie Wir ob ihrer Undankbarkeit und ungehorsamen Widerwillen ein ungnädiges Missfallen haben und desselben nimmer

15*

vergessen würden. Und würden Wir Erkundigung einziehen, ob es sich in der That also verhalte, was Uns zu Ohren gekommen, dass nämlich die Altmärkische Ritterschaft, respectu des Hufenschosses, keine Creditoren mehr hätte, sondern dennoch die Schösse einforderten und zu ihrem Nutzen und Freigebigkeit verwendeten; wie Wir dann auch unvergessen sein würden, endlich von allen Corporibus Rechnung nehmen zu lassen." Mit besonderm Nachdruck wird auf die Vorzüge der indirekten Steuern vor der Contribution hingewiesen, wobei sehr wol auch die Armen berücksichtigt werden könnten. Er, der Kurfürst, „wäre auch wol versichert, dass solches zu des Landes Aufnehmen merklich dienen würde. Dahingegen, wann es bei dem itzigen modo verbliebe, nur Städte und Dörfer langsamer bewohnt würden, sintemaln öfters einer geringen Stadt oder Dorfes Contingent so hoch kommen, dass die Einwohner davon liefen, zu geschweigen, dass sich mehr Leute finden sollten." Nach ähnlicher Beleuchtung der übrigen Punkte wird zum Schluss alles der Dexterität der Räthe anheimgestellt. Die Landtags-Proposition vom 23. März d. J. a. St. bringt dann die hier aufgezählten sieben Punkte mit derselben Motivirung.

Der Kurfürst an Maximilian v. Schlieben, Direktor der Mittelmärkischen Landschaft zum Neuen Biergelde und Comthur zu Lietzen. Dat. Cleve $\frac{23.\text{März}}{2.\text{April}}$ 1652.

[Wird ersucht, bei den bevorstehenden Landtagsverhandlungen für die Vorlagen des Kurfürsten zu stimmen.]

1652.
2. April.   Es wird Euch zur Genüge bekannt sein, welchergestalt Wir aus sonderbaren Erheblichkeiten in Gnaden resolvirt haben, denen sämmtlichen getr. Ständen Unsrer Chur Brandenburg gewisse propositiones thun zu lassen, gestalt Wir dieselben, um solche gehorsamst zu vernehmen, gegen den $\frac{3.\text{April}}{24.\text{Mart.}}$ in Unsere Residentien Berlin und Cölln a./Sp. gn. verschrieben haben.

Wann Wir dann nicht zweifeln, Ihr werdet Euch persönlich insonderheit mit dabei befinden, so haben Wir aus der in Euch gn. gesetzten Zuversicht und Vertrauen, indem Wir jedesmal Euren gegen Uns geführten Respect, Devotion, und unterth. treue Zuneigung in sonderbaren Churf. Gnaden angemerkt und verspürt haben, hiermit gn. an euch begehren wollen, sowol bei Euren alldort erscheinenden Mitständen als den Abwesenden, Euren unter ihnen habenden Uns gnugsam bekannten guten Credit dergestalt zu employiren und anzuwenden, auf dass sie mit solchem Schluss gegen Uns sich gehorsamst bezeigen mögen, damit Wir der Sachen Nottdurft nach zu Unsrer Intention unfehlbarlich hierunter kommen und angelangen mögen etc."

Ein Zusatz des Concipienten besagt, dass acht andere Schreiben dieses Wortlauts an hervorragende Vertrauensmänner aus der Ritterschaft zur selben Zeit angefertigt und abgeschickt worden seien.

Erklärung der Anwesenden Deputirten auf die ihnen am 23. März gethanen Propositionen. Dat. Berlin 27. März 1652.

[Die Ablösung der vier Aemter in diesem Augenblick nicht möglich. Die Arnimsche Escadron abgelehnt. Desgl. die Generalmittel. Die neue Kanzlei-Taxe, Wegebesserung und Hebung der Finanzen.]

1652.
6. April.

„— — Sr. Ch. D. müssen Dero getreueste Stände auch billig den hohen Ruhm ertheilen, dass Sie sofort bei Antretung Ihrer schweren und gefährlichen Churfürstl. Regierung den erbärmlichen und elenden Zustand, darinnen Sie die Lande gefunden, Sich tief zu Gemüth gehen lassen, den Ständen in Ihrem unterth. Begehren gn. Satisfication gethan, die damaln auf den Beinen gehabte Reuterei aussem Lande geschafft, die Fuss-Völker reducirt und damit den Anfang zu einer empfindlichen Erleichterung gegeben haben.

Dagegen S. Ch. D. auch selbsten gn. bei Sich ermessen, und es Dero vornehme Ministri in keinem Abreden sein können, dass damaln kein ander Mittel noch Weg vorhanden gewesen, womit dem in agone liegenden Vaterlande zu Sr. Ch. D. selbst eigenem Besten und der Unterthanen Liberation hätte können geholfen und ab imminentissimo tali excidio errettet werden, darüber Dieselbe denn auch den unsterblichen Ruhm erlangt und bei der Posterität behalten werden, dass Sie unter allen Chur- und Fürsten des Röm. Reichs den Anfang gemacht haben, durch Ihre heilsame Consilia einen Weg zu erfinden, dadurch sie mit Abstellung aller Hostilitäten tempori cediret und Ihre Lande und Leute aus der Klemme und unausbleiblicher äusserster Pein herausreissen können.

Und als nun S. Ch. D. selbst befinden und in der Proposition gern geständig sein, in was grossen Verderb und Abnehmen Dero Aemter und Kammergüter durch den heillosen Krieg gerathen, so können Sie um so viel desto besser erkennen, zu was grossem Abnehmen, Armuth und Unvermögen Ihre gehorsamste und getreueste Unterthanen müssen gediehen sein."

Ihre Leistungen liessen sich kaum noch berechnen und überstiegen seit 1640 2 Millionen an Contributionen in baarem Gelde und ebensoviel an ausserordentlichen Zulagen. Seine Eröffnungen betr. „die liebe Justiz und Polizei hätten sie gern vernommen und obgleich in der Proposition davon nichts gemeldet, welches gleichwol den Deputirten in etwas befremdlich fürkommt", so wollen sie dennoch nicht daran zweifeln, dass es im Ernst gemeint gewesen.

Zum 1. Punkt, der Retrocession der vier altmärkischen Aemter an den Kurfürsten, bemerken Stände, dieselben seien zuerst, 1614, an Markgraf Christian Wilhelm, Administrator von Magdeburg, um 210,000 Thlr., von diesem an die Ritterschaften der Alt- und Mittelmark abgetreten worden. Jene Summe sei zu hoch, um in diesem Augenblick von den Ständen auf einmal aufgebracht zu werden.

Was die fernere Contributionszahlung betreffe, so verweisen sie auf den betreffenden Paragraphen des Westfälischen Friedens, der solchen Zahlungen mit dem Ende des Kriegs ein Ziel gesetzt habe. In Wirklichkeit zahlten sie jetzt 11,000 Rthlr. monatlich, mehr als zur Zeit des Kriegs. Zum Unterhalt der Festungen seien sie nicht verpflichtet; sie würden das dafür Nothwendige dennoch einige Jahre lang aufbringen, doch nur wenn die Garnisonen reducirt würden, durch deren Höhe „leicht den benachbarten Schweden Ursache zu einiger Jalousie und Gegenverfassung gegeben werden möchte".

Aus demselben Grunde könnten sie auch die Arnim'sche Escadron nicht unterhalten, die für Colberg nothwendige Besatzung würde sich aus den Reductionen der märkischen Garnisonen leicht herstellen lassen, event. würde eine Neuwerbung minder kostspielig sein. „Es kann auch je diesen Landen nicht zugemuthet werden, dass sie intuitu der Pommerischen Lande weiter Ungelegenheit haben sollten, und wollen die Stände nimmermehr hoffen, dass dieser Esquadron Ihnen abermal werde zugelegt werden."

Was die General-Mittel beträfe, so entstammten dieselben den Kriegszeiten und höchster Noth. „Es ist res plane nova et inusitata, derer die Leute dieses Orts und in der Benachbarschaft gar nicht gewohnt, und nicht wol daran zu bringen sein würden, und führt dergestalt eine Aenderung und Mutation mit sich, die doch allemal in einem wolbestallten Regiment für schädlich erachtet wird. Und wann gleich durch solche Innovations etwas gutes auszurichten wäre, so doch sehr zweifelhaft ist, so sollte man sie dennoch nicht leicht zur Hand nehmen, weil sie nicht absque multis et magnis cladibus reipublicae mögen eingeführt werden. Nun kann aber nicht geleugnet werden, dass bei deren Einführung die alten Verfassungen weichen und über einen Haufen müssten gestossen und die communio bei den Ständen wieder angerichtet werden, welche an sich selber schädlich ist und zur Uneinigkeit und Verwirrung nur Anlass giebt, da doch die Vorfahren sich so emsig bemüht gehabt, sich aus derselben heraus zu helfen. Es haben sich auch dieselbe bei solchen Verfassungen wol befunden. — — — Wie wollte es sich denn nimmermehr gegen die Posterität verantworten lassen, dass man nun allererst darinnen ein Loch machen und solche aufheben wollte." Das Geschrei rühre nicht von der Art, sondern von der Höhe der Erhebung her; sollten sie ferner contribuiren, müssten sie auch den modus in Händen behalten, wie ihnen dies 1623 nach dem Scheitern ähnlicher Versuche George Wilhelms garantirt sei. Das Beispiel der Niederlande sei für die Marken, ein ackerbautreibendes Land, nicht massgebend; im Gegentheil, die indirekte Steuer würde den Handel der Marken schädigen. Der Landmann würde seine Victualien, Hering, Stockfisch etc. aus den bebarten Orten holen.

„Und ob man gleich meinen möchte, dass dem durch fleissige Aufsicht und Verordnung gewisser Personen könnte remedirt werden, so läuft doch solches einmal contra naturalem libertatem, und würden die Unkosten und Unterhaltung der Inspectorum, derer denn über und viel sein müssten, soviel wegnehmen, dass wol wenig in das aerarium gebracht und dem Publico zu Gute kommen möchte. Es würde auch sehr beschwerlich sein, wann eben der Contractus sollte belegt werden, dessen in communi vita keiner einen Tag, ja fast keine Stunde entrathen kann, und würde dieser modus eine maximam speciem servitutis nach sich ziehen, allermeist aber dem Adel und Ritterstand sehr beschwerlich fallen, weil sie auch den Gemeinsten im Lande gleich gemacht würden und in ipsa patria deterioris conditionis sein müssten, als anderswo, indem sie alles und jedes verzollen und verlicentiren müssten, da sie doch sonsten allenthalben von den Zöllen befreiet sein. Es möchte ebenmässig wol schwerlich die Intention hierdurch erreicht werden, welche S. Ch. D. gn. und wol gemeint haben mögen, weil solche Imposten allermeist die Armen, Prediger, Schul-Collegen und andere miserabiles personas, auch gemeine und schlechte Handwerker treffen würden; denn diejenige so etwas zu verkaufen und zu verhandeln hätten würden wol sehen, damit sie die Waaren darnach steigern und der Auflagen halber indemnes bleiben könnten!" Auch sei zu beachten, dass viele wesentliche Artikel, wie Brod und Bier bereits belegt seien. Auch beruhe der Ertrag solcher Steuer, der monatlich wechsle, in incerto. Dann würde ein solcher modus, einmal eingeführt, selten wieder aufgehoben. Daher habe man sich gegen jede neue Auflage zu wahren.

Gestalt dann auch S. Ch. D. sie in aller Demuth anliegen, sie mit der neuen Canzlei-Taxa, davon in dem 5ten Punct der Proposition Meldung geschieht, in Gnaden zu übersehen. Denn obzwarten Stände ganz und gar nicht gemeint sein, in Sr. Ch. D. hohe regalia zu greifen und sich dabei etwas anzumassen so ihnen nicht gebührt, noch weniger aber Deroselben vorzuschreiben was Sie thun oder lassen sollten, welches Ihnen niemaln zu Sinne kommen, so ist doch die Erhöhung der Canzlei-Taxa eine solche Sache, daran die Stände ihr merkliches Interesse haben, daher auch in den Landes-Reversen, die von Sr. Ch. D. den Ständen zu Gnaden confirmirt sein, ausdrücklich versehen, und zwischen der Herrschaft und Ständen dahin paciscirt worden, dass dieselbe im alten Gebrauch verbleiben und Niemand zu Unbilligkeit beschwert werden solle, wie man sich desfalls auf den klaren Buchstab der Reverse de anno 1572, 1602 und 1611 will gezogen haben.

Es ist überdies ein modus in Germania plane novus et inauditus und würde in andern Landen ungleiche Nachrede erwecken, sonderlich weil damit die Justitia will venalis gemacht und die processus darüber desto kostbarer werden, da doch billig ist, dass die Justiz viel lieber gratis sollte administrirt als etwas darauf gelegt werden; ist auch fast eine Gewissenssache, wann dürftige und arme Litiganten durch Erhöhung der Canzlei-Gebühr von Ausübung ihrer Sachen sollten zurückgehalten und abgeschreckt, auch ihnen ihr Recht zu erlangen noch schwerer gemacht werden."

Auf die Einrede, dass die Steuer einzig auf die Kurfürstliche Geheime Canzlei beschränkt bleiben sollte, erwidern sie, sie würde doch von dort in die andern Collegia hinübergenommen und in infinitum erhoben, auch zu Retorsionsmassregeln seitens der Benachbarten führen, auch würde dadurch die Ritterschaft vor andern gravirt und eines Jedweden Vermögen und Unvermögen explorirt.

Betreffs des 6. Punkts, der Wegebesserung, sei nach vorangegangenen lokalen Recherchen nach jedes Orts Gelegen- und Beschaffenheit zu verfahren. Sie könnten für den vorgeschlagenen neuen Wegepfennig nicht stimmen, der fremde Häudler, besonders die von Hamburg, veranlassen würde andere Wege aufzusuchen, auch zur Vertheuerung der Waaren und Retorsionen der Nachbarn führen würde.

Was 7. und letztens die Besserung des Schuldwesens angehe, so sei sie hoch nöthig, doch vorerst nicht möglich, weil mit einem Wenigen bei einem so grossen Werke nichts anzurichten, ein merkliches aber, ehe die Leute ein wenig respirirt, nicht anfzubringen stünde. „So sehen die Stände nicht, was sie jetzo bei der Sache thun und reden sollen, weil das Unvermögen ihnen im Wege steht, die Beschaffenheit der Churfürstl. Schulde Ihnen auch annoch unbekannt ist, und wann sie mit einem guten Nachdruck hierinnen ihre unterth. Bedenken eröffnen sollten, so würde die Notdurft wol erfordern, dass Sr. Ch. D. Schulde in ein gewiss Corpus gebracht und hiernach angesehen würde, welche eigentlich davon diese und welche die andere Sr. Ch. D. Lande afficiren möchten; was auch Dieselbe zu thun gemeint sein möchten, weil die ganze Last diesem Churfürstenthum allein nicht kann auf den Hals gewälzt werden. Und zuförderst würde man wissen müssen, was S. Ch. D. aus Dero eignen Mitteln dabei möchte thun können, weil gleichwol Dieselbe von dem Allerhöchsten mit soviel Landen und Einkommen begabt, dass nicht wol fehlen kann, dass nicht mit einer guten mesnage ein guter Vorrath alljährlich sollte gesammelt werden." Dazu seien sie erbötig nach Kräften beizutragen.

Doch, schliesst diese ausführliche Erklärung, ohne die sofortige Beseitigung jeglicher Contributions-Auflagen sei eine neue Leistung irgendwelcher Art unmöglich. Daneben wiederholt sich die Bitte um Abstellung der schriftlich aufgesetzten und eingereichten Gravamina in Militaribus, Ecclesiasticis et Politicis.

Unterthänigster Aufsatz derjenigen Gravaminum, welche Sr. Ch. D. zu Brandenburg, Unserm gn. Herrn, Dero getreueste und gehorsamste Land-Stände von Prälaten, Herrn, Ritterschaft und Städten der Chur Brandenburg unterth. vorzutragen und um gn. Remedirung gehorsamst anzuflehen haben.

„1. Ob zwar S. Ch. D. auf unterth. Suchen derer getreuen Land-Stände die Privilegia und Gebräuche, so sie von Deroselben Vor- und Gross-Eltern Christmilder Gedächtniss erlangt, gn. confirmiren und bestätigen wollen, welches sie billig mit unterth. Dank jederzeit zu erkennen und zu rühmen haben und gar nicht zweifeln, sie werden dabei allerdings gelassen und gn. geschützt werden, und aber in solchen obgedachten Reversalien ausdrücklichen enthalten, wie es in der Religion mit der Universität Frankfurt und der Fürstenschule zu Joachimsthal solle gehalten werden, als ersuchen S. Ch. D. die sämmtliche Stände demüthigst, dass nach Inhalt derselben in Ihrem ganzen Churfürstenthum |: doch ohne Massgebung Sr. Ch. D. Hofes und Schlosskirchen :| kein ander Exercitium Religionis als der Ungeänderten Augsburgischen Confession, wie sie Kaiser Carl dem Fünften Anno 1530 übergeben, möge vergönnt und admittirt, die Universität Frankfurt mit Professoribus von der gleichen Religion in allen Facultäten versehen und die Fürstenschul zu Joachimsthal mit Praeceptoribus ejusdem Religionis bestellt, die Legata dazu restituirt und aus diesem Churfürstenthum eine gewisse Anzahl Edelknaben, Bürgers- und andrer Land Kinder, und so zum Studiren tüchtig, darinnen genommen und die gesatzte Jahr über mit Institution, Habitation und Kost — — gratis mögen erhalten werden."

Das Petitum wird noch damit motivirt, dass der Besuch der Universität sonst sehr abnehmen würde.

„2. Und weil auch allerhand Leute, so irriger Meinungen und Secten, als da sind Pontificii, Arriani, Photiniani, Weigeliani, Wiedertäufer, Manisten, item Juden ': denen dann auch in specie kein Handel und Wandel im Lande zu verstatten :| und wie sie sonst Namen haben mögen, sich fast hin und wieder häufig eindringen wollen, so wird unterth. gebeten, dass solche nicht mögen geduldet, vielweniger ihnen einiges publicum vel privatum Exercitium Religionis verstattet werden.

3. Die Pfarr-Lehen und Jura patronatus, item das Jus nominandi et praesentandi, werden S. Ch. D. gu. geruhen den Ständen also zu lassen, wie sie dieselben von Alters erlangt und hergebracht haben, und dass die entledigte Pfarrstellen allemal mit tüchtigen Leuten und Personen wieder mögen versehen werden, den Ständen auch nochmaln frei stehe die Pfarrherrn aus erheblichen Ursachen .: jedoch praevia causae cognitione : iuhalts voriger Land-Recessen wieder zu enturlauben.

Demnach sich auch befindet, dass allerhand untüchtige Personen und Idioten zu den Pfarr-Aemtern gelangen und solches guten Theils daraus entsteht, dass dergleichen inhabiles personae zu der Ordination verstattet werden:

So wird unterth. gebeten, dass S. Ch. D. den Superintendenten aller Orten gn. und zugleich ernstlich befehligen wollten, dass sie die Ordinandos nicht allein von allen Articulis Christlicher Ungeänderter Augsburgischer Confession mit Fleiss befragen und examiniren, sondern auch, wo es die Zeit erleiden will, ingleichen eine Prob-Predigt thun lassen sollen, auf dass man vernehme, was die Ordinandi vor Gaben im Lehren haben mögen.

Die untüchtig und ungeschickt aber, sie sein Ein- oder Ausländische, werden billig abgewiesen, maassen unterth. gebeten wird, die Superintendenten dahin bei Verlust ihres officii zu vermahnen.

Mit den Confirmationibus aller und jeder Pfarrherren soll es wie bisher gehalten werden, die Confirmationes auch einmal semel pro semper mögen genommen und keiner bei angehender Churf. Regierung damit von neuem beschwert, auch nicht zu hoch übersetzt werden.

4. Die Pfarren, Commenden, Gotteshäuser und Cüstereien werden billig bei ihren alten Privilegiis, Einkommen und Gerechtigkeit erhalten, mit keiner Neuerung beschwert und ihnen an ihren reditibus nichts entzogen. Die Visitationes, um die sie 1643 geboten und die erst an den wenigsten Orten beschehen, mögen fortgeführt werden.

5. Es müssen auch die Stände mit sonderbarer Befremdung vernehmen, dass etliche Inspectores in den Städten sich unterfangen wollen, sich über die Räthe in Städten als ihre Patronos zu erheben, des juris patronatus mit anzumassen und eines und anderes dabei un-

nöthigerweise zu disputiren und Neuerung zu machen. — — — Sollen auch wol fürhaben, als ob sie ohne Vorbewusst der Stände eine disciplinam ecclesiasticam introduciren wollten. Weil aber gleichwol ihnen solches nicht gebührt und zusteht, so wird gehorsamst gebeten, dass dem Consistorio möge anbefohlen werden, solche Inspectores hiervon abzumahnen, sie mit dergleichen unförmlichen petitis zurücke zu weisen und nicht zu verstatten, dass sie extra limites ihres officii schreiten sollten."

6. Bäten sie, das Gnadenjahr der verstorbenen Pfarrherren wieder wie früher auf 6 Monate herabzusetzen.

7. „Es will auch ad instantiam der Geistlichen von dem Consistorio befohlen werden, dass bei Concursibus Creditorum und Verkaufung der wüsten Häuser in den Städten diejenige debita der Kirchen, so ex mutuo herrühren und sub hypotheca bonorum vom Debitore verschrieben, an Capital und Zins allen andern Creditorn, auch allen oneribus realibus, Schössen, Buden-Zinsen und Contributions-Resten sollten praeferirt werden. Weil aber solches zum Theil wider die manifesta jura, als wider die bisherige Observanz läuft, so wird unterth. gebeten, ein solches beim Consistorio abzustellen.

8. Es repetiren auch die Stände dasjenige unterth., was wegen des Messkorns und Zehenden bei den in Anno 1643 übergebenen Gravaminibus gesucht und erinnert worden, nämlich dass den Pfarrherrn nicht möchte verstattet werden, auf diejenige Dörfer so ganz wüste stehen und da die Pfarrherrn ihr Amt inmittelst nicht bestellt haben einige Praetensioues zu machen.

9. Es unternimmt sich auch das Consistorium an theils Orten, sonderlich in der Uckermark, mittelst Anordnung der Execution von den Unterthanen und Pfarrherrn, so doch erst neulich introducirt sein, das versessene Cathedral- und Hufen-Geld, so wol von dreissig Jahren her restirct, abzufordern, welches gleichwol unbillig; derowegen unterth. gebeten wird, dass solches möge abgestellt, dem Consistorio inhibirt und befohlen werden, damit solch Cathedral- und Hufengeld nicht weiter als von Zeit der Priesternuzüge möge gefordert werden."

10. Auch die Steigerung der Forderungen für Taufen und Trauungen auf 2 Rthlr. möge abgeschafft werden.

11. „Gleichfalls ersuchen S. Ch. D. die Land-Stände gehorsamst, dass die Comptoreien und Stifts-Capitula inhalts voriger Land-Reversen in ihren Würden und Wesen auch bei ihren Freiheiten und Gerechtigkeiten nochmaln verbleiben, darinnen keine Veränderungen vorgenommen, noch einiger Eintrag geschehen, auch die Praelaturen und

Canonicaten alle Wege Sr. Ch. D. einheimischen Unterthanen, sonderlich denen von Adel, conferirt und verliehen werden, sonderlich denjenigen, welche der Herrschaft und Lande in gemeinen Land-Tagen, Consultationen, Legationen, Commissionen und dergl. Sachen mit Rath und Nutzen dienen können.

Insonderheit aber wird darum gebeten, dass die Comptoreien nicht mögen erblich gemacht, sondern allewege erfahrenen tapfern Kriegesleuten und andern gelehrten und wol qualificirten Personen, die sich um's Vaterland wol verdient gemacht haben oder sich noch darum meritiren können, ertheilet werden. — —

Und weil die Dom-Capitula sich eines Theiles beschweren, gestalt beigelegte absonderliche Gravamina besagen, dass sie mit Ablagen und Ausrüstung fremder durchreisenden Herrschaften zu hoch gravirt werden, so wird unterth. gebeten, dass sie damit soviel möglich mögen verschont und eine solche Moderation davon gemacht werden, auf dass die Canonici ihr ziemliches Auskommen haben und behalten können."

12. Bäten sie um die verfassungsmässige Erhaltung der Jungfrauen-Klöster, speciell Heiligen Grabe, Dambeck, Lindow und Zehdenik.

13. „Nächst diesem und als auch je und allemal vor diesem gebräuchlichen gewesen, die Land-Reverse auch solches expresse besagen, dass, wann wichtige Sachen vorgefallen, es sein Vorbündnisse oder sonsten, daran des Landes Gedeihen oder Verderb mit hänget und denselben mit angehet, ohne der Land-Stände Vorbewusst nichts geschlossen oder vorgenommen werden solle, so werden S. Ch. D. nochmal gehorsamst gebeten, es künftig auch also zu halten, und do dergleichen obhanden wären, dass die Stände insgesammt und nicht etliche wenige Personen darzu erfordert, auch die Puncta Propositionis den Ausschreiben möchten einverleibt werden, damit sie zuvorher reiflich daraus deliberiren und ihre Deputatos mit gnugsamer Instruction abordnen können. Wann auch die Land-Stände sonst etwas bei der Herrschaft zu suchen, dass sie allemal gn. möchten admittirt, gehört und mit billiger Abfertigung versehen werden.

14. Bitten die Stände ganz unterth., weil laut den alten Landes-Reversen von den Churf. Aemtern und Tafelgütern nichts ausserhalb der Stände Vorbewusst veräussert oder versetzt oder, da solches geschehen, hinwieder beigebracht werden sollen, dass solches möchte renovirt und in den Land-Recess mit hellen Buchstaben einverleibt werden.

15. Es wünschen zwarten die Land-Stände von Herzen, dass nimmer nöthig sein möge, dass unter einem Churf. Statthalter diese

Lande dürften beherrscht werden, sondern dass sie die gn. Herrschaft je und allewege selbst in Dero Residenz bei sich haben und behalten mögen; dafern aber ja um der Herrschaft Abwesenheit willen ein solches beschehen müsste, so wird untertb. gebeten, in acta publica zu bringen und es dahin gn. zu veranlassen, dass hinfüro kein Auswärtiger zu der Statthalter-Dignität solle erhoben, sondern in cum eventum eine aus dem hochlöbl. Hause der Markgrafen zu Brandenburg entsprossene Fürstliche Person dem Lande vorgesetzt oder aber dasselbe durch aufrichtige, verständige und wolerfahrene Leute, so eingeborne Land-Kinder und die zuförderst Evangelischer Religion sein, aufs beste und getreulichste regiert werden.

16. Und weil auch nunmehr die Chur Brandenburg mit dem Herzogthum Preussen, Cleve und Pommern unter einer Herrschaft consolidirt ist, so gelangt an S. Ch. D. Dero Land-Stände gehors. Bitten, dass Dieselbe durch Ihre hohe Autorität und Interposition es gn. dahin vermitteln wollen, damit das Jus indigenatus und nebst demselben alle Landes-Gerechtigkeiten, Freiheiten und Dignitäten aus obgedachten Fürstenthümern und aus der Chur Brandenburg in vicem communicabel möchten gemacht werden.

Do aber solches an denen Orten nicht zu erhalten, so werden S. Ch. D. sich verhoffentlich gegen diese Lande auch so gn. erweisen und die Dignitäten, Praelaturen, hohe und niedere, in diesem Churfürstenthum niemand anders, als landes-eingeborenen evangelischen und wol qualificirten Leuten conferiren und dergestalt hierinnen eine billigmässige Gleichheit halten, zumal da in allen Königl. und Fürstl. Regierungen, auch vornehmen Republiquen dahin gesehen und von vornehmen Politicis gerathen wird, dass dergl. officia publica mit einheimischen getreuen Patrioten sollen besetzt werden; welches denn die Gemüther anfrischt, dass ein Jedweder dahin trachtet, wie er sich möge capabel machen, dass er zu Dignitäten gelangen und der Herrschaft und seinem Vaterlande nützliche Dienste leisten könne.

17. Es werden auch S. Ch. D. demüthigst ersucht, Sie wollen Ihr zuförderst gn. belieben lassen, das Cammer-Gericht hinfüro mit tüchtigen Personen in pari numero tam ex equestri quam civico ordine zu besetzen, den Herren Räthen zu inhibiren, dass sie die Vormundschaften und Commissionen, als dadurch die l. Justiz kann protrahirt und die Parten in grosse Kosten und Weitläuftigkeit geführt werden, sich enthalten sollen, hingegen ihnen andere Besoldung machen, dabei sie verbleiben und ihr Auskommen haben können, auch die eingeborene Land-Kinder vor andern hierzu befördern.

18. Und dieweil im Cammer-Gericht zuweilen die Reverse nicht wollen attendirt werden mit dem Vorgeben als wären solche nie ad observantiam gekommen, solches aber zum Theil das fundamentum ist, darauf dieser status und dessen politia mit beruhet, so bitten die Stände unterth., S. Ch. D. wollen die gn. Verordnung thun, dass alle die Landesconsuetudines und was in den Churf. Reversen, Edictis, Rescriptis publicis und Decretis den Ständen ertheilt, in allen Judiciis möge observirt und darnach allerdings gesprochen werden.

19. S. Ch. D. werden auch in tiefstem Gehorsam ersucht, es dabei gn. zu lassen, dass der Ritterschaft und denen von Adel wie auch den Rathhäusern die erste Instantia über die Ihrigen möge gelassen und ihnen darin kein Eingriff gethan werden. Bitten auch unterth., dass zu dem Ende in allen und jeden Judiciis möge Verordnung beschehen, damit die erste Instanz nicht möge angenommen, sondern sofort an jedweder Obrigkeit die Gebühr zu verordnen remittirt werden, directe Appellation an's Cammer-Gericht von Unter-Gerichten mit Uebergehung der Magistrate gehindert und dem Cammer-Gericht und andern Judiciis anbefohlen werden, dass dergl. petulantes litigatores abgewiesen und mit einem gebührlichen Verweis ad Judicem primae instantiae verwiesen werden.

20. Es ist auch in den vorigen Land-Reversen de anno 1540 und 1572 wol versehen, dass, wann ein Pauer über seine Obrigkeit Klage führt und dieselbe nicht gnugsam behaupten und ausführen könne, dass alsdann derselbe mit dem Thurm und Gefängniss solle abgestraft werden. Nun nimmt der Mutwill der Unterthanen und die malitia etlicher rabulorum foronsium, welche nichts andres thun als dass sie die Unterthanen wider ihre Magistratus aufwiegeln, dass sie um jedwede liederliche und unerhebliche Ursache willen alsofort ihre Obrigkeit in Judicium fordern und ziehen müssen, gar zu sehr überhand.

Sonderlich aber unterstehen sich die Pauern mit denen man bei diesem Kriegswesen in die Gelegenheit gesehen und sie nicht so stricte zu ihrer Gebühr in Leistung der völligen Dienste und Abstattung der Pächte und Maltern angehalten hat, damit sie die schwere Contributiones und Unpflichten desto besser erleiden möchten, dass eins Theils derselben die Pächte wol gar in ein Leugnen setzen und darunter dem Gutsherrn einen Process an den Hals zu werfen sich unterstehen dürfen. Ob nun zwarten keinem kann verweigert werden seine Notdurft zu suchen, so bitten dennoch die Stände unterth., dass S. Ch. D. vorige Verordnung wieder einführen und sowol bei dem Cammer-, Quartal-Gericht in der Altenmark, Hof- und Land-Gerichten, als auch der Regierung zu Cüstrin und andern Judiciis die gn. Verordnung ergehen lassen wollten, damit in solchen Fällen, da die Unterthanen ihre Obrigkeiten aufm Lande und in Städten zur Ungebühr belangen und ihre Sache wider sie nicht behaupten können, sie alsdann mögen mit Gefängniss belegt und abgestraft werden, auf dass Andere dergl. mutwilliger Klagen sich zu enthalten mögen angewiesen, auch diejenige Advocati welche die Leute dazu instigiren und anführen abgeschreckt werden, ihre Clienten nicht in dergl. Ungelegenheiten und Beschimpfungen zu führen.

Es wird auch geboten, dass denen vom Adel noch ferner freistehen möge, da gnugsame Ursachen vorhanden, einen mutwilligen, ungehorsamen Pauern zu relegiren, auch nach billiger Taxa und Landesgebrauch auszukaufen und Pauergüter an sich zu bringen. Wo aber die Leibeigenschaft im Gebrauche, muss dem Adel billig frei verbleiben, mit den Pauergütern allerdinge nach seinem Gefallen zu gebahren.

21. Es ist auch leider am Tage, wie in theils Städten die Bürger sich wider den Rath aufwerfen und sub- et obreptitie es dahin bringen, dass entweder der Rath oder etliche Personen Ihres Mittels auf fälschliches Angeben ihres Amtes inaudita, viel weniger cognita causa entsetzt, beschimpft und an dero Statt friedhässige Personen surrogiret werden. Werden demnach E. Ch. D. gehorsamst ersucht, dass den Leuten, die sich aus Mutwillen und Bosheit wider den Rath aufwerfen, nicht zuviel möchte eingeräumt, noch inaudita causa wider den Rath etwas verordnet, sondern zuvor beide Theile entweder im Cammer-Gericht oder Geheimen Rathe nach Notdurft gehört werden, gestalt die Privilegia solches ausdrücklich im Munde führen. Im gleichen wird geboten, dass die Städte bei ihrer freien Wahl, dem alten Herkommen gemäss, mögen gelassen und keine neuen Collegia oder officiales wider das alte Herkommen ihnen obtrudirt werden."

22. Bäten sie um Einsetzung einer Commissio mixta zur Fixirung der Consuetudines, wozu 1602 der Versuch gemacht worden; 23. dass das Quartalgericht unter dem Vorsitz des Hauptmanns der Altmark immediat unter dem Kurfürsten, d. h. dem Cammer-Gericht coordinirt bleibe; 24. desgl. das Quartalgericht der Uckermark, wie auch dass ein Landvogt aus der Ritterschaft und ein Hofrichter zu Prenzlau bleiben. „Und wann auch bei diesem Puncte die Priegnitzirische Stände sich erinnert, dass in vorigen Land-Reversen albereit bewilligt, dass gleichfalls in der Priegnitz ein Hauptmann, vor welchem in prima instantia die Sachen zu erörtern, solle verordnet werden; so werden S. Ch. D. gleichfalls gehorsamst ersucht, dass es dabei nochmaln verbleibe und förderlichst ad effectum gebracht werde.

Auch im Ruppinischen Kreise möge dem Herkommen gemäss Justiz und Verwaltung einem Hauptmann wieder übertragen werden.

25. „Wann auch der Fiscus zum öftern in Strafen andern Creditoribus, ja auch denen, die jura separationis und ältere hypothecas haben, will vorgezogen werden, welches aber wider die allgemeine Rechte läuft, als wird gebeten, dass in diesem de facto nichts vorgenommen, sondern der Justiz der ordentliche Lauf nichts weniger als in andern gelassen werde, und es dahin zu richten, dass die delicta suos autores treffen und den Unschuldigen kein praejudicium zuwachsen, auch, vermöge der Land-Reverse, der Fiscal an den Mulctis nichts participiren, sondern zu Verhütung Unterschleifs seine Besoldung in andere Wege haben möge.

26. Der Hof-Fiscalis hat sich in Neulichkeit in der Neumark unterfangen, denen von Adel in ihren Gerichten zu greifen und, Sie unersuchet, auch ohne Ihren Vorbewusst, Ihre eigenen Diener und Unterthanen gefangen zu nehmen, hat auch wider theils Unschuldige von Adel in Jagdsachen fiscalische Inquisitiones angestellt. Weil aber solches wider der Ritterschaft Freiheit und wider die Land-Reverse laufen thut, so wird gehors. gebeten, dass dergleichen möge inhibirt werden."

27. Den Pachtherren wüster Güter möge beim Verkauf derselben kein Vorzug vor den Dienst- und Gerichtsherren gegeben werden.

28. „S. Ch. D. haben in Anno 1643 auf Ansuchen Dero gehors. Land-Stände gn. beliebet, dass die Contributions-Reste auf den wüsten Gütern, welche der Kreis inmittelst über sich nehmen und vorschiessen müssen, in keinen Concurs sollen gezogen, sondern für alle andere Schulden, die sein auch beschaffen wie sie wollen, von des Debitoris Vermögen bezahlt werden; welches aber bei den Concursibus Creditorum im Cammer-Gericht nicht will attendirt, sondern alle väterliche und privilegiata debita diesen praeferirt werden.

Weil dann gleichwol S. Ch. D. absque ulla distractione et limitatione der Praelatorii dieselbe für alle andere Schulde gesetzt und denselben zu praeferiren gn. erachtet, als wird gehors. gebeten, dass es bei solcher einmal gegebenen Churf. Resolution simpliciter verbleiben und dem Cammer-Gericht möge anbefohlen werden, solche Contributions-Resta allen und jeden debitis sive paternis sive hereditariis et propriis zu praeferiren und dass dawider keine Distinction, sie rühre her ex quocunque capito sie auch wolle, stattfinden müsse. — —

29. Wird S. Ch. D. gebeten, für die baldige Abtragung der Contributions-Resta aus den Aemtern zu sorgen oder dass der Ritterschaft,

wie vor Alters, freistehen möge, auch von den säumigen Aemtern ihr Contingent per executionem einzufordern." 30. Sie protestirten gegen den unbewilligten Binnenzoll, der trotz der Versprechen vom 7. Juli 1646 und vom 2. Juli 1650 noch immer von Schäfern und Hirten gefordert werde. 31. Es sollen die Zöllner und Ziesemeister sich zum öftern de facto et sub praetextu et colore eines aus der Amts-Cammer expracticirten mandati der Execution in der von Adel Güter unterfangen. Weil aber solches den Land-Reversen und Bierziese-Ordnungen zuwider laufe, so würde gebeten, solches abzuschaffen und die Zöllner und Ziesemeister dahin zu weisen, dass sie sich bei jedes Ortes Obrigkeit, es sei in den Städten oder Dörfern, gebührlich angeben sollen. 32. Sie hofften auch von den neuen hohen Korn- und Mühlenstein-Zöllen laut ihren Privilegiis befreit zu bleiben. Bitten ähnlicher Natur enthalten die Artikel 33—35; in Art. 36 bitten gesammte Ritterschaft und Städte nochmals um Communication der neuen Zoll-Rollen vor ihrem Druck und Publication „damit ein Jeder sehen könne, was ihm an Zoll zu entrichten gebühret"; 37. bäten sie um Aufhebung des Peitzer Eisen-Monopols; 38. um Aenderung der zu hohen Sätze der Holzordnung von 1622 —.

40. „Ob auch zwarten den Ständen nicht gebührt, Sr. Ch. D. in Administration Ihrer Aemter einige Maass noch Ziele zu geben, solches auch billig von ihnen ferne sein lassen, so scheint es doch, dass an theils Oertern, da den Schreibern die Haushaltung allein in Händen gelassen wird, es damit nicht so allerdinge richtig zugehe, sondern ein oder ander Unterschleif möchte verhütet werden: Derowegen die Stände aus unterth. Schuldigkeit dieses zu Sr. Ch. D. freiem hohen Nachdenken nur haben erinnern wollen und möchte zu Anrichtung der Aemter nicht undienlichen sein, wann die erledigte Hauptmannschaften bei den Aemtern mit getreuen Edelleuten, so eingeborene Landkinder und Hauswirthe sein möchten, könnten wieder ersetzt, bestellt und beibehalten werden.

42. Wenn Adeliche Lehen caduc werden und an die Herrschaft gelangen, so wird unterth. gebeten, dass dieselbe keinen andern als adelichen einheimischen Geschlechtern möchten zugewendet und nicht zu den Churf. Aemtern gezogen werden, damit der Adelstand als eine Zierde eines Landes-Fürsten desto besser beibehalten verbleibe, die gemeine onera des Landes auch desto füglicher von dem Ritterstande mögen können getragen werden. Wobei auch zu erinnern, dass an theils Oertern die losgefallene Lehen zu den Aemtern gestossen werden, die doch für sich selbsten auch wüste und eines grossen Anbauens bedürfen, darüber denn sowol die Aemter als die Caduc-Güter nur ohne Anbau verbleiben zu merklichem Schaden Sr. Ch. D. selbsten,

242 II. Die Auseinandersetzung mit den Ständen, 1650—1654.

der doch sowol als dem ganzen Lande damit mehr gedient sein würde, wann solche Güter an gewisse Possessores gelangten.

Die Stände finden nicht undienlich zu sein, damit die beschuldigte Lehngüter desto eher wieder zu einem gewissen Besitzer gelangen möchten, wann bei den Concursibus Creditorum der cursus usurarum, wie in theils benachbarten Fürstenthümern gebräuchlich, könnten sistirt und aufgehoben werden, denn sonsten sitzen die prioritätische Creditores bei denselben stille und treiben die Liquidations-Processe nicht zur Endschaft, weil sie wissen, dass sie dabei nichts verlieren und die Zinsen ihnen täglich zuwachsen, den posterioribus aber das blosse Nachsehen gelassen wird.

Derowegen unterth. gebeten wird, S. Ch. D. wollten es dahin gn. veranlassen und danebst auch concediren, dass gegen Ausländische, woselbsten die usurae nicht weiter als bis an das alterum tantum erkannt werden, das jus retorsionis stattfinden und in allen Judiciis darnach erkannt werden möge. — —

46. Bei theils Kreisen stehen solche civilia debita, die von etlichen Jahren contrahirt sein, anitzo aber nur von den praesentibus wollen exigiret werden. Derowegen gehors. gebeten wird, dass wofern deren etliche von den praesentibus bereits bezahlt worden oder inkünftig gezahlt werden müssen, dass ihnen der Regress zu denjenigen, so anitzo wüste sein und inkünftig entweder wieder angebaut oder verkauft werden, möchte verstattet werden; welches denn auch von denen Steuern zu verstehen, so Dero Ch. D. Herrn Vatern oder Vorfahren Christmilden And. sein verwilligt worden. — —

48. Sr. Ch. D. Beamte und Bediente etliche wann sie wüste Pauer-Hufen unter sich haben und dieselbige gebrauchen, so wollen sie davon die gebührliche Uupflichte nicht leisten, auch die Beamte sich von der Contribution eximiren, da doch wann einer von Adel von seinen wüsten Hufen etliche annimmt, dieselbe gleich andern Pauer-Hufen verschossen muss; derowegen denn unterth. gebeten wird, dass alle solche Hufen mögen gleich geachtet werden und keiner desfalls einige Exemtion praetendiren möge. — —

51. S. Ch. D. werden gehors. ersucht, bei Dero Aemtern die gn. Vorsehung zu thun, damit diejenige Unterthanen und Pauern, die bei dem ganzen Kriegeswesen bei dem Ihrigen geblieben, die grosse Pressuren ausgestanden und die allgemeine Bürden mit übertragen helfen, nicht mögen ausgedrungen und dagegen neue, ausländische Leute, derer Herkommen, Handel und Wesen Niemanden bekannt ist, ihnen surrogirt werden; die sich dann dabei unterfangen, sich von denen Schössen,

Contributionen und andern publicis oneribus zu eximiren mit Vorgeben, dass ihnen deswegen Befreiung zugesagt worden. So werden auch solchen neu ankommenden Unterthanen von den Beamten gar zu viel Freijahre eingeräumt zu Nachtheil der Kreise und Eingebörigen, die inmittelst alle Last über sich nehmen und zusehen müssen, dass diese Leute von deme allen allerdinge befreiet sein. — — Derowegen denn unterth. gebeten wird, das deme auch möchte remedirt und hierinnen eine billigmässige Gleichheit gehalten werden, inmassen solches auch den vorigen Land-Reversen gemäss ist, darinnen ausdrücklich versehen, dass keiner von den Schössen und Steuern eximirt sein solle.

52. Obzwarten in der neuen revidirten und verbesserten Gesinde-Ordnung Vorsehung gemacht worden, dass ein jeder Unterthan sich zu dem Seinigen wieder anfinde, so stehet doch dieses hierbei für, dass, wann eines Unterthanen Haus und Hof ganz desolat und bei dem Kriegeswesen an Wohnung und Gebäuden totaliter entleeret worden, und die Obrigkeit will zwarten solchem Unterthanen seines Vorfahren Aecker, Wiesen und andere zu dem verwüsteten Hof gehörige Pertinenz-Stücken einräumen, ihm auch darnebst, bis er seine Gehöfte wieder aufbauen könne, die Habitation auf einem andern mit Gebäuden annoch versehenen Gute einräumen; so verweigert sich doch derselbe dessen, mit Vorgeben, er könnte seinen Hof nicht ehe antreten, bis zuvor auf seiner wüsten Stätte die aedificia wieder angerichtet sein möchten, blos zu dem Ende, dass er nur damit sich seiner Schuldigkeit entziehen möge. Wird derowegen gleichfalls um eine solche Verordnung gebeten, die auf solchen exprimirten Fall die Unterthanen dahin anweise, dass sie inmittelst die von der Obrigkeit ihnen offerirte Wohnung solange acceptiren und dabei des Ihrigen anmassen müssen, bis mit der Zeit solcher Pauer für sich oder mit Hülfe des Gutsherrn seine eignen Gebäude wieder anrichten könne. — —"

Den 62 Hauptpunkten folgen zehn Special-Gravamina betreffs der Reformen der Justiz, des Erlasses von Polizei-, Tax- und Kleiderordnungen unter Zuziehung der Stände, der Landschliessung, die nur mit Bewilligung gesammter Stände erfolgen solle; sollten trotzdem Einige ohne Wissen der Ritterschaft solche Mandate zu extrahiren sich unterfangen, so möge der Kurfürst dies nicht gestatten, noch auf eines Stands Anhalten allein vergönnen, sondern es bei der vorigen Resolution lassen, und wann ja des Landes Wolfahrt solches erfordern sollte, sie, sämmtliche Stände, ingesammt darüber vernehmen. Dann wird um Verlängerung des Indults bis zum Erlass einer Reichs-Constitution auf dem nächsten Reichstag, endlich um Wiedereinführung der alten „Ausrichtung" der Land-Stände während der Dauer des Landtags gebeten.

244 II. Die Auseinandersetzung mit den Ständen, 1650—1654.

Fast gleichzeitig mit dem Bericht der Geheimen Räthe vom $\frac{31.\,\text{März}}{10.\,\text{April}}$, der die vielen Forderungen, besonders aber deren allgemeine Fassung hervorhebt, gegen die sich gar nicht ankämpfen lasse bei der schwierigen Stimmung der sehr zahlreich erschienenen Stände, ergeht d. d. Cleve 12. April st. n. ein Rescript des Kurfürsten, das den ständischen Forderungen bis auf einen gewissen Punkt Rechnung trägt, nur ihrem Verlangen auf Controle der Heeresausgaben widerspricht, und sich mit drei-, auch zweijähriger Bewilligung einverstanden erklärt, wenn nur Stände seine Haupteinkommensquellen, Contribution und doppelte Metze, ihm ungeschmälert liessen. Der Kurfürst wolle sie dagegen von dem Unterhalt der Arnimschen Eskadron entbinden; er sei ferner bereit die Compagnie Dragoner gänzlich abzuschaffen und die Compagnie Reiter nur noch dreiviertel Jahre beizubehalten. Endlich wolle er ihnen einen Nachlass auf die Contribution gewähren. Dagegen sollen sie die darüber verbleibende Contribution noch auf 3 Jahre vom 1. Mai d. J. an gerechnet bewilligen mit eventueller Minderung noch vor Ablauf der 3 Jahre, gleichzeitig mit und neben dem geforderten Panschquantum.

Auch wolle er auf die militärische Execution verzichten, wofern nur die ländlichen und städtischen Commissarien für den Eingang der Contribution sorgten. Nur in die für die Sicherung der Lande getroffenen Massregeln dürften Stände nicht hineinreden. „Dass Uns aber Unsere getr. Stände vorschreiben wollten, wie wir Unsere Vestungen besetzen oder die Völker reduciren sollten, solches können wir nicht dulden, sondern da dergl. vorkäme, wollet Ihr dieselbe damit abweisen, dann Wir wollen schon sehen, wie Wir die verwilligte Summe zu Vorsehung Unserer Vestungen anwenden. Allein weil Wir dennoch einige Völker auf diesen Fall, da eine solche notable Summa von der Contribution abgehen wird, erlassen müssen, so werdet Ihr auch Unsere Stände dahin disponiren, dass sie etwan 10,000 Rthlr. Abdankungsgelder verwilligen mögen." Die Canzlei-Taxe ist bis auf Weiteres fallen zu lassen. Als „vor sich" sollen sie vorstellen, dass, wenn der Kurfürst Gewalt hätte anwenden wollen, er dazu die beste Gelegenheit gehabt, daher möchten sie sich noch in etwas patientiren. Die doppelte Metze sei kaum fühlbar, ähnlich die andern Beschwerden, so die Licenten, da der Kaufmann und Krämer doch darum seine Waaren nicht wolfeiler geben würde.

Gegen Klagen über die Münze sollen sie sich hinter das Münz-Edict verschanzen, das Ueberbürdungen unmöglich mache. Zum Punkt des Salzhandels sollen sie bemerken, dass derselbe schon von des Kurfürsten Vorfahren in Angriff genommen und den Städten nur in Pension ausgethan worden sei.

Die Generalmittel seien nochmals dringend zu empfehlen; ein besser gestellter Kreis, der mehr zahle, thue dies nur für's erste, bis der andere sich eben dadurch erholt, und statte zugleich dem Himmel dafür seinen Dank ab. Auch auf den Wegepfennig verzichte er. Das Schuldenwerk endlich sei jetzt oder nie zu ordnen.

In ihrer Replik vom 3./13. April auf die Erklärung der Stände vom 2./12. d. M. weisen die Statthaltenden Geheimen Räthe zunächst darauf hin, dass der Kurfürst jener Soldaten bedürfe, um desto ansehnlicher auf Reichstagen und sonst zu erscheinen. Sie erkennen an, dass Stände seit des Kurfürsten Regierungsantritt mehr als zwei Millionen Thaler gezahlt, fügen aber hinzu, dass sie sonst „gewiss mehr Millionen Geldes dahin zu geben würden gezwungen sein". Daran schliessen sie die Aufzählung dessen, was sich der Kurfürst persönlich zugemuthet und was er den Ständen nachgegeben habe. „Den Herren Ständen haben Sie mit dem modo contributionis selbsten pro lubitu zu gebahren vergönnt, ihnen Ihre eigene Amts-Unterthauen dazu unter Handen gegeben, Niemanden von der Contribution eximirt, Selbst nichts davon participirt, sondern vielmehr gu. gewilligt, dass derer Beskow- und Storkowischen Kreise Steuern die Herren Stände zu ihrer Erleichterung dahin nehmen mögen, die Sie doch sonsten für Sich behalten könneu." Dies sei der Grund der schlechten Verhältnisse des Haushalts. „Wogegen aber, wann man die Zeit Sr. Ch. D. Regierung gegen den vorigen berührten Jahren halten will, sich klärlich und in Wahrheit befindet, dass das Land an Mannschaft, Vermögen und vielen Gütern merklichen zugenommen."

Der Kurfürst hoffe daher auf die Cession der vier Aemter, wofür sie freilich 210,000 Thlr. gezahlt, doch zum grösseren Theil aus ihrem aerario, zum kleineren aus dem Ertrag der Hufenschösse, so dass der Einzelne diese Last nicht empfunden, zumal das Geld im aerario sonst nutzlos gelegen hätte oder wol gar den Schweden in die Hände gefallen wäre. So könnten die Aemter gleichsam compensando abgetreten werden, wie Stände ja den Schweden und dem Kaiser Satisfactionsgelder gegeben hätten und der Kurfürst werde doch nicht deterioris conditionis in seinem Kurfürstenthum als der Kaiser im Reich sein müssen.

„Werden aber dennoch und dessen allen so angezogen worden unerachtet die Herren Stände mit Abtretung der öfters berührten Aemter Sr. Ch. D. gehorsamst nicht an die Hand geben, so können ihrer Instruction gemäss die Herren Räthe dieselbe wol versichern, dass S. Ch. D. solchen unverhofften Widerwillen für eine grosse und unerhörte Undankbarkeit ausdeuten und denselben, wie ihre Worte expresse lauten, Zeit ihres Lebens in kein Vergessen stellen werden."

Das Aufhören der Contribution sei nicht möglich bei der Cession Vorpommerns, der Occupation Hinterpommerns, der schwachen Besetzung der Festungen und der Nothwendigkeit die Reiter gegen Strassenräuberei noch etwas zu behalten. Daher hätten sie um Continuirung nicht nur der bisherigen Contribution, sondern auch Erhaltung der Arnim'schen Escadron bis zur Evacuation von Colberg zu bitten.

Die Generalmittel seien nur der vielen Klagen und wirklichen Ungleichheit wegen in Vorschlag gebracht, da „mannichmal ein wolbesatzter Kreis kaum so viel zuträgt, als eine einzige Stadt und die ruinirte und noch nicht wiederbesetzte den wiedereingerichteten Kreisen gleich gehalten werden sollen. Stände selbst müssten sich bei den Generalmitteln, die arm und reich, fremde und einwohnende Leute gleich träfen, besser stehen. „Und warum wollte sich im ganzen Lande nicht practiciren lassen, was die Herren Stände in jedem Kreise und in einer jeden Stadt eingeführt und noch itzo beständig observiren. Da sie inter effective praesentes das Contingent der Contribution vertheilen und nicht ihre alten modos beibehalten wollen noch können". Sie kommen nochmals darauf zurück, dass die Ritterschaft von diesem onus eximirt bleiben und die Verwaltung der General-Kasse in der Hand behalten könnte als Garantie, dass dieser modus nicht perpetuirt würde.

Die Canzlei-Taxe sei an keinem Ort im ganzen Reich so gering wie in Kurbrandenburg. Schon am altmärkischen Quartal-Gericht sei sie höher, bezwecke übrigens nur, die Richter und Canzleiverwandten desto besser zu unterhalten. Niemand solle überbürdet werden. „Wie Sie dann auch sowol die den Herren Ständen gehässige Person Gerhartt Dieckmannen als das an hiesigem Orte ungewöhnliche Stempelwerk von solcher Sache abschaffen und dergestalt behutsam damit umgehen und gebahren lassen wollen, dass mit Fug keiner sich darüber beschweren solle."

Der Wegepfennig sei nothwendig, bei den Nachbarn üblich und zu ihrem eigenen Besten. Auch die Ordnung des Schuldwerks sei möglich und nützlich.

Doch vor Allem solle und müsse Punkt 1 und zwar schnell geregelt werden.

Der Anwesenden Deputirten Erinnerungen auf das von den Geh. Räthen am 24. April eingegebene Project eines Landtags-Abschieds. Dat. Berlin 29. April 1652.

[Die Erledigung der Gravamina vor den Bewilligungen. Die neue Münze. Das Salz-Monopol.]

1652.
9. Mai.

Dem Herkommen gemäss bäten sie zuerst um Erledigung ihrer Beschwerden, ehe sie an die Bewilligungen herangingen. Ihre Kritik der neuen Münze sei sachlicher, nicht persönlicher Natur.

„Wollen aber hingegen nicht hoffen, dass S. Ch. D. entgegen sein sollte, wann Sie wider die Münze mit genugsamen und sattsamen Gründen, jedoch mit gebührender Submission und Bescheidenheit ihre Beschwerungen einführen, denn weil die Inconvenientien, so daraus zu befürchten, ihnen allemal für Augen gestanden, so haben Sie ja billig dieselbe Sr. Ch. D. als getreue Land-Stände und Unterthanen, die es sowol mit der Herrschaft als dem Lande getreu und gut meinen, repraesentiren müssen; und vermeinen nochmals, dass sie vermöge der Land-Reverse dessen wol befugt sein, indem in dem Bei-Revers de dato den 11. Martii, Anno 1602, ausdrücklich Vorsehung beschehen, dass im Münzwesen die Stände mit einrathen sollten.

Und bezeugen die vielfältige annoch vorhandene Acta, wasgestalt Sr. Ch. D. hochgeehrten Herrn Vaters Ch. D. hochsel. Andenkens de Anno 1619, 20, 21, 21 23 bis 24 der Münze, deren Veränderung und Verordnung halber mit den Ständen tractirt und deren unterth. Sentiment darüber ganz gn. ein- und angenommen haben.

Und kann zwar nicht geleugnet werden, dass für zwei Jahren etwas Mangel an Usual-Münze sich ereugen wollen, welches die Stände auch bewogen, dass S. Ch. D. Sie ganz unterth. ersuchen wollen, damit Dieselbe auf einige mehrere Herbeibringung derselben gn. bedacht sein möchten. Allein dass gleichwol daraus eine so überaus grosse Necessität will gemacht werden, das können sie nicht allerdinge finden, und mag jedoch dabei gleichwol, wann die Sache nur mit recht unpassionirtem Gemüthe überlegt wird, nicht geleugnet werden, dass diesem Lande mit einiger solcher Münze nicht könne geholfen sein, deren sie nicht auch in den benachbarten Landen sich sollten zu gebrauchen haben.

Dass der Ducaten in einer geringen Zeit so wenig worden, dass sie fast nicht mehr zu finden, solches wird ein Jedweder leicht spüren können, der nur ein wenig mit Umschlägen zu thun haben muss.

Bei den Reichsthalern ist dergleichen auch zu besorgen, und möchte darin auch bereits der Mangel sich herfür gethan haben, wann es nicht an dem wäre, dass in dem Niedersächsischen Kreise die Niederländische und andere Thaler dovalviret worden, welches verursacht, dass die an Oerter abgesetzte Thaler nunmehr hieher ins Land für voll ausgegeben und hereingebracht werden. Dass die Mark Reichs-Thaler 14 Loth in fein und die Rothe Münze 8 Loth in fein hält, solches geschieht daher, dass eine solche Verordnung unter die Stände des Römischen Reichs im Münz-Edict beschehen und von ihnen allerseits placitirt worden. Dass aber ein Stand des Heil. Röm. Reichs oder die Kaiserl. Majestät selbst, als das Obriste Haupt, von den Münzsatzungen für sich alleine sollte abtreten können, das wird in den Reichs-Abschieden nicht leicht, sondern vielmehr dieses herbeizubringen sein, dass ein jedweder Stand sich derselben gemäss verhalten und auch die Land-Münze absonderlich auf den Gehalt und Werth der Reichs-Münze anzulegen sich dadurch pflichtbar gemacht hat.

Die in Anno 1622 albie im Lande angelegte Münz-Ordnung mag wol den Reichs-Constitutionibus nicht gleichmässig gewesen sein, welches doch pro ratione temporis beschehen sein müsse, als im ganzen Römischen Reich ein überaus gross Unwesen in der Münze entstanden und in allen benachbarten Fürstenthümern dergleichen leichte und nichtswürdige Sorten gängig gewesen, so gar leicht bei denen darauf vorgenommenen Devalvationibus haufenweise in dies Land hätten können hereingeschoben werden, daher man postulante necessitate ex duobus malis id quod minimum fuit eligiren müssen, und kann daher der Stände ihr damaliges unterth. Bedenken keineswegs so sinistre interpretirt werden.

Die Stände und Sr. Ch. D. eingesessene Unterthanen werden dieser itzigen eingeführten Münze jederzeit nicht anders Erwähnung thun, denn dass gleichwol Sr. Ch. D. hoher Respect allemal dabei in schuldigster Observanz gehalten werde.

Dass aber nicht allein in Pommern, sondern theils in denen Braunschweigischen und Lüneburgischen Landen diese Münze verboten und darüber geringschätzig von den Exteris gehalten wird, solches kann den Ständen nicht imputirt werden. Und ist nun gleichwol allerdinge gewiss und unleugbar, dass diese Münze fast ganz viel im Lande wird, und dass absonderlich das Biergold damit gar zu sehr will überladen werden, indem viel Bürger sich unternehmen |: wie solches mit der Stadt Tangermünde Exempel wol zu beweisen :| dass sie ihre völlige Accisen bis auf ein sehr weniges an lauter solchen Groschen einbringen wollen. Derowegen denn der Grosse Ausschuss nicht wenig besorgt ist, dass die Menge dieser Münze der Landschaft ziemliche Ungelegenheit sowol bei den Aus- als Einländischen Creditoren verursachen dürfte. — —"

Betreffs des Salzhandels wollen sie Sr. Ch. D. durchaus keine Maasse geben, bitten nur um einen billigen Preis und Befehl an die Factoren, die Münze dafür in Zahlung zu nehmen.

„Dabei aber zweifelt zufördert die Ritterschaft ganz nicht, weil ihr Privilegium und Freiheit, so sie jederzeit hierbei gehabt, durch die Land-Reverse gnugsam dargethan werden kann, dass auch daher dasselbe ihnen allerdinge in vorigem Stande verbleiben werde.

Der gn. Herrschaft mag darüber ein sehr geringer Vortheil zuwachsen, ihnen aber würde es sehr verkleinerlich und nachtheilig sein, wann sie sich ihrer Freiheit also schlechterdinge begeben und ihrer Posterität einige Beschwerung über den Hals ziehen sollten.

Der Unterschleif mit den Frei-Zetteln wird dabei wol können verhütet werden; diejenige aber, so adeliche Güter auf Rechnung oder Pension innehaben, werden gleichfalls nicht unbillig sich einer solchen

Libertät, die dem Adel und ihren Gütern zugelegt sein, mit zu geniessen haben.

Die Altmärkischen und Priegnitzirischen Städte aber berufen sich nochmaln auf die angeführte Observanz und Freiheit, die sie ab immemoriali tempore hier gehabt, das Salz zu holen, wo sie wollen, welches ihnen, nebst anderen Privilegiis, von Sr. Ch. D. gn. confirmirt worden und verhoffen, sie werden darauf gehört werden.

Desgleichen ziehen die Neumärkischen Städte ihr jus radicatum laut den Recessen von 1539, 1614, 1615, 1618 an —."

Schon unterm 14./24. April können die Geh. Räthe berichten, dass die Stände endlich in 500,000 Thaler, zahlbar in 6 Jahren und die doppelte Metze auf fernere 2 Jahre gewilligt, unter der Bedingung, dass vorher alle Gravamina beseitigt würden. Sie meinen, dass mehr nicht zu erhalten sein würde; höchstens der Beginn der neuen Bewilligung vom ersten Juli statt ersten Juni d. J. und Abhandlung der Altmärkischen Aemter von der Alt- und Mittelmärkischen Ritterschaft unter den vom Kurfürsten vorgeschlagenen Bedingungen.[1]) Diese Bewilligungen werden gleichzeitig mit den Erinnerungen und den dem Recess einzuverleibenden 15 Bedingungen unterm 29. April/9. Mai eingereicht. Die Bedingungen sind:

1) Das Aufhören der Contribution; sodann der doppelten Metze nach Ablauf der 2 Jahre.

2) Die Versicherung, dass „diese zu Unterhaltung der Vestungen, Redressirung des zerfallenen Churf. Estats und Einlösung der Altmärkischen Aemter semel pro semper verwilligten Gelder auch gewiss hierzu und sonsten ad nullos alios usus sollen angewendet werden".

3) Dass dies ein voluntarium subsidium sei.

6) Der alte Steuermodus ohne Execution einiges Kreises ihnen bleibe.

10) Als Anfangstermin 1. Juni 1652 gelte.

11) Quartalzahlungen in landesüblicher Münze erfolgen.

12) Die Einlösung der Altmärkischen Aemter aus diesen Geldern stattfinde.

13) Deren Nichtveräusserung noch Verpfändung.

14) Redressirung der Gravamina, darunter die vornehmsten Münze, Salz und Licenten beträfen.

15) Versicherung, dass der augenblickliche modus, erst Behandlung des Quanti, dann Erledigung der Gravamina, zu keiner Consequenz gezogen werde.

---

[1]) Vgl. Erdmannsdörffer, Graf Waldeck 67.

Des Kurfürsten Resolutiones auf der Stände übergebene Beschwerungspunkte. Dat. Cleve 1. Mai 1652.[1])

1652.
1. Mai.

Betreffs der ersten 10 Gravamina, die Ecclesiastica betreffend, wird alles bis auf die Beschränkung des Kurfürstlichen Patronatsrechts sowie desjenigen zur freien Besetzung der Professuren zu Frankfurt und Joachimsthal zugesagt. Das Jus Indigenatus (11) wird für alle Stellen, geist- und weltlich, zugesichert nebst der Zusage die Stellen nicht in erblicher Weise, sondern nach Verdienst und Brauchbarkeit zu besetzen. Sollten in Cleve, Mark und in Preussen die Stände der Kurmark von Bedienungen ausgeschlossen bleiben, so würden hier Retorsionsmassregeln getroffen werden.

13. Das Ständische Berathungsrecht auf Landtagen wird bedingungsweise garantirt. „Dass in wichtigen Sachen, besonders bei Friedens-Zeiten und da die Sache Anstand leiden kann und kein periculum in mora, die Landstände erfordert, ad consultandum convocirt und die puncta propositionis den Ausschuss-Schreiben mit einverleibt werden, ist den Rechten und aller Billigkeit gemäss. Es wird auch Sr. Ch. D. solches nicht entgegen sein, und werden Dieselbe Dero getreue Landstände, wann sie etwas in Unterthänigkeit zu suchen haben und solches mit gebührendem Respect verrichten, jederzeit gn. hören."

ad 14. Aemter und Tafelgüter sollen fortan nicht veräussert, noch versetzt werden; wofern nur Stände zur Wiedereinlösung und Hebung der Wirtschaft contribuiren würden.

ad 15. Auf den Lauf der Justiz werde der Kurfürst mit höchster Sorgfalt halten, auch hindern, dass Richter Vormundschaften übernehmen. Die Uebertragung von Commissionen sei dagegen öfters unerlässlich, da dieselben sehr zur Abkürzung des Verfahrens beitrügen.

ad 16. Beim Rechtsprechen sind die Bestimmungen der bestehenden Reverse zu beachten.

ad 17. Das Jus Primae Instantiae solle Niemandem gekürzt werden.

ad 18. Betr. der Bestrafung mutwillig klagender Bauern heisst es: „Die Pauern, so ohne Noth vorsätzlicher und hartnäckiger Weise über ihre Obrigkeiten Klage führen, sollen, wann sich befindet, dass sie neque justam neque probabilem litigandi causam gehabt, pro qualitate delicti und ihres Frevels mit gefänglicher Haft abgestraft werden. Das Auskaufen der Pauern wird denjenigen vermöge der Land Reverse de anno 1540 und 1572 gestattet, welche solche Güter selbst bewohnen wollen und sonsten keinen Sitz noch Wohnung haben und müssen auf solchen Fall den Pauern ihre Güter nach Würderung, was sie gültig, baar bezahlt werden.

Die Widerspänstigen ob grave et enorme delictum zu relegiren kann der Obrigkeit auch allerdinge nicht gewehret werden, nur dass es geschehe cum causae cognitione und Einholung Urtels und Rechtens, auch nicht weiter, dann soweit sich eines jedweden Magistrats Botmässigkeit erstreckt; wird

---

[1]) Gedruckt bei Mylius VI, 399—414.

aber dem Delinquenten des ganzen Landes Verweisung zuerkannt, muss und kann solches ander gestalt nicht geschehen, noch exequirt werden, dann mit Sr. Ch. D. als des Landes Fürsten gn. Consens und Ratification."

ad 19 gibt er das Versprechen, nicht gegen den Rath in Städten inaudita causa auf Drängen einzelner Bürger vorzugehen;

ad 20 seine Zustimmung dazu, dass ein Jus certum durch eine Commission von Räthen und Ständen baldmöglichst gefertigt werde;

ad 29 weist er die Forderung caduque Lehen nicht zu Aemtern zu schlagen als unberechtigt zurück.

Resolution ad Articulos Additionales.

1. Die Justizreform betr. „beharren S. Ch. D. bei Ihrer ersten und vorigen Erklärung und seind gn. zufrieden, dass die Landstände von der Ritterschaft und Städten etliche Deputirte benenneten, die mit den Cammergerichtsräthen das Werk überlegen und von Mitteln zu reden haben, dadurch die Cammergerichts- und Landreuter-Ordnung revidirt und alle Beschwerungen und Missbräuche abgeschafft werden mögen; S. Ch. D. wollen diejenige so die Landstände dazu deputiren werden in Gnaden confirmiren, auch denenselben etliche von Dero Geh. Räthen adjungiren lassen, damit ein Werk von so hoher Importance wol erwogen und nicht desultorie damit verfahren werden möge. Und in die neu verbesserte Cammergerichts-Ordnung ist auch der fünfte Punct mit hineinzurücken, die Arresta betreffend, welche wider einen der im Lande gesessen und sich zu Rechte erbeut in debitis nondum claris et liquidis — — nicht gestattet, oder do sie sub- et obreptitie ausgebracht, alsofort binwiederum relaxirt und losgegeben werden sollen.

2. Die Consistorien sollen nur in den 4 bestimmten Fällen zu cognosciren, jedes Eingriffs in die erste Instanz der ländlichen und städtischen Obrigkeiten sich zu enthalten haben.

3. Streitigkeiten zwischen den Amtleuten und denen von der Ritterschaft sind durch gemischte Commissionen in der Güte beizulegen.

4—6. „Die Anricht- und Erhaltung guter Policey-, wie auch Kleider- und Taxordnung ist ein nöthig und nützlich Werk, und hat man insonderheit dahin zu sehen, damit aller unnöthiger Luxus abgeschafft werden möge. S. Ch. D. seind gn. erbötig, in allen und jeden Kreisen deshalben Commissarien zu verordnen und diejenige so die Land-Stände darzu fürschlagen werden zu confirmiren, auch über dem so publicirt wird fest und unverbrüchig zu halten.

In der Altenmark kann der Hauptmann daselbsten, allermassen es ihme bereits anbefohlen worden, verfahren und seind S. Ch. D. über die neu publicirte Gesinde-, Schäfer- und Müller-Ordnung ernstlich zu halten allerdinge gesonnen.

252 II. Die Auseinandersetzung mit den Ständen, 1650—1654.

7. Die Schliessung des Landes haben S. Ch. D. niemals proprio motu, sondern auf Anhalten und Queruliren der Unterthanen verordnet und sich insonderheit wann dergleichen von den benachbarten Potentaten in Ihren Landen geschehen der Retorsion hinwiederum gebrauchet. Jedoch erachten Sie billig, dass solches, insonderheit was das Verbot der Ausfuhr des Korns, Hopfens und andrer Waaren betrifft, mit Einwilligung der sämmtlichen Land-Stände oder des Grossen Ausschusses geschehe, und versehen sich gänzlich, es werde ein jeder getreuer Patriot in solchen Fällen vielmehr auf das bonum publicum denn auf einiges Privat-Interesse seine Reflexion haben.

9. Das Indultum Moratorium, welches S. Ch. D. Anno 1643 den Land-Ständen mit gewisser Maasse und Condition gn. verwilliget, wären zwar S. Ch. D. noch in etwas zu prorogiren und dasselbe in allen damals abgehandelten Puncten und Clausulen anderweit zu renoviren nicht ungeneigt, allein sehen Sie nicht, wie solches ohne der Creditoren |: welche soviel Jahr albereit das Ihrige entrathen müssen :| Schaden und Nachtheil geschehen könne. Auch hat es die Erfahrung bishero gnugsam gegeben, dass denen, so dgl. am meisten begehrt, die Indulta am wenigsten zustatten kommen, indeme sie die Zinsen immerhin ferner aufwachsen lassen, daher dann sowol auf die Currentals moderirte Zinsen die Executiones wider sie ergehen, auch eines Theils Creditoren, so in dem Indulto excipiret, in partem sortis verholfen werden müssen. Es haben über deme die Indulta speciem denegatae et protractae Justitiae und ist de Jure derjenige so sie erhält zuförderst und vor allen Dingen den Creditoribus cautionem et idoneam satisfactionem zu leisten schuldig. Auch kann es durch gütige Handlung — viel weiter auch mit mehrem Glimpf des Debitoris und Reputation der Churf. Tribunalien dann durch die Indulta — gebracht werden."

Die Statthaltenden Geh. Räthe an die Stände.
Dat. Cölln a./Sp. 12. Mai 1652.

[Unabweisliche Dinge nöthigten zur Vertagung des Ständetags vom 27. Mai auf den 25. Juni. Hoffen dann um so schneller zu glücklichem Schluss zu gelangen.]

1652.
22. Mai. „Ob Wir zwar Unsres Theils nichts liebers gesehen, als dass es bei der genommenen Verabredung, dass allerseits Deputirte von Prälaten, Herrn, Ritterschaft und Städten auf den 27sten d. M. sich alhier hinwieder gestellt, die angefangne Land-Tages-Tractaten weiter fort-

gesetzt und zum guten und gedeihlichen Schlusse gebracht hätten, allerdinge verbleiben mögen, so seind doch über unser besser Verhoffen einige unabwendige Verhinderungen in Wege kommen, dass wir das Werk nothwendig etwas weiter und zwar bis auf den 25sten schirstkünftigen Junii Abends einzukommen prorogiren müssen.

Haben demnach Unsern hochgeehrten Herrn diese Beschaffenheit unverzüglich zu wissen machen wollen mit dem freundlichen Ersuchen dieser Verzögerung halber etwan keine ungleiche Gedanken zu schöpfen, vielmehr aber Ihnen belieben zu lassen, die Anstalt zu machen, dass Ihre Deputirte zu diesem Malo ihre Anherreise einstellen, dahingegen aber auf benannten 25sten Junii sich alhier wieder beisammen finden, und die noch übrige Puncta zum guten Schlusse — — bringen helfen.

Eine Einigung werde dann um so schneller erzielt werden, als bis dahin von dem zu Cleve weilenden Kurfürsten neue und eingehendere Instructionen über die noch zweifelhaften Punkte eingelaufen sein würden.

———

Der Bericht der Räthe vom 5. Mai bittet um diese Instructionen, die noch nicht in dem nächsten Rescript des Kurfürsten vom 11./21. Mai, sondern erst in dem zweitfolgenden vom 29. d. M. ertheilt werden. Die Stände ihrerseits waren nur zu geneigt, aus der abermaligen Vertagung jene „ungleichen Gedanken" zu schöpfen, von denen die Geh. Räthe reden. In dem umgehenden Protest vom nächstfolgenden Tage geben sie diesen Gedanken unzweideutig Ausdruck.

———

Die Anwesenden Deputirten an die Statthaltenden Geh. Räthe.
Dat. Berlin 13. Mai 1652.

[Bitten, falls es später zum Schluss komme, ihnen die inzwischen gezahlte Contribution in Anrechnung zu bringen.]

1652.
23. Mai.

„Wohlgeborne Herrn und sehr werthe Freunde. Derselben vom 12. Mai abgelassene Rescripta an die Ritterschaften, Kreise und Städte wegen Prorogation des Land-Tages bis auf den 25. Juni, alsdann die gesammte Deputirte der Stände sich wieder gestellen, die angefangene Land-Tages-Tractaten weiter fortsetzen und vermittelst göttlicher Hülfe zum guten und gedeihlichen Schlusse bringen helfen sollen, seind uns, denen alhier zur Stelle gelassenen Deputirten, theils insinuiret.

Nun hätten wir nichts liebers gewünscht und gesehen, denn dass es bei dem veranlasseten Termino des 27. Mai allerdinge verbleiben können, gestalt Männiglichen nach dem Land-Tages-Schluss verlangt, einem Jeden viel daran gelegen, auch albereit grosse Unkosten darauf gangen und je weiter er verschoben wird, noch mehre Unkosten darauf gehen werden; indeme die Stände nicht alle verrücket, sondern uns Deputirte von Ritterschaft und Städten aus allen Kreisen der Veranlassung nach hinterlassen haben, so den angefangenen Land-Tag repraesentiren. Wir seind auch nochmaln resolvirt, den angesetzten Terminum abzuwarten, alsdann die andere, in voriger Anzahl, sich wieder gestellen werden.

Nachdeme aber, über besser Verhoffen, einige unabwendige Verhinderungen in Wege kommen, dass der Land-Tag bis auf den 25. Juni verschoben werden musste, auch von Sr. Ch. D. unserm gn. Herrn, die Statthaltende Geh. Herrn Räthe noch einige vollständige gründliche Instruction und Resolution erwarten, so lassen wir Anwesende Deputirte es bei dem 25. Juni zwar bewenden. Aldieweil aber die schwere Current-Contribution solchergestalt durch den Monat Junium laufen würde; so bitten wir im Namen unsrer Heimgelassenen, im Fall man zu einem beliebigen und vollkommenen Land-Tages-Schluss kommen würde, dass dasjenige was im Monat Junio gegeben wird an dem Quanto der bewilligten Summe des ersten Jahres und zwar am ersten Termin möchte decurtirt, auch hinfürder der determinirte Land-Tag nicht weiter prorogirt, sondern vielmehr nach Möglichkeit zum Schluss befördert werden.

Ingleichen ersuchen wir die Churf. Statthaltenden Geh. Räthe, im Fall vor dem anderweit angesetzten Termino wegen dieser Land-Tages-Tractaten noch etwas vorfallen sollte, dass die Herrn Statthaltenden Geh. Räthe solches an uns wollten gelangen lassen und mit uns communiciren.

Wie nun dies unser Suchen der Billigkeit gemäss, also getrösten wir uns gewieriger Resolution etc."

Ein Schreiben der Geh. Räthe an den Kurfürsten d. d. Cölln a./Sp. 18. Mai theilt ihm mit, dass sie, um seine Willensmeinung besser kennen zu lernen, den allmählich sich auflösenden Ständetag vom 27. Mai auf den 25. Juni prorogirt hätten. Gleichzeitig suchen sie ihn von ihrer eignen Ansicht zu überzeugen, dass nämlich die Contribution und die 500,000 Thaler nie miteinander von den Ständen zu erreichen seien; erstere daher mit dem 1. Juli, als in's Auge gefassten Anfangstermin der Zahlungen, fallen gelassen werde. Fast alle zu Berlin anwesenden Räthe, Adam George Gans zu Putlitz, Thomas von dem Kneschek, Claus Ernst von Platen, selbst die in erster Reihe mit den Ständen verhandelnden Joachim Friedrich v. Blumenthal und Johann Tornow waren dieser Ansicht und, wie wir nicht zu zweifeln Ursache haben, der festen Ueberzeugung, dass die gleichzeitige Leistung beider Abgaben neben den zahlreichen Auflagen von Reichswegen, für Legationen, der doppelten Metze und andern Naturalabgaben, in der That unerschwinglich seien. Dass dem nicht so war, lehrt die Geschichte der nächsten zwölf Monate. Der Kurfürst, der von Cleve aus die Dinge kühler betrachtete, beharrte daher bei der von ihm als nothwendig erkannten Forderung.

Der Kurfürst an die Geh. Räthe. Dat. Cleve 21. Mai 1652.

[Die Contribution für das erste der sechs Jahre. Zurückweisung der ständischen Forderungen im Punkt der Religion.]

1652.
21. Mai.

Eine Decurtation der für das erste Jahr zugesagten 110,000 Thlr. sei unmöglich. Lieber wolle er so lange das Amt Salzwedel sammt Pertinenzen entbehren. Mit der bisher gezeigten Willfährigkeit der Stände sei er zufrieden; nur verstünde er nicht ihre wiederholten Gravamina betreffs der Religion.

„Bei dem Puncto Religionis aber hätten Wir Uns dergleichen unnöthigen Difficultäten zu denen der also genannten Lutherischen Religion zugethanen Ständen nicht versehen. Gestalt sie es auch gewiss keine Ursach haben; dann, soviel das Exercitium Augustanae Confessionis anreicht, da ist ja unleugbar und liegt hell am Tage, dass ihnen dasselbe frei und ungehindert gelassen, auch dem geringsten Unterthanen unter ihnen ein andres zu glauben von Uns niemaln zugemuthet worden; weniger haben sie über die geringste Turbation mit Fug einige Klage zu führen; am allerwenigsten aber, dass sie ab officiis publicis tam Ecclesiaticis quam Politicis excluciret und die Land-Kinder gleichsam des beneficii der Communität bei den Universitäten und Schulen priviret werden sollten. Dann gleichwie solches mit Bestande nimmer wird erwiesen werden können, also ist hingegen klar und offenbar, dass die meiste und ansehnlichste Chargen und beneficia auch bei den vornehmsten Collegiis bis auf diese Stunde mehr mit Lutherischen als Reformirten besetzt und genossen worden. Wir halten auch eigentlich dafür, dass kein einiger Lutherischer Religion zugethaner Chur- oder Fürst im ganzen Röm. Reich zu finden, der dergleichen den Reformirten zu gestatten und dieselbe gleichwie Wir indiscriminatim befördern sollte.

Dem ungeachtet aber werden Wir Uns hierinnen nicht ändern, seind auch nochmaln, gleichwie bishero geschehen, gn. entschlossen, sowol Lutherischen als Reformirten Unsere Churf. Gnade und Beförderung, ohne Ansehung der Religion, widerfahren zu lassen. Wann auch solche friedliebende Theologen und Gemüther |: welches aber heutigen Tages fast rar :| möchten gefunden werden, die ihren unzeitigen, ja gar nicht nöthigen bittern Eifer und Affecten soweit dominiren und sich des unchristlichen Schmähens, Lästerns und Verdammens in Schulen und auf den Canzeln enthalten könnten, würden Wir kein Bedenken tragen, auch dieselbe bei der Theologischen Facultät zu bestellen. Diejenige aber zu berufen und ihnen die Jugend, welche ins künftige bei den geistlichen und weltlichen officiis bestellt werden solle, zu untergeben, die Unsere Religion verketzern, lästern und verdammen und Uns also selbst bei Unsern Unterthanen verhasst zu machen — gleichwie Wir damit Unser Conscienz graviren würden, also hoffen Wir nicht, dass es denen Lutherischer Religion zugethanen Ständen ein Ernst sein sollte. — —"

Die Geheimen Räthe an den Kurfürsten. Dat. Cölln a./Sp. 26. Mai 1652.

[Misstrauen der Stände vor doppelten Lasten bei erfolgender Willigung der geforderten Summen.]

1652.
5. Juni. Blumenthal sei dem Befehl des Kurfürsten gemäss diesen Morgen nach Cleve abgegangen.

„Die grösste Schwierigkeit der Land-Stände rührt daher, dass mit der bishero gewöhnlichen Contribution noch immerfort continuirt wird, daher sie nicht wissen, wie bald solche Anlage ein Ende nehmen und a quo tempore die jetzt aufs neue gewilligte Steuer angehen möchte. Und gerathen ihrer viele in die Gedanken, sammt sie duplici onere gravirt werden sollten, welches dann dem Lande zum äussersten Verderb und Desolation gereichen würde und bei E. Ch. D. die Meinung nimmer haben kann. Es ist eine Notdurft gewesen, weil so viele Puncten vorgefallen, welche E. Ch. D. specialem resolutionem fordern, dass man zu Verhütung der Unkosten die gesammte Stände, so in grosser Anzahl beisammen gewesen, ad tempus dimittiren müssen; zuerst bis auf den 27. Mai, dann sie auf den 26. Juni prorogirt, jedoch dergestalt, dass immer etliche verblieben und noch vorhanden seind, mit welchen aus E. Ch. D. einkommenen Rescriptis zu communiciren wir Gelegenheit gehabt; gestalt sie dann auch dasjenige, so ihnen proponiret, an ihre Consorten gelangen lassen. Und verhoffen wir noch das Werk vermittels göttlicher Hülfe und Beistandes, wann nur die Contribution nicht gehäuft oder dupliret wird zum Stande zu

bringen. Welches dann auch hochnöthig, dann wann der Land-Tag
re infecta sich zerschlagen sollte, würde es grosse Ungelegenheit und
Schwierigkeit im Lande verursachen und E. Ch. D. den scopum, welchen
Sie sich löblich vorgesetzt, schwerlich wieder erreichen.

Der Kurfürst an die Geh. Räthe. Dat. Cleve 24. Mai 1652.

[Die Contribution werde mit dem Augenblick der Evacuation Pommerns ihr Ende erreichen. Die Befürchtungen der Stände grundlos.]

1652.
24. Mai.

Er hoffe, Stände seien von seiner Resolution auf ihre Gravamina gänzlich befriedigt worden.[1]

„Was die Current-Contribution und deren Cessirung ratione termini betrifft, darunter ist in Unsrer jüngsten Resolution kein error vorgangen. Wir mögen auch nicht absehen, wie solches practer et contra mentem nostram ausgedeutet werden können, dann Wir Uns ausdrücklich dahin erklärt, dass solche Contributiones ante plenariam restitutionem vel evacuationem citerioris Pomeraniae, wie gern Wir es sonst den Ständen gönnen möchten, nicht cessiren können.

Es ist aber hierbei Unsere Meinung niemaln gewesen, wie auch noch nicht, dass die Stände duplici onere gravirt werden sollten, sondern es kann mit Anschlag- und Aufbringung der gewilligten 500,000 Thlr. so lange wol zurückgehalten werden, bis die Evacuation Unserer Hinterpommerischen Lande, welches verhoffentlich in ganz kurzem, wie Wir dessen mit itzteingelaufener Post Nachricht erhalten, geschehen wird, würklich erfolgt. Unterdessen aber wollen Wir nicht zweifeln, es werden Uns die Altmärkischen Aemter ohnverlängert zu unterth. Ehren abgetragen werden, darzu Ihr allen möglichen Fleiss nochmaln anwenden wollet, und wollen Wir die Verschreibung desfalls mit künftiger Post zurückschicken, gestalt Wir Uns dessen also versehen."

Der vom Kurfürsten schon sub dato Cleve 8. Juni 1652 ausgefertigte und den Geh. Räthen zugesandte Original-Recess (bei Mylius VI, 419—426) kam eben aus jenem Grunde, der Furcht der Stände vor der doppelten Steuerlast, daneben dem Zwiespalt über die Forderungen im Punkt der Religion und der neuen Münze nicht zur Annahme, so weit auch der Kurfürst ihnen in allen jenen 7 Propositions-Punkten entgegenkam, indem er fast sämmtliche darin aufgestellten

---

[1] Vgl. Mylius VI, 415—420 Sr. Ch. D. fernere gn. Resolution auf die noch übrige, unerörterte Gravamina der Märk. Stände. Dat. Cleve d. 13. Mai 1652.

sonstigen Forderungen fallen liess und fast alle ihre Gravamina in gewährender Weise erledigte. Charakteristisch ist darin vor allem der Ausdruck des Verzichts auf die indirekte Steuer, die „General-Mittel". Der Verzicht selbst gestaltet sich zu einer Art von Pression vorzüglich auf die von der Contribution persönlich eximirte Ritterschaft, für den richtigen Eingang jener direkten Steuer zu sorgen, widrigenfalls er, der Kurfürst selbst, die Sache in die Hand nehmen würde: „Es werden aber die Stände erinnert, dass die von der Ritterschaft ihren incorporirten und ausfallenden Kreisen und die von Städten auch den Ihrigen, so nicht hernach können, mit billiger und christlicher Uebertragung, auch andern erspriesslichen Hülfsmitteln beispringen und aushelfen wollten, denn da dieses nicht geschehen sollte, und es würden die ausfallende und vor andern ruinirte Kreise und Städte, auch Unterthanen und Contribuenten Klage führen, würden Wir nicht umhin können, die Sache untersuchen, gütlich vergleichen oder hören, entscheiden, auch sonsten auf gnugsame Erkundigung zureichende Anstalt und Verordnung desfalls ergehen und machen zu lassen."

Da die Stände indess alle Geh. Räthe für ihre Ansicht von der Unmöglichkeit grösserer Leistungen gewannen, so sah sich der Kurfürst bei der Unmöglichkeit, in jedem Augenblick von Cleve nach Berlin zu eilen, veranlasst, die Versammlung, bis auf einen kleinen Ausschuss, Zeit seiner Abwesenheit zu vertagen.

Die Anwesenden Deputirten an die Geheimen Räthe.
Dat. Berlin 29. Juni 1652.

[Bitten um sofortige Erledigung der Gravamina, vorzüglich betreffs der Religion und neuen Münze, unter deren Voraussetzung die grosse Willigung erfolgt sei.]

1652.
9. Juli.

Im Anfang der Verhandlungen sei ihnen auf die Erledigung aller ihrer Beschwerden Hoffnung gemacht worden.

„Und in solcher Hoffnung hat man sich überwunden und anstatt da von den gravaminibus billig hätte der Anfang gemacht werden sollen, ist man zu Abhandlung des Quanti getreten und sich auch dabei also erwiesen, dass sowol S. Ch. D. selbsten in Dero gn. Schreiben an die Stände vom 29sten zurückgelegten Monats Maii solche unterth. Bezeigung in Gnaden rühmen wollen und unsere hochgeehrten Herren allerseits der Stände unterth. Devotion thätlichen erkennen müssen, denn ausser der Bewilligung der 500,000 Thlr., welches gewisslich eine solche Summe ist, dergleichen Sr. Ch. D. Herren Vorfahren nie-

maln auf einmal und in solchen geringen Fristen gewilligt worden,
hat man sich auch zu Abtretung der Altmärkischen Aemter untersth.
erboten, an der Wiederkaufssumme nicht allein ein sehr grosses an
Capital remittirt, sondern auch darüber über 300,000 Thaler nachstehende Zinsen und Schäden, die mit allem Rechte inhalts der starken,
wol clausulirten Verschreibung hätten unfehlbar den Possessoribus
müssen erstattet werden, gänzlich fallen lassen. — — Dagegen aber
würde es nunmehr ohne grosses Seufzen, Queruliren und Wehklagen
nicht abgehen können, wann die arme, erschöpfte Unterthanen ihrer
darüber gefassten guten Hoffnung sollten frustrirt werden und ohne
Rücksicht auf die so grosse Bewilligung noch eine monatliche Contribution zahlen."

Die Differenzen mit Schweden, jetzt, nach Bellegung des Grenzstroits,
über die Licenten, seien nicht derart, um in wenigen Monaten erledigt zu
werden. Es könnte daraus ein Rechtsprocess mit Schweden ohne Ende und
ihre dergleichen Belastung mit der Contribution erfolgen; während das ganze
Reich durch den Friedensschluss zur Ruhe gekommen sei, würden sie sich
dann durch ihre Gutwilligkeit perpetuam servitutem erkauft und über den
Hals gezogen haben. Nicht als ob sie verlangten, dass der Kurfürst seine
Festungen ganz entblösse, sondern sie wollten nur, dass die frühere Höhe
der Contribution nicht überschritten werde. Sie bäten die Räthe dringend
um die Abschaffung der bisherigen Contribution, Erledigung der noch
übrigen Gravamina und endliche Dimission.

Unterm selben Datum noch berichten die vier zu Berlin anwesenden
Geh. Räthe, Hans George zu Putlitz, Thomas von dem Knesebeck,
Ernst Claus von Platen und Dr. Joh. Tornow, über die Stimmung
der Deputirten. Sie hofften auf die Bewilligung der 110,000 Thlr. als Rate
für das erste der sechs Jahre, einer Summe, die zur Erhaltung aller gegenwärtigen kurfürstlichen Völker, bis auf eine Anzahl Offiziere, ausreichend
erscheine. Von dem ihnen zugesandten Recessentwurf (vom 8. Juni) würden
sie den Deputirten Mittheilung machen und wären sie der Ansicht, dass des
Kurfürsten Erklärungen in puncto religionis und wegen der neuen Münze,
jene befriedigen müssten, wofern ihnen daneben nur einige Sublevation an
den bisher getragenen schweren Lasten widerführe.

Die Anwesenden Deputirten an den Kurfürsten. Dat. Berlin
30. Juni 1652.
[Dringende Bitte um Erleichterung.]

1652.
10. Juli.

Die Aufbringung der 500,000 Thlr. gleichzeitig mit und neben der bisherigen Contribution sei unerschwinglich für das verödete Land. Sie bäten
dringend um annehmbare Bedingungen', da ihnen ein fester Schluss bei

ihrem Wiederzusammentritt am 25. d. M. in sichere Aussicht gestellt worden sei.

„Und ersuchen E. Ch. D. wir dabei unterth. gehorsamst und um Gottes Willen, Sie wollen doch solche rationes in Gnaden ponderiren, die überaus grosse Noth Dero äusserst erschöpften und fast agonisirenden Unterthanen Ihr zu christlichem Mitleiden und tief zu Herzen gehen lassen und nicht zugeben, dass mit Dero Land-Stände grosser Beschimpfung und so ungleicher Nachrede, die an allen Orten darüber gefallen würden, dieser Landtag ohne allen Nutz zerschlagen sollte. — — Sie erbitzen hierdurch ferner die Gemüther Ihrer getr. und gehorsamen Unterthanen zu fernerer Devotion, von denen Sie alschon so herzlich geliebt, venerirt und geehrt werden und haben sich Dero unterth. Assistenz und Darsetzung Gutes und Blutes im Fall der Noth gewiss zu versehen."

Alle Bitten der Stände konnten den Kurfürsten nicht dazu bewegen, von dem was er für unerlässlich hielt auch nur das Geringste nachzulassen. Daher beauftragte er in eben diesen Tagen (durch ein Rescript d. d. Cleve 22. Juni/2. Juli 1652) seine Räthe zu Cölln a./Sp. den Deputationstag bis auf die Zeit nach seiner für den September in Aussicht genommenen Rückkehr zu vertagen, da er sah, dass nur sein persönliches Eingreifen zum Abschluss führen würde, möglicherweise auch, um Zeit zu gewinnen, da die Contribution inzwischen forterhoben wurde, die erste Rate der 500,000 Thlr. aber zu Johanni d. J. eingezahlt werden sollte. Die Deputirten indess weigerten sich, nach einem Bericht der Räthe an den Kurfürsten vom 13./23. Juli, diesem Befehl Folge zu leisten, ehe nicht die Antwort des Kurfürsten auf ihre letzte Eingabe (vom 30. Juni st. v.) eingetroffen wäre und suchten auf alle Weise die „Zerschlagung" des Tages zu verhindern. Ohne Erfolg. Der Tag wurde trotzdem auf den Herbst prorogirt, zum dritten Mal seit seinem Zusammentritt im Mai d. J. Doch auch damit war dem Kurfürsten noch nicht gedient, da die inzwischen mit Schweden fortgesetzten Verhandlungen über die Licenten trotz alles seines Drängens nicht aus der Stelle kamen. Daher kam ihm die Einladung Kaiser Ferdinands III. zu einer Zusammenkunft in Prag für das Ende Oktober d. J. äusserst gelegen. Er vertagte dieser Zusammenkunft halber die Reassumtion des Tages auf den November und befahl inzwischen den Ständen „via praecepti" (durch Mandat vom 19. Oktober st. v.) die von ihnen früher geweigerte fernere Aufbringung von monatlich 989 Thlrn. neben den übrigen Leistungen zum Unterhalt für seine Leibgarde z. R. „bis zu fernerer Verabredung auf den nächsten Tage". Da der Kurfürst den angegebenen November-Termin, wegen der Verlängerung seines Aufenthalts zu Prag nicht einhalten konnte, so erfolgt von hier aus eine vierte Vertagung auf den 8. Januar 1653. Gleichzeitig erlässt er von hier, auf die Nachricht von der Weigerung der

Stände zur Aufbringung der ihnen zuletzt dictirten Auflage für den Unterhalt der Garde, unterm 4. Dezember d. J. folgendes Mandat an die „renitenten Stände".

„Wir vernehmen mit sonderbarem Missfallen, dass Unsere Churf.- Brandenburgische Land-Stände auf beschehenes Ausschreiben wegen Verpflegung Unsrer Leibgarde z. Pf. bishero nichts ausgebracht, noch eingeschickt. Als ergehet Unser gn. und zugleich ernster Befehl hiermit an Euch, dass Ihr Euer Contingent zu 700 Thlrn. monatlicher Verpflegung von einem Monat aufs schleunigste einschicket. Im widrigen Fall würden Wir keinen Umgang haben können, Unserer Garde zu verstatten, dass sie sich bei Euch einlege und durch Mittel der Execution sich selbst bezahlt mache. Wir versehen Uns aber zu Euch, Eurer Uns bekannten unterth. treuen Zuneigung nach gn., Ihr werdet es zu solchen Extremitäten nicht kommen lassen."

14. Dez.

Ein Rescript vom 21. Dezember d. J. ordnet „wegen der Pragerischen Reise und vieler anderer unaufschiebbarer Geschäfte" eine fünfte Vertagung vom 8. Januar auf den 12. März 1653 an. Inzwischen tagte gegen Ende dieses Jahres der Enge Ausschuss zur Abnahme der Neu-Biergeld- und anderer Rechnungen zu Berlin und diese Zusammenkunft gab den Ständen die ersehnte Gelegenheit, die früheren Klagen über die Unerschwinglichkeit der ihnen zugemutheten Leistungen in noch dringenderer Form als bisher zu äussern. Immer entschiedener auch bekundete sich die Sehnsucht nach einem Abschluss, der Ruf nach dem so oft in Aussicht genommenen und eben so oft prorogirten Landtage — eine Stimmung, die dem schnellen Schlusses ebenso bedürftigen Fürsten nicht unwillkommen sein konnte. Sie bäten dringend, heisst es in einer Eingabe des Engen Ausschusses vom 19. Januar 1658, den zum 8. d. M. in Aussicht gestellten, jedoch abermals vertagten Landtag eher als zu dem ihm nun bezeichneten Termin (8. März) zusammentreten zu lassen. Sie protestiren gegen die Ausschreibung unverwilligter Auflagen für Legationen und die Leibgarde, die beide in den Domänen-Etat gehörten, bieten aber dennoch als subsidium mere voluntarium 1300 Rthlr. für jene und 700 Thlr., d. h. eine Monatsrate, für diese „semel pro semper".[1]

1653. 28. Jan.

Durch eine Verfügung vom 25. Jan. a. St. hält der Kurfürst beide Forderungen in voller Höhe aufrecht, und zeigt wiederum, dass eine frühere Berufung dringlicher Geschäfte halber nicht angänglich sei. Die Deputirten bieten in einem Schreiben vom selben Tage, wol die Wirkung des festen Auftretens ihres Fürsten, die doppelte Summe, 4000 statt der früheren 2000 Thlr., und erklären sich für befriedigt, wenn der Landtag nur für die Mitte Februar berufen werde. Würde dies zugestanden, so würden sie die Eintheilung auf die Legations- und Garde-Gelder bis zur Reassumtion gleich vornehmen.

---

[1] Vgl. Droysen III, 2, 118.

Der Kurfürst acceptirt dieses Gebot unterm 28. Januar, lässt es übrigens rücksichtlich der Reassumtion beim ersten Ausschreibungs-Termin bewenden. Unterm 1. März erfolgt mit ähnlicher Motivirung wie vorher eine abermalige, nach der Zählung des Kurfürsten, dritte, nach der genaueren der Stände, sechste Prorogation vom 12 März auf den 16. April und endlich genau wieder 12 Tage vor diesem letzten Termin, eine siebente auf den 2. Mai, gleich mit der Weisung, auch dann, wie bisher, nur Deputirte mit Vollmacht für die Heimgelassenen nach Berlin zu senden, nicht aber in corpore zu erscheinen.[1]) Seit der Rückkehr von Cleve contrasignirt der Director des Geh. Raths, Blumenthal, wieder sämmtliche Erlasse in dieser Angelegenheit, wie er denn zunächst in erster Reihe mit den Ständen verhandelt, bis bei seiner Abreise nach Regensburg, Ende April d. J., Thomas v. d. Knesebeck seine Vertretung übernimmt, um sie bis zum Schluss des Landtages zu behalten.

Kurfürstliche Landtags-Proposition vom 3. Mai 1653.[2])

[Die bisherigen Forderungen. Legationsgelder und Römermonate. Versprechen auf Erledigung ihrer Beschwerden.]

1653.
13. Mai. Die Proposition spricht im Eingang des Kurfürsten Bedauern darüber aus, dass er durch seine vorjährige Abwesenheit und die Zeitumstände zur Vertagung genöthigt gewesen sei. Die Pommersche Frage sei jetzt bis auf den Abschluss, die Einräumung und Huldigung, erledigt. Daher möchten Stände bis zu diesem Zeitpunkt die Contribution in bisheriger Weise aufbringen und zugleich die monatlichen 700 Thlr. für die Leibgarde z. Pf. noch ferner auf die 3 Monate Mai—Juli bewilligen.

„S. Ch. D. sie dagegen versichert, dass alles dasjenige, was Dero getreue Land-Stände wegen ihrer Sublevation, Remedirung der gravaminum und Reassumirung des Landtages begehren und unterthänigst geboten, effective erfolgen soll; denn dass die Reassumirung des Landtages nicht früher erfolget, haben Sr. Ch. D. publica nicht erlauben wollen."

Es schliessen sich daran zwei andere Forderungen: 1800 Thaler monatlicher Legationsgelder bis auf Weiteres und 20,000 Thaler als Brandenburgs Beitrag zu den bewilligten 25 Römer-Monaten.

---

[1]) „Gn. begehrende, weil wir das Werk gerne coarctiret sehen, nur ein paar Personen aus Eurem Kreise, gestalt von den andern auch geschehen wird, auf den 2. Mai mit gnugsamer Vollmacht anhero zu schicken, welche folgenden Tages nicht allein anzuhören, was ratione conservationis Wir dienlich erachten und vortragen lassen werden, sondern auch darüber einen dem Lande gedeihlichen Schluss zu machen." Worte aus dem Mandat an die Mittelmark.

[2]) Das Concept der Proposition, wie fast sämmtlicher aus der Kurfürstlichen Canzlei während des Landtages hervorgehenden Schriftstücke ist von der Hand Knesebecks.

Erklärung der „Anwesenden Deputirten von Prälaten, Ritterschaft und Städten der Chur und Mark Brandenburg diessund jenseits der Oder und Elbe" auf die am 3. d. M. gethane Proposition. Dat. Berlin 5. Mai 1653.

[Ihre Leistungen in den letzten Jahren. Nothwendigkeit eines Abschlusses. Bitte um einen allgemeinen Landtag zu diesem Zweck.]

1653. 15. Mai.

Anwesende Deputirte bedauerten zunächst, dass die Capita Propositionis dem Ausschreiben nicht inserirt gewesen.

Dass der Kurfürst die ihm bewilligten 500,000 Thlr. mit Dank annehme, habe sie erfreut, dagegen hoch betrübt, dass die Contribution nicht, wie früher verheissen, mit dem endlichen Schluss über Pommern, sondern erst mit der Einräumung und Huldigung, was eine undefinirbare Zeit sei, ein Ende nehmen solle. Sie wiederholten ihre Bitte um die versprochene Minderung der Lasten. Vom 1. September 1650 bis zum 1. April 1653 seien an ordentlicher Contribution 381,440 Rthlr. von ihnen aufgebracht worden, daneben die Extraordinaria und die doppelte Metze.

„Sie bitten, ohne einigen Aufenthalt zum gewünschten Ziele, (d. h. der Aufhebung der Contribution,) zu gelangen; zumaln auch nunmehr durch göttliche allergnädigste Assistenz und Beistand die Pommersche Tractaten zu einem guten Schluss kommen und das obstaculum, warum E. Ch. D. dafür gehalten, dass Sie Ihren Ständen noch nicht allerdings helfen könnten, aus dem Wege geräumt und sie nunmehr versichert worden, dass E. Ch. D. Ihr von Gott und Rechtswegen zustehendes Antheil der Pommerischen Lande sollte ausgeantwortet und eingehändigt werden, an dessen Erfolg E. Ch. D. nunmehr, ob Gott will, nicht zu dubitiren haben, Sich auch darüber einigen Zweifel so wenig machen, dass Sie nunmehr |: dessen wir denn gern seind berichtet worden :| die Reduction Ihrer Völker zum Theil angefangen. Und thun nun die Stände E. Ch. D. hierbei sicherlich zutrauen, dass Sie nicht gemeint sein werden, sie mit Wiederantretung des LandTages solange aufzuweisen, bis in Pommern alles in Stand gebracht und Sie mit den Pommerischen Ständen zur Richtigkeit sein; denn solches ist eine Sache, welche diese Lande gar nicht angeht, und wollte denselben sehr ungütlich geschehen, wann um solcher willen hiesige Stände noch mehr Leiden und Ungemach erdulden sollten."

Sie bäten zur Erledigung der Propositionen und Beschwerden um einen allgemeinen Landtag, den des Kurfürsten Clemenz ihnen gewiss gewähren werde.

„Da denn die Clemenz und Gütigkeit eine solche Tugend grosser Häupter und Potentaten ist, darinnen Sie von andern nicht können

II. Die Auseinandersetzung mit den Ständen, 1650—1654.

superiret werden, Sie aber kommen darinnen gleichsam der Gottheit in etwas nahe und werden dahero auch in heiliger Schrift Götter geheissen."

Auch die Nähe der Erndte dränge zu einem schnellen Schluss mit erwünschtem Ergebniss.

„Gelänge dies nicht, darüber würde alsdann den armen Unterthanen alle gute Hoffnung auf einmal entzogen werden, und würde über die Massen grosse Ungeduld und Unwillen sich bei Ihnen erzeugen. E. Ch. D. können uns sicherlich wol zutrauen, dass albereits die Magistratus in den Städten und auf dem Lande, allermeist aber diejenigen, so zu diesen Tractaten deputirt und geordnet worden, bei dem gemeinen Pöbel wollen in Verdacht gezogen werden, als würde nicht die Notdurft E. Ch. D. nach Genüge vorgetragen, und sie nur unbilligerweise in ihren Aengsten gelassen, da wir doch unsres Theils die glückliche Endigung dieser Sachen von Herzen wünschen und dabei so wenig Vortheils haben, dass wir vielmehr das Unsere darüber verabsäumen und Ungelegenheit davon haben müssen. Und über das, so wollte es den Land-Ständen über alle Massen despectirlich sein, wann ferner hierinnen einiger Verzug vorgehen und wir auch für diesmal re infecta und ohne einigen Schluss sollten dimittirt werden. Es fallen albereits bei den Exteris mannigfaltige judicia davon und würde zu noch mehrer ihrer Verkleinerung ein solches Anlass geben. Vielmehr wollen wir unterth. verhoffen, E. Ch. D. werden gleich allen andern Potentaten auch Ihre Land-Stände mit einem reputirlichen Land-Tage erfreuen und Ihnen einen erwünschten Schluss desselben ertheilen lassen."

Aus dem Protokoll der Conferenz zwischen den Kurfürstlichen Landtags-Commissarien und den Vertretern der Deputirten auf dem Schloss zu Cölln a./Sp. vom 7. Mai 1653.

1653.
17. Mai. Der Deputirten Verlangen um Berufung aller Stände zur Erledigung der schwebenden Fragen sei aus Mangel an Zeit für derartige langwierige Verhandlungen unerfüllbar; da der Kurfürst in den nächsten Tagen verreisen müsse, mit Reichsgeschäften und publicis überhäuft sei, zudem die noch währende Occupation Pommerns die sofortige Reduction nicht gestatte.

Die mündliche Besprechung führe schneller zum Ziele als das schriftliche Verfahren, darum würden Deputirte auf ihr am 6. d. M. eingekommenes Memoriale folgendermassen beschieden:

1. Die Aufnahme aller Forderungen in die Landtags-Ausschreiben würde in Zukunft dem Herkommen gemäss beobachtet werden. Die drei

diesmal vorgebrachten betreffs des Unterhalts der Soldatesca und der Garde s. Pf., der Legationsgelder und der Römer-Monate seien ihnen von früher her bekannt gewesen.

2. „Was belangt das Uebrige derer Herren Deputirten Einwenden, erinnern sich S. Ch. D. gn. wol, dass die Stände die Abtretung der vier Altmärkischen Aemter und Herreichung der 500,000 Thlr. auf gewisse Maass verwilliget, warum aber bishero die so inständig gesuchte Sublevation nicht erfolgen, noch ihnen in ihren desideriis, wie begierig auch S. Ch. D. darzu gewesen, Satisfaction gegeben werden können, solches wollen S. Ch. D. künftig bei Reassumtion der Land-Tages-Tractaten sattsam eröffnen lassen, und behalten bis dahin das unabsetzliche Vertrauen zu Dero Ständen, sie werden von ihrer gehorsamen Verwilligung nicht abweichen, sondern vielmehr beständig dabei verharren.

3. Die Tractaten aber des Land-Tages vor itzo zu reassumiren, solches fällt Sr. Ch. D. bedenklich, ja gleichsam unmöglich, weil Sie, wie gesagt, in wenig Tagen verreisen müssen, mit sovielen Reichs- und andern publicis negotiis occupirt, auch noch zur Zeit vor Restitution der Pommerischen Lande nicht praeparatoria zur Reduction Ihrer Völker und also zur Sublevation machen können."

Alle ihre Gravamina sollten aber auf einem wegen der nahen Erndte bis nach derselben vertagten reassumirten Land-Tag gewissenhafte Erledigung finden.

Der Deputationstag beruhigt sich indess dabei nicht. Noch zweimal, 8. und 12./22. Mai, machen die Deputirten den Versuch, den Kurfürsten durch höhere Gebote und Vorstellungen über die Nothwendigkeit zum Schluss zu kommen zur Aufhebung der Vertagung zu bestimmen, beide Mal vergebens. Der Tag wird abermals auf den 12./22. Juni prorogirt. Wie entschieden die noch zu Berlin weilenden Deputirten, trotz zweimaliger mündlicher und schriftlicher Ablehnung ihrer Forderung, auf der Fortsetzung der Verhandlungen bestanden, geht daraus hervor, dass sie am 16. d. M. noch einen Versuch machen, ein Pro Memoria einzureichen, das indess nicht acceptirt wird.

Gleichzeitig mit diesen Versuchen tritt eine Petition „Sämmtlicher mit Garnisonen belegter Plätze in der Chur und Mark Brandenburg" vom 16. Mai doch in einen gewissen Gegensatz zur Darstellung der Deputirten. Die festen Plätze beschweren sich direkt beim Kurfürsten über ihre verhältnissmässig zu hohen Leistungen sowie die Vernachlässigung ihres Interesses seitens ihrer Mitstände und bitten um Remedur unter Erinnerung an ein ihnen im September 1652 gemachtes bezügliches Versprechen.

Ein umgehendes Rescript des Kurfürsten lädt die Stände-Deputirten und diese festen Plätze zum Verhör über diesen Gegenstand auf den 18. Mai in die Geheime-Rathsstube trotz der eingehenden Entgegnung der „Anwesenden Deputirten" vom 17. Mai. In letzterer heisst es:

„Auf der sämmtlichen mit Guarnisonen belegten Städte an Uns

ausgewirkten Citation, dass wir uns nemlich morgenden Tages vor Dero Geheimen Räthen gestellen, der Sachen Verhör mit beiwohnen und rechtmässigen Bescheids erwarten sollen, vermelden wir in unterth. Gegennotdurft, dass uns nicht wenig befremdet fürkommt, dass sub nomine aller in der Chur Brandenburg mit Guarnison belegter Städte ein solch Supplicatum einkommen, da wir doch wissen, dass etliche von denen belegten Städten um das Suchen gar keine Wissenschaft haben. So ist es auch zu verwundern, dass diese Leute sowol ratione practeritorum als futurorum serviciorum militarium ihre Mitstände in Anspruch zu nehmen sich nicht scheuen, da sie doch bedenken sollten, was andre Stände und Städte dagegen ausgestanden, wie sie dem Raub und dem arbitrio der Soldatesque stündlich und augenblicklich exponirt gewesen, wann sie hingegen bei den Ihrigen in guter Sicherheit auf ihren Betten schlafen. Ein unparteiischer Vergleich wird ergeben, wer denn eigentlich zu viel geleistet, ratione futurorum aber hat man noch zur Zeit nicht nöthig mit Supplicanten sich einzulassen, weil der Punctus der Besatzungen bei itzt wieder angehendem Landtage noch erst in Behandlung zwischen E. Ch. D. und den Ständen kommen wird.

Dieserwegen nun befinden wir uns nicht instruirt, sofort mit Supplicanten uns in Verhöre einzulassen, sondern unsere Heimgelassenen haben uns dieses in Mandatis geben, dass wir zuforderst darauf dringen sollen, damit diejenige Städte, welche mit uns dieserwegen zu thun haben wollen, sich in specie nennen, dann auch worauf ihre Klage sie zu fundiren gemeint, und was sie wider ihre Mitstände zu liquidiren haben, richtig aufsetzen und ante audientiam einbringen mögen, damit man sich daraus ersehen und ein jeder Kreis und Stadt mit seiner Gegenliquidation sich dawider gefasst halten könne, dann dieses eine solche Sache, die in einer mündlichen Audienz sich nicht will schlichten und heben lassen.

Gelangt also an E. Ch. D. unser unterth. Suchen, dieses unser Einwenden dem Gegentheil zu communiciren und anzubefehlen, dass sie ihr Klaglibell und vermeinte Liquidation nächstens zu unsrer Communication einbringen. Auch die Städte, so Kläger-Stelle über sich zu nehmen vermeinen, sich in specie melden müssen, damit wir dagegen gnugsam parati ad judicium kommen und nicht nöthig sein möge, E. Ch. D. oder Dero Herren Räthe bei andern Dero hohen Obliegen mit dieser verdriesslichen Sache aufzuhalten."

Auch diesmal blieb der Kurfürst dem Verlangen der Stände nach Berufung eines allgemeinen Landtags und sofortigem Abschluss unzugänglich.

Die Deputirten mussten in die Heimat zurückkehren, um am 12. Juni in der bisherigen Form eines Deputationstags wieder zusammenzutreten. Auch jetzt wurden Conferenzen zwischen den Geh. Räthen und einzelnen Ständemitgliedern als das förderlichste Mittel zu schneller Einigung beliebt. Die erste Conferenz, auf der die Forderungen des Kurfürsten noch fester als bisher formulirt wurden, fand nach dem Tage des Wiederzusammentritts auf der Geh. Rathstube statt. Zu den bisherigen Forderungen, einer Contribution von 500,000 Thlrn., zahlbar in 5—6 Jahresraten, und der Fortbewilligung der doppelten Metze für die Dauer der Geld-Contribution, trat nun die Retrocession der 4 altmärkischen Aemter hinzu. Diese letztere war bisher wol in Aussicht genommen, aber noch nicht, wie jetzt, als eine conditio sine qua non bezeichnet worden. Es entspannen sich daher über dieselbe sehr lebhafte mündliche und schriftliche Erörterungen. Kaum hatten die Deputirten durch ihre zur Conferenz abgeordneten Mitglieder von der Forderung Kunde bekommen, als sie umgehend folgenden energischen Protest dagegen an den Kurfürsten richteten.

Die Anwesenden Deputirten an den Kurfürsten. Dat. Berlin 13. Juni 1653.

[Die Einlösung der vier altmärkischen Aemter. Höhe ihrer Leistungen im letzten Jahre.]

1653.

„— — Und ist uns danächst von unsern Mit-Deputirten fideliter 23. Juni. referirt worden, was nach beschehener gestriger Offert unsres unterth. und ganz billigen Erbietens mit Continuation der gedoppelten Metze durch E. Ch. D. dazu geordnete Geheime Räthe ihnen hinwieder angebracht worden; welches kürzlich dahin gangen, dass weil E. Ch. D. nach angelegtem calculo mit denen Ihr bei diesem Landtage bewilligten 500,000 Thlrn. wenig würden beschaffen und ausrichten können, wenn Sie davon die Einlösung der altmärkischen vier Aemter nehmen sollten, dass daher E. Ch. D. die Einlösung derselben über die fünf Tonnen Goldes gn. an die Stände gesinnen thäten. Ueber welche unvermuthliche Proposition wir dann allesammt von Herzen erschrocken sein, indeme wir uns derselben in keine Wege vermuthen mögen. Können auch E. Ch. D. beständig versichern, dass weil unsere Committenten und Heimgelassene das fürm Jahr veraccordirte Quantum ganz für beschlossen gehalten, dass sie zu fernerer Hinautrotung einiger hohen Summen uns durchaus nicht instruirt haben. — — Denn E. Ch. D. haben die obbemeldte Summe einmal durch Ihr gn. Rescriptum vom 29. Mai des abgewichenen Jahres gn. acceptirt und desgleichen am 2. Mai d. J. in der mündlichen Replica gethan."

Stände hätten sich, nach Inhalt ihrer Duplik vom 17. April des vergangenen Jahres, für den Unterhalt der Festungen, Redressirung des Hofstaats und Einlösung der altmärkischen Aemter zu 450,000 Thlrn. und für die Aufhebung der doppelten Metze zu ferneren 50,000, in summa 500,000 Thlrn. verstanden.

„Auf der Räthe inständiges Ansuchen ist auch noch darüber die Metze auf ein Jahr besser heraus bewilligt worden. Und weil man sich nunmehr zu derer Continuation noch auf fünf Jahre unterth. resolvirt hat, so können damit in effectu zum wenigsten 120,000 Thaler auch für bewilligt erachtet werden. Noch mehr haben zu E. Ch. D. gn. Vergnügung und zu mehrer Beibehaltung Dero Churf. Hulde und Gnade die beiden Ritterschaften der Alt- und Mittelmark nebst den incorporirten Kreisen der Priegnitz und Ruppin an ihrer auf die Aemter ausgezahlten Wiederkaufs-Summen der 210,000 Thlr. Capital eine Remission auf 80,440 Thlr. gethan, sich auch danebst der darauf angewachsenen Zinsen (von über 300,000 Thlrn.) gutwillig verziehen.

Darüber und obwol die Behandlung der 500,000 Thlr., der Herren Räthe Zusage nach, vom 1. Juli des abgewichenen Jahres ihren Anfang nehmen sollen, so hat man dennoch von der Zeit an bis auf den 1. Juni huj. a. mit der Ordinar-Contribution, so sich in einer Summa inmittelst auf 112,134 Thlr. belaufen thut, gehorsamst continuirt, und will man darüber E. Ch. D. keine Abkürzung an oft bemeldtem Quanto ferner anmuthen, da doch ein solches billig zu consideriren wäre; indeme E. Ch. D. nunmehr, da Sie nach geschlossenen Pommerischen Tractaten ausser aller Gefahr sein, ein geringeres zu den Besatzungen bedürfen möchten. Dazu kommen 4130 Thlr. für die Leib-Guardi, 20,000 Thlr. an Römermonaten für die Monate Juni—August, endlich 10,000 Thlr. Regensburgische Legationsgelder."

Rechne man sämmtliche Willigungen seit dem Beginn des Landtages, April 1652, zusammen, so kommen 1,148,000 Thlr. heraus, abgesehen vom Verzicht auf die Licenten im Elb- und Oderstrom, dem bei der Münz-Reduction erlittenen Schaden und Aehnlichem. Kein Nachbarland habe soviel gesteuert. Thäten des Kurfürsten andere Territorien, wie sie es erwarteten, desgleichen, so müste des Kurfürsten Status bald wieder aufgerichtet und seine Lande genügend gesichert sein. Aus allen diesen Gründen hofften sie, dass er von seiner letzten Forderung wieder zurücktreten werde.

Eine neue Conferenz, die am 14./24. Juni stattgefunden haben muss, führte zu keinem Resultat betreffs der neuhinzugekommenen Forderung. Ohne den ferneren Erfolg ihrer Eingabe vom 13./23. d. M. daher weiter abzuwarten, richten die Deputirten am 15./25. ein zweites Memorial an den

Kurfürsten, heftiger im Ton als das erste und mit einer persönlichen Spitze gegen die bösen Rathgeber, die ihn auf so verderbliche Pläne brächten. Nach Ausführungen über die Unmöglichkeit dieses ferneren Zugeständnisses schliessen sie mit folgender Apostrophe:

„Als ersuchen E. Ch. D. wir nochmaln in höchster Unterthänigkeit demüthiglich um Gottes willen, Sie geruhen gn., wie bereits gebeten, zu vergönnen, dass wir mit denjenigen Leuten, die solches E. Ch. D. so inconsiderate fürtragen dürfen, mögen entweder in E. Ch. D. selbst eigenen hohen Gegenwart oder durch Dero Herren Geh. Räthe, gegeneinander gestellt und hierüber gehört werden, damit wir dergestalt hinter den Grund der Wahrheit kommen, sie darüber zu Schanden machen und unsere Ehre und Redlichkeit retten und vindiciren mögen."

Trotz alledem sahen sie sich endlich genöthigt nachzugeben, da der Kurfürst auf seinen Forderungen fest bestand und von ihrer unveränderten Annahme die Erledigung ihrer Gravamina abhängig machte. Diese selbst, etliche sechzig an der Zahl, verursachten ihrerseits die langwierigsten Debatten, da die Deputirten fast mit keinem Punkte des Recess-Entwurfs den der Kurfürst ihnen vorlegen liess einverstanden waren. Am hartnäckigsten bestanden sie auf der Erfüllung jener Forderungen, die ihre persönliche Exemtion von Leistungen und Abgaben, sowie die Besetzung der Universität, der Fürstenschule zu Joachimsthal und der Pfarreien und Schulen betrafen.

Was diese letztere Forderung betrifft, so sucht der Recess-Entwurf, neben der grundsätzlichen Gleichberechtigung der Lutherischen und Reformirten Confessionsverwandten, die Bestellung aller öffentlichen Docenten der Universität und Fürstenschule, aller Pfarreien fürstlichen Patronats dem Landesherrn in einer nur durch die zu Recht bestehenden Satzungen beschränkten Weise zu wahren. Die Deputirten dagegen bringen schon unterm 22. Juni/2. Juli d. J. „Additamenta" ein, die das Schwergewicht in dieser Frage in ihre Hand zu legen bestimmt waren.. Nach längerer Verhandlung trug der Fürst in dieser Frage gegen einige Zugeständnisse praktischer Natur den Sieg davon. Doch erkaufte er denselben mit dem Eingehen auf die andere Forderung der persönlichen Exemtion von den meisten directen und indirecten Abgaben, die nun für den ganzen folgenden Zeitraum den Wünschen der Stände entsprechend festgestellt wurde.

Den ständischen Additamentis setzten die mit den Verhandlungen betrauten Geh. Räthe eine Replik unterm 25. Juni/5. Juli entgegen. Die Deputirten antworten darauf in ihrer Duplik vom 27. Juni/7. Juli. Beide Stücke folgen hier nebeneinander, um die Punkte über die der Streit noch fortwährte klarer hervortreten zu lassen.

Der Geh. Räthe Erklärungen auf die Erinnerungen der Stände vom 22. Juni d. J. Dat. Cölln a./Sp. 25. Juni 1653.

1653.
5. u. 7. Jul.

1. „Es haben die Geh. Räthe die Erinnerunge, so die löbl. Land-Stände bei den im aufgesatzten Landtags-Recess enthaltenen Articulis gethan, mit Fleiss verlesen und erwogen. Wollen auch sich aufs äusserste bemühen und bei Sr. Ch. D. unterbauen helfen, damit solche Admonitiones wol ad notam genommen und dem Recess mit einverleibt werden mögen. Nur allein befinden sie, dass eines Theils ejusdem erwähnet, deren etliche de jure allerdinge nicht bestehen können, etliche aber auch bei Sr. Ch. D. gar nicht zu erhebeu sein möchten. S. Ch. D. habe ihnen schon vorm Jahr aus Cleve geschrieben, dass er im 1. Punkt bei der Augspurgischen Confession das Wort „ungeändert" und dann „das Concordien-Buch" gern ausgelassen sähe, aldieweil die Land-Stände durch die übrige Worte, „wie dieselbe Anno 1530 Kaiser Carolo Quinto übergeben", der Freiheit ihres Gewissens und liberi exercitii Lutheranae Religionis gnugsam gesichert sein. — —

Der Stände neue Erinnerungen bei dem Landtags-Recess. Dat. Berlin 27. Juni 1653.

ad 1. „Der Churf. Brand. Anwesenden Geh. Räthe Replicam auf der Stände für wenig Tagen eingegebene Erinnerungen bei dem Recessui der gravaminum haben die Anwesenden Deputirten wol empfangen, bedanken sich dienstlich, dass Sie Ihre Nebeu-Gedanken wolmeinendlich eröffnen wollen, haben dieselbe collegialiter erwogen und thun zu der Stände Notdurft darwider Nachgesetztes einbringen.

Und zwarten bei dem Ersten, so befinden die Deputirten nicht, wie ihnen zu verantworten sein wollte, die Wort „Ungeänderte Augspurgische Confession" herauszulassen. Es würde solches bei Männiglich ein widerliches Ansehen und Nachdenken erregen, wenn anitzo der Punctus Religionis nicht also sollte gefasst werden, wie er in allen vorigen Land-Reversen enthalten. Und ob es zwarten an deme, dass die Apologia und Formula Concordiae nicht in allen Regnis Electoralibus et Ducalibus, auch etlichen Reichs-Städten in Romano Imperio angenommen; So ist doch ein anderes in hoc Electoratu geschehen und beschiehet derselben albereits Meldung in dem Land-Revers de Anno 1572, folgendlich in den Reversen de Anno 1602, 1611 und 1615. Und weil nun darin nichts enthalten, das

2. können S. Ch. D. nicht sehen, wie den Juden in publicis nundinis die negotiationes zu interdiciren oder der freie Handel allein ad Nundinas Francofurtenses vel Landshergenses werde zu restringiren sein, zumal da dem Lande am Aufschwung der Commercien in hohem Masse gelegen. Dem unchristlichen Wucher der Juden kann doch wol gesteuert werden, und seind in den Verträgen mit den Juden soviel clausulae und restrictiones enthalten, dass Sr. Ch. D. getreue Unterthanen auch dadurch gnugsam geholfen und sie hiervon das geringste Gravamen nicht empfinden sollen."

3. Die Einkünfte von Dambeck seien fürs Erste dem ganz verwüsteten Joachimsthal zugelegt, und würde dies im Sinne der Fundation bestehen können. Doch träfe dies nur einen Theil der Ein-

Gottes Wort, den Haupt-Symbolis und der Ung. Augsp. Conf. entgegenlaufen sollte — — so sehen die Deputirten nicht, warum dasselbe nunmehr aus ihren Kirchen allererst sollte eliminirt werden — —.

ad 2. Dass den Juden in hiesigem Churfürstenthum kein öffentlicher Handel und Wandel solle verstattet werden, solches ist allen vorigen Land-Reversen gemäss, und christlich, dass diesen Leuten nicht zuviel zugesehen und nachgegeben werde, weil sie nur der armen Leute Schweiss und Blut herausziehen und damit zum Lande hinausgehen. Durch die Besuchung der Jahrmärkte aber wird ihnen das publicum commercium wo nicht expresse, dennoch tacite eingeräumt, weil sie auf die Weise sub praetextu nundinarum von einem Orte zum andern ihren Wucher treiben können.

Derowegen hierin priora nochmaln repetirt worden, nicht zweifelnde, S. Ch. D. zu des Landes Besten die Besuchung der Jahrmärkte den Juden restringiren werden. Wollte man nun den Land-Ständen den Vortrag mit denselben communiciren lassen, so hätten sie hernachmaln desto besser sich darauf zu resolviren."

ad 3. Bäten sie um Belassung des Jungfrauen-Klosters auf dem reichen Amt Dambeck, das der Joachimsthal'schen Schule zugelegt worden sei.

künfte an, der andere käme nach wie vor den adlichen Jungfrauen zu Gute.

4. „Die Abstrafung der mutwilligen Pauern, so wider ihre Obrigkeit unnöthige Klage führen, will sich respectu ejusdem poenae nicht wol auf die Bürger extendiren lassen, aldieweil die membra civitatis in consortium des Regiments mit Zuziehung theils Herren, Gewerke, tribunorum plebis und was dergleichen a parte civium für Leute mehr sein möchten, etlichermassen mitkommen und ein Regimen aristocraticum cum democratico mixtum constituiren. S. Ch. D. aber werden dennoch die temere litigantes dermassen zu coerciren wissen, dass andere daran ein Exempel nehmen und dem Rath sein gebührender Respect von der Bürgerschaft geleistet werden solle, darzu Sie Sich denn articulo 22 mit mehrem ganz gn. erboten.

5. Das Leibeigen-Recht verbleibt in den Orten billig, wo es vor Alters introducirt und gebräuchlich gewesen. Jedoch wird man dennoch die praescriptionem de jure subsistentem nicht simpliciter verwerfen können, sondern diejenige, so in possessione libertatis per longum vel longissimum tempus gewesen, dabei schützen müssen. Denn wie heftig Gott der Herr über diejenige, so ihre Freigelassene wiederum in knechtliche Dienstbarkeit revocirt, erzürnt worden und ihnen ihren gänzlichen

ad 4. Die von Städten lassen wol geschehen, dass in der Bestrafung eines Pauern und Bürgers ein Unterschied gehalten werde. Bitten nur unterth., dass eine certa mulcta denjenigen, die aus Städten temere wider ihren Magistratum litigiren, möge benennet, und in künftigem Recess specificirt werden; welche Strafe den Kirchen und Schulen selbiger Städte zum besten könnte und müsste angewandt werden.

ad 5. Bei der Leibeigenschaft der Unterthanen hoffen diejenigen Kreise, so solche haben, also geschützt zu werden, wie es für Alters jederzeit damit gehalten worden; da dann niemaln die praescriptio etiam longi vel longissimi temporis darwider stattgefunden, und kann ein solches mit gnugsamen gerichtlichen praejudiciis dargethan und jederzeit erwiesen werden. Der angezogene locus ex Jeremia will sich auch hieher nicht ziehen lassen, weil derselbe von denen dienstbaren Leuten redet,

Untergang gedreuet, ist aus dem Propheten Jeremia am 34. Capitel zu ersehen.

6. Wegen Bestellung des Hauptmanns in der Altenmark und Landvogts in der Uckermark wird den Land-Ständen anheimgestellt, ob nicht die Worte also zu formalisiren, dass ein Eingeborener in der Chur und Mark Brandenburg und Eingesessener resp. in der Alten- und Uckermark zum Hauptmann und Landvogt bestellt werden solle.

7. Die verba in Articulo 51, dass die von der Ritterschaft, so ihre Freiheit geniessen wollen, sich in den Zoll-Stätten angeben und Frei-Zettel fordern sollen, werden S. Ch. D. gerne simpliciter gesetzt haben wollen. — —

welche von ihren Herren einmal ad libertatem gelassen worden. Diese aber, von denen in praesenti casu die Rede ist, sein ihren Herren heimlich entlaufen und wollen sich gleichsam selbst, wiewol illicitis mediis, in die Libertät invitis Dominis setzen.

ad 6. Die Hauptmannschaft der Altmark sowie die Landvogtei der Uckermark mögen dem Herkommen und erprobten alten Brauch gemäss wieder mit Hauptleuten aus dem eingeborenen und eingesessenen Adel jeglichen Kreises besetzt werden.

ad 7. Bei diesem puncto (der Zollfreiheit) suchen und begehren die Ritterschaft und die zoll-freien Städte nichts anders, als was bishero gebräuchlich und Herkommens gewesen. Die Deputirte können auch nicht absehen, was hierinnen abermaln für eine Suspicion wolle wieder praesumirt werden.

Nun ist aber unstreitig, dass von keinem derselben jemaln begehrt worden, Frei-Zettel von denen Orten zu holen und abzufordern, die in der Aus- und Einfahrt nicht würklich berührt werden. Ein solches wird der Ritterschaft auch an fremden Oertern und in andern Fürstenthümern und provinciis nicht angemutet, sondern es werden die Ihrige jederzeit von den Zollbereutern gegen

8. Die obligationes, so die Krieges-Officirer in annis 1635 bis 1641 an sich gebracht, sind zwar verdächtig gnugsam, aber dennoch wird man sie blos aus der Ursache, dass sie tempore belli ertheilt, absque causae cognitione für ungültig, null und nichtig nicht erkennen können; jedoch wollen S. Ch. D. auch die Städte und andre Debitores mit den Executionibus nicht übereilen, sondern einen jedweden zuvörderst mit der exceptione non impensae pecuniae, rei non sic gestae, violentiae, doli, metus und mit andern wolgegründeten exceptionibus hören und einem jeden seine competentia juris remedia auszuführen gestatten."

Vorzeigung Ihrer Pässe auf den Strassen passirt. Ein andres aber ist es, wenn die Zoll-Stätten berührt werden, da alsdann den Zöllnern und Geleits-Leuten zwart die Pässe vorgezeigt werden; ist aber niemaln Herkommens gewesen, dass ihnen danebst hätte ein absonderlicher Frei-Zettel aus den Zöllen müssen ertheilt werden."

ad 8. Mit dem Artikel über die Erstattung der Obligationen der Kriegs-Officirer aus den Jahren 1635—1641 seien sie einverstanden.

Die Anwesenden Deputirten an die Geh. Räthe. Dat. Berlin 22. Juli 1653.

[Unmöglichkeit sofortiger Aufbringung der nachbewilligten 30,000 Thaler. Bitte um Entlassung.]

1653.
1. Aug.

„Was wegen der über die 500,000 Thlr. bewilligten 30,000 Thlr. und deren Abtragung halber wir uns pro omni extremo an verschienen Mittwoch (20./30. Juli) erklärt haben, das ist unsern hochgeehrten Herren zur Genüge wissend. Und haben wir verhofft, uns würde die

Abtheilung der jährlichen Termine weiter sein communicirt worden, damit wir auch unter uns hinwieder zu Abtheilung hätten schreiten können.

Nun berichtet aber der Landschaft Rentmeister Lic. Berchelmann, durch welchen wir bei dem Herrn Geh. Rathe D. Tornowen darnach verhören lassen, dass derselbe gegen ihn erwähnt hätte, dass er gleich darüber wäre, damit er die 30,000 Thlr., wie dieselbe in den sechs Jahren von der Ucker- und Neumärkischen Ritterschaft, auch denen von Städten, was ihnen darin pro rata zukömmt, könnten eingetheilt und mit aufgebracht werden (sic).

Weil wir uns aber der oftbemelten 30,000 Thlr. halber, wegen der kundbaren Unmüglichkeit des Landes, ein anders als letztmals geschehen, nicht erklären können noch mögen; so ersuchen unsere hochgeehrten Herren wir hiermit dienstlichen, man wolle doch weiter desfalls in uns nicht dringen und dadurch Ursach geben, dass wir noch immer mehr und mehr von einem Tage zum andern zu unserm und des Landes äusserstem Schaden müssen aufgehalten werden, sondern vielmehr es endlich zur Abtheilung kommen lassen.

Wir halten uns gänzlich versichert, dass S. Ch. D. unser gn. Herr, daran keinen Gefallen tragen, dass Dero getr. Stände noch länger in ihrem Abreisen sollen remorirt werden.

Derowegen wir auch zu unsern hochgeehrten Herren das gute Anvertrauen haben, dass sie gleichmässiger Weise, soviel an ihnen ist, den Schluss maturiren und zu dessen fernerer Beförderung uns auch den Aufsatz des Neben-Recesses betreffend die Universität zu Frankfurt communiciren werden, weil wir doch denselben vorhero sehen müssen."

Landtags-Recess. Dat. Cölln a./Sp. 26. Juli 1653.[1])

1653.
5. Aug.

1. In Religionssachen verbleibt es bei den bisherigen Bestimmungen, so dass ein jeder im Lande der da will, bei des Herrn Lutheri Lehre und Augsburgischen Confession, wie dieselbige den 25. Junii anno 1530 Kaiser Carolo V. zu Augsburg . . . übergeben . . . und wie Unsere getreue Stände sich bishero und itzo dazu bekannt, und welche ins gemein von der Lutherischen Kirche Ungeändert genannt wird, verharren möge . . . und es in allem gelassen werden soll, wie die Landes-Recesse von anno 1611 und 1615 davon disponiren.

[1]) Abgedruckt bei Mylius VI, 425—464, daher hier nur auszugsweise wiedergegeben.

2—13. Die Sektirer bleiben ausgeschlossen, die Juden haben nur zu den Messen zu Frankfurt und Landsberg Zutritt. Das Patronatsrecht bleibt Ständen und Städten unter der obersten Aufsicht der geistlichen Beamten des Fürsten, Inspectoren und General-Superintendenten, die auch beide auf Erhaltung der Rechte und Freiheiten von Kirchen und Geistlichen achten. Bei der Neubesetzung erledigter Prälaturen, Canonicate u. ä. Pfründen erhalten die Einheimischen von Adel in erster Linie Berücksichtigung ohne principiellen Ausschluss verdienter Männer aus dem Bürgerstand; mit Vorbehalt des Jus retorsionis gegen die andern Territorien des Kurfürsten, die auch in dieser Beziehung das Indigenat aufrecht erhalten; alle übrigen bisher in dieser Beziehung genossenen Vorrechte bleiben ihnen unverkürzt.

14. „Wollen wir in wichtigen Sachen, daran des Landes Gedeihen oder Verderb gelegen, ohne Unser getreuen Landes-Stände Vorwissen und Rath nichts schliessen noch vornehmen, Uns auch in keine Verbündnisse, dazu Unsere Unterthanen oder Landschaften sollten und müssten gebraucht werden, ohne Rath und Bewilligung gemeiner Land-Stände einlassen. Wir wollen auch in solchen gravioribus causis die Landstände erfordern, ad consultandum convociren und die puncta propositionis dem Ausschreiben einverleiben lassen."

15. „Wir werden auch Unsere getreuen Land-Stände, wenn sie etwas bei Uns in Unterthänigkeit zu suchen haben und solches mit gebührendem Respect verrichten, jederzeit gerne hören und mit gnädiger gewieriger Abfertigung versehen." Kurfürstl. Domänen und Aemter sind nicht ohne ständische Willigung zu veräussern, versetzte oder verpfändete wieder einzulösen.

16—20. Die Obergerichte sollen vollzählig mit einheimischen Rechtskundigen aus Adel und Bürgerstand besetzt, weitläufige Processe gemieden, von den Richtern keine Vormundschaft übernommen, die zu einer Sache committirten Richter auch das Urtheil zu sprechen haben. Auch die Geistlichen haben ihr Forum vor den weltlichen Gerichten, die Consistorien erkennen nur in Ehe-, Patronats-, Geistliche Einkünft- und Pfründensachen. Appellation steht jedermann frei. Neben dem Kaiser- und Landrecht sind die Landes-Reverse beim Spruch zu beachten, ohne die Exception „sammt wären sie nicht ad observantiam kommen, sintemal die Landes-Recesse praesumptionem Juris et de Jure für sich haben." Dem Kammergericht und allen übrigen Judiciis werde Nachachtung dessen anbefohlen werden. Die ständische Gerichtsbarkeit erster Instanz ist überall gebührend zu berücksichtigen, jedoch derart, dass jedem das Beneficium appellationis und nullitatis unbenommen sei.

21. Das Indultum Moratorium wird auf der Stände Wunsch abermals auf zwei Jahre verlängert. „Ob wir in Schuld-Sachen fernern Indult zu ertheilen Bedenken getragen und Unsern Land-Ständen die Motiven, warum der cursus Iustitiae nicht zu hemmen, gn. und extense zu Gemüthe geführt; jedoch weil sie fast ingesammt darauf bestanden, dass auch salva Iustitia noch manchem debitori bishero durch die ertheilte Indulten eine solche Hülfe

wiederfahren, dadurch er sich recolligiren .. können, so wollen wir das Indult, wie es anno 1643 ausgefertigt, von dato an noch auf 2 Jahr ... hiermit prorogirt und extendirt haben. 22. Die Strafbestimmung wider muthwillige Klagen, der Bauern mit dem Thurm und der Bürger mit dem bürgerlichen Gefängniss oder muleta arbitraria ad pias causas, bleibt unverändert in Kraft, ebenso das Recht zum Auskaufen der Bauern, deren Gut zum Domicil eines von der Ritterschaft gebraucht wird und ihrer Relegation ob grave et enorme delictum, wobei Kläger und Richter dieselbe Person sind, „nur dass es geschehe cum causae cognitione, auf angestellte förmliche Inquisition und auf Einholung Urtheils und Rechtens." Einzig Sprüche auf Landesverweisung bedürfen des Consenses des Landesherren der sich auch Strafmilderung „aus erheblichen Ursachen" vorbehält. Remissionen, die die Gerichtsherren ihren Bauern zu Kriegszeiten gewährten, sollen ohne Consequenz für jetzt sein. „Die Leibeigenschaft thut derer Orten, da sie introducirt und gebräuchlich, aller Dinge verbleiben. Würde Jemand dawider possessionem oder praescriptionem libertatis opponiren, wird dazu nicht alleine diuturnitas temporis, sondern auch bona fides, titulus, vel scientia et patientia Domini requirirt werden und auch solches salvis exceptionibus et imprimis iis, quas tempora belli suppeditant".

23. In jeder Beschwerdesache wider den Rath in Städten ist der ordentliche Rechtsprocess anzuwenden; Inquisitionen wider den Rath sind nur auf Grund gerichtlicher Erkenntnisse anzustellen. Der Fürst wird darauf halten, „dass dem Magistratui jedes Ortes sein gebührender Respect bezeigt werden möge". Den Städten bleibt ihre freie Wahl des Raths unverkürzt; wogegen von dem Rathe erwartet wird, dass er der Bürgerschaft sich mit Fug zu beschweren keine Ursache geben werde.

24. Eine Landes-Constitution über casus dubii, desgl. eine Kammergerichts- und Landreiter-, Tax- und Polizei-Ordnung sollen von einer Commission kurfürstlicher Räthe, Deputirter von Adel und aus Städten und Professoren der Universität Frankfurt hergestellt werden, die dem Juri Communi, hergebrachten Gewohnheiten und Gebräuchen und den Landes-Reversen gemäss sind. Die Provinzial-Jurisdiction verbleibt in ihrer alten Verfassung und jedes Territorium hat in seinem Hauptmann, Mittel und Neumark im Hof- und Kammergericht ihre oberste Instanz. Streitigkeiten zwischen Ständen und Amtleuten sollen vor dem aus Amtskammer und Kammergericht verstärkten Geheimen Rath möglichst in der Güte geschlichtet werden.

26. Bei etwaiger Wiederherstellung der Amts-Hauptmannschaften sollen solche wie früher adligen Indigenis zu statten kommen.

27. Der Fiscus verzichtet auf jedes ihm nicht herkömmlich zustehende jus praelationis, die Fiscale haben in Sachen ritterschaftlicher Unterthanen nur zu inquiriren und zu berichten, nicht zu sprechen und zu exequiren.

29. Gerichts-, Dienst- und Pachtherren haben paria jura und gehen in tributum. Die Contributions-Reste aber gehen allen Creditoren .. vor, welches auch insonderheit in executione und bei den Distributionibus in Acht genommen werden muss.

30. Die Amtsunterthanen tragen zur Contribution pro rata bei „jedoch ist billig, dass zu den Anlagen und Eintheilungen, wegen Unserer Amts-Unterthanen, auch Unsere Amtleute erfordert und mit ihren Erinnerungen vernommen werden."

31. „Heimfallende Lehen werden wieder an solche von Adel ausgethan werden, wiewol Wir dennoch auch Unsere Bediente von Bürgerstand, so Uns und Unserm Churfürstlichen Hause nützliche und getreue servicia geleistet, nicht gänzlich ausschliessen können."

39. Denen von Adel wird die alte Freiheit ihrer Güter in Städten von dem Abschoss neu bestätigt.

40. Bäuerliche Unterthanen, deren Höfe wüst geworden, sind schuldig interimsweise auch die Habitation, die die Herrschaft ihnen auf einem andern Gute einräumt, anzunehmen und können sich ihrer schuldigen Gebühr keineswegos verweigern.

41. Bauern die den ganzen Krieg durch auf ihrer Scholle ausgehalten, sollen nicht „ausgedrungen" werden; „dass aber anstatt der abgegangenen nebst den Einheimischen auch fremde Leute angenommen und die meisten Oerter damit besetzt, oder auch wol neue Plätze angebaut und angerichtet werden, wird den Landständen, alledieweil es ihnen mit zu gute kommt, nicht entgegen sein können."

49. Mit der Ausbringung und Vollstreckung von Arresten gegen Zalungsfähige soll äusserst vorsichtig und schonend verfahren werden; vornehmlich aber gegen die „die ob bonum publicum zu Erhaltung der ganzen Landschaft Creditwesen und nicht in fraudem Handlung treffen."

50—70. Die Schliessung des Landes soll nur auf einhelligen Beschluss der dazu speciell zu berufenden Stände erfolgen. Denen von Adel und den zollfreien Städten bleibt ihre Freiheit von allen Zöllen, ausgenommen dem neuen Kornzoll. Zöllner und Ziesemeister dürfen Execution erst nach förmlicher Anmeldung bei der Ortsobrigkeit und falls deren Einschreiten vergeblich bleibt zur Ausführung bringen. Das Monopol auf das einheimische Peitzer Eisen wird aufgehoben, doch bleibt Einfuhrzoll auf importirtes Eisen bestehen; auch die Einfuhr von Mühlensteinen zum eigenen Bedarf wird gestattet, während der Verkauf Staats-Monopol bleibt; ähnlich ist es mit dem Salz. Die Ausprägung der neuen Landmünze wird nach Verbrauch des in der Münze befindlichen Pagaments (zum 1. October d. J.) eingestellt. Die Elb- und Oder-Licenten sollen nie erhöht werden; den Salpetersiedern wird verboten, die Salpeter-Erde in derer von Adel Gebäuden und Schäfereien zu suchen, sondern es soll solche Erde allein in der Bauern Höfen gegraben werden. Die Vorspann-Pflicht der Städte soll nicht über die Bestimmungen der Reverse von 1602 und 1611 hinaus in Anspruch genommen werden.

71. Bei Abwesenheit des Kurfürsten soll ein solcher Statthalter bestellt werden „dass die Stände darüber mit Fug Klage zu führen nicht Ursach haben mögen."

Es folgt eine Bestätigung des Vergleichs zwischen der Ritterschaft und den Städten über die folgenden Punkte.

1. „Und demnach anfänglich die Ritterschaft es auf einen solchen Weg zu richten gebeten, dass der Städte Schulden-Wesen besser, als bisher geschehen, gefasst werden und die Creditores, darunter die von der Ritterschaft von den vornehmsten mit sein, ihrer Zinsen und künftig auch der Capitalien hinfüro, weil bishero alles in Unordnung und höchster Confusion gerathen gwesen, versichert sein mögen, so sollen die Currentschösse und alle andern Gefälle und Intraden der Städte . . quartaliter . . . eingemahnt und was einkommt zu Befriedigung der Creditoren wirklich angewandt, die Säumige, event. auf dem Wege der Execution, dazu angehalten werden. Die Distributiones (im Städtekasten) aber sollen in der Mittelmark im Novembri, in der Altmark und Prignitz auf Esto mihi, im Biergeld und Hufenschoss auf Quasimodogeniti geschehen.

Sollte bei einem Bürger bei seinem Leben oder auch nach seinem Tode ein Concursns entstehen, so haben die retardirenden Schösse gleiche privilegia prälationis mit denen Contributionibus und gehen mit einander, falls das Vermögen nicht zureichen sollte, in tributum, und weil zum Anfange so viel zusammen nicht gebracht werden kann, dadurch die Creditores das Ihrige vor voll zu haben vermögen, so soll dennoch das Einkommende proportionaliter vertheilt werden. Zu welchem Ende dann die verordnete Directores der Städte die Distributiones, sobald dieselbe gemacht und verfertigt, Unsern Geheimen Räthen und in der Altenmark Unserm Hauptmann daselbst zur Nachricht, Revision und nothwendigen Erinnerunge zuschicken sollen."

. 2. Die Compensation zwischen Forderungen des Städtekastens an Bürger und solchen von Bürgern an einen Adligen, der Creditor civitatum ist, ist zulässig, jedoch muss dieser von den Directoren darauf Anweisung erhalten, vice versa verhält es sich mit Forderungen der Bürger im Hufenschoss und Schulden an einen von Adel.

3—6. Scheffelmass, Bierkauf und Brauordnung verbleiben in ihrer Geltung, Monopolia und unziemliche Verknüpfungen etlicher Handelsleute und Handwerker wegen des Korn-, Vieh- und Wollkaufes zum Schaden ihres Nächsten sind verboten. Die Zunft-Ordnung ist genau zu beachten, vorzüglich auch betr. Stellung, Zahl und Rechte der Handwerker auf dem Lande. Ueberzählige Handwerker sollen nach rechtlicher Cognition entfernt werden, aber „die in Städten und Dörfern können die Handwerker propria authoritate nicht austreiben, sondern müssen sich deshalb bei der Obrigkeit anmelden."

7—8. Ankauf der Wolle für Rechnung von Ausländern ist streng untersagt. Die Special Privilegien derer von Adel über Bierbrauen und Krug-Verlag bleiben in valore.

9. „Die General-Mittel sollen ohne Vorbewusst Unserer getr. Landstände nicht eingeführt werden, den Städten aber ist nicht zu verwehren, nach jedes Nahrung und Hantierung die contributiones anzulegen und

darauf etwas zu legen, in Betrachtung, dass der Bürger Vermögen nicht blos in liegenden Gründen, sondern vielmehr in ihrer Hantier- und Nahrung besteht.

11. Wegen Civil-Ansprüchen sind die bäuerlichen Unterthanen nur bei ihrer Obrigkeit zu belangen. „Einem Pachtherrn kann nicht verwehrt werden, sich selbst propria autoritate, wie landesgebräuchlich, bezahlt zu machen."

12. Adliche Güter sollen wenn irgend möglich nur an solche von Adel verkauft werden. „Und wenn es dann ja nicht zu ändern und in Mangel anderer Käufer die Güter einem Bürger zur Befriedigung der Creditoren unumgänglich müssen zugeschlagen werden", so solle dies im Kammergericht und nur auf Wiederkauf geschehen.

13—21. Indulta moratoria sollen, wie bisher, so auch ferner Einzelnen nur aus ganz erheblichen Ursachen und mit besonderer Beschränkung ertheilt werden. Die Rechte des Raths in Städten bleiben in jeder Beziehung ungeschmälert. Für die Auslösung bei den Landtagen verbleibt es bei den alten Reversen.

Der Neben-Recess vom selben Datum (bei Mylius VI, 463—466) bestimmt, dass die Facultäten der Universität nicht, wie die Stände gebeten hatten, in gleicher Zahl mit Lutherischen und Reformirten, sondern je nach dem Bedürfniss und nach der Tauglichkeit der einzelnen Bewerber ohne Rücksicht auf ihr Bekenntniss besetzt werden sollten. Nur für die theologische Facultät gelten besondere Bestimmungen. Dieselbe wird vom Kurfürsten nach freiem Ermessen besetzt, jedoch so, dass ein Professor Ordinarius Lutherischer Confession ist, der indess sich durch einen Revers verpflichtet, sich aller Angriffe auf die Reformirten, „daran die Stände selber kein Gefallen tragen", zu enthalten. Dem Inspector von Frankfurt Magister Heinso wird gegen Ausstellung des erwähnten Reverses das Recht zu privaten oder auch, nach erlangtem Doctorgrad, zu öffentlichen Vorlesungen ohne den Titel eines Professors zugestanden.

Zur Verständigung und Anbahnung eines friedlichen Verkehrs wird der Kurfürst einen Convent der Theologen beider Confessionen berufen, der in Gegenwart und unter der Initiative kurfürstlicher Commissarien festsetzen soll „nach welchen Regeln und Gesetzen im Predigen, Lesen und Disputiren ohne Abbruch ihrer Religion sich zu achten." Danach haben sich dann die Professoren und Prediger beider Theile sub poena remotionis ab officio zu halten.

Neben-Recess, betreffend die vier Altmärkischen Aemter. Dat. Cölln a./Sp. 26. Juli 1653.

„Zu wissen, nachdem S. Ch. D. zu Brandenburg an die Ritterschaft der Alt- und Mittelmark sammt den incorporirten Kreisen gn. gesonnen, Sr. Ch. D. die in der Altemark gelegenen Aemter Diesdorf, Arntsee, Neuendorf und Salzwedel, so der ged. Ritterschaft um

210,000 Thlr. versetzt worden, wieder einzuräumen, dagegen die Deputirten der Ritterschaft darauf zu bestehen Ursache gehabt, dass ihnen ante reluitionem et solutionem der ganzen Summen keine Abtretung der ihnen cum pacto antichreseos verschriebenen und eingeräumten Hypothek würde anzumuthen sein; dass sie dennoch Sr. Ch. D. zu unterth. Ehren und gebührendem Respect sich erklärt, aller Motiven ungeachtet, von ihrem Jure stricto abzustehen und Sr. Ch. D. alsofort die versetzte Aemter Diesdorf, Arntsee, Neuendorf und Salzwedel sammt dem Haupt-Zoll daselbst und den Beizöllen zu Diesdorf, Arntsee, Jüber, Ehe und Chuden wieder abzutreten und dagegen ein mehrers nicht zu fordern, noch an sich zu behalten, dann von den 530,000 Thlrn., welche Sr. Ch. D. Stände von der Ritterschaft und Städten diesseits und jenseits der Oder und Elbe in Unterthänigkeit geboten, ihr Contingent, als 137,336 Thlr. Und diese ratas können sie von den Unterthanen ihres Kreises exigiren, mit ihrem Contingent, so sie zu den 530,000 Thlrn. zuzutragen schuldig, compensiren und zu Behandelung ihrer Creditoren oder sonsten zu Fassung und Stabilirung ihres gemeinen Werkes würklich und nützlich anwenden. — — Und sollen die Alt- und Mittelmärkische Ritterschaften, bis diese gewilligte 530,000 Thlr. völlig auskommen, mit keinen neuen Anlagen für andern Kreisen und Städten gravirt, vielweniger facto et culpa sive mora ihrer Mit-Stände beschwert und ihnen nicht ehe, bis die andere Stände auch ihre quotas vollkömmlich zugetragen, etwas besonders angemuthet werden."

Es folgen verschiedene Zusagen des Kurfürsten, die Aemter nicht verpfänden, die laufenden Contracte mit den Zöllnern für die nächsten drei Jahre nicht ändern, die Zahl der Kloster-Jungfrauen nicht mindern zu wollen und Anderes.

Protest der „Anwesenden Deputirten" gegen die Mundirung des Recess-Entwurfes ohne ihre Zustimmung und ihre Einwendungen dagegen. Dat. Berlin 26. Juli 1653.

[Die Zahlungs-Termine der bewilligten Gelder. Die Uebertragung von Kreisen und Städten. Die Artikel über die Ordnung des Kurfürstlichen Schuldenwerks. Die späteren Zusätze zu einzelnen Paragraphen.]

1653.
5. Aug.

„Die Anwesende Deputirte der Land-Stände haben mit sonderbarem Leidwesen vernehmen müssen, welchergestalt dasjenige was aufgesetzt worden und die Bewilligung des grossen quanti nebst andern Nothwendigkeiten betrifft ehe und zuvor es ad mundum kommen, nicht hat wollen communicirt werden, damit sie sehen mögen, ob auch ihre Erinnerungen und Cautelen, mit deren ausdrücklichen Exprimirung eine so hohe Summe fort von Anfang her consentirt worden, nach Genügen in Acht genommen.

Müssen auch nun mit sonderbarer Befremdung vernehmen, dass dieselbe in schlechte Obacht kommen, sondern dass wider ihrem Vorwissen ein Concept aufs Reine zu bringen eingeben und ad Recessum albereits gesetzt worden. Auf die Weise aber ist nun gleichwol niemaln mit den Ständen verfahren, noch etwas ad Recessum gebracht worden, ehe und zuvor die gn. Herrschaft und Unterthanen darüber mit einander per modum Contractus völlig einig worden. Sr. Ch. D. als ihrem gn. Churfürsten und Herrn haben die Deputirten ein solches nicht zu imputiren, sondern müssen es nur denjenigen zuschreiben, die bisher sie über alle Gebühr aufgehalten haben und daran Belieben tragen, dass von einer Zeit zur andern sie albier verharren müssen; Stollen solches zwart dahin, weil sie aber mit deme, was dergestalt zur Feder gebracht ist, nicht eins sein können und immer mehr zu verantworten haben, darauf diese Tractaten zu schliessen, so haben sie noch einsten hierbei ihre unumgängliche Erinnerungen thun müssen.

Erstlich und anfänglich, so können die Stände zu den Terminen andrergestalt nicht gehalten sein, als dass sie die 500,000 Thlr. in den ersten sechs Jahren, die übrige 30,000 Thlr. aber auf Martini Anno 1659 und Reminiscere Anno 1660 ausbringen. Es kann der kundbaren Unmöglichkeit halber darin ein anders nicht verwilligt werden; und hat man gemeint, dass es damit albereits seine gänzliche Richtigkeit haben würde, demnach den Deputirten für zween Tage die Eintheilung der Termine zukommen, wornach sie auch sofort die Repartition unter sich gemacht haben;

2. Dass kein Kreis für den andern, kein Stand für den andern |: welches Wort Stand auch hineinzurücken gebeten wird :| und keine Stadt oder Ort für den andern zur Zahlung solle gehalten werden, solches ist von seiten der Land-Stände erinnert worden. Man wird aber den casum fortuitum, der irgend einem ganzen Kreise oder Stadt durch Desolation, Raub und Brand zufallen und begegnen könnte, den Ständen nicht auflegen, sie können sich auch darzu nicht verbündlich machen, wiewol man sonsten, wenn in einem oder andern Kreise ein Ort oder Dorf ein Unglück haben oder ein und ander Bürger in einer Stadt ausfallen sollte, der gn. Herrschaft darum keine Abzüge machen wird. Weiter aber kann man den Punctum nicht extendiren, sondern wird besser sein, dass man die casus fortuitos

gar nicht gedenke, weil alle Contractus mit der Condition rebus sic stantibus geschlossen werden und dahin zu verstehen sein.

3. Der Officirer Resta betr., so ist ein Unterscheid zu machen zwischen denen, die in den Krieges-Jahren bis auf das Jahr 1643 im Nachstande geblieben, dann dieselbe seind durch den Laud-Revers de anno 1643 gänzlich suspendirt, dabei es auch billig noch wird bleiben müssen. Bei den übrigen Restanten aber, die seithero bishier wieder aufgeschwollen, wird man sich endlich mit der im Recess enthaltenen Erklärung contentiren müssen.

4. Die 10,000 Tblr. Legation-Kosten seind bloss intuitu des itzigen Reichstages, semel pro semper verwilligt worden, welches beides denn also in dem Recessu wird müssen exprimirt werden, gestalt solches oftmals erinnert und fort anfänglich dahin verabredet worden.

5. Die Gedoppelte Metze hat ihren Anfang a termino Johannis, weil im übrigen die 6 Jahre auch ab illo termino ihren Anfang nehmen, derowegen das Wort Michaelis wegzunehmen gebeten wird.

6. Sonsten ist den Ständen absonderlich sehr befremdet fürkommen zu vernehmen, dass, da der andern bei diesem Landtag vorkommenen Propositionpuncten mit keinem einigen Worte Erwähnung beschieht, dass doch der letzte Punct, betr. das Churf. Schuldenwerk, berühret und mit viel andern Worten und gar in einer andern Meinung gesetzt ist, dann die Stände denselben in ihrer Exception-Schrift beantwortet haben. Und ist den Herren Räthen die fürm Jahr dabei gewesen zu aller Gnüge bewusst, dass das hohe Quantum expressis illis conditionibus et cautelis bewilligt worden, dass dagegen alle vorgebrachte Puncte, die einestheils den Land-Ständen praejudicirlich gefallen, wider ihre Privilegia und in Händen habende Land-Reverse laufen und denenselben gutestheils derogiren wollen, gänzlich fallen und inskünftig weiter nicht urgirt werden sollten, welches ihnen auch gar sancte promittirt und zugesagt worden und werden nun die Deputirte durch ihre Instructiones expresse dahin verwiesen, bei solcher Abredung es hierinnen verbleiben zu lassen.

Mit der Landschaft und Städte auch der Kreise particular Schuldenwerk ist es also bewandt, dass dieselbe mit der Herrschaft Schulden nicht können vermengt noch confundirt werden, und wird ein jedwedes Corpus für sich selbsten, wenn die Verbesserung des Landes erfolget, dahin trachten, wie demselben zu remediren und die Corpora in einen bessern Stand zu setzen.

Derowegen dann bei der Conferenz, welche zwischen den Herren Räthen und den Deputirten d. 20sten huj. geschehen, es für gut befunden und dahin geschlossen worden, dass der Corporum Schulde in diesem Recessu nur gar keine Erwähnung geschehen sollte.

Anreichende aber die Churf. Debita für sich selbst, so bedingen die Stände nochmaln, wie auch in Exceptione et Duplica bescheben, ausdrücklich, dass sie für jetzo und ehe und zuvor das Land einige Respiration erhalten und absonderlich die itzige bewilligte hohe Summe Goldes abgetragen ist, sich dazu nicht verstehen können. Sie werden auch vorher mit Nutzen das Corpus der Schulden nicht ansehen, noch sich darauf gründlich resolviren können, bis das Land etwas zu einem andern Stande, als darin es leider itziger Zeit begriffen ist, gelangt.

Im Uebrigen wird nochmaln instantissime gebeten, dass man sich doch derselben eigentlichen Worte, welche in Exceptione enthalten sein und womit die Stände sich hiezu resolvirt haben, gebrauchen wolle. Denn wenn eines und andres derselben davon abgethan wird, so wird eo ipso der ganze Contextus dunkel und der Stände Meinung darüber ganz contrar gesetzt. Wenn ein solches geschieht, so können die Deputirte wol leiden, dass auf die Maasse dieses septimi puncti Propositionis gedacht werde. Wenn nur hingegen der andern Puncten, welche auch in Propositione enthalten sein, dergestalt Erwähnung beschieht, dass die gn. Herrschaft dieselbe gänzlich fallen lassen, wie solches denn auch aus den Actis gnugsam erhellt.

7. Dass S. Ch. D. im Recess erbötig sein, Sich dahin zu bemühen, damit diese Land-Stände von allen Reichs-Steuern inmittelst mögen befreit sein, dafür bedanken sich die Stände unterth., allein wann auf allen unverhofften Fall ein solches nicht zu erheben sein sollte, so können gleichwol die Deputirte sich an diese schwere Termino so eigentlich nicht verbinden, sondern es würden omni jure dieselben etwas dilatirt und besser herausgesetzt werden müssen, und seind gleichwol die Reichs-Steuern in allen andern Land-Reversen in solchen casibus excipirt worden.

8. Dass die Servicen mit unter die hohe Summe begriffen und verwilligt, das bezeugen diejenige Conditiones, welche die Stände sich sobald in ipso momento, da man der Summen fürm Jahr mit einander einig worden, vorbehalten haben. Wird auch nochmaln gebeten, dass Sr. Ch. D. dieser Punctus bestermassen möchte recommendiret werden.

9. Des zu Cüstrin angelegten Brücken-Zolls halber haben die Stände auch noch keine Satisfaction erlangt, derowegen sie auch darin nochmaln um Remedirung bitten.

10. Bei dem §. Und damit fället die Ordinar-Contribution etc. wird gebeten, die Wort „ausser unumgänglicher Noth" wegzuthun.

11. In dem §. Diese und alle andere Puncta etc. wird zuförderst gebeten, dass den vorigen Land-Reversen nach, sonderlich dem de anno 1572 und 1602, darin ausdrücklich erwähnt werde, dass wider diesen Recess und Verordnung keine Edicta, so etwas anders diesem entgegen statuiren möchten, sollten promulgirt werden.

Und weil nun gleichwol die Herren Geh. Räthe hieraus erkennen können, dass die Deputirte Ursach haben, dieses bei dem Haupt-Recess zu erinnern, so wollen sie hoffen, es werde darinnen endlich ihren oft wiederholten petitis können stattgegeben werden, wie sie auch nochmaln darum bitten und absonderlich, dass der Aufsatz wegen der Universität Frankfurt ihnen gleichfalls, ehe er vollkömmlich aufs Reine gebracht wird, möge communicirt werden."

Die „Anwesenden und Hinterlassenen Deputirten" an den Kurfürsten. Dat. Berlin 2. Januar 1654.

[Bitte um Publication des Recesses vom 26. Juli 1653 im ganzen Lande. Beobachtung des Jus Indigenatus.]

1654.
(Nach dem Glückwunsch zum neuen Jahr heisst es:) „Hierüber nun haben 12. Jan. wir unterth. zu erinnern nicht unterlassen können, welchergestalt Sie Dero sämmtlichen getr. Land-Ständen in dem jüngst ertheilten Landtags-Recess gn. versprochen, dass nicht allein einige Rescripta an das Cammer-Gericht alhier, Cüstrinische Regierung, Altmärkisches Quartal-Gericht, Amts-Cammer alhier und zu Cüstrin, Consistorien, Universität zu Frankfurt, Hof- und Landgerichten in der Alt- und Uckermark, auch allen andern in Dero Churfürstenthum vorhandenen Judiciis, wie nicht weniger an alle Rathhäuser, dass sie den itzigen wie auch die vorige Land-Reverse in gebührlicher Obacht halten und darnach in consultando, decidendo et pronunciando sich achten, ergehen sollten. — — Nun wollen wir nicht hoffen, dass ein und das andere, so mit gutem Bedacht, reifer und hochvernünftiger Berathschlagung, ja vieler Zeitverlierung und Aufwendung ansehnlicher Spesen geschlossen, verrecessirt und confirmirt worden, auf eine andere Weise wollte declarirt und die Stände dadurch länger aufgehalten werden. — —

So ist auch vor's Andere E. Ch. D. unentfallen, dass das Jus Indigenatus den Ständen in dem mehrerwähnten Landes-Recess abermaln zu Gnaden gewilligt worden; und demnach zu verspüren, dass etliche Exteri für andere zu Rathstellen befördert werden, dergestalt, dass anitzo im Cammer-Gericht nicht mehr als ein Einiger Einländischer von Adel, nämlich der Director, der von dem Knesebeck, zu finden;

Weil aber den Ständen gleichwol daran höchlich gelegen, dass solch Jus Indigenatus ad observantiam gebracht werde, zumaln da die Preussische und Clevische so praecise bei dem ihrigen bestehen, und keinesweges die hiesige Chur Brandenburgische zu einiger Charge zulassen wollen", so bäten sie um Beobachtung des betr. Paragraphen des Recesses, „in gn. Betrachtung, dass im Lande hin und wieder dergleichen qualificirte subjecta wol vorhanden, die da mit Nutzen ad publica gezogen und zu E. Ch. D. Diensten nützlich employiret werden können — —."

Die Deputirten der Mittelmark an die Stände der Altmark. Dat. Berlin 9. Februar 1654.

[Einladung zur Theilnahme an der Conferenz zwischen Ständen der Kur- und Neumark. Erledigung ihrer Gravamina.]

1654.
19. Febr.

„— — Wann aber unsern grossgünstigen Herren wird wissend sein, dass auf den 2ten Martii zwischen uns, den Ständen diesseits der Oder und jenseits der Elbe und den Ständen jenseits der Oder, eine Verhör vor Sr. Ch. D. Geh. Räthen angesetzt, so halten wir davor, es würde bequem sein, dass solche Verhör vor sich ginge, do man zugleich Anlass und Gelegenheit hätte, aus den andern Punkten sich zu unterreden und bei Sr. Ch. D. um Erläuterung derselben anzuhalten. Stellen daher zu unserer grossgünstigen Herren Belieben, ob sie ihres Mittels auch etliche wollen alsdann anhero senden, die der Verhör mit beiwohnen und in den andern Sachen helfen und einrathen. Wir halten davor, dass es S. Ch. D., weil die Citation ergangen, nicht werde ungnädig aufnehmen und sub hoc praetextu können die andern Sachen auch getrieben werden. Denn wir befinden, dass sonsten nichts fruchtbarliches wird können verrichtet werden."

Trotz der Bestimmung des Kurfürsten, dass die Stände der einzelnen Marken behufs Vertheilung der fälligen Römermonate, lothringischer Räumungsgelder und Legations-Gelder nur zu Kreistagen zusammentreten sollten, scheinen die Stände der Altmark der an sie ergehenden Einladung gefolgt zu sein. Wenigstens überreicht ihr Ausschuss in der zweiten und dritten Woche des März zwei Eingaben mit acht Gravamina betreffs der noch nicht erfolgten Verkündigung des Landtagsabschieds, des Indigenatsrechts, der

Neuen Münze, des Salzwesens, der Bestellung Magister Heinse's zum Professor der Theologie zu Frankfurt, der gleichfalls in Aussicht gestellten Revision der Cammer-Gerichts-Polizei-Tax- und anderer Ordnungen vor einer gemischten Commission.

1654.

In seiner Antwort vom 21./31. März d. J. sagt der Kurfürst die Publication des Recesses für die nächste Zeit zu. Zur Entscheidung der confessionellen Zwistigkeiten schlägt er wie schon im Recess einen Convent der Theologen beider Confessionen vor, „damit den adversariis quaelibet calumniandi et cavillandi occasio abgeschnitten und benommen werde und wird Sr. Ch. D. nicht entgegen sein, einen Professorem Lutheranae religionis zu bestellen, aber nicht Magistrum Heinsen, da er seinen Revers durch ganz conträre Erklärungen retractiret". Die Ordnung der Münze soll mit Zuziehung der Landstände vorgenommen werden, beim Salzwesen die Ritterschaft bei ihren Privilegien geschützt, die Beförderung der Eingesessenen bei Bedienungen im Auge behalten, die kurf. Rescripte bei allen causis publicis verschlossen ausgefertigt, die Revision der Landesordnungen sobald als möglich vorgenommen werden.

31. März.

1654.

Die Stände reichen, von dieser Erklärung nicht befriedigt, am 13. April d. J. eine abermalige Eingabe ein, in der sie ihre früheren Forderungen urgiren. Die Publication des Recesses, von dem einzelne Paragraphen erst durch die Räthe des Kammergerichts declarirt werden sollten, dürfte aus diesem Grunde nicht länger verzögert werden, zumal auch dann noch Streitsüchtige oder Eigennützige Gelegenheit zu Einwürfen behalten würden.

23. April.

„Ob aber eines oder das andere in hoc puncto etwas zu general oder dunkel möchte gesetzt sein, könnte solches, wie vorgebeten, bei Abfassung der Landes-Constitution klärlicher gesetzt werden.

Dass auch vor's Andere, E. Ch. D. auf den Conventum Theologorum utriusque Religionis so eifrig bestehen und denselben so gar nützlich und zuträglich erachten, müssen wir zwar an seinen hohen Ort gestellt sein lassen, es ist vor diesen zum öftern von den Ständen sattsam angeführt, was daraus für Zwiespaltungen und neue Streitigkeiten entstehen können. Zwar wissen wir auf Lutherischer Seiten von unsern Theologen noch keinen einigen, welcher wegen allerhand Ursachen und Vorwürfe diesem Colloquio beiwohnen wollte. Im Fall sich aber noch einige dazu erklären sollten, so haben wir nebst ihnen doch nicht unbillig diese grosse Besorge, dass beide Theile durch ihre categorische Meinungen, wie sie in omnibus Articulis fidei so rotunde statuiren sollen, wol eher und mehr occasiones disputandi, cavillandi et calumniandi bekommen, als sonsten was Heilsames und Erspriessliches stiften dürften. Dass aber E. Ch. D. gewisse leges und statuta wider das unzeitige debachiren und calumniiren auf den Kanzeln von beiderseits Theologen mit Einrathen und Einwilligung der Stände setzen, ordnen und publiciren, ist dem Neben-Recess gemäss, und haben die Stände deshalben solches ehist ins Werk zu richten unterth. zu bitten."

Mag. Heinse, der beim Kurfürsten angeschwärzt worden, bitten sie gleich zwei andern von ihnen vorgeschlagenen zu bestätigen. Betreffs der Neuen Münze acceptiren sie des Kurfürsten Zusage, bitten aber um Modification der Bestimmung, dass nur mit Landesmünze bezahlt werden solle, was zu Theuerung und allerhand Unzuträglichkeiten führen würde. Auch das Erbieten wegen des Salzwesens wird mit Dank angenommen. Die Erklärungen über die Wahrung des Indigenatsrechts hätten sie gern vernommen. „Dieweil aber itzund vor Augen, dass die meisten officia mit Ausländischen Cavalieren besetzt, ja auch im Cammergericht nur ein einziger Märkischer von Adel gefunden wird, als ist zu befürchten, dass E. Ch. D. die in diesem Punct vorbehaltenen reservata, wegen vielfältiges Anlaufen der fremden, soweit extendiren möchten, dass den Ständen der im Landes-Recess erlangte Punct de jure indigenatus wenig zu Nütze kommen möchte, welches Uns Märkern, von deren Landen E. Ch. D. gleichwol Seine höchste Dignität und Namen so löblich und rühmlich führt, bei andern Nationen eine sonderbare Beschimpfung sein würde, indem die andere Lande fast alle auf ihre Landesleute bei Austheilung der Aemter und Chargen so pertinaciter bestehen und keinen Fremden dazu lassen wollen, gestalt dann solches die Pommerschen Stände, wie berichtet wird, auch thun sollen. Wir haben aber die unterth. Zuversicht, E. Ch. D. werden hinführo hiesiger Lande qualificirte Subjecta so gar nicht aus Augen setzen, sondern weil dieses noch das einige Mittel ist, dadurch Familien und Geschlechter conservirt werden können, dieselbe zu Dero gehorsamen und schuldigsten Dienste vor andern gn. bestellen, damit dannenhero Anlass genommen werde, dass ein jeder die Seinigen etwas Tüchtiges zu lernen sich um so mehr angreife".

In seiner Resolution vom 21. April/1. Mai beharrt der Kurfürst indess bei seinem letzten Bescheid. Hinsichtlich der Ausführung der Landtagsrecessbestimmungen über den Concursus Creditorum werden Stände auf das Gutachten der Geh.-Räthe verwiesen. Den Mag. Heinse werde er nicht zum Professor bestellen, da dieser „die von ihm unterschriebenen conditiones Lutherischen Ständen gegenüber heimlich limitirt," wodurch er, der Kurfürst, seiner übernommenen Verpflichtung enthoben sei. Er werde jetzt nicht mehr den Vorschlag der theologischen Facultät allein abwarten, sondern sich an das gesammte Concilium Academicum wenden. Aehnlich verhalte es sich mit der Bestellung eines Professoris ordinarii. Auch hierfür sei bisher kein Qualificirter genannt worden. Den durch friedhässige Prediger hintertriebenen Convent einiger Theologorum erachte er nochmals sehr nützlich und nöthig. „Es wissen sich auch diejenigen, so dem Landtag beigewohnt, wol zu erinnern, wie eifrig und wolgeneigt Sie Sich zu Anfangs zu diesem Werk erwiesen, also gar, dass man auch albereit von einigen gewissen Personen geredet, so darzu deputirt werden sollen." Nur unter der Bedingung aber habe er den Professorem ordinarium zu vociren zugesagt „dass bei diesem Convent der Theologorum gewisse regulae und leges gemacht werden sollten, wonach beide Thelle in Lehren, Lesen und Disputiren sich zu achten," also könne die Vocation des Professoris ohne den Convent nicht bestehen. Er hoffe dabei auf die Mitwirkung der Stände, da nur so zum Frieden zu gelangen sei. Gleich seinen Commissarien sollten auch die Stände per Deputatos dabei erscheinen und zureichende leges et regulas auf Churf. Autorität mit machen helfen.

Trotz der wiederholten Bemühungen des Kurfürsten kommt es zu diesem Convent weder jetzt noch später. Die Stände beharren in kirchlicher Beziehung auf ihrem Standpunkt, ohne dem Kurfürsten einen Schritt entgegenzukommen. Dieser liess den Punkt zunächst fallen und berief auf die Mitte Mai 1654 abermals ständische Deputirte nach Berlin, um über die Vertheilung fälliger Römermonate und die von den Geh. Räthen zum Landtagsabschied gemachten Declarationen zu berathen.

Die Deputirten kamen in weit stärkerer Anzahl, als sie berufen waren, um bei Gelegenheit der neuen Willigungen abermals ihre früheren Gravamina vorzubringen.

Der Kurfürst war über diese Eigenmächtigkeit höchlich entrüstet und richtete an die Deputirten der Altmark und Priegnitz, die ihm als die Urheber dieser Berufungen genannt waren, ein äusserst ungnädiges Rescript, indem er sie auf diese unstatthafte Antastung eines unzweifelhaften fürstlichen Hoheitsrechts mit Ernst hinwies und sie zur Verantwortung aufforderte. Darauf hin richten diese unterm 2./12. Juni d. J. eine Eingabe in sehr unterwürfigem Ton an ihn, die jedoch jede wirkliche Schuld in Abrede stellt.

Die Deputirten der Altmark und Priegnitz an den Kurfürsten.
Dat. Berlin 2. Juni 1654.
[Zurückweisung der Beschuldigung, die Deputirten der andern Kreise zu einem Tag nach Berlin berufen zu haben.]

1651.
Die Behauptung, sie hätten die Deputirten der andern Kreise ohne 12.Juni. Fug berufen, sei unbegründet, da sie doch selbst nur als Deputirte ihrer Kreise zu dem auf den 18. Mai angesetzten Tage erschienen wären, welcher zur Berathung der von den Kammergerichts-Räthen gemachten Declaration des Recesses von 1653 sowie zur Beschlussfassung über die Forderung eines Vorschusses auf die Römermonate dienen sollte.

„Denn dass die Convocation der gesammten Land-Stände einig und allein E. Ch. D. aus Landesfürstlichen Obrigkeitlichen Gewalt zusteht, davon haben wir Gottlob gnugsame Wissenschaft und werden verhoffentlich nimmermehr so unverständig erfunden werden, dass wir

dawider etwas zu tentiren uns jemaln zu Gemüthe führen, weniger ein
solches werkstellig zu machen uns gelüsten lassen sollten, sondern die
eigentliche und wahre Beschaffenheit hat es um den jetzigen Convent,
dass letztmals bei Anwesenheit des Grossen Ausschusses[1]) etliche gewisse Personen deputirt worden, die bei E. Ch. D. die Publication
des Land-Recesses, und dass derselbe würklich einmal möchte ad executionem gebracht werden, unterth. suchen möchten. Als ihnen daher
E. Ch. D. Erklärung vom April d. J. wegen der Limitation der die
Justiz angehenden Artikel und wegen der Römermonate zugekommen,
die Anwesende Deputirte aber darauf ohne mehren Gewalt sich nicht
einlassen können, so ist daher die Abrede von den Anwesenden genommen worden, dass man auf den 18ten Mai alhie wieder einkommen und davon ferner nothdürftig deliberiren wollte; welches dann
dergestalt unsern Kreisen von ihnen notificirt worden, die dann hinwieder uns dazu deputirt haben.

Maassen wir uns auch den 23sten huj. : weil wegen des Pfingst-
festes wir nicht ehe alhie kommen können :| zu dem Ende und weiter
nicht alhie eingestellt haben. Können aber unsres Theils mit Wahrheit bezeugen, dass wir nicht anders gewusst, als dass E. Ch. D. —
durch einige Dero Räthe davon informirt sein."

Die Deputirten der Stände aller Marken an den Kurfürsten.
Dat. Berlin 3. Juni 1654.

1654.
13. Juni.

[Bitten ihren Mitdeputirten aus der Altmark und Priegnitz zu verzeihen.]

„E. Ch. D. seind unsere unterth. gehorsamste Dienste in höchster
Treue stets bevor, und zweifeln wir im geringsten nicht, E. Ch. D.
werde gnugsam wissend sein, wie dass nach geendigtem Landtage im
Monat Novembri, als E. Ch. D. nicht im Hoflager gewesen, der Grosse
Ausschuss etliche ihres Mittels gevollmächtigt, alhie in loco eine Zeit-
lang zu verbleiben, und dass der Landtags-Recess zur Publication und
Execution gebracht werden möchte, aufs unterth. und fleissigste zu be-
fördern. Wir haben auch an unserm möglichsten Fleiss nichts er-
mangeln lassen, und endlich bei E. Ch. D. auf unser vielfältiges unterth.
Ansuchen, soviel ,: davor wir uns unterth. bedanken :, erhalten, dass
Dieselbe am 21. Aprilis d. J. uns Deroselben gn. Resolution zukommen lassen."

---

[1]) Ende 1653 und Anfang 1654.

Weil ihnen aber dabei auch zugleich über den punctum justitiae der Herren Kammergerichtsräthe Bedenken übergeben worden und nicht lange hernach wegen der Regensburgischen Legations-Kosten einen Vorschuss auf die Römermonate von 10.000 Thlrn. zu thun vorgetragen worden, auf welches sie von ihren Hinterlassenen nicht instruirt gewesen, so hätten sie ihren Mandanten Bericht erstattet, diese aber beschlossen, dem Kurfürsten eine Vorstellung darüber zugeben zu lassen, zu deren Vereinbarung der Tag vom 18. Mai bestimmt gewesen sei; damit der Kurfürst nicht annehme, dass sie ohne auf die zwei proposita etwas zu resolviren auseinandergegangen seien. Die Deputirten der Altmark und Priegnitz seien rechtzeitig eingetroffen und hätten, obgleich einer „Verirrung des Tages" wegen viele noch nicht dagewesen, das Conclusum auf Grund der Instruction des Grossen Ausschusses vom Nov. letzten Jahres her zu entwerfen begonnen.

„Welches, dem alten Gebrauch nach, unter den Anwesenden vorlesen und dergestalt von ihnen allesammt placitirt worden, dabei neben denen aus der Altmark und Priegnitz vier aus der Mittelmärkischen Ritterschaft, zweene von der Neumärkischen Ritterschaft auch zweene aus der Uckermark nebst denen Deputirten von Städten mit gehöriger Instruction auf gemelte puncta versehen gewesen." (Diese ihre Quintuplik sei ungnädig aufgenommen, als ob sie nur aus Instigation der Deputirten der Alten Mark und Priegnitz erfolgt wäre; während doch alle wenige Deputirte von Ritterschaft und Städten dieselbe so gefasst hätten.) „Wir halten auch wol die Altmark- und Priegnitzirische Ritterschaft solches vernünftigen Nachsinnens, dass sie sich einiger Convocation ihrer Mit-Stände proprio motu und ohn E. Ch. D. Vorbewusst nicht unterfangen werden. Wir andere würden uns auch solches vor einen Schimpf halten, dass wir von einem unserer Mit-Stände propria autoritate sollten citirt werden. — —"

Der Kurfürst an die Anwesenden Deputirten. Dat. Cölln a./Sp.
19. Juni 1654.

[Ihrer Bitte um Entschuldigung der unberufenen Zusammenkunft wird stattgegeben. Nothwendigkeit der neuen Forderungen. Die gewünschte Declaration des Landtags-Recesses 1) betreffs der Zinsermässigungen, 2) der Besetzung der theologischen Professur zu Frankfurt a./O., 3) der neuen Münze, 4) der Verlängerung des Zahlungs-Indults.]

1654.
Die Motivirung, die die Deputirten ihrer Zusammenkunft vom 18. Mai 29. Juni. gäben, lasse er dahingestellt.

„S. Ch. D. haben sonsten deshalben andre Nachricht gehabt, und erscheint auch aus der am 30. Mai d. J. eingereichten Schrift in etwas das Contrarium; denn da die wenig Anwesende sich bevollmächtigt gefunden, der Cammer-Gerichts-Räthe Bedenken über den punctum Justitiae vorzunehmen und deshalb die Erklärung nomine aller Stände einzugeben, auch sonsten einige schon resolvirte puncta hervorzusuchen und weiter zu urgiren, so hätten sie wol auch Vollmacht haben können, der 10,000 Thlr. begehrten Vorschusses auf die 100 Römermonat zu den unentbehrlichen Legationskosten halber sich herauszulassen. S. Ch. D. wollten aber nicht hoffen, dass die in weniger Anzahl versammelt gewesenen Stände dabei die Gedanken gehabt, dass dasjenige, so etwan ihrer Meinung nach ihnen nützlich, ob es gleich Sr. Ch. D. verdrüsslich sein könnte, leicht von ihren gesammten Mit-Ständen approbirt, dasselbige aber, so der Herrschaft in ihren kundbaren Angelegenheiten nöthig, von denselben widersprochen und ihme exceptio mandati opponirt werden möchte. Sie wollen deswegen ihrer Entschuldigung vor dies Mal in Gnaden stattgeben, auch alles, was diesfalls eine Zeithero darwider tentiret worden, in Vergessenheit stellen, in habendem gn. gutem Vertrauen, Ihre getr. Stände werden ihrem eignen Zugestehen nach, dass nämlich ihnen nicht gebühre, proprio motu zusammenzukommen, sich insktlnftige dergleichen Zusammenbescheidungen und kostbare Versammlungen, als welche den armen Unterthanen nur zu noch grösserer Beschwer gereichen, gänzlich enthalten, auch sich weiters nicht unterfangen, einige deputatos die Execution des Land-Tages-Recessus zu urgiren, |: welches hiebevor nimmer gebräuchlich gewesen und nur zu unverdientem Misstrauen gegen die landesfürstliche Obrigkeit dienet, auch bei denen Auswärtigen Sr. Ch. D. nicht geringe Verkleinerung verursachen könnte, als ob dieselbe Ihro hohe Churf. Zusage sonsten nicht würde effectu manifestirt haben, wann Sie nicht von Ihren Ständen gleichsam darzu genöthigt worden :| alhier von Monat zu Monat auf der armen Unterthanen Kosten liegen und negotiiren zu lassen.

Was ihre petita selbst belange, so könne 1) betreffs der Zinsermässigung der bezügliche Reichstagsbeschluss von der gemischten Commission für die Revision der Kammergerichts- und die Entwerfung einer Landreiter- Tax- und Polizei-Ordnung gleichfalls in Erwägung gezogen und mit Modificationen für die Marken versehen werden. Was 2) die Besetzung der erledigten theologischen Professur zu Frankfurt mit dem von ihnen vorgeschlagenen Candidaten (Heinse) betreffe, so verbleibe er bei seinem früheren Bescheid, dieselbe nach der Bestimmung eines aus Lutherischen und Reformirten gemischten Convents vorzunehmen. Die Opposition gegen den Convent sei künstlich hervorgerufen, ein friedliches Nebeneinanderleben beider nur in wenigen Puncten abweichenden Confessionen sehr wohl möglich.

„Denn obwol denen Theologis gnugsam bekannt, auch viel Bücher deswegen am Tage liegen, wie weit beiderseits Religionsverwandte von einander discrepiren, so ist jedoch im Gegentheil nicht zu leugnen, dass die meisten davon nichts wissen wollen, vielmehr aber die Lutherische Prediger der Reformirten Confession nicht aus der Ihrigen Schriften, sondern aus der Gegen-Parteien disputationibus und refutationibus colligiren, aestimiren und publice referiren. Gestalt dann noch vor weniger Zeit ein bekannter Inspector sich unterfangen, sein pro concione erdichtetes Vorgeben, als ob der Reformirten Gott der Teufel wäre, im Geheimen Rath mit des Pilippi Nicolai Lästerschrift[1]) zu behaupten. Er wollte auch sonsten von keiner Confession der Reformirten wissen und gab soviel zu verstehen, dass er nicht einmal reformirte Bücher hätte. — — Wann aber bei diesem Convent die Confessiones bescheidentlich liquidirt würden, kürzlich ein Theil über einige zweifelhafte articulos das andere vernehme und dann dasselbe publicirt und allen Predigern ein Exemplar zugesandt würde, so hätte sich keiner mit einiger Unwissenheit zu entschuldigen und würde also durch Gottes Gnade im Lehren und Leben bessere Einigkeit gestiftet werden. Es bedarf über deme nicht eines solchen General kostbaren Conventus omnium Theologorum, wann nur einige wenige convocirt würden, die ja auf wenige Zeit zur Ehre Gottes viel leichter zu unterhalten, als starke Armeen, die öfters lange Zeit verpflegt werden müssen. — —

Wann aber dennoch Dero getr. Lutherischen Stände beständige Meinung sein sollte, dass sie Gewissens halber wider dieses Colloquium reden, auch, wie sie expresslich sich verlauten lassen, dabei bestehen müssten; so wollen im Gegentheil dieselbe reiflich überlegen, mit was Gewissen S. Ch. D., die mit Mund und Herzen sich zur Reformirten Religion bekennen und gnugsam versichert seind, dass dieselbe in dem reinen, unverfälschten, wahren Wort Gottes, auch von der christlichen Kirchen angenommenen Haupt-Symbolis gegründet, gen Gott, Ihrer Posterität, Ihren Theologis, Ihren gehorsamen Reformirten Ständen und Gemeinen, ja der ganzen ehrbaren Welt zu verantworten, dass Sie in solchem Zustande, da Ihro Gott das Ansehn und die Macht gegeben, dies wahre Licht der Christlichen Religion nicht nur in ihren Landen fortzupflanzen, sondern auch andern Evangelischen Ständen und Gemeinen, so der Religion halber verfolgt werden, zu assistiren

---

[1]) Gemeint ist wol N.'s Schrift: Bericht von der Calvinisten Gott und ihrer Religion.

und dieselbe mit der Hülfe und Beistand Gottes defendiren und conserviren zu helfen, wie bei kaum geendigtem Reichstage, ohne Ruhm zu melden, mit grosser Danksagung S. Ch. D. eifrigst gethan haben, dennoch nicht allein, wie von Anfang Ihrer mühsamen Regierung geschehen, Ihre Lutherische Stände und Unterthanen bei ihrem Exercitio religionis um guter Ruh und Einigkeit willen mit grosser Sanftmuth und Geduld unbeirrt lassen, ihnen gleich den ihrigen Religions-Verwandten und öfters wol mehr alle gute Beförderung, Gnad, Affection, Schutz und Justiz erweisen und halten, und über dem ihre Geistlichen und Prediger ordiniren, confirmiren und in ihrem officio in einigerlei Wege nicht kränken lassen, sondern noch über dem genannten ihre Prediger und ihrer Jugend Praeceptores, die jedoch dagegen anstatt des schuldigen Danks und Vorbitte vor Dero gn. Herrschaft Wolergehen Sr. Ch. D. christliche und wahre Religion, auch Dero Zugethane, und also S. Ch. D. selbst publice et privatim verketzern, verdammen, — Ihnen abscheuliche und wider Ihre öffentliche und in Druck gegebene, klare, deutliche Confessiones lautende Lehren andichten, dieselbe verhöhnen, ja verfluchen, noch weniger Jemanden von den Reformirten Predigern oder Studiosis auf ihren Canzeln verstatten, sondern vielmehr, da etwan Zweifel vorfällt, in ihrer Religion inquiriren, auf dass sie ja abgewiesen werden können, und damit die Jugend gleichsam mit der Muttermilch das odium wider die wahre Religion und dessen (sic) Verwandte einsaugen und in sanguinem convertiren mögen, sich nunmehr mit dem Lutherischen Catechismo und Fragstücken nicht begnügen lassen, sondern proprio ausu selbst geschmiedete oder von andern Oertern herfliegende neue Catechismos, die sonderlich wider die wahre Religion und dessen Glaubens-Articul, so aber fälschlich verkehrt und in abscheuliche Gotteslästerungen verwandelt worden, gerichtet, eingeführt, dessen allen unerachtet und sonderlich da dieselbe, wie gesagt, den Reformirten ihre Suggesta nicht vergönnen wollen, Sie die genannte Lutherische Prediger ad Cathedram verstatten sollen und zwar ohne rechtmässig eingerichtete und per expressum reservirte Condition?

Und obzwar die Lutherische Stände hiebevor in ihren Schriften und sonsten sich unterth. erklärt, dass an derer Prediger unzeitigem Eifer und Lästern sie kein Gefallen hätten, auch nachmals S. Ch. D. gehors. ersucht, mit Zuziehung zweier Reformirten und zweier Lutherischen Prediger, auch einiger Ihres Mittels, leges ac regulas, wonach inskünftige Prediger und Professores im Predigen, Lehren und Disputiren sich zu achten, zu machen; so ist doch dagegen bekannt und erscheint auch aus ihrer berührten Schrift solches, dass ihnen daselbe kein rechter Ernst sein müsse, indem ihrer etliche, da sie im Lande oftmals gelehrte und gnugsam qualificirte Leute gleich haben könnten, dennoch von solchen Oertern, da man Profession macht, die heilsame Lehre zu verketzern und darinnen gloriam und Glückseligkeit sucht, viel lieber unbekannte, zänkische Leute zu ihren Seelsorgern und Predigern vociren, die sämmtliche Lutherische Stände auch itzo ohne Scheu vorgeben dürfen, dass sie, wie schon gemeldet, Gewissenshalber, dem Couvent der Theologorum widersprechen müssen, welches S. Ch. D. nicht anders deuten können, als sie vermöchten mit gutem Gewissen nicht zuzulassen, dass die Reformati coram Lutheranis Theologis ihre in Gottes Wort wolgegründete Bekentniss thäten, und dadurch allen Dorf- und andern Predigern, die weder Calvinum noch andere Reformatos autores jemaln gelesen, aber ihnen öfters die Hälse gebrochen, auch Jedermann im Lande kund würde, dass Sr. Ch. D. und Ihren Religions-Verwandten bis hieher, abscheuliche Dinge angedichtet, die Ihnen nie in Sinn kommen; vielmehr aber sollte man, nur mit Zuziehung einiger Prediger und einiger Stände leges und regulas, darnach sich jede Partei in Lehren und Disputiren zu achten, machen und publiciren lassen; nämlich damit einheimische und auswärtige Theologen Anlass bekämen zu schreiben und zu disputiren, ob diese leges der Lutherischen Kirchen praejudiciren könnten? ob die hiesige Prediger schuldig, sich zu accommodiren? weil sie oder ihre Inspectores darüber nicht gehört, die Stände sich nicht entschuldigen möchten, dass sie mit der Sache nichts zu thun gehabt; S. Ch. D. hätten es vor sich gethan, und was dergleichen Reden, die man schon hin und wieder hören muss, mehr seind; indessen lässe der Lutherische Professor zu Frankfurt, es bliebe dann wol dabei.

Allein so wenig die Lutherische Stände wider ihr Gewissen — zu handeln gedenken, so wenig wollen auch S. Ch. D. wider Gott, dessen wahres Wort und Ihr Gewissen ihnen etwas fügen und nachgeben, sondern gleichwie der Stände Zweck ist, ihre Religion auch auf Sr. Ch. D. Universität Frankfurt profitiren und fortpflanzen zu lassen, also ist Sr. Ch. D. gn. Meinung diese, dass Sie zwar den Ständen darinnen fügen wollen, allein mit der im Neben-Recess¹) ausgedrückten Condition, damit das unselige Verketzern und Verleumden, welches mit so grosser Geduld und Gütigkeit S. Ch. D. bishero ertragen, künftig eingestellt, die Wahrheit an Tag gebracht und beiderseits Religions-

---

¹) Vgl. oben S. 280.

Verwandten in Ihren Chur-Märkischen Landen sich in Christiana amicitia wolbegehen möchten, solches aber sine consensu Theologorum nicht wol geschehen mag. Wollen dannenhero die Lutherische Stände über die schon gethane gn. Erklärung S. Ch. D. nicht weiters behelligen, noch Ihro wider Ihr Gewissen etwas zumuthen und dadurch dieselbe tacite verkleinern, als ob Sie in Ihrer Religion nicht eifrig wären, sondern ad importunas preces, auch wol dieser Ihrer wahren Religion zum unauslöschlichen Nachklang und Schade, etwas zulassen könnten, Sie möchten sich sonsten verstündigen, denn Gott, der Herzen und Nieren prüft, lässt sich nicht spotten."

Dem Magister Heinse stehe frei privatim zu dociren; die Besetzung der ordentlichen Professur bleibe dagegen ausschliesslich von der Wahl des Kurfürsten abhängig.

„Was 3) den Punct wegen der Münze betrifft, da lassen es S. Ch. D. bei Dero gn. Erklärung bewenden und wollen nicht glauben, dass Dero gehors. Stände, weil sie in ihrer vorigen Schrift dieselbe acceptirt, sich voritzo abermals ändern und, gleich als ob summum periculum in mora wäre, in S. Ch. D. dringen würden, diese Münz sofort zu reduciren; dann dariunen können ihnen S. Ch. D. nicht zu Willen sein, zumaln an Derselben Churf. Respect und Autorität auch an der armen Unterthanen Wolfahrt, die diese Münze am meisten in ihrem Beutel haben, Sr. Ch. D. mehr gelegen, als an dem geringen Vortheil, den Stände durch diese Reduction und Erlassung der Wiedereinlösung der Münz Ihr zuwenden wollen.

S. Ch. D. halten dafür, da ja einige wenige der Stände sein mögen, die diesen Punct so hoch urgiren, dass dagegen vielleicht unter ihnen welche sein, so hieran kein Gefallen haben; sintemaln ihnen wissend, wann sie es nur wissen wollen, dass eine solche Quantität Münz niemaln gemacht, dass es möglich, dass das Land Schaden dadurch haben könnte — —.

S. Ch. D. wollen auch bei dem Vierten Punct betreffend das Salz-Wesen Dero getr. Stände Erinnerungen beobachten lassen, allein das künftige Edict ante publicationem ihnen zu communiciren werden sie nicht begehren, weil solches hiebevor nicht gebräuchlich gewesen und auch solches Sr. Ch. D. verkleinerlich sein würde. Sonsten aber gestatten Sie keinem Bedienten von sothanem Salzwesen einigen Vortheil und Eigennutz zu suchen oder zu nehmen. Mögen Dero gehors. Stände desfalls einigen Diener etwas überführen, soll derselbe der Gebühr nach abgestraft werden.

Was bei dem Fünften Punct gesucht wird, solches wollen S. Ch. D. künftig in kein Vergessen stellen und sonderlich bei Ihren im Landtags-Recess beschehenen gn. Erklärungen es desfalls bewenden lassen und wollen nicht hoffen, dass darüber ein so grosser Irrthum sollte vorgangen sein, dass Dero getr. Stände Ursach haben könnten, darüber Beschwerde zu führen. — — — — — — — — — —
Dass der Stände Antwort auf Punct 10 und 11 der Resolution Sr. Ch. D. (Bewilligungen von Legationsgeldern und Vorschuss auf die Römermonate) noch ausstehe, erfüllt Sie mit Staunen. S. Ch. D. seind indess genöthigt worden, von einigen Leuten um Verzinsung einige Gelder aufzunehmen und dieselbe nacher Regensburg zu übermachen, damit nur Dero Gesandten daselbst nicht arrestirt und aufgehalten worden. Sie haben aber dennoch Dero Geheimen Canzelisten Hoyer Friedr. Striepen hinter sich verlassen müssen, und kann derselbe ohne Uebermachung 5000 Thlr., die nach Abzug der 15,000 Thlr. so er theils mitgenommen, theils kurz vor ihm per Wechsel dahin gemacht worden, nicht loskommen; wie Sr. Ch. D. Geh. Rath, der von Platen, der nun zurückkommen, ihnen, Ständen, gegenwärtig berichten wird. S. Ch. D. hegen das zuversichtliche Vertrauen, Stände würden Sie diesmal nicht verlassen und die 16,000 Thlr. vorgeschlagener Maassen ausbringen, gestalt dann Joh. Adam Preunel[1]) albereit Befehl hat, diese Gelder einzufordern und denen zu restituiren, die den Vorschuss gethan und dann das übrige nacher berührtem Regenspurg zu übermachen, damit genannter Striepe alda loskommen möge."

Der Kurfürst werde ihnen solcher Gutwilligkeit stets in Gnaden gedenk sein, sei auch jetzt bereit, falls Stände beim Justiz-Punkt nichts mehr zu erinnern, den Landtags-Recess zu publiciren und allen Judiciis und Bedienten, denen derselbe zu wissen nöthig, zur Nachachtung zu senden.

Nachdem die von den Deputirten gewünschten Declarationen der §§. 32 und 33 des Recesses vom 26. Juli 1653 unterm 13./23. resp. 19./29. Juni 1654 ergangen sind (vgl. dieselben bei Mylius VI, 485—488) dauern die Verhandlungen noch etwa vierzehn Tage. Dieselben schliessen mit einer Eingabe der Deputirten vom 2./12. Juli.

In dieser letzten Eingabe vom 2./12. Juli bewilligen die Deputirten einen Vorschuss von 6000, statt der zuletzt verlangten 11,000 Thlr., unter der Bedingung selbständiger Repartition und Aufbringung derselben in den Kreisen. Im Punct der Religion begehren sie keine neuen, sondern nur Erhaltung ihrer bisherigen Rechte. Die ihnen im Neben-Recess vom 26. Juli

---

[1]) Ober-Licent-Einnehmer zu Berlin.

1653 a. St. gemachte Zusage eines ordentlichen Professors der Theologie acceptirten sie und hofften, dass Mag. Heinse oder ein andrer Extraordinarius genehm sein würde. Von einem Religionsgespräch erwarteten sie, vor wie nach, durchaus keinen Erfolg; doch stünde ja dem Kurfürsten nicht im Wege, inter Theologos ipsos eine Convocation darüber ergehen zu lassen. Gegen die Censur des Consistoriums über theologische Bücher hätten sie nichts einzuwenden, da diese Behörde jetzt zum grössern Theil mit Lutheranern besetzt sei. Im Münzpunct hoffen sie auf baldmöglichste Erhörung ihrer Wünsche; desgleichen auf eine feste Taxe des Salzpreises, um den im Schwange gehenden Uebertheuerungen und Unredlichkeiten ein Ende zu bereiten. Zur Berathung der Wirksamkeit des neuesten Reichstagsschlusses über Moratorien und Zinsermässigungen für die Marken bäten sie um die Berufung eines neuen Tages zum Monat November d. J. Endlich hofften sie nunmehr auf völlige Publication des Landtags-Recesses und Anweisung an alle Behörden zur Beachtung aller Bestimmungen desselben

III.

Die Militärfrage und der Nordische Krieg
1654—1660.

Einleitung.

Kaum hatte Kurfürst Friedrich Wilhelm von seinen Ständen jene bedeutende Ausserordentliche Kriegssteuer erhalten, mit deren Verwilligung der Lange Landtag von 1653 schloss, als neue Unruhen, so die Einfälle des Herzogs von Lothringen in das Gebiet der rheinischen Kurfürsten, die Ansprüche der Schweden auf die Reichsstadt Bremen, vor Allem die drohenden Conjuncturen an der Ostgrenze, ihn noch im Laufe d. J. 1654 zu Rüstungen bestimmten, zu denen selbst die neuen Bewilligungen nicht ausreichten.

Auf einen Artikel (180) des Reichsabschieds von diesem Jahre gestützt, der die Stände zur Gewährung der für die Landesvertheidigung nothwendigen Mittel verpflichtete, begann er bei der Dehnbarkeit dieses Begriffes Werbungen, die ihn zur Abwehr der von Schweden wie Polen her drohenden Einfälle und Angriffe in den Stand setzen sollten. Dem setzten dann die Märkischen Stände sogleich ihre sehr bestimmte Weigerung entgegen, für die nächsten sechs Jahre, auf die die Bewilligung von 1653 lief, mit der der Fürst sich selbst befriedigt erklärt hatte, irgend etwas an sonstigen Abgaben zu Militärzwecken zu leisten. Und selbst als die Alternative, vor die sich der Kurfürst durch das Vordringen Carl Gustavs von Schweden gestellt sah, ihn in das Bündniss des Schwedenkönigs drängte und behufs des Schutzes von Preussen, ja der Erhaltung seines ganzen Staats, zur Aufstellung einer auch zur Offensive fähigen Armee nöthigte, selbst dann noch blieben die Stände unerschütterlich bei ihrer Ansicht, dass das Märkische Vaterland, von Niemandem bedroht, auch zu keinen besondern Rüstungen Anlass habe, und dass, wenn der Herzog von Preussen sich mit dem Schwedenkönig gegen die Krone Polen verbunden habe, das Herzogthum Preussen auch die dafür nöthigen Ausgaben zu bestreiten habe.

So spitzte sich jener neue Conflikt zu, der die Zeit des nordischen Kriegs erfüllt und der sich nicht nach alten Recessbestimmungen, Reversen und Reichsabschieden entscheiden liess, sondern durch die kurfürstliche Autorität aus den Principien eines eben jetzt sich bildenden neuen Staatsrechts heraus gelöst werden musste.

Die in diesem Abschnitt vereinten Aktenstücke sind dazu bestimmt, Art und Verlauf der Verhandlungen über diese eine, alle andern in den Schatten stellende Frage von der Natur einer wahrhaften „Landesdefension" und der Höhe der dazu erforderlichen Mannschaften wie Geldmittel zu beleuchten, zu zeigen, wie das neue Recht durch die Rücksichtslosigkeit, mit der es über die oft nur zu begründeten Klagen der Vertreter der alten Verfassung hinwegschreitet, und nur durch diese Rücksichtslosigkeit, den Sieg erringt zum Heil des ganzen Landes, die Protestirenden selbst mit eingeschlossen.

Ein Ton geht durch alle kurfürstlichen Edicte, Mandate, Rescripte und Ordnungen dieser Zeit: Noth kennt kein Gebot. Jener casus inopinatae necessitatis, von dem die kurfürstlichen Instructionen aus dem Feldlager für die zu Cölln a. Spr zurückgebliebenen Statthalter und Geheimen-Räthe des öfteren reden, bringt gelegentlich die ältesten und heiligsten Satzungen. Zusangen und Versicherungen zum Schweigen. Und wenn die Stände den Fürsten in ihren Eingaben an seine eigenen Zusagen aus früherer Zeit mahnen, so erhalten sie unabänderlich dieselbe Antwort. Er sei durchaus nicht gemeint, sie auch nur des geringsten ihrer Rechte zu berauben und entschlossen alles in den alten Stand zu setzen, sobald der glückliche Ausgang des Kriegs dies irgend gestatte.

Die Haltung der beiden Stände, Ritterschaft und Städte, untereinander beschleunigte auch hier wieder die Entwicklung des Kampfes zu Gunsten der landesherrlichen Autorität. So wenig wie zu den Zeiten des dreissigjährigen Kriegs war die Ritterschaft auch jetzt gemeint, für die unaufhörlich sich erneuernden Steuerforderungen im Geringsten von den Bestimmungen des Quotisations-Recesses von 1643 abzuweichen. Dadurch wurde denn auch jetzt wieder den noch von jenem Kriege her bankrotten Städten eine Steuerlast aufgebürdet, die erheblich über ihre Leistungsfähigkeit hinausging, wie aus dem fortgesetzten Ausfall einer Reihe von ihnen unzweideutig hervorgeht. Dies aber steigerte die schon bestehende Unzufriedenheit der Städte mit der Ritterschaft, das Misstrauen beider gegen einander derart, dass an ein geschlossenes Auftreten beider den fürstlichen Forderungen gegenüber kaum je mehr zu denken war und die Commissarien des Kurfürsten auf den Ausschusstagen oft mehr Mühe hatten, die beiden dissentirenden Stände zu irgend einem Compromiss zu bewegen, als die neuen Forderungen an Geld und Naturalien durchzusetzen.

Noch mehr aber schwächte der massgebendere jener beiden Factoren, die Ritterschaft, selbst ihre Position durch ihr Auftreten gleich auf dem ersten wegen der neuen Rüstungen berufenen Ausschusstage im Winter 1654/55 Schon damals stellte sie nämlich ihren recht geringen Geboten so hohe Forderungen gegenüber, dass der Kurfürst von vornherein die Nothwendigkeit erkannte, auf dem Weg des unverbrüchlichen Befehls, „via praecepti", seine Forderungen durchzusetzen und die aufgelegten Steuern zu erheben. Dieser Ueberzeugung entsprang ein Vorschlag, den er betreffs der Aufbringung der ausserordentlichen Kriegssteuer den Deputirten schon im Januar 1655 machen liess. Das Land sollte zu diesem Zweck in zwanzig Districte getheilt und jeder einem höheren Officier zur selbständigen Erhebung seiner Quote an der Kriegscontribution zugewiesen werden. Dies erschien ihm bei dem alten Missbrauch, die Steuern nie rechtzeitig und voll einzubringen als eine nothwendige Sicherung gegen künftige Ausfälle. Die Stände aber, die mit Entsetzen von dieser Neuerung hörten, sahen darin die Erklärung der Militär-Execution in Permanenz, die Vernichtung ihres theuer erkauften Rechts, die Contribution gleich andern Steuern selbständig aufzubringen. Um nur diesem Uebel zu entgehen, liessen sie sich für jenes Mal auf eine erheblich grössere Willigung ein — schwerlich ahnten sie, das noch vor Ablauf dieses selben Jahres der Befehl von dem in Preussen weilenden Kurfürsten einlaufen würde, vom 1. Januar 1656 an bis auf Weiteres neben den fällig werdenden Raten der 1653 bewilligten 530,000 Rthlr. allmonatlich 40,000—50,000 Rthlr. durch Militärcommandos erheben zu lassen.

Als der Kurfürst zwei Monate nach der Schlacht bei Warschau die ausserordentliche Contribution auf ein Viertel herabsetzte, genügte ihnen das wiederum nicht, da nach ihrer Auffassung mit dem Rückzug der Schweden, dem Vertrage mit Polen der Krieg beendet war. Der Kurfürst, der die Situation klarer als sie übersah und wusste, dass der zweite, gefährlichere Theil des Kampfes ihm noch bevorstand, erhöhte indess mit dem Ende des Jahres 1657 seine Forderungen statt sie zu ermässigen und als ihm von neuen Protesten der Stände-Deputirten berichtet wurde, rescribirte er an seine Geheimen Räthe kurzer Hand: Er halte dafür, befugt zu sein in Sachen, die die Landes-Defension beträfen, die nöthigen Kosten und Mittel, auch wider der Stände Willen, selbst auszuschreiben.

Was er früher, während des Jahrs 1656, faktisch geübt, das formulirte er hier als einen Grundsatz des neuen Rechts und die Stände mussten sich wol oder übel dieser Interpretation des Art. 180 des Abschieds von 1654 betreffs des darin gebrauchten Ausdrucks „Landesdefension" anbequemen. Gewiss ist es als ein Unglück zu betrachten, dass in einer so gefährlichen Conjunctur des jungen Staatswesens das Mittel zum Sieg im bittersten Kampfe den massgebenden innern Faktoren abgerungen werden musste. Doch dass dem so war, war nicht so sehr die Schuld des Fürsten, der seit dem Anfang seiner Regierung auf eine Reform der ungerechten, unhaltbaren Steuerverfassung hingearbeitet, als die der Ritterschaft, die im eigenen Interesse jene Versuche zum Scheitern gebracht hatte. Ausser dem frischen Ruhm von Warschau und Alsen und der Souveränität über Preussen brachte der Fürst als eine nicht minder bedeutsame Errungenschaft aus dem nordischen Kriege die Ueberzeugung von der Nothwendigkeit einer fundamentalen Steuerreform mit nach Hause, um seinem Staat neben der früheren Sicherheit auch die alte Wolfahrt zurückzugeben.

Da der Kurfürst während der beiden Kriege gegen Polen und Schweden seine Truppen selbst in's Feld führte, so hatte er den Marken während seiner Abwesenheit wie in den ersten Jahren seiner Regierung einen Statthalter vorgesetzt, um ihn dem Lande und den Ständen gegenüber zu vertreten. Diese Stellung nahm vom August 1655 bis zu seinem Tode, April 1657. Johann, Graf zu Sayn-Wittgenstein ein, ein Mann, der im innern und auswärtigen Dienste erprobt[1]), zu diesem Amt wegen seiner innigen Beziehungen zu hervorragenden Mitgliedern des Märkischen Adels besonders geeignet erschien. Er kam den Absichten seines Herrn im Grossen und Ganzen gut nach und vielleicht trug hierzu sein Bemühen, den widerstrebenden Adel auf Kosten der gefügigeren Städte zu schonen, ein Moment, das ihn mit mehren seiner Collegen im Geheimen Rathe in ernste Missbelligkeiten brachte, nicht zum wenigsten bei, da er die zu Zeiten übergrosse Spannung doch meist im richtigen Augenblick zu lindern verstand. Dies war um so anerkennenswerther, als gerade in die Zeit seiner Stattbalterschaft, vor Allem das J. 1656, jene ungemein hohen Steuerforderungen fallen, die nach einer Aufstellung der Stände aus einer etwas späteren Zeit nahezu ohne Abzug aufgebracht wurden.

Während des Schwedischen Kriegs, Sommer 1658 – Ende 1659, versieht der Generallieutenant und Gouverneur von Küstrin, Christoph, Graf zu Dohna[2]), diese Stellung. Dohna hatte in den vorhergehenden Jahren die Neumark gegen die Durchmärsche der Schweden und die Einfälle der Polen zu decken gehabt und diese schwierige Aufgabe mit wenig zureichenden Streitkräften gewandt und glücklich gelöst. In seiner neuen Stellung bewährte er sich ebenso gut. Bei aller militärischen Entschiedenheit war er von besonnener Freundlichkeit und den berechtigten Klagen Einzelner nicht unzugänglich. Die unerfüllbaren Forderungen der Ritterschaft aber wies auch er mit der grössten Bestimmtheit zurück, sodass der Kurfürst auch während dieser beiden Jahre an den Marken einen Rückhalt hatte, auf den er stets mit grösserer Sicherheit als auf irgend ein anderes seiner Gebiete — etwa mit Ausnahme von Halberstadt und Minden — rechnen konnte. Dohna's Stadthalterschaft endet erst mit dem Augenblick der Rückkehr Friedrich Wilhelms nach Berlin Ende Nov. 1659.

---

[1]) Vgl. U. A. IV, 347; Cosmar und Klaproth, Gesch. des Preuss. Geh. Staatsraths 351.

[2]) Vgl. Cosmar und Klaproth, a. a. O. 360.

Die Militärfrage und der Nordische Krieg
1654—1660.

Die Landtags-Proposition vom 10. November 1654 verlangt mit Bezug auf die Bestimmungen des Reichs-Abschieds vom 17. Mai d. J. und die kriegerischen Conjuncturen am Rhein und an der Weser[1]) den Unterhalt für 3000 Mann bei freier Verfügung über deren Verwendung.

Erklärung der Deputirten zum Grossen Ausschuss.
Dat. Berlin 14. Nov. 1654.

[Willigen in 1500 M., abgesehen vom Stab und der Artillerie, auf ein Jahr und nur zur Vertheidigung des Landes oder als Reichshülfe.]

1654.

„E. Ch. D. seind unsere unterth. Dienste in schuldigstem Gehorsam 24. Nov. allemal zuvor. Und demnach Dieselbe unlängsten durch Dero dazu absonderlich verordnete Commissarien in den Kreisen, wie auch durch Ausschreiben an die Stände, kund thun lassen, wie Sie aus unumgänglichen Ursachen genöthigt würden zu Dero Lande und Leute Schutz und Conservation ein gewisses und erleidliches Defensionwerk anzurichten, ein solches auch durch Dero an uns abgeordneten Herren Geh. Räthe am verschienen Freitage nochmaln wiederholen lassen.

Als haben wir uns albier darüber zusammengethan, solche Proposition wol überlegt und befunden, dass diese Sache, welche eine neue Bürde mit sich führt und ohne grosse Unkosten nicht kann effectuirt werden, E. Ch. D. getreuesten Ständen und Unterthanen bei itzigem ihrem Zustande sehr beschwerlich ankommen wolle; denn es bedarf keines weitläufigen Remonstrirens, sondern liegt für sich selber gnugsam am Tage, in was für ein kundbares, grosses Abnehmen, Unvermögen und Armuth diese Lande anitzo begriffen und kann

---

[1]) Vgl. Erdmannsdörffer, Graf Waldeck 154—250.

nicht geleugnet werden, dass für alle andere Provincien im Röm. Reich die Marken bis zu Ende don sodem belli empfinden und ausstehen müssen. Wegen der vorenthaltenen Pommerschen Lande hätten sie erst in schwerer Contribution verbleiben müssen. Die dazu auf dem letzten Landtage bewilligte Summe hätte ihre Leistungsfähigkeit bis aufs Aeusserste angespannt, während Handel und Wandel in Folge von Krieg und Misswachs ganz darnieder lägen; sie könnten mit gutem Grunde bezeugen, dass sie ausser der Sicherheit und Ruhe in ihren Häusern und auf den Heerstrassen, dafür sie gleichwol billig dem Allerhöchsten Gott dankten, des allgemeinen Friedens bisher fast wenig genossen hätten. Dieser Zustand erheischt einzig und allein die Erhaltung des Friedens. Und ist der Friede das einzige Mittel, dadurch die wüsten Felder wieder excolirt, verödete Städte, Flecken und Dörfer wieder zur Mannschaft gelangen, Land und Leute zum Aufnehmen gebracht werden können."

Sollte der Kurfürst indess meinen, nicht ganz auf das Defensionswerk verzichten zu können, so wären sie bereit, dem sich zu fügen sowelt ihr Zustand es erlaube.

„Und weil durch die Reichsabschiede und Execution-Ordnung die Unterthanen zu der Defension und Reichshülfe dergestalt angewiesen werden, dass nach den Reichsanschlägen sie dazu contribuiren, und ihnen die bestimmte Maass der Hülfe und wie lange dieselbe währen müsse, eigentlich kundbar und namhaftig gemacht werden soll", so wäre ihnen dienlich erschienen, wenn S. Ch. D. erst den Schluss des Obersächsischen Kreistages erwartet hätten. Da dieses nicht geschehen sei, so gäben sie im folgenden ihre Wünsche und Erwartungen behufs der aufzubringenden Defension zu erkennen: „Dass erstlich Sr. Ch. D. |: wie Sie sich dessen auch durch Dero angeordnete Commission erklären lassen :| Intention zu keines einigen Menschen Offension und Beleidigung, sondern einig und allein zu Dero Lande Defension und Versicherung gemeint sei, damit nicht auf andere Weise die Leute aus dem theuer erworbenen Frieden in Unfrieden, aus der Ruhe in die Unruhe und aus dem Glück in das Unglück möchten gesetzt werden. So wird auch ferner und fürs Ander gute Vorsichtigkeit von nöthen thun, dass solch Defensionwerk dergestalt angestellt werde, damit hierdurch keinem und sonderlich unsern Nachbarn einige Ursach zur Jalousie und Anlass gegeben werde, dass sie einen Prätext zu neuer Unruhe suchen möchten, weil es itziger Zeit sehr gemein ist, was einiger vornehmer Politicus schreibt: Ut illi qui bellum cogitant et iniquam habent belli causam malint id inferri quam inferre, ut non tam quaesitum ab illis bellum quam ab aliis oblatum et indictum videatur, da doch zu verhüten sein will, dass ihnen die Waffen, welche durch den Frieden ihnen gleichsam aus den Händen genommen, nicht wieder mögen darin gebracht werden.

Drittens, so zweifeln die Stände auch ganz nicht, E. Ch. D. hiebei zuförderst das Instrumentum Pacis und andere Reichssatzungen, wie auch dieser Lande Reverse und alte Verfassungen in gute Obacht werden nehmen.

Auch Viertens dieses von Dero getr. Unterthanen bewilligtes Defensionwerk ihnen und der Posterität zu keiner Consequenz und Neuerung, als dazu E. Ch. D. zu unterth. Ehren sie sich anitzo so gutwillig erweisen, werde gereichen lassen.

So getrauen auch vor's Fünfte Deroselben sie unterth. zu, dass Sie hierbei keine causam continuam werden sein und Ihrem gn. bei der Commission gethanen Churfürstlichen Erbieten nach diese Verfassung nicht continue (sic) verbleiben und länger nicht währen lassen, als wie es anitzo wird verhandelt und weiter nicht extendiren werden.

Dass auch zum Sechsten diese Lande mit aller andern Werbung, weiter Hülfleistung, indeme albereits dieselbe von dieser Defension zu nehmen sein wird, Mustermonat, Unterhalt und Recruten gn. möge verschont werden.

Wie dann auch vor's Siebente, dass E. Ch. D. Erbieten nach der Stab und das Erste Blatt der Officirer nicht möge angeschlagen oder in Consideration genommen werden. Wobei dann auch Dieselbe die Stände mit den Waffen, Munition, Kraut und Loth nicht werden belegen lassen.

Und weil zum Achten diese Defension einig und allein zu des Landes Wolfahrt angesehen, so wird auch E. Ch. D. sie auswärtig nicht gebrauchen, oder wann sie gleich der Reichs-Execution-Ordnung nach zu einiger Hülfe mit Vorwissen der Stände müssten anderswo employiret werden, so würden doch auf solchen Fall dieselbe von dem Unterhalt, so lange die Völker in solcher frömden Expedition sein möchten, befreit sein müssen.

Und wann auch zum Neunten dieselbe aufzubieten und in gewisse Compagnien zu vertheilen wären, so geloben die Stände der unterth. Zuversicht, bitten auch gehorsamst, dass E. Ch. D. alsdann zu den hohen und Unter-Officirern eingeborene Landkinder nehmen und darinnen die Exteros ihnen nicht vorziehen werden.

Solange aber als zum Zehnten die Wart-Knechte im Lande gelassen und ihnen verstattet wird, bei den von Adel, Bürgern und

Pauern zu dienen und zu aller Arbeit wo sie wollen sich gebrauchen zu lassen, müssten sie einer jeden Obrigkeit Jurisdiction unterworfen bleiben, und wann sie etwas verbrochen, des Magistratus loci Coercition unterwürfig sein.

Wann auch fürder und vor's Eilfte einige wohnhaft sich niedergelassene Bürger oder Unterthanen aufm Lande sich auf die Wart-Gelder bestellen lassen wollten, die könnten gleichwol inmittels von den Oneribus publicis befreit sein, dann sonsten dero andern Mitbürgern und Nachbarn dasjenige, was denen desfalls abginge, in der Contribution und sonst zuwachsen würde.

Und dann vor's Zwölfte werden E. Ch. D. nochmaln gehorsamst ersucht, inmittels die Krieges-Resta gänzlich zu suspendiren und darauf keine Execution zu ertheilen.

Und dieweil dann nun E. Ch. D. diese unsere unterth. Erinnerungen selbsten für nöthig und gutentheils nützlich zu sein gn. erachten werden, als zweifeln fürders wir auch ganz nicht, Sie denselben in Gnaden deferiren und allermeist an der Zahl der Mannschaft einen Abgang und Einziehung einwilligen werden; Massen wir dahin instruirt sein, gegen E. Ch. D. uns hinwieder gehorsamst zu erbieten, dass die Stände Ein Tausend Fünf Hundert Mann auf ein Jahr lang von jetzigem Martini d. J. an zu rechnen, bis wieder Martini des künftigen folgenden 1655sten Jahres dergestalt in Wartgelder über sich nehmen wollen, dass dem Vorschlage nach einem Jeden jährlich Drei Thaler an Gelde, Acht Scheffel Roggen, Sechs Scheffel Gersten, Ein Scheffel Buchgrütze und ein halber Scheffel Erbsen gegeben und solches einem jedweden quartaliter, als auf Weihnachten, Ostern, Johannis und Michaelis des itztbesagten Jahres, gereicht werde.

Jedoch werden die Stände sich zu Beschaffung der Mannschaft so eigentlich nicht astringiren können; wiewol man sonst billig zu hören hat, ob und wieviel in jedem Kreise und Städten aufzubringen sein möchten.

Wie dann auch wann in einem Kreise oder Stadt soviel Mannschaft nicht vorhanden, als dessen Kreises oder Stadt Contingent austragen möchten; so geruhen E. Ch. D. zufrieden zu sein, dass derselben Contingent an Gelde nach dem Werth, so das Korn in diesem Jahre gilt, abgestattet werde.

Und letztlichen können von diesem Defensionwerk keine Oerter, sie sein belegen wo sie wollen, eximirt sein, sondern es muss ein jedweder sein Contingent über sich nehmen und hat keiner den andern zu übertragen.

Haben nun E. Ch. D. dieses zur unterth. Erklärung gn. anfügen wollen. Und bedanken uns schliesslich wegen unsrer Committeuten und Heimgelassenen für Deroselben gn. Sorgfalt und contestirte Hulde gegen diese Lando, mit demüthigster Bitte, sie darin ferner gn. continuiren und Ihrer armen Unterthanen Aufnahme und Wolfahrt Ihr weiter unterth. recommendirt sein lassen wollten."

1654.
In seiner Antwort an die Stände vom 24. Nov./4. Dec. verharrt der Kur- 4. Dez. fürst bei seiner ersten Forderung von 3000 Mann zur Laudes-Defension. Stände sollten, statt Klage zu erheben, vielmehr mit Dank anerkennen, dass er fast der letzte aller Reichsstände sei, der zur Defension schreite; der Streit der Schweden mit der Reichsstadt Bremen, dessen Vermittlung man vergeblich erstrebe, nöthige, die Waffen in der Hand zu behalten. Eine bestimmte Zeit für die Dauer der Defension anzugeben, sei aus innern Gründen unmöglich. Vor allem müsse er auf die Solidarität aller Kreise behufs Aufbringung der Mannschaft bestehen, da es ihm nicht sowol um Geld als um Mannschaft zu thun sei.

Die Deputirten an den Kurfürsten. Dat. Berlin 28. Nov. 1654.

[Die Verletzung des alten Usus der Verhandlungen durch Schriftsätze. Gebot von 2000 Mann Werbetruppen. Bedingungen dafür.]

1654.
„Als E. Ch. D. am abgewichenen Freitage, nämlich den 24. huj., 8. Dez. durch Dero hierzu geordnete Herren Geh. Räthe dem erforderten Ausschusse der hiesigen anwesenden Land-Stände Ihre gn. Erklärung auf unsere unlängst eingegebene unterth. Exception-Schrift vortragen lassen, so ist uns ein solches hinwieder in pleno hinterbracht worden.

Und gleichwie nun die Deputirte unsres Mittels alsofort bedingt haben, dass sie diese Replicam andrergestalt nicht als citra praejudicium annehmen könnten, als ersuchen E. Ch. D. wir nochmaln ingesammt gehorsamst, dass dergleichen modus zu tractiren zu keiner Nachfolge gereichen, sondern vielmehr nach dem bishero zu jeder Zeit üblichen Gebrauch und Herkommen E. Ch. D. Resolutiones den Ständen in Schriften allemals mögen mitgetheilt werden, damit um soviel mehr Dero gn. Willensmeinung recht könne eingenommen, die Acta bei solchen Conventibus vollkömmlich beigelegt und wir nicht mit einiger Verantwortung bei unsern Committeuten und Heimgelassenen darüber mögen belegt werden. — —

(Sie wären nicht gegen die Defensionsverfassung an sich), „sonderlich weil E. Ch. D. ihnen hierdurch zu wissen gemacht, dass die Defension bei itzigem anstehenden Kreistage zu Leipzig albereit feste geschlossen sei". Sie seien daher zu 2000 Mann erbötig, „wie aber nun solche herbei- und aufzubringen sein wollen, deswegen seind wir in nicht geringen Sorgen; dann obgleich etliche Kreise, jedoch citra ullum praejudicium versucht haben, wie dieser modus zu practiciren sein möchte, so finden sie doch dabei solche Schwierigkeit und Mangel an dergleichen Leuten im Lande, dass sie und wir allesammt in Furchten stehen müssen, dass auf diese Wege die Mannschaft nicht aufzubringen sein wolle; sondern halten vielmehr nochmaln unterth. dafür, dass E. Ch. D. dieselbe viel ehe und mit weniger Mühe würden können auf die Beine bringen lassen, weil Sie Ihre Werbung auf dergleichen Wart-Knechte nicht allein hie, sondern in andern Dero Landen und auch gar an den benachbarten Oertern im Reich anstellen lassen können, da doch hingegen die Stände weiter nicht als ein Jeder in seinem Circulo sich umzuthun vermag; wonach sich dann auch zwarten nochmaln ein jeglicher Ort mit allem behörigen Fleisse umschauen wird; wann aber dessen allen ungeachtet die Herbeischaffung der Völker nicht zu vollführen stünde, so würde pro Extremo kein ander Mittel übrig verbleiben, als dass die Mannschaft aus der Zahl der vorhandenen Landleute müsste genommen und angeschafft und jedem Kreis und jeder Stadt freigelassen werden einen gewissen numerum zu setzen, die unter sich einen ausmachen müssten, der die Wart-Gelder nehmen und auf den Nothfall die Kriegesdienste versehen sollte! Dabei aber nochmaln die Beisorge verbleibt, dass mit einem solchen Ausschuss vom Landvolke E. Ch. D. nicht allerdinge gedient sein möchte. Es würde auch darüber das Land am Volke und Anzahl der besetzten und contribuablen Hufen merklich gemindert und sowol E. Ch. D. als auch die Stände der Unterthanen, die doch mit so grosser Mühe bisher erhalten worden, entblösst werden." —

Was die Zeit der Aufbringung betreffe, so werde der Leipziger Kreistag darüber ja Bestimmungen treffen, die auch für die Marken gelten könnten. „Als geleben wir der unterth. Zuversicht, E. Ch. D. denselben (den Schluss des Kreistages) zur Norma hierunter lassen, auch der Reichs-Execution-Ordnung de Anno 1555 nach den Ständen gn. wissen lassen werden, wie lange und auf was Weise die zu des Reiches gemeiner Ruhe und Frieden angesehene Hülfe und Verfassung zu Leipzig sei concludirt worden."

Sie wiederholten zunächst ihr früheres Gebot, die Truppen ein Jahr lang, bis Martini 1655, zu unterhalten.

„Wann aber über alles Verhoffen sich auch zu der Zeit ein auderes finden sollte, so werden E. Ch. D. mit Dero Ständen sich alsdann anderweitig nach Billigkeit und der Continuation halber wol zu vergleichen haben." Sollte die Ruhe im Reich vor Ablauf des Jahres wiederhergestellt sein, so hofften sie auf Entlassung der Truppen auch vor diesem Termin. „Dass aber E. Ch. D. den Ständen zumuthen lassen, die Mannschaft continue im Lande complet zu halten und die Recruten dabei bis zum Aufbruch über sich zu nehmen, solches wird ihnen schwer und fast unmöglich fallen und würden sich darunter zu einer sehr grossen Bürde und Dienstbarkeit verpflichten.

Wir seind vielmehr der Zuversicht, dass wann die Mannschaft einmal beisammen und geliefert, auch gemustert, in Pflichten genommen, und die Rollen eingehändigt, dass alsdann den Ständen dazu weiter zu antworten nicht werde zugemutet werden, wie wir dann unterth. bitten, sie davon alsdann zu entheben. — —

Zu der Artiglerie, Munition, Kraut und Loth auch Gewehr der Musqueten werden E. Ch. D. viel ehe und leichter gelangen können, als Dero getreueste Unterthanen, weil Sie des Salpeter-Siedens und Ausgrabens als eines Regalis sich gebrauchen, zu dem Gewehr auch aus Ihren Zeughäusern Rath schaffen können; sonderlich weil die Bewehrung der Soldatesqua von den Herrschaften gemeiniglich geschieht und aus den Zeughäusern genommen wird. E. Ch. D. werden auch dabei erwägen, dass, wann das Gewehr von den Kreisen und Städten hergeben werden sollte, wie ungleich und untüchtig dasselbe sein und der Armatur eine ziemliche grosse Unzierde bringen würde.

Bei der achten Condition ist das Wort auswärtig von uns wol nicht anders als dahin verstanden worden, dass ausserhalb dieser E. Ch. D. Churlanden diese Völker nicht möchten gebraucht werden, dann weil diese ganze Sache auf die Reichs-Execution- und Defension-Ordnung fundirt ist, so kann dieselbe ausser dem Röm. Reich keine Statt haben, würde sich auch nicht dahin erstrecken, wann ein oder anderer im Röm. Reich besessener Fürst in einem particular negotio Succurs bei E. Ch. D. suchen sollte."

Auch die übrigen Forderungen betr. das Jus indigenatus für Offiziere, die Jurisdiction der Magistrate über civile Klagen gegen Soldaten, die Ertheilung eines Moratoriums für die bisherige Contribution werden alle aufrecht erhalten.

Kurfürstliche Resolution auf die Eingabe der Stände vom 28. November. Dat. Cölln a./Sp. 13. Dezember 1654.

1654.
29. Dez.

[Ihre Abstriche. Die Erhaltung ihrer Freiheiten.]

(Die Heruntersetzung der Zahl der Truppen von 3000 auf 2000 Mann müsse er, schweren Herzens, acceptiren.) „Sollte aber, da Gott vor sei, künftig befunden werden, dass diese der Stände menage dem Lande nachtheilig gewesen, wird man Sr. Ch. D., die es gern anders und besser gesehen, deshalb nichts beizumessen haben.

Wie aber diese Mannschaft ohne des Landes zu grosse Beschwer herbei- und aufgebracht werden möge, dasselbe wollen S. Ch. D. Dero Ständen zum besten ferner gn. überlegen und an die Hand geben lassen.

Dass man's aber auf einen Ausschuss vom Landvolk richten sollte, finden S. Ch. D. gar nicht gerathen zu sein.; Sintemaln die klägliche Erfahrung in dem langwierigen Kriege fast durchs ganze Reich erwiesen, wie wenig auf dergleichen zum Theil unwillige und mit andern Handtierungen distrahirte Leut auf den Nothfall sich zu verlassen sei; da hingegen die von denen Ständen angezogene Incommoda, dass das Land dadurch an Mannschaft erschöpft und die Land-Steuern geschwächt werden, unfehlbar drauf folgen müssen."

Zu den von den Ständen aufgestellten 12 Cauteleu übergehend heisst es weiter:

„— — Bei der fünften (Cautel) versichern S. Ch. D. Dero gotr. Stände nochmaln, dass diese Verfassung nur blos, so lang die Noth und Gefahr währt, continuirt werden soll. Würde der gütige Gott, deme man so wenig der Gefahr als Hülf halber Ziel und Maass setzen kann, die Gefahr cessiren und das heil. Reich zu voriger Ruhe und Sicherheit kommen lassen, wollen S. Ch. D. dahin bedacht sein, wie Sie der Verpflegung der Völker, sobald als es sich wird thun lassen, mögen entbunden werden.

Es wird aber dannoch auch auf solchen Fall vonnöthen sein, fleissig zu überlegen und gewisse Eventual-Verordnungen zu machen, wie in Entstehung dieser Mittel das Land gegen subitaneos casus, die Gott in Gnaden abwenden wolle, beständig zu versichern sein möchte. So seind auch fürs sechste S. Ch. D. Dero gotr. Stände bei so gestalten Sachen und solang Gott ihre Lande vor Durchzügen, Einquartierung und andern dergleichen Feindseligkeiten in Gnaden bewahrt, ein mehres von Werbungen oder Musterplätzen anzumuthen gar nicht gemeint, sondern lassen's Ihr vielmehr möglichst angelegen sein, damit auch gegen feindliche Angriffe Sie hinwiederum Dero Kreis-Verwandten und andern Reichs-Stände Hülf und Succurs versichert sein mögen. Bei jetzigem Zustand aber würde so wenig Ihrer eigenen Sicherheit als der Kreishülf halber S. Ch. D. auf die jetzige Verfassung Staat machen können, wann nicht ein jedweder Kreis die Seinigen complet zu halten und zum Aufbot völlig zu gestellen verbunden bleiben sollte. Und wird ein solch freiwillig übernommenes Werk und durchgehende Gleichheit ihnen in keinerlei Weg zur Dienstbarkeit gedeutet, sondern vielmehr vor eine rühmliche Vorsichtigkeit überall geschätzt werden.

Bei jetzigem Zustande wollen S. Ch. D. wegen des Stabs und ersten Blatts der Officirer den Ständen nichts anmuthen. Wann aber das Volk entweder im Lande zu Kriegs-Actionen käme oder dass mit einiger Anzahl desselben des Reichs Hülf würde zu leisten sein; auf solchen Fall werden sich die Stände einer solchen moderirten Verpflegung und Tractament, wie S. Ch. D. denen anjetzo in wirklichen Diensten begriffenen reichen lassen und die Kreis-Ordinanzen mit sich bringen, nicht entziehen können.

Mit Obergewehr, weil die Stände in Eil damit aufzukommen nicht vermögen, wollen S. Ch. D. anjetzo aushelfen. Nachdem aber denen Ständen selbst daran gelegen, dass die Zeughäuser und Vestungen, darauf nächst Gott die Sicherheit des Landes beruht, nicht entblösst werden, so würde solcher Abgang von den Ständen nicht lang unersetzt können gelassen werden."

Den Reichs-Satzungen, Executions- und Defensions-Ordnungen sei er nachzuleben völlig bereit, doch müsste die Kriegsverfassung eines Landes nach der Gefahr und Nothwendigkeit eingerichtet werden.

„Wie es vor's Neunte S. Ch. D. vor ein sonderbares Glück und Zierde dieser Ihrer Chur-Lande zu schätzen haben, dass darinnen an qualificirten und kriegserfahrenen Subjectis nicht ermangelt, also haben die Stände auch nicht zu zweifeln, dass bei dieser Verfassung und sonsten S. Ch. D. dieselbe allewege in gebührende Consideration nehmen und nicht practeriren werde. Versehen Sich aber auch, dass Ihre getr. Stände es in diesem Fall mehr auf die Gnade werden wollen ankommen lassen, als dieselbe durch einige Praecisirung zu verbinden suchen, in Anmerkunge, dass Sr. Ch. D. zu diesen Landsassen sonderbare tragende Zuneigung darob gnugsam abzunehmen, dass Sie dieselbe zu den höchsten Chargen in allen seinen andern Landen herangezogen."

Die Jurisdiction verbleibt den Ständen auch in Criminalibus et atrocioribus delictis, so lange die Knechte im Lande und nicht in actione sind, da aber auch der Oberste oder das Regiment dieselben abholen und vor sich den Process machen lassen wollte, würden die Stände, der von den Knechten geleisteten Pflicht gemäss dieselben abfolgen zu lassen sich nicht zu verwehren haben. Ein Nachlass an Kriegssteuern sei unmöglich.

Durch eine kurfürstliche Verordnung vom 19. December wird der Tag auf den 20. Januar 1655 vertagt.

1655.
3. Febr. In ihrer Erklärung vom 24. Januar 1655 geben die Deputirten, durch die Stimmung der „Heimgelassenen" beeinflusst, noch unter ihr erstes Gebot zurück. Sie erklären sich nur für den Unterhalt von 1000 M. Besatzungstruppen auf ein Jahr bevollmächtigt und bieten statt der für die 2000 M. nöthigen 30,000 nur 16,000 Thlr. Sollte die Aufbringung des zweiten Tausend Soldaten durch die Lage des Reiches und Landes erforderlich erscheinen, so seien sie zur Bewilligung von noch 5000 Thlr. Werbegeldern für diesen Fall ermächtigt.

Der Kurfürst lässt ihnen am 25. Januar durch seine Räthe erklären, dass er von der Zahl der 2000 Mann als Minimum nicht heruntergehen könne, derart dass 800 nach Spandau und je 600 nach Küstrin und Peitz gelegt würden. Auch seine übrigen Forderungen hält er aufrecht, nur gibt er nach, dass Landleute und Handwerker unter den Soldaten gegen Lohn bei den Gutsherrschaften und in den Städten in Arbeit gehen könnten. Was die Aufbringung der Contribution beträfe, so erscheine es am bequemsten und sichersten, wenn das Land in zwanzig Districte getheilt und
1655. jeder derselben einem Offizier zur Erhebung der darin fälligen Quote zu-
5. Febr. ertheilt würde. In ihrer Antwort vom 26. d. M. kommen die Deputirten auf den Vorschlag zurück, dass der Kurfürst 1000 Wart-Knechte und 10000 M. aus dem Landvolk ausheben, diese letzteren indess nicht aus dem zu bewilligenden Wart-Gelde, sondern der bestehenden Contribution unterhalten würden. Auf das entschiedenste verwahren sie sich gleichzeitig gegen den Versuch des Fürsten die alte autonome Contributionsverwaltung durch ein Militär-Commissariat zu ersetzen;

„Die beschehene Abtheilung hat auch gar keine Proportion nach dem gebräuchlichen modo Quotisationis in sich. Es wollte auch plane inauditi exempli sein, da über 200 und mehr Jahre her das Land in gewisse Haupt-Kreise und Neben-Circulos, auch in gewisse Städte, und fernerweit in zwei Corpora der Ritterschaft und Städte abgetheilt gewesen und man sich dabei wol befunden hat, dass nunmehr allererst ohne einige Noth dasselbe sollte reparirt und in subdivisas portiones gestellt werden.

Es ist auch, gn. Churfürst und Herr, uns etlichermassen nachdenklich vorkommen, dass dieses E. Ch. D. postulatum, welches etlichermassen gar etwas Neues in sich hält, blosserdings sub verbis praecepti an die Stände gebracht worden. Da doch in solchen voluntariis subsidiis jederzeit auf eine andere Weise procedirt und dergleichen postulata durch gn. Ansinnungen gefordert worden, wie solches mit den Actis gnugsam zu bescheinigen."

Die Verhandlungen der nächsten vierzehn Tage fördern die Angelegenheit wenigstens soweit, dass die Stände die unerlässlichen Gelder für 1000 Werbesoldaten und 1000 M. Land-Aufgebot in Höhe von 35000 Thlr. auf ein Jahr bewilligen. Auf diese Bedingungen hin wird ein Recess am 9. Februar entworfen, in dem für den Fall der Fortdauer unruhiger Zeiten eine Verhandlung mit dem „Kleinen Ausschuss und Haupt-Städten" vorgesehen wird. Mehre Conferenzen zwischen den Räthen des Kurfürsten und den Vertretern beider Stände, denen diese und ähnliche Bestimmungen des Entwurfs von gefährlicher Tragweite erscheinen, führen zur Vereinbarung 1655. eines neuen definitiven Recesses vom 21. Februar. 3. März.

Nachdem im Eingang dieses Recesses noch einmal feierlich erklärt ist, dass die „Defension" nur zum Schutz des Landes bestimmt sei, heisst es: „Wozu Dero Stände gehorsamst verwilligt, zwei Tausend Mann z. F. zu werben und dazu noch in diesem Monat 5000 Thlr. Sr. Ch. D. zu erlegen, davon in diesem und folgenden Monat Martio Ein Tausend Mann sammt dem Obergewehr und Kraut und Loth zu verschaffen und herbeizubringen. Zum Unterhalt sothaner Tausend Mann wollen sie auf ein Jahr Vierundzwanzig Tausend Thlr. an solcher Münze, wie sie im Lande gang und gäbe ist, auf folgende Termine entrichten —." Nach der Erklärung, dass noch im Laufe des April wegen der andern tausend Mann 6000 Thlr. Werbegelder dem Kurfürsten zu zahlen seien, heisst es mit Rücksicht auf die Nothwendigkeit event. fernerer Verwilligungen nach Ablauf dieses Jahres, dass dann nicht, wie im ersten Entwurf gesetzt, ein Enger Ausschuss befragt werde, „sondern es wollen S. Ch. D. alsdann Dero getr. Stände oder, da summum periculum in mora sein würde, den Grossen Ausschuss der Ritterschaft und Städte convociren und nach reifer Berathschlagung mit ihnen tractiren lassen."

Auch mit der Fassung dieses Recesses noch nicht zufrieden, bestehen die Deputirten darauf, dass der Kurfürst sich ausdrücklich darüber reversire, dass die Bewilligung der letzten 6000 Thlr. Werbegelder für die zweiten 1000 M. durchaus keine Verpflichtung zum Unterhalt derselben für sie involvire. Demgemäss lässt der Kurfürst ihnen einen gleichfalls vom 21. Febr. datirten eigenhändig unterzeichneten Revers folgenden Wortlauts aushändigen:

„Zu wissen, obwol in dem Recess datirt Cölln a./Sp. den 21. Februar d. J. untengeschriebenen Jahres enthalten, dass Sr. Ch. D. zu Brandenburg etc. Dero gehorsame Stände . . 6000 Thlr. zu Werbung einiger 1000 Mann unterth. versprochen, dass jedennoch dabei ausdrücklich bedungen worden, dass die Stände zum Unterhalt dieser andern 1000 Mann, die gehors. verwilligt, gar nicht angehalten sein wollen, worinnen S. Ch. D. auch gn. überall consentiren. Zur Beglaubigung dessen haben S. Ch. D. dieses eigenhändig unterschrieben."

Die Noth des heraufziehenden Kriegs gestattete nicht, alle Bedingungen des Recesses innezuhalten. Schon im April ergeben Assignationen zu Aufbringung von Mitteln für die Artillerie, den Train, den Generalstab in die Kreise. Dieselben werden unterm 26. d. M. von den zu Berlin Anwesenden Deputirten von Prälaten, Herren und Ritterschaft mit den bittersten Klagen über die Unmöglichkeit dieser Leistungen wie den Verstoss gegen den Recess vom 21. Februar beantwortet und schliessen, freilich vergeblich, mit einem Appel an den milden Sinn des Kurfürsten. „E. Ch. D. werden dies alles als ein Vater des armen Landes gn. beherzigen und den mit vielerlei Last beschwerten Unterthanen kein mehres auflegen lassen, da wir und sie alle ohne das in unabsetzlicher Pflicht, schuldigster Treu, mit Gut und Blut allemal, wo es die Noth und unser Dienst erfordert, sterben wollen E. Ch. D. unterth. Gehorsamste". Durch Ausschreiben vom 5. Juni 1655 wird ein Deputationstag behufs neuer Verwilligung auf den 1. Juli berufen.

1655.
12. Juli.

Landtags-Proposition vom 2. Juli 1655.

(Die drohenden Zeitläufte erforderten neue Rüstungen.) „Zumaln Dero von Gott Ihr anvertraute Lande, auf deren Schutz und Beschirmung Sie zu gedenken sich schuldig erkennt, also belegen sein, dass, obgleich S. Ch. D. Niemand beleidigt, oder zu Streit Ursache geben, auch nicht zu thun gesinnt sein, dennoch die Gefahr Sie leicht zuerst treffen könnte." Die starken Rüstungen aller Nachbarn nöthigten zu Gleichem. „Und weil nun diese Armatur nicht nur zu eines, sondern zu allen Sr. Ch. D. Landen angesehen, als haben S. Ch. D. auch vor billig gehalten, dass der Unterhalt und Verpflegung der Völker aus allen Landen müsste genommen werden, und dahero die aufgerichtete Soldatesque proportionaliter in dieselbe vertheilt; da dann der Chur Brandenburg ein Regiment z. Pf. und zwei Regimenter z. F., die 1000 Mann, so in verschienen Winter verwilligt, mit eingeschlossen, zukommen.

Als zweiter Punkt wird zu überlegen sein, wie die Marche der aus den Clevischen und andern Sr. Ch. D. Landen anhero beorderten Völker am füglichsten anzuordnen."

Die Stände an den Kurfürsten. Dat. Berlin 6. Juli 1655.

[Verfassungswidriges Vorgehen des Fürsten. Die Lage des Landes. Die heilsame Politik.]

1655.
16. Juli.

Die Anwesenden Deputirten müssten zunächst entschieden gegen die Stellung der Frage protestiren: Wie die geworbenen Truppen zu verpflegen? statt der verfassungsmässigen: Ob sie in die Werbung überhaupt willigten? Der Recess vom 26. Juli 1653 und die darin auf 6 Jahre ein für alle Mal gewilligten 530,000 Thlr. gäben ihnen den begründetsten Rechtsanspruch bei ihrer Weigerung jeder neuen Leistung stricte zu verharren. Die Rüstungen der Benachbarten hätten keineswegs eine Nothlage für Brandenburg geschaffen, da gegen Schweden durch das Instrumentum Pacis Sicherung gegeben sei.

„Weil dann diesem allen also und sonnenklar, dass dies Verfassungswerk E. Ch. D., indem Sie Sich damit in Schulden setzen, und den Unterthanen, die damit conjungirt werden, höchst schädlich; so haben Unsere Heimgelassene uns expresse instruirt, demjenigen was vom 21sten Julii d. J. E. Ch. D. von den sämmtlichen Ständen unterth. eingegeben, nochmaln zu inhaeriren, und uns auf den Defensions-Recess und dessen Neben-Recess steif und fest zu gründen; und da dieses nicht verfangen wollte, die Sache dem höchsten Gott anheimzustellen, und in Geduld den Event zu erwarten." Sie hätten beschlossen, um dem Fürsten ihre Gutwilligkeit zu bezeigen, ihm eins für alles und mit dem Protest, dass dies ein subsidium charitativum sei, 30,000 Thlr. zu bewilligen „cum condicione, dass es in Naturalien zum Theil zahlbar, für den Rest ein Moratorium ertheilt und den Ständen ermöglicht würde, sofort wegen der Erndte in die Heimath zurückzukehren."

In der Antwort des Kurfürsten vom 9. d. M. wird nochmals die Nothwendigkeit der Rüstungen eingehend begründet, und die Unverbindlichkeit der alten wie'des neuen Recesses für den „casum inopinatae necessitatis" erklärt. Von der bisherigen Forderung für jedes Regiment zu 10 Compagnien monatlich 18,313 Rtblr. 18 gl. könne nichts abgelassen werden.

Die Stände kommen in ihrer Duplik vom 12. Juli auf die Landesverfassung zurück, besonders den Recess von 1653 „die fundamenta und umumstössliche vincula, worauf das gemeine Beste des ganzen Landes gebaut und E. Ch. D. mit Dero getr. Stände reciproce verbunden sein." Eine monatliche Contributionsbewilligung widerspräche ihren Instructionen; endlich bieten sie statt 30,000, 40,000 Thlr. Dies Gebot erhöhen sie am 17. Juli auf 50,000 Thlr. zahlbar bis Martini d. J. Da dies als das Höchsterreichbare erscheint, so wird es von den Räthen angenommen und der Tag geschlossen.

318 III. Die Militärfrage und der Nordische Krieg, 1654—1660.

Propositionen auf dem Grossen Ausschusstage, vorgetragen vom Statthalter, Graf Wittgenstein am 1. Mai 1656.

1656.
11. Mai.

Die Propositionen betreffen folgende sechs Puncte:
1) die Einbringung der in den 4 ersten Monaten fälligen 180,000 Thlr.
2) die Belassung bei der bisherigen Quotisation, ohne dass damit
3) den Ständen benommen ist, sich anderweit zu vergleichen.

Sollten die fälligen Gelder nicht rechtzeitig aufgebracht werden, so wird die mehrmals angedrohte Militär-Execution durch General Derfflinger zur Ausführung kommen.

4) Die Verzögerung der Zahlung und damit der Auszahlung der Werbegelder, die eine Verzögerung des Abmarsches nach Preussen um 14 Tage zur Folge hat, nöthigt zur Nachforderung einer halben Monatscontribution in Höhe von 20,000 Thlr.

5) Die Lieferung des Unterhalts in natura statt des Geldes ist zulässig.

6) Obrigkeiten und Magistrate haben durch rechtzeitige Aufbringungen für die Ordnung auf den Märschen Sorge zu tragen.

Der Ritterschaft der Alt-, Mittel- und Uckermark Erklärung.
Dat. Berlin 5. Mai 1656.[1])

[Beharren bei dem alten Quotisations-Recess; Vorwürfe gegen die Ansprüche der Städte; über die Nachforderung und Beihülfe von den Grenzkreisen keine Instruction.]

1656.
15. Mai.

Die Schuld an der verzögerten Einbringung treffe die Städte, die von der Ritterschaft dankten dem Kurfürsten für die Wahrung des alten Quotisations-Recesses, protestirten gegen die zu Gunsten der Städte gemachte Eintheilung.

„Und sehen nunmehr die Anwesende Deputirte umsovielmehr, wie gefährlich die Städte mit der Ritterschaft umzugehen gedenken, indem sie lieber eine Separation beider Corporum erwählet, ehe |: wie in propositione gedacht :| Sr. Ch. D. gn. Begehren und Willen nach, sie sich vermöge der Quotisation einer rechtmässigen Eintheilung halber mit der Ritterschaft vergleichen wollen. Ja sie haben unter einander ihre eigene Verfassung disputirt und sich von hiesigen beiden Residenz-Städten gleichfalls getrennt, dass man wol sieht, wie sie bei sothaner Confusion nach einer Neuerung trachten und dazu alle Gelegenheit suchen. Und ob diese Residenz-Städte obenermassen vor andern merklich praegravirt sein sollten, so haben sie doch bei den

---

[1]) Die Deputirten der Prieguitz und Neumark werden als am Erscheinen verhindert entschuldigt; die Städte votiren für sich, da sie mit der Ritterschaft über die Quotisation im Streit liegen.

Ritterschaften nicht stehen wollen, sondern seind auch a parte geblieben, sonder Zweifel, dass sie durch solche Conjunction den gesammten Städten an dem wieder der rechten Quotisation vermeinten Anschlag künftig einmal nicht möchten nachtheilig sein und diesen Actum auch dermaleins für sich anziehen können; dawider doch die sämmtliche Ritterschaft der Chur und Mark Brandenburg quam solemnissime protestiret. Was nun solche separationes der Ritterschaft und Städte, ja solche Zerreissung der Städte unter einander selbst, insonderheit bei bevorstehender Gefahr, da die Einigkeit zum höchsten nöthig, unserm lieben Vaterlande für ein gefährlich und schädlich Werk sei, solches weisen S. Ch. D. in dem getroffenen Quotisations-Recess selber an und haben denselben für ein unauflöslich Band der Stände wider alle Zerrüttungen billig erachtet."

Davon abgesehen, sei man bereit, den ganz enervirten Ucker- und Neumärkischen Kreisen und einigen Städten Erleichterung zu gewähren.

Die Neuforderung für die unverschuldete Zögerung in Aufbringung der Werbegelder könne ob defectum mandati nicht bewilligt werden.

Die Deputirten der Städte an den Statthalter Wittgenstein.
Dat. Berlin 6. Mai 1656.

[Die Neue Quotisation ein Werk des Fürsten; der Vorwurf der Ritterschaft gegen sie daher grundlos. Für die neuen Forderungen ohne Instruction.]

1656.
16. Mai.

"— — — Als auch hiernächst S. Ch. D. zu Dero Stände Belieben gestellt sein lassen, ob sie in solcher Eil, wie die gegenwärtige Noth erforderte, sich einer andern Eintheilung der 180,000 Thlr. vergleichen wollten oder könnten, so haben die Deputirten der Städte sich auch hierüber zusammengesetzt, ihre Gedanken und wie weit sie von ihren Principalen instruirt, einander eröffnet und sich eines gewissen conclusi verglichen. Als sie aber dem alten Herkommen gemäss zu denen von der Ritterschaft erfordert, und bei ihnen ihr Votum ablegen wollen, haben sie bei diesem Punct von denen von der Ritterschaft verstanden, wie sie eine Repartition über die 180,000 Thlr. nach dem Quotisations-Recess anlegen und davon nicht abweichen wollten. Dahero dann ihnen die Deputirte der Städte |: ausserhalb Berlin und Cölln, so gravirt zu sein vermeinen, ihnen ihre Notdurft vorbehalten wollen :| soviel, dass sie sich in solche Repartition nicht einlassen könnten, remonstrirt, weil die Städte oder dero Deputirte zu solcher Eintheilung keine Ursach gegeben, viel weniger dieselbe gemacht oder machen helfen und also mit derselben Niemanden graviren können, sondern dass S. Ch. D. besage E. Hochgräflichen Excellenz und Gnaden Proposition, eine solche Eintheilung, in Ansehung einiger enervirten Städten ein mehres aufzubringen nicht möglich, und da es geschieht, ohne Effect sein wollte, verfertigen lassen. Dass auch wegen des kundbaren Unvermögens der armen enervirten Städte die Satisfaction so einige gravirte praetendiren wollten an sich solbst verboten, zu geschweigen, dass nebenst dieser überaus grossen Contribution die armen enervirten Städte noch mit schwerer Einquartierung belegt wären. Welches alles aber bei denen von der Ritterschaft nichtes fruchten wollen, sondern haben sich vielmehr einer Separation und dass sie bei E. Hochgräfl. Excell. und Gnaden mit ihrer Notdurft a part einkommen wollten, vernehmen lassen; welches dann die Deputirten der Städte dahin gestellt sein lassen müssen und verursacht worden, bei E. Hochgrf. Excell. und Gnaden mit dieser gehorsamen Resolution wegen der Städte auch absonderlich sich einzufinden."

Wegen der Nachforderung der 20,000 Thlr. und der Beihülfe der Grenzkreise im Fall ausserordentlicher Belegung mit Kriegsvolk, Dinge, die im Ausschreiben nicht enthalten gewesen, seien sie nicht instruirt.

„Und nachdem E. Hochgrf. Excell. hieraus sattsam ersehen, dass die Deputirten der Städte sich zu einiger Satisfaction nicht versehen können, ersuchen sie, ihnen die Heimkehr zu gestatten."

Unterm 9. Mai wiederholen die Städte einer zweiten Aufforderung zur Bewilligung der Nachforderung gegenüber ihre erste motivirte Ablehnung. Betreffs der Verpflegung werden sie sich gemäss dem 12. Juli 1655 mit der Ritterschaft darüber geschlossenen Vergleich bezeigen.

Der Recess d. d. Königsberg 13. Juni 1656 registrirt die Bewilligung und Eintheilung der 180,000 Thlr. vorbehaltlich der Rechte der Ritterschaft auf die alte Quotisation und ihrer Ansprüche auf Entschuldigung für die diesmalige Mehrleistung und verspricht ohne dringendste Noth nie von der Berufung von Landtagen für Sachen von Belang abzugehen, „wie dann auch S. Ch. D. Dero getr. Stände, wo nicht summum periculum etiam in minima mora vorhanden, ordentlich et more consueto zu den Landes-Sachen und Verwilligung zu verschreiben unvergessen sein wollen." Auch für die 20,000 Thlr. Neubewilligung bleibt die bisherige Eintheilung bestehen. Die durchmarschirenden Völker werden die strengste Mannszucht beobachten. Da die Deputirten wegen Mangels an Instruction eine Zusage der Erleichterung der durch Märsche und Einquartierung bedrängten Kreise seitens der unbelegten ablehnten.

„Gesinnen S. Hochgräfl. Exc. nochmals gn., die sämmtliche Stände wollen diesen hochnöthigen Punct fleissig überlegen und mit ihrer Erklärung einkommen; sonsten werden Sie nicht umhin können, ex officio dergestalt eine Verordnung zu machen, dass der Marchirenden Völker Unterhalt auch Einquartierung und Servicen, auf ein gewisses gesetzt, nachmals dem Quotisations-Recess gemäss im ganzen Lande eingetheilt und denen, so den Vorschuss gethan, derselbe restituirt werde; zu welchem allem sich zwar die Deputirte blosser Dinge aus Mangel habenden Befehls nicht verstehen wollen, sondern solches zu hinterbringen auf sich genommen, so S. Hochgräfl. Exc. zwar endlich geschehen lassen; jedoch mit dem Erinnern, im Fall denen andern beschwerten Oertern keine Satisfaction gegeben würde, hierinnen, vorgesetzter Veranlassung nach, billigmässige Verordnung zu verfügen."

Der Kurfürst an die Stände. Dat. Königsberg 8. Sept. 1656.

[Der Sieg bei Warschau. Ermässigung der Contribution auf den vierten Theil.] 1656. 8. Sept.

„Gleich wie Wir Zeit Unserer währenden mühsamen und beschwerlichen Regierung alle Unsere Rathschläge, Mühe und Sorgfalt einzig und allein dahin gerichtet, damit zuforders dieselbe dem Allerhöchsten gefallen, dann auch Unsere gehorsame Lande und Leute in gutem Frieden und Ruhe und ohne sonderbare und Extraordinar-Beschwerden unter Unserm Schutz und Schirm sicher sein und wohnen möchten, also haben Wir Uns absonderlich sobalde anfangs, als sich das annoch währende Unwesen in Polen angesponnen, äusserst bemüht, auch keine Sorge oder kostbare Schickungen gespart, ob etwa dasselbe wieder in Zeiten gedämpft, die Irrungen in der Güte beigelegt und Wir nicht zugleich mit in dasselbe eingeflochten werden möchten. Wir sein auch bei diesem Unsern Vorsatz beständig verharret und davon Uns keineswegos bringen lassen, bis Uns endlich der König in Polen pp. Johannes Casimirus und theils der Senatorum so hart und unverantwortlich tractirt, dass wir zu Unser und Unserer Lande Rettung in eine nähere Conjunction der Waffen mit Ihrer Königl. Würde in Schweden zu treten und denenjenigen, welche Uns und Unsere Lande feindlich überzogen, die Hostilitäten auch von Tage zu Tage vermehrt, Uns entgegenzusetzen genöthigt worden, gestalt dann auch der Allgewaltige Gott die conjungirte Waffen dergestalt nach seiner grossen Barmherzigkeit gesegnet, dass or Uns den 30sten st. n. des abgewichnen Monats Julii . . bei Warschau eine herrliche Victorie verliehen, in welcher nicht allein der mächtige Feind das Feld räumen, sondern auch nebst seinen Stücken und Ammunition die Bagage, gemachten Werke, Schiffbrücke und Warschau selbst Uns hinwiederum lassen müssen.

Als Wir nun diesen grossen Sieg allein Unserm Grossen Gott im Himmel zuschreiben und seiner göttlichen Barmherzigkeit für die verliehene Gnade inniglich Dank sagen, so erinnern Wir Uns dennoch auch dabei aus landesväterlicher Liebe und Treue Unserer gehorsamen Lande und Unterthanen und absonderlich Eurer unterth. Bezeigung, indeme Ihr nebst andern Euch gehorsam und willig erwiesen und, ohngeachtet es zu Zeiten ziemlich schwer gefallen, dennoch aus sonderbarer unterth. Liebe gegen Uns, als Euern von Gott vorgesetzten Landesherrn, niemaln die Hände sinken lassen, sondern Uns allemal unterth. unter die Arme gegriffen und also auch ein Theil zu der erhaltenen Victorie durch Hergebung der Mittel zugleich mit contribuiret. Und wie Wir nun diese Eure unterth. Treue, Liebe und geschehene gehorsamste Handbietung mit gn. Dank allemal erkennen werden, also versichern Wir Euch auch hiermit gn., dass Wir Uns Euer Aufnehmen und die würkliche Erleichterung der Beschwerden in der That angelegen sein lassen wollen.

Ob Wir auch gleich noch zur Zeit, wie gerne Wir auch immer wollten, des annoch währenden bekannten Zustandes halber, Euch der Last gänzlich nicht entheben können, so haben Wir jedennoch die monatlichen Contingente, wie aus der Beilage zu ersehen, aus gn. Gegenliebe gegen Euch, dergestalt erträglich einrichten lassen, dass Ihr Euch verhoffentlich darüber zu beschweren keine Ursach, vielmehr Unsern beständigen Willen Euch würkliche Linderung widerfahren zu lassen gehorsamst abzunehmen und zu erkennen haben werdet; und hat über diesem Niemand ohne Vorzeigung Unsres ausdrücklichen Special-Befehls etwas von Euch abzufordern oder zu begehren.

Wir tragen aber auch zu Euch das gn. Vertrauen, Ihr werdet solches allemal willig und zu rechter Zeit einsenden, an gehörigen Ort ohne Säumniss einreichen und wie bisher also auch inskünftige Eurem schuldigsten verpflichteten Obliegen nach einer ungefärbten und wahren unterth. Treue beständig verharren, den Allerhöchsten neben Uns um Wiederbringung des edlen Friedens inbrünstig anrufen und Euch Unsrer Huld versichert halten."

In den Monaten September und Oktober 1656 werden gleichzeitig, neben dieser bedeutenden Herabsetzung der Contribution, die Stände des Landes zur Herstellung der Defension im Lande angewiesen. Die Lehendienste der Ritterschaft, die 4,000 Mann Miliz der Städte, die Fortification dieser letztern, alles soll in solchen Stand gesetzt werden, dass das Land erforderlichen Falls seinen Schutz gegen Angriffe von Nachbarn oder feindliche Einlager der Schweden in sich selbst finde. Daneben wird auf den 28. Oktober d. J. ein neuer Anschusstag berufen, dem am 1. November die Propositionen des Kurfürsten durch Wittgenstein vorgelegt werden. Dieselben laufen auf eben dies, wie auf die Rekrutirung einiger in Preussen befindlichen, gegen Polen kämpfenden Regimenter hinaus. Die Deputirten suchen dem gegenüber die strikte Sonderung des Kriegs des Herzogs von Preussen gegen die Krone Polen von der freundschaftlichen Neutralität des Kurfürsten von Brandenburg neben dieser Krone aufrecht zu erhalten; ein Standpunkt, dem sie in einem direkten Schreiben nach Königsberg vom 7./17. November Ausdruck geben. Nach der Berathung von Abmahnungsschreiben an den König und die Proceres Regni Poloniae „haben Ihre Hochgräfl. Excellenz (Wittgenstein) den hier versammelten Depp. den 5. November E. Ch. D. anderweites gn. Rescript antragen und vorzeigen lassen, darin E. Ch. D. zur Recrutirung derer Regimenter in Preussen 775 Reuter und 420 M. z. F. in diese Kurlande zu werben begehren. Ob nun zwar die getreuen und gehorsamsten Stände, gleichwie vorgeschehen also auch noch allemal und soviel einige menschliche Möglichkeit reichen können, E. Ch. D. gerne untertbänig und gehorsamst an die Hand geben wollten, so werden E. Ch. D. doch dieses bei itzigem Zustande gn. und landesväterlich in Consideration ziehen, in was grosser Gefahr man diese Churlande setzen würde, wann die Polen erfahren sollten, dass man für deren Regimentern, die wirklich wider sie gebraucht worden, einige Recruten zu machen verstatten und ihnen noch dazu Werbegelder, Lauf- und Musterplätze geben wollte." Sie bitten daher in tiefster Demuth sie damit zu verschonen, damit man den Polen keinen Vorwand zu Einfällen gebe, und die bisher gehabte nachbarliche Freundschaft ferner zu hegen und zu unterhalten.

Diese Eingabe wird schon durch einen wiederholten Befehl des Kurfürsten d. d. Labiau 9. November überholt.

Die Deputirten der Ritterschaft an den Statthalter Graf Wittgenstein. Dat. Berlin 11. November 1656.

[Unvermögen des Landes zur Defension.]

1656. 21. Nov.

Nach einer Klage über die Separation der Städte und den Beginn des polnischen Kriegs ohne jegliche Mittheilung an die Stände erklären sie die Ausführung des Befehls zur Bereithaltung der Lehnpferde bei dem Ruin derer von Adel und ihrer Unterthanen für unmöglich.

„Und wann sich schon ein Jeder aufs Aeusserste angreifen und mancher armer Edelmann selber aufsitzen sollte, so würde doch der dritte Theil schwerlich aufkommen." Diese geringe Zahl sei zum Widerstand, zumal einem so barbarischen Feind gegenüber, doch zu schwach und würde dadurch event. geschehen „dass der noch übrige

Rest des Adelstandes in einer unglückseligen Stunde um Gut und Blut kommen könnte. So würden gleichfalls durch solcher weinigen Anzahl der Lehnpferde auch manchen die Augen geöffnet werden, die bisher wol eine grosse Reflexion auf hiesige Adel- und Ritterschaft gehabt und sich im Fall der Not von derselben wol soviel Tausend, als nicht Hundert auskommen möchten, eingebildet haben." Aus diesen und andern Ursachen möchte der Statthalter den Kurfürsten vermögen, dass er von seinem Vorhaben abstehen, „auf andere wirkliche Defension-Mittel gn. gedenken und sie von solcher schweren Last — — vor diesmal verschonen wolle". Nachdem die anderen Gründe specificirt sind, heisst es „endlich, so sehen die von der Ritterschaft nicht ab, wie die Städte zu ihrer Anzahl Fussvolk gelangen können, ohne welches auch die Lehn-Pferde nicht fortgehen dörfen" — — — — —

„Was den Ausschuss (Landwehr) der Unterthanen auf den Dörfern und die Bewehrung derselben betrifft, so befinden Deputirte aus Ihrer Heimgelassenen ertheilten Instructionen soviel, dass ein solcher Ausschuss vom Lande niemals gebräuchlich, und ist, wie aus dem Defension-Recess de anno 1627 zu ersehen, von der Ritterschaft allemal abgeschlagen. Zudem würde ein geringer Ausschuss zu machen sein, weil diejenige, so vor diesem gedienet, fast alle wieder mit fortzuziehen gezwungen worden, die Knechte seind weggeworben, und wann der Ausschuss von denen noch wohnenden Unterthanen genommen werden sollte, würde es an der Contribution sehr abgehen, weil sowol diejenige, auf die die ausgeschossen fallen möchten, als die, so sie unterhalten und lohnen sollen, von der Contribution würden frei und exempt sein wollen, wie sich dessen schon viel verlauten lassen."

Gegen die Bewehrung der Unterthanen spreche die Besorgniss, dass sie sich dann „nicht allein der Contribution und Schössen, sondern wol gar ihrer schuldigen Dienste gänzlich entziehen"·

Sie proponiren dagegen die Annahme einer gewissen Zahl von Reitern und Fussvolk für die Dauer der Gefahr eines Einbruchs, wenngleich Städte dem widersprächen.

Antwort des Statthalters auf der Ritterschaft Erklärung. Dat. Cölln a./Sp. 22. November 1656.

[Zurückweisung ihrer Ausflüchte. Alle Forderungen aufrecht erhalten. Vorwurf wegen Gravirung der Städte und Mahnung für jetzt auf die Bestimmungen des Quotisations-Recesses von 1653 zu verzichten.]

1656.
2. Dez.

Da seine, des Statthalters, Bemühungen zur Wiedervereinigung der Stände, nach der Erklärung der Städte an dem entschiedenen Widerspruch der Ritterschaft gescheitert wären,

„Als können S. Hochgrfl. Excell. und Gnaden aus sothanen derer Städte Bericht und der Herren Deputirten berührten Beantwortung nicht anders erklären und schliessen, dann dass sie, Herren Deputirte, die eigentliche Autores sothaner schädlichen Separation seien, und müssen Sie dahin gestellt sein lassen, wie die Herren Deputirte dies ihr Vornehmen, wofern dieselbe nicht davon abstehen, gegen den Allwissenden Gott, welchen Sie selbst contestiren und S. Ch. D., U. gn. Herrn, verantworten werden. S. Hochgrfl. Exc. wollen dennoch das zur Sache ferner thun, was die Notdurft und Billigkeit, auch die Churf. Instruction vermag, und dann Gott und die Zeit walten lassen, von Herzen wünschende, dass die Herren Deputirte und ihre Principalen nicht zu spät bereuen mögen, dass Sie so gar alle wolmeinende Mittel und Vorschläge, so ihnen proponirt, aus Augen gesetzt und sich gar nicht bewegen lassen wollen."

Ihre Klage, dass bei der Belastung und Verpfändung der Güter die Lehnpferde nur sehr unvollständig aufzubringen seien, sei grundlos, da der augenblickliche Besitzer oder Curator für deren Aufbringung hafte.

„So ist auch offenbar, dass den wenigsten Unterthanen an ihren praestationibus etwas erlassen werde, und wann solches gleich ex commiseratione etwan geschehe, kann doch bei gegenwärtigem Nothfall solches in keine Consideration kommen; sonsten würden alle Contribuenten darum Befreiung oder Linderung suchen, weil sie von ihren Zinsen nichtes bekommen, noch ihre Nahrung also, wie bei guten Zeiten geschehen, haben könnten; wollen dannenhero die von der Ritterschaft bedenken, dass sie gleichwol, sonderlich bei Sr. Ch. D. Regierung, ihrer Rittergüter geruhig genossen, nicht den wenigsten Heller davon dem Land zum Besten contribuirt und über dem diejenige 1000 Thlr. Capital, so sie bei Ererbung und Erkaufung derer Lehen wegen eines jeden Lehn-Pferdes abziehen und innebehalten, ohne Verzinsung nun so geraume Jahre und Zeit gehabt und doch kein Lehn-Pferd gehalten." Daher möchten sie umgehend mittheilen, wie stark sie ihrer Pflicht nach aufreiten würden, zumal zu Werbungen jetzt keine Zeit sei. „Dass auch ein Ausschuss vom Lande gemacht und in Bereitschaft gehalten werde, erfordert die unumgängliche Noth, so, wie öfters angezogen, auf kein Gesetz, Herkommen, Recess und Privilegium sieht, derhalben die Herren Deputirte ja nicht sich darauf beziehen können, was hiebevor niemaln geschehen und sie allemal abgeschlagen, — — — — zumaln ja bekannt, dass unvermuthete Einfälle und Streifen zuförderst das Land betreffen; warum wollte dann das Land, wann sonsten keine andere

Defension zu finden, sich nicht lieber durch einen Ausschuss zur Gegenwehr präpariren, dann vermittels Bestehung auf ihrer alten Gerechtigkeit und Gewohnheit sich selbst in anderer Leute Mutwillen ergeben. — — — — S. Hochgrfl. Exc. wissen auch nicht anders, dann dass alten Herkommens S. Ch. D. wolbefugt, den dritten Mann im ganzen Lande, ja endlich Mann vor Mann aufzubieten und hindert auch nichtes, was die Herren Deputirte von Erschöpfung des Landmannes, gewaltsamer Hinwegwerbung derer Unterthanen und Knechte, auch Verweigerung der Contribution abermals anführen, weil zu bedenken ist, ob man lieber das übrige alles, so noch einem Jeden verblieben, ja Leib und Leben, Weib und Kinder prostituiren, dann zur Gegenwehr vermittels grosser Beschwer schreiten solle." Dass die bewaffneten Bauern excediren würden, sei wol ebensowenig zu befahren, wie bei Aufstellung des Ausschusses der Altmark im letzten Kriege.

Zum Schluss geht die Antwort noch einmal eingehend auf die augenblickliche Trennung der beiden corpora zurück und weist nach, wie die Ritterschaft, die auf die Mehrbelastung der Neumark und der Städte nicht die geringste Rücksicht nehme, die ganze Schuld, und sie allein, trage. „Wann aber Neumark und Städte guter Einigkeit und durchgehender Gleichheit sich anerklären, worzu aber die Herren Deputirte sich durchaus nicht verstehen, sondern lieber alles leiden wollen, wem ist dann die Separation zu imputiren? S. Hochgrfl. Exc. sehen nicht, worinnen die Neumark und Städte sich mit der Ritterschaft conjungiren können oder sollen, dieweil man sie nicht einmal vor Mitglieder achten, sondern nur deswegen um sich leiden wolle, dass sie ohne alle Barmherzigkeit und christlicher durchgehender Gleichheit die grösseste und schwerste Last, Gott gebe ob sie darunter erliegen oder nicht, auf sich nehmen und tragen sollen.

S. Hochgrfl. Exc. und Gnaden wollen gern alles beitragen, so in Ihrem Vermögen ist, sich die Herren Stände, dass sie bei dieser Sach kein ander Interesse haben, als salutem hujus saepius dictae Reipublicae (sic), werden sich auch glückselig schätzen, wann Sie bei den Herren Ständen das in Güte erhalten, was die Notdurft und Billigkeit erfordert, als wann Sie kraft habender Churf. Instruction und Vollmacht ratione officii dieser wichtigen Sache einen Ausschlag geben sollten etc."

Duplik der Ritterschaft. Dat. Berlin 27. November 1656.

[Recrimination gegen die Städte. Lohnpferde ruhen auf Bauerngütern und Pächten. Freiwillige Steuern der Ritterschaft. Angebot von 500 Reitern auf 2 Monate. Der Ausschuss. Die 30,000 Thaler. Munitions-Gelder. Ablehnung jeder Aenderung der Quotisation.]

1656. 7. Dez.

Den Namen von Neuerern verdienten die Städte mit ihrem Verlangen, die Quotisation zu ändern, nicht sie.

„Sonsten bleiben Deputirte von Ritterschaft nochmals dabei, dass ihnen von Sr. Ch. D. Armatur und Intention keine hauptsächliche Communication gegeben. Es haben sich auch die Stände noch in Martio d. J. darüber beklagt, indeme sie nicht gewusst, wohin solches gemeint gewesen. Nunmehr aber, da leider die Gefahr für Augen und ein Jeder gnugsam sieht, dass ein Defensionswerk zu hiesiger Lande Versicherung aufs schleunigste vonnöthen, so haben Deputirte ihre Consultationes auch darauf vornehmlich gerichtet, wobei doch gleichwol E. Hochgrfl. Exc. und Gn. nicht so gar ungnädig nehmen werden, dass die Deputirte ihren Instructionibus zufolge in etwas mit anführen müssen, was sie bereit sub specie Defensionis hergeben und wie hoch sie vertröstet worden, dass theils der aufgebrachten Völker zu dieser Lande Bedeckung allein sollten employret werden und wäre solches, wann nur 1000 Lehn-Pferde nebst etlichen Fussvölkern auf den Grenzen stehen blieben, mit Gottes Hülfe dem Lande eine gnugsame Defension gewesen, dass man weder auf die Lehn-Pferde noch auf den Ausschuss gedenken dürfen, welche doch, wie mit vielen richtigen rationibus angeführt, nicht anders als sehr spät mit schweren Kosten des Nachtgeldes |: so täglich einen halben guten Gulden macht :| und endlich in einer unansehnlichen und verächtigen Anzahl aufkommen würden.

So müsse ja das gewöhnliche Nachtgeld |: sobald die Lohn-Pferde fortgeschickt werden :| unstreitig erfolgen, und können sie Deputirte oder vielmehr ihre Heimgelassene damit, dass es in Replica so kurz abgeschlagen, sich nicht abweisen lassen. Anno 1610 ist es noch wirklich ausgezahlt, Anno 1620 ist es versprochen und zwar auf jedes Pferd einen halben guten Gulden, Anno 1623 haben S. Ch. D. Georg Wilhelm höchstsel. Anged. solches zu geben sich entschuldiget, derowegen es auch mit den Lohn-Pferden zum Aufzug nicht gekommen.

Hiernächst gehet denen Deputirten der Ritterschaft ziemlich nahe, dass E. Hochgrfl. Exc. in mehrerwähnten Replica setzen lassen, dass die Lehn-Pferde auf die Rittersitze haften, da doch alle Lehnbriefe einhellig und klar besagen, dass zu Lehen verliehen werden diese und jene Pauer- und Cossaten-Höfe, Dienste, Pächte, Zinsen, Hütungen, Hölzungen, Fischereien etc. Und davon |: sunt verba formalia aller Lehnbriefe :| soll er Uns thun und dienen als Mannlehn und gesammter Hand Recht und Gerechtigkeit ist; wie der Herr Geheimte Rath Dr. Tornow als Lehn-Secretarius billig wissen wird und in keiner Abrede sein können. Zudem würde folgen, dass diejenige, so keinen Rittersitz haben, auch keine Lehn-Pferde halten dörfen. Nun seind aber unterschiedliche Geschlechter, als in der Altemark die von Bartensleben, die von Bülowen, und a. m., so unter Sr. Ch. D. keine Rittersitze haben, sondern mit Unterthanen, Diensten, Pächten und andern Intraden belehnt sein, und dennoch davon viel Lehn-Pferde halten müssen, zu geschweigen viel Exempel, da in der Theilung ein Bruder den Rittersitz allein, die andern aber nur von den Diensten und Pächten das Ihrige bekommen, und nichtsdestoweniger wegen solcher Pertinentien das onus feudale der Lehn-Pferde mit haben müssen. Womit dann verhoffentlich zur Gnüge wird beigebracht sein, dass die Lehn-Pferde von der ganzen Substanz der Lehngüter zu halten, und dass ein Vasall, wann er dies onus praestiren soll, dieselbe vor voll geniessen müsse. Denn ohne Zuthun der Unterthanen ist es unmöglich und wann diese sonsten was mehres contribuiren sollen, so können sie ihren Edelleuten wenig oder nichts zu den Rossdiensten helfen, dass also eines oder das andere cessiren müsse, wo nicht eine unerträgliche Last auf den Adel kommen soll; denn gesetzt, dass 600 Lehn-Pferde sollten aufgebracht werden |: welche 6 Compagnien machen würden :| so thun die Werbungsgelder, das Pferd nur auf 30 Thlr. gerechnet, 18,000 Thlr., der Unterhalt monatlich mit den Ersten Blättern und Rauchfutter 6000 Thlr. Sollte nun dieses der Adel de propriis geben, so würden, wo nicht in den ersten, doch gewiss in den andern Monaten, die meiste ausfallen, und das miserabile migrate ergreifen müssen."

Der Vorwurf des Statthalters, sie hätten bisher bei ruhigem Genuss der Güter keinen Heller davon contribuirt, sei ungerecht, der meisten Güter Ruin vom Kriege her auch noch vor Augen. Und ob sie wol durch ihre Unterthanen mehr dann zuviel contribuirt, indem sie das Ihrige an ihren Diensten und Pächten entbehren müssen, so haben sie doch manchmal sich selber angegriffen, und in vielen Kreisen unterschiedene Adelsteuer aufgebracht, davon sonsten im Ganzen Röm. Reiche Jure et Privilegio Nobilitatis die Nobiles eximirt seien. Soviel mensch- und möglich sei die Ritterschaft indess zur Leistung ihrer Lehendienste auch diesmal gern bereit. Dies Menschenmögliche besteht in 500 Pferden auf 2 Monate.

Betr. des Ausschusses würde der 20. Mann nur ein Geringes von wenigen Hundert ausmachen. Die Zulegung der Bischöflichen Amts-Städte und Amts-Unterthanen zu den Städten, würde einer Separation ähnlich scheinen, auch solche Oerter, wenn sie Volk aufbringen sollten, sich von der Contribution eximiren wollen, welches an der Ritterschaft Contingent mit deren grossem Schaden abgehen würde.

Die Defensions-Völker (Werbetruppen) seien, wie bisher, nur auf die Zeit der Gefahr anzunehmen, den Ständen neben dem Kurfürsten zu verpflichten, von Officieren aus der Stände Mittel zu befehligen.

Wegen des Landvolks Kreisaufgebot geben sie nothgedrungen nach, wollen aber aller daraus entspringenden Inconvenientien entschuldigt sein. Schon 1. Mai 1620 sei ein Befehl zur Abgabe der Waffen nach dem dort bestimmten Bewaffnungstermin dem Landmann vorgeschrieben worden; die Bauern der Altmark hätten nach hergestelltem Frieden freilich auch die Waffen abgelegt aber „ob sie es inkünftig so leicht thun würden, da sie wegen so vieler Auflagen je mehr und mehr desperat werden, stellt man Ew. Hochgr. Excell. zu dero hochvernünftigen Bedenken anheim." Ein solches Aufgebot im freien Felde würde sicher „nur auf eine elende Massacre hinauslaufen. So finden auch Deputirte gar keine Nachricht wegen Aufbringung des dritten Mannes, sondern bitten vielmehr, dass der höchste Gott diese Lande für dergleichen Extremitäten bewahren möge."

Die an der Grenze aufzustellenden Jäger-Bursche seien nach ihrer Meinung auch vom Kurf. zu unterhalten.

„Diesem folgt in Replica ferner, die Ritterschaft wolle den Städten die Zufuhr abschneiden; solches ist nun der Deputirten Meinung nicht gewesen, sondern dieses haben sie nur unterth. anfügen wollen, dass die Unterthanen dahin nicht würden zu bringen sein, dass sie den Städten zur Befestigung und Schanzen Dienste leisten sollten, und, da im Fall die Stände sie wider Willen einsperren und zwingen sollten, so dürften sie sich dadurch der Zufuhr entschlagen, woraus E. Hochgrfl. Exc. gleichwol keine geschworene Feindschaft werden schliessen können."

Die Aenderung der bestehenden Quotisation auch nur auf kurze Zeit sei verfassungswidrig und führe mit Nothwendigkeit zur Zwietracht unter den Ständen, wie die Aenderung der Eintheilung der 180,000 Thlr. aus den 4 ersten Monaten d. J. klar ausweise.

„Das angeführte Exempel wie in Holland die ordentliche Quotisation bei Seite gesetzt, und zu Zeiten andere Contributions-Mittel ergriffen werden, wird sich auf Unsere Chur und Mark Brandenburg gar nicht appliciren lassen, weil zwischen diesen und jenen Landen ratione situationis et commerciorum |: da auch der fremde und reisende Mann viel dazu geben muss :| ein grosser Unterschied ist, zudem wird bei diesem Exempel in Replica selber gestanden, dass sie solches gut-

willig und ohne Widerstrebung thun, denn sie seind zu allen Zeiten
damit einig; aber hier hat es mit dem Quotisation-Recess eine andere
Beschaffenheit, davon kann und mag die Ritterschaft nicht abgehen,
wird auch darin nicht willigen, sondern vielmehr dahin sehen, wann
ja alles beugen und brechen sollte, dass sie ihre Recesse, Jura und
Privilegia salva et integra behalten."

Betreffs aller übrigen Forderungen beharrten sie bei ihrer letzten Erklärung.

Eine Designation der 500 Lehnpferde weist der Altmark-Priguitz 121,
der Mittelmark 115, der Uckermark 48, Ruppin 16, Beeskow Storkow 8, den
Städten der Mittelmark 30, allen Ständen der Neumark 162 zu. Die Verhandlungen über die Contribution von 14,000 Thlr. monatlich, ausser dem Aufgebot, dauern indess bis in den Dezember hinein. Unterm 4./14. Dezember
ergeht noch ein kurfürstliches Rescript an sämmtliche Städte zur Aufbringung und einstweiligen Verpflegung des 20. Manns, Reparatur ihrer Festungswerke, Besetzung der Pässe etc. Am 10. Dezember wird der Tag mit nachfolgendem Recess verabschiedet.

Landtags-Recess vom 10. Dezember 1656.

1656.
20. Dez.

Der Kurfürst sei durch die Einfälle der polnischen Truppen in die Marken ohne gegebene Ursache zur Gegenwehr genöthigt worden und daher
sei die Defension des Landes in folgender Art mit den Ständen vereinbart worden.

„So haben zuförderst sämmtliche Stände der Chur und Mark
Brandenburg sich sowol der Lehnpflichte, damit Sr. Ch. D. sie verbunden, als der Schuldigkeit, so ihnen zu Rettung des Vaterlandes zu
erweisen obliegt, wol erinnert und dannenhero mit Sr. Hochgrfl. Exc.
sich der nöthigen Defension und Rettung des Landes halber dergestalt bis auf höchst vorermelte Sr. Ch. D. gn. Ratification vereinbart:
Und hätte zuförderst der Löbl. Ritterschaft obgelegen, auf die schon
zeitlich geschehene Anordnung |: wiewol, wann etwan hierinnen der
modus consuetus des Ausschreibens und Aufbots in Eil nicht hätte
observirt werden können, solches der Ritterschaft unpräjudicirlich sein
soll :| dero Lehen- und Ritterpferde zu stellen, gleich auch des Herrn
Statthalters Hochgrfl. Exc. darauf eifrig bestanden. Nachdem aber die
Löbl. Ritterschaft den erschöpften Zustand, darinnen der Adel der
continuirenden Beschwerungen halber gesetzt, remonstrirt, auch selbigen gnugsam vor Augen steht, also dass, wann man schon mit anderer ernster Verfahrung die Aufbringung der sämmtlichen Ritterpferde
urgiren wollte, doch das Aufkommen davon durch die blosse Unmög-

lichkeit verbleiben würde, so haben endlich die sämmtlichen von der Ritterschaft, dies- und jenseits der Elbe und Oder, sich anheischig und verpflichtet gemacht, forderlichst und zum längsten innerhalb zweien Monaten, so dazu auch praecise zu observiren, anstatt mehrgemelter Lehn-Pferde, voritzo 500 tüchtiger, wolberittener und mundirter Reuter in fünf Compagnien (eine Compagnie von der Altmark-Priegnitz und je 2 von der Mittel- und Neumark) Sr. Ch. D. dergestalt zu gestellen und zu liefern, dass sie solche aus ihren eigenen Mitteln und adelichen Intraden also, dass dazu Dero Unterthanen nicht mitgezogen werden sollen, richten und werben wollen; und haben zwar S. Hochgrfl. Exc. dieses Anerbieten vorgesetzter Massen angenommen, dafern solche vorbesagt Summ in genannter Zeit würklich und effective gestellt wird, dabei aber ausdrücklich bedungen, dass dadurch in einige Wege der Schuldigkeit, so Sr. Ch. D. jeder Lehnsmann dieser Lehns-Pferde und sonsten seiner tragenden Lehen halber zu erweisen schuldig, überall nichts derogirt, noch deswegen solcher zu Nachtheil etwas eingeräumt und eingeführt, sondern einen Weg als den andern jeder Vasallus zur Praestirung dessen, so ihm obliegt, obstringirt verbleiben und dieses nur voritzo aus erheblichen und vorangezogenen Ursachen ohne einige Consequenz zugelassen sein solle, und ist der Ritterschaft Copiam der Ritterrollen auf Begehren zu communiciren verwilligt.

Sonsten sollen mehr angedeutete Reuter und dasjenige Fussvolk, so nach Ausweisung des folgenden Puncts aufbracht wird, in solche Pflicht genommen worden, gleich solches vor diesem gebräuchlich gewesen und herbracht, selbige auch ausserhalb Landes der Chur und Mark Brandenburg keineswegs gebraucht werden, sondern bloss zu dessen Defension stehen und verbleiben, jedoch dabin allemal gebraucht werden, wohin die Noth und des Landes Beschützung es erfordert.

Wobei dann zuförderst Sr. Ch. D. und nach derselbigen Sr. H. Exc. die Disposition verbleibt; sobald sich aber die Gefahr verleuret und das Land in Sicherheit stehet, so sollen die Truppen zu R. und F. auch hinwieder ohne Verlängerung licentiret und erlassen werden.

Hingegen auch, so lange diese Truppen bestehen und erhalten werden, bleibt die Ritterschaft mit anderweitiger Abforderung der Lehenpferde, desgleichen die Städte mit ihrem Aufbot des Ausschusses, jedoch unbeschadet dessen, was hierunter des Ausschusses halb disponiret, unmolestirt.

Die Werbungs-Patenta sollen im Namen Sr. Ch. D. und der Landschaft zu Beförderung des Werkes ausgefertigt werden.

Nächst diesem hat auch die Nothwendigkeit erfordert, hingegen auf die Richtung einiger Fussvölker zu gedenken, als ohne welches obige Reuterei weniger als nichts würde praestiren und leisten können; welchemnach dann voritzo zuförderst beliebet, dass in denen Haupt und incorporirten Städten dies- und jenseit der Oder und Elbe dergestalt der 20te Mann beschrieben und zur Defension gebraucht werden soll, dass allemal von 20 Mann eingesessener Bürger ein tüchtiger und womöglich geworbener geübter Soldat gestellt werden soll, welchen auch die Städte mit gehörigem Gewehr, Kraut und Loth zu versehen, auch hierunter alle und jede Eingesessene, soweit sie hierzu vor Alters gehalten gewest, zu concurriren haben. Und weil mit Beschreib- und Aufbringung dieses Ausschusses schleunigst verfahren werden muss, als soll innerhalb vierzehn Tagen zum längsten ein richtiges Verzeugnüss, sowol des Ausschusses, als der dazu bestellten Officirer, so aus dem Bürgerstande, wo sie zu finden sein, zu nehmen, Sr. Hochgrfl. Exc. nicht nur übergeben, sondern auch selbige so gefasst gehalten werden, dass auf allemaliges Erfordern dieselbe zum March parat erscheinen können.

S. Hochgrfl. Exc. behalten sich auch bevor, Nachfrage zu thun und deswegen Verordnung zu stellen, ob mit Beschreibung dieses Ausschusses richtig verfahren worden, zu dessen Beforderung aber sollen die Städte mit gehörigen Patenten versehen werden. Nichtweniger haben S. Hochgrfl. Exc. bedungen, im Fall durch diese Beschreibung des 20. Mannes eine solche Summe nicht erlangt würde, so gnugsam ist, die vorstehende Gefahr abzuwenden, dass alsdann Dieselbe an den 20. Mann eben nicht gebunden sein, sondern mit fernerem Aufbot des 15. und 16. Mannes und ferner zu verfahren sich allerdings vorbehalten haben wollen. Ob auch zwar die Städte für sich und ohne Zuthun der Amts- und Bischöflichen Städte, auch Amtsunterthanen zu Richtung des Ausschusses verbunden, jedoch, damit das Land umsovielmehr in Defension und Sicherheit gebracht werden können, so werden S. Hochgrfl. Exc. und Gn. die Verordnung thun, dass auch einmal vor alle, bei obgenannten Amts-Unterthanen der 20. Mann beschrieben werde. S. Hochgrfl. Exc. und Gn. wollen aber dadurch keineswegs eine Consequenz einführen, noch diese Oerter von der Ritterschaft in die Contribution separiren |: als deren hierum an der sonst aufbringenden Contribution nichts abgeben soll :| oder sie zu den Städten legen lassen, noch sie von andern gemeinen oneribus befreien, weniger hierdurch etwas an dem, so die Städte des Ausschusses halber beizubringen, erlassen; sondern, was anitzo bei diesen sich hervorgebenden Gefährlichkeiten hierunter geschieht, ist allerdinges ohne Consequenz, Nachtheil und Praejudiz der vorgenannten Unterthanen." Das der Ritterschaft sonst zukommenden Nachtgeld wird diesmal dem Fürsten erlassen; die 5 Compagnien und event. der Ausschuss sollen für diesmal nach der von Sr. Ch. D. eingeschickten Ordre unterhalten werden.

„Damit auch sowol die aufbringende Reuterei als der Ausschuss allemal mit nöthigem Gewehr, Kraut und Loth versehen sein mögen, wollen dieserwegen die Stände die gehörige Verordnung verfügen, damit die Nothdurft hiervon an die Hand sein möge.

Nachdem auch zu besserer Defension des Landes, die sämmtliche Jägerbursche zu gebrauchen nöthig zu sein befunden und deswegen gehörige Anstalt gemacht, so ist deren Unterhaltung ebenmässig nach Ausweisung vorangezogener Sr. Ch. D. Ordre gleich andern geworbenen Leuten, weil sie gleichmässige Dienste thun müssen, aus dem ganzen Lande zu reichen beliebt worden. So bald sich aber keine Gefahr mehr findet, so sollen auch dieselbe hinwiederum ungeseumt erlassen und dem Lande zu Beschwer ferner nicht zusammengehalten werden.

So will auch die Notdurft erfordern, dass bei den Städten die Thore, Mauern, Wälle und andere Versicherung, wie auch auf den Dörfern die Gräben und Schlagbäume reparirt, gute Wache allenthalben bestellet, die Pässe und Passagen allenthalben in Acht genommen, sonderlich in den Städten und auf dem Lande fleissige Acht auf die Brücken, Kähne, Fähren und ander Fahrzeug, dasselbige sich an der Seite, da die wenigste Gefahr, halten, verfügt werde. Deswegen dann nicht nur jeder Ort und daselbsten sich befindliche Magistratus solches in Acht zu nehmen und dero Behuf nöthige Anstalt zu verfügen, sondern es sollen auch die Commissarii jedes Kreises an ihrem Orte und der Magistrat in den Städten schuldig sein, hierauf zu sehen, deswegen Nachfrage zu thun, diensame Anstalt hierinnen zu machen, auch, da sie ein mehreres hierunter zur Sicherheit des Landes diensam zu sein befinden würden, davon an Sr. Hochgrfl. Exc. gehörige Hinterbringung zu thun, unterdessen aber doch die Notdurft bedenken und anstellen. Es werden auch die an den Grenzen belegene Kreise und Oerter fleissige Kundschaft anstellen, und, sobald was Berichtswürdiges vorkommt, zu Tag und Nacht an Sr. Hochgrfl. Exc. zu berichten wissen."

Da die zur Behütung der Grenzen nöthigen Werbevölker auch fernere Contributionsleistung erfordern, „so haben endlich die Deputirte der Stände sich erklärt, dass über die Termingelder in den

Monaten Decembris, Januarii, Februarii, Martii, Aprilis in einem jeden Monat 14,000 Thlr. zum obigen Behuf secundum modum consuetum einzuschicken und dem Ober-Licent-Einnehmer einzuliefern. Wobei die löbl. Stände bedungen und protestirt, weil ihnen die Unmöglichkeit, dass es nicht auskommen kann, wol bewusst, sie in keine Wege ihre Principalen noch sich zur würklichen Aufbringung verbinden wollten, und dass kein Kreis noch Stand und kein Privatus hierinnen vor den andern zu haften schuldig sein, auch den Kreis-Directoribus, Commissariis und Magistratibus in den Städten nicht mehr als die adsignationes über die resta dem Ober-Licent-Einnehmer auszuantworten angemutet werden solle; welches dann S. Hochgrfl. Exc. also dahin gestellt sein lassen.

Sonsten werden die Deputirte hiermit versichert, dass von Sr. Ch. D. und Sr. Hochgrfl. Exc. dieselbe wegen dessen, so sie hierin über ihre Instruction gethan und gehandelt, gebührlich gegen Ihre Heimgelassene und männiglichen sollen geschützt und vertreten werden. Danebenst sollen die von vorigen Monaten sich noch befindliche Nachstände, so bei einigen Kreisen sich ziemlich gehäuft, ebenmässig herbeigebracht, wie nicht weniger, was ein und ander an Magazin-Korn noch schuldig, richtig gemacht und geliefert werden.

Und damit hinkünftig sowol das Land als die Vestungen in einem und anderm vorfallendem Notfall an Getreidig kein Mangel sein möge, so wollen die Löbl. Stände solche Anstalt verfügen, dass auch dieserwegen an gehörigen Orten einiges Magazin zusammengebracht werde. Was aber die Aufbringung der 30,000 Thlr., so zu Behuf der Vestungs-Reparation begehrt worden, anlangt, solches ist in Ansehung des Landes Unvermögen von Sr. Hochgrfl. Exc. remittiret.

Und dieses ist, was bei gegenwärtiger Zusammenkunft geschlossen worden. Und seind von diesem Recess vier Exemplar vor die Mittel-, Alt-, Ucker- und Neumärkische Ritterschaften und incorporirte Städte ausgefertigt, mit dem Churfürstl. Insiegel und des Herrn Statthalters Hochgrfl. Exc. und Gn. Subscription bekräftigt."

Der Kurfürst an den Statthalter und die Geh. Räthe. Dat. Labiau 4. Januar 1657.

[Der Recess. Instruction für das Verhalten den Ständen gegenüber.]

1657.
4. Jan.

Die Bestimmung des Recesses vom 10./20. Dez. 1656, dass die Ritterschaft für dies Mal statt der Lehnpferde 500 Reiter aufzubringen, wird nicht genehmigt, Lehnpferde, Jäger-Compagnien und Aufgebot zur Deckung der

Grenze gegen Polen bestimmt. Für das fernere Verhalten des Statthalters und der Räthe gegenüber den auch in Zukunft zu gewärtigenden Weigerungen der Stände, neue Lasten während des Krieges zu übernehmen, wird ihnen folgende Instruction ertheilt:

„Was nun anbelangen thut, wie Ihr Euch zu verhalten, wann die Stände mit Vorschüttung der Unmöglichkeit sich durch keine remonstrationes zu den Mitteln der Landes-Defension und was sonsten Unsere Verordnungen erfordern, oder auch zu Uebertragung der ruinirten Oerter wollen bewegen lassen, darauf geben Wir Euch zur gn. Erklärung, dass zuforderst je und allewege die Verwilligung von den Ständen mit allem Fleiss zu versuchen und zu urgiren sei, sintemal die Erfahrung bezeugt, dass die Contributiones besser abgeführt werden und weniger Klagen verursachen, wann die Stände in derselben Ausschreibung verwilligt, als wann sie ipsis invitis et non auditis ex officio ausgeschrieben werden: So wird vor's zweite das Klagen auch dadurch vermehrt, wann einem Stande ultra quotam etwas zugeschrieben wird, gestalt auch daher die Uneinigkeit zwischen der Ritterschaft und Städten vornehmlich entsteht, dass diese allemal suchen, dass die Ritterschaft ein mehres, als dazu sich dieselbe schuldig erachtet, über sich nehmen sollen, oder wol gar den Quotisation-Recess, welchen Wir doch mit grosser Mühe, um dadurch die Uneinigkeit zwischen Ritterschaft und Städten und den Process darin sie schwebten aufzuheben, zu Wege gebracht, übern Haufen zu werfen.

Solchen Klagten und Uneinigkeiten nun vorzukommen, ist das sicherste, dass jeder Stand bei seinen Rechten gelassen und die Contributiones secundum consuetum modum distribuirt werden; dann darin ex officio ein anderes zu verordnen würde vorhero einer weitläufigen und accuraten Untersuchung bedürfen, daraus nichts als Streit und Widerwillen entstehen kann, und wann ja ein Ort in solchen augenscheinlichen Ruin gesetzt, dass er einer Sublevation und Uebertragung nothwendig bedarf, so ist besser ihme durch Unterhandlung zu succurriren, als ex officio etwas zu verordnen.

Schliesslichen, wann sich die Stände durch keine remonstrationes bewegen lassen wollen, so Wir Uns doch von ihnen nicht leicht versehen, so halten Wir davor, dass Wir befugt sein, in Sachen die Landes-Defension betreffend die nöthigen Kosten und Mittel dazu auch wider der Stände Willen selbst auszuschreiben, dabei jedoch, um allem Klagten und Lamentiren soviel mehr vorzukommen, die gewöhnliche Quotisation in Acht zu nehmen und darnach die Austheilung zu machen sein wird etc."

III. Die Militärfrage und der Nordische Krieg, 1654—1660.

Die Anwesenden Deputirten von Städten an den Statthalter Graf Wittgenstein. Berlin s. d. (Anfang 1657.)

[Der Unterhalt der Reiterei.]

„E. Hochgrfl. Exc. werden noch in frischem und gn. Andenken haben, wessen am 20. Dezember des verflossenen 1656. Jahres nach dem damaln herausgegebenen Recess die Deputirte der Städte sich über die löbl. Ritterschaften, als welche denen Städten den Unterhalt der anstatt der Lehn-Pferde geworbenen Reuterei, ja fast auch etlichermassen die Werbung derselben wider die alte Observanz und Herkommen zugleich mit aufzubürden sich unterstanden, und was an Seiten der Städte wider die Ritterschaft protestando unterth. und gehorsamlich gebeten worden (sic).

Wann dann, gn. Herr, wir nochmaln davor halten müssen, dass wann wir hierzu stille schweigen sollten, dass wir solches weder gegen S. Ch. D. unsern gn. Herrn, weder gegen unsere Heimgelassene es verantworten, noch unser Gewissen richtig behalten könnten; indeme die abgelegte schwere Eides-Pflichte auf Conservation der Städte zu sehen und consequenter ihnen nichts Neues aufbürden zu lassen, uns hart und fest verbunden und wir der ohne das mit so violen unerträglichen oneribus belegten Städte gänzliche Ruin vor Augen sehen und erwarten müssen, nichtsdestoweniger gleichwol zur Eintheilung des Unterhalts angehalten werden wollen.

Als gelangt an E. Hochgrfl. Exc. nochmaln unser unterth. gehorsames Bitten, Sie geruhen unserm obigem am gedachten 20. December gethanen petito gn. zu deferiren, auch uns, da vor diesmal ein mehres nicht zu erhalten, ein Documentum Insinuationis der damaln wider die löbl. Ritterschaft übergebenen Protestation zu ertheilen, damit wir ausser aller Verantwortung bleiben und den sämmtlichen Städten und unserer Posterität durch diesen Actum insolitum nichts praejudicirliches zuführen, sondern zugleich dadurch ein documentum nostrae vigilantiae haben mögen etc."

1657
Anfang. Anfang Mai 1657 tagt der Grosse Ausschuss zu Berlin zur Abnahme der Rechnungen der Landschaft. Bei dieser Gelegenheit werden ihm von den Geh.-Räthen des Kurfürsten Forderungen auf fernere Bewilligung von Werbe- und Recrutengeldern vorgetragen, indess wegen seiner Incompetenz von ihm abgelehnt. Die Geh. Räthe George Gans zu Putlitz, Thomas v. d. Knesebeck und Joh. Tornow berichten darüber an den Kurfürsten in einem Postscript Schreibens d. d. Cölln a. Spr., 8. Mai 1657.

„Auch gn. Churfürst und Herr ist es an deme, dass die LandStände von Prälaten, Ritterschaft und Städten diess- und jenseit der Elbe noch anderweit gestriges Tages eine Audienz bei uns gesucht und erlangt, da Sie dann ihre vor 3 Tagen gegebene Resolution repetirt und ganz inständig gebeten, sie mit ferneren Werb- und Recrutengeldern zu übersehen; es wären von 5 Monaten noch nicht zwei vollkömmlich auskommen, und ginge auf den Unterhalt E. Ch. D. Völker, der Lehn-Pferde und Landvolks aus den Städten soviel, dass sie damit genug zu thun hätten und unter solcher Last auch endlich zu Grunde gehen müssten; die Recruten würden von den Polen vor öffentliche actus hostiles gehalten und hätte man sich daher grosser Ungelegenheit zu befahren; inmassen vor wenig Tagen einem Wedell und seinen Dorfschaften alles Vieh weggenommen worden: Wozu auch dieses käme, dass S. Hochgrfl. Exc. zu Dohna zu E. Ch. D. Völkern auch etliche Schwedische Truppen gezogen haben solle, welches über alle Massen übel von den Polen würde ausgebeutet werden; thäten hierbei nochmals bitten, E. Ch. D. es in keine Ungnade vermerken wollten, dass sie sich nicht weiter herauslassen könnten. Sie wären zu Aufnehmung der Landschaft Rechnungen verordnet, und wann je künftig etwas begehrt werden sollte, würde die Notdurft erfordern, sich vorhero in den Kreisen zusammenzuthun und alsdann mit gnugsamer Vollmacht zu erscheinen.

Mitte Juni 1657 tritt ein Deputationstag zu Berlin zusammen, um über die Verlängerung der Contribution von 14000 Thlr. monatlich auf 5 Monate, Mai bis Ende September, zu berathen. Die Stände bieten statt dessen 42,000 Thlr., was die Räthe ad referendum nehmen. Ihrem Bericht hierüber d. d. Cöln a. Spr. 29. Juni 1657 st. v. liegt folgende von den Ständen eingereichte Designation ihrer Leistungen während der beiden letzten Jahre bei, die mit 700,000 Thl abschliesst.

Designation derjenigen Geldposten, welche von den Ständen der Chur Brandenburg abgefordert worden, seitdeme F. Ch. D. in der Polnischen Armatur begriffen gewesen. Ab annis 1655/56 bis Mai 1657.

5,000 Thlr. Werbegelder zu 1000 M., so sub practextu der Landes-Defension müssen geworben werden.
24,000 „ verwilligte Unterhaltungsgelder auf dieselbe von einem Jahr.

338 III. Die Militärfrage und der Nordische Krieg. 1654—1660.

6,000	Thlr.	noch zu Werbung anderer 1000 M., darauf kein Unterhalt verwilligt worden.
10,486	„	8 gr. Unterhaltungsgelder auf des Herrn General-Major Kannenbergen Compagnien so er in Anno 1655 bei dem Anfange der Werbungen geworben auf 3 Monat von medio Aprilis an zu rechnen nebst dem Muster- und March-Monat als den ersten Monat 2084 Thlr. 2 Sgr. und in den andern Monaten allemal 2804 Thlr. 2 Sgr.
3,000	„	zu der General-Stabes und Artiglerie-Bedienten Verpflegung in illo anno.
800	„	zu den Wageldern.
50,000	„	haben müssen verwilligt werden in Julio anno 1655.
180,000	„	seind ausgeschrieben und per militarem modum eingefordert vom 1. Januar bis zu Ende April 1656.
40,000	„	im Maio 1656.
25,000	„	im Junio 1656.
25,000	„	im Julio 1656.
40,000	„	im Augusto, Septembri, Octobri und Novembri ejusdem anni.
14,000	„	im Decembri ejusdem auni.
3,000	„	den 5 Compagnien z. Pf. anstatt der Lehn-Pferde Unterhalt im Decembri ejusdem anni.
4,086	„	der Städte Fuss-Völker Unterhalt im Decembri ejusdem anni.
14,000	„	im Januario 1657.
4,674	„	der Reuter Unterhalt ejusdem mensis.
1,592	„	der Städte Fuss-Völker Unterhalt vom selbigen Monat.
1,500	„	der Jägerei Unterhalt vom selbigen Monat.
14,000	„	im Monat Februario Anno 1657.
4,674	„	der Reuter Unterhalt ejusdem mensis.
1,592	„	der Städte Fuss-Völker Unterhalt vom selbigen Monat.
1,500	„	der Jägerei Unterhalt selbiges Monats.
14,000	„	im Monat Martio hujus anni.
4,674	„	der Reuter Unterhalt selbiges Monats.
1,592	„	der Städte Fuss-Völker Unterhalt.
14,000	„	im Monat Aprili hujus anni.
4,674	„	der Reuter Unterhalt im selbigen Monat.
1,592	„	der Städte Fuss-Völker Unterhalt ejusdem mensis, hierzu noch
6,000	„	so unter die Stände eingetheilt sein zu den Tractaten

mit den Gross-Polnischen Ständen zu Zilenzig Fürstenwalde und Frankfurt a./O.

Summa Summarum was bisher zu der Armatur und Fortsetzung jetzigen auswärtigen Krieges hat müssen an baaren Mitteln aufgebracht werden, thut

517,766 Thlr. 8 Sgr.

Danebst haben noch müssen weiter aufgebracht werden die Termin-Gelder von den bewilligten 530,000 Thlrn., als

25,000 Thlr.	Ostern 1655.	
25,000 „	Johannis ejusdem anni.	
22,500 „	Michaelis	„ „
22,500 „	Weihnachten „	„
22,500 „	Ostern 1656.	
22,500 „	Johannis ejusdem anni.	
20,000 „	Michaelis	„ „
20,000 „	Weihnachten „	„
20,000 „	jetzige Ostern 1657 gefällig.	

Summa Summarum der bisherigen Termin-Gelder thut

200,000 Thlr.

Summa Summarum beedes und was seithero der gn. Herrschaft an baarem Gelde gegeben, thut

717,766 Thlr. 8 Sgr.

Trotz fortgesetzter Beschwerden müssen die Marken für den Winter 1657/58 den Unterhalt der dort campirenden Völker, 80 Compagnien z. R. 68 Compagnien z. F. und für Generalstab und Artillerie = 12 Compagnien gerechnet, aufbringen. Der Sommer 1658 bringt neue Forderungen zu Rüstungen gegen Schweden.

In einem Postcript Schreibens d. d. Cölln a. Spr. 27. Nov. 1658 bitten Statthalter und Geh. Räthe um kurfürstliche Resolution über den Wunsch der Stände nach einem allgemeinen Landtag zur Entscheidung von Contributions-Uebertragungen und ähnlichen Dingen. Diesem Wunsche wird mit Rücksicht auf die Zeitverhältnisse keine Folge geleistet, dagegen ein Deputationstag auf den Januar 1659 ausgeschrieben.

Die Anwesenden Deputirten an den Kurfürsten. Dat. Berlin 24. Jan. 1659 (Präsentat. Wiborg den 2. Febr. 1659).

[Bitte um Abnahme der monatlichen Kornlieferungen. Moderation der Contribution.] 1659.

„Obwol E. Ch. D. bei Dero hohen Krieges-Expeditionen wir als 3. Febr. Dero gehorsamste Land-Stände in einem fremden Lande mit unsern

III. Die Militärfrage und der Nordische Krieg, 1654—1660.

Supplicatis zu molestiren gerne anstehen wollten", so zwinge der schnelle Verfall des Landes zu den folgenden Bitten. „Denn an deme ist es, gn. Churfürst und Herr, dass diese Lande nicht allein zu der Zeit, da die ganze Armee alhier in Quartieren gelegen, sondern auch seither dem Aufbruch nach Holstein monatlich 10,000 Scheffel Korn aufbringen müssen, worüber die armen Leute nachträglich mit der allerschärfsten und härtesten militärischen Execution belegt werden. Wann dann nun bereit hierdurch ein ziemlicher grosser Vorrath an Korn herbeigeschafft worden, solches aber ferner zu ertragen eine wahre Unmöglichkeit ist, indem leider der Misswachs dieses Land sehr getroffen, und wegen der marchirenden Armeen an vielen Orten das Korn gar im Felde stehen blieben, was aber noch in die Scheunen gebracht, von denen Soldaten verfuttert und verdorben worden, dahero auch mancher nunmehro sein Brodkorn nicht haben kann, diejenigen auch, so dem Landmann in den Städten creditirt und geborgt wegen des vielen Gebens also zugerichtet worden, dass sie selbsten nichts mehr haben, geschweige andern creditiren könnten, so bitten wir unterth. und demüthigst E. Ch. D. wollen es gn. dahin richten, dass zu Beibehaltung der noch vorhandenen Unterthanen und Pauern, welche nur bishero durch die blosse Hoffnung, einige Erleichterung zu erhalten, geblieben sein, solches monatliche Korn nicht ferner möge gefordert werden.

Hiernächst, gn. Churfürst und Herr, ist E. Ch. D. ohne unser Erinnern gn. bekannt, welchergestalt in diesem Lande anfänglich bis zu dem Aufbruch in Holstein, fast Dero ganze Armee unterhalten werden müssen, und seithero, da dieselbe abgeführt gewesen, haben wir nicht die geringste Erleichterung empfunden, sondern es seind die Einwohner dieser Lande, theils weil die Sublevation gar geringe, der Abgang aber der ausfallenden Contributionen immer grösser gewesen. nach wie vor in dem Contingent der allerschwersten Contribution geblieben und haben vielleicht wider E. Ch. D. Willensmeinung bishero die ganzen Stäbe und Artollerie verpflegen müssen. Nun ist E. Ch. D. . . . bekannt, dass solche Stabes-Personen und Artollerie-Verwandte in Holstein das Ihrige mit doppeltem Vortheil geniessen und alda ihren Unterhalt haben. Wir halten uns auch demüthigst versichert, dass E. Ch. D. vor billig und recht erkennen werden, wenn solcher Unterhalt nur an einem Orte, nämlich daselbst, wo sie itzo militiren, gegeben und nicht auch zugleich aus diesem Lande ferner gefordert werde; zumal der Augenschein gibt, wie diese Chur-Lande durch die vielfältigen marchen, remarchen, Werbungen und andern täglichen

Kriegcs-Executionen der Churfürstl., Kaiserl. und Polnischen Armeen und noch täglich im Lande ziehenden Compagnien dergestalt verdorben werden, dass ganze Städte, Aemter und Dörfer in der Contribution abgehen und nicht einiger Ort mehr vorhanden, da sowol in Städten als auf den Dörfern nicht ein jeder wegen der weggelaufenen und ganz verdorbenen Contribuenten die Säumigen noch zu seinem ohne das schwer gnug fallenden Contingent nunmehr übertragen muss. Ersuchen demnach E. Ch. D. als unsern gn. Landes-Vater in tiefster Demuth ganz unterth. und um Gottes willen, E. Ch. D. wollen die grosse Noth Dero Chur- und Erblande gn. zu Herzen nehmen und uns als Dero gehorsame und getreue Unterthanen dergestalt Linderung widerfahren lassen, dass nunmehr die Verpflegung derjenigen Völker . . . welche nicht in diesem Lande militiren, sondern an dem Ort, da sie sein, ihre Verpflegung geniessen, gänzlich cessiren und nunmehr unverzüglich uns solches Contingent abgenommen werde. Hierdurch etc.

Die Antwort des Kurfürsten liegt nicht bei.

Ein Creditiv, das die Stände d. d. Berlin 28. Mart. 1659 für Adolf v. Wolffen-Steinböfel und Wilh. Göeckel, Bürgermeister der Altstadt Brandenburg, als ihre Deputirten ins Lager des Kurfürsten ausstellen, beginnt mit den Worten: Gn. Herr, als wir nunmehr soviel wahrgenommen, dass, wo E. Ch. D. wir nicht den Zustand Dero Chur- und Erblande in tiefster Demuth eröffnen und eines und das andere in Unterthänigkeit vortragen lassen, wir in unserm Gewissen ein Scrupel und bei der Posterität einen bösen Nachklang, bei E. Ch. D. . . . aber dermaleins verdienten Verweis und schwere Verantwortung haben möchten, so sind wir schlüssig worden etc."

Ende April d J. beschweren sich die Stände in einer neuen Eingabe an den Kurfürsten über die schlechte Disciplin der im Lande befindlichen und durchmarschierenden Truppen, worauf eine Resolution des Kurfürsten vom 4. Mai Abhülfe verspricht.

Der Statthalter Graf Dohna an den Kurfürsten. Dat. Cölln a./Sp.
3. Mai 1659.

[Einwilligung der Stände in 30,000 Thlr. Monats-Contribution. Das Magazinkorn]

„Wie ich der unterth. Hoffnung lebe, E. Ch. D. werden Dero hiesigen Stände noch übrige desideria, wie sie dieselbe allhier übergeben und ich E. Ch. D. vor acht Tagen unterth. überschickt, nunmehr zu erhalten haben, also bezeigen sich dieselbe, nachdem ihnen auch in dem puncto des Sommertractaments gefügt und dadurch das monatliche Contributions-Quantum auf 30,000 Thlr. verringert worden, ziemlich zufrieden, nur dass sie noch die Instanz wegen Erlassung des Futterkorns wiederholt und sich desfalls auf den überall auf dem Lande sich befindenden Mangel des Getreidigs bezogen. Welches ich zwar zur unterth. Hinterbringung an E. Ch. D. auf mich genommen, aber dabei in antecessum sie dahin beschieden, sie möchten in dieser Sache keine fernere Difficultät machen, sondern sich zu 2000 Schffln. monatlich verstehen, in Betrachtung, dass wann schon, wie sie vorgeschlagen, das Magazin-Korn dazu angegriffen werden sollte, dennoch dasselbe über kurz oder lang und vielleicht noch zu ungelegener Zeit würde wiederum ersetzt werden müssen, also, dass ich nicht zweifle, sie werden solchen Punct fahren lassen und sich darunter bequemen. — —"

Der Kurfürst an Graf Dohna. Dat. Werl 13. Mai 1659

1659.
23. Mai.

[ist von des Statthalters Bericht befriedigt].

"Aus eurem unterth. Schreiben vom 3ten d. M. ist Uns lieb zu vernehmen gewesen, dass die Handlung mit Unsern Ständen aklorten wol abgelaufen und dieselbe dadurch Satisfaction erlangt; Wir wollen nun hoffen, sie werden keine fernere Difficultäten machen, insonderheit auch zu Hergebung des Magazin-Korns sich völlig verstehen. — —"

Ende November 1659 tritt der „kleine Ausschuss der Stände diess- und jenseit der Oder und Elbe" zu Berlin zusammen, um die Willigungen für die während des Winters in die Mark zu verlegenden Truppen — 44 Compagnien Cavallerie, 4 Compagnien Dragoner, 85 Comp. Infanterie und die Compagnie Trabanten — zu machen.

Ausschreiben eines Ausschusstags auf den 30. November. Dat. Grimme 13. November 1659.

1659.
23. Nov.

"Wir zweifeln nicht, es werde Euch überflüssig bekannt sein, aus was für einer guten und einzig und allein zu Wiedererlangung eines sichern Friedens angesehenen Intention Wir in die Pommerische Lande mit Unserer Armee gegangen, und wie Wir zu gegenwärtiger Krieges-Expedition gleichsam gezwungen worden. Ob nun zwar alles bis anhero ziemlich von statten gangen, und wir dem höchsten Gott für eine

und andere glückliche Successe billig zu danken, dadurch auch gute
Hoffnung zu einem Universalfrieden erlangt, und dahero mit Gottes
Beistand das Werk weiter mit allen Kräften zu treiben und davon
nicht abzustehen, und nun zu Erlangung eines solchen Zweckes von
allen irdischen Mitteln die Conservation Unserer Armee das Vornehmste
ist, so will doch aus denen Pommerischen Landen den Winter über
den Unterhalt für die Armee zu nehmen dahero eine wahre Unmöglichkeit sein, dass auf dem Lande an denen wenigsten Orten wegen
der Hin- und Hermarchen mehr etwas zu finden.

Und werden Wir darum auch wider Unsern Willen genöthigt,
einen Theil Unserer Armee in Unserer Chur und Mark Brandenburg
und andere Unsere Lande zu verlegen. Gleichwie Wir Uns aber dabei
zur Gnüge erinnern, dass Unsere getr. Lande nun einige Jahr hero
ein grosses und schweres ausgestanden und überdem dieses Jahr der
unglückliche Misswachs darzukommen, auch der Hoffnung gelebt, es
werde der Allerhöchste selbst einige Linderung und Ursache zur Erquick- und Befreiung gegönnt haben, also müssen Wir Uns billig
diesen des Grossen Gottes Willen wolgefallen lassen, und tragen zu
Unsern getr. Ständen und Unterthanen und also auch zu Euch das gewisse gu. Vertrauen, sie und Ihr werdet diese unumgängliche Nothwendigkeit und dabei, dass nächst Gott auf Conservation und Redressirung Unserer Waffen Unser, Ihres und Eures Bestes und Wolfahrt
beruhet, erkennen, wie bis anhero so auch ferner Uns unterth. und willig
unter die Arme greifen, und den guten Grund, welcher albereit zu
Wiedererlangung der allgemeinen Sicherheit gelegt ist, äusserstem Vermögen nach zu einem gewünschten Ende und Stande befördern helfen.
Demnach aber Unsere Sache keinen Verzug leidet, als befohlen Wir
Euch, dass Ihr Euch gegen den 30sten d. M. durch Euren kleinen Ausschuss allhier einfindet, vorhero aber unter Euch selbst diese Sache wol
und reiflich bedenket und unter Euch beredet, welchergestalt die Völker
zu verlegen, wie dieselbe mit wenigster Beschwer des Landes zu unterhalten und die Eintheilung der Onerum im Uebrigen also einzurichten,
damit ein Theil vor dem andern nicht praegravirt, insonderheit aber
die ruinirten Oerter nebenst den Vermögenden bestehen bleiben mögen,
und soll Euch alsdann bei Eurer Anherkunft die Anzahl der Völker,
welche zu verpflegen, specificirt werden.

344   III. Die Militärfrage und der Nordische Krieg, 1654—1660.

Der Kurfürst an die Geh. Räthe. Dat. Grimme 18. November 1659.

1659.
28. Nov.

[Die Propositionen für den Ausschusstag.]

„Unsern gn. Gruss in wolgeneigtem Willen zuvor etc. Ihr wisset Euch annoch unterthänigst zu erinnern, was Wir Euch wegen Convocirung Unsrer Landstände aus Barthen gn. anbefohlen. Nachdem Wir Euch nun darin auf fernere Instruction vertröstet, als thun Wir Euch dieselbe hierbei übersenden, wornach Ihr die Proposition einzurichten und daneben Unsern getr. Unterthanen und Ständen Unsre bei diesem Krieg führende und Euch bekannte Intention und wie Wir nichts mehr als den lieben Frieden desideriren auch zu dem Ende diesen Zug in Pommern vorgenommen, mit mehrem remonstriren. Und werdet Ihr im übrigen auch hiernächst von Unserm Geh. Rath und General-Commissario Claus Ernst von Platen Unsere gn. Willensmeinung wegen Einrichtung der Verpflegungs-Ordonnanz und sonsten mit mehrem zu vornehmen haben, gestalt Wir Uns darauf hiermit beziehen und Euch mit Gnaden gewogen verbleiben."

Beiliegt eine Aufstellung für die Garnisonirung der für die Marken bestimmten Truppen. Der Ausschuss macht zwar die nöthigen Willigungen, doch wenden sich die Stände bei der nächsten Zusammenkunft, Mai 1660, gleich nach dem Frieden von Oliva, mit folgender Supplik an den Kurfürsten direkt.

Die Anwesenden von Prälaten, Herrn, Ritterschaft und Städten der Chur und Mark Brandenburg diesseit der Elbe und jenseit der Oder an den Kurfürsten. Dat. Berlin 18. Mai 1660.

1660.
28. Mai.

[Bitte um Erleichterung jetzt bei hergestelltem Frieden.]

„E. Ch. D. verbleiben wir in aller unterth. Devotion zu gehorsamsten Diensten jederzeit anerbietig und pflichtschuldig, und ob zwarten Deroselben ungerne wir mit einigen Querelen bei Dero hohen Obliegen und Angelegenheiten anitzo verdriess- und beschwerlich fallen möchten, so erfordert doch die neue gänzliche Necessität des Landes, unsere selbst eigene Pflichte und das Ansuchen unserer Heimgelassenen, dass E. Ch. D. wir das grosse Elend, die äusserste Noth und bittere Armuth Dero Landen und Ihrer erschöpften Unterthanen wie bishero zum öftern geschehen, auch nochmaln wehmüthigst vortragen und vor Augen stellen müssen; denn do die grossen Contributions-Anlagen, nun soviel Jahr her unaufhörlich continuirt und sonderlich bei itziger harten Belegung des Landes in jedem Monat, wann das Korn zu Gelde angesetzt und gerechnet wird, über die 100,000 Thlr. hergeben und aufgebracht werden müssen, der extraordinar molestien so sich darbei häufig gefunden und noch täglich vorgehen nicht einsten zu gedenken, hiezu noch der überaus grosse Misswachs, unerhörte Mäuseschaden, Viehsterben und andere infortunia das Land heftig bedrückt haben: So ist es nunmehr leider dahin gerathen, dass die vorhin bereits gering genug gewesene Anzahl der Unterthanen und Contribuenten noch mehr und mehr abgenommen und noch täglich abnehmen thut, die Last den andern darüber aufgebürdet und solbige auch nunmehr dergestalt zugerichtet werden, dass nichts als lauter Wehklagen und herzschmerzliches Elend in Städten und Dörfern zu vernehmen, und den meisten nicht soviel übrig verblieben, dass sie sich und die Ihrigen des Hungers erwehren können, ja ferner zu ihrer Sustentation keine Mittel wüssten, wofern Sie nicht etlichermassen Sublevation und eine empfindliche Erleichterung erlangen und überkommen sollten.

Wann wir aber gleichwol mit höchster Herzensvergnügung hieselbsten erfahren haben, wie durch des Allerhöchsten Gottes sonderbare Schickung und Verordnung unlängsten ein Universalfriede mit E. Ch. D. bisherigen Feinden abgehandelt und beschlossen worden, dafür der Göttlichen Majestät billig schuldiger Dank gebühret,

E. Ch. D. wir auch darzu unterth. gratuliren und von Herzen wünschen, dass derselbe Ihr und Ihren Landen und Unterthanen zu Heil, Freude und Aufnahme jetzt und immerwährend erfunden werden möge;

Und dann E. Ch. D. hierdurch Gott Lob Mittel und Wege in Händen erlangen, diesen Ihren bis auf den äussersten Grad ausgesogenen Landen und gleichsam in agone liegenden wenigen Unterthanen in etwas zu helfen und die so längst in Gnaden versprochene und vertröstete Erleichterung zu ertheilen, indem Sie nunmehr bei Cessirung aller öffentlichen Hostilitäten und Feindseligkeiten nicht einen geringen Theil Ihrer Armee werden reduciren und licentiren können, ob Sie gleich im Uebrigen zu Ihrer Versicherung und Conservation noch zur Zeit nicht ganz aus aller Verfassung treten dürfen:

Also ersuchen E. Ch. D. demnach wir von uns und wegen unserer Heimgelassenen unterth., demüthigst und flehentlichst, die bisher ausgestandene unsägliche Last und Beschwerung nunmehr Ihren getreuen Unterthanen zu lindern und es gn. dahin zu richten, damit E. Ch. D. Armatur dergestalt regulirt und eingerichtet werde, dass os noch in etwas zu ertragen sein möge, und die mit Angst, Furcht und Sorgen beklummenen Unterthanen sich nunmehr ein wenig wieder hervorthun und encouragiret werden können, zu ihrer Nahrung, Gewerb und Handtierung zu treten und das ganze Land a totali interitu zu vindiciren und zu erretten.

Solche grosse Gnade und Barmherzigkeit — wird der Allgewaltige und grundgütige Gott gewiss zeit- und ewiglich vergelten. Sie werden auch ermuntert werden vor E. Ch. D. und Ihres hohen Hauses Wolfahrt und immerwährendes Aufnehmen die göttliche Güte inbrünstig anzurufen und sich in aller Devotion zu erweisen, dass E. Ch. D. gn. wol versichert sein können, wie sie sogar bereit und unterth. willigst sein, nicht allein ihr zeitliches Vermögen, sondern auch Leib und Leben ganz williglich in allen Nöthen bei derselben aufzusetzen.

Wir getrösten Uns hierein gn. Erhörung, empfehlen im übrigen E. Ch. D. nochmalen in den starken Schutz und Beschirmung des Allerhöchsten und verbleiben Zeit unsres Lebens E. Ch. D. unterth. gehorsamste etc."

IV.

Die Ordnung des Ständischen Creditwerks
1662—1685.

Einleitung.

Wie bei den früheren Conflicten, sind auch beim Kampf um die Aufhebung des ständischen Creditwerks politische Verhältnisse mit finanziellen eng verwoben. So eng, dass es schwer fällt zu sagen, welche von beiden den Anstoss zum Kampf gaben. Beide Momente drängten gleich sehr dazu und von vorn herein scheinen die Stände die Bedeutung des Kampfes richtig gewürdigt zu haben. Dies bezeugt ihre Taktik, sich rein defensiv zu halten und vom formellen Rechtstandpunkt aus alle Angriffe des Kurfürsten zurück zu weisen.

Es ist ein äusserst interessantes Schauspiel, zu sehen, wie die Stände dabei vom Kurfürsten, der sich einzig auf den Begriff der landesherrlichen Autorität stützt, Schritt für Schritt zurückgedrängt werden, wie sie die noch behaupteten Positionen immer mit denselben Mitteln zu vertheidigen suchen, bis der Kurfürst ihnen seine Verwaltungsmaximen octroyirt und so, gegen den Buchstaben der früheren Recesse, zu seinem Ziel gelangt: der Ablösung der auf dem Creditwerk haftenden Schulden und damit dem Aufhören des gesammten ständischen Verwaltungsapparats. Doppelte Gründe bestimmten die Stände, dies Ziel nur scheinbar zu verfolgen, in Wirklichkeit es ins Ungewisse zu verzögern. Zunächst war es der persönliche Vortheil, den Einzelne und die beiden ganzen Ritterschafts-Corpora aus der hohen Verzinsung einstiger Darlehen zogen, sodann und in noch höherem Maasse das Bewusstsein, dass die jährlichen Versammlungen der Grossen Ausschüsse zur Abnahme der Rechnungen ihnen, wie schwach auch immer, doch einen Ersatz boten für die seit 1653 nicht mehr berufenen Landtage, — einen letzten Anhalt zu corporativ-geschlossenem Auftreten auf Versammlungen, die weit über ihren eigentlichen Berathungs-Gegenstand hinaus zur Besprechung aller möglichen Landesbeschwerden und zur Abfassung von Eingaben politischer Natur an den Kurfürsten dienten. Umgekehrt bewogen dieselben Gründe den Kurfürsten zum energischen Angriff auf diese letzte Position. Wol mag es sich für ihn wie meist in seinen Conflicten mit den Ständen zunächst nur um eine ganz concrete Frage gehandelt haben: die Rückerwerbung jener den Ständen 1624 für die Ueberlassung der Lenzenschen Zollgefälle gemachten Cession von jährlich 12,000 Thaler, die er für den Unterhalt seines Heeres vortrefflich brauchen konnte. Daneben mochte ihn der Wunsch bestimmen, jener ins Ungemessene gehenden Zinszahlung an die Darleiher der Dänischen Schuld, die Altmärkische Ritterschaft, nach vierzigjährigem Genuss dieser Wucherzinsen endlich ein Ende zu bereiten und die hohe Auflage des neuen Biergeldes mindestens zum Nutzen der Allgemeinheit, nicht dem einiger weniger zu verwerthen. Wie früher so oft, erging es ihm indess auch hier. Je tiefer er bei der Untersuchung in das Wesen dieser Verwaltung eindrang, um so mehr enthüllte sich das System als unpraktisch, kostspielig, in mancher Beziehung geradezu verrottet. So erwuchs in ihm die immer klarere Ueberzeugung von der Reformbedürftigkeit des gesammten Creditwerks und sobald er sich mit dieser Ueberzeugung durchdrungen hatte, stand auch sein Plan fest, diese Reform gleich und ganz in die Hand zu nehmen.

Aus der Geschichte der Landstände ist erinnerlich, dass das Creditwerk sich aus drei Verwaltungen zusammensetzte, der Kasse zum Neuen Biergelde, der zum Hufenschoss und der zum Städte-Kasten, erstere auf den Brau- und Mahl-Ziesabgaben städtischer und ländlicher Unterthanen begründet, die des Hufenschosses eine ausschliesslich ritterschaftliche, der Städte-Kasten eine desgleichen städtische Kasse.

In dem Kampf, den die nachfolgenden Aktenstücke schildern, handelt es sich vorzugsweise um die Verwaltung des Neuen Biergeldes. Die Schuld dieser Kasse kam allein der der beiden andern nahezu gleich; sie wurde gedeckt durch die höchste und wichtigste indirecte Steuer des Landes; an ihrer Verwaltung waren alle drei Stände der Marken gleicherweise betheiligt. Die Hufenschoss-Verwaltung sah sich daher genöthigt, allmählig dieselben Verwaltungsgrundsätze anzunehmen, die dem Ausschuss zum neuen Biergelde vom Kurfürsten kraft landesherrlicher Autorität vorgeschrieben wurden. Der Städtekasten endlich bereitete noch weniger Schwierigkeiten, da seine Leitung den kurfürstlichen Organen von selbst zufiel, sobald dies bei den beiden ersten, den „landschaftlichen" Kassen geschehen war.

Wir haben daher fast nur nöthig, die Entwicklung des Kampfes mit der Verwaltung des Biergelds zu verfolgen, um uns über die des ganzen Creditwerks zu orientiren.

In dem Kampfe selbst heben sich drei Perioden von einander ab. Das erste Stadium, das den ersten Angriff des Kurfürsten auf die Verwaltung enthält, umfasst die Jahre 1662—1664 und endet mit dem Recess vom 9. Juni dieses Jahres, der allgemeine Principien zur dereinstigen Tilgung des Fonds feststellt und dem Landesherrn die oberste Controle der Verwaltung zuspricht, diese selbst aber den seit lange bestehenden ständischen Organen belässt.

Die Erkenntniss, dass auf diesem Wege nicht so schnell, wie erwartet, zum gewünschten Ziel zu kommen sei, führt den Kurfürsten kaum drei Jahre später zur Erneuerung des Angriffs. Die Thatsache, dass die Fortschritte in der Tilgung hinter seinen Forderungen zurückblieben, genügt ihm, die bisherige Administration selbst anzugreifen. Der Conflikt der Jahre 1667 bis 1670 endet mit seinem entschiedenen Siege. Der Kasse zum Biergelde schreibt er fortan seine Principien zur Tilgung der noch bestehenden Schulden vor; der Verwaltung selbst, dem Engen Ausschuss, belässt er zwar noch formell seine Selbständigkeit, macht ihn in der That aber von seinem Special-Delegaten in ständischen Dingen — damals dem Ober-Präsidenten v. Schwerin — völlig abhängig.

Erst mehr als zwölf Jahre später, Herbst 1682, tritt der Kampf in das dritte Stadium, das der Entscheidung. Da der Kurfürst trotz zwanzigjährigen Wartens das ersehnte Resultat noch immer nicht erreicht sieht, so erkennt er darin die Unfähigkeit — wenn nicht den bösen Willen — der Neu-Biergelds-Administration damit überhaupt zu Stande zu kommen. Ohne Rücksicht auf frühere Versprechen thut er daher den letzten Schritt. Aus eigener Machtvollkommenheit hebt er die bisherige selbständige Verwaltung des Neuen Biergeldes wie der beiden andern Kassen auf und ersetzt sie durch eine fürstliche. Alle bisher ständischen Beamten werden in fürstlichen Eid und Pflicht genommen und damit fürstliche Beamte. Der kurfürstliche Special-Commissar wird zum Commissarius perpetuus und Leiter des Neuen Biergeldes wie des Hufenschosses, während ein anderer der Geheimen Räthe die Direction des Städte-Kastens erhält, und nur ein zufälliger Umstand, die Belastung der landschaftlichen Fonds mit Geldern frommer Stiftungen, rettet sie vor gänzlichem Verschwinden.

Auch in dieser letzten, dritten Periode des Kampfes vertheidigen die Stände ihre Position Schritt für Schritt. Erst nach mehr als dreijährigem Ringen, April 1686, erlässt der Kurfürst die Reglements, die die Leitung ganz in seine Hände legen. Der Protest der Stände — denn mit einem solchen schliesst dieser Kampf, wie er damit beginnt — verhallt ungehört.

Zum Verständniss für das schnelle Anwachsen der Schuld dieser landschaftlichen Kassen wird es dienlich sein, einige Daten aus der ersten Hälfte des Jahrhunderts in Erinnerung zu bringen. Die von Joachim II. überkommenen Schulden von zusammen über zwei Millionen Thaler waren unter dessen beiden Nachfolgern nicht unbedeutend vermindert worden. Im Jahre 1610 nahm nun aber Johann Sigismund zum Unterhalt seiner Truppen im Jülichschen Kriege jene Dänische Schuld von 200,000 Rthlrn. auf, die, 1620 vom Dänenkönig gekündigt, in der Zeit der grössten Münzentwerthung durch ein von den Altmärkisch-Priegnitzirischen und Mittelmärkischen Ritterschaft aufgenommenes Darlehn von 668,481 Rthlr. gedeckt wurde. Diese durch Zinseszins auf circa 830,000 Rthlr. gestiegene Schuld belastete das Neue Biergeld, dessen Obligationen den Ritterschaften jener beiden Kreise als Faustpfand eingehändigt waren, von Neuem derart, dass seine Passiva wieder auf 1,916,749 Rthlr. stiegen. Die Ueberweisung von 12,000 Rthlrn. jährlich aus den Lenzenschen Zollgefällen im Jahre 1624 blieb ohne wesentlichen Einfluss. Um diese Zeit betrug die Biergeld-Schuld ca. 1,600,000 Rthlr., welche nach dem üblichen Zinsfuss von 6 Procent 96,480 Thaler jährlicher Zinsen erforderten.¹) Zur Deckung dieser für jene Zeit enormen Summe war die Bierziese verdoppelt, von 3½ auf 7 Thaler pro Gebräu im Recess vom 9. Juni 1624²) auf so lange erhöht worden, „bis die Hauptsumma rebattiret und die jährlichen Gefälle die Zinsen abführen können". Schon damals kam es, bei der Unmöglichkeit, diese Zinsen abzutragen, zu einer Zahlungsstockung. Die Herabsetzung des Zinsfusses auf 5%, der Versuch einer Abmachung mit den bedeutendsten Gläubigern, wie er die Aufgabe der von 1624—1629 arbeitenden Commission Pruckmann-Winterfeld war, führte zu keinem oder nur ungenügendem Ergebniss, so dass die Insolvenz bis in den Anfang der Regierung Friedrich Wilhelms hinein permanent blieb. Der Kurfürst liess, von Fragen der äusseren Politik fast ganz in Anspruch genommen, den Dingen auf diesem Gebiet die ersten zwanzig Jahre seiner Regierung hindurch ihren Lauf. Erst nach der Erringung der preussischen Souveränität, der Bezwingung der rheinischen und preussischen Stände, der Sicherung gegen Schweden und Polen im Frieden zu Oliva, wandte er dieser Aufgabe wieder seinen Blick zu. Nicht als ob er ihrer je vergessen hätte. Von den ersten Tagen an hatten ihn Pläne zur Reform des Steuer- und des damit im Zusammenhang stehenden landschaftlichen Schuldenwesens beschäftigt. Zu wiederholten Malen, 1641, dann 1653, hatte er durch die landschaftlichen und städtischen Verordneten eingehende Enquêten über die Bevölkerung von Stadt und Land, ihr Vermögen, dessen Belastung, die Vertheilung der direkten, ihr Verhältniss zu den indirekten Steuern anstellen lassen. Zu dauernder Reformthätigkeit kam er indess erst mit dem Frieden von Oliva, dem unmittelbar eine dritte noch genauere Enquête in den märkischen Städten und ländlichen Kreisen folgte. Sowol das wenig befriedigende Ergebniss derselben wie der Wunsch, die Steuerkraft des Unterthanen mehr zur Vertheidigung und Vergrösserung seines Landes als zur Deckung verjährter Schulden anzuwenden, ebenso sehr, vielleicht noch mehr, derjenige, den letzten Rest politischer Autonomie der Stände zu beseitigen, bestimmten ihn, selbst Hand an's Werk zu legen.

Im Augenblick, wo er dies that, Herbst 1662, riefen ihn die verworrenen ständischen Verhältnisse nach Preussen. Derjenige, der ihn hier bisher vertreten, Schwerin, wurde jetzt statt seiner mit der Regelung des märkischen Creditwerks betraut. (Oktober 1662.) An die Spitze einer Commission gestellt, der neben ihm der Kammergerichts-Präsident und Vice-Kanzler von Rahden, der Kammergerichtsrath Rowswinkel und der Amtsrath Krüger angehörten, begann er die Verhandlungen mit den Verordneten zum Grossen und Engen Ausschuss des Neuen Biergelds, liess sich aber bald unter der Angabe, durch die Erziehung der beiden ältesten Söhne des Kurfürsten an regelmässiger Theilnahme an den Ge-

---

¹) In den einundvierzig Jahren von 1624 bis 1665 steigt dieselbe durch neue Darlehen und Zinseszins auf 1,080,000 Thlr. Hauptsumme und 2,075,000 Thlr. versessene, d. h. fällige Zinsen.
²) Vgl. Mylius VI, 30 ff.

schäften der Commission behindert zu sein, durch den Kanzler Somnitz hierin vertreten; vielleicht weil er mit des Kurfürsten Absichten, mindestens mit der Methode zu ihrer Erreichung, nicht völlig übereinstimmte. Unbequemlichkeit und Kostspieligkeit der Verhandlungen mit dem Gesammten Ausschuss führen zur Aenderung des Verfahrens seitens des Kurfürsten. Er ersucht die Stände um die Bestellung einer dauernden Commission, und fortan tritt diese, bestehend aus drei vorzüglich dazu geeigneten Männern, dem Dechanten Hans Ludwig von der Gröben, dem Bürgermeister Zarlang, beide zu Berlin ansässig, und dem Bürgermeister Witte von Stendal, vornehmlich in den Vordergrund. Die Verhandlungen mit ihnen (Dezember 1662 bis März 1663) führen trotz der sehr energischen Bemühungen der kurfürstlichen Commissarien und der von Zeit zu Zeit aus der Ferne ertönenden Mahnrufe des Kurfürsten zu keinem Resultat. Gröben, getragen durch die Ueberzeugung von dem Recht der Stände auf diese Stellung und zugleich durch das Bewusstsein erschreckt, dass ihnen ihr letztes politisches Recht von Belang entrissen werden sollte, stellte sich mit Entschiedenheit auf den historischen Rechtsboden, den einzigen, auf dem die Position der Stände unangreifbar war. Theils mit dem Vorwand, dass die ältesten Rechnungen nicht mehr auffindbar, theils mit Präcedenzfällen aus der Zeit Georg Wilhelms, der seinen Anspruch auf Abhörung der Jahresabschlüsse durch einen Delegaten im Jahre 1629 förmlich zurückgezogen habe, weiss er des Kurfürsten Forderungen um genaue Rechnungslegung seit den Zeiten Joachims II. zu umgehen.

Dass die Vertreter der ständischen Interessen von ihrem Recht durchdrungen waren, ergiebt sich aus ihren 1663 beginnenden, wiederholten Bemühungen von dem schlecht unterrichteten Landesherrn an den besser zu unterrichtenden zu appelliren. Trotz seines entschiedenen Widerspruchs sucht ihn eine Deputation des Grossen Ausschusses unter Gröbens Leitung in Königsberg auf, um ihm in eingehender Weise über den status causae zu berichten und gegen das Vorgehen seiner Räthe zu protestiren.

Schon in den Verhandlungen während des Winters war des Kurfürsten Wunsch verlautbart, zunächst die der Landschaft überlassenen Lenzenschen Zollgefälle, früher in Höhe von 12,000, jetzt infolge eines Zuschlages von 16,000 Thlrn. jährlich, zu eigener Verwendung zurückzuerhalten. Gröben weist darauf zu Königsberg nach, wie die grossen Erfolge der letzten zwanzig Jahre, die Reduction allein der Schulden des Neuen Biergeldes von 20 auf 13 Tonnen Goldes nur durch regelmässige Zinszahlung ermöglicht worden seien. Diese wiederum sei bedingt durch den Fortbezug der Lenzener Gefälle, die daher vorläufig unerlässlich seien. Trotz der eingehendsten Rechnungslegung über die augenblickliche Verfassung des Neuen Biergeldes weiss der Kurfürst sich geschickt eine Handhabe zu fernerem Eingreifen zu wahren. Der Mangel an Information über den Städte-Kasten, den Ursprung und das allmähliche Wachsthum der Schuld beeinträchtigt, nach seiner Angabe, eine allumfassende, endgültige und gerechte Regelung der Schulden des Creditwerks. Eine Voruntersuchung, die über die beregten

Punkte Licht verschaffe, sei die Vorbedingung dieser Regelung. Diese Untersuchung sollte zu Berlin unter seiner eignen Leitung nach seiner Rückkehr in die Marken vorgenommen werden. Ende 1663 kehrte Friedrich Wilhelm von Königsberg nach Berlin zurück. Was während der fünfzehn Monate seiner Abwesenheit nicht von der Stelle gerückt war, wurde jetzt binnen kurzem soweit gefördert, als der Kurfürst auf den ersten Schlag zu geben gewillt war. Auf dem zum Frühjahr 1664 nach Berlin berufenen Landtage kam es zu einer Einigung, die sehr zu Gunsten des Kurfürsten ausfiel. Zunächst erreichte er die Rückerstattung der Lenzeuschen Gefälle, da die Stände nach dem Ausweis ihrer eignen Abschlüsse zugestehen mussten, dass, des Kurfürsten Principien zur Behandlung der Creditoren einmal acceptirt, die allmählige Schuldentilgung auch ohne jene durchführbar sei. Sodann wurde ihm das formelle Zugeständniss gemacht, die gesammte Schulden-Administration zu beliebiger Zeit einer Untersuchung unterziehen zu dürfen. Alles was die Stände durchsetzten war die nochmalige Zusicherung der bisher zu dem Creditwerk verordneten Einkünfte mit Ausschluss der Lenzeuschen Gefälle, die selbständige Administration und die Befreiung von jeder Verantwortlichkeit für die Verwaltung ihrer Vorfahren im Recess vom 23. Mai 1664.[1]) Die Selbständigkeit der Schuldenverwaltung war unter diesen Bedingungen eine illusorische. Die dem Kurfürsten garantirte ständige Controlgewalt musste auch bei innerer Uebereinstimmung zu steten Reibungen und diese zur Umwandlung der Administration zu Gunsten der stärkeren Partei führen. Um wie viel mehr musste dies der Fall sein bei der weiten Divergenz des beiderseitigen Standpunkts! Den Ständen war, wie Eingangs berührt, aus politischen wie aus persönlichen Gründen die vom Kurfürsten geplante Sistirung des Creditwerks nachtheilig. Die Verordneten bemühten sich daher, die entgegenstehenden Strebungen, die Schuldablösung bei fremden Creditoren dort, die fernere Zinszahlung an die Kreis-Ritterschaften und einzelne Stände, die Forderungen hatten, hier, zu vereinen. Dies wäre ohne das neu garantirte Controlrecht des Kurfürsten eine Zeitlang gegangen. Mit dem §. 18 des Recesses von 1664 in der Hand, konnte es indess dem Landesherrn nicht schwer fallen, die Blössen des von den Verordneten vertretenen Systems aufzudecken und gerade an dieser Stelle die Hand anzulegen zu einer gründlichen Umgestaltung der Verwaltung, die ein Zuwiderhandeln gegen seine Absichten zur Unmöglichkeit machte.

Indess richtete er seinen Angriff zunächst nur gegen die Art der Ausführung der auf dem Landtage von 1664 vereinbarten Principien. Treu seiner von Anfang bis zu Ende befolgten Taktik, liess er sich auch jetzt wieder nicht in Unterhandlungen mit dem Grossen Ausschuss ein, sondern wandte sich direkt an den Leiter des Engen Ausschusses und der früheren ständischen Commission, den Geheimen Rath und Dom-Dechanten Gröben.

¹) Mylius VI, 509, 510; §§. 17, 18.

Von Cleve aus, wo er eben nach endgültiger Regelung der Erbschaftsfrage die Huldigung seiner Stände von Neuem empfing, weist er schon Ende Februar, dann im April 1666 Gröben entschieden auf die genaue Befolgung der Principien von 1663/64 hin. Gleichzeitig spricht er ihm seine Verwunderung darüber aus, dass entgegen den früheren Bestimmungen Zinszahlungen ohne vorherige Einholung seiner Confirmation vorgenommen würden. Wenn hierin keine Remedur eintrete, stellt er sein persönliches Eingreifen in Aussicht. Zugleich folgert er aus seinem Aufsichtsrecht das weitere, für die sparsamste Verwaltung des Schuldenwerks Sorge zu tragen. Als Ausschuss zur Abnahme der Rechnungen würden fortan drei Verordnete, neben Gröben noch je ein Vertreter der Landschaft und der Städte, völlig genügen. Im Uebrigen sehe er der schleunigen Durchführung der Reformen entgegen. Gröben seinerseits verweist die Angelegenheit vor den wie alljährlich nach Ostern versammelten Grossen Ausschuss, der nach eingehenden Berathungen seinen Standpunkt in einer Ende Mai 1666 an den Kurfürsten nach Cleve gesandten Eingabe dahin präcisirt, dass betreffs sparsamer und geregelter Verwaltung das Möglichste bereits geschehe, eine zwangsweise Behandlung sämmtlicher Creditoren aber, auch solcher die zur Behandlung nicht geneigt seien, den Recessen von 1569, 1624 und 1664 widersprechen würde. Man sieht, dass der Ausschuss den Rechtsstandpunkt, auf den er sich gestellt, nicht zu verlassen gemeint war. Nur eine Lücke fand sich in seiner Stellung, das eigennützige Festhalten einzelner Stände an ihren ursprünglichen, zum Theil billig erworbenen Forderungen, auch wenn sie an hohen Zinsen schon den Werth, ja unter Umständen weit mehr als den Werth des ursprünglich vorgestreckten Capitals erhalten hatten. Solchen gegenüber mochte der Zuspruch der Mitglieder der Ausschüsse machtlos sein. Nur eins konnte da helfen, der kategorische Befehl des unumschränkten Herrn.

Daher vertagte der Kurfürst die Entscheidung über die von ihm aufgestellten Beschwerden bis zu seiner Rückkehr nach Berlin. Im Herbst des Jahres 1666 beginnt Schwerin auf des Fürsten Befehl die Untersuchung von Neuem. Dieselbe ergiebt, dass die Klage über ungleiche Behandlung der Creditoren nicht grundlos ist und führt im Frühling 1667 zu noch eingehenderen Verfügungen über die genaueste Nachachtung der vom Kurfürsten für die Behandlung der einzelnen Kategorien von Gläubigern aufgestellten Normativbestimmungen, vor Allem der Zinssuspension für alle, mit Ausnahme der Pia Corpora. Diese Massregeln, meinte er mit Recht, ermöglichten allein die beabsichtigte Ablösung binnen kurzer und bestimmter Frist.

Dem Drängen des Ausschusses um vorläufige Gestattung des bisherigen Verfahrens, da der vom Kurfürsten anbefohlene Weg zur Vernichtung des ganzen Credits, dem Sturmlauf aller Creditoren auf die Kassen, Retorsionsmassregeln ausländischer Creditoren führen würde, begegnet der Kurfürst mit einem geschickten Kunstgriff. Er lässt sich über die Einkünfte des Jahres 1667, soweit sie eingegangen, und deren Bestimmung genauesten

Bericht abstatten und erweist dem Ausschusse aus seinen eignen Aufstellungen die Unmöglichkeit, bei fortgesetzter Zinszahlung in absehbarer Zeit ohne Vermehrung der Einkünfte zu dem beabsichtigten Ziel zu gelangen. Daraus folgt für ihn die Zweckmässigkeit, ja Nothwendigkeit seiner eigenen Bestimmungen und ohne die .fortgesetzten, entschiedenen Remonstrationen des Ausschusses ferner zu beachten, lässt er durch seine Geheimen Räthe während seiner Abwesenheit, August 1668 bis October 1669, darüber wachen, dass seinen Verordnungen gemäss verfahren werde. Dies hat dann während der drei Jahre 1667—1670 den Erfolg, dass eine verhältnissmässig sehr bedeutende Summe des Capitals getilgt wird, so dass dessen völlige Ablösung binnen eines Jahrzehnts in Aussicht genommen werden konnte. Im Laufe des Jahres 1669 schien sich der Conflikt, eben an dem Punkt der Zinssuspension, zu einer gewaltsamen Lösung zuspitzen zu wollen. Der Kurfürst mahnte seine Geheimen Räthe ebenso ernstlich an die strikte Befolgung seiner Befehle, wie der Grosse Ausschuss die generelle Zinssuspension von der Hand wies und gegen die direkte Verhandlung der Räthe mit dem Land-Rentmeister von der Linde unter Uebergehung der Verordneten — Gröben war durch ernste Krankheit seit langem an sein Lager gefesselt — als verfassungswidrig protestirte. Dem entsprach es, dass auch die Zinsvertheilung für 1660 von den Verordneten gleichwie in den vorigen Jahren vorgenommen und alle ärmeren Creditoren, mit besonderer Berücksichtigung derer aus der Mitte der Verordneten selbst, ebenso wie die Alt- und Mittelmärkischen Ritterschaften für ihre nicht mehr völlig belegbare Forderung von etwa 200,000 Thlrn. in bisheriger Weise befriedigt wurden, ohne dass die Geheimen Räthe, die für einen solchen Fall nicht bestimmt instruirt waren, dagegen einschritten.

Da der Kurfürst indess die friedliche Lösung dieser Angelegenheit, zumal in einem Stadium, wo ein Grund zur Furcht vor unberufenen ständischen Conventen nicht mehr vorlag, einer gewaltsamen vorzog, so gab er dem Ansinnen der Stände auf erneute mündliche Verhandlung mit seinen vertrautesten Räthen Gehör. Unmittelbar nach seiner Rückkehr von Königsberg, 1. November 1669, trat nochmals der Ober-Präsident Schwerin und diesmal mit dem Oberhofmeister von Canitz neben sich, mit den ständischen Deputirten zur Conferenz zusammen. Man kam indess auch jetzt in dreitägiger Besprechung zu keinem irgendwie nennenswerthen Ergebniss.

Der Kurfürst mochte hoffen, auf einem grösseren Deputationstage durch Sicherung der Majorität noch eher zu seinem Ziele zu kommen. Ein solcher Tag wurde daher zum Januar 1670 berufen. Doch die Propositionen vom 18. Januar d. J. fanden so wenig Anklang, als ob der alte Vorkämpfer der ständischen Rechte, Gröben, der eben in diesen Tagen betrübt in die Grube sank, noch seines Amtes als Sprecher der Stände gewartet hätte. Es handelte sich nach Meinung der Stände um eine petitio principii. Das Schuldenwerk, das der Kurfürst in seinen Propositionen als ein landesherrliches bezeichnete, sei ein ständisches, wie dies der Wortlaut der Schuld-Obligationen klar bekunde. Die darauf gewidmeten Einkünfte würden ja mit dem

Aufhören des Werks von selbst aufhören. Die Leitung der Verwaltung aber sei ihnen 1664 vom Kurfürsten selbst durch die Sanction des Recesses vom 23. Mai d. J. verbürgt worden.

Die Antwort des Kurfürsten erhebt sich zu einem höheren Gesichtspunkte. Als Landesherr habe er die Pflicht, für das Beste aller seiner Unterthanen gleichmässig zu sorgen. Eben aus landesherrlicher Machtvollkommenheit sei er auch berechtigt, trotz entgegenstehender Bestimmungen klar erkannte Missbräuche abzustellen. Da das Ziel gänzlicher Tilgung von den Ständen, so lange ihre Verwaltung selbständig war, nicht so schnell als möglich gewesen wäre, erreicht sei, so werde die Leitung an ein kurfürstliches Organ übergehen, einen ständigen Commissar, der darauf achten werde, dass den Absichten des Kurfürsten nachgekommen würde. Zweimonatliche Verhandlungen mit den Ständen führten eine Verständigung doch nicht herbei. Von ihrem Standpunkte der Behauptung wol erworbener und garantirter Rechte kann man ihnen keinen Vorwurf daraus machen, wie denn der Kurfürst sich auch damit begnügte, in der Resolution vom 7. März 1670, die den bewegten Landtag schloss, die Zinssuspension und Capital-Reduction mit Ausnahme der Capitalien der Pia Corpora im Princip zur Anerkennung zu bringen, wogegen die Administration selbst vorläufig den ständischen Verordneten in bisheriger Selbständigkeit verblieb.

Hierzu mag auch die Stellung dessen beigetragen haben, der bis zu seinem Tode (1679) dem ganzen Creditwerk als Direktor vorgesetzt blieb, des Ober-Präsidenten Schwerin. Eine so vorsichtige und zu energischem Durchgreifen wenig geneigte Persönlichkeit war wie geschaffen, als Mittelsperson zwischen den Ständen, denen er selbst angehörte und mit denen er durch mannichfache Bande verknüpft war, und dem Kurfürsten zu dienen. Geschickt benutzte er seine Stellung, die Stände mit den Mitteln der Ueberzeugung zur Befolgung der kurfürstlichen Verordnungen zu bewegen und es gelang ihm, im Laufe eines Jahrzehnts des Kurfürsten Absichten soweit zu fördern, dass zur Zeit seines Todes die Sistirung des Creditwerks in nahe Aussicht trat.

Anders unter seinem Nachfolger im Amte des Landschafts-Direktors, dem durch seine unbeugsame Energie und Klarheit ausgezeichneten Friedrich von Jena, der von 1679—1682, seinem Todesjahre, diese seine Stellung zur Ueberführung der bisher noch ständischen Verwaltung in eine gänzlich kurfürstliche benutzte. Er konnte dies schon deshalb besser als Schwerin thun, weil er, durch frühere Verhandlungen und Versprechen nicht gebunden, sich einzig und allein zum Ausführungs-Organ der kurfürstlichen Ideen machte, an deren Entwickelung er seinerseits, wenn wir ihn recht beurtheilen, nicht geringen Antheil gehabt haben muss.

Als er sich darüber vergewissert hatte, dass die Principien der Verordnung vom 7. März 1670 nicht strikt durchgeführt würden, bestimmte er den Kurfürsten, eine neue Enquête zu veranlassen. Eine neue Commission trat also im Jahre 1681 zusammen, und die Antwort auf die von ihr der ständischen Verwaltung vorgelegten Fragen ergab, dass diese bemüht war, die völlige Ablösung in's Ungewisse hinauszuschieben. Dies gab dann endlich im Jahre 1682 Anlass, die Verwaltung völlig in eine landesherrliche zu verwandeln. In diesem Jahre wurde die Zahl der Verordneten zum Neuen Biergelde auf **sechs** beschränkt, und diese Beschränkung mit den bisherigen zu grossen Unkosten motivirt.

Ebenso wesentlich war die durch eine ähnliche Verordnung herbeigeführte Reduction des Grossen Ausschusses von etwa 50—60 auf 12 Mitglieder, denen durch die Beschränkung ihrer Competenz auf die Rechnungsprüfung und zwar innerhalb einer kurz bemessenen Frist jeder Charakter eines landständischen Convents genommen wurde.

Beim Tode Jena's, September 1682, trat ähnlich wie bei dem seines Vorgängers Schwerin zunächst eine Commission, diesmal aus den Geheimen Räthen Rahden, Grumbkow und Rhetz bestehend, zu erneuter Prüfung des Schuldbestands in den landschaftlichen Kassen zusammen.

Das Reglement vom 11. April 1683, das Resultat sechsmonatlicher Verhandlungen und Berathungen, erweitert die Verfügung vom März 1670 derart, dass es die Verwaltung ganz unter die Direction eines der Geheimen Räthe stellte, zugleich alle Verordneten durch kurfürstliche Verpflichtung zu landesherrlichen Beamten machte, endlich das ersehnte Ziel der Ablösung durch Verringerung der Ausgaben und Erhöhung der Einnahmen in ganz nahe Aussicht stellte.

Dass es dem Kufürsten, nicht nur dem Schein nach, dabei zugleich um Minderung der auf den Mediat-Unterthanen lastenden ständischen Steuern zu thun war, ergiebt sich aus der gleichzeitigen Bestimmung, die die Höhe des Neuen Biergeldes von 7 auf 4½ Thaler pro Gebräu herabsetzt, das heisst fast auf jenen Satz, der einst unter Johann Georg bestanden hatte.

Trotz der wiederholten, lebhaften ständischen Proteste verbleibt es seitdem bei diesen in jenem Reglement niedergelegten Verwaltungsgrundsätzen. Nach Verlauf von drei Jahren ist man so weit, dass in allen drei ständischen Kassen nur noch ein verhältnissmässig kleiner Schuldrest verbleibt, den der Kurfürst durch die Resolution vom 9. Juni 1686 in eine landesherrliche Schuld zurückverwandelt, indem er gewissermassen das ganze Soll und Haben zunächst der beiden landschaftlichen Kassen auf sein Conto übernimmt. Aus Rücksicht auf die Stände wird ihnen dabei zugesagt, dass die Kassenverwaltung durch Specialbeamte geführt werden solle; die Rechnungsabnahme aber erfolgt nicht mehr durch ständische, sondern durch kurfürstliche Verordnete.

Zugleich verknüpft der Kurfürst damit den Plan, alle Kirchen- und Schulbediensteten, zunächst kurfürstlichen und städtischen, dann auch ritterschaftlichen Patronats, auf ein Baareinkommen zu setzen, um die lästige Befreiung derselben von den indirekten Steuern aufzuheben. Die Einkünfte endlich aus dem Neuen Biergelde und Hufenschoss bestimmt er zu einem Haus- oder Staatsschatz, dessen intakte Erhaltung allen Nachfolgern auf's Ernstlichste anempfohlen wird.

Die Ordnung des Ständischen Creditwerks
1662—1685.

Der Hauptmann der Altmark, Achaz von der Schulenburg an den Kurfürsten. Dat. Beezendorf 26. Sept. 1662.

[Bittet über die von ihm geführte Contributionsverwaltung der Altmark Rechnung ablegen zu dürfen.]

1662.
6. Oct.

Man habe ihm die Säumigkeit der kurfürstlichen Amtleute in Einbringung ihrer Contribution zum Vorwurf gemacht, doch sei er völlig schuldlos. Wiederholt habe er von jenen die Einsendung der Rechnungen verlangt, ohne dieselbe zu erreichen.

„Nur dass die beide gewesene Amtleute zu Dambeck und Niendorf einige Aufsätze eingesandt haben, dabei doch die Belegunge allerdinge ermangeln und unterschiedliche Posten sich darin finden, darüber sie billig sollten vernommen werden, und also etlichermassen bei diesen, des Kreises, Rechnungen noch eine Unvollkommenheit darüber verbleiben wird. Aldieweil ich aber mit Schmerzen und grossem Herzeleid erfahren müssen, welchergestalt einige Leute sich finden, die mir ohne alle gegebene Ursache so gehässig sein, dass bei Sr. Ch. D. sie mein bishero geführtes, mühsames Directorium zur höchsten Ungebühr verkleinerlich angeben und gleichsam eines schändlichen Eigennutzes mich beschuldigen dürfen, so habe ich um der Beamten willen der Sache keinen Anstand geben wollen, sondern da nunmehr die geconcertirte Frist zu Ende läuft und der Einnehmer mit der Rechnung meist fertig, als ersuche E. Ch. D. ich demüthigst mir einen eigentlichen und gewissen Tag zu benennen, da ich mich nebst dem Einnehmer vor Dero Geh. Rath gestellen, die Rechnungen vorlegen und, da nöthig, von meinem dabei geführten Directorio gebührende

Red und Antwort geben könne, damit dergestalt meine Unschuld kann gerettet und mein ehrlicher Name und Existimation, die mir lieber ist als mein Leben — — beibehalten werden."

Die Geheimen Räthe an den Kurfürsten. Dat. Cölln a./Sp.
30. September 1662.

[Schulenburgs Beschwerden. Vorschlag zur Vornahme der Rechnungslegung in der Residenz.]

1662.
10. Oct. Der altmärkische Hauptmann A. v. d. Schulenburg führe ernste Klage darüber, dass die kurfürstlichen Amtleute die Rechnungen über die von ihnen in den Aemtern erhobenen Contributionsgelder seit 1656 nicht mehr eingesandt hätten und bitte um schleunige Beraumung eines Tages zu seiner Décharge.

„Wir haben nicht unterlassen, deshalb mit dem Herrn Vice-Canzler von Rahden[1]) nöthige Unterredung zu pflegen, welcher dann in Vorschlag gebracht, ob es nicht dahin zu veranlassen, dass solche Abnahme alhier in loco geschehen möchte, massen dann dadurch nicht allein einige Unkosten gespart werden, sondern auch er seinen obliegenden Amtsgeschäften besser mit abwarten könnte. Und würde, da einige fernere Untersuchung im Lande nöthig gefunden werden sollte, dennoch dieselbe hiernächst nach abgenommener Rechnung fürgenommen werden können. Weiln wir aber hierunter von E. Ch. D. gn. Willensmeinung nicht informiret, als geruhen Dieselbe uns solche zu unserm gehorsamsten Verhalten in Gnaden zukommen zu lassen."

Die Ausschüsse der Alt- und Mittelmärkischen Ritterschaft werden durch ein kurfürstliches Ausschreiben vom 13./23. October auf den 19./29. November nach Berlin berufen, um dort von dem Ober-Präsidenten die Namen der Commissarien zu vernehmen, denen sie über bestimmte Fragen betreffs ihrer Schulden-Verwaltung Auskunft ertheilen sollen. Sie haben den Commissarien auf Verlangen „die bezüglichen Documenta wie auch Rechnungen und was dem mehr anhängig", im Original vorzulegen.

---

¹) Vergl. über ihn Isaacsohn, Geschichte des preussischen Beamtenthums II, 81, 218 ff.

Kurfürstliches Commissoriale an den Ober-Präsidenten
v. Schwerin und die vier Räthe Lucius v. Rahden, Ludolf
v. Lüderitz, Romswinkel und Krüger zu Untersuchung des
Märkischen Schuldenwerks. Dat. Rügenwalde 20. Oct. 1662.

1662.
12. Oct.

„— — Wir erachten für nothwendig, einige gn. Information einzunehmen, was es mit dem Schuldenwerk in Unsrer Chur und Mark Brandenburg vor eine Beschaffenheit habe, und ob Wir zwar dasjenige, was dieses Werks halber Unsre löbl. Vorfahren wie Unsre getr. Landschaft sich vereinigt und verglichen haben, keineswegs gemeint sein umzustossen, noch weniger Kirchen, Schulen, armen Witwen und Waisen, so das Ihrige hergegeben, wie man es wol widrig sucht zu deuten, dessen zu entsetzen, so erfordert doch auch Unser landesherrliches obrigkeitliches Amt dahin zu sehen, wie gleichwol mit demjenigen, so Unsere Unterthanen ufbringen, und darunter Wir Uns selber interessirt befinden, umgangen werde; dann ob wir zwar zu denenjenigen, die das Werk unter Händen haben und führen, keine Diffidenz stellen, so ist doch auch nicht mehr als billig, eine Untersuchung thun zu lassen, damit Wir einmal wissen mögen, wie es dann mit diesem Schulden-Werk stehet, und dann ferner drauf überlegen, auch mit Unsrer Landschaft Uns vernehmen können. Diesem nach ergeht hiermit Unser gn. Befehlich an Euch, zum förderlichsten Euch mit den Deputirten der Landschaft und Städte zusammenzuthun und zuforderst von Ihnen Euch originaliter zeigen zu lassen, worauf bei Anhebung dieses Schuldenwerks gesehen worden, was damals vor Schulden gewesen, welche der Landschaft zugeschlagen worden, was ihnen hingegen vor Intraden und auf wieviel Jahre zugeeignet worden, und was wegen deren Inhabung und Berechnung halber vor Vergleich getroffen, auch was darunter vor Berechnung von Jahren zu Jahren geführt, was nachgehends von Zeiten zu Zeiten mehr an Schulden gemacht und auf was Befehl und wohin selbiges verwendet worden, sonderlich aber habt Ihr dabei in Acht zu nehmen, was darunter etwa vor Hof- und Handwerksschulden auch dergleichen Gelde gewesen, was vor und nach an Capitalien abgeführt, was itzo noch vor Capitalien unabgeführt nachstehen und hingegen die Einkünfte der Landschaften sein, und wohin selbige verwendet worden und was Ihr sonsten ferner zu eigentlicher Untersuchung des ganzen Werks, auch dessen eigentlicher Bewandtniss dienlich und nöthig findet etc."

Otto v. Schwerin an den Kurfürsten. Dat. Cölln a./Sp. 13. October 1662.

[Fragt an, ob die Verordneten zum Städtekasten zur selben Zeit mit denen zum Hufenschoss und Neuen Biergelde tagen sollen.]

1662.
23. Oct.

„— — Sonsten haben E. Ch. D. gn. Befehl zu gehorsamster Folge wir den Ausschuss der Landschaft gegen den 19. Novembris, wie beiliegend, anhero verschrieben, da dann E. Ch. D. gn. Befehl allergehorsamst nachgelebt und Deroselben davon unterth. Bericht abgestattet werden soll. Die Verordneten der Städte, so zum Neuen Biergelde gehören, weiln die Städte auch daran participiren, haben wir zwar anitzo mit verschrieben; allein ist E. Ch. D. gn. bekannt, dass die sämmtliche Städte ohnedem noch ein absonderliches Schuldenwesen haben, womit die Ritterschaft nichts gemein hat. Weil nun dessen in E. Ch. D. gn. Rescript nicht gedacht wird, auch ohne dem unmöglich sein würde, beide Sachen auf einmal vorzunehmen, so wollen vorhero E. Ch. D. gn. Befehl wir erwarten, ob solcher Ausschuss der Städte auch anhero verschrieben oder ob man damit solange anstehen solle, bis man mit dem Werk hindurch oder aufs wenigste das schwerste überbracht."

Postscript Schreibens des Ober-Präsidenten und der Geh. Räthe an den Kurfürsten. Dat. Cölln a./Sp. 26. October 1662.
(Praesentat. Königsberg 11. November.)
[Die Mängel der Contributions-Verrechnung.]

1662.
5. Nov.

„Auch Durchl. Churfürst, gn. Herr, hat die gesammte Ritterschaft in der Altmark angehalten, dass zu besserer Fortsetzung der von E. Ch. D. angeordneten Commission die Beamte die Mängel in puncto Contributionis und der Anlage schriftlich übergeben und solche hernachmals ihnen zu ihrer Nachricht und Exculpation communicirt werden mögen.

Wir haben sie dahin beschieden, dass solche Commission sich allhier in loco auf den 19. Novembris, als gegen welche Zeit ohne dem der Ausschuss der Stände, E. Ch. D. Befehl nach, wegen Untersuchung des Schuldenwesens anhero verschrieben, am besten würde vernehmen lassen. Und sollten sie alsdann die alten Anlagen, als worüber und dass dieselbe niemals communicirt worden, die meiste Beschwer geführt, mit überbringen. Zu welchem Ende wir dann auch den

Beamten sich mit ihrer Notdurft bereit zu halten zugeschrieben, und soll hiernächst von dem Verfolg E. Ch. D. unterth. Bericht abgestattet werden."

Otto v. Schwerin an den Kurfürsten. Dat. Alten-Landsberg 30. October 1662.

[Des Kurfürsten Befehl auf gesonderte Untersuchung des Schuldenwesens der zwei Ritterschafts-Körper. Rahden Mitglied beider Commissionen.]

1662. 9. Nov.

"— Soviel die Abnahme der Altmärkischen Rechnungen betrifft, ist zwar sowol der Ritterschaft, als auch den Beamten angedeutet, eben um die Zeit, da die Ritterschaft wegen der Landschaft Schuldenwerks zu Berlin sein wird, mit ihren Rechnungen zugleich zu erscheinen. Weil aber E. Ch. D. nun ein anderes resolviret, so soll Dero gn. Befehl gehorsamst nachgelebt und ihnen solcher alsofort zu wissen gemacht werden; es ist aber E. Ch. D. Vice-Kanzler, der v. Rahden, zu beeden Commissionibus verordnet, und weil die eine wegen der Landschaft Schuldenwerk am ehesten ihren Fortgang erreichen wird, hoffe E. Ch. D. gn. Willen gemäss zu sein, dass die andere wegen der Steuerrechnungsabnahme, solange bis die erstgemeldete vorbei, differirt und diese letzte sofort hernach vorgenommen werde; gefällt aber auch E. Ch. D., dass die eine oder die andere Commission ohne des Vice-Kanzlers Beisein geschehen soll, so will ich Dero gn. Befehle gehorsamst gewärtig sein."

Der Kurfürst an Ober-Präsident und Geh. Räthe. Dat. Königsberg 2. November 1662.

[Die Untersuchung des Altmärkischen Contributionswesens an Ort und Stelle vorzunehmen.]

1662. 2. Nov.

(Da Achaz von der Schulenburg in einem Schreiben vom 29. Sept. über die Nachlässigkeit der Beamten klage und Untersuchung an Ort und Stelle zur Herstellung seines angetasteten guten Rufes antrage) „als befehlen Wir Euch gn., solche angeordnete Commission zu befördern, und den Beamten daselbst ernstlich zu befehlen ohne fernere Verschiebung denen Commissarien ihre hinterstelligen Rechnungen ebenmässig zu übergeben."

IV. Die Ordnung des Ständischen Creditwerks, 1662—1685.

Erklärung der Deputirten zum Neuen Biergelde und zum Hufenschoss auf die Propositionen vom 25. November. Dat. Berlin 28. November 1662.

[Seien inkompetent über das Schuldenwerk Bestimmung zu treffen; bitten um Vertagung bis Ostern zur Einholung der Instructionen der Heimgelassenen.]

1662.
8. Dez. Die ganze Landschaft, nicht der Ausschuss, habe über das Schuldenwerk zu befinden:

„Dann E. Ch. D. ist ohne dem gn. wol bewusst, dass die Verordnete und Deputirte des Ausschusses nur in terminis limitatis bestellt, worüber sie auch von E. Ch. D. gn. confirmirt worden, und wie ihre Verrichtungen blosser Dinge nur dazu angesehen und verordnet sein, das sie in Sachen des Biergeldes und Hufenschosses, dessen Einnahme und Ausgabe, auch was sonsten zu Beibehaltung und Conservirung desselben nütz und nöthig, das Corpus der Landschaft repraesentiren und, wann sie dazu erfordert werden, das bonum publicum beobachten müssten. Wobei sie fines mandati nicht überschreiten, viel weniger eine solche hohe und schwere Verantwortung auf sich laden dürfen, insonderheit da diejenigen so itzund im Ausschuss verordnet mehrentheils tempore belli zu der Sache gekommen, etliche auch nur gar neulicher Zeit darzu erfordert und constituirt worden, also dass sie unmöglich die Beschaffenheit eines so alten Werks von hundert und mehr Jahren so exacte wissen können, wie das churfürstliche Commissoriale solches in 13 Puncten zu erfordern scheint. Denn gleichwie bei den verderblichen Kriegeszeiten die Acta bei denen meisten Kreisen und Städten ziemlich verrücket, auch der Landschaft Archiv bei Versteck und Schickung an sichere Orten die briefliche Urkunden in so grosse Confusion gerathen, dass sich niemand leicht daraus hat informiren können, auch wol gar davor gehalten worden, dass ein solches altes Schuldenwerk weiter zu wissen nicht mehr nöthig sein würde: also wissen die Anwesende des Ausschusses davon auch weiters nichts, als dass sie gleichsam nur per traditiones erlangt haben, wie das Biergeld, und Giebel-, auch Städte-Schösse vor undenklichen Jahren blosser Dinge um der vorigen Herrschaften bedränglichen Schulden willen gestiftet, angelegt und a Statibus bewilligt, auch von einer Zeit zur andern trefflich hohe Summen (die sich auf viele Millionen belaufen) dahineingeschlagen worden, welche darauf mit anderweitigen Anlehen haben bezahlt werden müssen. Dass auch noch in beiden Werken sehr viel und hohe Schulden stecken und zu Beibehaltung des Landes Credit verzinset werden müssen, ist inner- und ausserhalb Landes bekannt und ihnen gleichfalls aus den jährlichen Rechnungen wol bewusst. Wie viel aber eigentlich von einer Zeit zur andern der Landschaft an Schulden angewiesen worden, davon können Anwesende Verordnete und Deputirte des Ausschusses in specie alsofort nicht beständige Rede und Antwort geben, sondern müssen sich zuvor in dem Archivo ersehen, die alten Protocolla der Directoren in den Kreisen und Städten nachschlagen und ihnen von ihren Heimgelassenen hiernächst pleniorem informationem geben lassen."

Der kurzen Wintertage wegen bitten sie um Vertagung bis Ostern; indess werden sie sich mit den Heimgelassenen bereden können.

Otto v. Schwerin an die vier kurfürstlichen Commissarien s. d.

[Schlägt vor, mit den drei zur Prüfung des Schuldenwerks von dem Ansschuss bestellten Verordneten ferner zu verhandeln, alle andern Verordneten zu entlassen.]

„Weil der Ausschoss drei Deputirte gemacht, so die Sache durchsehen sollten, welches ohne Zweifel sehr weitläufig wäre, so hielte ich nochmaln davor, der ganze Ausschoss wäre nicht aufzuhalten, welche schon über 300 Thlr. verzehret, so den armen Creditoren abgingen. Ich hielte auch davor, man hätte künftig nicht eines nöthig, den ganzen Ausschoss wieder zu verschreiben, besondern man würde besser mit den drei zu rechte kommen, es wäre dann, dass S. Ch. D. befehlen, Handlung zu pflegen. Im Fall sie nun noch aufgehalten werden, böte ich ihnen die Dimission an; zu denten jedoch, dass die drei da blieben."

Die kurfürstlichen Commissarien an O. v. Schwerin. Dat. Cölln a./Sp. 30. November 1662.[1]

[Die Entschuldigung des Ausschusses, dass er über das Schuldenwerk nicht instruirt sei, ein blosser Vorwand. Des Ober-Präsidenten Vorschlag zweckmässig.]

1662. 10. Dez.

Sie halten sich nicht für competent, in die gewünschte Dilation des Ausschusses zu willigen; stellen es dem Ober-Präsidenten und den Geh. Räthen anheim, dies statt des abwesenden Kurfürsten zu thun.

„Weiln aber Ew. Hochwürden und Excellenz unser geringfügiges Gutachten dabei begehren, so ist dasselbe unvorgreiflich dieses, dass,

---

[1] Das Schreiben ist von dreien der vier Commissarien, Rohden, Lüderitz und Romswinkel unterzeichnet; der vierte, Amtsrath Krüger, weilt zu Ruppin behufs einer Inspection.

weiln es nicht wol sein kann |: zu geschweigen, dass aus der Deputirten auf die Proposition gegebene Antwort soviel zu vernehmen gewesen, gleichsam sie über diese Puncta nicht so gar unpraeparirt und uninstruirt sich gestellt :| dass diejenige, welche dieses Werk nun viele Jahre hero unter Händen haben und administriren, so gar keine Information und Nachricht, wie sie vorgeben, hievon vor und an sich selbsten, ohne dieselbe erst anderswärts einzuholen, haben sollten, wir nicht sehen, wie sie zum wenigsten dasjenige, so ihnen vor ihre Person hievon gestalten Sachen nach unverborgen sein muss, anfangs zu gehors. Einfolge höchstged. Sr. Ch. D. gn. Commission, anitzo, wann nur Ew. Hochw. und Exc., als Caput Commissionis sich dabei einfinden könnten, sich entschlagen können; in Betracht, dass alsdann, was S. Ch. D. etwa ferner vor Nachricht dabei desideriren werden und vorhero solche zu erfordern sein möchte, sich erst weisen würde.

Wann aber |: wie Ew. Hochw. und Exc. erwähnen, dass die Deputirte sich erboten :| dieselbe drei aus ihren Mitteln mit gnugsamer Instruction und Vollmacht, der Churf. Commission zu geleben, hinterlassen wollten, könnten wir zu Ersparung Kosten und Beforderung der Sachen, solches und dass die übrige dimittirt würden, nicht undienlich finden.

In einer Zuschrift an Schwerin d. d. Königsberg 8. Dez. 1662 erklärt sich der Kurfürst mit dessen Vorschlag einverstanden, vorausgesetzt, dass die drei Vertreter des Grossen Ausschusses seiner auf gründliche Untersuchung und Reform des Creditwerks gerichteten Intention durch eifrige und ehrliche Arbeit entgegenkämen. Schwerin scheidet Ende des Jahrs mit der Entschuldigung, durch die Erziehung der beiden Prinzen zu oft in Alt-Landsberg zurückgehalten zu werden, unter Genehmigung des Kurfürsten, aus seiner Stellung als Vorsitzender der Untersuchungs-Commission aus oder genauer, erhält die Erlaubniss, sich in dieser Stellung durch den Kanzler und Geh. Rath Lorenz Christoph v. Somnitz[1]) vertreten zu lassen. Die Akten schweigen von nun an fast zwei Monate lang über den Fortgang der Untersuchung.

Erst auf eine vom 5. Februar 1663 datirte Anfrage des Kurfürsten aus Königsberg, wie weit man gekommen sei, erfolgt ein drei Wochen später datirender Bericht der Commissarien.

---

[1]) Vgl. über ihn Isaacsohn, Gesch. des Preuss. Beamtenthums II, 237 und Cosmar und Klaproth 357, 358.

Die zur Untersuchung der Landschaft Schuldenwesen verordneten Commissarien an den Kurfürsten. Dat. Cölln a./Sp. 26. Februar 1663.

[Berichten über die von den ständischen Commissarien in Aussicht gestellten Uebersichten und Abschlüsse.]

1663. 8. März.

„Als E. Ch. D. uns gn. befohlen, wegen des Schulden-Wesens allhie im Lande gehörige Nachricht einzuziehen, und die Deputirte sich jüngsthin erklärt, dass sie deswegen drei Vollmächt allhie lassen wollten, so haben wir deswegen und dass dabei ein Anfang gemacht werden möchte, bei E. Ch. D. Geheimbten Rath und Dechant zu Brandenburg, dem von der Gröben, zu verschiedenen Malen Erinnerung thun lassen, und nachdem derselbe zu verstehen gegeben, es wären einige Präliminar-Puncta, worüber man sich zuvörderst vernehmen müsste, so haben deswegen einige aus unserm Mittel mit ihm geredet, denen er dann angezeigt, dass er nebst seinen Mit-Verordneten gerne verständigt sein möchte, von welchen Jahren und von welchem termino die Information und Nachricht von dieser Sache begehrt würde. Es hätte sich das Werk unter Churfürst Alberto zuvörderst angefangen, Anno 1624 aber wäre ein Recess ausgefertigt, daraus zu sehen, auf was für einen Fuss es damaln gerichtet worden. Wäre also zu vernehmen und festzusetzen, ob die Nachricht von Churfürst Alberti Zeiten oder nur von Anno 1624 aufzusuchen und zu ertheilen. Wir haben uns darauf zusammengethan und anfangs aus E. Ch. D. gu. Rescripto vom 2. Octobris Anni 1662 angemerkt, dass dasjenige, worauf bei Anhebung dieses Schuldenwerks gesehen worden, originaliter fürgezeuget werden sollte; aus den Actis auch, so beim Archivo fürhanden, haben wir soviel ersehen, dass E. Ch. D. Herr Vater Christmild. Andenkens mit dem im Recess vom 9. Junii 1624 ungefährlich gesetzten trunco der Schulden nicht friedlich, besondern laut Rescripti vom 14. Julii Anni 1629 und anderer Verordnungen darauf bestanden, weil eben Anno 1621, 1622, da die leichte Münze gewesen, sehr hohe Pöste aufgenommen und die Biergelder damit aufs höchste beschwert, dass die Ursach dessen und bei wem die Schuld solcher Anleihe wäre, untersucht werden sollte. So ist auch der Ausschuss selbst mit etlichen Registern, so für Anno 1624 gehalten, nicht friedlich gewesen; das Register von Anno 1623 ist derzeit, wie der Recess de Anno 1624 publicirt worden, noch gar nicht abgehört gewesen.

Solchem nach haben wir dem von der Gröben, dann auch Bürgermeister Zarlangken, so sich auf der Rathstuben als Deputirte vom Ausschuss zu dieser Sache bei uns eingefunden, angezeuget, welchergestalt, nachdem E. Ch. D. gn. zufrieden wären, dass dieses Werks halber nicht der ganze Ausschuss, sondern etliche Deputirte aus der Landschaft Mittel dem Annehmen zufolge zur Stelle sein, und dasjenige, so E. Ch. D. obangezogenem gn. Rescripto gemäss wäre, nebst uns expediren möchten, so würde 1) nöthig sein, die Personen, so von dem Ausschuss hiezu deputirt, uns zu benennen; 2) belangend die Zeit, von welcher die Untersuchung dieses Schuldenwerks anzufangen, hielten wir zwar dafür, dass E. Ch. D. gn. Intention gemäss wäre, dass von der Zeit an, da die Landschaft der gn. Herrschaft Schulden über sich und dagegen auch die Zahlungsmittel an sich genommen hätte, Information gegeben und Bericht gethan würde, wie mit solchem allen verfahren worden.

Und würden sie uns demnach anfangs zwar die dahin gehörige Originalia fürzeugen. Damit aber E. Ch. D. mit dem Anfange dieses Werks nicht zu lange aufgehalten würden, sondern auch zugleich von dem jetzigen und gegenwärtigen Zustande des Schuldenwesens Nachricht haben möchten, so würde dazu dienlich sein, dass sie uns sofort zwei von den letzt geschlossenen Registern zustellten, damit man sich daraus ersehen und zugleich Nachricht haben möchte, auf was für einem Fusse das Werk für itzo beruhte. Der von der Gröben gab uns darauf zu vernehmen, was die Deputation belangt, wäre ihm, dem Bürgermeister in Berlin, Michael Zarlangken, dann Friedrich Witten, Bürgermeistern zu Neuen Ruppin, und letztlich noch einem aus der Altmark, so noch nicht benennet, der aber bald hier sein würde, aufgetragen, der Landschaft briefliche Urkunden durchzusehen, und weil sie bei dem Kriegeswesen bald hie, bald dahin verführt worden und derhalben sehr untereinander geworfen wären, selbige wieder in Ordnung zu bringen, auch absonderlich die zu diesem Schuldenwesen gehörige Urkunden aufzusuchen. Sie wären bishero in Zweifel gestanden, von welchen Jahren eigentlich E. Ch. D. die Nachricht begehrte. Weil sie vernehmen, dass man von Anfang her die Sache zu untersuchen nöthig hielte, wollten sie auch die dahin dienliche Instrumenta aufsuchen und beisammen bringen.

Es wäre auch für nöthig angesehen, dass weil bei einem und andern Kreise auch einigen Städten Specialnachricht, so dieses Werk anginge, fürhanden wäre, dass auch dieselbe an Hand geschafft und eingesandt würden; gestalt ihnen solches auch angedeutet.

Wäre nun alles aufgesucht und beisammen gebracht, wollten sie den Heimgelassenen davon part geben, die würden dann bei E. Ch. D.

Die Untersuchung des Creditwerks, Frühling 1663.

weiter einkommen, derjenigen auch, so von der Landschaft ferner zu diesem Werk deputirt werden möchten, nach erlangter gnugsamer Instruction Communication thun. Die letzten Rechnungen wären noch nicht abgehört; wann sie abgelegt, könnten sie besagtermassen communicirt werden. Beriefen sich demnach zweitens und hauptsächlich auf die Schrift, so die Deputirte des Grossen Ausschusses den 28. November jüngsthin übergeben und baten, wie darin gebeten, dass E. Ch. D. diesem Werk seinen Anstand bis Quasimodogeniti gönnen wollten, da dann der Grosse und Enge Ausschuss zu Abhörung der Register ohne das hie sein würde.

Wir hielten ihnen hierauf für, wie eben selbige Deputirte des Grossen Ausschusses durch einige ihres Mittels jüngsthin, nachdem ihnen auf die angeregte Schrift remonstrirt worden, wie E. Ch. D. hierunter keinen Verzug leiden würden, sich mündlich erklärt. Sie wollten drei Deputirte hie lassen, so die Sachen durchsehen und den Commissariis mit dem begehrten Bericht an die Hand geben sollten. Des wäre man nun gewärtig.

So begehrte man auch für itzo eben nicht die allerletzte, unabgehörte Register, sondern die letzten von denjenigen, so abgehört wären, welche ja wol sofort edirt werden könnten. Sie blieben hierauf bei ihrer vorigen Meinung und thaten hinzu: Die Verordneten hätten sich hierin nicht mischen wollen; ohne einen Grossen Ausschuss könnte hierin nichts geschehen; in die von E. Ch. D. an uns gn. ertheilte Commission liessen sie sich nicht ein; es müssten die Leute gefordert werden, so dazu gehörten; auf Quasimodogeniti würden die Ausschüsse beisammen sein; eine andere Zusammenkunft der Stände würde nicht nöthig sein. Baten unterth., E. Ch. D. möchten bis dahin der Sachen einen Anstand gönnen, sie alhie trügen nur die Materialia zusammen. Es stünde dahin, was die Landschaft für eine structuram daraus machen wollte; es wäre eine wichtige Sache und hätte die Landschaft fast nichts mehr als dieselbe nur noch in Händen. Es wären der Landschaft die Zeit über, da man von dieser Commission geredet, wol neun Tonnen Goldes aufgekündigt.

Wir haben zwar hierauf remonstrirt, dass dennoch E. Ch. D. billig Einsehen haben und wissen müssten, woher das Land dergestalt in Schulden gerathen, wozu Ihre klarste reditus als Zölle und dergl. angewandt, wie solches alles administrirt, was für Bediente dabei, wie die Creditoren gezahlt würden u. s. f., welches alles Dinge wären, so nicht allein E. Ch. D. Patrimonial-Güter und Dero Immediat-Unterthanen Wolfart, sondern auch Dero Regierung und die Administration

der Justiz, so zu Dero hohen Amte gehörig, anginge. Und würden
E. Ch. D. demnach nunmehro gerne sehen, dass Dero gn. Befehl ohne
Verzug der Sachen Notdurft und angezogener Beschaffenheit nach gehorsamst eingelobt würde. So bezeugen's auch die Acta von vorigen
Zeiten, dass die gn. Herrschaft eben deswegen dieser Sachen sich angenommen, damit der Creditoren Klagen und Beschwerden ab- und
dem Schuldenwesen insgemein möchte geholfen werden.

Wir haben aber für das Mal keine andere Erklärung erhalten
können und müssen wol dafür halten, dass wenn etliche Haupt-Urkunden, bevorab aber die geforderte Register, ohne alle Schwierigkeit
hätten können begehrtermassen sofort ausgeantwortet werden, dass es
dieses Einwendens nicht bedurft. Sie baten aber ferner um die fürgeschlagene Dilation, weil sie für itzo ein mehres, als angezeigt, bei
der Sache nicht thun könnten. Und stellen's demnach zu E. Ch. D.
gn. Verordnung, ob Sie die gesuchte Frist gn. indulgiren und indessen
an die Ausschüsse gelangen lassen wollten, dass sie alsdann parat erscheinen sollten, alles das so E. Ch. D. gn. Commissoriale vom 2. Oct.
gemäss ist förmlich zu praestiren, oder was sonsten E. Ch. D. der
Edition der Register halber und insgemein der Sachen wegen in Gnaden
befehlen wollten.

Wir sehen auch ex Actis, dass E. Ch. D. Herr Vater Hochsel.
And. Jemanden bei der Abhörung der Register zu verordnen für gut
angesehen, welches aber der Ausschuss Anno 1629 als ein wider die
Verfassung laufendes Werk gehalten. Die Churf. Räthe aber haben
laut Relation vom 29. Oct. 1629 gezeuget, dass es einem Landesfürsten nicht könnte gewehrt werden. Haben's gleichwol Pflicht halben
erinnern sollen. Es stehet aber alles zu E. Ch. D. gn. Befehl. —"

Unterm 11. März verfügt der Kurfürst von Königsberg aus die Fortführung der Untersuchung ohne jedes Zögern. Demgemäss findet am
19./29. März auf der Geh. Rathstube zu Cölln a/Sp. eine zweite Conferenz,
diesmal in Gegenwart auch des dritten ständischen Deputirten, des Bürgermeisters Witte, doch ebenso erfolglos wie die erste statt.

Nach zweimaliger Mahnung von Königsberg aus (durch Rescript vom
9. April resp. 16. Mai 1663), die Untersuchung nach allen Kräften zu fördern,
findet endlich am 26. Mai eine neue Conferenz zwischen Rahden, Lüderitz und Romswinkel und einer Deputation des Grossen Ausschusses auf
dem Schloss zu Cölln a./Sp. statt. Ueber deren geringes Ergebniss berichten die drei kurfürstlichen Commissarien zwei Tage später an den Kurfürsten.

Die Commissarien an den Kurfürsten. Dat. Cölln a./Sp.
18. Mai 1663.

(Weigerung der Deputirten des Grossen Ausschusses, mit ihnen über das Schuldwerk weiter zu verhandeln; Absicht des letzteren, eine Deputation an den Kurfürsten nach Königsberg zu entsenden.]

1663.
28. Mai.

„Als wir E. Ch. D. gn. Rescriptum vom 9. April st. n. dieses Jahres, angehend das Schuldenwerk hiesiger Landschaft, mit unterth. Ehrerbietung empfangen, haben wir alsobald dem Geh. Rath und Dechant von der Gröben und Bürgermeistern Zarlang E. Ch. D. gn. Willensmeinung daraus angedeutet und von denselben damals zur Antwort bekommen, wann der Grosse Ausschuss auf Quasimodogeniti der Gewohnheit nach zusammenkommen, würde derselbe auch die begehrte Nachricht geben und candide unter Augen gehen, als aber derselbe nicht auf Quasi, sondern allererst auf Jubilate oder den 10ten d. M. sich hier eingefunden und nach etlichen von uns gethanen Erinnerungen am 16ten d. M. auf der Geh. Rath-Stube per Deputatos, derer aber doch eine ziemliche Anzahl war, bei uns, in Abwesenheit des Amtscammerraths Crüger, welcher verreiset, sich einstellten, baten wir inhalt dessen von E. Ch. D. an uns ergangenen und ihnen schon im vorigen Jahre communicirten Commissorialis zu verfahren. Worauf der Dechant von der Gröben nach einigem mündlichen Vortrage eine ziemlich weitläuftige Schrift lase, worin unter anderm enthalten, dass der modus procedendi contra patriae consuetudinem wäre, insonderheit, weil diese Commissio ex officio angeordnet; es schiene, dass inquisitorie verfahren würde; dergleichen Sachen als diese wären vorhin in der Landschaft Hause tractiret und zwar durch E. Ch. D. innersto und Geheimteste Räthe; hernach war etwas pro informatione nostra, jedoch citra praejudicium, wie die formalia lauteten, von dem Schuldenwerk generaliter angeführt; der Schluss aber war, dass sie an E. Ch. D. jemanden aus ihrem Mittel abschicken und E. Ch. D. selber alles in Unterthänigkeit vorstellen wollten, mit Bitte ihnen Dilation zu geben. Wir antworteten sofort, dass, wie mit nichts erwiesen würde, dass dieser modus procedendi contra patriae consuetudinem liefe, so hätten sie sich auch darüber nicht zu beschweren, dass ex officio commissio angeordnet, dann solches E. Ch. D. als höchste Landes-Obrigkeit wol befugt, zumaln ihrem eigenen Bekenntnüss nach in der abgelaufenen Frist sie verhindert worden wären, E. Ch. D. die Notdurft wegen der Landschaft Schuldenwerk vorzustellen; mit einer Inquisition aber könnte diese Commission gar nicht verglichen werden und würde E. Ch. D. nicht vorgeschrieben werden können, weme Sie in solchem Werke gebrauchen sollten. Würden sie an E. Ch. D. jemanden abschicken, müssten wir es dahin gestellt sein lassen, aber einige Dilation könnten wir ihnen nicht verstatten, sondern inhaerirten vielmehr unserm Commissoriali und andern darauf erfolgten gn. und ernsten Rescriptis, auch ihrer eigenen vor diesem durch Herrn Dechant von der Gröbeu und Bürgermeister Zarlangen gethanen Zusage mit Bitte, a productione originalium documentorum, worauf bei Anhebung dieses Schuldenwerks gesehen und wie hernach weiter damit verfahren worden, nunmehr nach so vielen Verzögerungen den Anfang zu machen und uns die Schrift, welche verlesen worden, zu communiciren, dass wir sie könnten abschreiben lassen. Sie aber blieben nach vielfältig gethanen Instantien darbei, dass sie sich voritzo nicht weiter einlassen könnten, der Hoffnung, E. Ch. D. würden die unterth. Remonstrationes, die sie thun lassen würden, bei ihr gelten lassen und versprachen von der erwähnten Schrift uns Abschrift zuzuschicken. Den Nachmittag aber schrieb der Dechant von der Gröben, dass seinen Herren Committenten befremdet vorkommen und von denselben vor ein neues und ganz unpraejudicirliches Werk gehalten worden, dass wir die Abschrift haben wollten, wie aus der Beilage mit mehrem zu ersehen. Wir haben zwar sofort durch den Secretarium Oelven von der ganzen Versammlung des Grossen Ausschusses nochmal die Abschrift begehren und anführen lassen, dass dieselbe zu unserer Information aufgesetzt und uns unmöglich gewesen, eine so weitläuftige Schrift bei so geschwinder Ablesung zu protocolliren, auch dieses Begehren nichts neues, indeme sie eben in dieser Commissionssache im November 1662 ihre damalige Notdurft schriftlich übergeben und sie sich ja würden vorgesehen haben, nichts praejudicirliches darin zu setzen und zu deme uns die Zusage von den Deputirten geschehen wäre; aber sie haben obenerwähnten vermeinten principiis inhaerirt, doch endlich hinzugethan, sie wollten die Schrift in formam et mundum redigiren und alsdann Abschrift geben lassen, welche wir aber noch nicht erlangt, und weil sie sich voraus ganz nicht einlassen, sondern zu E. Ch. D. selber wenden wollen, so haben wir diesen Verlauf E. Ch. D. in Unterthänigkeit hinterbringen sollen, in Doro gn. Verordnung stellende, wie es weiter in dieser Sache gehalten werden solle.

Der Grosse Ausschuss an den Kurfürsten. Dat. Berlin 22. Mai 1663.

[Bedauert, dass die Commissarien ihren Bericht über die letzte Conferenz an den Kurfürsten eingesandt hätten, bevor die für sie vorbereitete Schrift ihnen eingehändigt werden konnte.]

1663.
1. Juni.

„— Nun wollen wir hoffen, dass die Herren Commissarii unsere Meinung bei der mündlichen Conferenz recht werden assequiret und die Relation nach unserm geschehenen mündlichen Vortrag eingerichtet haben. Sollte aber über Verhoffen dasjenige, wovon wir ihnen bei der mündlichen Conferenz praeliminariter Information gegeben, nicht sein recht eingenommen oder assequiret worden, so leben wir der unterth. Zuversicht und Hoffnung, dass E. Ch. D. hierüber keine ungleichen Gedanken fassen, noch dass die Herren Commissarii sich unsere in unterth. Respect E. Ch. D. bewilligten und eingesandten Aufsatzes nicht bedienen, sondern ehe sie denselben abgeschrieben bekommen, die Relation abstatten wollen, uns desfalls etwas imputiren werden, sondern bitten unterth. und demüthigst, E. Ch. D. Unserer Deputirten Ankunft, welche soviel möglich maturirt werden soll, gn. erwarten und unterdessen keine gn. Verordnung ergehen lassen, sondern sich in Gnaden versichert halten wollen, dass unsere Deputirten soviel unterth. remonstriren werden, dass E. Ch. D. mit uns, als Dero gehorsamen Ständen und Unterthanen, gn. wol zufrieden sein können.

Memorial, wornach sich die Herren Deputirten der Chur-Brandenburgischen Landschaft in puncto der angeordneten Churfürstlichen Commission zu Untersuchung des Schulden-Wesens bei ihrer Abschickung nacher Königsberg in Preussen zu richten haben. Dat. Berlin 25. Mai 1663.[1]

[Die Stände mit der beabsichtigten Untersuchung völlig einverstanden; dieselbe wird die Abnahme der Einkünfte infolge der Kriegsbeschwerden an den Tag bringen. Notwendigkeit der Geheimhaltung der Untersuchung. Mängel der vom Kurfürsten angeordneten Commission. Instruction zur Beantwortung der Fragen nach Ursprung, Ausdehnung und jeweiligem Zustand des Ständischen Creditwerks.]

1663.
4. Juni.

„Bei Sr. Ch. D. unserm gu. Herrn haben die Deputirte, wann sie zu Deroselben Hofstaat gelangen und um gn. Audienz angehalten, in

---

[1] Die Vollmacht für die vier Deputirten, Hans L. v. d. Gröben, Geh. Rath, Director und Verordneten der Landschaft, George Wilhelm v. Arnim, Verordneten und Director der Uckermark, Michael Zarlang, Verordneten der Mittel-Uckermärk- und Ruppinischen Städte und Andreas Schreiber, Rathsverwandten und Secretarium der Alten-Stadt Salzwedel, datirt vom 10./20. Juni d. J.

diesem negotio in aller gehorsamsten Reverenz und Bescheidenheit vorzutragen, dass die Land-Stände ingesammt von den Ihrigen, welche bei der Convocation des Grossen Ausschusses gegen den 19. November anni praeteriti alhier in der Residenz gegenwärtig gewesen, referiren lassen, welchergestalt S. Ch. D. bewogen worden, zu Untersuchung und Erlangung gewisser Information, was es mit dem Schuldenwerk dieser Chur und Mark Brandenburg vor eine Bewandtniss hätte, eine Commission anzuordnen und dem Grossen Ausschuss dabei zugemuthet worden, den Herren Commissariis davon Nachricht zu geben, auch alle Documenta und Rechnungen und was dem mehr anhängig ist, ihnen originaliter vorzulegen.

Sie würden hierdurch die so lange desiderirte Gelegenheit verhoffentlich erlangen, Sr. Ch. D. dagegen zu remonstriren und beweglich darzustellen, wie die zu dem Schulden-Wesen destinirte Intraden so heftig bei dem verderblichen Zustande des Landes und Abgang der Unterthanen, auch Erliegung aller Commercien, darinnen die Seele einer Republic consistiret, abgenommen und was noch darüber vor grosse Unordnung und unverantwortliche Eingriffe der Landschaft zu ihrem und Sr. Ch. D. selbst eigenem Nachtheil eine Zeithero verübt und zugefügt worden.

Deswegen dann die Stände allerseits S. Ch. D. unterth. ersuchen, bei Ihrer gn. Intention zu Erlangung der benöthigten Information standhaftig zu verharren. Nur bitten sie gehorsamst, dass mit einem so hoch angelegenen Werke zuforderst behutsam, in geheim und nach Art und Weise, wie solches herkommen und den Land-Reversen, darauf das Fundamentum Negotii beruht, gemäss, patrio more procedirt worden möge, gestalt auch solches an sich selbsten billig ist.

Bei der itzigen Commission aber befinden sich einige Mängel und hochnothwendige Erinnerungen, welche Sr. Ch. D. die Land-Stände, als ihrem angebornen gn. Landes-Vater — zuforderst in aller Demuth anzeigen und um deren Abhelfung unterth. S. Ch. D. ersuchen müssen, ehe und bevor sie sich hauptsächlich in dieser Commission einlassen und solche antreten können, und bestehen solche de facto in nachstehendem: Vor's erste, dass von dieser Sr. Ch. D. an sich selbsten ganz rühmlichen Intention und Hauptzweck weder den Ständen vorhero und vor Dero Abreise nach Preussen, noch dem Ausschuss oder zum wenigsten dem Collegio der Verordneten dem Herkommen nach part gegeben und der modus procedendi, wie zwischen Herrschaft und Unterthanen gebräuchlichen, vorher abgeredet und festgesetzt worden; denn da hat es vor's andre das Ansehen, als wann

S. Ch. D. irgends einige suspiciones, welche auch einem geringen privato beschwerlich fallen, gemacht, als ob mit dem Schuldenwesen und denen dazu gehörigen Intraden nicht, wie sich's gebührt, umgangen würde und dahero ex officio eine solche weitläuftige Commission verordnet werden müssen. Sie trauten auf Sr. Ch. D. Erklärung, die Verfassung des Schuldenwerks nicht umzustossen, noch weniger Kirchen, Schulen, armen Wittiben und Waisen, so das Ihrige hergegeben, dessen zu entsetzen, stellten auch keine Diffidenz in denenjenigen, so das Werk unter Handen haben und führen —; allein weil diese mit einem so grossen Esclat angesetzte Commission und Verordnung so vielen Leuten ein grosses Aufsehen, sonderlich bei den Exteris |: die doch die meisten Posten ausgeliehen und der Landschaft vertraut haben :| gebracht, so ist leicht zu gedenken, wie so gar diverse und mannigfaltige Judicia darüber geführt und ausgegeben worden, als wann etwa nicht getreu dem Werke vorgestanden und durch eine übele Administration S. Ch. D. bewogen worden, wider die Administratores und Grossen Ausschuss, welche doch dabei das Corpus der ganzen Landschaft repräsentiren, Inquisition anstellen zu lassen oder aber das Schuldenwerk in einem solchen Abfall und Decadence begriffen sein müsste, dass um solchen willen es zu einer Commission und endlich wol gar zu einem Concursu gedeihen müsste, darüber dann bereits der Credit der Landschaft in etwas abfallen und in Zweifel gezogen werden will. Etlich aber dörften sich gar einbilden, als ob etwas anders, so zu der Creditoren Nachtheil und Schaden gereichen wollte, hierunter gesucht würde, dessen die Stände doch nunmehr aus Sr. Ch. D. gn. Erklärung wol anders versichert sein.

Vor's dritte bringt es nicht wenig Beschwerung, dass eine solche angelegene Sache in Abwesen der gn. Herrschaft soll vorgenommen werden, da doch der Sache Notdurft Sr. Ch. D. hohe Gegenwart und dass derselben ein und das andere könne vorgetragen werden requiriren thut.

Nichtsdestoweniger und vor's vierte muss es den Ständen billig schmerzen, dass sofort und unnachlässig von den Herren Commissariis in den Ausschuss gedrungen worden wollen, sich in continenti einzulassen, alle der Landschaft documenta und Rechnungen von sich zu stellen, da doch den Herren Commissariis zur Genüge dargethan worden, dass von dem Ausschuss eine solche Nachricht begehrt, die nicht alsofort vorhanden und von einem solchen negotio herrührte, welches nicht nur vor wenig Jahren, sondern bereits fast vor zweien Sacculis seinen Anfang genommen, darinnen grosse Acta und Handlungen vorgangen, die Documenta und Rechnungen auch nicht stets parat gelegen, weil das Archivum der Landschaft bei vorigen gefährlichen Zeiten in Confusion gerathen und der Unsicherheit halben tempore belli bald hie bald dahin gebracht werden müssen. — — Und hat daher nicht wenig Nachdenken und Befremden verursacht, dass während Privaten in jedem Privatgeschäft, geschweige in Rechtshändeln, Dilation zur Herbeischaffung der nothwendigen Documenta gegeben worden, das einer ganzen Landschaft nicht gestattet und sie gleichsam deterioris conditionis als die Privati geachtet werden.

Zum fünften ist den Ständen nicht unbillig entgegen, dass die Commission in einem so grossen numero der Commissariorum besteht.

Zum sechsten sind die Commissarii zum grösseren Theil nicht Eingeborene und Einheimische und im Lande nicht possessioniret; solchen werden wol anderwärts nicht die Arcana des Landes eröffnet, dahero denn auch diesen Ständen nicht übel kann gedeutet werden, wann sie hierselbsten dergleichen in Obacht halten müssen.

Es wird zum siebenten bei einer solchen öffentlichen Commission, welche auf diese Weise nicht anders als in Gegenwart vieler Leute tractirt werden müsste, dasjenige was vorgeht · in Geheim nicht bleiben können, da doch auf dies Werk und alles andere, was davon dependiret, der ganze Status dieser Churlande beruht und dabei die vires, robur und Vermögen, zugleich auch die infirmitas und Unvermögen desselben vielen kund werden, welches nicht zu rathen sein würde.

Zu geschweigen was vor's achte eine solche Commission, da der ganze Ausschuss von Ritterschaft und Städten ihres Interesse wegen unumgänglich würde dabei sein wollen und müssen, für grosse und schwere Unkosten erfordern wollte, welches dem Biergelde einen besondern grossen Abgang in Vertheilung der Zinsen unter die Creditoren bringen würde.

Zum allermeisten aber und vor's neunte betrübt die LandStände, dass, nicht juxta consuetum modum, in einem solchen wichtigen Werke, daran beides die gn. Herrschaft und Land-Stände interessiren, diese dennoch ganz excludirt werden und hergegen Beklagten Stelle, wider welche inquisitionis modo würde verfahren werden, halten sollen. Die Acta voriger Zeiten erweisen genugsam, dass es in solchen Occurrentien viel anders gehalten und observirt worden; denn als Churfürst Joachimus II. seinem Successori, Churfürst Joh. Georgio, eine übermässig hohe Schuldenlast hinterlassen, hat er

Anno 1572 etliche von Prälaten, Ritterschaft, Hof-Räthen und Städten verordnet, welche das Werk auch vorgenommen und durch ihren Fleiss ein hohes abgehandelt haben. — — Und weil nun anitzo ein solch negotium in gleichmässiger materia vorgehen soll, so seind S. Ch. D. von den Herrn Deputirten unterth. zu ersuchen, dass auf eine solche nützliche Art und Weise möge procedirt und durch einige von Sr. Ch. D. geheimsten Räthen und aus der Landschaft Mittel von Ritterschaft und Städten in aller Stille expedirt, und soll alsdann Sr. Ch. D. nichts hinterhalten werden, was zu Erlangung Ihres scopi dienlich und in der Landschaft Archivo vorhanden.

Und demnach der Landschaft Schuldenwesen, so von der Herrschaft auf sich genommenen Schulden herrührt, in Anno 1624 zu aller Genüge explorirt und untersucht worden, so wird zu Sr. Ch. D. gn. Gefallen gestellt, ob Sie von da an die nachfolgende Jahres-Rechnung vorgeschlagenermassen durch die wenige Personen Ihrem geheimsten Rathe nebst denen von den Land-Ständen conjunctim wollte revidiren und anderweit übersehen lassen. Nur müssten die Stände dabei reserviren, dass der itzige Grosse Ausschuss und Administratores der Landschaft vor keine andre Rechnung antworten und stehen könnte, als die zu ihrer Zeit gehalten und abgenommen worden; begehrten dann S. Ch. D. zu wissen, in was Zustande das corpus aeris alieni anitzo bestehe und was für Intraden noch eingetrieben und zum Schuldwesen gebraucht worden können, so haben die Herrn Deputirten die letzte beide Rechnungen — — vorzuzeigen und nochmalen zu bitten, dass die Revision der übrigen vorangezogenermassen durch wenig Leute möchte vorgenommen, die itzige Commission aber abgestellt werden. — —

Sollte man dann ja verspüren, dass S. Ch. D. noch weiter als von Anno 1624 an die eigentliche Beschaffenheit Ihrer Herrn Vorfahren Schulden, wie dieselbe angefangen, zugenommen und vermehrt, auch was für Intraden dazu verordnet worden, begehren möchten, so haben die Deputirten nach und nach bei den Conferenzien sich herauszulassen:

1. Weil der Kurfürst zuerst zu wissen begehre, worauf bei Anhebung dieses Schuldenwesens damals geschehen und was das für Schulden gewesen, die der Landschaft zugeschlagen worden, so sei ihm folgende Anzeige davon zu machen. Im Jahre 1540 seien von den Städten allein, neben den Leistungen der Ritterschaft, 445,000 Gld. oder 333,750 Thlr., seitdem von beiden Theilen mehr als 5½ Millionen Goldes übernommen worden, abgesehen von den noch weit höheren Nebensteuern und Beihülfen, wie denn

die Städte allein, laut Actis, bereits 1564 24 Tonnen Goldes angegeben hätten, wozu grosse Anleihen durch die Begütertsten im Lande fidejussorio nomine aufgebracht seien. 2. In Beantwortung der Frage, was den Ständen dafür an Kurf. Gefällen überlassen sei, sei zu bemerken, dass ihnen nur der Lenzen'sche Zoll eingeräumt worden sei. Alles übrige sei durch Anleihen und neue Auflagen resp. Erhöhung der alten gedeckt worden. So sei das Biergeld 1546 auf 2½ Gld. pro Gebräu, 1546 auf 3 Gld., 1573 auf 3 Thlr., 1602 auf 3 Thlr. 12 Ggr., 1624 auf 7 Thlr. erhöht worden.

3. „Einhebung und Berechnung dieser Steuern seind ihnen durch die Reverse von 1549, 1572 und 1653 überlassen und bestätigt worden.

Dahero denn auch bekannt, dass in der Administration der Landschaft Creditwesen vor langen Jahren gewisse Personen aus ihren Kreisen und Haupt-Städten eligirt und von der Herrschaft allemal dazu confirmirt worden, welche auf das Schuldenwerk und wie die Einnahme und Ausgabe von dem Rentmeister und dem, so ihm adjungirt gewesen, bestellt, gute Acht haben und dahin sehen müssen, dass dem Publico wol vorgestanden und dabei keine Versäumniss vorgehen möge. Mit den Herrn Verordneten zum Engen Ausschuss |: welchen in den alten Zeiten von der gn. Herrschaft das praedicatum Land-Räthe in Schreiben und sonsten ertheilet :| sein oftmals wichtige Sachen überlegt und durch sie an den Gr. Ausschuss auch wol an der ganzen Landschaft, nachdem die Wichtigkeit der Geschäfte es requirirt hat, gebracht worden und wie nun die Einnahme und Ausgabe zu gewissen Jahr-Rechnungen allemal kommen, also dass auch solche Jahr-Rechnungen von dem Gr. Ausschuss entweder jährlich oder doch zum wenigsten alle zwei Jahre abgehört, darauf der Rentmeister wegen der geführten Einnahme und Ausgabe, die Verordneten aber ihrer geführten Direction und Administration halber quittirt, und mit den publicis pecuniis überall dergestalt umgangen und verfahren worden, wie sich solches gebührt und getr. Patrioten wol ansteht. Wann auch 4) S. Ch. D. Information begehren, was nachgehends von Zeiten zu Zeiten mehr an Schulden gemacht und auf was Befehl solches geschehen und wohin solches verwendet worden; so ist bereits bei der ersten Quästion genugsam Nachrichtung abgestattet und erweiset die Beilage. — Wie nun dem also, so würden sie billig auf die Schadlosbriefe de Annis 1540, 41, 42, 60, 61, 62, 63 und folgends sich zu berufen haben; welche Anleihen vel mutua nirgends anders als blos zu Willigung der Churfürstlichen in der Land-

schaft gewesenen Schulden angewendet worden und denen zum Besten
kommen.

Auf die fünfte in commissoriali rescripto enthaltene Nachforschung, was vor und nach an Capital abgeführt und was noch für Capitalia unabgeführt stehen, ist dieses zu vermelden und mit den alten und neuen Rechnungen omni die zu bescheinigen, dass zwarten sehr viel der angegebenen Ch. Schulden abgeführt und die ausgestellte Obligationes, wann sie denumerirt gewesen, eingelöst worden; solches aber hat andrergestalt nicht beschehen können, als durch neue Anlehn auf der Landschaft und Dero Administratoren ausgesetzte Verschreibung und Verpflichtung. Denn die Biergelds-Intraden seind fast niemalen sufficient erfunden worden, den ordentlichen Current-Zins damit zu halten und den Croditoribus Satisfaction zu verschaffen; inmassen Churf. Joh. George in der Proposition des Landtages selbst meldet, dass in anno 1564 und 65 solche grossen Summen hineingeschlagen worden, dass man zur Verzinsung bereits damaln 72,000 Thlr. ohne den Wechsel-Geldern und andern Unkosten haben müssen, da doch hingegen das Biergeld in solch Unvermögen gekommen, dass jährlich kaum 12—16,000 Thlr. berechnet worden. Die Stände aber haben in ihrer Antwort remonstriret, dass man zur Verzinsung wol 100,000 Thlr. wissen müsste, und findet sich dennoch, dass, nach der Quotisation von 1572, 110,878 Thlr. auf dem Biergeld geblieben seind. Von der Zeit an bis in's 1590ste Jahr seind an Herrschaft-Schulden anderweit 1,105,595 Rthlr. hineingeschlagen und das Corpus in dem Jahre verblieben 2,374,182 Thlr. 2 Gr. 8 Pf. laut eines vorhergehenden summarischen Berichts. Von Neuem seind die Schulden erhöht zur Zeit des Churfürsten Joh. Sigismund, als von Christiano Quarto 200,000 Rthlr. in specie mit Versetzung des Lentzischen Zolls und beschehener Bürgschaft durch die Land-Stände entliehen. Und wie dieselbe in anno 1619, als dazumal die unerhörte Confusion in der Münze entstanden und das ganze Röm. Reich damit angesteckt gewesen, losgekündigt und die Solution in den versprochenen vier Terminen geschehen müssen, es auch gänzlich darauf gestanden, dass der König in Dennemark seine Zahlung bei dem Lentzischen Zoll an Capital, Zins und Unkosten würde gesucht haben, und dadurch ein stattlich und ansehnliches Regale der Herrschaft entgangen sein, so hat die Landschaft — — die Schuld gegen Einräumung des Lentzischen Zolls übernommen. Bei der vorangegangenen Münzunordnung und wegen andrer dem Lande zugestossenen Ungedeihen ist das Biergeld dergestalt erhöht und beschwert worden, dass bei der Untersuchung von 1624 die Schuld 1,600,853 Thlr. betragen hat, und andere Schäden zugerechnet auf 2,001,745 Rthlr. ohne die überaus grossen hinterstelligen Zinsen sich erhöht hat."

Eine Neuordnung des Schulden-Wesens sei während der Kriegszeit unmöglich gewesen. Seit 1642 habe der Grosse Ausschuss die Behandlung der von leichten Münzsorten herrührenden Capitalien in die Hand genommen. Dadurch und durch die Suspension der Zinszahlung sei bis 1661 eine Minderung der Schuld bis auf 1,300,000 Thlr. ermöglicht; daneben mehr als 2 Mill. Thlr. versessener Zinsen abgethan worden. Mit der Mehrung des baaren Geldes seien die Forderungen der Creditoren, mit denen man in Handlung eingetreten, gestiegen; andere Posten stünden unablöslich, so die der Unmündigen und pia corpora.

Auf die sechste und letzte Frage nach den Einkünften der Landschaft sei zu antworten, dieselben beruhten 1) und grösstentheils auf dem Biergelde, dessen Ertrag indess sehr abgenommen; 2) auf den 12,000 Thlrn. Current-Zins aus dem Leuzen'schen Zoll; daran restiren 212,103 Rthlr. Der Verordnung des Kurfürsten vom 4. Juli 1650, dass nach Abzug jener 12,000 Thlr. den Ständen die Hälfte des Rests der Zollerträge zur Deckung jener Zinsreste eingeantwortet würde, sei nicht nachgelebt worden; ebensowenig dem Rescript vom 11. April 1651, wonach ihnen auf ihr Angebot, statt der versessenen Zinsen sich mit 80,000 Thlrn. begnügen zu wollen, dafür 4000 Thlr. jährlich aus dem Zoll gezahlt werden sollten, neben den früheren 12,000 Thlrn.

Ihre Gegner führten drei Gründe an, weshalb sie das Anrecht auf ferneren Genuss der Zoll-Intraden verwirkt hätten: 1) weil sie selbst keine Zinsen gezahlt; 2) weil sie so viele Jahre 12,000 Thlr. auf ein Darlehen von 200,000 oder das dreifache der von ihnen gezahlten Zinsen erhalten hätten; 3) weil die Zoll-Intraden zur Minderung der Schulden allein oder vorzüglich zu verwenden wären. Dem sei zu entgegnen, die alten Zinsen könnten, zumal von Auswärtigen, immer noch eines Tags beansprucht werden, und die darunter steckenden Anleihen seien ja grossentheils eine Folge der Uebernahme der dänischen Schuld gewesen; endlich ad 3) dass ein Theil der Creditoren ganz auf die Zinsen angewiesen sei und bei der stetigen Abnahme der Biergeldintraden nicht befriedigt werden könne.

Das Memorial schliesst mit neun Special-Beschwerden, um deren Remedur ihre Vertreter sich bemühen sollen und ist mit 27 Siegeln, theils von Mitgliedern der Ritterschaft theils von Städten, unterfertigt.

Der Kurfürst an den Grossen Ausschuss. Dat. Königsberg 4. Juni 1663.

[Ihre Deputation soll unterbleiben.]

1663.
4. Juni.

„Was Ihr von dato des 15. Mai sowol wegen der von Uns angeordneten Commission der Landschaft Schuldenwerk betreffend als auch deswegen vorhabender Abordnung anhero in Unterthänigkeit gelangen lassen, solches ist Uns umständlich vorgetragen worden. Dieweil nun Unser landesfürstliches Amt erfordert, nicht allein von solchen Landschafts-Sachen, und in specie dem Schuldenwerk, ausführliche und eigentliche Nachricht zu haben und was Unsern sämmtlichen Unterthanen zum Besten gereicht, darunter zu verordnen; als hat solches füglicher nicht dann durch eine Commission geschehen können; wir erachten auch Eure vorhabende Abordnung unnöthig, weil das Geld ohne das knapp genug und dergleichen Unkosten billig zu sparen, Wir auch ohne das mit andern wichtigen und vielen Geschäften alhier beladen und Uns bald selbst hinwiederum in U. Churf. Lande zu begeben gedenken, dahero Ihr dann die Reise einzustellen habt, unterdessen aber die von Uns angeordnete Commission nicht länger aufzuhalten."

Am 14./24. Juni berichten die Commissarien Lüderitz und Romswinkel (ihr College Rahden ist abwesend) an den Kurfürsten nach Königsberg, dass sie einem ähnlichen Auftrage vom 2. Juni gemäss an Gröben und den Ausschuss seine Verordnung mitgetheilt hätten.

Da diese doppelte Insinuation sich als nutzlos erweist, beauftragt der Kurfürst durch Rescript vom 29. Juni seinen Residenten Stöckel zu Danzig, Gröben und die übrigen Deputirten bei ihrer Ankunft in Danzig zur schleunigen Rückkehr nach Berlin zu bestimmen.

Der Kurfürst an Gröben, durch den Residenten Stöckel zu Danzig. Dat. Königsberg 29. Juni 1663.

1663. 29. Juni.

„Wir haben nicht ohne Befremdung vernommen", heisst es in dem durch Stöckels Vermittelung an Gröben abzugebenden kurfürstlichen Handschreiben, „wasgestalt Ihr neben noch einigen andern bei Euch habenden Personen von Unsern Churf. Brandenburg. Ständen, Userm an deren Deputirten jüngsthin ergangenen ausdrücklichen Befehl zuwider, Euch anhero anmasslich habt abschicken und deputiren lassen.

Dieweiln wir nun aus bewegenden Ursachen es nochmaln bei solcher Verordnung bewenden lassen und wegen hiesiger überhäuften Landtagsgeschäfte, wie ingleichen Anwesenheit einiger Ambassadeurs und andrer Verhinderungen halber, andre Sachen auf die Seite setzen müssen, überdem auch gemeint sein, Unsere Rückkehr nach der Chur Brandenburg in kurzer Zeit vermittels göttlicher Verleihung fortzusetzen.

Als befehlen Wir Euch ganz ernstlich, dass Ihr neben Eurem Comitat alsofort wieder zurück gehet und Eure Reise nicht weiter continuiret, sondern fernere unnöthige Kosten ersparet und bei Unserer Gott gebe glücklichen Wiederkunft behöriger Verabscheidung in allen Dingen gewärtig seid. Was aber die Untersuchung der Land-Schulden betrifft, weshalb die Reise wol meistentheils mag fürgenommen sein, verbleibt es bei der darin einmal von Uns angestellten Commission und habet Ihr deshalb die Notdurft bei denen verordneten Commissarien zu beobachten."

H. L. v. d. Gröben an den Kurfürsten. Dat. Danzig 3. Juli 1663.

1663.
3. Juli.

[Bestürzung über die ungünstige Aufnahme ihres Schritts; dessen Notwendigkeit.]

(Der Grund zu ihrer Absendung sei gewesen, dem Kurfürsten persönlich alle in ihren Händen befindlichen Aufschlüsse zu geben.) „Gleichwie die sämmtlichen Chur-Brandenbg. Land-Stände wol gewiss versichert gewesen, und wir Abgeordnete anitzo noch sein, dass in puncto der Landschaft Schulden E. Ch. D. bei Dero itzigen Abwesenheit keine mehre und bessere Information erlangen können, als wann man, nachdem alle dazu dienliche documenta aufgesucht, dieselbe E. Ch. D. selbst unterth. vorzeigt, und was Dero gn. Willensmeinung dabei weiter sein würde, gehorsamst vernehme, also haben wir uns von dieser Abschickung auch nicht los machen können, sondern seind vielmehr in der guten Hoffnung gestanden, weil E. Ch. D. in allem demjenigen, was Sie sonsten bei einer weitläufigen Commission gn. begehrt Ihre Intention gänzlich erreicht und völlige Satisfaction aus unserm unterth. Anbringen erlangt, dieselbe würde unsern unterth. Bericht zu gn. Dank auf- und annehmen, und Dero gehorsamsten Stände unterth. Treue und Aufrichtigkeit um so viel mehr verspüren.

(Die Insinuation an den Grossen Ausschuss bezüglich des Unterbleibens der Abschickung sei zu spät eingetroffen, zudem hätte man gemeint, dass S. Ch. D. nicht recht berichtet sei. Ihre ganze Angelegenheit sei in 3 bis 4 Tagen zu erledigen, was in Berlin nicht geschehen könne), „zu geschweigen, was für wichtige rationes in unserer Instruction angeführt werden, warum man die arcana Status nostri und worin des ganzen Landes Credit, Vermögen und Unvermögen besteht nicht zu vieler Leute Wissenschaft soll kommen lassen, sondern, wie es bei E. Ch. D. hochlöblichen Vorfahren so wolbedächtig verordnet, in höchster Geheim und Verschwiegenheit gehalten werden solle."

Gröben setzt dann doch die Gestattung der Weiterreise nach Königsberg beim Kurfürsten durch, dem er und seine Mit-Deputirten eine vom 9. Juli d. J. datirende eingehende Beantwortung der vom Kurfürsten dem Grossen Ausschusse vorgelegten Fragen überreicht, die, da sie nichts als eine Paraphrase und weitere Ausführung der in ihrer Instruction enthaltenen historischen Daten über Entstehung, Verfassung, Verwaltung und augenblicklichen Zustand des Creditwerks ist, hier nicht wiedergegeben ist. Ein praktisches Resultat hat Indess die Deputation nicht. Der Kurfürst verweist die Deputirten nochmals an die von ihm zu Cölln a./Sp. angeordnete Commission, und unverrichteter Sache kehren jene in die Heimat zurück.

Dem im Februar 1664 versammelten Ausschusstage proponirt Schwerin im Namen des Kurfürsten, diesem ihr Annuum von 12,000 Thlrn. auf den Lentzischen Zoll von jetzt an „aus unumgänglicher Noth" für immer zu überlassen. Nach dreimonatlichen Verhandlungen kommt man zum Schluss.

Im Recess vom 23. Mai 1664[1]) überlassen die Stände dem Kurfürsten jene geforderten Zoll-Intraden gegen die Bestätigung der adligen Brau-Privilegien, die Sicherung der Einkünfte des Neuen Biergelds durch das Verbot des Brauens und Krugverlegens Nichtberechtigter und das Versprechen, die Verwaltung dieser Kasse „salvo jure inspectionis" in ihrer bisherigen Selbständigkeit zu belassen. Sie formuliren ihre Bedingungen in folgender Schrift, deren Forderungen mit unwesentlichen Beschränkungen gewährt werden.

1664. Febr.

1664. 2. Juni.

Bemerkungen der Stände zum Recess-Entwurf.

1664. Mai.

„Bei Abfassung des Recessus über die itzigen Tractaten des Lentzischen Zolles haben die Anwesende Deputirte nachgesetzte Conditiones und clausulas unterth. zu erinnern und bitten gehorsamst, dass dieselben in Acht mögen genommen werden.

1. Weil die Tractaten und Uebergebung des Lentzischen Zolles von dato an ihren Anfang nehmen und hinfüro den Ständen davon mehr nicht als jährlich 4000 Rthlr. verbleiben, als gehören auch die Zollgefälle von dem vorigen Quartal Reminiscere bis Trinitatis annoch zu der Landschaft Gefällen und seind bei der itzigen Distribution und Verhandlung mit in Consideration kommen, auch albereit ziemliche assignationes darauf ergangen.

2. Und weil nun der Landschaft hierdurch an den jährlichen Intraden 8000 Thlr. wirklich abgehen, und S. Ch. D. aus andern Ihren Domänen solche nicht ersetzen lassen können, gleichwol aber hiernächst darauf gedacht werden muss, wie solcher Abgang practicirlicher Massen wieder könne ersetzt werden; so werden höchstge-

---

[1]) Abgedruckt bei Mylius VI, 505 ff.

meldte S. Ch. D. Ihrem gn. Erbieten nach den Ständen freie Hand lassen und in Gnaden concediren, dass wann ihnen hiernächst bei fernerer Ueberlegung der Sachen, weil anitzo reiflich darüber zu deliberiren die Zeit zu kurz gefallen, einiger Aufsatz vorfallen sollte, dadurch dieser Abgang zu ersetzen, oder sonsten einige andere Mittel und Wege zu erfinden, wie dem Werke anstatt dessen quovis modo zu helfen, dass den Ständen solche zu introduciren jederzeit frei stehen solle. [Zusatz von der Hand Schwerins: wann dielbe vorher specificiret]."

P. 3—14 beziehen sich auf das Versprechen des Kurfürsten, das für das Biergeld so höchstschädliche Freibrauen absolut zu verhindern und den Privilegirten, Amtleuten, Pensionarien, Adligen, Schützengilden u. s. f., nur das Brauen für den eigenen Bedarf zu gestatten.

P. 15 verlangt die Verpflichtung der Müller und ihrer Knechte auf die Ziese-Ordnung und die Abstellung der grossen Scheffel, „davon 20 einen ganzen Winspel austragen".

P. 16 die Erneuerung aller früheren bezüglichen Verordnungen und Zusagen.

17. „Absonderlich dass die Administration des ganzen Creditwesens noch ferner dergestalt in der Land-Stände Händen verbleiben und gelassen werden möge, wie ihnen solche von der gn. Herrschaft in Gnaden eingeräumet und wie darüber paciscirct und recessiret worden." [„Jedoch dass sie allemal schuldig sein sollen, rationem adminlstrationis auf Begehren zu thun", Zusatz von der Hand Schwerin's].

18. Bäten sie um nochmaliges Verbot der Execution „gegen der gn Herrschaft Bürgen, desgleichen für die fidejussores, welche die Landschaft und Stände in ihren Verschreibungen aufgestellt haben, massen ein solches vor etlichen Jahren im Geh. Rathe bei der Uckermärkischen Ritterschaft auch vor billig erachtet worden."

19. Wegen des Einlage-Geldes von fremden Bieren verbleibt es bei den bisherigen Bestimmungen.

20. Desgleichen soll die publicirte Mahlziese wegen des Scheffelgroschens observirt werden.

Der Kurfürst an H. L. v. d. Gröben. Dat. Cleve 3. März 1666.

[Soll über die Fortschritte der Schuldentilgung berichten; zur Dechargeertheilung werden nur drei, je ein Vertreter jedes Stands, zugezogen. Jahresabschlüsse von Biergeld und Hufenschoss sind dem Kurfürsten vorzulegen.]

1666.
3. März.

„Vester Rath und Lieber Getreuer. Ihr habt leicht zu ermessen, wie hoch und weit Uns und dem ganzen Lande daran gelegen, dass dasselbe von der darauf haftenden Schuldenlast dermalen eines liberirt worden möge; wiewol Wir Unserer getreuen Landschaft in Be-

Der Kurfürst verlangt Bericht über den Status des Creditwerks. Frühj. 1666.

zahlung rechtmässiger Schulden keinen Eintrag zu thun begehren, vielmehr derselben zu Erreichung obgedachten Zwecks alle benöthigte Manutenenz leisten wollen, so kann Uns dennoch von Niemand verdacht werden, dass wir tragenden landesfürstlichen Amts halber desfalls sorgfältig sein und dahin unsere Gedanken richten, wie endlich dieses Schuldenwerk zu seiner Richtigkeit gelangen möge. Als Wir Uns nun aus den von Anno 1661 in Preussen Uns überreichten Rechnungen zurück erinnern, dass dazumal das ganze Capital im Biergelde 1,183,282 Rthlr. und im Hufenschoss 237,380 Rthlr. und also insgesammt nur ein wenig über 14 Tonnen Goldes gewesen; so vermuthen wir billig, dass seithero bei Continuation so starker Abhandlungen, gestalt Uns dann dieselbe bekannt, die Summa viel verringert und also dieselbe jetzt nicht über 12 Tonnen Goldes sein müsse; damit nun auch solche auf's förderlichste abgetragen und also das Land von dieser Last befreit werde, Niemand als der sich mit Erlassung aller Zinsen und den dritten Theil des Capitals behandeln lassen, nur miserable Personen jedoch hierunter nicht gemeint, etwas entrichtet werde, demnach befehlen Wir Euch hiermit gn. und ernstlich, sofort die zureichende Verordnung zu thun, dass auf diese und keine andere Art mit den Bezahlungen verfahren und diejenigen, so sich daran nicht genügen wollen, an Uns verwiesen werden und habt Ihr nicht zu besorgen, dass davon ungleich werde judicirt werden, dann nicht allein im Römischen Reich, besondern auch andern benachbarten Königreichen, denen es auch wol an Mitteln nicht fehlt, exempla genug vorhanden sein, dass sie noch wol ein mehreres den Creditoren ob bonum publicum abziehen. Es würde vielmehr ungleiche Iudicia geben, auch den Verordneten allerhand Nachrede und Hass zuziehen, wann sie andern jetzt ein mehreres geben sollten, als wie sie bisher ihre Creditores befriedigt, die dann wol gar allerhand beneficia juris gegen solche ihre gethane Handlungen auf die Bahn bringen und dadurch das Landschaftwesen gar wieder in eine Confusion setzen dürften. Und weil Wir Uns ferner aus vorangezogenen Rechnungen erinnern, dass viele Creditores ihre Capitalia so lange stehend gehabt, dass sie das alterum tantum wol 3 oder 4 mal bekommen, so wollet Ihr Uns derselben zu ferneren Verordnungen einen absonderlichen Extract machen lassen, dann Ihr selbst leicht ermessen werdet, dass mit denselben viel anders zu verfahren sein will, und werdet Ihr indessen denenselben weder an Capital noch Zins das geringste nicht abfolgen lassen. Weil auch oft angeregte Uns in Preussen exhibirte Rechnunge besagt, dass gar grosse und ganz unnöthige Zehrungen bei Abnehmunge der Rechnungen vorgehen, so halten Wir gn. davor, dass hinführo genüg sein werde, wann Einer von den Verordneten, Einer von der Ritterschaft und Einer von den Städten dabei sei, welche nachmaln mit den anderen auf's künftige Jahr umwechseln und indessen ihren Collegen und Heimgelassenen Relation abstatten können, wie Ihr dann solches gleichergestalt dahin zu verordnen haben werdet, damit wir auch dieses Werk hinführo desto besser zu Unseres Landes Besten respiciren mögen. So wollet Ihr die Verfügung thun, dass uns inskünftige von der Landschaft Rentmeister alle Jahr ein Exemplar der abgelegten Rechnungen und mit dem ersten zugleich eine Designation aller Schulden im Biergelde und Hufenschoss zugeschickt werden möge.

Wir erinnern Uns wol, das wir dieses denen sämmtlichen Verordneten rescribiren sollen; weil uns aber bekannt, dass dieselbe jetzt nicht zur Stelle, Uns aber merklich daran gelegen, dass dieses alles sofort mit Nachdruck angeordnet und keine Zeit darin versäumt werde, so könnt Ihr hiervon denen andern künftig Communication thun, indessen aber ohne einige Versäumniss dieses also anordnen; dann sollten wir verspüren, dass Ihr, wie wir nicht hoffen wollen, hierin säumig wäret, so würden wir veranlasst werden, der Landschaft Rentmeistern und anderen Bedienten dieses alles also ernstlich anzubefehlen. Wir seind versichert, dass Ihr und alle anderen Unsere geborene Unterthanen, wann dieses alles seinen Effect erreichet, diese Unsere Vorsorge mit Unterthän. Dank rühmen und gar viele sich in die Chur Brandenburg zu wohnen begeben werden, welche dieses Land um dieses so weit berufenen oneris willen anitzo scheuen, und Wir werden nicht unterlassen, Euren hiebei verspürten Eifer mit Churfürstlicher Gnade, womit Wir Euch ohne das zugethan sein, zu erkennen."

Ein zweites Schreiben an Gröben vom 24. April/4. Mai spricht des Kurfürsten hohes Befremden aus, dass seinen Versicherungen entgegen die Distribution der Zinsen im Hufenschoss in bisheriger Weise geschehen, gleichergestalt die Zinsen in dem Neuen Biergelde ohne einige Behandlung der Capitalien ausgetheilt werden sollen. Er solle sofort berichten, wer dies veranlasst, im Uebrigen des Kurfürsten Anordnung genau folgen und die Abrechnung zusenden.

Unterm 9./19. Mai berichten die Geheimen Räthe an den Kurfürsten: Gröben sei mit der Stände Deputirten vor ihnen erschienen, über die nicht bewilligten Auflagen sich zu beschweren, die dem Lande den Ruin brächten. Stände wollten eine Abschickung an den Kurfürsten thun, ihm Vorstellungen zu machen über 1) des Landes Zustand; 2) die Aufzeichnung der Leute durch die Salzfaktoren; 3) die Aufnahme der Statistik durch die Land-Commissarien; 4) die Prediger-Reverse.

Der Kurfürst rescribirt an die Geheimen Räthe d. d. Cleve 26. Mai: Die von den Ständen erbetene Moderation der Contribution könne jetzt nicht eintreten; sie sollten ihre Deputation deswegen unterlassen. Trotzdem macht dieselbe sich wenige Tage darauf auf den Weg nach Cleve.

Memorial der Landschaft für die sechs Deputirten H. L. v. d. Gröben, Levin Friedr. v. Bismark-Crevese, Joh. Georg v. Röbel, Mitverordneten der Landschaft zum Neuen Bier-Gelde und Commissarius des Oberbarnimschen Kreises, Hans Heinrich von Benckendorf, Director der Neumärkischen Ritterschaft, und Mich. Zarlang und Nicolaus Muth, Bürgermeister von Berlin, bez. Salzwedel d. d. Berlin 28. Mai 1666.

[Remonstration der Verordneten gegen das Vorgehen des Kurfürsten gegen Gröben und die Landschaft. Bitte es bei dem bisherigen Modus administrandi zu lassen und Vertagung der Frage bis zur Rückkehr des Kurfürsten in die Marken, da der Transport aller nöthigen Akten nach Cleve unthunlich.]

1666. 7. Juni.

(Das ganze Sinnen der Verordneten sei, bei der schweren, durch Zinszahlung und Schuldentilgung übernommenen Last, von jeher auf Minderung, ja Beseitigung dieser Last gerichtet gewesen). „Insonderheit aber hat man dieser guten Intention seit anno 1643, da das Creditwesen — — in den äussersten Abfall bestanden, treueifrig insistirt, da man das Remedium der Behandlunge der Capitalien ergriffen und mit Fortsetzung desselben durch Gottes Gnade das zuwege gebracht, dass die Capital-Posten dasieder auf ein grosses diminuirt worden. Dabei aber auch das Werk also eingerichtet, dass denjenigen Creditoribus, welche zur Behandlung kein Belieben getragen, auf die Zinsen soweit, als nach Beschaffenheit der Zeit sich die Gefälle verbessert, Zahlung wiederfahren ist. Nicht weniger ist man auch bei diesem Corpore schon vor etzlicher Zeit dahin bedacht gewesen, wie und auf was Weise die grosse Zehrungen und Unkosten nach aller Möglichkeit einzuziehen, und dazu zu gelangen ist beschlossen, dass, da sonsten das Collegium der Verordneten des Engen Ausschusses, deren in allem nur sechs, als drei von Prälaten und Ritterschaft und drei von Städten, seind, alle Jahr dreimal zu Abreichung der in jedem termino fälligen Zinsen gehörige Anstalt zu machen, und der Ober-Ziesemeister

Relationes abzuhören, in vorigen Zeiten zusammen kommen müssten, dasselbe nunmehr zur Distribution der Zinsen, Behandlung der Capitalien und Abnehmung der Ober-Ziesemeister Relationen, alljährlich nur einmal zusammenkommt und solche Sachen in möglichster Eile expedirt, und da der Grosse Ausschuss vor Alters jedes Jahres Zusammenkunft gehalten, die Jahr-Rechnung abgenommen und darüber den Engeren Ausschuss, welcher das Schuldenwerk eigentlich in Verwaltung hat, sammt denen von denselben dependirenden Landschaft-Bedienten quittiret, solches nunmehr nur alle zwei Jahre geschieht: desgleichen da bei diesem Conventu des Grossen Ausschusses sich hiebevor alle und jede dazu Verordnete in jeden Kreisen zugleich eingefunden, nunmehro die Verordnete in denen Kreisen nicht beide zugleich der Abnahme der Rechnung beiwohnen, sondern diesfalls mit einander alterniren, auf Seiten der Städte aber, welche das meiste bei diesem Werk thun und zutragen und dabei die beste Nachricht geben können, alleine die Haupt-Städte die Ihrigen zur Stelle schicken müssen, durch welche itzt erwähnte drei media dann bereits die Unkosten bei diesem sehr wichtigen und weitläuftigen Werk bereits sehr restringirt und eingezogen seind."

(Sie drücken ihren Schmerz darüber aus, dass trotz dieser Bemühungen und ihrer guten Verfassung) „Sr. Ch. D., allermeist zu der Zeit, wann Sie ausserhalb diesen Churlanden begriffen und von Dero getreuen Landschaft nicht wol 'zu erreichen seind, von Einigen der Landschaft etwan nicht wol affectionirten Leuten darüber ungleiche Gedanken beigebracht würden. Dass sogar ungewöhnliche harte Verordnungen nicht allein gegen Uns, sondern auch gegen die gesammte Stände, welche Uns das Creditwesen dieses Landes anvertraut, ergeben müssen, massen dann ein Exemplum absque ullo exemplo ist, was für itzo dem Herrn Decano von der Gröben, als einem unico Membro Collegii der Verordneten des Engen Ausschusses zugemuthet worden, dergleichen doch von Uns, wie wir in beiden Collegiis zusammenstehen, ohngeachtet der ganze Grosse Ausschuss das Corpus Statuum bei dem Creditwesen repräsentirt, nicht könnte begehret worden, alldieweilen der bisherige modus administrandi nun bei zweien Saeculis ihnen durch verschiedene Recesse und Churf. Reverse zwischen der gn. Herrschaft und Dero getreuen Statibus feste und unbeweglich gestanden, und noch von E. Ch. D. in anno 1664, da Deroselben von Ihren getreuesten Ständen und Unsern Principalen die Lentzische Zoll-Intraden als eines der vornehmsten Stücke des Biergeldes aus unterth. Gutwilligkeit wieder hingegeben worden."

Sie verweisen zum Schluss auf §. 18 des Recesses vom 23. Mai 1664, wonach der Kurfürst nur die Controle, nicht die Verwaltung der Creditkassen beansprucht habe. Da die Controle nur in Gegenwart des Kurfürsten und seiner Geheimsten Räthe im Beisein der ganzen Landschaft vorgenommen werden könne, so bäten sie um Vertagung bis zur Rückkehr des Kurfürsten.

Unterthänigstes Memoriale, wortüber Sr. Ch. D. zu Brandenburg, Ihres allerseits gn. Churfürsten und Herrn gn. Resolution und Remedirung Dero getr. gehorsamste Land-Stände von Prälaten, Grafen, Herren, Ritterschaft und Städten der Chur und Mark Brandenburg durch Anwesende Ihre Deputirte nach mündlich gethanem Deroselben unterth. Vortrage in tiefster Demuth gehors. bitten. Gegeben Cleve am 1. Julii/30. Junii (sic) 1666.

(Mit eigenhändigen Randnotizen des Kurfürsten.)

1. „Wie hoch die itztgedachte Stände darüber in aller Unterthänigkeit erfreut seind, dass der Allerhöchste Gott Sr. Ch. D. hohe Consilia und fürtreffliche actiones bei itzigen gefährlichen Conjuncturen dergestalt allergn. secundiret hat, dass das Heil. Röm. Reich von der bereits in der Flamme gestandenen innerlichen Unruhe errettet und bei guter Sicherheit und Frieden conserviret, wie auch hierdurch Sr. Ch. D. weltbekannter, unvergleichlicher Name und Nachruhm zu Deroselben unausbleiblicher Reputation auf die werthe Posterität fortgepflanzt worden, mit diesem herzinniglichem gehors. Wunsch, dass die Göttliche Allmacht ferner in Rath und That Ihr höchstlöbliches Benehmen allenthalben mit erspriesslichem Success reichlichst gesegnen wolle:

1666.
1. Juli.

So hoch werden sie genöthigt, Sr. Ch. D. nach den hochtheuren Pflichten, womit sie Deroselben und Ihrem ganzen Churf. Hause verwandt, die itzige wahre Beschaffenheit Deroselben Churlande und zugehöriger Unterthanen, an welcher Gedeihen und Wolfahrt Ihr und Ihro Churf. Nachkommen am meisten gelegen, unterth. zu entdecken."

(Nach Aufzählung der kaum erschwinglichen Contributions-Lasten fahren sie fort):

„Und werden hierbei die Gemüther dieser Sr. Ch. D. getr. Stände und Unterthanen im Grunde ihrer Seelen so sehr, dass es auch mit Worten genugsam nicht kann beschrieben werden, dadurch gekränkt, dass einestheils sie, die Stände, in solchen Sachen, daran des Vaterlandes Wolfahrt und Verderb hanget und woraus ihnen nichts anders als Schaden, Verlust des noch übrigen schlechten Vermögens und eine Total-Ruin zuwachsen kann, entweder gar nicht mehr oder doch nicht zu rechter Zeit requirirt und in consilium vocirt, sondern mit so gar schweren und ohne gänzlichen Verderb des Landes nicht zu ertragenden Auflagen ohne einige Remission und Respiration von einem Monat und Jahr zum andern zu continuiren, allein per modum præcepti angehalten werden wollen und sollen (Randnotiz des Kurfürsten: geheime und wichtige consilia soll man aus Klockenseil binden und den Ständen zu deliberiren erst übergeben); da doch nicht allein ein solches dem Herkommen im ganzen Reich zuwider läuft und S. Ch. D. nebst Dero höchstsel. Churf. Herrn Vorfahren durch vielfältige Ch. Reverse und Land-Recesse Ihren getr. Ständen die feste und gn. Versicherung und Zusage gethan, dass in solchen und dergl. causis arduis da des Landes Wolfahrt oder Verderb mit unterläuft und der Unterthanen subsidia und Beihülfe erfordert werden, alles mit Rath, Vorbewusst und Einwilligung Ihrer, der Stände, angefangen und verordnet werden solle, welcher Modus dann, wie davon die Acta publica überflüssig zeugen, in vorigen Zeiten stets observirt worden, sondern auch ipsa naturalis aequitas dieses erheischt, dass, wann bei einer und andern Begebenheit die Status und Subditi das Ihrige mit aufsetzen und hergeben sollen, ihnen auch die Beschaffenheit der Sachen sattsam vorgestellt und weil ihnen die vires et debilitates des Landes und der Einwohner am besten bekannt, ohne ihren Einrath und Bewilligung nichts vorgenommen und zu Werk gerichtet werden möge: (RN. des Kurfürsten: Friedensschluss und instrumentum pacis geben hier die Decision.)

Anderntheils aber die Stände aus dem, wegen des erwähnten augmenti contributionis aus Cleve eingekommenen und nach deroselben Einhalt von den anwesenden Ch. Herrn Geh. Räthen hinwiederum an die Stände ergangenen mandatis mit höchsten Schmerzen ersehen müssen, dass nun das vorige monatliche Quantum contributionis der 22,000 Thlr. pro ordinario onere gehalten und ausgegeben (RN. des Kurf.: Wäre zu wünschen, dass Wir solche Nachbarn hätten und in solchen Zeiten lebten, dass man mit wenigerem zukommen könnte und berichten die Stände mit Ungrund, dass diese letztere Verhogung weit höher als im Schwedischen Kriege bei der Neutralität gewesen, da einem jedwedern das Seinige nebenst dem so er monatlich hat geben sollen von Fremden ist genommen worden); bei dem zu verschiedenen Malen insciis et invitis statibus ausgeschlagenen augmento aber dieses, dass sich solches bei weitem nicht so hoch erstrecke, als man wol in vorigen Jahren monatlich contribuiren müssen, pro ratione et fundamento angeführt werden wollen, da doch, was das Erste betrifft, die Stände das vorige, seit Anno 1662 monatlich geforderte Quantum contributionis der 22,000 Thlr. niemaln entweder expresse oder tacite pro onere ordinario bewilligt und angenommen, sondern obwol nach damaliger der Zeiten Beschaffenheit, alles dawider bei allgemeinem Landtage gethanen Einwendens und Remonstrirens ungeachtet, die Stände geschehen lassen müssen, dass S. Ch. D. nicht weniger monatlich von dem Lande nehmen können und wollen, jedennoch sowol bei selbigen Landtags-Tractaten als folgendes von Zeiten zu Zeiten sie, die Stände, sich dawider sattsam verwahret und auf jedwedes um Moderation und Linderung solcher hohen Summen gethanes unterth. Ansuchen von Sr. Ch. D. die gn. Resolution und Vergewisserung erhalten, dass sie, sobald es nur immer möglich sein würde, ihnen die desiderirende Sublevation geben wollten und dass diesen Ihren getr. Ständen und Unterthanen dasjenige was bishero aus unumgänglicher Noth von ihnen gefordert werden müssen an ihren habenden Frei- und Gerechtigkeiten allerdings unschädlich sein und in keine Consequenz gezogen werden solle. Was aber das andere anlanget, leider! die Früchte, welche die so lange Jahre hero in so grossem Quanto über Vermögen aus blosser unterth. Liebe und Treue hergegebene und von Sr. Ch. D. niemalen anders als für eine lautere unterth. Gut- und Freiwilligkeit mit gn. Dank an- und aufgenommene Contributiones militares mit sich gebracht, ein Jeder in und an denen so sehr ruinirten Städten, Flecken und Dörfern täglich für Augen hat; (RN. des Kurf.: An Untergang der Städte die Räthe, die in Städten, selber schuldig sein, wegen der üblen Verwaltung, welche weltkundig ist), und die naturalis ratio männiglichen dieses dictiret, dass was in selbigen Zeiten in so vielen und überaus hohen Summen dahingegeben werden müssen nicht wiederum könne erworben sein, alldieweiln man seithero sub continuo onere gesessen und nicht einen einzigen Monat frei gehabt, die Nahrung und das Vermögen des Landes auch dasieder nicht zu-, sondern in viele Wege abgenommen — — —.

2. Es hat auch bei den Ständen und Jedermänniglichen ein grosses Nachdenken und Betrübniss verursacht, dass im Namen Sr. Chr. D. angeordnet und Deroselben Ministris und Land-Commissariis anbefohlen worden, eine richtige Designation aller und jeder Städte, Flecken und Dörfer und derer darinnen befindlichen Mannschaft einzuschicken.

Und weiln nicht allein handgreiflich ist, dass auf einen so gar ungewissen Grund nichts Beständiges gebauet werden kann, sintemaln die itzige Anzahl der noch übrigen Mannschaft wegen der allzuschwer fallenden Landesbürden und an vielen Orten bereits im Schwange gehenden hitzigen und anklebenden Krankheiten sich täglich mindert; sondern auch weiln Niemand weiss, wohin mit solchem Vornehmen eigentlich gezielet wird, ein Jeder daraus mehr Böses als Gutes präsumirt und eben um dieser Ursachen willen viele Leute, sonderlich aber diejenige, welche nur zur Miethe wohnen oder ad certos annos mit einem und andern Land-Stande contrahirt haben, sich hie und da aus dem Staube machen und des Erfolgs und Ausgangs nicht erwarten wollen, andere aber, so Einheimische als Fremde, die noch frei seind, in diesen Landen sich häuslich niederzulassen merklich abgeschreckt werden:

So ersuchen E. Ch. D. Dero getr. gehors. Stände demüthigst, Sie wollten in gn. Erwägung solcher und andrer leicht zu ermessender Inconvenientien sothane Verordnung in totum aufheben und desfalls an Dero hinterlassene Geh. Räthe zu Cölln a./Spr. gemessene Inhibition ergehen lassen." (RN. des Kurf.: Dieses ist zu meiner Information und stehet einem Landes-Fürsten frei, ohne Vorbewusst der Stände solches zu thun und befremdet es nicht wenig, dass die hierunter geführte gute Intention, so zu der Stände eigenem Nutz ist gerichtet gewesen, übel interpretirt worden, und hätten sie mich hiemit wol bei meinen vielfältigen Geschäften verschonen können. Wann nicht etwan von solchen Klüglingen, so das Gras hören wachsen, denen Leuten böse Impression von der Herrschaft Intention wäre gemacht worden, sollte ein solches nicht geschehen sein.)

Daran schliessen sich fünf andere Beschwerden über die Festsetzung des Preises und der pro Kopf zu kaufenden Quantität Salz, die Ausschreitungen der kurfürstlichen Zollbeamten, die Entwerthung der Münze durch Ausprägung leichter Dreier, die Ausnutzung des Mühlstein- und Peitzer-Eisen-Monopols.

Resolution des Kurfürsten auf die Eingabe der Deputirten. Dat. Cleve 5. Juli 1666.

[Der Ungrund ihrer Vorwürfe. Schlechte Administration der Städte.]

1666.
5. Juli.

(Die Contributionslast sei bei den kriegerischen Conjuncturen unumgänglich. Durch diese sei der Kurfürst genöthigt worden) „sich in solche Postur zu setzen, dass Sie mit Nachdruck |: dann blosse Worte und leere persuasiones in dergleichen Fällen weinig oder nichts ausrichten: allen Partheien zusprechen, auf allen Fall auch Dero eigene Sicherheit und Wolfahrt genügend beobachten könnten. Ob nun zwar in dergleichen Begebenheiten Sr. Ch. D. Lande und Unterthanen sowol aus natürlicher Schuldigkeit und pflichtmässiger unterth. Devotion, als auch in Kraft der gemeinen Reichs-Constitutionen verbunden waren, die zu dieser Armatur¹) erforderte Kosten und Geldmittel herzugeben, so haben doch S. Ch. D. durch Dero treufleissige Bemühung und Sorgfalt von andern Orten zu Sublevation Ihrer Unterthanen ansehnliche subsidia zu Wege gebracht und zu Aufbringung, auch theils Unterhaltung Dero Miliz wirklich angewendet." (Mit der Herstellung des Friedens von Oliva seien den Landen des Kurfürsten, vor andern der Kurmark, ansehnliche Remissionen widerfahren): „und ist dabei ganz irrig, dass von den Deputirten angegeben werden will, ob sollte im Monat Aprili über das Quantum der monatlichen 22,000 Rthlr. 15875 Rthlr. und im Monat Junio 11,000 Rthlr. vom Lande aufgebracht sein, sondern es wird sich bei genauer Untersuchung finden und darthun, dass, obschon das Ausschreiben so hoch ergangen sein möchte, dennoch davon ansehnliche Posten zurückgeblieben und ausgesetzt oder nachgelassen worden."

Für den sinkenden Wolstand sei neben den elementaren Unfällen die ubele städtische Administration verantwortlich zu machen. Auch die Klagen über ungleiche Eintheilung der Contribution seien unbegründet; nur deren Nichtaufbringung habe zu strengerem Einschreiten genöthigt.

Die Berufung von allgemeinen Landtagen ginge bei der Discretion, mit der politische Angelegenheiten zu behandeln seien, nicht immer an; indess konnten die Stände der Ueberzeugung leben, dass der Kurfürst entschlossen sei, des Landes Privilegien und Recesse nie ausser Augen zu setzen.

Die Deputirten an den Kurfürsten. Dat. Cleve 13. Juli 1666.

[Wiederholung der früheren Beschwerden. Ein Enger Ausschuss.]

1666. 13. Juli.

(Die Deputirten protestiren noch einmal gegen die unerschwingliche Contribution; auch ihre sonstigen Beschwerden werden nochmals begründet. Gestatten die politischen Angelegenheiten keinen allgemeinen Landtag, so sei es seit Alters üblich einen Engen Ausschuss zur Berathung solcher Dinge zu berufen). „Da dann mit verschiedenen Exemplis zu behaupten, dass bei dem vorigen deutschen Kriege in solchen Fällen, da die

¹) Zur Sicherung des Landes während des Kriegs zwischen dem Bischof von Münster und den Generalstaaten.

Enge der Zeit und die Eigenschaft der Geschäfte nicht zugeben wollen, die Angelegenheiten der gn. Herrschaft und des Landes sofort dem ganzen Lande kund zu machen, auf der gn. Herrschaft Befehl die getr. Stände in allen Haupt-Kreisen wenige und sowol verschwiegene, als des status publici genugsam erfahrene Personen ihres Mittels erwählt und bevollmächtigt haben, mit welchen in- und ausserhalb Kreises was nöthig tuto communicirt und in Rath gezogen werden können." — —

Der Kurfürst an die Deputirten. Dat. Cleve 21. Juli 1666.

1666.
21. Juli.

[Die Minderung der Contribution. Deren Name.]

(Die Berufung eines Ausschusstages würde in diesem Augenblick, da die Contribution nicht herabgemindert werden könne, unerspriesslich sein. „Was den Namen der Contribution betrifft, da seind S. Ch. D. nicht gemeint, eben damit das Land bei Auswärtigen verhasst zu machen und können wol geschehen lassen, dass dasjenige was Dero getr. Land-Stände Sr. Ch. D. zu Dero nothwendigen militärischen Ausgaben unterth. einwilligen und beitragen nicht unterm odiosum nomen der Contribution, sondern etwan als eine Extraordinari Beisteuer, Landschatzung, freiwillige subsidia, oder dergl. ausgeschrieben und eingefordert werde, falls man nicht doch die General-Mittel vorziehen sollte —."

Der Kurfürst an die Deputirten der Stände. Dat. Cleve 7. Aug. 1666.

[Rechtfertigung der bisher in der Verwaltung des Creditwerks durchgeführten Reformen: die Behandlung der Creditoren: Verminderung der Mitglieder der Decharge-Commission.]

1666.
7. Aug.

(Der Inhalt ihres Memorials vom 28. Mai sei ihm Tags zuvor umständlich referirt und vorgetragen). „Gleichwie nun S. Ch. D. in dem ausgelassenen Rescript vom 21. Februar/3. Martii des Jahres (s. o. S. 384) nichts mehr intentiret, dann dass Dero getreue Landschaft von der beschwerlichen Schuldenlast liberirt, und dardurch einer und andere, so anitzo deshalb abgeschreckt worden, sich in der Chur Brandenburg niederzulassen desto mehr dazu veranlasst werden möge:

Also ist es Sr. Ch. D. sehr fremd vorgekommen, dass vorgedachte Dero getreue Stände sich darüber beschweren und, als ob S. Ch. D. dieselben aus ihrer Administration setzen wollten, anziehen mögen;

angesehen oben das, was die Stände in ihrem unterth. Memorial anführen, dass nämlich die Landschaft ihren Credit ausgesetzt, sich zu Debitoren constituirt, und remuneratis omnibus beneficiis in solidum sich verschrieben, die Ursache ist, warum S. Ch. D. aus landesväterlicher Liebe und Vorsorge vorermeldtes rescriptum abgehen lassen, damit die Landschaft desto eher befreit und die ausgesetzte Hand und Siegel eingelöst werden mögen. Den Ständen sämmtlich ist bekannt, was grosse ansehnliche Capitalia eine Zeitlang abgetragen seind. Wie nun solches allein durch das Mittel der Behandlung geschehen, also würde ja unverantwortlich sein, wann die Stände nunmehr solches Mittel zurücksetzten, oder auch S. Ch. D. still schweigen sollten, wann die Stände solches einzuführen gedächten. Im Fall es nun nicht geschehen, wie gleichwol S. Ch. D. glaubhaft berichtet worden, so hat es darbei sein Verbleiben; würde aber dergleichen in's Mittel gekommen sein oder noch künftig vorgenommen werden, so können S. Ch. D. nicht absehen, wie die Stände sustiniren wollen, dass sie in ihrer Administration turbirt worden, wann S. Ch. D. ihnen ein solches untersagen. Dann gleich wie der modus der Behandlung mit Sr. Ch. D. gn. Genehmhaltung eingeführt, S. Ch. D. auch selbst wegen Dero bei ihm stehenden Capitalien sich derselben untergeben, und nicht allein unterschiedliche Juristen-Facultäten bei dem bekannten Zustande der Chur-Mark Brandenburg vor billigmässig befunden, sondern auch wol um viel geringerer Noth willen in anderen Königreichen, Republiquen und Landen ob bonum publicum dergleichen eingeführt wird, solche Verordnungen auch nicht zur Administration, sondern vor S. Ch. D. gehören; also halten dieselbe nicht dafür, dass die Stände befugt seien, ohne gn. Vorwissen und Willen hierunter einige Veränderung vorzunehmen; und weil nun kein ander Mittel zu ersehen, wodurch die Ch. Br. Landschaft von dieser grossen Schuldenlast endlich befreit werden könne, als dass mit einem jedweden, er sei auch wer er wolle, ohne itzigen Respect der Person mit solcher Handlung fortgefahren, niemanden aber, ausser was ad pias causas verordnet worden, der Zins entrichtet worden; so wollen S. Ch. D. Dero getr. Land-Stände hiermit nochmals gn. und zugleich ernstlich anbefohlen haben, hiervon nicht abzuweichen und diejenigen, welche solche Handlung nicht belieben wollen, zu notiren und zu Sr. Ch. D. Wissenschaft zu bringen, in mehror Erwägung, dass wann man hinfüro anderen Creditoren ein mehres geben wollte, alsdann diejenigen, so sich hiebevorn in solche gütliche Handlung eingelassen, Ursach sich zu beschweren haben, laesionem allegiren und dadurch allerhand Ungelegenheiten und Confusion causiren möchten, welches dann allein dieser Veränderung würde zuzuschreiben sein. Als auch S. Ch. D. in gewisse Erfahrung gebracht, dass einigen Creditoribus wol zwei-, ja dreimal das alterum tantum an Zinsen bezahlt, so begehren S. Ch. D. in Gn., dass Derselben hiervon einige weitere Information und Specification derselben Creditoren zugeschickt, inmittelst aber mit fernerer Auszahlung an dieselbe eingehalten werde.

Was hiernächst die Abhörung der Rechnunge betrifft und wie viele dabei sein sollen, wollen S. Ch. D. solchen Punct bis zu Dero Gott gebe glücklichen Hinauskunft aussetzen und alsdann nach eingenommenem mehren Bericht sich desfalls und wie es weiter damit anzustellen gegen Dero getreue Stände in Gnaden vernehmen lassen. Wie dann auch Dero Meinung nicht gewesen, dass die Rechnung anhero geschickt werden sollte, sondern wollen Sie deren Extradirung in der Residenz gewärtig sein.

Wie nun S. Ch. D. weder in die Verordneten noch in den Ausschuss einiges Misstrauen gesetzt, sondern sich wol versichert halten, dass sie allerseits dies Werk, woran Sr. Ch. D. und dem ganzen Lande so viel gelegen, treulich und fleissig beobachten, also wollen Sie auch ferner das gn. Vertrauen zu ihnen setzen, sie werden sich auch hinfüro darbei dergestalt bezeigen, damit die Schuldenlast je länger je mehr gemindert und sie bei der Posterität Ruhm und Ehre dadurch erlangen mögen."

Der Kurfürst an Gröben.   Dat. Cölln a./Sp. 15. April 1667.

[Der Ausschuss soll über die Befolgung der Edicte vom Februar und April 1666 berichten. Zinssuspension für die Darlehen der Kreisritterschaften. Die Veranschlagung der leichten Münze bei der Berechnung der landschaftlichen Schulden. Designation der alten Creditoren.]

1667.
25. April. „Euch ist sonder Zweifel in frischem Angedenken, was Wir aus Unserer Residenz Cleve vom 21. Februar und 24. April verflossenen Jahres wegen der Landschaft Schuldenwerk und durch was Mittel solches endlich zur Richtigkeit gebracht werden möchte, an Euch in Gnaden rescribiret. Nun würde Uns lieb gewesen sein, wenn die Deputirte des Ausschusses um diese Zeit, wie sie sonst gewohnt sein, anhero gekommen wären, damit Wir von ihnen vernehmen können, wie solcher Unserer gn. Verordnung seither nachgelebt worden. Als Wir aber vernehmen, dass sich ihre Zusammenkunft noch auf einige Zeit verschieben und Wir alsdann nicht hier sein möchten, so haben

Wir Euch hiermit in Gnaden auftragen wollen, dass ehe und bevor sie
wieder von hinnen ziehen, sie Uns ausführliche Relation abstatten
sollen, wie sie sider vorgemelter Unserer gn. Verordnung mit Distribuirung der eingekommenen Gelder sowol im Hufenschoss, auch im
Neuen Biergelde verfahren, und ob auch denenselben, welche wol
mehr dann zweimal das alterum tantum an Zinsen erhoben, wovon
Wir nochmaln eine richtige Designation begehren, seithero einiges Geld
gereicht worden; ob sie bei Abnehmunge der Rechnungen mit Einziehung der Personen sich also betragen, wie Wir es gn. zu Besparunge der bisher unnöthig aufgewandten Kosten angeordnet, und dann
dass Uns ein Exemplar der abgelegten Rechnunge alsofort eingeschickt werde. Als Wir auch in gewisse Erfahrunge gebracht, dass
die Alt- und Mittelmärkische, wie auch Priegnitzirische Ritterschaft
insgesammt über 200,000 Thlr. bei der Landschaft zinsbar belegt, und
darauf bisher ein ansehnliches an Zinsen alle Jahr empfangen haben,
so zweifeln Wir zwar nicht, es werde in Kraft Unseres gn. Befehls
ihnen sowenig als andern seither etwas entrichtet sein, damit man
sich aber um soviel weniger mit der Unwissenheit entschuldigen möge,
so haben Wir Euch in specie dieses gn. aubefehlen wollen, sofort bei
Eurem Rentmeister die Verordnunge zu thun, damit vorgedachter Ritterschaft weder an Zinsen noch auch an Capitalien ohne Unsern expressen
gn. Consens etwas entrichtet, besondern alles einkommende Geld blos
und allein zu Behandelunge der Privat-Creditorum angewandt und
dabei wol Acht auf die leichte Münze genommen werde, damit dieselbe
nicht anders dann nach ihrem Valor bezahlt werde.

Wir haben zu Euch das gn. Vertrauen, Ihr werdet dies alles mit
schuldigstem Fleiss verrichten und die Verfügung thun, dass Uns obdesiderirte Relation ehestes zukommen möge. Würden Wir auch erfahren, dass Ihr dem Rentmeister nicht alsofort die Andeutung wegen
Nichtbezahlung der Zinsen thätet, so würden Wir nicht umhin können,
dergleichen Verordnunge selbst an ihn ergehen zu lassen — —."

Die Verordneten zum Grossen und Engen Ausschuss an den
Kurfürsten. Dat. Berlin 14. Juni 1667.

[Bitte um Aufschub zur Abfassung eines so ausführlichen Berichts, wie ihn das
Werk verlange, inzwischen um Belassung bei den bisherigen Verwaltungsgrundsätzen.]

1667.
21. Juni.

Verordnete hoffen, das von beiden Theilen erstrebte Ziel, die Ablösung der ganzen auf dem Biergelde lastenden Schuld, mit der Zeit zu erreichen, wofern ihnen nur die bisher beobachteten Verwaltungsgrundsätze auch ferner verstattet würden. Seien auch zu gründlicher Remonstration gänzlich willig; wollten dem Kurfürsten nur bei seiner jetzigen schweren Betrübniss [1]) mit ausführlichem Bericht nicht beschwerlich fallen. Bäten daher um Aufschub „bis zu Dero guten Gelegenheit, inzwischen um Gestattung der bisherigen Art der Behandlung und gewöhnlichen Distribution der Zinsen, welche von so vielen, theils miserablen und nothleidenden, blos deshalb anhero gekommenen Creditoren mit Verlangen, auch wol theils mit Thränen, erwartet wird, und ohne merkliche Schwächung der Landschaft Credits und Respects [: zumaln bei den Exteris, die davon leicht ungleiche Gedanken schöpfen könnten :] nicht länger aufzuhalten ist, ungehindert verfahren mögen".

Rechtfertigungsschrift der Altmärkisch-Priegnitzirischen Ritterschaft. Dat. 17. Juni 1667.

[Das von ihr und der Ritterschaft der Mittelmark gemachte Darlehen gleich vortheilhaft für Herrschaft und Landschaft. Das bisherige Vorfahren bei der Zinszahlung. Der Kurfürst nicht gut berichtet. Bitten, nur nicht schlechter als Privatpersonen behandelt zu werden.]

1667.
27. Juni. (Es sei nur denkbar, dass der Kurfürst durch die Angaben ihrer Neider und Feinde zu seinen ungleichen Weisungen bestimmt worden sei.) „Unterdessen schmerzt es uns nicht wenig, dass, da auch nach Verordnunge der Rechte nicht sofort contra privatos executive verfahren, sondern ein jeder billig vorhero über deme, dessen er beschuldigt wird, vernommen werden muss, dass dennoch wider unberüchtigte und bis hieher in guter Estime verbliebene Corpora und Membra E. Ch. D. getreue Land-Stände anders wolle procedirt und also bald ab Arresto tanquam specie executionis wider sie der Anfang zu ihrer nicht geringen Verkleinerung gemacht werden. Und wie wir nun niemaln der Meinung gewesen, dasjenige zu verhehlen und in ein Verleugnen zu ziehen, was diesen beeden Kreisen mit gutem Fuge und Rechte zusteht, also halten wir doch für keineswegs billig, dass den Einflüsterungen des Sohnes eines gewesenen Einnehmers Glauben geschenkt werde."

(Die Fürsorge für die Zukunft habe sie zur Selbstbesteuerung in guten Zeiten geführt), „wodurch dann mittler Zeit nicht allein die angenommenen herrschaftlichen Schulden pedetentim abgeführt, sondern tractu temporis noch ein Geldvorrath gesammlet und erspart werden können, welches beeden Kreisen zu sonderbarem Nutzen gereicht.

---

[1]) Wegen des Verlusts seiner Gemahlin Luise Henriette, gest. 8. Juni 1667.

Was aber nun in specie diese mit Arrest belegte nomina und Posten bei der Landschaft im Biergelde betrifft, so hat es darum gleichfalls diese wahrhaftige Beschaffenheit, dass, wann in Anno 1618, wie gnugsam bekannt ist, die Königlich Dennemärkische Post auf den Zoll zu Lenzen stehend aufgekündigt und davor baare Bezahlunge begehrt, die Sachen auch den Land-Ständen von der gn. Herrschaft beweglichen vorgestellt und an Sie begehrt worden, dass Sie den König von Dennemark zufrieden stellen und den Zoll zu Lenzen an sich nehmen möchten, so ist bei der ersten Deliberation communi Statuum approbatione nicht rathsam befunden, solchen Post in das Biergeld zu schlagen, sondern vielmehr dahin geschlossen worden, dass ein jeder Kreis wie auch die Städte Ihre Contingenta durch eine gemeine Collecta aufbringen wollten, von welchem Concluso aber nachgehends die ganze Neumark wie auch die Städte durch ihre moram abgetreten und darüber Anlass geben haben, dass das Biergeld dieserwegen in so tiefe Schulden gerathen müssen, dass man es hernachmaln wol gern anders gesehen hätte; diese beede Ritterschaften aber nebst der ganzen Mittelmark haben sich nicht säumig erwiesen, dem erstgefassten Schluss zu inhaeriren und derowegen in möglichster Eil ihre Quotas zusammengebracht und bei der Landschaft deponiren lassen und zur Deckung der Schulden, die in lauter Speciebus bestanden, employret." Trotz ihres Wunsches, ihr Capital wieder zu erhalten, hätten sie sich seitdem mit Landschafts-Obligationen begnügen, zudem bankerutter Creditorum Forderungen in solutum annehmen müssen und müssten sie billig bei ihrem jure quaesito geschützt werden. Sie dessen zu berauben, würde gegen die Nachwelt nicht zu verantworten sein.)

Der Kurfürst an die Verordneten der Landschaft zum Neuen Biergelde. Dat. Cölln a./Sp. 18. Juni 1667.

[Sollen über den gegenwärtigen Zustand des Creditwerks berichten.]

1667.
28. Juni.

(Die Verordneten bäten ihn um Gestattung fernerer Behandlung ihrer Creditoren und gewöhnlicher Distribution der Zinsen.) „Gleichwie nun S. Ch. D. sich nicht zu entsinnen wissen, dass denen Land-Ständen in diesen Dingen einige Hinderung bishero geschehen, als erwarten S. Ch. D. eigentliche Nachricht, worin solche bestehe und auf was Art dieselbe fürgenommen worden; daneben wollen S. Ch. D. einer Designation gewärtig sein: 1) was die Landschaft an baarem Gelde anitzo beisammen habe, 2) auf was Manier und welchergestalt sie solches zu vertheilen gedenken, 3) was für Creditores anitzo hier

IV. Die Ordnung des Ständischen Creditwerks, 1662—1685.

zur Stelle und 4) ob unter denselbigen einige, welche sich nicht behandeln lassen wollten? (Nach schleunigem Bericht auf diese Fragen werde der Kurfürst sich auf ihr Suchen näher erklären.)

Die Verordneten an den Kurfürsten. Dat. Berlin 21. Juni 1667.

1667.
1. Juli.

[Beantworten die ihnen vorgelegten Fragen.]

(Was 1. den Vorrath an baarem Gelde betreffe, so sei derselbe nicht ganz genau anzugeben, da pia Corpora und miserabiles Personae meist schon vor den Zahlungsterminen ihre Quoten erhielten und auch diesmal erhalten hätten.) „Hierbei fällt nun weiter vor und kann zu rechter Zeit gnugsam dargethan werden, dass respectu der behandelten Capitalien einigen Creditoribus, die der Handlung so gar begierig gewesen, und man mit ihnen um der Erleichterung der Capitalsummen sich in Tractaten einlassen müssen, noch viel Termingelder nachstehen, welche ebenfalls aus jedes Jahres Intraden abgeführt werden müssen und nicht ein geringes wegnehmen; als dass, wann nun die Verordneten etlichermassen aus deme, was quartaliter einkommen, die reditus des 1666sten Jahres examiniren und überlegen, und was der itztgemelten, hinterstelligen Terminen halber nebst den Besoldungen, Baukosten an der Landschaft Hause, Zehrungen und andern gemeinen Ausgaben bereits gezahlt ist, zur Decurtation bringen, so haben sie so viele anzumerken, dass mit den praenumeratis über 20,000 oder 21,000 Rthlr. nicht vorhanden sein, welche diesmal distribuirt und behandelt werden können; und hat man nun bei voriger Distribution zu den Zinsen, ungeachtet nur 1 Rthlr. 12 Sgr. aufs Hundert gegeben worden, an die 15,000 Thlr. bedurft, dass demnach über 5000 oder 6000 Rthlr. zu Behandelung einiger sich angegebenen Creditoren nicht können verbraucht und zu Abführung der Capitalien angewandt werden.

2. Die Manier der Vertheilunge der jetzigen vorhandenen Gelder nun belangende, so ist albereits erwähnt, dass, ausser was bei piis Corporibus geschehen muss, ingemein von 100 Thlrn. Capital mehr nicht dann $1^1/_2$ Thlr. auf Zinsen gezahlt werden, und kann es gleichwol geringer nicht wol sein, man wollte dann die Landschaft darüber in böse Nachreden und Miscredit kommen lassen, welches nicht zu rathen.

3. Wieviel Creditores eigentlich anjetzo albier zur Stelle sein, solches kann man sooben nicht wissen, die vielfältig eingelangte Supplicata aber um der Zinsen willen und die Ansprüche, so den Ver-

ordneten zukommen, geben gnugsam Anzeige, dass nicht ein geringer numerus vorhanden, und dass ein jeder um das Seinige sprechen und Ansuchung thun wolle.

4. Dass unter denselbigen einige vorhanden, die sich der Capitalien wegen nicht behandeln lassen wollten, solches kann nicht gesagt werden, sondern es geben sich nunmehr, da ein jeder um deswillen, dass mit der Distribution dies Jahr wider den bisherigen Gebrauch verzogen und sie darüber in eine Differenz wegen der Landschaft Creditwesens gesetzt worden, derselben gar zu viel an, welche meinen, dass man alsofort sie mit grossen Summen in Handlung annehmen und contentiren könne, da doch ein solches um der Wenigkeit der zu der Behandlung verbleibenden Gelder (willen) zu beschaffen unmöglich ist. Und befinden sich bereits selbige angemeldete Posten an die anderthalb oder zwei Tonnen Goldes, da dann leicht zu gedenken, dass man dazu nicht Rath schaffen könne und man demnach grossen Unwillen auf sich laden wird, wann einer und der andere zu seinem desiderio nicht gelangen können, und würde die Ungeduld noch so viel grösser werden, wann man denselben auch auf die Zinsen lauter nichts hinfüro werden lassen wollte."

Dieses hätten die Verordneten auf die Anfrage des Kurfürsten zu berichten und seien auf Verlangen zur volleren Auskunft über den Status des Biergeldes gern erbötig.

Die Situation vom Frühling der Jahre 1666 und 1667 wiederholt sich im Frühling des folgenden Jahrs, 1668. Wiederum verlangt der Kurfürst einen Bericht der Verordneten zum Neuen Biergelde über die Erfolge des Verwaltungsjahres 1667/68; wieder erweisen diese sich säumig und wieder ergeht an sie (23. März a. St.) ein kurfürstlicher Verweis mit der Mahnung die verlangte Schuldendesignation und Distributionsliste einzusenden, sowie beim nächsten Zusammentritt des Grossen Ausschusses die Behandlung der Creditoren nach Kräften zu fördern.

„Einer Hochwollöblichen Chur-Brandenburgischen Landschaft hierselbst anwesende Creditores" an den Kurfürsten. Dat. Berlin 10. April 1668.

[Bitte um Fortsetzung der Zahlung der Current-Zinse. Die verderblichen Folgen der Suspension derselben.]

1668. 20. April.

(Die Administratoren des Creditwerks selbst könnten bezeugen, mit wie geringen Zinsen sie bisher fürlieb genommen und was für Ungelegenheiten ihnen aus deren Fortfall entstehen würden, zu geschweigen der Anfechtung mancher Capitalforderungen, die sie vor vierzig Jahren, wann sie derselben nur mächtig werden können, gern an sich genommen hätten, zumal die Behandlung bei dem Verfall der Einküufte des Neuen Biergelds und des Hufenschosses und der vollen Zinszahlung an die pia corpora in unabsehbare Ferne gerückt sei.) „Daher haben wir vor andern Creditoren uns zusammengethan, weiln ein grosses Stück unsres Vermögens, ja! unser vieler ganze Substanz an denen Capitalien, welche wir bei der Landschaft stehen haben, hanget, und wir nicht allein diejenige Current-Zinse, die bisher gezahlt, verlieren, sondern auch der Capitalien halber von nun an schon diesen unwiederbringlichen Schaden haben würden; dass wir uns derselben in einem und andern Nothfall dergestalt wie viele andre unsrer Concreditorum bisher gekonnt |: die nämlich dergleichen nomina gegen Aufnehmung einer Summe baaren Geldes pignoris loco versetzt, durch Cessiones und Versuren zu ihrem merklichen Vortheil angewendet, dieselbe ihren Creditoribus in solutum tradirt und dadurch executiones und immissiones avertirt, auch in andre Wege mehr sich damit gerettet und subleviret haben :| nicht mehr bedienen können, weiln bei solchem Zustande ein Jedweder für der Landschaft Posten, und zwar nicht unbillig, ein Abscheu haben und tragen würde."

(Der Kurfürst selbst würde zugeben, dass die allmähliche Behandlung der Creditoren und sehr mässige Zinszahlung billiger sei). „als dass der Landschaft sollte Macht gegeben werden, uns, ihren Creditoren, den ausgestellten klaren Brief und Siegeln entgegen, auch das wenige, welches wir an Current-Zinsen, obgleich in minori Quanto, dennoch gewiss alle Jahr hoben und zu unsern usibus anwenden können, gar zu entziehen.

Das Gesetz erfordert Gleichheit allen Creditoren, zumal einer Universitas gegenüber, da doch privati dazu verpflichtet sein." (Auch andre Landschaften, so die Magdeburgische, Braunschweigische, Mecklenburgische, Anhaltische, Hildesheimische, hätten den von ihnen vorgeschlagenen Modus eingehalten.)

„Es werden auch E. Ch. D. bei oberwähntem der Herren Verordneten andern Einwande von den alten Capitalien |: derer sich unter den Unsrigen und sonsten wol wenige bei der Landschaft finden werden :| gn. beherzigen, wie in der Chur und Mark Brandenburg die ex jure antiquo herrührende und jederzeit weidlich disputirte, aber wenig practicirte Subtilität von dem altero tanto usurarum niemaln in Consideration kommen, sondern bei allen und jeden Debitis bis auf das 1653ste Jahr die Zinsen so hoch, als sie nach Zahl der Jahre aufgeschwollen, bezahlt werden müssen, in dem im Jahre 1653 erfolgten jüngsten Landtags-Recesse aber von E. Ch. D. selbst per novam sanctionem recht und löblich constituirt worden, dass nebst dem Capital von den usuris non solutis auch das alterum tantum in Dero Märkischen Landen fallen und müsse gereicht, insolutis autem usuris das alterum tantum nicht attendirt werden, wonach auch bis dahero im ganzen Lande sowol in Concursibus als ausser denselben also erkannt ist: Und wann der Landschaft Creditoribus dasjenige, was die Herren Verordneten berichtet, sollte obtrudirt worden, dieselbe viel übler als die Creditores Privatorum in der Chur Brandenburg daran sein und wider Recht und Billigkeit auch hierin von ihren Debitoribus heftig würden gravirt werden."

Sie schliessen mit der Bitte, an die Verordneten zum Neuen Biergelde und zum Hufenschoss Befehl ergehen zu lassen, solange mit der gewöhnlichen Distribution der Landschaftlichen Gefälle fortzufahren, bis sie ihre Capitalien wieder empfangen könnten.

Der Kurfürst erlässt einen solchen Befehl unterm 17./27. April. Die Verordneten legen dagegen unterm 10./20. April Protest ein, fügen sich schliesslich, wissen aber doch die vom Kurfürsten ersehnte völlige Amortisation der Schuld mehr als nothwendig zu verzögern, gemäss ihrem bisherigen Verfahren, wie sich dasselbe aus der folgenden Uebersicht über die letztvergangenen Jahre 1665—1667 ergiebt:

Designation, was die Löbliche Landschaft in Annis 1665, 1666 und 1667 an Capitalien und Zinsen abgeführt und was bis dahin an Schuld verblieben.¹)

In Anno 1664 ist noch die Schuld an Capitalien gewesen		1,080,465 Rthlr. 2 gr. 4 ₰
Darauf ist gezahlt Anno 1665	47,718 Thlr. 7 gr. 6 ₰	
mit deme, was erlassen ist, und seind im Rest geblieben mit denen aufgenommenen 4000 Thlrn.		1,036,746 . 18 „ 7 „

¹) In dem Begleitschreiben, mit dem der Verfasser dieser Designation, der Landrentmeister von der Linde, Gröben's Stütze, dem Kurfürsten dieselbe einreicht, heisst es, mit Rücksicht auf die vom Grossen Ausschuss dem Kurfürsten eingegebenen Berichte vom 21. Juni 1667 und 10. April 1668 beschränke sie sich auf die Zeit bis Luciä 1667; über das Jahr 1668 könne erst zu Ostern des laufenden Jahrs, 1669, berichtet werden.

Darauf ferner Anno 1666 gezahlt, mit deme was erlassen worden . . .	52,589 Rth. 16 gr. 11 ₰			
Und ist nach Abzug dieser Post ferner Schuld geblieben		984,157 Rthlr.	1 gr.	8 ₰
Anno 1667 hierauf weiter gezahlt mit der Erlassung	63,622 . 11 . 10 .			
Verbleiben noch bis Luciä 1667 an Schuld zu bezahlen		920,534	. 13 .	10 .
An Zinsen ist man Anno 1664 schuldig blieben . .		2,074,433	. 14 .	5 .
Darauf Anno 1665 gezahlt	15,530 . 9 . 4 .			
Und	73,782 . 13 . 8 .			
so bei der Behandlung erhalten. Thut beedes	89,312 . 23 . — .			
Bleiben an restirenden Zinsen mit dem jährlichen Zuwachs		2,035,126	. 20 .	8½ ₰
Hierauf ferner Anno 1666 gezahlt	14,601 . 9 . 3 .			
Und	111,449 . 7 . 6 .			
so erlassen. Thut beedes	126,050 . 16 . 9 .			
Da dann wieder in Rest nebst den zugewachsenen Zinsen blieben		1,987,431	. 12 .	6½ .
Worauf weiter in Anno 1667 gezahlt	14,304 . 14 . 9 .			
Und	154,665 . 6 . 8 .			
die erlassen worden. Thut beedes	168,969 . 21 . 5 .			
Und seind ferner bis Anno 1667 an Zinsen schuldig		1,860,501	. 9 .	4½ .

Die Geheimen Räthe bemerken in ihrem Bericht an den Kurfürsten dem die Designation beiliegt, dass der erste der beiden von dem Landrentmeister von der Linde in seinem Begleitschreiben zur Designation erwähnten Berichte der Verordneten zum Grossen Ausschusse vom 26. Juni 1667 nur Bedenken gegen die Suspension der Zinszahlung enthalte. Der zweite, vom 10. April 1668, habe nicht aufgefunden werden können. Der Kurfürst rescribirt d. d. Königsberg 12. April 1669 an die Geheimen Räthe, einen neuen, genaueren Bericht von den Verordneten einzufordern, der nicht wie diese Designation nur allgemeine Zahlendaten, sondern die namentliche Aufzählung sämmtlicher Creditoren der Landschaft enthalte, sowie die an dieselben während der drei letzten Jahre gezahlten Zinsen, da von jetzt an

Niemand, mit Ausnahme der pia corpora und personae miserabiles, irgend etwas an Zinsen erhalten solle. Hierüber sei allein mit Gröben, nicht mehr mit dem ganzen Ausschuss zu verhandeln.

Die Geheimen Räthe an den Kurfürsten. Dat. Cölln a./Sp.
9. April 1669.

[Gröben, zur Verantwortung berufen, meldet sich krank. Des Landrentmeisters von der Linde Ausflüchte mit seiner Inkompetenz und Hinweis auf den bald zusammentretenden Ausschuss. Vorschlag mit den Verordneten die Sache zu erledigen.]

1669.

(Von der Linde sei von dem Verlangen, binnen einer bestimmten 19. April. kurz bemessenen Frist die gewünschte Designation mit den Namen aller Creditoren und der Höhe der von jedem empfangenen Zinsen zu liefern, betroffen gewesen. „Darauf hat er sich dahin vernehmen lassen, es wäre eine Unmöglichkeit, dass er so bald mit einem solchen Bericht könnte fertig werden; das Corpus der Schulden, die doch alle benennet werden müssten, zumal oft viele an einer Post interessiret wären, wäre sehr weitläuftig; Ew. Ch. D. hätten den Land-Ständen gn. concedirt, eine Distribution generaliter zu machen, wie sie vor diesem gethan, deme wären sie nachgegangen. Er wäre nur ein verpflichteter Diener und hielten ihne seine Pflichte dahin, dass er nichts sollte offenbaren von des Landes Vermögen und Unvermögen, wollte gern sein Gewissen salviren und es an seine Obern bringen, ob er alles sollte ausantworten: Wann es würde an die Land-Stände gebracht werden, welche binnen vier Wochen zusammen kommen würden, wäre kein Zweifel, sie würden alles einigen Deputirten, die hierzu verordnet werden könnten, fürzeigen; es könnte nicht kürzlich specificirt werden, was einer oder der andere empfangen. Als ihme dagegen remonstrirt, dass E. Ch. D. gewisse Verordnung gemacht, und wie nun derselben nachgelebt, deswegen begehrten E. Ch. D. die Nachricht, und dürften das Vermögen oder Unvermögen des Landes sie vor E. Ch. D. nicht geheim halten, es liefe dieses, was an ihne begehret würde, nicht wider seine Pflichte und wäre er schuldig, die Specification herauszugeben:

So hat er nur um etwas Zeit gebeten, mit Fürwand, dass das Werk sehr weitläuftig wäre und die Feiertage mit einfielen. Berichtete sonst dabei, dass die angesetzten Zinsen meist gleich eingetheilt und sonderlich Auswärtigen entrichtet worden: Hätten einige etwa 2 Thlr. mehr auf's Hundert bekommen, als andere, so möchten es etwan die

Verordneten sein, welche geringe Besoldung, als jeder 87½ Thlr., und in Landschaftssachen viele Mühe hätten, oder es wäre auch theils Creditoren Condition, wann Sie zu Ehen, Hochzeiten und Begräbnissen Gelder benöthigt gewesen, angesehen worden: Wie dann auch bewusst wäre, dass denen Corporibus piis die Zinsen für voll gereicht würden. Wir haben ihme solchemnach 15 Tage Frist eingeräumt, dass er inzwischen einen Extract aus der Rechnung machen und anfertigen solle —."

Bald nach Ostern 1669, in der ersten Hälfte des Mai, tritt der Ausschuss zusammen. Schon unterm 15ten d. M. reicht er bei den Geh. Räthen eine Schrift ein, die ihrem Befremden über das ungewöhnliche Verfahren des Kurfürsten Ausdruck gibt, der sich unter Umgehung des Ausschusses mit dem ihnen verpflichteten Rentmeister direkt in Verbindung gesetzt, während sie doch völlig bereit gewesen wären, ihrem Fürsten jede ihm zukommende Auskunft über den Status des Biergelds zu geben. „Dann, gleichwie wir in unterth. fester Hoffnung stehen, dass E. Ch. D. Dero getreuen Ständen in deme denenselben zustehenden und durch alte und neue Chnrf. Recesse allerdinge frei gelassenen Modo Administrationis keinen Eintrag zu thun gemeinet seind; so wissen wir uns auch dessen unterth. wol zu bescheiden, dass E. Ch. D. wol befuget seind, wegen der Landschaft Schuldenwerk Nachfrage zu thun und von dessen Administration Ihr Rede und Antwort geben zu lassen, wie dann gegen E. Ch. D. wir uns allemal dahin gehorsamst erkläret und derselben in unterth. Aufrichtigkeit alle dienliche Nachricht zu eröffnen vor wenigen Jahren so nacher Preussen als Cleve gewisse Deputirte mit aller zugehörigen Instruction und Notdurft abgefertigt haben. Nur ist dabei allemal von uns unterth. gebeten, bitten auch noch darum demüthigst, dass wann E. Ch. D. dergleichen gu. Nachfrage thun und der Administration halber Rede und Antwort fordern wollen, dass solches auf Art und Weise, wie es zwischen der gn. Herrschaft und Dero getreuen Ständen durch gewisse Compactata verglichen und hergebracht, auch noch in Anno 1624 observirt ist, bei Anwesenheit E. Ch. D. geschehen möge, worinnen wir der gn. gewierigen Erhörung uns um sovielmehr unterth. getrösten, weil E. Ch. D. Dero getreue Landschaft deshalb noch in Anno 1664, da die Lentzischen Zollgefälle ans unterth. Devotion wieder übergeben worden, aufs neue specialiter gu. versichert haben". Sie bitten demgemäss um die Commission einiger seiner vertrauten Geheimen Räthe, denen sie persönlich und mündlich alle Aufschlüsse geben würden. Gegen die anbefohlene Zinsen-Suspension legen sie Protest ein. Die vom Kurfürsten gewünschte Beschränkung der Zahlung auf pia corpora und personae miserabiles sei undurchführbar, da sich sehr viele zur letzten Kategorie rechnen würden. Die dadurch hervorgerufene Ungewissheit würde allgemeines Misstrauen erregen und die Kündigung der meisten Capitalien zur Folge haben, wie sich denn bereits über 180 Creditoren bei der diesmaligen Versammlung angegeben hätten. Sie hoffen, unter Beifügung der Schrift von 1667, auf Gewährung ihrer berechtigten und billigen Forderungen.

In dem Begleitschreiben vom 21. Mai, mit dem die Geh. Räthe diese Eingabe dem vom Frühling 1668 bis Herbst 1669 in Königsberg weilenden Kurfürsten zusenden, weisen sie zugleich die irrigen Behauptungen des Ausschusses zurück. Die Forderung des Kurfürsten lasse sich wol mit den Recessen von 1624 und 1661 in Einklang bringen. Auch die Behauptung der Stände, dass der Kurfürst zur Behandlung einer solchen internen Angelegenheit nur kompetent sei, wenn er innerhalb des Landes weile, habe keinen Grund; die fürstliche Autorität bleibe dieselbe, auch bei zeitweiliger Entfernung ihres Trägers. Dennoch scheint ihnen der vom Ausschuss erbetene Modus mündlicher Conferenzen am geeignetsten, und würden sie selbst für eine Vertagung der Angelegenheit bis zu des Kurfürsten hoffentlich nicht ferner Rückkehr sein: „E. Ch. D. gn. Gefallen geben wir anheim, ob Sie die Sache bis zu Deroselben glücklichen Herauskunft ausstellen, das ganze Schuldenwerk durch gewisse deputirte Räthe alsdann untersuchen lassen, und dann auch diesen Punct der gänzlichen Suspension der Zinsen endlich decidiren wollen." Offenbar scheuen sie vor der durch hitzige Reden erregten Stimmung der Stände im Ausschuss zurück und hoffen von der Intercession der fürstlichen Autorität eine schnellere und glücklichere Erledigung der Sache.

Der Kurfürst an die Verordneten zum Grossen und Engen Ausschuss zum Neuen Biergelde. Dat. Königsberg 27. Mai/ 6. Juni 1669.

[Befremden, dass abermals mit der Behandlung der Creditoren eingehalten sei. Verbot der Zinszahlung.]

1669.
6. Juni.

„Uns ist Ew. unterth. supplicatum vom 15. Mai von Unserer hinterlassenen Regierung überschickt und dabei referirt worden, was sie Euch für Resolution auf Euer mündliches Anbringen bei verstatteter Audienz ertheilt.

Nun könnet Ihr Euch anfangs mit Fug nicht beschweren, dass Wir von dem Landrentmeister eine Special-Designation aller Creditoren, denen in den nächsten dreien Jahren auf Capital und Zinsen etwas gereicht worden, begehren lassen, zumaln Wir Uns eines solchen niemals nicht begeben, und Uns, als dem Landesfürsten, absonderlich daran gelegen ist, Sorge zu tragen, wie das Land von dieser grossen Schuldenlast einmal befreit werden möge, welches dann durch kein füglicher Mittel geschehen kann, als wann die Capitalia behandelt werden. Und wundert Uns dahero nicht wenig, dass, da Ihr hiebevor selbst dieses Mittel eingeführt und öfters gegen Uns gerühmt, was für grossen Vortheil Ihr albereits dem Lande durch solche Behandlung der Capitalien gestiftet, Ihr anitzo davon abzutreten oder doch nur wenige Capitalia zu behandeln, das meiste aber zu Abtragung der Zinsen anzuwenden vermeinet.

Gleichwie aber das Land auf solche Weise nimmermehr von der Schuldenlast abkommen kann und dann Wir Uns des Landes Wolfart zu befördern obligat befinden, auch Uns versichert halten, dass die Posterität es Uns einmal danken werde, dass Wir ein so nützliches und hochnöthiges Werk befördert, also können Wir auch von Unsern vorigen Verordnungen nicht abweichen und wollen nochmals, dass ausser den Kirchen, Schulen, Hospitalien und dergleichen piis Corporibus, wie auch denen notorie miserabilibus Personis, Niemanden die Zinsen ferner gereicht, sondern die Capitalia mit ihnen behandelt werden sollen. Da Wir aber das Gegentheil erfahren werden, wollen Wir solches von demjenigen, der dawider verordnet haben wird, wieder fordern lassen: Sonsten seind ja die Creditores so unbekannt nicht, dass Ihr nicht wissen oder doch erfahren könntet, welches Personae miserabiles seien, und würde garnicht folgen, dass wegen der vorgeschützten geldmangelnden Zeiten alle Creditoren inter Personas miserabiles gerechnet werden wollten.

Hiernächst sehen Wir nicht, wann gleich die Cursus usurarum sistirt, hergegen aber die Capitalia behandelt werden, warum dadurch die Umschläge und Versuren gehindert werden sollten, dann die Obligationes dennoch einen Weg wie den andern valabel seind und bleiben und man wegen der Behandlung um so mehr die versuras wird treffen wollen. Wegen des Juris retorsionis der benachbarten Landschaften, welches etwan einen oder den andern privatum betreffen möchte, muss ein solch dem ganzen Lande nützliches und zuträgliches Werk nicht hintangesetzt oder unterlassen werden.

So dürfen auch nicht alle Creditores auf einmal, sondern successive, wie sie sich etwa anmelden, auch nicht mit jedwedem sofort sein ganzes Capital, sondern nur die Hälfte oder der vierte Theil, nachdem das Capital gross ist und nach Gelegenheit der vorhandenen baaren Gelder, gezahlt werden. Und zweifeln Wir nicht, wann Ihr nur selbst das Werk mit Ernst angreifen werdet, dass man in kurzem dieser Schulden-Last abkommen werde.

Befehlen Euch demnach gn., dieser Unsrer Verordnung gehorsamst nachzukommen und die Behandlung der Capitalien wieder vor-

zunehmen. Gestalt Wir dann bei Unsrer Rückkunft, geliebt's Gott,
selbst untersuchen wollen, wie weit man in sothaner Behandlung
gekommen."

Der Kurfürst an den Statthalter Fürst Joh. George v. Anhalt[1])
und die Geh. Räthe. Dat. Königsberg 3. Juni 1669.

[Fernere Zinszahlung und grosse Unkosten bei der Rechnungsabnahme streng zu
verhindern. Hoffnung, dass die Stände gehorsamen werden.]

1669.

(Der Kurfürst habe erwartet, dass die Stände seinen früheren Anord- 13. Juni.
nungen genau Parition leisten würden.) „Wir vernehmen aber mit Befremdung, dass dem allen ungeachtet die Verordneten anjetzo wiederum
eine Distribution der Zinsen im Biergelde gethan und bei Abnahme
der Rechnung, ob Wir Ihnen gleich ernstlich befohlen, solche durchweinig Personen zu verrichten, bei zwei Tausend Rthlr. verzehret.
Wann wir nun durchaus über diese dem ganzen Lande zum
besten angesehene Verordnung gehalten wissen wollen, so ersuchen
Wir E. Lbd. freundvetterlich, Euch aber befohlen Wir gn., die Verordneten, im Fall sie noch alda, vor Euch zu fordern, von ihnen zu
vernehmen, ob es sich also verhalte, und im Fall es also, ihnen anzuzeigen, dass Wir alle solche Zinsen von ihnen, als die solche wider
Unser Verbot verordnet, wieder fordern wollten; sonsten aber und da
sie bereits weg wären, ebendasselbe dem Rentmeister anzudeuten,
als welchem nicht gebühret, da ihme Unser Wille besser bekannt,
sothane Gelder auszuzahlen."

Der Statthalter, Fürst Joh. George v. Anhalt, berichtet unterm
11. Juni, die Verordneten seien bereits fort, die Distribution im Hufenschoss
schon vorgenommen, die Zehrungskosten übrigens nach Linde's Angaben
bei weitem nicht so hoch. Unterm 20./10. Juni spricht der Kurfürst seine
Missbilligung dieses Verfahrens nochmals energisch aus. Die Räthe sollten
den Dechanten Gröben und Linde vorfordern, ihnen ihren Ungehorsam
ernst verweisen und letzteren nochmals auffordern, sofort ein Verzeichniss
derer einzureichen, denen er Gelder ausgezahlt habe.
Die von Gröben entworfene, weitschweifige Verantwortung vom
2. Juli geht nochmals auf die Verordnung d. d. Cleve 21. Febr./3. März
1666 zurück, die eine interimistische Zinssuspension verfügt habe, während das kurfürstliche Rescript vom 18. Juni 1667 vorläufig wieder die Distribution der eingegangenen Gelder nach dem alten Modus gestattete. Ihr

---

[1]) Vgl. über ihn Cosmar und Klaproth; U. A. VII 150, 236, 252; Isaacsohn II, 154.

bisheriges Verfahren entspreche dem; Aenderungen seien durch besondere Verfügungen oder Abmachungen erst zu erzielen. Aehnlich ist eine andre im Namen der Stände eingegebene Schrift d. d. Berlin 11. Oct. 1669 gehalten, die noch einmal alle Gründe für die Selbständigkeit des Ständischen Creditwerks resumirt und mit einem geschickten Coup zur Offensive übergehend eine Erleichterung nicht von solchen Massregeln, sondern allein von der Reduction des Heeres erhofft. Schliesslich wiederholt sich hier die Bitte um Conferenzen mit des Kurfürsten „Geheimbtesten Räthen." Das Recht des Fürsten auf die Controle des Creditwerks werde von Niemand bestritten; nur möge man Stände unter jener Aufsicht ihre Angelegenheiten selbst ordnen lassen, wie ihnen dies im Recess von 1664 bei Einräumung der Lenzischen Zollgefälle zugesagt sei. Erhebliche Erleichterung würde nur eine Reduction gewähren, da das Land von Misswachs und Theuerung schwer leide, „hingegen aber |: wofür dem höchsten Gott herzlich zu danken ist :| E. Ch. D. und Dero Lande anitzo in gutem Frieden und Sicherheit begriffen, dass dahero die Soldatesque ohne Gefahr eine erkleckliche Reduction wol erleiden kann". Sie bitten, auch diesen Punkt auf die Tagesordnung der Conferenz zu setzen.

Der Kurfürst an den Grossen Ausschuss zum Neuen Biergelde und Hufenschoss. Dat. Cölln a./Sp. 1. November 1669.

[Notification der Bestellung des Ober-Präsidenten v. Schwerin und des Oberhofmarschalls Melchior Friedrich v. Canitz[1]) als Commissarien zur Untersuchung des Schuldenwerks.]

1669.
11. Nov.

„Ihr werdet Euch annoch unterth. erinnern, welchergestalt Wir vor diesem eine Commission angeordnet, auch seither zum öftern von Euch begehrt, wegen der Landschaft Schuldenwerks alle nöthige Nachricht herauszugeben, auch sonsten Unserer gn. Verordnung gemäss solches Werk dergestalt einzurichten, damit man dermaleinst das Land von dieser grossen Schuldenlast befreien und dadurch in bessern Zustand wieder setzen könnte. Nachdem nun das Erste von Euch noch nicht befolget und Wir von dem Andern auch noch keine Gewissheit, sondern vielmehr die Nachricht haben, dass Ihr selbst die Creditores veranlasset, Uns mit Sollicitiren beschwerlich zu fallen und auf die Bezahlung der Zinsen zu bestehen, Uns aber bei der Posterität unverantwortlich fallen würde, wann Wir dieses Werk um einiger Privat-Leute Nutzen willen länger also ansehen und das Land unter solcher Last stecken lassen sollten: als haben Wir Uns nun-

---

¹) Vgl. über ihn Cosmar und Klaproth 369; Isaacsohn II, 128, 249.

mehr fostiglich vorgenommen, das Werk auf einmal dergestalt festzusetzen, damit man einen gewünschten Ausgang dieses beschwerlichen Werks absehen möchte können.

Zu solchem Ende haben Wir denen Wolwürdigen und Wolgeborenen Unsern Ober-Präsidenten, Geb. Rathe und Ober-Hofmarschalln Otto, Freiherrn v. Schwerin und Melchior Friedrich Freiherrn v. Canitz gn. Befehl ertheilt, nicht allein anitzo Euch einige Sachen vorzutragen, besondern auch das Werk hinfüro dergestalt fleissig zu respiciren, damit Unsern ausgelassenen gn. Verordnungen gemäss gelebt werde.

Befehlen Euch demnach gn., nicht allein die begehrte Nachrichtungen ihnen herauszugeben und Euch auf ein und anderes, so sie in Unserm Namen Euch vorbringen werden, Unserer gn. Zuversicht gemäss, Euch gehorsamst zu erklären, besondern auch allemal, wo oft sie sich bei Euch angeben werden, es also zu halten.

Ingleichem dem Land-Rentmeister und Landschaft-Bedienten anzuzeigen, dass sie Unsern Commissarien jedesmal die begehrten Rechnungen und was sie sonst weiter zu diesem Zweck vonnöthen haben werden ausantworten sollen."

Instruction für die beiden Commissarien. Dat. Cölln a./Sp.
1. November 1669.

[Der Status des Schuldwerks. Dessen Lage 100 Jahre zuvor. Die Behandlung der Gläubiger. Klarlegung der Lage durch alle Mittel.]

1669.
11. Nov.

I. Sollen dieselben beigehendes Schreiben an die versammelten Verordneten übergeben und denenselben, neben Versicherung Unserer Churf. Gnade, dabei anzeigen, dass gleichwie S. Ch. D. nach nichts mehr trachteten, als wie diese Lande von aller Beschwer befreit, und dagegen die wüsten Städte und Dörfer wieder angebaut und also in vorigen Flor gebracht werden möchten: Alss hätten Sie nöthig erachtet, einigen gewissen Räthen ein solches negotium aufzutragen und begehrten also von den Verordneten in Gnaden, damit gedachte Räthe ein gewisses fundamentum vor sich hätten, dass sie ihnen nebst aller nöthigen Information ausantworten sollen:

1) Eine Specification aller jetzo noch vorhandenen Capitalien und an welche solche eigentlich anjetzo cediret sein, sowol im Hufenschoss als Biergelde und wie viel unter denenselben leichte Münze sei;

2) Eine Designation der Schulden, wie dieselben von Sr. Ch. D. löbl. Vorfahren der Landschaft zugeschlagen worden, damit Sie sehen möchten, wie hoch sich solche beliefen;
3) Nachricht, woher es gekommen, dass die Landschaft viel Tonnen Goldes mehr Schulden gemachet, als die Schulden von der Churf. Herrschaft gewesen?
4) Wohin dieselben, so mehr aufgenommen, als die zugeschlagenen Schulden gewesen, verwandt?
5) Information zu geben, woher es gekommen, dass, da die ersten Churf. Schulden unzinsbare Posten gewesen, man dennoch hernach alles verzinset?
6) Eine Specification derjenigen, denen die leichte Münze mit schwerem Gelde bezahlt worden, damit solches dem Lande zum besten wieder eingemahnt werden könnte.
7) Kund zu machen, wer diejenigen unter ihnen gewesen, so vor wenig Jahren es dahin gespielt, dass man wieder angefangen, einige Zinsen zu zahlen, da sie doch gesehen, mit was grossem Nutzen, dem Lande zum besten, die Behandlung der Creditoren von statten gegangen?
8) Zu berichten, ob Sr. Ch. D. ausgelassenen scharfen Befehlen gemäss diese zwei vergangene Jahre her auch mit Bezahlung der Zinsen eingehalten und dagegen das eingekommene Geld zur Behandlung angewandt worden?
9) Ob die übermässige Zehrunge bei Abnehmung der Rechnung und Einziehung der Personen, die solchen beiwohnen, eingestellt und geschoben sei?
10) Wie viel die ordentlichen Intraden sowol bei dem Hufenschoss als Biergelde sein sollen und wie viel jetzo wirklich alle Jahr davon einkommt?

II. Sollen Sr. Ch. D. Commissarii in dieser Sache sich erstlich die Rechnungen von anno 1565 und hernach eine Haupt-Rechnung vom vergangenen Jahre geben lassen, damit S. Ch. D. sich desto besser in der Sache richten könne.

III. Würden sie etwan wegen Bezahlung der Zinsen vorwenden, dass dadurch des Landes Credit müsse unterhalten werden, so haben Unsre Räthe darauf zu repliciren, dass doch solches eine wahre Unmöglichkeit sei, und dass das Land viel eher wieder zu Credit kommen werde, wann es von Schulden befreit ist. Ueber dem, so würden auch diejenigen wieder aufwachen, welche sich eben um dieser von der Landschaft selbsten eingeführten Behandlung willen den Zins und tertiam partem des Capitals abziehen lassen müssen und ihre völlige Bezahlung praetendiren wollen. Und wann sie nur einem jeden Sr. Ch. D. eignes Exempel vorstellen werden, dass Sie eben solche Behandlung eingegangen, so wird verhoffentlich keiner sein, der besser Recht werde praetendiren wollen.

IV. Im Fall nun die Verordneten sich in diesem allen gehors. accommodiren und keine Difficultät machen, haben Sr. Ch. D. Commissarii ihren Gehorsam zu rühmen und es uns zu hinterbringen. Würden sie aber über Verhoffen sich dessen entziehen und etwan die Resolution auf Communicirung mit den Ständen oder dem Ausschuss differiren wollen, so haben sie ihnen zu Gemüthe zu führen, dass solches Sr. Ch. D. zur Ungnade gereichen würde und Dieselbe hierunter durchaus gehorsamt sein wollten, dann auch, dass dieses kein Werk sei, darin sie nur einiges Bedenken nehmen könnten, sondern dass sie Sr. Ch. D. als dem Landesfürsten alle diese Nachricht sofort ohne einiges Tergiversiren zu ertheilen schuldig wären, und ohne Beschuldigung eines Ungehorsams nicht vorenthalten könnten, und dass bei unverhoffter verspürter ihrer Widersetzlichkeit S. Ch. D. sonst Mittel genugsam haben würden, zu Ihrem Zweck zu gelangen.

V. Sollte auch dieses alles bei ihnen nicht verfangen, so haben Sr. Ch. D. Commissarii sofort in ihrer Gegenwart den Land-Rentmeister herein zu fordern und demselben ernstlich anzudeuten, dass er die vorbesagten Rechnungen und Specificationes ihnen ausantworten und sonst alle begehrte Information von dem Schuldenwerk herausgeben und, so lieb ihm Sr. Ch. D. Gnade wäre, darunter keine Verzögerung thun sollte. Wie sie dann auch den Verordneten anzuzeigen haben, dass sie nicht eher von einander scheiden sollten, bis S. Ch. D. sich ferner auf diese Ihre Resolution erklärt hätten. Im Uebrigen sollen Unsere Räthe und Commissarii von allem was hierunter vorgeht richtig Protokoll halten und Sr. Ch. D. alles ausführlich hinterbringen, welche ihnen gn. versprechen, wider alle, so ihnen desfalls zuzusetzen und anzufeinden sich unterstehen werden, sie churf. und mächtiglich zu schützen und zu vertreten."

Protokoll der Conferenzen zwischen den kurfürstlichen Commissarien und den Verordneten zum Neuen Biergelde, vom 2.—4. November 1669.[1])

Aufangs ist von Ihrer Excellenz, dem Herrn Ober-Präsidenten, Baron v. Schwerin und dem Herrn Ober-Marschalcken, Baron v. Canitzen, Sr. Ch. D. Schreiben eingehändigt. Worauf, nach genommenem Abtritt, die Anwesende vorgewandt, dass die Verordnete nicht alle zugegen, hingegen das Legitimations-Rescript an alle gerichtet; als bäten sie Sr. Ch. D. zu remonstriren, dass sie sich ohne die andre nicht einlassen könnten: wollen es ad referendum nehmen.

Responsum, dass Elector befohlen, die Sache vorzutragen, und ob nur Einer da wäre. Da Elector bei seinen guten Intentionen verspüret, dass das Schuldenwesen causa principalis des übeln Landes-Zustandes sei, indem viel Leute, Adel als Unadel, hier zu wohnen scheueten, weil sie meinten, dass, weil debita nicht gezahlt, auch keiner das Seine vor proper halten könne; diesemnach achtete El. diese Untersuchungs-Commission nöthig, die folgendes im Auftrage habe. (Folgen Punkt I. und II. der Instruction.)

Darauf Deputati: Halten Electoris Intention zu rühmen, bekennten unterth., dass Electori Nachfrage zukäme; erinnerten sich, dass der Grosse und Kleine Ausschuss sich erboten, wann S Ch. D. dies wichtige Werk, so in meisten Stücken mündliche Conferenz erfordert, dem alten und nach Anno 1624 hergebrachten Herkommen gemäss durch einige Geheimbteste Räthe nebst denen von der Landschaft überlegen lassen würden, alle ihnen beiwohnenden Nachrichten zu Dero gn. Contento willigst zu eröffnen, woran desto minder zu dubitiren, da schon vor etlichen Jahren von einigen Abgeordneten eine ganz jährige Rechnung übergeben worden. Die Anwesende Verordnete würden auch zu Sr. Ch. D. vorerwähnten Löbl. Intention cooperiren helfen; mit Rücksicht auf ihre eigne ungenügende Information und Vollmacht bäten Verordnete, es möchte El. geruhen, den deshalb von beiden Collegiis Deputirten abgelassenen petitis zu deferiren, sich mit den allemal so getreuest erwiesenen Ständen dieser wichtigen Sachen wegen recht gründlich zu vernehmen und zu dem Ende dieselbe nach Gefallen ehistes anhero zu erfordern —.

Commissarii: Hätten diese Erklärungen wol vernommen nun wäre ihnen erfreulich, dass sub I. sie die Schuldigkeit erkenneten, Electori Rede und

---

[1]) Von Seiten der Stände erscheinen als Deputirte: Herr Senior Hünecke, Verordneter des Stifts Brandenburg, Joh. Georg v. Röbel, Verordneter des Ober-Barnim, v. Bredow, Verordneter des Havelländischen Kreises, Stephan Bernd v. Arnim, Verordneter der Uckermark, v. Röbel, Kreis-Commissar des Nieder-Barnim, Otto v. Hacke, Verordneter des Teltow, und Zarlang, Tieffenbach und Strasburger, Bürgermeister, bez. Rathsherr und Syndicus von Berlin.

Antwort zu geben: würden aber noch mehr erfreut sein, wann sie ihnen Anlass gegeben, vermöge Instruction anzuzeigen, wie angenehm Electori die gehors. würkliche Bezeigung des Contestati sein würde, so sie aber hernach wieder umstiessen. Eine Anzahl von verlangten Stücken und Nachrichten wäre zu Berlin vorhanden und leicht herauszugeben: die Höhe der Schulden und Zinsen, die Disposition der leichten Posten, die Rechnungen von 1565 und 1667 u. a. m. Sie sollten sie treulich wieder haben. Beharrten sie auf ihrer Weigerung, so würde El. sagen: Aut Status disputant meine Befugniss oder der Stände Bediente müssten nicht in ihren Diensten sein, wann sie nicht thun wollten, welches befohlen würde. Befehl wäre da, den Ständen zu sagen, dass El. wolle gehorsamet sein und keine Exception gelten lassen, und da es difficultiret würde, wäre fernerer Befehl, was den Bedienten zu sagen. El. würde es sehr ungnädig empfinden und meinten es sonst gut; dürften anders verordnen, was die Stände meinten zu evitiren.

Die Verordneten wiederholten darauf ihre Bitte om mora. Was an Rechnungen vorhanden, sowie eine Designation der Capitalien sollten sie unterdess erhalten.

Am Vormittag des 3. November überbringen drei der Verordneten die Rechnungen zum Neuen Biergelde von 1565, aus dem Hufenschoss von 1594 und beider Kassen von 1667 und bitten wegen der andern Verordnung, in ihrer aller Namen, mit der Landschaft zu verhandeln.

Am Vormittag des folgenden Tags (4. Nov.) berichten die Commissarien über den bisherigen Verlauf dem Kurfürsten im Geh. Rath und ertheilen am Nachmittag desselben Tags den Verordneten den Bescheid des Kurfürsten. Derselbe sei mit den übergebenen Stücken zufrieden, fordere daneben eine genaue Designation der Debitoren und Creditoren, item Abschrift der Belehrungs-Urtheile gegen die Creditoren, werde, geeigneter Zeit, den Grossen Ausschuss oder gar die Stände verschreiben, doch schwerlich vor Neujahr. Und weil El. in der Bierrechnung befunden, dass sie grosse Capitalia einstheils der Ritterschaft schuldig, wollte er wissen:

1. Woher solche rührten und auf was Art sie solche Gelder aufgebracht?
2. Wäre El. ungnädig, dass denen 6 pro Cent gezahlt worden, da Arme entweder nichts oder wenig bekommen.

Mehr hätte El. wahrgenommen, dass in beiden Rechnungen in dem Jahr in die 9000 Thlr. Bestand blieben, welches dem Werke übel vorgestanden wäre, indem man viele Capitalia damit behandeln und zahlen können. Mehre Erinnerungen reservirte sich El. Das überreichte Schreiben wäre unnöthig jetzt zu beantworten, bliebe bis zu der Stände Zusammenkunft differiret.

Deputirte sagen El. für den Bescheid, besonders für die Vertagung der Frage bis auf einen allgemeinen Landtag Dank. Betreffs der Capitalien, so der Ritterschaft zukommen, weil solches die Corpora selbst anginge, würden dieselbe desfalls Rechenschaft zu geben haben. Dass ihnen 6 Procent gegeben, hätten sie selbst ihre andern Collegae erinnert, nicht mehr

Zinsen als den andern Creditoren zu geben, allein man hätte das Herkommen vorgewandt. Der Bestand wäre nicht in baarem Gelde, sondern in Resten; womit sie dimittiret.

Der Kurfürst an die Ritterschaft der Mittelmark und von Ruppin. Dat. Cölln a./Sp. 9. November 1669.

[Answeise über ihr Guthaben bei der Landschaft auf dem nächsten Landtag beizubringen.]

1669.
19. Nov.

„Wir haben bei Nachsuchung der Landschaft Schuldenwerks gefunden, dass Ihr unterschiedliche Capitalia bei gedachter Landschaft ausstehen habt; weil Uns nun zu wissen gebührt, woher solche rühren, so werdet Ihr bei Anwesenheit Unserer anhero beschiedenen Land-Stände zugleich solche Obligationen in originali durch Eure Deputirte einschicken und Uns alsdann ferner allen nöthigen Bericht desfalls abstatten lassen."

Ein identisches Ausschreiben ergeht unterm selben Datum an die Ritterschaft der Altmark und Priegnitz.

Unterm 3. Dezember d. J. erhält der Landrentmeister von der Linde die Aufforderung umgehend zu berichten, wie viel und an wen seit 1623 auf leichte Gelder an Capitalien und Zinsen in beiden Corporibus, wie viel und wann in diesem Jahr für der letzten Inhibition etwas gezahlt und was die von der Ritterschaft von Anfang bis hierzu an Zinsen empfangen.

Landtags-Propositionen vom 18. Januar 1670.

[Das Creditwerk; das Einziehen von Bauerngütern durch die von Adel.]

1670.
28. Jan.

(Nach einem Resumé über des Kurfürsten dreissigjährige unausgesetzte Bemühungen um die Hebung des Landes heisst es weiter): „Es ist bekannt, wie unter den Beschwerungen dieses Landes die Unrichtigkeit der Landschaft Schuldenwerks vor die vornehmste gerechnet worden; wie desfalls die Herrschaft, Unterthanen, Creditores, Ein- und Auswärtige sich beschwert und geklagt, und wie bei der überhäuften Schuldenlast und schlechtem Zustande des Landes einhellig gewünscht und desideriret worden nach dem Exempel vieler andern Königreiche und Landen solche allgemeine gleichdurchgehende Verordnungen zu machen, dass bei der wahren Unmöglichkeit denen ausgestellten Verschreibungen ein völliges Genügen zu thun, die Creditores, wie solches auch mit einem grossen Theil glücklich practiciret, und mit

Die Reform der Verwaltung des Creditwerks. 417

einem Theil des Capitals zu vergnügen und also das Land von dieser schweren Schuldenlast zu befreien. Wann die Deputirte der Löbl. Stände bei dieser ihrer itzigen Anwesenheit nachsehen werden, was S. Ch. D. einige Jahr hero vor heilsame und zu solchem Zweck dienende Verordnungen an die Verordneten der Landschaft ergehen lassen, so werden sie erkennen, wie treulich S. Ch. D. es mit diesem Werke gemeint, und wie übel es gethan, dass man demselben nicht also, wie es sich gebühret hätte, nachgelebt. Aldieweil nun S. Ch. D. wegen Dero öftern Abwesenheit verhindert worden, dieses höchst nützliche Werk mit Nachdruck fortzusetzen, Sie aber die Nothwendigkeit desselben je länger je mehr verspüren, so haben Sie zu solchem Ende diesen Landtag in Gnaden ausschreiben wollen. Und begehren demnach gn. an die sämmtlichen Herren Deputirte, weil die Verordente vermeint, dass sie ohne derselben Beisein nicht thun könnten, ohne einzige Zeitverlierung:

Sr. Ch. D. wahrhaften Bericht zu ertheilen 1) woher es gekommen, dass so viel Tonnen Goldes mehr Schuld gemacht, als von der Herrschaft dem Lande zugeschlagen worden?

2. Wie hoch das unbezahlte Capital vor jetzo in beiden Corporibus des Neuen Biergeldes und Hufenschosses noch sein?

3. Wie viel leichte Müntz vor schwere der Landschaft zu des Landes höchsten Schaden zugeschlagen, von wem solches geschehen und 4) wie man sich an dieselbige oder denselben solcher unziemenden Defraudation halber zu erholen?

5. Wie denen dabei unterlaufenden Unterschleifen und übeln Bezahlungen der Schösse als auch der Ziese zu steuern?

Wann über dieses alles der Stände Bericht und Information eingekommen sein wird, wollen S. Ch. D. alsdann dem Befinden nach gn. Anordnungen machen, wie mit dem Werk hinfüro zu halten.

Als S. Ch. D. auch denen Ritterschaften aus der Altmark Prieguitz und Mittelmarke gn. anbefohlen, dero Obligationes, vermittelst deren sie aus dem Biergelde und Hufenschoss alle Jahre ein ansehnliches an Zinsen gehoben, mitzubringen, so zweifeln Sie nicht, sie werden demselben gehorsamlich nachgelebt haben und bereit sein, solche zu produciren. Hiernächst, ob zwar in dem Ausschreiben keine Erwähnung davon geschehen, so halten doch S. Ch. D. nöthig, denen versammelten Ständen vorzustellen, wie dass Sie selbst an unterschiedenen Orten gesehen, welchergestalt ein theils vom Adel ihrer Bauern Güter unter ihrem Pflug halten, einige auch Bauern verdrängen, damit sie nur die Hufen an sich ziehen und selbst brauchen möchten, auch verschiedene Bauern sich klagend angegeben, dass sie sich gerne unter vom Adel setzen und wüste Stellen anbauen wollen, von denenselben aber abgewiesen worden, wie dann auch S. Ch. D. mit nicht geringem Missfallen ersehen, dass eine grosse Anzahl steuerbarer Hufen zu den Ritterhufen geschlagen oder sonst durch andre Praetexten von der Contribution eximirt worden; wann dann solches alles solche Dinge sein, wodurch die Armuth beschwert und das Aufnehmen des Landes behindert wird und überdem wider alle Gerechtigkeit und Billigkeit läuft, so können S. Ch. D. Dero tragenden hohen landesfürstlichen Amte nach solchem schädlichen, verderblichen Dinge nicht länger zusehen, sondern halten sich verbunden, solchem mit Ernst abzuhelfen und ermahnen die löbliche Stände, dass sie nach den Pflichten, womit sie Sr. Ch. D. verwandt und der Treue, so sie dem Vaterlande schuldig seind, alles das Sr. Ch. D. offenbaren und Niemands verschweigen sollen, welche dergestalt mit eignem Nutzen die Besetzung der wüsten Höfe verhindern, die Anzahl der steuerbaren Hufen vermindert und die Last auf andere gewälzt haben.

In welchem allem, gleichwie es allein zu des Landes Besten und Aufnehmen angesehen ist, also versehen sich auch S. Ch. D. zu Dero getr. Ständen alles unterth. Gehorsams und pflichtschuldigster Willigkeit und verbleiben deswegen denenselben mit allen Churf. Hulden und Gnaden wol zugethan."

Antwort der Anwesenden Deputirten diesseit der Oder und dies- und jenseit der Elbe. Dat. Berlin 26. Januar 1670.

[Bitten, die bestehende Creditverwaltung intakt zu lassen.]

1670.
5. Febr.

(Stände seien gern bereit, zur Befreiung der auf dem Lande liegenden Schulden und davon dependirenden Imposten mitzuwirken:) „Und führen zwar dieselbe freilich grosse Beschwerde mit sich, jedoch seind die anhaltende monatliche Contribution, gedoppelte Krieges-Metze und andere Lasten viel schwerer, auch weit mehr berufen, und wo hierin nicht Erleichterung geschieht, steht kaum zu hoffen, dass diese Lande zu Kräften kommen können.

Was E. Ch. D. in Anno 1666 und 1667 dem Herrn Dechant von der Gröben sel. als gewesenen Mitverordneten [1]) gn. befohlen,

---

[1]) Gröben stirbt zwischen dem 17./27. Jan., wo der Syndicus von Berlin, Strassburger, als Sprecher an seiner Statt wegen seiner eigenen Verhinderung durch Krankheit vom Kurfürsten auf der Stände Anhalten für diesen Landtag confirmirt wird, und dem Tage der Antwort der Stände 26. Jan./5. Febr. d. J.

dabei haben Sie wol sonder Zweifel Ihre gn. Intention gehabt. Weil aber beide Collegia des Grossen und Engen Ausschusses unterth. besorgt, dass hierdurch gleichsam die Grundveste der Landschaft Creditwesens und der von E. Ch. D. selbst gn. bestätigte modus administrationis angerührt und verändert werden möchte, ist von ihnen nicht allein in Anno 1666 durch Deputatos nacher Cleve und in Anno 1667, 1668, 1669 durch unterth. Schriften, dass sie solche Veränderung ohne Consens der gesammten Land-Stände einzuführen nicht bemächtigt, sondern auch, was für Ungelegenheit daraus zu besorgen, gehorsamst vorgestellt.

Der Landschaft Schuldwesen ist primo origine von lauteren Churf. Schulden erwachsen, derer die Landschaft, besage Churf. Recesse, aus lauterer herzlicher unterth. Liebe, Treue, Gutwilligkeit, etliche Millionen Goldes auf sich genommen. Weil aber solche angenommene Churf. Schulden schon vorlängst mit neuen durch der Landschaft eigne Obligationes versicherten Anleben bezahlt: So ist nunmehr dies Schuldwesen nicht für der Churf. Gn. Herrschaft, sondern der Landschaft Schuldwesen zu halten. Es gehören auch die dazu destinirte Imposten gar nicht zu den Churf. Domänen, sondern seind nur von der Landschaft ad certum et determinatum finem gewilligt, und wann der Landschaft Schulden bezahlt, alsdann endigen sich auch die dazu verwilligte Imposten.

Die Direction und Administration dieses Werks dependirt ex ipsa hujus negotii natura und kraft Churf. Reversalen von der Landschaft und findet sich insonderheit im Churf. Revers de Anno 1572, dass die Churf. gn. Herrschaft der Stände verordnete Einnehmern mit der Einnahme und Bezahlung der angenommenen Schulde alzeit gewähren lassen und ihnen darin keinen Eintrag thun wollten. Und im Churf. Revers de Anno 1664 haben sich E. Ch. D. selbst mit folgenden Churf. Worten gn. erklärt:

Wir bestätigen auch in diesem Recess nebst vorangezogener Brau-Ordnung und Recess de Anno 1624 alle andere Verordnungen und was Unsern getr. Ständen bei Annehmung der Herrschaft hoben Schulden bewilligt worden, dawider Wir sie nicht beeinträchtigen wollen: So lassen Wir auch die Administration des ganzen Creditwesens noch ferner dergestalt Unsern Ständen, wie ihnen dieselbe von Unsern Herren Vorfahren in Gnaden eingeräumt und darüber paciscirt und recessirt worden, jedoch steht Uns jedesmal frei, nach der Administration Nachfrage zu thun und

Uns davon Rechenschaft geben zu lassen auf Art und Weise, wie solches Herkommens und vor Alters zwischen Unsern hochlöbl. Herren Vorfahren und getr. Ständen gebräuchlich gewesen; wobei aber niemands gefährdet, noch vor dasjenige, was von ihm nicht geschehen, besprochen werden soll.

Diesemnach sein zu E. Ch. D. wir und unsere Committenten des unterth. Vertrauens, Sie werden diese Ihre getreueste und allemal so gehorsamst erfundene Land-Stände nicht weniger als Dero andere Land-Stände, denen wir und unsere Vorfahren an unterth. gehorsamster Devotion niemals cedirt, bei ihrer alten Verfassung und Herkommen landesväterlich schützen, und was dawider auf etwa eingelaufenen ungleichen Bericht verordnet oder im November jüngst verwichenen Jahres bei Abforderung der Rechnungen de Anno 1565 und 1667 fürgangen, ihnen zu keinem Praejudiz gereichen lassen, auch die Verordnete, dass sie ohne Consens gesammter Land-Stände von dem modo administrationis abzuschreiten nicht bemächtigt gewesen, gn. entschuldigt halten.

Und weil E. Ch. D. über fünf Puncten unsern unterth. Bericht begehret, als wollen wir denselben hiermit, soviel uns davon bewusst |: denn zu einem weitern sein wir de jure nicht gehalten :| gehors. eröffnen:

Vom ersten Punct können wir ob tanti temporis antiquitatem nichts eigentlich wissen, als was aus den alten Rechnungen |: welches doch sehr weitleuftig fallen würde :| aufzusuchen sein möchte.

Der Churf. Recess de Anno 1664 disponirt expressis verbis: Dass Niemand vor dasjenige, was von ihm nicht geschehen, besprochen werden solle. Und steht leicht zu glauben, dass successu annorum nach und nach mehr Gelder aufgeliehen, als etwan die angenommene Churf. Schulden primo origine sich erstreckt. Die Landschaft hat aus lauterer unterth. Liebe und Gutwilligkeit etliche Millionen Goldes auf sich genommen, die hierzu destinirte Einkünfte aber |: welche anfangs bei weitem nicht so hoch als itzo gewesen :| haben den Zins nicht halten können, wie dann Churfürst Joh. George hochsel. Andl. in Anno 1572 denen Ständen gn. erinnern lassen, dass die Verzinsung derer im Biergelde angenommenen Posten jährlich über Hundert Tausend Thaler erfordert und dass doch wegen damaligen Landsterbens kaum Zwölf oder Sechszehn Tausend Thaler eingekommen. Desgleichen geben die Churf. Recesse de Anno 1622 und 1624, dass der Mittel-, Uckermärk- und Ruppinischen Städte Kastens Aus-

gaben jährlich alle Einnahme mit 26,886 Thlr., und der Altmärk- und
Prieguitzirischen Städte jährliche Ausgaben die Einnahme mit weit
mehr als 20,000 Gld. übertreffen. Was nun die Einkünfte nicht haben
erreichen können, solches hat zu Erhaltung Credits mit neuen Anlehen
ersetzt werden müssen. Ebenermassen findet sich aus dem Churf. Recess vom 9. Juni 1624 und den am 18. Juli selbigen Jahres in offenem
Druck publicirten Churf. Edict, dass aus den 200,000 Rthlrn. in specie
Königlich Dännemarkischer Forderung zur Zeit des leichten Geldes
668,481 Thlr. worden.

Man hat auch solches |: also lauten die Churf. Worte des Edicti :|
wol geschehen lassen müssen, dieweil Briefe und Siegel einer ganzen
Landschaft gelöst sein wollten, es auch zudem viel unsägliches Unheils geboren haben würde, ob die Kgl. Dännemarkische Post nicht
richtig bezahlt und abgeführt worden wäre. Und der Recess vom
29. Sept. Anno 1624 [1]) redet noch mit nachdrücklichern Worten, wofür man fast erschrecken möchte.

Wir scheuen zu erzählen |: können es doch sofort documentiren :|
mit wie hartem Process und fast unglaublichen Beschimpfungen wider
die Debitores und derer Bürgen in vorigen Zeiten verfahren.

Würde dannenhero denen Ständen gar schmerzlich fallen, wann
ihre in Gott ruhende Vorfahren, die sich allemal wie getreue Patrioten
erwiesen und deshalb in den Churf. Reversalen sonderbaren Ruhm erlangt, in der Grube beschuldigt werden sollten, sammt sie das Land
mit grösseren Schulden als vonnöthen gewesen, beschwert hätten.

Dem andern Punct wird verhoffentlich durch des Land-Rentmeisters unterth. übergebene Designationes gehorsamste Satisfaction
geschehen und daraus gn. zu befinden sein, dass nunmehr durch sonderbare Gnade Gottes, behutsame Administration und genaue Aufsicht der truncus aeris alieni quoad Capitalia sich im Biergelde bis
auf Acht Tonnen Goldes und im Hufenschoss fast bis auf zwei
Tonnen Goldes plus minus verringert, da doch in Anno 1642 |: als
die itzige Aelteste des Ausschusses zum Werke gekommen :| die Massa
der Capitalien im Biergelde sich über zwei Millionen und im Hufenschoss über fünftehalb Tonnen Goldes betragen hat.

Beim dritten Punct |: die Credita der leichten Gelder betreffend :|
wird gleichergestalt des Rentmeisters unterth. Designation gnugsam
Nachricht geben: Und wollen wir zwar nicht dieser Creditoren Wort
reden, zweifeln doch fast sehr, ob wider sie oder ihre Erben wegen

---

[1]) Abgedruckt bei Mylius VI, 329—336.

schon empfangener Zahlung etwas zu hoffen sein möchte. Denn zu der unglücklichen Zeit des leichten Geldes, als die confusio monetae tanquam pestis et gangraena fast das ganze Corpus Imperii durchgangen [: darinnen sich auch die allerverständigste und vorsichtigste nicht finden oder begreifen können :] haben vermöge damaligen Münz-Edicti und vieler Judicatorum die Creditores auch für denen ältesten schwersten Posten [: wo nicht Reichs-Thaler in specie Stück für Stück verschrieben :] leicht Geld annehmen müssen: Wie nun denen Debitoribus recht gewesen, schwer Geld mit leichtem Gelde zu bezahlen, als möchten auch die Creditores, sonderlich diejenigo, denen für schwerem Geld leicht Geld aufgedrungen, nicht unrecht halten, für leicht Gold schwer Geld anzunehmen, bevorab do im Churf. Edict de Anno 1623 expresse sanciret: Dass ein Jeder, es sei wer er wolle, er sei ein ganz Corpus oder nur eines, das halten, gelten und bezahlen solle, wessen er sich in seinen Briefen und Siegeln verobligiret.

Nach welchem Edict noch itzo in E. Ch. D. hochlöbl. Cammergericht und andern hohen Judiciis allemal verabscheidet wird.

Als auch post reductionem monetae, nämlich Anno 1624, das Schuldenwerk des Biergeldes von den Churf. Geheimen Räthen und Canzler Herrn D. Friedrich Pruckmann und Herrn Samuel von Winterfelden fleissig untersucht, so ist im Churf. Recess weder denen Verordneten noch Creditoribus etwas imputirt, sondern die Sache zur gütlichen Handlung veranlasst, ob diejenige, welche schwer Gold für leichtem Gelde forderten, etwas vom Capital remittiren wollten.

Nunmehr ist denen meisten leichten Posten durch billige Handlung abgeholfen und zwar mit weit glücklicherem Success als man im Churf. Recess de Anno 1624 hat hoffen können. Und wird wol der beste Weg sein, denen heilsamen Behandlungen der leichten und schweren Posten weiter zu insistiren und nach wie vor in terminis gutwilliger Convention zu bleiben.

Wir wissen auch an unserm unterth. Ort nicht zu begreifen, viel weniger rathsam zu finden, dass per modum praecepti die Zinsrechnung totaliter abgeschafft und den Creditoribus aufgedrungen werden möge, nebst den Zinsen auch tertiam partem sortis zu verlieren.

Die Churf. Recesse de Anno 1624 wollen ernstlich, dass die Zinsen bezahlt und der Credit wieder aufgerichtet werde. Zu dem Ende ist auch im Churf. Recess de Anno 1653 providirt [1]), dass die

---

[1]) Mylius VI, 456 §. 1 der 22 Zusatz-Paragraphen.

Landschaft jährliche Distributiones halten solle: Und der Churf. Recess de Anno 1643 sagt, dass von Wiederaurichtung der Landschaft und Städte Kasten die Wolfahrt des Landes dependire.

Creditores haben grosse Geduld erwiesen und sich mit dem vierten Theil des Current-Zinses stillen lassen: Sollten nun wider alles besseres Verhoffen die jährliche distributiones cessiren und die bisherige gutwillige Convention sich in eine gebotene Necessität verändern, solches würde der Landschaft Credit gar verkleinerlich, auch ihrem so stark versicherten modo administrationis sehr abbrüchig sein. Ja auf solche Weise dürften alle Creditores, die mit der Zeit Besserung gehofft und noch wol zufrieden gewesen, theils zum Jure retorsionis, die meisten aber zu hochbeschwerlichen Querelen und aus Furcht, dass mehrere praecepta ergehen möchten, zu desto härterer Mahnung bewogen werden. Fides est quasi anima Reipublicae: ubi semel abiit, numquam redit.

Beim vierten Punct ist Uns der Neumark Schuldenwerk und wie dasselbe dirigiret, nicht eben bewusst: Dieser Landschaft restirt sie noch ein ansehnliches wegen der unglücklichen Dänemarkischen Post, welche in der beschwerlichsten Zeit des leichten Geldes zu Abwendung grossen Unheils mit Reichsthalern in specie aus den Biergeldern bezahlt worden: Wäre damals die Neu-Märkische Landschaft als Neben-Bürgen mit Aufbringung ihrer quintae nicht säumig gewesen, so würde wol das Biergeld mit dieser Post sein verschont blieben.

Die Neumark ist auch erst in Anno 1571 an Churfürst Johann Georgen kommen und hat von der schweren Last, so diese Landschaft in Anno 1540, 1549, 1550, 1564 und 1572 aus unterth. Liebe und Gutwilligkeit auf sich genommen, nichts getragen, sondern, wie wir benachrichtigt, so seind sie erst in Anno 1602 zu der Herrschaft Schulden mitgezogen und requiriret.

Beim fünften Punct lassen es ihnen die Herren Verordnete mit besonderem Fleisse angelegen sein, denen Unterschleifen der Ziese und Schösse zu steuern. Sie haben auch dazu unterth. gute Hoffnung, wann E. Ch. D. denen noch in dem Churf. Recess de Anno 1664 wegen des eigenmächtigen unbefugten Brauens und Krugverlegens, auch sonsten wol gemachten Verordnungen, insonderheit wider Dero Churf. Beamte, gn. Nachdruck geben werden.

Der Mittelmärk-, wie auch der Altmärk- und Prignitzirischen Ritterschaft im Biergelde und Hufenschoss ausstehende Forderungen betreffend, wissen die Deputirte der Mittelmärkischen Ritterschaft noch zur Zeit nicht, ob die Obligationes casu fortuito von Händen kommen, oder wes Ortes etwa dieselbe zu finden sein mögen.

Von denen der Altmärk- und Prignitzirischen Ritterschaft zugehörigen Obligationibus seind neulicher Zeit, da des Prignitzirischen Einnehmers Haus zu Perleberg in Feuer aufgangen, unterschiedliche verbrannt: Von denen anderen, die beim Altmärkischen Einnehmer verwahrlich gewesen, kommen beigefügte Abschriften, und ist man dieselbe mit denen Originalien zu bestärken erbietig: Und werden diese sowol der Mittelmärkischen als Altmärk- und Prignitzirischen Ritterschaft Posten von Jahren zu Jahren in der Biergelds- und Hufenschosses-Rechnunge agnoscirt.

Was E. Ch. D. sonst von etlichen wüsten Pauer-Höfen, wie auch von einer grossen Anzahl Pauer-Hufen, so zu den Ritter-Hufen geschlagen oder sonst durch anderen Praetext von der Contribution eximirt worden, gn. vorstellen lassen, davon ist im gn. Ausschreiben nichts erwähnt und seind also die meiste Deputirte der Ritterchaft deshalb nicht instruirt, können sich auch ohne besondere Instruction und gnugsamer Information nicht eigentlich erklären und bitten unterth., solches nicht ungnädig aufzunehmen. Sie wollen ihren Heimgelassenen alles fideliter referiren und thun ihnen sammt und sonders quaevis competentia Jura demüthigst reserviren.

Salvis quibuscumque Juribus könnten es die Deputirte gar nicht billigen, wann ohne rechtmässige Ursache die Anbauung wüster Stellen verhindert oder Pauern verdrungen würden: Die es etwa gethan, mögen zusehen, wie sie es zu verantworten; der ganzen Ritterschaft und dem Unschuldigen kann deshalb nichts imputirt werden.

Die Deputirte gesammter Ritterschaft wollten wünschen, dass alle Pauerhöfe besetzt wären. Und wird verhoffentlich den Dienstund Pachtherren nicht zu verdenken sein, sich ihrer wüsten Höfe wegen ausbleibender Praestationen proportionaliter zu gebrauchen.

Dass an vielen Orten steuerbare Hufen und Höfe aus dem Schoss gebracht, davon mögen wol die meisten Besitzer nichts mehr wissen, als was in der Landschaft Schossbüchern verzeichnet.

Wobei man unterth. erinnert, dass vermöge der Landes-Recesse denen von Adel auf gewisse Maasse freisteht, Pauern auszukaufen. Nur möchte wol allem Ansehn nach viel Streit erwecken, wann solche Hufen, die bona fide und theils von undenklichen Jahren für Ritterhufen besessen, zu andrer Qualität kommen könnten.

Wie nun E. Ch. D. wir dieses in unterth. Submission pflichtschul-

digst haben vorstellen wollen, also thun Dero beharrlichen Churf. gn.
Hulden wir uns unterth. recommendiren."

Churfürstl. Resolution auf die Eingabe der Deputirten. Dat.
Cölln a./Sp. 31. Januar 1670.

(Vereinbart im Geh. Rath in Gegenwart des Kurfürsten, Anhalts,
Schwerins, Cansteins, Blumenthals des J., Fr's. v. Jena und Köppens.)

[Die üble Verwaltung der Stände aus den Abschlüssen ersichtlich. Eine Commission aus den Geh. Räthen wird eine Untersuchung des ganzen Creditwerks vornehmen.]

1670.
„Sr. Ch. D. ist von Dero getr. verschriebenen Land-Ständen dies- 10. Febr.
seit der Oder und dies- und jenseit der Elbe unterth. eingereichtes
Beantwortungsschreiben unterm dato des 26. Januar auf Dero gn. Proposition gebührend vorgetragen worden. Ob Sie nun wol einige Dinge
darinnen gefunden, so wol eine ausführliche Beantwortung erfordern,
damit die Stände hinfüro sich enthalten mögen anzuziehen, als wann
S. Ch. D., indem Sie dieses Schuldenwerk untersuchen und was die
Notdurft erfordert verordnen, die Grundveste sothanen Werks rührten
und bei der jüngsten Abordnung im Landschaftshause etwas vorgenommen, weshalb die Stände sich benöthigt funden, ihre Notdurft und
dass es ihnen zu keinem Praejudiz gereichen möchte zu bedingen; so
wollen doch S. Ch. D. aus landesväterlicher Hulde dieses alles vor
diesmal übersehen und sich daran vergnügen, dass die Stände in ihren
Schriften selbst dergleichen passus allegiren, woraus sie gnugsam überzeugt worden, dass Sr. Ch. D. solches alles zustehe.

Die Natur der Sache und Sr. Ch. D. hohes landesfürstliches Amt
zeigt's auch ohne das gnugsam an, indem bekannt, dass es Churf.
Schulden sein und dass Sr. Ch. D. hochlöbl. Vorfahren zu Bezahlung
der Schulden diese Mittel einführen lassen. Zu geschweigen, dass anfangs dieses Werk in der Churf. Hofrentei geführt, die Herrschaft aber
selbst verordnet, dass es in der Landschaft, jedoch salva directione
Principis, geführt werden solle. S. Ch. D. können aber nicht umhin,
hierbei den Ständen ferner vorzustellen, dass je mehr Sie dem Werk
nachsinnen, je mehr Sie befinden, dass in vorigen Zeiten dasselbe
nicht allemal am besten administrirt worden, indem bekannt und unleugbar:

1) dass viel Tonnen Goldes Schulden mehr von der Landschaft
gemacht, als ihnen von der Herrschaft zugeschlagen worden;

2) dass sie vielen Creditoren zwei-, drei-, auch viermal das alterum tantum an Zinsen bezahlt;

3) dass sie in den beschwerlichsten Zeiten, da an keinem Orte jemandem Zinsen bezahlt seind, dennoch Capitalia aufgenommen und Zinsen damit bezahlt worden;

4) dass soviel hohe Summen leichten Geldes mit schwerem Gelde gezahlt;

5) dass sie verschiedne Rechnungen von Handen kommen lassen, wesfalls S. Ch. D. von den Ständen berichtet zu sein begehren, wie viel deren, zu welcher Zeit und durch wessen Nachlässigkeit solches geschehen und ob desfalls nie keine Ahndung erfolgt.

In Summa, soviel S. Ch. D. itzo noch Nachricht haben und zwar die verlorenen Rechnungen ausgenommen, worinnen ohne Zweifel ein mehres zu finden sein wird, haben die Stände über zehn Millionen eingenommen und dennoch aufs höchste nicht über sechs Millionen, welches nicht allein Herrschaft Schulde, besondern das meiste von der Stände aufgenommene Gelder sein, zu zahlen gehabt.

Sie finden auch, dass die Verordnete ein grosses auf sich in die Zehrung gehen lassen, womit ansehnliche Capitalia hätten getilgt werden können; dahero S. Ch. D. sich vielmehr verwundern, dass Dero Löbl. Vorfahren so lange still dazu geschwiegen; wiewol Sie auch befunden, dass Dero Herr Vater Hochsel. Ged. vielfältige Erinnerungen desfalls gethan und sonder Zweifel durch die damals continuirliche Kriege das Werk besser zu fassen verhindert worden:

Es erkennen S. Ch. D. dennoch in Churf. Gnaden, dass die Verordnete währender Zeit Ihrer Churf. Regierung viel besser verfahren und zu ihrem sonderbaren Ruhm und des Landes Besten ein grosses an Schulden abgethan. Gleichwol befinden Sie, dass dieselben das Werk noch nicht dergestalt anzugreifen sich getrauen wollen, wie es des Landes Notdurft und der schlechte Zustand erfordert.

Diesem allem nach halten S. Ch. D. dafür, dass Sie wol befugt wären, die Administration des ganzen Werks an sich zu ziehen, dass diejenigen Creditores, so mit Fug noch etwas zu fordern haben, befriedigt werden mögen, und also das Land von diesen beschwerlichen Schulden befreit werde. Sie wollen es aber bei itziger Administration annoch bewenden lassen; damit aber die Verordneten gegen die Creditores desto besser fortkommen und der Sache einen besseren Nachdruck geben, S. Ch. D. auch vergewissert sein können, dass Dero Verordnung praecise nachgelebt werde, so wollen Sie Jemandes Dero Geh. Räthe dazu committiren, dieses Werk nebst den Landschaft Verordneten zu führen und also dieses nützliche Werk zur Richtigkeit zu befördern. Unterdessen wollen S. Ch. D. Information einziehen, wie es mit dem Schuldenwerk eigentlich bewandt, was ihnen vor Schulden zugeschlagen, wie viel, endlich aus was Ursachen sie selbe aufgenommen und was sie vor Einkommen zu Bezahlung der Creditoren zu allen Zeiten gehabt:

Es wiederholen aber S. Ch. D. hiermit expresse:

1) Dass keine Zinsen, ausgenommen diejenige, so in Sr. Ch. D. vorig. Resolution albereits excipirt seind, gezahlt, sondern das Geld zu Abtragung der Capitalien deducta tertia angewendet werden solle;

2) Dass diejenigen nomina, so wider alle geist- und weltliche Rechte ein weit mehrers als das alterum tantum genossen, getilgt, aus den Büchern ausgelöschet und die Creditores gänzlich abgewiesen werden sollen;

3) Dass alle leichte Geld-Posten suspendirt sein und in Handlung auf das Capital nichts gezahlt werden solle, bis S. Ch. D. sich informirt, wie viel einer oder der andre albereits bekommen;

4) Sollen suspendirt, auch von einiger Handlung excludirt sein, welche Zinsen zu Capital geschlagen, und reserviren S. Ch. D. hierbei auch dasjenige zu repetiren, was bei dieser Post specificiret, so sie zur Ungebühr bekommen;

5) Sollen die Altmärkische, Priegnitzirische und Mittelmärkische Posten solange suspendirt sein, bis S. Ch. D. von denen Ritterschaften recht informirt sein, woher solche Posten rühren und wohin die Zinsen geflossen und angewendet worden, zumalen weil auch dieselbe über das alterum tantum sich weit belaufen.

Wann nun richtige Classes hiervon werden gemacht sein, wie mit der Zahlung hinführo zu verfahren, so wollen S. Ch. D. ferner, dass den piis Corporibus, denen noch Zins zu geben, nicht mehr als 4 pro Centum gewährt werden sollen, und dass denjenigen, denen Capitalia gezahlt worden, mehr nicht als duae tertiae gezahlt werden sollen. Und wollen S. Ch. D. selbst Anordnung machen, wie die Capitalia nach der Ordnunge zu bezahlen, dann Sie, um der Stände Einwurf bei diesem puncto zu begegnen, nicht nöthig achten, dass alle auf einmal, sondern auf gewisse Termine nach gewisser gemachter Ordnunge bezahlt werden sollen.

S. Ch. D. vermahnen auch ferner die Verordnete, dass keine unnöthige Zehrungen zu Beschwerung dieser Corporum gemacht und sonderlich, dass auch die Stipendia und dergleichen Ausgaben, derer viele in den Rechnungen gefunden, gänzlich aufgehoben werden sollen, wiewol sie billig zu restituiren wären, weil solches ohne S. Ch. D. Consens geschehen; Sie wollen es aber vor dieses Mal so genau nicht nehmen, sondern das Vergangene passiren lassen.

Wegen der wüsten Hufen und Eximirten wollen S. Ch. D. auch förderlichst während dieser Versammlung Ihre Resolution denen Verordneten wissen lassen. Vor itzo gesinnen Sie nur an Dero Land-Stände, dass sie dieses alles schleunigst überlegen, damit sofort alles festgestellt werden und unnöthige Kosten vermieden werden mögen."

Die Anwesenden Deputirten an den Kurfürsten. Dat. Berlin 5. Februar 1670.

[Des Kurfürsten Vorschläge der Verfassung zuwider und dem Credit des Landes schädlich. Bitte um Belassung bei ihrer selbständigen Administration.]

1670.
15. Febr. „Dass E. Ch. D. sich Dero getr. Landschaft Schuldenwerks gn. erkundigen, solcher landesväterlichen Vorsorge rühmen wir billig mit unterth. Dank; und wie uns gar nicht im Sinne kommen, Dero hohe Churf. Befugniss in einigen Zweifel zu ziehen, also bleiben wir des demüthigsten Vertrauens, Sie werden in Gnaden aufnehmen, was wir aus pflichtschuldigster Treue weiter gehors. erinnern müssten.

Der Grund dieses Werks ist, dass dies Schuldenwesen, ob es wol primo origine von lautern Churf. Schulden erwachsen, dennoch nunmehr, da solche angenommene Churf. Schulden vorlängst mit neuen durch der Landschaft eigene Obligationes versicherten Anlehen bezahlt, nicht für der Churf. gn. Herrschaft, sondern der Landschaft Schuldwesen zu halten; dass auch die dazu eingeführte Zahlungsmittel gar nicht zu den Churf. Domänen gehören, sondern nur von der Landschaft aus lauterer unterth. Liebe und Treue ad certum et determinatum finem gewilligt und demnach das ganze Schuldenwerk und dessen Administration kraft Churf. Reversalen von der Landschaft dependirt.

Ob dasselbe, nachdem es die Landschaft auf sich genommen, anfangs in der Churf. Hofrentei geführt und die gn. Herrschaft Ihr dessen Direction vorbehalten, davon finden wir in den Churf. Recessen nichts. Die Landschaft aber ist schon Anno 1549 und 1572, auch noch Anno 1664 gn. versichert, dass sie bei diesem Werke nicht beeinträchtigt werden solle. — —

Ob die Landschaft viele Tonnen Goldes Schulden mehr gemacht, als sie an Churf. Schulden auf sich genommen, wissen wir nicht: Wäre es nach und nach geschehen, so wird sich verhoffentlich in den Rechnungen finden, warum es geschehen, wie denn in unsrer vorigen unterth. Schrift gnugsam bescheinigt, dass die Einkünften den Zins nicht haben halten können und desbalb zu Erhaltung Credits der Mangel mit neuen Anlehen ersetzt werden müssen. Der vielen unterschiedlichen Neben-Steuer und Beihülfe zu geschweigen, wodurch dies Werk nicht wenig aggravirt worden.

Die restrictio usurarum ad alterum tantum ist vor dem Landtags-Recess de Anno 1653 in diesen Landen gar nicht attendirt. Quamdiu duravit mutuum, tamdiu praestandae fuerunt usurae, etiamsi ad centum vel mille annos durasset obligatio, ut de quotidiana experientia testatur Scheplitz ad Consuetudines March. p. 4, t. 1, §. 2, n. 19. — — Wird aber denen Administratoribus hoffentlich nicht zu verdenken sein, was sie ex bona fide et necessitate Juris Marchici gezahlt.

Dass viele leichte Posten mit schwerem Gelde abgetragen worden, hat kraft des in Anno 1623 publicirten Churf. Münz-Edicti geschehen müssen, nach welchem Edict in E. Ch. D. hochlöbl. Cammer-Gericht und andern Judiciis allemal verabscheidet wird.

Von einigen Rechnungen, so verloren wären, ist uns nichts mehres bewusst, als dass die Rechnung de Anno 1643 desideriret, sich aber auf ernste Nachfrage bei Christoph Fritzen zu Spandow, als des gewesenen Land-Rentmeisters Joachim Borchelmanns sel. Eidam, wiedergefunden. Viel weniger wissen wir, dass die Landschaft über 10 Millionen eingenommen und doch aufs Höchste über 6 Millionen nicht zu zahlen gehabt.

Wann E. Ch. D. uns dessen einige Remonstration wollten thun lassen, so könnten wir hernach mit Bericht unterth. einkommen. Es wird zuweilen aus Mangel gnugsamer Information viel angegeben, was sich anders befindet — —."

(Nach einem bezüglichen Verweise auf die Untersuchung von 1624 durch Kanzler Pruckmann und Samuel v. Winterfeld gehen sie zu einer Motivirung ihres Wunsches auf fernere selbständige Administration über.)

„Dies Schuldenwerk ist Gott Lob nunmehr zu solchem Stande kommen, dass demselben verhoffentlich mit gutem Willen der Creditoren abzuhelfen und nicht nöthig sein möchte, solche Mittel zu ergreifen, woraus viel Streits und Ungelegenheit zu besorgen und bei denen zu zweifeln, ob wir dieselben salva justitia et salva fide data zumaln inauditis Creditoribus begehren könnten. Nach dem Recess von 1643 sei gütliche Einigung mit dem Creditor zu versuchen. Sollte aber derselbe nicht dazu zu bewegen sein und er hätte dessen seine er-

IV. Die Ordnung des Ständischen Cretiwerks, 1662—1685.

heblichen Ursachen anzuziehen, müssto es E. Ch. D. dahin gestellt
sein und dem Rechte seinen Lauf lassen. — —"
Mit Rücksicht auf die Nachbarländer und den guten Ruf des Landes
schlagen sie den Versuch einer Abkunft auf feste Terminszahlungen vor.
Zur gewöhnlichen Distribution auf die Zinsen gehörten 9000 Thlr., deren
Aufbringung, zumal die Summe sich von Jahr zu Jahr verringere, nicht
schwer fallen, wogegen die Unterlassung der Zahlung unabsehbaren Schaden
bringen würde. Die Löschung der Creditoren, die das alterum tantum genossen, sei durch nichts zu rechtfertigen. Sie schlagen daher vor, den Creditoren auf je 1000 Thlr. Capital 300 Thlr. zu zahlen. Betreffs der Forderungen der einzelnen Ritterschaften stellten sie anheim, inwieweit sie ihre
so oft agnoscirten Forderungen zu beweisen hätten. „Vermutblich ist es,
da das Biergeld und Land-Schosswesen von Einem Rentmeister geführt
wird, dass etwa dem Corpori des Biergeldes aus dem Corpore des Hufenschosses ein Vorschuss geschehen, wie denn alle auf der Mittelmärkischen
Ritterschaft Posten empfangene Zinsen dem Corpori des Hufenschosses zu
gute empfangen und unter dessen Creditoren distribuirt werden." Die Zinsen
auf die Posten der Altmärkisch-Priegnitzirischen Ritterschaft seien theils
zum Schuldwesen, theils zu Salarien, Teich-Kosten, auch zur Sublevation
der Unterthanen in der Contribution verwandt, so dass hier eine Suspension
hoffentlich nicht einzutreten habe.

Zwei Tage später hat zwischen den Verordneten zum Engen Ausschuss und den kurfürstlichen Commissarien Schwerin, Canstein und
Fr. v. Jena eine erste mündliche Conferenz über die qu. Puncte auf der
Geh. Rathstube statt, deren Protokoll hier folgt:

Protokoll in der Geh. Rath-Stube vom 7. Februar 1670.

1670.
17. Febr.
Auf ferneren Schriftwechsel in dieser Sache sich einzulassen sei Elector
nicht gemeint. Stände hätten offenbar nur die Administration des Schuldwerks — nichts weiter. Doch selbst angenommen, dass es der Herrschaft
Schuldwerk nicht wäre, bliebe Ihrer Untersuchung jederzeit offen, ob und
wie der Zweck des Werks erreicht würde.
Die Direction dieses Werks stünde Sr. Ch. D. dergestalt zu, dass
wann Sie oder Ihre Vorfahren sich auch gleich derselben jemals begeben hätten, so doch nicht geschehen, solches dennoch
null und nichtig sein und Sr. Ch. D. obliegen würde, dieselbe
als ein Landesfürst zu gebrauchen.
Betreffend die Annahme der Stände über die Rechtlichkeit der früheren
Administratoren, liessen sie solche dahingestellt. S. Ch. D. befinden aber
bei Ihro eine mehrere Pflicht, dass Sie sich mit der Praesumtion nicht vergnügen könnten, sondern hielten sich schuldig, vollkommene Information
desfalls zu erlangen.

Ihre Erklärung, dass zur Deckung der Zinsen die Aufnahme neuer Capitalien nöthig sei, zeige zur Genüge, dass sie in ihrer Administration verstossen und halten S. Ch. D. für sicher, dass der gegenwärtigen Herren Stände keiner sei, der weder dem publico noch einigem privato rathen würde, auf solche Art seinen Credit zu erhalten. S. Ch. D. halten vielmehr dafür, dass es das rechte Mittel sei, sich um allen Credit zu bringen. Weil auch eine gewisse Summa der Schulden den Ständen zugeschlagen und darauf die Mittel zur Zahlung von der gn. Herrschaft verordnet worden, so hielten S. Ch. D. alle diejenigen Posten, so ohne Dero Consens zu Bezahlung der Zinsen zinsbar aufgenommen, für ungültig.

Was Stände wegen des Edicti de Anno 1623 wegen Restriction der Zinsen auf das alterum tantum anziehen, halten S. Ch. D. sich einzulassen nicht nöthig und könnten dabei wol anziehen, was bei diesem Edict vorgegangen und nicht unbekannt wäre, so Sie aber gewisser Ursach halber nicht regen wollten. Vergnügten sich damit, dass Stände selbst nun viel Jahr hero sowol bei Dero Vorfahren als bei Sr. Ch. D. selbst angehalten, dass solches geändert werden möge, auch desfalls nach Belehrung anf Universitäten geschrieben und nach ihrem Wunsch erhalten und nur gebeten hätten, dass S. Ch. D. sie dabei schützen wollten. Die Angabe der Stände, sie wüssten nicht, wie viel gezahlt und eingenommen sei, ergebe von selbst die Nothwendigkeit, dass ein kurfürstlicher Geh. Rath bei dem Werke sei, da ohne dies des Kurfürsten Nachkommen dieselbe Antwort erhalten und so das Werk in steter Unrichtigkeit verbleiben würde.

Die Behandlung der Creditoren werde nie und nimmer als Falliment ausgelegt, sondern mit Calamitatibus publicis erklärt werden. „Diesemnach bleiben S. Ch. D. noch dabei, dass diejenigen Obligationes, die schon ein immodicum über das alterum tantum empfangen, ausgesetzt sein sollen; die Stände könnte das nicht befremden, da sie selbst darum gebeten hätten. Die Altmärkisch-Priegnitzirische Obligationes müssten bis auf fernere Nachricht in suspenso bleiben.

Den Vorschlag, 30% des Capitals zu zahlen, acceptire der Kurfürst. Hierbei erinnern die Deputirten, dass es von leichten Posten verstanden werden müsste.

Herr Strasburger nomine Deputatorum:

Er danke zunächst, dass dem alten Brauch gemäss nach zweimaligem Schriftwechsel eine mündliche Conferenz anberaumt sei. Da sie, Deputirte, über jeden Punkt der heutigen Propositionen mit Ihren Mitverordneten communiciren müssten, bäten sie um Ausstand bis morgen.

Herr Ober-Präsident Freih. v. Schwerin.

Er werde dem Kurfürsten ihr Begehren auf Erledigung der Angelegenheit in einer Conferenz vortragen und rathe ihnen ihre Vorschläge schnell und mündlich einzubringen.

Am Tage dieser Conferenz noch wird der Hofrentmeister Michael Matthias nebst dem Archivar Görling mit der Prüfung aller landschaftlichen Rechnungen beauftragt.

Der Kurfürst an Ober-Präsident, Vice-Kanzler und Räthe des Kammergerichts. Dat. Cölln a./Sp. 5. März 1670.

[Erlass eines kurfürstlichen Edicts zur Behandlung der Creditoren.]

1670.
15. März.

„Wir haben einige Wochen hero mit denen Deputirten Unserer Land-Stände wegen der Landschaft Schuldenwerks tractiren lassen, und ist auch in einigen Punkten zur Beförderung besserer Richtigkeit sothanen Werks albereits etwas Gewisses resolvirt; es stösst sich aber annoch an zwoen Puncten:
1) wegen Bezahlung der Capitalien, wovon die Creditores wol zwei-, drei- und mehrmal das alterum tantum an Zinsen gehoben und dann 2) wegen der leichten Capitalien.

Bei dem ersten Punct haben Wir Uns dahin gn. erklärt, dass solche Creditores wegen soviel erhobenen Zinsen hinfüro deren keine mehr haben, auch von dem Capital mehr nicht als die Hälfte wieder bekommen sollen.

Bei dem zweiten Punct gehet Unsere Erklärung dahin, dass die leichte Gelder, z. E. 1000 Thlr. auf 200 Thlr. schwer Geld und von solchen 200 Thlr. hernach weiter, als wie von andern Capitalien, der dritte Theil, reducirt und nicht mehr als duae tertiae davon bezahlt werden.

Was aber die Deputirte der Land-Stände vor Erheblichkeit dagegen einwenden, gestalt sie auch bei den mündlichen Conferenzen vielfältig remonstriren lassen, dass solches viele lites veranlassen und bei Unserm Cammergericht viele Verwirrungen causiren würde, solches habt Ihr aus beigefügtem Extract Ihrer Schrift, so Uns Ihr wieder zurückzuschicken, mit mehrem zu ersehen.

Dieweilen nun die Deputirte sich dahin erboten, dass wann Wir es vor Unsere Lande also nützlich befinden, sie geschehen lassen wollten, dass wir diese Unsere gn. Willensmeinung per Edictum et modum praecepti publiciren lassen mögen, weil sie es als einen Landtages-Recess nicht annehmen könnten; sonsten aber, wann Wir von diesen beiden Puncten abstehen und solche Posten ohne Unterschied jedoch ohne Zins und nur mit zwo Tertien des Capitals zahlen lassen wollen, sie zufrieden wären, dass es in den Landtages-Recess gebracht werde, als haben Wir, ehe Wir Uns hierauf erklären, Eure Meinung hören wollen."

Ober-Präsident, Vice-Kanzler und Räthe des Kammergerichts
Dat. Cölln a./Sp. 7. März 1670.

„— — Ob wir wol ausser allen Zweifel setzen, dass E. Ch. D. motu proprio et ex plenitudine potestatis aus denen sich hierin ereugenden bewegenden billigmässigen Motiven |: welche publicam utilitatem et necessitatem vorzüglich concerniren :| via constitutionis aut mandati Dero gn. Erklärung wegen der Landschaft Schuldenwerks zu publiciren wol bemächtigt; so wollen wir doch unmassgeblich dafür halten, nachdem die Deputirte auf Ihrer unterth. Remonstration fest bestehen, dass es sowol in Consideration E. Ch. D. hohen Autorität als rationc publici interesse zuträglicher und rathsamer wäre, aus diesen beiden den letzten Weg zu erwählen und die Verordnung nach Vorschlag der Verordneten dem Landtags-Recess inseriren zu lassen, da man dadurch vielen Querelen entgehen, wie auch dem jure retorsionis der Fremden vorbeugen würde."

Der Kurfürst an die Deputirten. Dat. Cölln a./Sp. 7. März 1670.

(Wegen vieler wichtiger Geschäfte sei er bisher noch nicht zur Regelung dieses Werks gelangt. Nunmehr jedoch, da Zeit und Gelegenheit da seien, seien Stände zu einem Landtag verschrieben worden. Für ihr Erscheinen werde ihnen gedankt.) „Bei der Nachfrage und Erkundigung über das Schuldenwerk hat sich befunden, dass die bishero von den Land-Ständen aus ihrem Mittel erwählte und von Uns gn. confirmirte Verordnete dem Werk mit gutem Fleiss vorgestanden, auch ein ansehnliches bezahlt und abgeführt, dahero Wir dann auch bei solcher von Uns bestätigten Administration es zwar noch ferner bewenden lassen. Es sollen Uns aber alle und jede künftige Behandlunge und Distributiones |: die bishero schon geschehene betreffend, dabei hat es allerdings sein Bewenden :| zu rechter Zeit eingeschickt, auch ehe und bevor dieselbe von Uns gn. approbirt und genehm gehalten, darauf Niemandem, wer der auch sei, etwas gezahlt werden. Wann Wir Uns aber ausserhalb Unserer Chur- und Mark Brandenburg in Unsern andern Landen befinden, sollen zwar nichtsdestoweniger die Handlungen und Distributiones, wie itzo gedacht, unterth. eingeschickt werden. Wir lassen aber gn. geschehen, dass bei solcher Unsrer Abwesenheit auch vor eingelangter Unserer gn. Approbation die abgehandelte Summe gezahlt werden möge;" (und ebenso wenn der Kurfürst sich au einem

Punkte in den Marken befände, von wo nicht innerhalb fünf Tagen eine Antwort einkommen könne.

„Für's Andere, soviel noch zur Zeit Nachricht vorhanden, seind die Schuldverschreibungen, welche von der Landschaft ausgestellt, mehrentheils zwar auf gleiche Art und Weise eingerichtet und zeigt sich in denselbigen ausser der Zeit und Münze kein Unterschied, gleichwol haben viele Gläubiger darinnen einen Vorzug und grossen Vortheil erhalten, indem sie von ihrem Capital das alterum tantum der Zinsen nicht zwei-, sondern drei-, auch wol viermal würklich und baar empfangen und itzo nochmals das volle Capital auch wol noch mehr Zinsen praetendiren und fordern.

Zum Dritten ist von der Landschaft angezeigt, auch ohne dem bekannt gewesen, dass die verordneten Administratores nun einige Jahre hero nach Beschaffenheit der vorhandenen Mittel mit etlichen Gläubigern dergestalt gütlich gehandelt, dass ein jeder derselben alle restirende Zinsen und von dem Capital auch das dritte Theil fallen lassen.

Damit nun auch zum Vierten eine Gewissheit sei, wie und welchergestalt, auch auf was Maasse die Creditores inskünftige zu befriepigen, so lassen Wir es nochmals dabei und wollen, dass, weil es doch unmöglich, alle Gläubiger zugleich abzufinden, nach dem Zustand der jedesmal vorhandenen Mittel mit einigen Creditoren dergestalt gehandelt werde, dass zuforderst alle und jede Creditores, ohne Unterschied, sie seien Principales oder Cessionarii, die Zinsen gänzlich, von dem Capital aber das dritte Theil fallen lassen.

Diejenige Capitalia, welche mit leichter Münze eingelegt, haben die Verordneten bishero mit Einwilligung der Creditoren auf eine gewisse Maasse, nämlich 1000 Thlr. Capital zu 400 Thlrn., reducirt und von der reducirten Summa wiederum den vierten Theil reducirt, dabei es auch künftig sein Verbleiben haben muss. (5—6.) Nur die Einlagen der Kirchen, Schulen und pia corpora werden voll ausgezahlt und mit 4%, verzinst. (7.) Bei der Behandlung erhalten die Creditoren den Vorzug, die noch nicht das alterum tantum an Zinsen empfangen haben." Dieser Modus soll ohne Aenderung in Geltung bleiben.

Der Recess vom 22. März d J.[1]) erneuert einen Theil der Zusagen desjenigen vom 26. Juli 1653, ohne indess die von hervorragender politischer Bedeutung wieder aufzunehmen. Die Art der Verhandlungen und dieser

---

[1]) Abgedruckt bei Mylius VI, 521—526.

Recess selbst, nebst dem kahlen Versprechen, denjenigen des J. 1664, soweit er hierdurch nicht berührt werde, in Kraft zu erhalten, bekunden den entschiedensten Sieg des Landesherrn über die Stände. Diese letzteren gehen schliesslich auf alle ihnen gestellten Bedingungen ein; der Kurfürst begnügt sich daher, bei ihnen seine Absicht auf dem Wege des Recesses zu erreichen, während er sonst, wie sich aus seiner Correspondenz mit dem Kammergericht schliessen lässt, auch nicht vor der Ordnung dieser Angelegenheit kraft landesherrlicher Autorität „via praecepti" zurückgeschreckt wäre.

Im Frühling jedes Jahres übersendet der Engere Ausschuss der Verordneten zum Neuen Biergelde und zum Hufenschoss dem Kurfürsten eine genaue Designation über die Einkünfte jeder der beiden Kassen, ihre laufenden Ausgaben an Verwaltungs-Unkosten u. s. f. und die Höhe der in Behandlung genommenen Capitalien wie die Summen der abzutragenden versessenen Zinse nach den vom Kurfürsten vorgeschriebenen reducirten Zinsfuss. Erst nach formeller Genehmigung durch kurfürstliches Rescript durften seitdem die Zahlungen in Angriff genommen werden, so dass beide Verwaltungen, obgleich dem Namen nach noch selbständig, in Wirklichkeit doch nur die Vollstrecker des fürstlichen Willens waren.

Bald nimmt die Genehmigung der Designation eine typische Form an, wie folgende als Beispiel gewählten Confirmationen erkennen lassen.

Confirmation der von der Landschaft eingegebenen Designation einiger Capital-Pöste, so in diesem Jahr in Behandlung genommen worden im Hufenschoss d. d. 4. April 1671.

1671.
14. April.

S. Ch. D. thun diese Designation der in diesem Jahre in Behandlung genommenen Capital-Pöste im Hufenschoss hiermit gnd. confirmiren und seind gnd. zufrieden, dass solche Posten denen Creditoribus nach Inhalt des jüngsten Landtages-Recesses gezahlet werden.

Confirmation d. d. Köpenik 7./17. Juli 1673.

1673.
17. Juli.

S. Ch. D. seind mit der Designation der Behandlung der im Hufen-Schoss angenommenen Capitalien wie auch der Distribution der Zinsen, so am 4. Juli 1673 verfertigt, gn. zufrieden, gestalt Sie dann dieselbe hiermit in Gnaden approbiren.

Confirmation d. d. 24. April 1676.

1676.
4. Mai.

S. Ch. D. lassen Ihr diese Designation der Behandlung etc. wie auch die Distribution der Zinsen gn. gefallen, und thun dieselbe hiermit in Gnaden confirmiren; befehlen aber dabenebenst Dero Altmärkischen Quartal-

28*

Gerichts-Rath und Land-Rentmeister Lic. Vilthueten[1]) hiermit gn., alsofort eine richtige Specification einzuschicken, wieviel Capitalien bishero, seit die Churfürstl. Verordnung ergangen, abgehandelt worden und wie viel noch zu zahlen restiren.

Begleitschreiben der Verordneten zum Hufenschoss zur Designation von 1677.

E. Ch. D. übergeben Wir hiermit die Designation der bei Unserer jetzigen Zusammenkunft im Hufenschoss in Behandlung genommenen Capitalien, wie auch der Distribution der von Mich. 1676—1677 fälligen Zinsen.

Und wollen, nachdem Wir zuforderst E. Ch. D. gn. Befehl zu gehorsamster Folge unterth. berichtet, dass seit Anno 1670 exclusive im Hufen-Schoss 41,406 Rthlr. 2 Gr. 2 Pf. Capitalia sammt allen weit über das alterum tantum darauf gewachsenen Zinsen bezahlt sein, dass also aus dem Hufen-Schoss vermöge der itzo abgenommenen Jahr-Rechnung allein noch 149,613 Rthlr. 8 Gr. 5 Pf. Capitalia zu bezahlen restiren, E. Ch. D. unterth. gobeten haben, beikommende Behandlung der Zinsen gn. zu confirmiren.

Ganz analog ist das Verfahren beim Neuen Biergelde, das, im Masse wie seine Ausgaben an Zinsen und sonstigen Unkosten sich verringerten, zur Unterstützung des Kurfürstlichen „Staats" herangezogen wurde, mit um so grösserem Rechte, als in dieser Kasse die ganze indirecte Abgabe von einem der vorzüglichsten Consumtionsartikel des Landes zusammenfloss. Durch die Werbungen und sonstigen Ausgaben für den Krieg 1672/73 und 1674—1679 war die kurfürstliche Hofrentei derart in Anspruch genommen, dass für die Bedürfnisse der fürstlichen Hofstatt nur eine geringe Summe verfügbar blieb. Der Kurfürst verfügte daher, dass etwa seit dem J. 1676 alljährlich 12,000 Thlr. in drei Terminen aus dem Neuen Biergelde in die Hofrentei abgeführt würden; dem Widerstreben der Verordneten und des Ausschusses wurde einfach durch den Hinweis auf die Jahres-Designation begegnet, laut welcher die Zahlung wol möglich sei. Die Stände mussten sich fügen; indess verfehlten die Verordneten nicht, wiederholt noch um Erlass oder Suspension, sei es eines Termins, sei es der ganzen Summe einzukommen, wie es in dem hier folgenden Schreiben geschieht.

Die Verordneten zum Neuen Bier-Gelde an den Kurfürsten. Dat. Berlin 2. Nov. 1678.

1678.
12. Nov.

„Als wir bei Unsrer itzigen Zusammenkunft und Abnahme der Neuen Biergeldes-Rechnung von vorigem 1677sten Jahre zugleich die Distribution

---
[1]) Nachfolger Bercholmann's im Amt des Landrentmeisters der Kurmärkischen Stände.

der wenigen Zinsen, als da 18 Gr. von 100 Thlr. seind gegeben worden, wie beikommende Distribution ausweiset, vorgenommen und folgendlich auch zur Behandlung einiger Capitalien schreiten wollen, vorhero aber das Vermögen untersucht, so haben wir wahrgenommen, dass zwarten in diesen beiden abgelaufenen Quartalen Quasimodogeniti et Crucis 23,277 Thlr. 19 Gr., worunter der Prediger und Schul-Bedienten Freibrauen, auch derer Ziesemeister Besoldungs-Quittungen als baar Geld mit angegeben worden, eingekommen sein; hingegen aber an Zinsen und restirenden Capitalien aus vorigen Behandlungen und Distributionen, wie auch Besoldungsquittungen 16,107 Thlr. 11 Gr. 1 Pf. bereits davon wieder ausgegeben worden, dass also nurten noch 7170 Thlr. 7 Gr. 11 Pf., welche aber noch nicht gänzlich zur Landschaft Rentei geliefert sein, übrig blieben; wann nun hiervon erstlich die Anslösungen seind gezahlt worden und dann anderntheils die anitzo distribuirte Zinsen, welche sich auf 4665 Thlr. 20 Gr. belaufen, wie auch die aus vorigen Jahren noch restirende behandelte Capitalia, so sich auf 1741 Thlr. 8 Gr. belaufen, wie wol billig wäre, sollten bezahlt werden, so sehen wir nicht, wie wir zu den 4000 Thlrn, welche E. Ch, D. aus den Crucisgefällen itzo gn. fordern, gelangen können." Sie bäten daher um Berücksichtigung dieser Lage, die gleichzeitig bekande, dass eine fernere Behandlung einiger Capitalien für den Augenblick unmöglich sei. Auch bäten sie, die beifolgende Designation zu confirmiren und wann etwan, wie ohne Zweifel geschehen wird, einige Creditoren Klage wegen nicht angenommener Behandlung führen möchten, dieserwegen keine unverdiente Ungnade auf sie zu werfen.

Die Confirmation erfolgt sub dato Cölln a./Spr. 11. Nov. 1678 mit dem Beding jedoch, „dass Deroselben (Sr. Ch. D.) die itzo verfallene Termine der 4000 Thlr. vor voll alsofort abgetragen würden".

Der Kurfürst an den Ober-Präsidenten v. Schwerin. Dat. Potsdam 30. Oct. 1679.

[Genehmigt den ihm vorgelegten Entwurf für die nächstjährige Behandlung landschaftlicher Capitalien und Zinsen, wie er den Verhandlungen mit dem zusammenberufenen Grossen Ausschuss zu Grunde gelegt werden soll.]

1679.
9. Nov.

„Wir haben Eure unterth. Relation vom heutigen Tage nebst denen Beilagen wol erhalten. Nun haben Wir zwar die von den Deputirten der Landschaft beschehene Handlung gn. confirmirt, weil Wir aber bei derselben Verlosung eine ziemliche Ungleichheit angemerkt, als habt Ihr bei Extradirung der Confirmation, dass sie künftig eine durchgehende Gleichheit desfalls halten sollten, gebührende Erinnerung zu thun, damit sich niemand darüber mit Fug zu beschweren Ursach haben möge. Wegen des von den Bedienten der Landschaft geschehenen unterth. Ansuchens, wollen Wir Euch hiernächst Unsere gn. Willensmeinung wissen lassen."

Die Beschwerden, welche der Grosse Ausschuss gelegentlich dieses Convocations-Tages unterm 1. November einreicht, betreffen Ecclesiastica, die Monopolien, die Zulassung der Juden, die Verschlechterung der Münze, die unzureichende Publication der Neuen Zollrolle. Dieselben werden von den kurfürstlichen Landtags-Commissarien z. Th. dilatorisch behandelt, z. Th. als gegen die zu Recht bestehende Verfassung zurückgewiesen. Weder die ursprünglichen Mehrforderungen für das Heer, noch die Forderung auf Fortbewilligung der 12,000 Thlr. jährlich aus den Biergeld-Intraden für den Unterhalt des Hofstaats wird zurückgezogen, nur eine Erleichterung für eine nicht ferne Zukunft in Aussicht gestellt.

Abschluss der beiden landschaftlichen Kassen für das Jahrzehnt 1670–1680 d. d. Berlin 26. Januar 1681.

1681.
5. Febr.

„Sr. Ch. D. zu Brandenburg unsers gn. Herrn Befehl zu gehorsamster Folge, wie viel seit Anno 1670 in beiden Corporibus als im Neuen Biergelde und Hufenschosse, an Hauptsummen bezahlt und erlassen und wie viel bei jedem Corpore noch an Schulden ausstehen, so wird unterth. berichtet, dass besage der Landschaft Rechnunge abgeführt:

I.

Im Neuen Biergelde.	Im Hufenschoss seind abgeführt.
Anno 1670 36,272 Thlr. 22 Gr. 2 Pf.	Anno 1670 9229 Thlr. 14 Gr. — Pf.
„ 1671 33,075 „ 15 „ 10 „	„ 1671 7843 „ 4 „ — „
„ 1672 34,878 „ 20 „ 6 „	„ 1672 8683 „ 4 „ — „
„ 1673 29,101 „ 22 „ 1½ „	„ 1673 7327 „ 12 „ 8 „
„ 1674 23,748 „ 13 „ 3½ „	„ 1674 7548 „ 21 „ 6 „
„ 1675 29,631 „ 22 „ — „	„ 1675 5150 „ 18 „ 8 „
„ 1676 12,455 „ 14 „ 4 „	„ 1676 4852 „ 13 „ 4 „
„ 1677 14,988 „ — „ 2 „	„ 1677 7820 „ 18 „ — „
„ 1678 15,311 „ 21 „ 8½ „	„ 1678 8996 „ 3 „ 3 „
„ 1679 20,010 „ 14 „ — „	„ 1679 9272 „ 18 „ — „
in Summa 249,475 Thlr. 21 Gr. 10¼ Pf.	in Sa. 76,725 Thlr. 7 Gr. 5 Pf.
Anno 1680 hat die Rechnung noch nicht verfertigt werden können.	Von anno 1680 seind die Rechnunge gleichfalls noch nicht verfertigt.

Die Verwaltung des Creditwerks. 439

Und restiren vermöge der Löbl. Und restiren in diesem Werke an
Landschaft Rechnung noch bis unbezahlten Capitalien
dabin . 528,146 Thlr. 3 Gr. 1 Pf. 123,523 Thlr. 17 Gr. 2 Pf.
Summa was seither Anno 1670
in beiden Corporibus bezahlt
326,201 Thlr. 5 Gr. 3¼ Pf.
Und was noch weiter in beiden Corporibus unbehandelt nachsteht
651,669 Thlr. 20 Gr. 3 Pf.

II.

Seither Anno 1670 ist in beiden Corporibus bei der Landschaft als im Neuen Biergelde und Hufenschoss an Hauptsummen bezahlt und erlassen, wie folgt:

Im Neuen Biergelde. Im Hufenschoss bezahlt:
In den Jahren 1670—1680,
274,988 Thlr. 22 Gr. 10 Pf. 84,456 Thlr. 7 Gr. 5 Pf.
und ein Schuldbestand von
502,633 Thlr. 2 Gr. 9 Pf. 115,792 Thlr. 17 Gr. 2 Pf.
Sind also zusammen bezahlt:
359,445 Thlr. 6 Gr. 3 Pf.
und ein Schuldbestand von
618,425 Thlr. 19 Gr. 11 Pf.

III.

Die Zahlungen beider Kassen an die Hofstatt während der Jahre 1670—1680.

Aus dem N. Biergelde Aus dem Hufenschoss
Anno 1670 . . . . . 7,000 Thlr. 1670—72 je 1000 = 3,000 Thlr.
„ 1671 . . . . . 11,000 „ 1673—80 je 1400 = 11,200 „
„ 1672 . . . . . 11,000 „   in Summa 14,200 Thlr.
„ 1673 . . . . . 10,600 „
„ 1674 . . . . . 10,600 „
„ 1675 . . . . . 10,600 „
„ 1676 . . . . . 10,600 „
„ 1677 . . . . . 10,600 „
„ 1678 . . . . . 10,600 „
„ 1679 . . . . . 10,600 „
„ 1680 . . . . . 10,600 „
„ 1681 (von 2 Quartalen) 8,000 „
In Summa 121,800 Thlr. In Summa 14,200 Thlr.
In Summa was zur Churfürstlichen Hofstatt gezahlt 136,000 Thlr.

IV.

Das Hufenschosswerk hat in den Sieben Mittelmärkischen und incorporirten Kreisen seither Anno 1670 getragen, wie folgt:

Mittel 1670/71	. . . 9,823 Thlr.	5 Gr.	9 Pf.
„ 1671/72	. . . 8,882 „	2 „	6 „
„ 1672/73	. . . 8,008 „	22 „	6 „
„ 1673/74	. . . 9,363 „	20 „	9 „
„ 1674/75	. . . 6,270 „	8 „	9 „
„ 1675/76	. . . 6,543 „	22 „	2 „
„ 1676/77	. . . 8,972 „	13 „	2 „
„ 1677/78	. . . 9,467 „	2 „	9 „
„ 1678/79	. . . 8,826 „	1 „	2 „
„ 1679/80	. . . 9,455 „	2 „	6 „
	85,612 Thlr.	6 Gr.	0 Pf.

Die Untersuchung des Creditwerks, Lucia 1681.

Die kurfürstlichen Commissarien hatten den Verordneten zum Neuen Biergelde und zum Hufenschoss 21 Fragen über die Entstehung, das Wachsthum und den dermaligen Bestand der beiden Kassen vorgelegt, die von diesen folgendermassen beantwortet werden:

1. Frage. Woher fliesst die Einnahme des Biergeldes?
    Antwort: Aus allen Städten, einige ausgenommen, und vom Lande, als Amtsstädten, Ritter-Flecken, Erbkrügen, Pauerbrauen, fremden Bieren und Branntweinmalzen.
2. Woher fliessen die Einnahmen des Hufenschosses?
    Die Mittelmärkische Ritterschaft hat ihre Einnahmen von den Hüfenern, Cossaten, Fischern, Müllern, Schmieden, Hirten, Hausleuten, Schäfern und Knechten vermöge gedruckter Ausschreiben.
3. In welchem Jahre und unter welcher Herrschaft sie belegt?
    Die Antwort giebt eine ausführliche Geschichte des Neuen Biergeldes von seinen Anfängen im Jahre 1564 in Höhe von 2½ Gldn. bis zu 7 Gldn. im Jahr 1624 und der Herabsetzung auf die Hälfte seitdem; und ähnlich die des Hufenschosses.
4. Wie die Schulden gestiegen?
    Hauptsächlich 1621 und 1622 in Folge der leichten Münze und der dänischen Schuld.
5. Wie viel seit 1670 getilgt worden?
    Im Neuen Biergelde 301,131 Thlr., im Hufenschoss 92,522 Thlr.
6.-8. Wie hoch die Capitalien im Neuen Biergelde gewesen?
    Vor der Reduction 474,963 Thlr.,
    Nach der Reduction 294,329 „

9. Wie hoch im Hufenschoss?
   Vor der Reduction 102,326 Thlr.,
   Nach derselben 69,750 „
10. Ob die Capitalien zweckmässig verwandt seien?
    Das erscheine selbstverständlich und werde durch die Rechnungen belegt.
11.u.12. Wie hoch sich die Capitalien der Pia corpora im Neuen Biergelde resp. Hufenschoss beliefen?
    Im Neuen Biergelde auf 31,067 Thlr. schwer Geld
    und 6,700 „ leicht Geld.
    Im Hufenschoss auf 4,600 „
13. Wie hoch der darauf gezahlte Zins sei?
    Der Zins von 4 Procent mache aus 1324 Thlr. im Neuen Biergelde
    und 184 „ im Hufenschoss.
14. Wie hoch die Capitalien der Altmärkisch-Priegnitzirischen Ritterschaft liefen?
    Ihr Capital sei vor der Reduction 56,807 Thlr.,
    nach der Reduction 37,871 „ gewesen.
15. Wie hoch der darauf gezahlte Zins sei?
    Derselbe sei gleich dem der andern Creditoren.
16. Wie hoch ihre Capitalien im Hufenschoss seien?
    Ihr Capital im Hufenschoss sei vor der Reduction 25,166 Thlr.,
    nach der Reduction 16,777 „ gewesen.
18. Wie hoch das Capital der Mittelmärkischen Ritterschaft im Biergelde schwer und leicht?
    Vor der Reduction 38,950 Thlr. schwer Geld
    und 20,000 „ leicht Geld.
    Nach der Reduction 25,966 „ schwer Geld
    und 6,000 ., leicht Geld.
19. Wie hoch dessen Jahreszins?
    Derselbe betrage, zu 1 Procent gerechnet, 389½ Thlr. vom schweren und 60 Thlr. vom leichten Gelde.
20. Wie hoch sich das Capital das auf beiden Kassen hafte nach Abzug der Capitalien der Pia corpora und der beiden Ritterschaften belaufe?
    Im Neuen Biergelde: ohne Reduction auf 321,438 Thlr.,
                         nach der Reduction auf 191,428 „
    Im Hufenschoss: ohne Reduction auf 77,560 „
                         nach der Reduction auf 53,326 „
21. Wie hoch die jährliche Einnahme beider im letzten Jahrzehnt gewesen sei?
    Im Neuen Biergelde: Im Hufenschoss:
    1670: 45,000 Thlr.   1670: 9,833 Thlr.,
    = = =   = = =
    1676: 31,000 „   1676: 6,270 „
    = = =   = = =
    1681: ein wenig höher.   1681: (eine nicht mehr erkennbare Zahl).

Ein kurfürstliches Edict d. d 12. Mai 1682 verfügt, dass fortan zur Minderung der Unkosten nur noch 6 statt 24 Verordnete im Engern Ausschuss zum Neuen Biergelde sitzen sollen. Ein anderes Edict vom 9. Aug. 1682 bestellt neben diesen sechs, die zur Abhörung der Rechnungen nöthig sind, 10 andere für die Dechargirung nach erfolgter Rechnungsabnahme, je zwei für die Altmark, Priegnitz und Uckermark und 4 für Mittelmark und Ruppin, halb aus dem Mittel der Ritterschaft und halb aus dem der Städte

---

Die Verordneten zum Engern Ausschuss im Neuen Biergelde und im Hufenschoss an den Kurfürsten s. d.

[Bitten um Wiederbesetzung des durch Friedrich von Jena's Tod erledigten Postens eines Direktors der Landschaft.]

1882.
Herbst.
„— Es haben E. Ch. D. und Dero Herren Vorfahren höchstseligen Andenkens allemal Einen von Dero Geheimten Estats-Räthen und zwar von langer Zeit hero denjenigen, welcher das Directorium geführt, E. Ch. D. getr. Landschaft Sachen mit zu respiciren gn. committirt, von dessen der Freiherr v. Schwerin und der Herr v. Jena — — — noch die jüngste Exempla sein."

Da der Kurfürst bisher noch Niemand dies Amt committiret, „welches doch die Nothdurft zu erfordern scheint, angesehen verschiedene Sachen zu expediren sein, welche dieserwegen einen Anstand leiden müssen, indem solche, wie gewöhnlich, Namens E. Ch. D. von keinem können unterschrieben und in Dero geheimen Cantzelei gesiegelt werden", bäten sie um recht baldige Wiederbesetzung der Stelle.

Bestallungs-Patent für den Präsidenten Lucius von Rahden zum Direktor der Landschaft. Dat. Cölln a./Sp. 2. Nov. 1682.

1682.
12. Nov.
„Vester Rath und l. Getreuer. Demnach die Notdurft erfordert, dass die Landschaftsachen, welche hiebevor Unser weiland gewesener Würklicher Geheimer Rath der von Jena respicirt, hinfüro ferner gebührend beobachtet werden, als haben Wir Euch solches hinwiederum gn. committiren wollen, mit gn. Befehl, solche Landschaft-Sachen, gleichwie hiebevor von Unserm Ober-Präsidenten, dem Freiherrn v. Schwerin und hernachmals erwähnten, dem von Jena, auch in desselben Abwesenheit von Euch bereits geschehen, ebenmässig und ferner zu respiciren, und was in Unserm Namen bei gedachter Landschaft ausgefertigt wird, zu unterschreiben und siegeln zu lassen, dabei aber dahin zu sehen und mit allem Fleiss zu beobachten, dass

so wenig Unsern juribus und landesfürstlicher Hoheit in keinem Dinge zu nahe getreten, noch sonsten einiges Praejudiz zugezogen, als auch sonsten in allen Stücken treulich, verantwortlich und dergestalt verfahren werde, wie es des Gemeinen Wesens Wolfahrt und des Landes Nutzen und Bestes erfordert; sollten auch darbei einige importante oder sonst zweifelhafte Sachen vorkommen, so habt Ihr Uns zuvorhero davon unterth. zu referiren und darüber Unsere gn. Verordnung zu erwarten."

Der Kurfürst an die Geh. Räthe Lucius von Rahden, Joachim Ernst v. Grumbkow und Joh. Friedrich v. Rhetz. Dat. 2. November 1682.

[Sollen eine Untersuchung des landschaftlichen Schuldenwesens und der dabei eingerissenen Missbräuche einleiten.]

1682.

Die Punkte, auf die die Untersuchung sich zu richten hat, sind die 12. Nov. folgenden:

1. „Worinnen eigentlich der Landschaft, sowol der Ritterschaft als der Städte Einnahme und Mittel bestehen und in welchen Jahren, auch unter welcher Herrschaft selbige bewilligt und eingeführt worden?

2. Wie und welchergestalt mit der Einnahme verfahren, ob auch darunter eine gebührende Proportion und Gleichheit gehalten, niemand zur Ungebühr praegravirt oder aus Freundschaft und andern Considerationen verschont, item ob auch tüchtige und bequeme Leute dazu bestellt sein und von denselben gebührende Caution gefordert?

3. Wie viel an alten und neuen Capitalien und Schulden auf der Landschaft haften? zu welchen Zeiten selbige gemacht? und ob sie auch zu des Landes Besten oder sonsten unnötiger Weise contrahirt?

4. Was es mit den Creditoren, welche diese Schulden zu fordern haben, für eine Bewandniss habe? Ob dieselbe auch tüchtige und bündige Obligationes, Verschreibungen und Documenta in Händen haben, auch darneben ihre Personen und wie sie an die Documenta gekommen der Gebühr Rechtens und mit bündigen und rechtmässigen titulis justificiren und legitimiren können?

5. Wie es mit denen Ausgaben und deren distributionibus gehalten und wohin die Gelder verwendet worden? ob auch darbei des Landes Bestes jedesmal gebührend beobachtet worden?

IV. Die Ordnung des Ständischen Creditwerks, 1662—1685.

6. Ob auch diejenigen, die der Landschaft Gelder in Händen empfangen und ausgeben, aufrichtig und treulich darmit umgehen und zu gehöriger Zeit richtige Rechnungen ablegen?
7. Wie es mit Behandlung der Pöste und Zahlung der Zinsen zugehe? ob darbei auf des Landes Nutzen und Bestes gesehen, oder ob nicht Affection und Gunst darbei mit unterlaufe?"

Schliesslich werden die Commissarien darauf hingewiesen, eine genaue Untersuchung auf Grund aller vorhandenen Akten vorzunehmen und dem Kurfürsten, so schnell es angeht, darüber zu berichten.

Die Folge dieser Untersuchung ist der Erlass des Neuen Landschafts-Reglements d. d. Potsdam 11. April 1683, das unter Belassung der früheren Verordnung vom 12. März 1670 als Grundlage für die Verwaltung des Creditwerks die Administration von der fürstlichen Controle noch abhängiger macht.

Neues Landschafts-Reglement. Dat. Potsdam 11. April 1683
(ausgefertigt vom Kurprinzen Friedrich).

1683.
21. April.

Auf Grund der Untersuchung der drei kurfürstlichen Commissarien Grumbkow, Rahden und Rbetz solle es zwar bei der Verordnung vom 12. März 1670 sein Bewenden haben, dieselbe aber folgendermassen erweitert werden.

A. Betreffs der Einnahme

ist 1. genaue Aufsicht darauf zu halten, dass alle Braukrüge in kurfürstlichen Aemtern und sonst ihre gebührende Ziese richtig abgeben und genaue Rechnung davon abgelegt werde; alle Freibrauen ohne nachweisbare Berechtigung sind sofort einzustellen.

2. Auf der Landschaft eigenes Ansuchen hören bis auf weinige Ausnahmen alle Freiziesen auf.

3. Zur Abstellung der ungleichen Verziesung in den Städten ist in allen Städten das Gebräude fortan mit 4 Thlr. 15 Gr. 6 Pf. zu verziesen und sind die Accise-Extracte quartaliter mit den Registern zu vergleichen.

4. Die Collectirung der eingenommenen Ziesen soll verfassungsmässig mit dem Oberziesemeister in dem Landschaftshause von einem oder zwei Verordneten gemeinsam mit dem Landrentmeister und dem Buchhalter, und nicht wie bisher von einem Verordneten allein in seinem Privathause vorgenommen werden. Der Landrentmeister und der Einnehmer sind für die Nachachtung dieser Bestimmung verantwortlich.

5. Wollen S. Ch. D. gleichwie die Verordneten bei der Landschaft selbst, also auch den Landrentmeister und Einnehmer gn. confirmiren und

folgends dieselben gestalter Sachen nach in Pflicht nehmen lassen. Es halten auch höchstgedachte S. Ch. D. dem Landschaftwesen zuträglich, dass alle Verordnete als Verordente in Dero Pflichten stehen, wie dann hierzu ehistes Anstalt gemacht werden soll.

6. Wird Auskunft begehrt, ob der Preis der erkauften Ziesen dem Ertrag der jährlichen Brauziese gleichkomme und wobin die Capitalien verwendet worden, dann S. Ch. D. Ihr und dem ganzen Lande merklich daran gelegen zu sein erachten, dass die Einkünfte dieser Kasse nicht so merklich vergeringert werden.

B. Die Ausgabe betreffend.

1. Dass alle der Landschaft Einnehmer zureichende Caution stellen sollen, damit nicht mehr hinfüro so grosse Reste aus ihren Rechnungen, wie bishero geschehen, in diesen Fällen aufschwellen.

2. Weil man dafür halten, dass die Land-Stände selbst nicht rathsam befinden, dass so viele Deputirte, als bis anhero geschehen, der Rechnung beiwohnen, so soll hinfüro soviel möglich der numerus reducirt und das bezügliche Reglement observirt, auch die Ausgaben auf die Zehrungsmittel vermindert und keine Ausgaben, so nicht eigentlich der Landschaft Casse angehen, passirt werden.

3. Dass hinfüro quartaliter Extract von aller Einnahme und Ausgabe Sr. Ch. D. extradiret, und wann hinfüro eine Distribution zu machen, vorhero die Summa distribuendi Sr. Ch. D. eingesendet, hernach die Distribution in Gegenwart eines von Sr. Ch. D. Geh. Räthen, welchen Sie dazu ernennen werden, gemacht werden solle.

4. Die bisher noch nicht legitimirten Creditoren hätten das sofort zu bewirken und sei dem Kurfürsten darüber Bericht zu erstatten.

5. Diejenigen, denen von piis corporibus und dergl. Obligationen cedirt worden seien, empfangen nur den üblichen Zins.

6. Der Landrentmeister und die Einnehmer haben einen Extract der jährlichen Ausgaben vorzulegen.

7. Demnach S. Ch. D. aus den Ihr übergebenen Extracten wahrgenommen, dass die Altmärkisch-Priegnitzirische auch Mittelmark- und Ruppinische Ritterschaft hohe Capitalia bei der Casse habe und man nicht Nachricht findet, woher diese Capitalia ihren Ursprung genommen und wohin die Zinsen verwendet worden; so wollten höchstged. S. Ch. D., dass für nächstkommendes Quartal gedachte Corpora titulos, wie, auch wohin diese Zinsen verwendet, Ihrer Ch. D. oder Dero verordneten Commissariis producirten; sonst ihnen kein Zins gezahlt würde.

Weil auch wegen der Einnahme im Hufenschoss grosse Mängel verspürt seien, werden der Landrentmeister und die Einnehmer mit ernstem Nachdruck auf dies Werk hingewiesen.

Ein von Rhetz gegengezeichnetes Rescript an die Verordneten vom 11. Mai 1683 verweist sie nochmals mit Entschiedenheit auf die Bestimmungen dieses Reglements, sowie die Ablösung aller Schulden — bis auf die der pia corpora und ähnlicher Institute — innerhalb der nächsten sechs Jahre. Ein anderes Rescript vom 17. d. M. trägt den drei Commissarien die Vereidigung der Verordneten auf. Drei Wochen später, unterm 2./12. Juni d. J., ergeht ein Commissoriale an mehre Mitglieder der Amtskammer behufs Untersuchung aller Brau- und Schankkrüge im Lande, wie der Administration des Hufenschosses.

Unterm selben Datum wird ein Reglement wegen der Zehrungskosten der Verordneten während ihrer Anwesenheit zu Berlin zur Rechnungsabnahme publicirt. Danach sollen je ein Deputirter der Domkapitel zu Brandenburg und Havelberg, je zwei der Ritterschaft und Städte der Altmark, desgleichen derer der Mittelmark und je einer der Ritterschaft und Städte der Priegnitz und Uckermark, zusammen 14, alle Jahr, gleichwie vordem, also ferner zusammenkommen, die Rechnungen abnehmen und dabei nichts anderes, als was zu der Landschaft Creditwesen gehört, tractiret werden. Und sollen sie über drei bis vier Tage, weil die Rechnungen in solcher Zeit wol abgenommen werden können, nicht beisammen bleiben. Die Diäten bleiben zunächst auf der bisherigen Höhe von 3 Thlrn. pro Tag

---

Die „Anwesenden von Prälaten, Grafen, Herren, Ritterschaft und Städten diesseits der Oder, auch diess- und jenseits der Elbe" an den Kurfürsten. Dat. Berlin 4. Juli 1683.

[Ihr historisches Recht. Der Recess von 1670. Protest gegen jede willkürliche Aenderung, besonders gegen die letzten Vorgänge. Bitte um Erhaltung der alten Verfassung des Creditwerks.]

1683.
14. Juli. Nach eingehender Darlegung der Entwicklung des Creditwerks seit 1623 bis auf jenen Augenblick fahren sie fort:

„Ob wir nun wol der unterth. Hoffnung gelebt, es würde dieser allgemeine Landtages-Schluss (von 1670) solange in seinem Vigore geblieben sein, bis E. Ch. D. Dero getr. Stände weiter darüber gehört und vernommen hätten, so haben wir dennoch erfahren müssen, dass nicht allein im Decembri abgewichenen Jahres von E. Ch. D. Commissariis in der Landschaft Hause eine neue Untersuchung dieses Schuldenwerks, wozu wir nicht einmal citirt, sondern nur der Land-Rentmeister und Buchhalter gefordert worden, vorgenommen, sondern auch nachgehends am 11. Aprilis d. J. denen zu damaligem Deputationstage alhier zugegen gewesenen Deputirten eine Churf. gn. Resolution, welche in verschiedenen Puncten unserer bisher mit möglichster Treu geführten Administration und der Landschaft Verfassung sehr zuwider vorgelesen ist, dass dahero anwesende und erschienene Deputirte bitten müssen, ihnen sothane Resolution, ehe und bevor selbige von E. Ch. D. vollzogen und unterschrieben würde, zu communiciren, damit sämmtliche Stände, weiln die Deputirte hierzu nicht informirt gewesen, dabei mit ihrer Notdurft einkommen könnten, welches denn auch versprochen und nach etlichen Tagen solche copeilich communicirt ist. Sie hat aber kaum in allen Kreisen und Hauptstädten können gesehen, zu geschweigen überlegt werden, da ist schon selbige vollzogen und von E. Ch. D. gn. unterschrieben, nebst noch einer andern dabei kommenden gn. Verordnung vom 11. Mai jüngsthin am 18. ejusdem in der Landschaft Hause geschickt, und hierdurch wie auch durch die am 2. Juni d. J. von E. Ch. D. gn. herausgegebene Verordnunge, welche am 16. ejusdem eingekommen ist, voriger von E. Ch. D. von so vielen Jahren hero gn. approbirten und confirmirten Verfassung und Landschaft Administration ganz zuwider verordnet, 1) dass alle Frei-Ziesen, auch der Landschaft Verordneten und Bedienten, sollen eingezogen, denen Professoribus zu Frankfurt a./O., ihrem Syndico und Notario aber gleich denen Predigern und Schulbedienten sollen gereicht werden."

2) Dass alle landschaftlichen Bedienten beeidigt, 3) die Zahl, Versammlungszeit und Competenz der Verordneten beschränkt, 4) Quartalextrakte eingesandt, 5) alle Creditoren binnen sechs Jahren behandelt werden sollten unter Suspension der Zinszahlung bis dahin.

„Nun wollen E. Ch. D. nicht ungnädig aufnehmen, dass wir hierauf unterth. berichten ad primum, dass die Frei-Ziesen, welche die Verordneten der Landschaft bürgerlichen Standes |: denn die Adelichen solche wegen der adelichen Freiheit ohne dem haben :| der Land-Rentmeister und andere Rentei-Verwandte und die Verordnete der Alt- und Mittelmärkischen Städte-Cassa und dieser Rentmeister und Bediente, ingleichen die Ober- und Unter-Ziesemeister, item die Assessores bei Einnehmunge des Neuen Biergeldes in den Städten bis hierher genossen haben, unstreitig ein Theil ihres Salarii sein, die Assessores der Neuen Bier-Steuer auch in den Städten von der Landschaft nichts mehr, als diese Frei-Ziesen vor ihre Mühe zu geniessen haben, und können wir nicht finden, warum solche der Landschaft und derer Städte Cassen Verordneten, Land-Rentmeistern, Rentmeistern und andern Bedienten sollten entzogen, denen Professoribus zu Frankfurt, ihrem Syndico und Notario aber gelassen werden; denn 1) haben diese weit bessere und grössere Besoldunge als der Landschaft Verordnete und Bediente; 2) thun dieselbige der Landschaft und gesammten Städten keine Dienste, sondern schaden vielmehr dem Landschaft- und Städtewesen mit ihrem Bierbrauen und Krugverlegen in Carthause — —; ad secundum ist auf vorangeführtem, und zwarten so viele die Vereidung derer Landschaft Verordneten betrifft, dieses zu antworten, dass dieselbe bereits alle in E. Ch. D., theils als Vasallen, theils als Räthe und Bürgermeister Pflichte stehen, und so wenig deren Vorfahren und Antecessoribus, als denen itzigen einiger Schade, welcher der Landschaft zugestossen oder dass sie ihrem Amt und Function nicht wol und mit mtlglichster Sorgfalt und Fleisse sollten vorgestanden und dabei etwas negligirt haben, imputirt werden kann, diese neue und ganz ungewöhnliche Beeidung aber sie bei männiglichen ohnzweiflig verdächtig machen wird, als ob bei dieser neulichsten Untersuchung sich solche Dinge hervorgethan, welche nicht allerdings verantwortlich, und dannenhero E. Ch. D. veranlasst, sie mit neuen und allen Landes-Verfassungen zuwider laufenden Juramentis zu constringiren, welches beides diesen guten Leuten und der ganzen Landschaft an ihrem guten Namen höchst nachtheilig und dem Credit-Wesen höchst schädlich ist. — — Wir müssen zwarten dieses, was hierbei vorgangen ist, also geschehen lassen. Wir bitten aber unterth. diese von dem Land-Rentmeister und andern Rentei-Verwandten E. Ch. D. abgestattete Eides-Pflicht entweder gänzlich aufzuheben oder zum wenigsten dahin gn. zu declariren, dass sie 1) die von ihnen der Landschaft geleistete Pflicht nicht aufheben oder minuiren und 2) nicht so sehr die vorangezogene Resolution vom 11. April 1683, als welche in verschiedenen Puncten, wie aus Vorangeführtem und Nachfolgendem erhellt, zu limitiren sein wird, als die in dieser Schrift allegirte alte und neue Landschaft-Verfassungen und Recessus zum Fundament und Richtschnur haben und behalten solle, und 3) die gn. Versicherung zu ertheilen, damit bei vorfallender Veränderung ihnen solches nicht möge weiter zugemuthet werden. Ad tertium dass, wann der numerus derer Deputatorum des Grossen Ausschusses zur Abnahme der Rechnungen und dann die Zeit ihrer Zusammenkunft so gar enge und auf so wenige Tage, als wie in voreitirter Verordnung vom 2. Juni a. c. gesetzt, wollte eingeschlossen und wegen der Zehrungen und Auslösungen es so gar genau gesucht werden, hierdurch der alten Verfassung und Administration des ganzen Creditwesens bei der Landschaft, wie solche E. Ch. D. Herren Vorfahren, Dero getr. Ständen bei Annehmung der gn. Herrschaft hohen Schulden in Gn. eingeräumt und darüber paciscirt und recessirt worden ist, E. Ch. D. auch solche, als ein ex ipsa negotii natura von der Landschaft dependirendes Werk vielfältig, besago Recessus de Anno 1664 et 1670 gn. confirmirt und approbirt haben, sehr zu nahe getreten und merklichen gehemmt werden würde, indem viele Kreise und Hauptstädte, welche doch alle zur Landschaft mit gehören, hiervon excludirt und folglich auch keine connoissance von diesem Werke, welches sie doch mit afficirt, haben würden.

Denn so würden auch die Rechnungen mit den Belegen in so enger Zeit als in 3 oder 4 Tagen nicht einmal recht können durchgesehen, zu geschweigen, dass solche, wie ja billig sein muss, der Gebühr nach sollten können examinirt und nachgelegt, weniger über ein anderes, so darüber abgefasst, (nachgefragt) und der Land-Rentmeister quittirt werden.

Die Verordnete, als der Kleine Ausschuss, welche derer dreien Ober-Ziesemeistern Relationes abhören und darauf Resolutiones ertheilen und solche abfassen, dann auch die Behandlunge der Capitalien annehmen und eine Distribution der Zinsen jährlichen machen müssen, können auch unmöglich in so kurzor Zeit sich expediren, noch solches, wenn sie noch so fleissig dabei arbeiten, in acht Tagen ausrichten.

Dass auch bei diesen Zusammenkunften des Engen und Grossen Ausschusses nichts anders als was zu der Landschaft Credit-Wesen gehört, sollte vorgenommen und tractirt und hierdurch E. Ch. D. gehors. Ständen, als welche nurten einmal im Jahre bei dieser Gelegenheit zusammenkommen, da doch in denen benachbarten Provincien jährliche Landtage gehalten werden, gleichsam alle Commodität, ihr Anliegen und Landes Notdurft E. Ch. D. als ihrem gn. und gütigsten Landesvater und Herrn in aller Unterthänigkeit vorzustellen und darüber deren gn. Hülfe und Remedirung zu suchen, wollte abgeschnitten werden, solches ist ein gar hartes; dann, durchlauchtigster Churfürst, gnädigster Herr, wir befinden uns ingesammt in dem Estat zu sein, dass von E. Ch. D. wir nicht anders denn gehorsamste und nicht als ungehorsame Stände und Unterthanen können angesehen werden, sintemal wir bis hiehin nichts, was zu Bezeugung unterth. Gehorsams von getr. Ständen und Unterthanen kann desiderirt und erfordert werden, unterlassen haben. Es haben auch E. Ch. D. niemaln solche ungn. Intention gehabt, sondern haben vielmehr zu allen Zeiten Dero gehors. Stände und Unterthanen in ihren Anliegen gn. und landesväterlich gehört, und können wir dahero nicht einmal gedenken, geschweige glauben, dass E. Ch. D. gn. Willensmeinung dahin geben solle, dass wir bei Abnahme der Neu-Biergelds-Rechnungen, da wir sonsten keine Zusammenkunften haben, nicht zugleich des gemeinen Landes Notdurft, wann dieserwegen etwas zu erinnern vorfallen möchte, mit respiciren, und Sr. Ch. D. gehors. vorstellen sollten, zumalen da dieses alsdann ohne besondere Kosten und Ungelegenheit mit geschehen kann. — — Derowegen E. Ch. D. wir unterth. gehors. bitten, diesen Punct in oft citirter Resolution gn. aufzuheben und zu cassiren, und Dero gehors. und getr. Ständen die Noth und Anliegen des Landes in unterth. Gehorsam vorzutragen gn. frei zu lassen, dabei E. Ch. D. wir aber unterth. versichern, dass hierbei solche mesnage soll gebraucht werden, dass E. Ch. D. darob kein ungn. Missvergnügen empfinden sollen.

Ad quartum. Die Extracte der Einnahme können quartaliter als dreimal im Jahre, weiln bei der Landschaft nur drei Quartale sein, als Quasi., Crucis und Luciä, wann ein Nutzen daraus zu hoffen, so man aber nicht absehen kann, wol eingesandt werden. Von der Ausgabe aber kann quartaliter nicht ein richtiger Extract formirt werden, angemerket der Landschaft Ausgaben auf das ganze Jahr mehrentheils gerichtet sein und die behandelte Capitalien und Zinsen nicht eben quartaliter, sondern wenn es den Leuten gelegen fällt und die weit abgesessen herein kommen, abgefordert werden. Die Summa distribuenda ratione usurarum ist besage Landtages Recessus de anno 1670 jährlichen auf ein gewisses nämlich 6000 Thlr. gesetzt und ist bis dahin auch ein mehrers nicht inter Creditores jährlich an Zinsen distribuirt und davon denen piis Corporibus 4% gereicht, die andere Creditores aber, so weit es zureichen wollen, alle gleich gemacht und keiner vor dem andern beneficiiret worden. Das Quantum aber oder die Summe Geldes, welche zu Behandlung der Capitalien erfordert wird, kann nicht gewiss gesetzt, auch dahero vor der Behandlung nicht eingesandt werden, denn solches mit einem Exempel der künftigen Behandlunge klärlichen vorzustellen, so ist es an deme, dass, wann im October schierkünftig der Grosse und Enge Ausschuss resp. zur Abnahme der Rechnungen, Distribution der Zinsen und Behandlung der Capitalien — zusammen kommen, die Rechnungen zum Neuen Bier-Gelde vor nächst abgelaufnen beiden Jahren, als de annis 1681 und 1682, abgenommen werden, dass also die Zinsen und was an Capitalien behandelt wird, aus dieses 1683sten Jahres Gefällen allein genommen werden muss, welche Gefälle aber zu solcher Zeit noch nicht alle eingekommen, grosse Posten aber bereits weggehoben sein, e. gr. das Quartal Quasimodo als das erste ist zwarten alsdann ganz, und das Quartal Crucis zum grossen Theil eingekommen, aber davon müssen 8000 Thlr. zur Ch. Hof-Rentei alsdann schon gezahlt sein, hierzu die 6000 Thlr., welche die jährlichen Zinsen, und was die Auslösungen und Besoldungen erfordern, denen Predigern und Schulbedienten und andern wegen der Frei-Brauen an baarem Gelde gezahlt werden muss gerechnet, so bleibt von den beiden Quartals-Gefällen wenig übrig und müssen also die Behandlungen der Capitalien auf dasjenige, was in dem nächstkünftigen Luciä und letzten Quartal noch einkommen soll und wird, am meisten gerichtet, davon aber nichts gewisses kann gesetzt und determinirt werden. Allein dies nimmt der Sache nichts, da die Behandlunge stets nach den Einkünften des letzten Jahres geschehen. — — Dass aber die Distribution der Zinsen und Behandlunge der Capitalien hinfüro allemal in Gegenwart eines von E. Ch. D. Würklichen Geh. Räthen sollen gemacht werden, solches ist erstlich den alten und neuen Landschafts-Verfassungen und Recessen de annis 1549, 1550, 1572, 1624, 1664 und 1670, als in welchen allen E. Ch. D. getr. Ständen die Direction und Administration des ganzen Landschaft Credit-Wesens gelassen ist, zuwider, zum andern kann hierdurch dem Werke auch gar kein Nutz oder Vortheil mehr zuwachsen, denn ja alle Distributiones und Behandlunge E. Ch. D. gn. Verordnung und Landtags-Recess de anno 1670 zu gehors. Folge eingerichtet und gemacht und zu diesem Ende auch jährlichen E. Ch. D. zur gn. Confirmation unterth. übergeben werden.

Dass also drittens, wann hierunter eine Neuerunge sollte gemacht und einer von E. Ch. D. Geh. Räthen dazu sollte gezogen werden, solches ohne unsere und in specie derer Verordneten Verkleinerung nicht abgehen könnte. Denn ja nichts anderes von den Leuten wird können geschlossen werden, als dass wegen übler mesnage und dass wir dem Werk nicht gebührend vorgestanden, E. Ch. D. zu dieser Neuerung zu schreiten wäre verursacht worden, welche blasme wir dann, Gott weiss es, nicht verdient haben. —"

Auch betreffs des 4. und 5. Punkts bitten sie um Aufhebung der unbilligen Neuerungen, wie sie zum Schluss ihre dringende Bitte um Belassung bei den Bestimmungen des Recesses von 1670 wiederholen.

Kurfürstliche Resolution auf die Eingabe der Anwesenden von Ständen. Dat. Potsdam 25. Juli 1683. (contras. v. Rhetz.)
[Ihre Einwände theils unerheblich, theils unberechtigt. Die Resolution vom 2. Juli 1683 bleibt neben dem Recess von 1670, nach des Kurfürsten Interpretation, die Grundlage des Werks bis zu seiner angestrebten Bisirung.]

1683. 4. Aug.

„Demnach Sr. Ch. D. dasjenige, was Anwesende von Prälaten etc., vermittels eines unterth. Memorials vom 4. dieses letzten Monats Julii gehors. eingereicht, in Unterthänigkeit vorgetragen worden und Sie daraus vernommen, dass Anwesende Deputirte wider die zur Untersuchung der Landschaft Creditwesens verordnet gewesene Churf. Commissarien einige Anzüglichkeit bald anfangs angeführt worden, S. Ch. D. aber nicht zugeben wollen, dass, was Sie mit Dero guten Wissenschaft und vorher geschehenen Untersuchung gn. verordueten, denen zu dieser Untersuchung verordenten Commissarien imputirt werde; so wollen Sie, dass hinfüro die Deputirte sich dergleichen enthalten. Und obzwar Sr. Ch. D. wol wissend, Sie auch selbst aus denen ergangenen Actis wahrgenommen, dass es mit Administration bei der Landschaft Creditwesen so richtig wie Deputirte angeführt nicht daher gangen, und Sie wol Ursach hätten, Dero hohen Churf. Landes-Interesse halber eines und das andere genauer, auch wol nach dem Land-Recess von 1670 zu prüfen:

So wollen Sie dennoch aus sonderbaren Gnaden für dieses Mal es dahin gestellt sein lassen, verordnen aber auch zugleich hiermit gn. und wollen, dass weil diese Sachen nur die Verordnete zum Landschaft-Creditwesen und andre zu solchem Werk bestalte Bediente angehen, Dero Gemeine Landschaft dessen sich nicht annehmen, weniger nomine collectivo an S. Ch. D. desfalls etwas übergeben; zumaln Deroselben nicht unbewusst, dass auch von diesem itzo eingegebenen Schriften nur wenig Anwesende zu diesen Sachen keineswegs Deputirte Wissenschaft haben und davon weder in den Kreisen noch sonsten etwas communicirt worden.

Die im obgedachten Memorial angeführten Puncte an sich selbst betreffend, befinden S. Ch. D. dieselben grossen Theils wie in facto ungegründet, also auch unerheblich, angemerkt S. Ch. D. bei Veranlassung Dero letzeren Commission zu Untersuchung der Landschaft gemeinen Creditwesens kein anderes Absehen gehabt, als wegen dessen Zustandes benöthigte Information einzuziehen, welche Sie dann von denen zu solchem Creditwesen bestalten Bedienten füglicher haben können, als wann Sie hierzu die gesammte Verordnete und zwar nicht ohne wenige Kosten hätten verschreiben lassen. Höchstgedachte S. Ch. D. gestehen auch deuen Land-Ständen gar nicht zu, Ihro Ziel und Maasse vorzuschreiben, von wem und auf welche Weise Sie dergleichen Information einnehmen mögen, finden auch, dass in den Landes-Recessen und Verfassungen das widrige keineswegs disponirt, weniger dass solches denen Landes-Verfassungen, wie Deputirte in ihrer Schrift angeführt, zuwider sei.

Die an die Verordneten der Landschaft ertheilte Resolutiones seind dergestalt eingerichtet, dass wann Deputirte sie nur selbst recht ansehen, dieselbige, ob S. Ch. D. gleich darzu nicht unbefugt gewesen, dennoch den Recessen de anno 1664 und 1670 keineswegos derogiren, und ist dahero Dero gn. und eigentlicher Befehl und Wille, dass sothanen ertheilten Resolutionen lediglich und gehors. nachgelebt werde. Dann soviel den von ihnen angeführten ersten Punct belangt, ist es fremde, dass Deputati nicht haben begreifen können, warum denen Professoribus der Universität zu Frankfurt a./O. die Frei-Ziesen gelassen, hergegen solche bei denen Landschaft-Verordneten und Bedienten aufgehoben worden; dann ihnen ja nicht unbewusst sein kann, dass nicht allein die Professores nicht weniger als die Geistliche und Schulbediente favorem pium haben, ja auch gestaltersachen nach unter denselben mit begriffen seind, dass auch die Verordneten bei der Landschaft selbsten vor diesem bei Sr. Ch. D. unterth. nachgesucht und von selbsten, soviel an ihnen, veranlasst, dass aus Liebe gegen die freien Künste und zu Beförderung des allgemeinen Besten ihnen die Frei-Ziesen gegönnt werden möchten, welche Liebe dann verhoffentlich die itzigen Verordneten gegen dieselbe als gegen das gemeine Beste nicht werden abgelegt haben. — —

Die fürgeschützte Mühe und stetige Arbeit, so die Verordneten bei der Landschaft Creditwesen verrichten, ist leidlich und haben sie derowegen ihre Besoldung, welche in Ansehen solcher Mühe zureichend, also dass sie überdem keine Frei-Ziesen zu practendiren haben. Im Uebrigen haben S. Ch. D. wegen der Bedienten bei der Landschaft Creditwesen in Dero ertheilten Resolution sich gn. erklärt, dass wann dieselbe besser, als bishero geschehen, beibringen, dass es ihnen pars salarii gewesen, ihnen nach Proportion und Befinden dafür Geld gereicht werden solle. — —

Bei dem andern Punct, dass S. Ch. D. den Land-Rentmeister und andere bei der Landschaft Creditwesen bediente Einnehmer gleich den Verordneten confirmiren und nachmals alle in Pflicht nehmen lassen wollen; befinden S. Ch. D. solches Dero Churf. hohen Landes-Obrigkeit gemäss, massen Dero Land-Stände und Unterthanen auch aus der Kaiserlichen Wahl-Capitulation und gemeinen Römischen Reichs-Verfassungen sich bescheiden werden, dass keine einige Landschaft, was Landes-Steuern angeht, die Einnahme und Ausgabe unter keinerlei Vorwand mit Ausschliessung des Landesherrn an sich ziehen dürfen.

Vor's dritte, wegen des Numeri Deputatorum ist nicht allein vor diesem verordnet, sondern auch von einigen der treuen Land-

Stände selbsten, dass der Numerus coarctirt werden möchte, nöthig befunden worden, wollen also S. Ch. D., dass denen hiebevor dieserwegen und noch neulich in der Resolution enthaltenen Verordnungen unverbrüchlich gehors. nachgelebt werde. Dass aber bei Zusammenkünften des gemeinen Landschaft Creditwesens nichts als was zu solchem Werke gehörig tractirt werden solle, solches kann Niemanden befremden, dann nicht allein in gemeinen Röm. Reichs-, sondern auch dieses Landes Verfassungen enthalten, dass ohne Sr. Ch. D., als der hohen Landes-Obrigkeit, Vorwissen die Stände keine Conventus oder Zusammenkunften anstellen, vielweniger deliberationes halten müssen, dahero dergleichen Verfassungen auf den widrigen Fall geschwächt und durchlöchert, auch der Landschaft Verordneten unverantwortlich fallen würde, wann sie wegen angemasster Deliberation des gemeinen Wesens mehr Unkosten aus diesen Mitteln hergeben wollten, die doch nicht das gemeine Land, sondern grössesten Theils die Städte unter dem neuen Biergelde hergeben.

Dass die Verordneten der Ausschüsse nur vier Tage des Creditwesens halber allemal beisammen sein sollen, ist nicht ohne guten Bedacht geschehen, angemerkt vorhero Bericht eingezogen worden, dass insgemein die Verordneten wegen Abnahme der Rechnungen mehrere Zeit nicht zuzubringen pflegen. Damit sie aber auch desfalls sich nicht zu beschweren haben, sollen die vier Tage hiermit auf sechs Tage extendirt sein. Dafern aber die Verordneten und Land-Rentmeister mehrere Unkosten bei der Landschaft in Rechnung desfalls bringen werden, sollen selbige nicht passirt, sondern aus ihren eignen Mitteln bezahlt werden. Dass auch die Ausschüsse und Verordneten bei Abnahme der Rechnungen sich lange aufzuhalten desto weniger Ursach haben mögen, so wollen und verordnen S. Ch. D. hiermit, dass dieselbige hiernächst, wie solches an ihm selbst Rechtens, keine Recesse oder Neben-Recesse für sich allein machen, sondern sich einzig und allein nach dem von Sr. Ch. D. des Creditwesens halber ertheilten Resolutionen gehors. richten. Im Fall aber etwas neues zu erinnern vorfiele, sollen sie solches Sr. Ch. D. oder wen Sie darzu committiren werden, vorhero unterth. referiren, worauf alsdann ungesäumt Resolution erfolgen soll, zumaln S. Ch. D., wie kurz vorhero erwähnt, Dero Land-Ständen und vielweniger denen Verordneten zugeben, ihrerseits Recesse oder Gesetze zu machen und dadurch wol gar, wie auf solche Weise geschehen könnte, denen Churf. Verordnungen zu derogiren.

Dass viertens nicht so füglich ein Extract von der Ausgabe als von der Einnahme quartaliter eingesandt werden könne, solches finden S. Ch. D. in der von den Deputirten eingegebenen Schrift nicht gegründet und wollen dahero, dass es nach Inhalt der gn. Resolution in diesen Stücken unverbrüchlich gehalten werde.

Die Behandlungen der Capitalien, fünftens, mögen wol nach wie vor gestalter Sachen nach von denen Verordneten geschehen, ehe und bevor die Summa distribuenda eingesendet und der gn. Veranlassung gemäss die Distribution von Sr. Ch. D. confirmirt worden."

Die Zinssuspension bezwecke nur die Beschleunigung der gänzlichen Schuldentilgung. Ein Vorwurf dafür könne doch höchstens ihn, nicht sie treffen. Wegen der Regulirung des Brauwesens sei bereits zureichende Verordnung ergangen.

1683.
Unterm 16. October d. J. erhalten die drei kurfürstlichen Räthe v. Rah- 26. Oct. den, Grumbkow und Rhetz abermals den Auftrag, die Neubiergeld-Rechnung bei Anwesenheit der Deputirten zu Berlin abzunehmen. Vier Wochen später ergeht eine neue Resolution an den Ausschuss, die, ohne Rücksicht auf die erneute Bitte der Verordneten, die Bestimmungen derjenigen vom 25. Juli d. J. und zwar in noch entschiedenerer Form wiederholt. Nicht nur soll von den Ausschusstagen jede politische Debatte ausgeschlossen sein, sondern die gesammte Administration des Ständischen Creditwesens soll fortan der Kontrole des Kurfürsten unterliegen; an dessen gutem Willen der Landschaft Bestes wahrzunehmen die Deputirten selber doch keinen Zweifel hegen würden. Dann fährt sie fort:

„Und ist darbenebenst Sr. Ch. D. nochmaliger, unveränderter gn. Wille, dass, wie in den letzten Resolutionen angeführt, wann an die Verordneten oder Bedienten der Landschaft etwas rescribirt wird oder einige Verordnung ergeht, die gesammte Land-Stände, als welche es eigentlich nicht concernirt, sich dessen hinfüro nicht anzunehmen, sondern es denen Verordneten und Bedienten bei der Landschaft, an welche es gerichtet, zu schuldigster gehors. Verrichtung und Beobachtung anheim zu stellen haben. So ist auch ferner höchstged. Sr. Ch. D. gn. Willensmeinung, dass wann bei Deroselben im Namen der gesammten Land-Stände etwas unterth. gesucht werden sollte, solches vorhero in den Kreisen derjenigen, welchen es zu wissen gebührt, communicirt und alsdann denen Deputirten desfalls behörige und förmliche Commission ertheilt werde.

Wie und wasgestalt bei der Administration der Landschaft Creditwesens vor und nach anno 1670 daher gegangen, solches kann noch zur Zeit nicht gründlich untersucht werden. Wann aber hiernächst solche Untersuchung vorgenommen werden möchte, alsdann wird es Sr. Ch. D. lieb sein, dass alles so genau und richtig beobachtet worden, wie es die Land-Stände in ihrer unterth. Remonstration unterth. angeführt. — — — — — — — Dass bei Zusammenkunften wegen des Landschaft-Creditwesens auch andere Sachen, die solches Creditwesen nicht angehen, tractirt und abgehandelt werden sollten, solches können S. Ch. D. Dero Land-Ständen nicht verstatten, weiln diese Versammlungen nur allein denen Verordneten als Verordneten und nicht denen Land-Ständen verstattet; zu geschweigen, dass die Land-Stände per indirectum wider die Landes-Reverse und Landes-Verfassung dadurch erhalten würden, ohne Vorbewusst Sr. Ch. D. Conventus anzustellen und von gemeinen Landsachen zu deliberiren. Zu deme, so würden auch die Mittel, so einig und allein zu Bezahlung der Landschaft Creditoren anzuwenden, dadurch zu einem weit andern Zweck verwendet werden. Es ist aber dadurch den Land-Ständen nicht gewehrt, nach Anleitung der Landes-Recesse um Ausschreibung einiger Landtags- oder dergleichen Zusammenkunften unterth. anzusuchen, massen dann hochgedachte S. Ch. D. dieselbe jederzeit in dergleichen Fällen gn. gerne gehört, auch noch ferner zu hören sich gn. erklären."

Sollten sechs Tage für die Rechnungsabnahme nicht ausreichen, so würde der Kurfürst ihre Bitte um Prorogation auf einige Tage gern gewähren.

„Im Uebrigen können S. Ch. D. weder Dero Land-Ständen, noch denen Deputirten, Verordneten oder Ausschössen Recesse und Neben-Recesse wegen der Landschaft Creditwesens oder der Administration halber für sich allein zu verfassen ohne Kränkung Ihres hohen landesfürstlichen Interesse verstatten, sondern es haben dieselbe, wann etwas neues, welches von Sr. Ch. D. vorhin nicht determinirt ist, zu erinnern vorfällt, solches Sr. Ch. D. unterth. vorzustellen und deswegen fernere gn. Verordnung zu erwarten. Notata aber bei Abnahme der Rechnungen zu machen, und dass denen ertheilten Churf. Resolutionen gemäss alles richtig beobachtet werde zu erinnern, ist ihnen dadurch unbenommen.

4. Die Extracte von Einnahme und Ausgabe, so quartaliter eingesendet werden sollen, dürfen nicht höher noch anders, als sie mit der Wahrheit übereinstimmen, eingerichtet und dabei nichts, als was von der Einnahme ausgegeben oder noch in Bestand ist, specificirt werden." Nach der Bestimmung über die Entschädigung solcher, die bisher Freiziese genossen (5—7), heisst es: „Was letztlich die von

den Alt- und Mittelmärkischen Ritterschaften angegebene Capitalien betrifft, so finden zwar S. Ch. D. aus der neulichst übergebenen unterth-Remonstration nicht, dass sie den titulum befohlenermassen docirt, anerwogen dasjenige, was die Unterthanen zu Einlösung einiger Schulde oder zu des Landes Besten hergegeben, nicht der Landschaft, sondern dem Landesherrn gehört, und seind die Land-Stände nicht berechtigt gewesen, bei sogestalten Sachen von denen Verordneten der Landschaft Obligationes oder Versicherungen ohne Vorwissen Sr. Ch. D. ihnen ausstellen zu lassen. S. Ch. D. finden auch nicht, wie die Zinsen von solchen Capitalien zu leichterem Abtrag der Contribution seien angewendet worden, weil die ausgeschriebene Quota nach Anleitung des Catastri jederzeit völlig ausgetheilt und eingetrieben worden; der Hof- und Landrichter in der Altmark kann auch nicht füglich aus denen Zinsen des Neuen Biergeldes besoldet werden, weil vor diesem hierzu andere Mittel destinirt gewesen; damit aber die Ritterschaft in der Alt- und Mittelmark sich destoweniger desfalls zu beschweren habe, so erklären S. Ch. D. sich gn. dahin, dass, wann gedachte Ritterschaft innerhalb sechs Monaten annoch beibringt, dass die Capitalien, so sie praetendiren, nicht von denen Unterthanen aufgebracht, sondern von Particulier-Personen aufgenommen und beleget oder von diesen Capitalien wirklich zur Contribution verwandt worden, dass Dero getr. Land-Stände damit unterth. zufrieden sein können."

Kurfürstliche Resolution auf die Beschwerde der Verordneten zum Biergelde wegen der Eingriffe der kurfürstlichen Commissarien. Dat. Potsdam 30. Dez. 1684.

1685.
9. Jan.

„S. Ch. D. lassen die Verordneten dahin bescheiden, dass zuförderst S. Ch. D. allerdings über die Edicta und Dero Landschaft ertheilte Resolution mit Nachdruck halten wollen, zu welchem Ende dann, soviel den ersten Punkt belangt, S. Ch. D. zwar nicht gemeint, dasjenige, was denen Verordneten der Landschaft und dem Landrentmeister zusteht, entziehen zu lassen oder Dero Amts-Kammer dergleichen an sich zu nehmen verstatten wollen. Wann aber S. Ch. D. einen aus Dero Amts-Kammer zugleich mit committiren, einige zur Landschaft gehörige Sachen zu untersuchen, so lassen Sie Ihro deshalb kein Ziel noch Mass setzen, wenne Sie dergleichen committiren wollen; daferne es aber geschehen wäre, dass einige Commissarii exclusis Concommissariis wegen der Schenkkrüge gewisse Vergleiche gemacht und denen Landschafts-Verordneten oder dem Landrentmeister nicht notificirt, so wird solches nicht gut geheissen, sondern soll Untersuchung geschehen und dergleichen Vergleich und was sonsten die Landschaft angeht denen Verordneten und Landrentmeister, dass sie sich danach richten können, ungesäumt communicirt werden; es sollen aber auch die Verordneten hinfüro, was Einnahme und Ausgabe belangt, nichts ohne Vorwissen des Landrentmeisters, als welcher in Sr. Ch. D. Pflicht steht, vornehmen, weshalb auch absonderlich an die Gesammten Verordneten rescribirt worden."

Da auch die neue Verwaltung das Ziel, das der Kurfürst sich gesteckt, die Ablösung bis Ende 1688, vielleicht nicht mit der wünschenswerthen Sicherheit in Aussicht stellte, so beschloss er im Laufe des Jahres 1686 alle noch restirenden Passiva des Neuen Biergeldes und Hufenschosses zu übernehmen und damit zugleich die alte Ständische Verwaltung dieser beiden Creditinstitute überflüssig zu machen. Er erliess zu diesem Zweck folgende Resolution:

Kurfürstliche Resolution an die Landschaft. Dat. Potsdam 9. Juni 1686.

1686.
19. Juni.

„Demnach S. Ch. D. — resolvirt, die noch übrige im Neuen Biergelde stehende Schulden und Credita aus dem sogenannten Neuen Biergelde und Hufenschoss durch einige Derselben zustehende Mittel an sich zu lösen und wann solches geschoben, durch eben solche Mittel auch die noch übrigen Creditores bei den Mittel-, Uckermark- und Ruppinischen, auch denen Altmark- und Priegnitzirischen Städten zu befriedigen; als haben höchstged. S. Ch. D. aus Churf. hoher Macht und landesväterlicher Vorsorge wolbedächtlich und mit reifem Rath nicht allein 20,000 Thlr. Capital zu einem Stipendio für Dero Märkische Landeskinder, sonderlich aber denen von Adel aus der Altmark sowol bei der neuen Biergelds-Casse, als auch der Städte Casse in der Altenmark und Priegnitz gn. angewendet und eine förmliche Stiftung deshalb publiciren lassen, sondern wollen auch, dass die übrige reditus und Einkünfte, wann die Creditores obgedachtermassen bezahlt, jährlichen zurückgelegt, in Dero Landschaft Hause in einem festen Gewölbe und Kasten wolverwahrt beibehalten, durch gewisse dazu bestellte und beeidigte Bediente administrirt und also das Capital und Zinsen als ein immerwährender zurückgelegter Schatz für Dero Erben und Nachkommen in der Chur und Regierung sein und bleiben und nichts davon genommen werden solle; es sei dann, dass dem

Churhause eine unumgängliche Noth und Ausgabe zum allgemeinen Besten vorstiesse und etwas davon angewendet werden müsste; die 12,000 Thlr. aber, so bishero zur Churf. Tafel verwendet, sollen nach wie vor davon genommen und angewendet, auch die Zinsen den piis Corporibus bezahlt werden.

Es haben auch S. Ch. D. zu Dero Erben und Nachkommen an der Chur das gn. und versicherte Vertrauen, dieselbe werden solche zu einer vorfallenden Noth und zu Ihrer, auch gemeiner Wolfahrt gemachte Stiftung unverbrüchlich unterhalten und nichts davon abgehen lassen, massen der höchste Gott dieselbigen, so diesem nachleben werden, reichlich segnen wird.

Dieweil aber S. Ch. D. auch wahrgenommen, dass die Prediger auf dem Lande und in etlichen Städten von ihrem Amte dadurch sehr abgehalten werden, dass sie ihre Besoldung von Ackerbau und anderer Handtierung nehmen müssen, als verordnen Sie hiermit gleichfalls, dass wann die Credita bei denen Mittel-, Uckermärk- und Ruppinischen Städten, wie auch in denen Altmärk- und Priegnitzirischen Städten Kasten getilgt und die reditus zu dem Zweck, davon S. Ch. D. obgedachtermassen disponirt, gelangt sein und jährlich zum Schatz hingelegt werden, alsdann die Prediger von diesen Goldern jährlich besoldet, hingegen die Aecker, so die Prediger selbst bestellen und davon ihren Unterhalt suchen müssen, eingezogen und zu den nächstgelegenen Aemtern gelegt, auch die davon gebührende Landes onera und Contribution gleichwie von andern abgestattet werden sollen, mit dem Bedinge dennoch, dass, wann die baare Besoldunge aus denen reditibus wider alles Verhoffen jährlichen wie verordnet nicht erfolgen, solche Aecker denen Predigern restituirt und wieder übergeben werden sollen.

Mit denen unter denen von Adel gesessenen Predigern und deren Pfarrhufen soll es gleichergestalt gehalten werden, dass entweder die von Adel die Hufen an sich nehmen, davon die gebührende Landes onera und Contribution abstatten und denen Predigern baar Geld anstatt der Pfarrhufen zu Besoldung reichen sollen, widrigenfalls S. Ch. D. es selbsten also einrichten lassen wollen.

Die Administration betr., verordnen S. Ch. D. hiermit, dass dieselbige |: solange die Credita, sowol bei dem Neuen Biergelde, als dem Hufenschoss, wie auch bei den Mittel-, Uckermark- und Ruppinischen, ingleichen bei den Altmärk- und Priegnitzirischen Städten nicht gänzlich getilgt :| wie bishero, also auch noch ferner geführt werden solle."

Die Untersuchung des Städtekastens.

Der erste Versuch zur Besserung des schlechten Zustandes des Städte-Kastens geht von den Städten selbst aus. In einer Eingabe an den Kurfürsten vom Juni 1644, die um Anordnung einer General-Untersuchung bittet, wird die Schuld des Kastens auf mehr als 13 Tonnen Goldes, der dazu erforderliche Jahreszins auf nahezu 80,000 Thlr. berechnet. Ein kurfürstliches Rescript an die Geh. Räthe vom 20. Juni d. J. ordnet eine solche Untersuchung an und fährt dann fort:

„Nach solcher beschehenen Visitation habet Ihr mit jeder Stadt richtige Rechnung zu halten, denen Städten, welche Anlangen bei dem Kasten haben, mit ihren schuldigen Schössen zu compensiren, die noch vorhandenen Bürger zur Abtragung ihrer Schösse — — ernstlich anzumahnen und nachmals entweder selbsten mit Einrathen aller Städte einen solchen Schluss und Verordnung, wie das Kastenwerk in etwas zu fassen, auf Unsere Ratification zu machen oder Uns zu anderweitlicher Verordnung von allem Verlauf umständige schriftliche Relation unterth. einzuschicken."

Solche Untersuchungen, die den schlechten Zustand dieser Kasse enthüllten, wiederholen sich seitdem in geringen Zwischenräumen, ohne ihr Hauptziel auch nur annähernd zu erreichen, wie dies ihre periodische Wiederkehr von selbst ergibt und wie es bei den unbilligen Bestimmungen des Quotisations-Recesses von 1643 und dem eigennützigen Regiment vieler städtischen Räthe nur zu natürlich war.

So ergeht unterm 1. Juni 1652 ein Commissorium an den Landeshauptmann der Altmark, Hempo v. d. Knesebeck, zur genauen Untersuchung „des dem Untergang sich zuneigenden altmärkischen Kastens", über den der Hauptmann d. d. Seehausen 2 October 1652 folgendermassen berichtet. Er sei seinem Auftrage, die Städte des Altmärkisch-Prieguitzirischen Corpus auf Ende September zur Berichterstattung über den Ertrag des Scheffelgroschens, der Bierziese und des Vorschosses, während der 3 Jahre 1649–52 zu berufen, pünktlich nachgekommen. Die Untersuchung ergebe, dass von allen Städten die bei ihrem verwüsteten Zustand nicht überraschende geringe Summe von nur 15,000 Thlrn. aufgebracht sei. „Wann dann solche Summa sehr geringe respectu dessen, was jährlich von den Städten verzinset werden soll, die Creditoren aber, nachdem ein Jeder quotannis kaum den zehnten Pfennig vor einen Current-Zins bekommen, zu grosser Ungeduld gerathen, nicht länger in Ruhe stehen wollen, und sonderlich die extranei die Repressalien vor die Hand zu nehmen dreuen, theils auch solches albereit ins Werk gestellet, als seind die Städte auf mein Anreden, wiewol sie die Continuation der Contribution und vor Augen stehende Unmöglichkeit vorgeschüttet, schlüssig worden, von Anfang des 1653ten Jahres an von ihrer Bürgerschaft nicht alleine den Scheffelgroschen und Bierziese zu exigiren, sondern auch den halben jährlichen Schoss also und dergestalt einzunehmen, dass davon der Pfundschoss zum allgemeinen Kasten gebracht werden soll". Zur richtigen Einbringung dieser Steuern hätten die Städte Visitatoren ernannt. Es erscheine ihm nicht rätblich, dass der Kurfürst die Last der Städte noch steigere, wol aber streng darauf halte, dass das was sie zu geben hätten richtig eingebracht werde.

Ein kurfürstliches Rescript vom 14. Dezember d. J. an die Städte dieses Corpus macht sich die sämmtlichen Vorschläge des Hauptmanns zu eigen und befiehlt fortan demgemäss zu verfahren Bei Gelegenheit des Landtages von 1653 wurde die Lage der Städte abermals zum Gegenstande besonderer Conferenzen gemacht. Die Unmöglichkeit, für den Augenblick die ihnen zugewiesenen Lasten zu vermindern, nöthigte abermals sich mit einer General-Untersuchung zu begnügen, die gleich den früheren manchen Missbrauch in der Finanzverwaltung aufdeckte. Eine neue Verordnung zur Untersuchung des Städtekastens ergeht bald nach der Rückkehr des Fürsten aus dem Nordischen Kriege unterm 23. Juni 1660. Die Berichte der mit der Untersuchung in den einzelnen Kreisen betrauten Commissarien kamen in den Monaten Juli bis Oktober d. J. ein und gaben eine sichere Grundlage für das Reformprogramm, dessen Durchführung für die Herstellung geordneter Zustände nothwendig erschien und das der Kurfürst Herbst 1662 zu verwirklichen begann. Es handelte sich auch hier zunächst um eine gerechtere Vertheilung der bestehenden theils direkten, theils indirekten städtischen Abgaben, sodann um die allmähliche Ablösung der Städtekasten-Schulden durch stärkere Heranziehung der Vermögenden unter gleichzeitiger Entlastung des Kleinbürgers und Bevorzugung der Accise vor der Kopfsteuer; alles dies unter der Einwirkung staatlich-fürstlicher Kontrol-Organe, denen die Verordneten zum Städtekasten für ihre gesammte Verwaltung untergeordnet werden. Die Mittheilung einiger kurfürstlicher Patente aus den nächsten Jahren wird einen Einblick in die Mängel der bestehenden Verfassung eröffnen.

Patent wegen der Schösse Einnahme und Lieferung. Dat. Cölln a./Sp. 19. Sept. 1664.¹).

(An die Städte zwischen Oder und Elbe.)

1664. 29. Sept.

„Wir Friedrich Wilhelm pp. geben hiermit Bürgermeistern und Rathmannen aller unsrer Mittel-, Uckermärkischen und Ruppinischen Städte zu vernehmen, wasgestalt ihnen nicht allein aus der Fundation ihres Creditwesens und darauf erfolgten vielseitigen Verordnungen Unsrer in Gott ruhenden hochlöbl. Herren Vorfahren und Churfürsten in Brandenburg Christseel. And. gnugsam bekannt, wie hochnöthig es sei, dass die laufende Schösse, als auf welchen vornehmlich das Cro-

---

¹) Abgedruckt bei Mylius IV, 3, 21, 22.

ditwesen beruht, quartaliter fleissig angekündigt, auch eingemahnt und zur ordentlichen Distribution bei dem Kasten eingeliefert werden, sondern es weisen auch solches Unsere sowol hiebevor ausgelassene unterschiedliche Befehligen — — als auch Unsere Raths-Confirmationes, in welchen Wir dem Rath Unsrer Städte alle Jahr die Schoss-Einnahme und Lieferung alles Ernstes anbefohlen haben.

Wann Wir nun mit sonderm Missfallen vernehmen, wie solchem Unserm Befehl gar wenig Folge geleistet und von den Bürgern und Einwohnern mit Erlegung der gewöhnlichen Schösse von denen bewohnten Häusern und nutzbaren Gütern grosse Negligenz und Nachlässigkeit verspürt worden, indem in etlichen Jahren an baaren Schössen gar wenig eingebracht und dahero die ordentliche Distributiones, wo nicht ganz gehindert, doch dergestalt gehemmt, dass denen Creditoren |: worunter guten Theils Kirchen, Schulen und Hospitalien, Witwen, Waisen und viel dürftige und arme Leute sind :| ein gar geringes zutheil worden; Wir auch solchem entstandenen Unwesen und Confusion ihres hiebevor wolgefassten Schuldenwerks länger nicht nachsehen wollen, als befehlen Wir dem Magistrat und Räthen vorbemeldter Unsrer Städte hiermit gn. und zugleich auch alles Ernstes, dass sie forthin die gewöhnliche Schösse von den bewohnten Häusern und niessbaren Gütern ohne Ansehn der Person quartaliter fleissig einmahnen und von den Säumigen und Widerspänstigen vermittelst der bei ihnen hiebevor gewöhnlichen und insonderheit den 20. Jan. 1643 von Uns verordneten oder, auf allen ungehorsamen Fall, der militarischen Execution exequiren und abfordern lassen sollten, zumal beides, Schoss und Krieges-Steuer, ungemenget zur allgemeinen Wolfahrt Unsrer Erblande erlegt und angewandt, auch hierdurch der Privatorum schossbare Erbgüter befreit werden müssen. Wollen auch hiermit und kraft dieses Unsres offnen Patents obangezogene Unsre in vorigen Jahren ergangne Rescripta alles Inhalts renovirt und wiederholt haben, dergestalt, dass denen darin enthaltenen Puncten die Current- und Retardaten-Schösse betreffend sowol in genere als auch in specie allenthalben gehorsamlich nachgelebt und neben dem Schoss die baaren Gefälle an Bier-, Roggen- und Weizen-Ziese [1]) unangegriffen und ohne einigen Abgang nebst den besiegelten Registern zum Städte-Kasten geliefert werden sollen.

Und obwol hiebevor die billige und vortheilhafte[2]) Compensationes derer Schösse auf gewisse Masse zulässig gewesen, so hat doch die

---
[1]) so, statt des sinnentstellenden „Zinse" bei Mylius a. O.
[2]) so, statt „unvortheilhafte", wie Mylius hat.

Erfahrung bisher bezeigt, dass ein grosser Missbrauch dabei vorgangen und einige nachtheilhaftige Cessiones hin und wieder expracticirt worden: Wollen demnach, dass Unseru hiebevor deswegen erlassenen gn. Verordnungen gemäss hinfüro alle solche unvortheilhafte [1]) und fremde Zinsquittungen nicht mehr angenommen, sondern allein diejenige, so eigene und bono titulo besitzende Capitalia bei den Städten haben, ihrer habenden Forderung nach mit zwei Tertien componsiren, die eine Tertiam aber mit baarem Gelde erlegen und solchen baaren Schoss zu Behandlung der auswärtigen Creditoren |: zumal die Bürger und Einwohner in Städten sowol Debitores als Creditores sein :| abstatten und bezahlen sollen etc."

— — — —

Renovatio des unterm 19. Sept. 1664 wegen Beitreibung der Schösse emanirten allergn. Edicti d. d. Cölln a./Sp. 9. Dezember 1667. [2])

1667.
19. Dez.

„Wir Friedrich Wilhelm pp. geben hiermit Bürgermeistern und Rathmannen aller Unsrer Mittel-, Uckermärkischen und Ruppinischen Städte zu vernehmen — —, was für Verordnung Wir am 19. Sept. 1664 wegen Beitreibung der Schösse — — gemacht.

Wann Wir dann vernehmen, dass dieser Unsrer Verordnung nicht nachgelebt und dahero die Creditores der Gebühr nach nicht befriedigt, weshalb Wir dann von ihnen zum öftern behelligt werden, solches aber fürnehmlich daher rühre, weil die Vermögendsten in Städten sich der baaren Schösse pro tertia parte zu erlegen entbrechen und also die Behandlung der Capitalien dadurch behindern; solchemnach wollen Wir obged. Unser Patent hiemit in allen seinen Puncten und Clausulen renovirt haben und verordnen kraft dieses, befohlen auch allen und jeden, welche schossbare Güter besitzen, dass sie die gewöhnlichen Schösse und insonderheit die vor [3]) der Publication Unsres mehrerwähnten Patents de anno 1664 versessene Resta gebührend abtragen, widrigenfalls gewärtig sein sollen, dass solche, ohne Ansehn der Person, durch militärische Execution exigirt und die verordnete Tertia beigetrieben werde, worunter auch diejenigen, so ihre Häuser mit Capitalien vom Schoss befreien wollen, gemeint sein sollen. Gestalt dann alle

---

[1]) so, statt „vortheilhafte", bei Mylius.
[2]) abgedruckt bei Mylius IV, 3, 25, 26.
[3]) so, statt des „von" bei Mylius a. O.

Ober- und Nieder-Gerichte in dieser Unsrer Chur- und Mark Brandenburg darnach sich zu achten und in diesem Fall nach Inhalt dieser Unsrer Verordnung zu sprechen und zu verabscheiden haben sollen etc."

Ausschreiben der Verordneten des Mittel-, Uckermärkisch- und Ruppinischen Städte-Kastens an sämmtliche Städte ihres Corpus, zur Entgegennahme der Rechnungen Deputirte für den Anfang 1669 nach Berlin zu senden. Dat. Berlin 8. Dezember 1668.

1668.
18. Dez.
"Den Mittel-, Uckermärkischen und Ruppinischen Städten wird hiermit kund und zu wissen gethan, dass auf diverse gn. Verordnungen Sr. Ch. D. zur Wiederaufrichtung der Städte Creditwesens und desselben guten Beförderung zuvörderst die Berechnung mit allen Städten müsse vor- und zur Hand genommen und ein richtiger Calculus wegen der Restanten einer jeden Stadt angelegt, das Quantum formirt, und etwan ein Vergleich über das residuum getroffen, auch Mittel zu deren Abführung, gestalten Sachen nach, gezeigt und vorgeschlagen werden.

Diesem nach haben die Herren Deputirte derer Städte diesen hochnöthigen Punkt bei ihrer letzteren Anwesenheit wol überlegt und vor rathsam befunden, solche Berechnung (geliebt's Gott) nach den heiligen Christ-Ferien vorzunehmen, dergestalt und also, dass die der alten Stadt Brandenburg und deren incorporirten Städten, als Rhatenow und Nauen, auf den 1ten Tag Februarii des annahenden 1669ten Jahres in der Städte-Rentei sich anhero einfinden und bei denen hierzu Verordneten in der Städte-Rentei anmelden, zuvor aber ihre hierzu dienliche Quittungen und Registern an Schössen, baaren Gefällen etc. aufsetzen und dieses nützliche Werk mit befordern und beschleunigen helfen sollen.

Hiernächst, den 10. Februarii, werden die Deputirte der Neustadt-Brandenburg und deren incorporirte Städte, als Kremmen, Spandow, Brietzen, Belitz, Potstamb, sich unausbleiblich einzustellen vermahnet;

Dann, den 20. Februarii, Deputirte von Berlin und deren incorporirte Städte, als Bernaw, Eberswalde, Srausberg, Wrietzen, Oranienburg, Liebenwalde und Oderberg;

Den 3ten Martii die Deputirte von Cölln und deren incorporirte Städte als Mittenwalde, Trebbin, Cöpenik.

Den 13ten Martii Frankfurt a/O. nebst Müncheberg.
Den 23ten Martii Prenzlau nebst Templin, Ziethen, Strasburg.
Den 3ten Aprilis Neu-Ruppin, Gransoy und Wusterhausen.
Mit den Seumigen oder gar Ausbleibenden soll keine fernere Rechnung angelegt, sondern die Retardata eingemahnt werden. Dies ist Sr. Ch. D. Verordnung gemäss und denen Städten zum Besten."

Edict wegen der Verbesserung des Contributions-Wesens in den Städten. Dat. Cölln a./Sp. 7. Nov. 1670.[1])

1670. 17. Nov.

Die Confusion und Partialität der Contributionsverwaltung der meisten Städte nöthige zu folgenden Anordnungen:

1. Der Revision der Matrikel auf Grund einer neuen, richtigeren Einschätzung.

2. „in specie aber muss mit Fleiss untersucht werden, ob auch die Häuser allzuhoch in der Anlage stehen, als warum die meiste Oerter wüst und unbebaut bleiben, die bereits stehende Gebäude verfallen, eingehen und von den Einwohnern, denen die Last, so davon zu tragen, zu schwer fällt, verhindert (sic)[2]), andere auch von Neuem Häuser[3]) zu bauen oder alte zu repariren abgeschreckt werden, deswegen hierin nach Proportion der Häuser zu verfahren, welche allenthalben in drei oder vier Classes getheilt und nach Proportion der Miethe oder des Nutzens, so daraus genommen werden kann, aestimirt und angesetzt werden müssen."

3. Zur Einschätzung und Contribution sind auch aller übrige nutzbare Grund und Boden, Handwerk und Gewerbe heranzuziehen.

4. Niemand ist davon eximirt, ausgenommen:

5. diejenigen, denen aus einem der vorgesehenen Fälle Freijahre bewilligt sind.

6. Die Accise bleibt facultativ; da, wo sie eingeführt ist, ist ihr jeder, auch der, der Freijahre geniesst, unterworfen.

7. Für die zu den wüsten Stellen gehörigen Aecker, Wiesen und Gärten sind die Niessnutzer heranzuziehen.

8. „Die Contributions-Rechnungen sollen allenthalben richtig und treulich geführt und von den Einwohnern zum wenigsten alle Jahr in

---

[1]) Abgedruckt bei Mylius IV, 3, 25—28 unter dem nicht zutreffenden Titel: Edict wegen Untersuchung des Contribution-Wesens etc.
[2]) Statt des unverständlichen „verhindert" hatte das Original wol ein Wort wie „verlassen", falls nicht die ganze Stelle verderbt ist.
[3]) So, statt „von neuen Häusern" bei Mylius.

locis publicis apertis salvis abgelegt werden, auch einem jeden freistehen, die Notdurft dabei zu erinnern. Insonderheit ist der Bürgerschaft in allen Städten zugelassen, ihre Deputirte bei Administration des Contribution-Wesens zu haben, und soll denselben von Einnahme und Ausgabe völlige Nachricht gegeben, auch sonsten dahin gesehen werden, dass die Contribution zu keinen andern Ausgaben, als wozu sie von Uns geordnet, angewendet, alle Einnahme und Ausgabe gebührend justificirt und nichts, als was mit gnugsamen Urkunden und Beweisthum dargethan werden kann, passirt werden."

9. Unabgelegte Rechnungen sind aufs schleunigste zu justificiren.

10. Der Magistrat behält in Allem die Direction, hat dabei indess begründeten Einspruch der Bürgerschaft zu berücksichtigen. Zwistigkeiten beider werde er, der Kurfürst, entscheiden.

Edict wegen Aufbringung des Schosses in den Städten und wie weit Compensatio statt haben soll. Dat. Cölln a./Sp. 20. Dezember 1670.[1])

(Gleich den vorhergehenden Edicten an die Städte zwischen Oder und Elbe gerichtet.)

1670.
30. Dez. Säumigkeit der Schosspflichtigen und Ausfälle hätten ihr Creditwesen „fast hinfällig" gemacht. Zur Redressirung desselben ergingen folgende Anordnungen:

1) Es verbleibt bei der alten Taxe und der alten Ordnung mit ihren drei Jahres-Quartalen zu Ostern, Crucis und Luciä.

2) Allen vom Rath, Bürgern und Einwohnern verbleibt das beneficium compensationis rücksichtlich des Current-Schosses, damit nebst der fruchtbarlichen Behandlung der Haupt-Summen und Capitalien auch die ordentliche Distribution für die armen Creditores mit befördert und unterhalten werden könne.

3) Diejenigen, die ihre schossbaren Häuser und Güter vom Städtekasten-Schoss befreien wollen, zahlen den halben Theil des Capital-Schosses in baarem Gelde, die andere Hälfte compensando mit eignen guten Capitalien.

4) Versessene Schösse können auf dieselbe Art abgelöst werden.

---

[1]) Abgedruckt bei Mylius IV, 3, 27.

Edict wegen der restirenden Schösse und wie die Sache wegen deren Beitreibung und Remiss bei den Städten zu fassen. Dat. Oranienburg 22. Sept. 1671 (für die Städte jenseit der Elbe).[1]

Auf die wiederholte Bitte der Städte des Altmärkisch-Priegnitzirischen Städte-Corpus, ihre beim Städtekasten angeschwollenen rückständigen Zinsen zu kassiren, habe der Kurfürst zunächst einen Bericht der Verordneten über den Stand ihres Kastens eingefordert. Da dieser Bericht die Notwendigkeit mündlicher Conferenzen ergeben habe, so habe er die beiden Räthe Hasso Adam v. Wedel und Carl Mieg beauftragt, mit den Deputirten der Städte darüber zu conferiren und ihm ihre Beschlüsse in Gestalt eines Recesses zur Confirmation vorzulegen. Dieselbe erfolge hiermit und werde demgemäss folgendes festgesetzt:

1671. 2. Oct.

Es werden drei Termine unterschieden, die Zeit bis zum Jahre 1625, die Zeit von 1625—1649, die Zeit vom Jahre 1650—1670. Die im ersten Termin versessenen Zinsen sind voll zu zahlen, die während des Kriegs versessenen werden ganz kassirt, ebenso für den dritten Zeitraum die Zinsen der der schweren Contribution unterworfenen städtischen Grundstücke, d. h. die der bebauten und bewohnten, unter der Bedingung, dass ihre Besitzer sie in gutem Stande und contribuabel erhalten. Geschieht dies nicht, so verlieren sie ihre Freiheit, die den die leichte Contribution zahlenden Besitzern wüster Stellen und lediger Häuser übertragen werden kann. Für diese letzteren verbleibt es im Uebrigen bei der früheren Anordnung einer geringeren Zahlung mit dem Recht der Compensation. „Von den übrigen schossbaren Stücken und fundis aber sollen die rückständigen Schösse dieses dritten Zeitraums abgesehen von ausserordentlichen Remissionsgründen halb niedergeschlagen werden. Die in diesen 20 Jahren aufgewachsene (zweite) dimidia ist nicht auf ein Mal zu exigiren, sondern soll nebst dem halben Current-Schoss |: womit man es zu Anfange auf die ersten drei Jahre zu versuchen :| in erträglichen Terminen particulariter mit abgeführt werden." Im Uebrigen verbleibt es bei der Anordnung des Rescripts von 1653, dass bei entstehenden Concursibus Creditorum die Schösse für voll mit liquidirt und gleich den Contributions-Resten tractirt werden sollen, „sintemalen sonsten doch andere Creditores mit dem pretio weggehen würden". Von dem liquidirten Quanto soll die eine Hälfte den Rathhäusern, die andere den zurückgesetzten piis Corporibus oder armen Neben-Creditoren oder den depauperirten Erben, insonderheit da sie selbige kaufen, bekräftigen und wirklich in Stand bringen, zugewandt werden. Diese Ordnung ist nur für die Zukunft bestimmt und hat keine rückwirkende Kraft für das was an Schössen und Zinsen bereits gezahlt oder rechtskräftig entschieden ist. Rücksichtlich der Compensation derer, die gleich-

---

[1] Abgedruckt bei Mylius IV, 8, 29.

zeitig Debitoren und Creditoren der Städte sind, verbleibt es bei den früheren Bestimmungen. Dieselben Bestimmungen gelten für die versessenen Zinsen des Städtekastens und der Rathhäuser, deren Schulden durch energische Behandlung der Creditoren in möglichster Kürze zu tilgen sind. Ein neues Edict, d. d. Potsdam 30. Juni 1680[1]) verfügt zu gleichem Zweck die Kassirung der bis Ende 1679 versessenen Schösse und die Erlassung des halben Current- (Vor- und Pfund-) Schosses.

Kurfürstliches Mandat an den Rath der Städte Berlin-Cölln.
Dat. Cölln a./Sp. 19. Juni 1678.

[Mittel und Wege zur sofortigen Erleichterung der Einwohner zu ersinnen.]

1678.
29. Juni.

„Wir haben uns gn. fürtragen lassen, was theils von der Bürgerschaft in unsern beiden Residenz-Städten wegen Erlassung der alten Schösse unterth. gesuchet. Nun ist Uns zwar wol wissend, was es vor eine Beschaffenheit mit hiesigen Bürgern und Einwohnern habe, und dass dieselbe durchgebends solche Ursachen nicht anziehen können, als andre kleine und nahrlose Städte. Gleichwol weil denen Creditoren ein sehr geringes auf die Capitalia entrichtet wird und die Zinsen gar abgehen, so kann das ganze Quantum der Schösse mit Billigkeit von Euch nicht prätendirt werden und sehen Wir deshalb die Bürgerschaft in diesem Stück gern etwas erleichtert. Befehlen demnach Euch hiermit gn. auf Mittel zu gedenken, wie Ihnen desfalls zu helfen, insonderheit aber zu erwägen, ob nicht gewisse Classes der Schossrestanten zu machen; derart, dass die ganz unvermögenden ganz, die in besserm Zustande begriffen, halb befreiet werden, die vermögenden ihre resta voll einbringen.

Damit auch die Bürgerschaft desto mehr Erleichterung empfinden möchte, so wäre ferner zu bedenken, ob nicht der Vorschoss von nun an gar zu suspendiren und nur der Pfund-Schoss einzutreiben.

Euch liegt ohne das ob, was zum besten der gemeinen Städte gereichet, zu beobachten und werdet Ihr Euch demnach angelegen sein lassen, in gedachten beiden Puncten die Notdurft wol zu überlegen, wie dieselbe zum gemeinen Besten wol einzurichten. Davon Wir denn Ew. unterth. Bericht forderlichst erwarten.

[1]) Abgedruckt bei Mylius IV, 3, 35.

Revers des Raths von Berlin über den Erlass der Resta und des halben Vor- und Pfund-Schosses. Dat. Berlin 28. April 1681.

„Ein Ehrbarer Rath der Churfürstl. Haupt- und Residenz-Stadt Berlin hat auf Anhalten der Herren Verordneten und Viergewerke gegen die Bürgerschaft daselbst sich dergestalt erklärt, dass inhalts der am 30. Julii (a. pr.) von Sr. Ch. D. erhaltenen Schoss-Ordnung nicht allein der restirende Schoss auf allen und jeden Häusern bis dahin gäntzlich erlassen, sondern auch von der Zeit an sie nicht mehr als den halben Pfund- und Vorschoss, über dem aber, wegen von Einem Ehrbaren Rathe geforderten quintae, sowol ratione praeteritorum als futurorum nichts geben dürfen, weniger desbalb etwas von sie gefordert werden solle, und zu dessen Versicherung, auch dass Ein Ehrbarer Rath bei Sr. Ch. D. hierwieder nichts suchen, sondern es vor sich allerdinge darbei lassen wollen, diesen Schein ertheilet.

Dargegen wird auch die Bürgerschaft den halben Schoss inhalts besagter Ordnung von 1680 richtig abführen und sich darunter keineswegs seumig anstellen."

Urkundlich

Johann Christoph Otto,
Syndicus subscrpt.

Unterm 10. November 1681 reskribirt der Kurfürst von Potsdam aus in einem vom Kurprinzen gegengezeichneten Schreiben an die Accise-Directores und Einnehmer in Berlin, dass 1600 Rthlr. aus dem Bestand der Accise-Einnahme bis Ende Oktober beim General-Kriegs-Commissar von Grumbkow bis auf ferneren Gebrauch deponirt werden sollen „demnach Wir nicht rathsam befinden, dass die Einnehmer bei der Cassen viel Geld in ihrer Verwahrung haben."

Beantwortung der von der Untersuchungs-Commission an die Verordneten zum Städte-Kasten gerichteten Fragen. Im Monat November 1683.

1683.
Im Nov.

1. Welches die Herkunft der Schulden des Städtekastens sei?
Die Schulden datirten seit den erhöhten Anforderungen Joachims I., mehr noch seines Nachfolgers. Besondere Kassen seien dafür in allen Hauptstädten und zwar mit selbständiger Verwaltung eingerichtet worden.

IV. Die Ordnung des Ständischen Creditwerks, 1662—1685.

Da die geforderten Summen nicht gleich völlig aufgebracht werden können, wären Anleihen nothwendig geworden, deren Zinsen durch Steuern gedeckt werden mussten.

2. Zu welcher Zeit die Schulden am höchsten gewesen?

Anno 1566 nach Trennung in zwei Städte-Corpora hätte die Schuld 862,000 Thaler Capital und deren Zins 51,716 Thaler betragen. Bei dem schlechten Zustand der Städte seien neue Anleihen nöthig geworden, so dass laut Recess von 1624 die Städte ausser ihrem stehenden Jahresschoss noch 26,836 Thlr. Capital zu verzinsen gehabt, ganz abgesehen von der durch die leichte Münze und den Krieg herbeigeführten Entwerthung, daher in den Jahren 1620—24 die Schuld am höchsten gewesen.

3. Um wieviel der Schuldenstand seitdem abgenommen?

Die Vor- und Anlagen, wie auch Abzüge eingerechnet, 10 Tonnen Goldes.

4. Worin die Einnahme bestanden und bestehe?

1550 sei von den Räthen allein ein Grundschoss aufgelegt. Erst 1567 sei die Taxe durch kurfürstliche Räthe gemeinsam mit Bürgern geregelt. Wegen zu geringen Ertrags sei 1572 der Mahlgroschen eingerichtet, 1602 12 Gr. Brau-Ziese auf das Gebräu, 1644 1½ Thlr. Zulage. Im damaligen Augenblick setzten die Einnahmen sich aus diesen drei Stufen zusammen: 1) Vor- und Pfundschoss, 2) Mahlgroschen, 3) Bierziese.

5. Ob die Einnahmen jetzt höher seien als früher?

Dies sei aus den Rechnungen zu ersehen.

6. Wie hoch die Ausgaben liefen und worin sie bestünden?

Dieselben bestünden: 1) in der Bezahlung der behandelten Capitalien, 2) der Distribution der Zinsen für Kirchen, Schulen und pia Corpora, 3) den Besoldungen, 4) Gemeinen Ausgaben.

8. Wie die Schulden abzulösen seien?

Durch Behandlung, wie bisher, da die Creditores über alle Erwartung entgegenkommend seien. „Wann nur der halbe Schoss wird zu Stande kommen, und die Bürger in Städten von etlichen Accise-Commissarien nur nicht, wie an theils Orten schon geschehen, von Abstattung der Schösse abgehalten werden, so ist kein Zweifel, dass in wenig Jahren, exceptis piis causis, die nach und nach nachhero können bezahlt werden, der Kasten sich der beschwerlichen Schuldenlast entschlagen werde.

Wobei jedoch dieses obiter zu erinnern, dass obgleich S. Ch. D. in anno 1650 gn. verordnet, auch an ihme selbst recht und billig ist, dass die Compensatio der Schösse mit eignen Capitalien geschehen sollte und dem, so per Cessionem Capitalia erhalten, nicht mehr passirt werden sollte, als was er realiter dafür gezahlt, jedennoch etliche Bürger in den Städten per sub- et obreptionem andere Decreta erhalten, dass solche per Cessionem an sich gebrachte Capitalia für voll sollten angenommen werden. Dahero die Städte bitten, dass S. Ch. D. solche gn. Verordnung, weil sie der in anno 1650 schnurstracks entgegen, hinwieder aufheben wollen."

Neues Reglement für die Verwaltung des Städte-Kastens. Dat. Potsdam 28. November 1683.

(Unterzeichnet vom Kurprinzen Friedrich.)

1683.
8. Dez.

„Demnach S. Ch. D., Unser gn. Herr, Dero würklich Geheimden und Geheimden Räthen, Vice-Cantzlern und General-Kriegs-Commissario, dem von Rabden, dem von Grumbkow und Johann Friedr. Rhetio gn. Commission ertheilet, der Mittel-, Uckermark- und Ruppinischen Städte Credit-Wesen zu untersuchen, und wie am füglichsten die Städte dermaleinsten von der Schuldenlast erledigt werden könnten, zu überlegen: So haben bemelte Commissarii solche pflichtmässig verrichtet und von allen Umständen unterth. Relation abgestattet, und dann höchstged. S. Ch. D. anfangs daraus vernommen, dass bei Ausgang des 1681sten Jahres, die pia corpora oder die, so favorem piae causae praetendiren, 118,545 Thlr. — Gr. 10 Pf. an Capital stehen haben, darunter 111,392 Thlr. 6 Gr. 10 Pf. schwer Geld und 7,152 Thlr. 18 Gr., so anno 1621 und 1622 aufgenommen, an leichtem Gelde befunden worden, davon auf beides 5 %, gerechnet 5,927 Thlr. 6 Pf. jährliche Zinsen gebührt.

Derer, so nicht favorem piae causae haben, ist 522,381 Thlr. 15 Gr. 2 Pf. Capital und darunter 75,998 Thlr. 15 Gr. 11 Pf. Capital an leichtem Gelde befunden worden, da dann das schwere Capital der 446,382 Thlr. 23 Gr. 3 Pf. nach der gewöhnlichen Behandlung zu 25 %, austrägt, 111,595 Thlr. 17 Gr. 9¼ Pf., das leichte Capital aber, wie es bishero behandelt worden, nämlich 20 %, 15,199 Thlr. 19 Gr. 7½ Pf. befunden worden.

Als wollen S. Ch. D., dass in denen Jahr-Rechnungen hinfüro allezeit die Summa der zu bezahlenden Capitalien geführt und was jedes Jahr davon abgetragen, specificirt werde.

Weil auch aus den Beilagen sub Lit. A. B. und C. erhellt, was für Capitalia in der Städte Gewölbe eigentlich befunden worden, so verordnen S. Ch. D. hiermit, dass auch hinfüro, was für Schulden nach und nach abgetragen, alle Jahr daselbst ausgethan und eine neue Designation nebst der vorigen beigelegt werde.

Der Städte Creditwesen an ihme selbst betreffend, lassen es S. Ch. D. bei denen vorigen Verfassungen bewenden, insofern selbige hierunegstfolgend zur Verbesserung sothanen Credit-Wesens nicht geändert worden, und verordnen hiermit, dass sowol der Einnahme als Ausgabe, wie auch der gesammten Administration halber noch folgende Puncta sorgfältig und eigentlich beobachtet werden sollen und zwar:

1. Was die Einnahmen belangt, weil dieselbige bei Mittel- Uckermark- und Ruppinischen Städte-Kasten absonderlich in der rata der Roggen- und Weizen-Ziese, Biergeld und denen Schössen bestehet, so verordnen S. Ch. D., dass hinführo die Collationirung, wann der Ober-Ziesemeister die Particular-Collectiones einbringt, quartaliter richtiger als bishero im Beisein eines Verordneten, Ziesemeisters und der Städte Rentmeister in der Städte Gewölbe geschehen solle.

2. Weil bishero wenig oder kein Schoss eingekommen, so soll hinführo eine richtige Designation von dem Pfund-Schoss gemacht, und von diesem 1683. Jahre an nur die Hälfte von jedem Grund und Hause in denen Städten eingefordert werden, der Vorschoss aber bis zu anderweitiger Verordnung darvon separirt und ausgestellt sein.

Dann weil die Possessores der Häuser und Gründe in so langer Zeit, da die Schossanlage geschehen, verändert seind und wegen Nahrung und Begüterung es in einen andern Stand gerathen, so kann vom Vorschoss, welcher wegen der Nahrung und Bemittelung der Possessorum angelegt, nichts eher gefordert werden, als bis zuvor eine richtige Eintheilung nach denen itzigen Zeiten beschehen; doch ist die Erlassung des halben Pfund-Schosses nur mit dem Bedinge geschehen, dass die Possessores solcher Häuser und Gründe die Hälfte baar in denen dreien Quartalen einbringen, widrigenfalls der Pfundschoss für voll von den Säumigen gefordert werden soll. Damit aber denen Bürgern und Einwohnern der Städte keine andere Impression gemacht werde, als wie die Sache wahrhaftig sich verhält, so soll dieses auf allen Rathhäusern denen Bürgern publicirt und im hohen Namen Sr. Ch. D. dieselbige versichert werden, dass sothaner Schoss zu nichts anders, als wozu er verordnet, nämlich zu Bezahlung des Creditwesens angewendet werden solle, dafern aber einige Bürger und Einwohner sich beschwert finden, dass ihr Besitz verringert, so stehen ihnen Reclamationen bei den Steuer-Commissariis offen."

3. Die Einnahme erfolgt fortan nur „in der Städte Gewölbe" in der dazu bestimmten Lade durch den Rentmeister und nicht in dessen Wohnung; zu derselben führen der Director, der Verordnete von Berlin oder Cölln und der Rentmeister jeder einen besonderen Schlüssel.

4. An einem durch die Commissarien zu bestimmenden Tage sind in jedem Quartal Extracte über die Höhe der Einkünfte und des Baarbestandes einzusenden.

5. Befreiung von Schössen, die die Einnahmen bisher bedeutend ver-

mindert, solle nicht mehr stattfinden. Eine Consignation der Befreiten ist in der Städte Gewölbe zu deponiren.

6. „Die Ausgaben belangend, wollen S. Ch. D., dass, wie schon längst verordnet und bisher practiciret, zu desto besserer Tilgung der Capitalien keine Zinsen hinfüro gezahlt werden, ausgenommen denen, die favorem pine causae haben. Alle Zinsen sind fortan baar auszuzahlen, keine Assignationen darüber auszustellen."

7. Bei den piis Corporibus, deren Recht nicht notorisch ist, tritt zunächst Suspension der Zinsen ein.

Art. 8. betrifft die Zahlungen an Stipendiaten.

9. Compensationen sollen nicht mehr stattfinden.

10. Der piorum Corporum Capitalia sind zur Zeit, wenn auch ablöslich, nicht abzutragen, weil davon gutentheils Kirchen und Schulen zu unterhalten sind. Die solchen favorem nicht haben, erhalten ein Viertel des Capitals und keinen Zins.

13. Von den Capitalien in leichtem Gelde sind nicht mehr, wie bisher, 20 Procent zu zahlen, sondern dieselben sind auf schweres Geld zu reduciren und davon 25 Procent zu zahlen.

14. „Weil auch die bei der Städte Kasten geschehene Behandlungen Sr. Ch. D. vor diesem zur Confirmation niemals eingesendet worden, so wollen S. Ch. D., dass hinfüro alle Jahr, gleichwie bei der Landschaft geschiehet, eine richtige Designation der Einnahme und Ausgabe und dann, was und wie viel Creditores behandelt worden, specificirt und deutlich zur Confirmation eingesendet werden solle."

15. Alle Gläubiger sind gleich zu behandeln.

16. Die verordneten Commissarien haben sich über das Rechnungsformular zu verständigen und demgemäss die Rechnungen entwerfen zu lassen.

17. Die Beamten beim Städte-Kasten leisten dem Kurfürsten denselben Eid, wie der Land-Rentmeister.

18. Die Einnahmen des Städte-Kastens dienen fortan nur zur Behandlung der Creditoren, nicht zur Deckung der Unkosten, Zehrungen u. s. w.

19. „Es sollen auch hiernächst dem Directori, Verordneten und Deputirten keine Kosten zur Zehrung oder Auslösung hinfüro passirt werden, sondern damit eine jede Stadt wisse, ob die Gelder, so sie zur Städte Kasten gesendet, richtig verwendet seien, soll derselben gegen Erlegung von 12 Gr. Copia von der jährlichen Rechnung, darinnen die Einnahme und Ausgabe geführt, ja auch wol der Extract für die Gebühr aus der Städte Gewölbe gegeben werden, dass also nicht nöthig, dass gewisse Deputirte aus denen Städten bei Abnahme der Rechnungen sich befinden oder deswegen etwas geniessen.

20. Die Abnahme der Rechnungen soll folgendergestalt geschehen; nämlich es soll der Rentmeister oder wer sonst die Rech-

nung zu führen gehalten, jährlich ante terminum der vor diesem gebräuchlichen 14 Tage dem Directori und den beiden Verordneten die Rechnung zur Perlustration vorhero ausantworten, die dieselbe dann am Termin abnehmen sollen. Ihre Monita haben sie den zur Untersuchung verordneten Commissarien schriftlich mitzutheilen, ebenso soll es mit den Monitis einzelner Städte geschehen.

21. Die Administration der Städte Kasten betreffend, erinnern S. Ch. D. sich gn., dass vor diesen allemal Jemand von Dero Räthen das Directorium geführt, wie dann der Consistorial-Präsident und Cammergerichts-Rath Johann Köppen und hernach weiland Dero Rath und Bürgermeister in Berlin Friedrich Müller unter andern solches gehabt; und obgleich im Jahre 1655 d. 20. Decembris von Dero statthaltenden Geh. Räthen eine Veranlassung geschehen, dass auf eine gewisse Zeit auch einige Deputirte von denen Haupt-Städten der Administration beiwohnen möchten, so ist doch der gedachten Ordnung ausdrücklich mit einverleibt, dass es nur eine Interims-Verordnung sein solle, bis es auf den alten Fuss wieder gerichtet und S. Ch. D. es der Städte Creditwesen wie auch denen gesammten Ständen zuträglicher erachten würden; dahero S. Ch. D. nunmehro gn. resolvirt, Jemanden von Dero Würkl. Geheimten Räthen zu verordnen, der nach der vorigen gewöhnlichen Weise das Directorium führe, dabenebenst wollen Sie den Verordneten aus der Alten Stadt Brandenburg, Bürgermeister Berckelmannen, und Levin Schardium, Bürgermeister in Berlin, als Verordnete gn. confirmiren, welche sonderlich mit dahin sehen sollen, dass alles nach Inhalt dieser Resolution gebührend beobachtet werde.

22. Wann sich auch begeben möchte, dass von Sr. Ch. D. einige Verordnung, so dieser Resolution zuwider, sub- et obreptitie extrahirt würde, so verordnen Sie hiermit, dass der Director, Verordneter und Rentmeister solche jederzeit vorhero denen Churf. Commissarien communiciren sollen, damit also alles unverbrüchlich gehalten werde."

Unterm 25. September 1685 ergeht ein neues Reglement über die Ordnung, in der die Städte quartaliter in Berlin einzukommen und ihre Gelder zum Städte-Kasten an den Einnehmer abzuführen und zu verrechnen haben. Hiermit schliessen die den Städte-Kasten betreffenden Edikte und Verordnungen für die Regierungszeit Friedrich Wilhelms ab.

V.

Die Einführung der Accise
1661—1684.

Einleitung.

Die in diesem Abschnitt vereinigten Urkunden und Aktenstücke entstammen in ihrer grossen Mehrzahl den Jahren 1660—1672 — den zwölf Friedensjahren in der Regierung des Kurfürsten Friedrich Wilhelm. Doch reichen die Bestrebungen zur Einführung der „General-Mittel", wie die Verbindung der indirekten Accise auf Bodenerzeugnisse und Kaufmannswaaren mit der direkten Vermögens- und Klassen-Steuer damals gemeinhin genannt wurde, weit über das Jahr 1660, ja über den Anfang dieser Regierung zurück. Nach den ersten vergeblichen Versuchen Georg Wilhelms auf dem Landtag von 1623 treten zunächst gegen den Schluss von dessen Regierung, im Jahre 1640, die Mittelmärkischen Städte mit dem Wunsche hervor, an Stelle der ausschliesslich direkten Kopf- und Grundsteuer oder Contribution die indirekte Consumtions-accise in der eben definirten, modificirten Art bei sich einführen zu dürfen. Dieser Versuch fand, so lange Georg Wilhelm lebte, bei der Abneigung des damals allvermögenden Statthalters Grafen Schwartzenberg dagegen, kein Gehör. Gleich nach dem Regierungsantritt Friedrich Wilhelms wiederholten die Städte ihr Gesuch; diesmal mit besserem Erfolg. Es wurde den beiden Residenzstädten die Einführung der Accise auf bestimmte Gebrauchsartikel, doch nur als städtische Taxe, verstattet. Indessen blieb dieser Versuch eben auf die Residenzen, gewissermassen als private Einrichtung zweier Städte, nach Art der Städte in Cleve-Mark beschränkt. Ein Blick auf diese „Accise-Ordnung für die Städte Berlin und Cölln" von 1641 (bei Mylius IV, 3. 1) gewährt ein Bild von der wenig systematischen, aber der Praxis angepassten Verbindung von direkter und Consumtions-Steuer, wie sie sich in der Ordnung von 1658 (Mylius IV, 3, 85—90) in noch freierer Entwicklung zeigt.

Dennoch wirkt der hiermit gegebene Impuls die ganze folgende Zeit, man könnte sagen ununterbrochen, nach. Die Regungen zur Steuerreform in der eben angegebenen Richtung mehren sich. Sie werden stärker und stärker, bis der Fürst, durch mehrmaligen längeren Aufenthalt in Cleve und Holland in der Ueberzeugung von der Angemessenheit dieser Art der

Besteuerung auch für die Marken bestärkt, in einem Augenblick äusserer Ruhe den ernstlichen Versuch machen kann, die neue Einrichtung, zunächst wieder nur in den Märkischen Städten, dauernd zu begründen. Bis es dazu kam, war freilich erst der heftigste Widerstand des Adels gegen diesen neuen, ihm politisch und wirtschaftlich nachtheiligen Steuermodus zu besiegen gewesen. So war zuerst das Projekt, welches Kurd Bertram von Pfuel dem Kurfürsten bald nach dessen Rückkehr in die Marken 1643 oder 1644 unterbreitet hatte und das auf der Grundlage einer neuen Katastrirung des Grund und Bodens und der Reform der Steueransätze die Consumtion in zweiter Linie heranzog, an dem geschlossenen Widerstand der Oberstände, Prälaten, Herren und Ritterschaft, gescheitert. Auch des Grafen Waldeck Versuch, den Militär-Etat, die Hauptausgabe des sich erhebenden Staats, auf indirekte Abgaben, in erster Reihe auf Grenzzölle, zu begründen, scheiterte an dem Widerstreben derselben Faktoren, trotz der Energie, mit der der Graf drei Jahre lang (1651—1654) für diesen Gedanken eintrat und trotz der vom Kaiser um eben diese Zeit erwirkten Erweiterung des kurfürstlichen Zoll-Regals. Der Recess vom 8. Juni 1652, dann definitiv der vom 26. Juli 1653 liessen hier zunächst Alles beim Alten. Während Waldeck in Preussen im Beginn des Nordischen Kriegs die Accise mit den Ständen zum Nutzen des Landes vereinbarte, in den Rheinlanden die Städte diese vorlängst aufgenommene Steuerart beibehielten und dadurch die schweren Kriegsauflagen minder empfindlich machten, blieben die Marken und Pommern bis 1660 das einzige grössere Gebiet, in dem sämmtliche Lasten auf direktem Wege, auf Grund jenes oben (S. 120) geschilderten Quotisations-Recesses vom 28. Juni 1643 aufgebracht wurden, trotz der unendlichen Beschwer der Eintreibung, die meist nur durch militärische Execution zu ermöglichen war, und trotz der Ungleichheit der Repartition, über die sich vor Allem die Städte und die Amtsbauern unablässig beschwerten.

Die durch den Nordischen Krieg noch bedeutend erhöhte Contribution gestaltete sich allmälich zu einer unerträglichen Last für die Städte und den Bauernstand. Wurde hier nicht schleunig Abhilfe geschafft, so war der Untergang beider unvermeidlich. Man bedenke, dass hier monatlich etwa 30,000 Thaler in baar und fast ebensoviel an Naturalien entrichtet wurden, das heisst circa 700,000 Thaler jährlich von einer Bevölkerung von noch nicht einer Million Seelen, unter der die wolhabende Minorität, Prälaten, Ritterschaft, fürstliche Räthe, ein Theil der Rathsverwandten in Städten, fast steuerfrei war, zu einer Zeit, wo der durch den Krieg gebrochene Wolstand des Landes noch lange nicht die alte Höhe erreicht hatte und das Edelmetall einen beinahe dreifach höheren Werth besass, als heutzutage[1]).

---

[1]) Vergl. für das Verhältniss der Silberpreise von heut zu damals die von Sootbeer in seiner Besprechung von Hanauer, Études économiques sur l'Alsace, Göttinger Gel. Anzeigen 1879, S. 1217 ff., aufgestellte Tabelle.

Einleitung. 479

Zwei Mittel gab es, dem Uebel zu steuern: Die Auflösung der von Friedrich Wilhelm in fünfzehnjähriger Arbeit geschaffenen Armee bis auf ihren früheren Bestand oder die Aufbringung der für das Heer nothwendigen Steuern auf eine gerechtere, gleichmässigere und weniger fühlbare Art — eben durch jene Consumtionssteuer, die Jeden nach seinem Gebrauch traf, den Vermögenden, den Vorstand eines grossen Haushalts am meisten.

Jenes forderten die Stände, sobald der Friede von Oliva den Marken einige ruhige Jahre versprach; dieses der Kurfürst, der sich nicht mehr nur als Territorialherr, sondern zugleich als Herrscher über ausgedehnte deutsche Grenzlande fühlte, deren Sicherung nur durch die Waffen möglich war.

Die Versuche von 1652 und 1653 bewiesen, dass man mit den zu einem allgemeinen Landtage versammelten Ständen, wo einer den andern in seinem Widerstand bestärkte und dieser Widerstand aller Bevorrechtigten sich zur unübersteiglichen Schranke gestaltete, nicht durchkommen würde. Der Kurfürst griff daher wieder zu dem schon früher erprobten Mittel, lieber mit dem Ausschuss der Stände zu verhandeln. Von Cleve aus, wohin er sich nach dem Friedensschluss zur definitiven Regelung seines Zwists mit den dortigen Ständen und zur Bestimmung ihrer jährlichen Leistungen begeben, verfügte er, Oktober 1661, an die Geheimen Räthe zu Cölln a./Sp., dass unter dem Vorgeben, unnöthige Zehrungskosten zu meiden, eine kleinstmögliche Zahl von Deputirten zu dem Herbst-Landtage nach Berlin berufen werden sollten. Zugleich sollten sie in dem Landtagsausschreiben den Berufenen ihre Aufgabe so deutlich und bestimmt darstellen, dass der gesuchte Zweck unter Meidung jedes „Hintersichbringens an die Heimgelassenen", jeder Vertagung, in kürzester Frist erreicht würde.

Es wäre hier vielleicht dienlich gewesen, gleich einen festen Accise-Tarif vorzulegen, der den Ständen jene Furcht vor dem Ungewissen benommen hätte, die die neue Steuer unpopulär machte oder mindestens als Agitationsmittel vortrefflich für diesen Zweck zu verwerthen war.

Friedrich Wilhelm, der bei seinem kurzen Aufenthalt in den Marken während der letzten Jahre die Abhängigkeit der Vertreter der Städte von denen der Ritterschaft vielleicht nicht genügend erkannt hatte oder würdigte, verabsäumte dies — ein Fehler, der sich bald genug rächte.

Der Kurfürst hätte ihnen diese Vorlage gemacht, heisst es in der Proposition vom 18. November 1661, in der Zuversicht, die Stände würden solches der Gebühr nach erwägen und sich nicht allein ratione summae, sondern auch wegen der Mittel und Wege, wie selbige Summe mit der wenigsten Beschwer der Lande aufgebracht werden könne, und dabei ein jeder nach seinem Vermögen und nachdem er viel consumiret, dergestalt herauslassen und erklären, wie es die Sicherheit dieser Lande und der Zustand der Zeiten und Läufte erfordere und mit sich bringe.

Doch trotz seines energischen Vorgehens während der zweimonatlichen Verhandlungen bis zur Mitte Januar 1662, die bis zur Sextuplik seitens der Stände führten, gelang es ihm nicht mit seinem Programm, das ganz die Züge dessen von 1651/1652 trägt, durchzudringen. Die ständischen Ausschüsse, diesmal stark, weil einig, stellten sich auf den Standpunkt ihrer verbrieften Rechte und der Unmöglichkeit, eine so grosse Leistung wie bisher, geschweige denn eine noch grössere aufzubringen. Ein Compromiss machte diesem Tage, wie fast allen seinen Vorgängern unter des Kurfürsten Regierung, ein Ende. Gegen eine direkte monatliche Abgabe von 20,000 Thalern, die auch fernerhin durch ständische Organe repartirt, aufgebracht und verrechnet werden sollte, liess der Kurfürst die Accise fallen. Alle anderen Aufgaben, wie die Reform der Domänenverwaltung, Meliorationen, Besserung der Wege, Brücken und Dämme, Besiedelung wüster Stellen u. s. w., wozu der Stände Beihülfe gefordert worden war, blieben ihm auch ferner allein überlassen.

Bald stellte sich indess heraus, dass auch diese Leistung von 20,000 Thalern monatlich in baar und fast ebensoviel in Naturalien und Servicen von dem Bauer und Bürger auf dem bisherigen Wege nicht aufgebracht werden konnte. Bekannt sind die Schilderungen von dem Elend sogar der Hauptstädte des Landes und dass sie nicht übertrieben waren, dafür zeugt das Eingeständniss der Ritterschaft selbst auf dem nächsten grösseren Tage vom Anfang 1667, dass die Städte auf diese Weise schleunig ihrem Untergang zueilten, dass, wenn keine Besserung eintrete, dieser Stand aus der Reihe der Contribuablen gänzlich ausscheiden würde.

Da endlich zeigte sich der Kurfürst entschlossen, seine Absicht durchzusetzen, sei es mit oder gegen den Willen der Stände. Auch ein ganz auf deren Standpunkt sich stellender Beurtheiler wird nicht umhin können, ihre absolute Weigerung, auf eine Steuerreform im angeregten Sinn einzugehen, mit ihm als den Ausdruck eines seinen Staat gefährdenden Ueberwucherns des Privat-Interesses über das öffentliche zu bezeichnen.

Durch frühere Vorgänge belehrt, fing der Kurfürst es diesmal praktischer an. Nur einen Punkt setzte er auf die Tagesordnung des auf den Januar 1667 berufenen Tages, die Einführung der Consumtions-Accise. Nichts als eine Verständigung über ihn wurde erstrebt, aber eine Verständigung darüber sollte, musste zu Stande kommen. Und seine Lage war inzwischen mit jedem Augenblick günstiger geworden. Die Stimmung der Masse der Bürgerschaften hatte überall da, wo sie sich frei äussern konnte, die der Herren vom Rath gründlich umgewandelt. Ebenso entschieden wie 1661 gegen, sprachen sich jetzt die städtischen Deputirten von drei der fünf Marken für die Accise aus; nur die Abgesandten der Altmärkisch-Priegnitzirischen Städte wurden trotz der Stimmung ihrer Bürger durch die Bemühung der Ritterschaft vorerst noch bei der Opposition erhalten.

Als daher die Ritterschaft und das eine Städte-Corpus die Verhandlungen durch Hinterschbringen als gewöhnlich vertagen und vielleicht vereiteln wollten, that der Kurfürst, 6. Februar 1667, den nächsten Schritt, der Erfolg versprach. Er schickte alle Deputirten nach Hause mit dem strikten Befehl, bis Ende des Monats mit genehmigenden Instructionen ihrer Mandanten zurückzukehren, um zu der von ihm kraft landesherrlicher Hoheit beschlossenen Einführung der Accise formell ihre Zustimmung zu ertheilen.

Einleitung. 481

Der Aufstand der Gilden und Gewerke in den Städten der Altmark eben um diese Zeit, Februar 1667, brachte endlich die wirkliche Ueberzeugung auch dieser Städte zu kräftigem Ausdruck. Die Anklagen, welche die Stadträthe und die Ritterschaft über den Tumult und Aufruhr des Bürgersmanns erhoben, fanden ungläubige Ohren; ein letzter Versuch des Adels, die Stadt-Räthe gewaltsam auf seiner Seite zu erhalten, misslang. Schon in der zweiten Hälfte des März ringt sich die Ueberzeugung von der Notwendigkeit der Reform in einer ergreifenden Eingabe aller Städte durch. Ohne Einführung der Accise, sagen sie, sei ihr Untergang gewiss, auf ihrer Einführung beruhe die Rettung Aller. Noch einmal kämpfen die Herren und Ritter, diesmal mit dem Angebot persönlicher Opfer, dagegen an. Sie bieten eine beträchtliche Geldsumme (2000 Thlr. monatlich) zur Unterstützung der kleinen und notleidenden Städte ohne Beschränkung von Ort und Zeit; sie versprechen für die richtige Beibringung der Contribution in ihrer bisherigen Höhe einzustehen, nur und allein vor der Einführung der Accise verlangen sie bewahrt zu bleiben. Der Kurfürst wies ihr Anerbieten zwar nicht geradezu zurück, verstand aber den grundlegenden Quotisationsrecess vom 28. Juni 1643 so, dass darin den Städten über die Art der Aufbringung ihrer Steuern so wenig präjudicirt sei, wie in den Rheinlanden, wo eine jede Stadt aus der Accise nicht nur die staatlichen, sondern auch alle städtischen Lasten deckte. Ein Augenblick des Schwankens — es wird nicht recht ersichtlich, unter wessen Einwirkung — wurde durch einen erneuten Notschrei der Städte für immer beseitigt. Der 15. April 1667 brachte mit der Entscheidung des Kurfürsten, dass der Ritterschaft, gegen Darlegung von 24,000 Thalern zunächst auf ein Jahr, ihre bisherige Verfassung unverletzt erhalten bleiben solle, die Anordnung eines mit dem 1. Juni d. J. für diejenigen Städte in Kraft tretenden Accise-Tarifs, die von dieser Einrichtung Gebrauch machen wollten.

Also die denkbar mildeste Form. Keine zwangsweise, sondern die facultative Accise, keine Accise für alle Artikel, sondern nur für eine beschränkte Anzahl von solchen, die zum Theil schon bisher einer Besteuerung unterlagen, Getreide, Bier, daneben Fleisch, Wein, Branntwein, Malz, Kleiderstoffe; keine Einführung endlich für immer, sondern vorläufig auf ein Jahr und versuchsweise.

Nur allmählich machten sich die Städte diesen Sieg des Kurfürsten zu Nutze, so dass dieser die Behauptung der Ritterschaft im November dieses Jahres, ihrer Zahlungsverpflichtung wegen Einführung der Accise ledig zu sein, damit zurückweisen konnte, dass es nur einige wenige Städte seien, die bisher von der Anheimgabe Gebrauch hätten, diese aber an dem subsidio charitativo der Ritterschaft keinen Antheil erhalten, letzteres sonach der stipulirten Bedingung gemäss verwandt worden sei. Bald machten sich andere, besser begründete Bedenken unter den Bürgerschaften der grösseren Städte selbst geltend. Diejenigen Gewerke, auf die die Last allein fiel, beschwerten sich laut über diese Einseitigkeit. Die Schuld traf, wie ein Blick auf jene Accise-Ordnung vom 15. April 1667 ergiebt, nicht die Einrichtung an sich, sondern die Art ihrer Ausführung. Billigkeit und fiskalisches Interesse verlangten gleichmässig die Besteuerung sämmtlicher Hauptartikel der märkischen Industrie, und es ist ebenso charakteristisch, wie für die Agitatoren selbst ehrenvoll, dass die Bewegung zu jener Ausdehnung der Accise gerade von den bisher verschonten Gewerken zunächst der beiden Residenz-Städte Berlin-Cölln ausging. In ihren grossen Versammlungen vereinbarten sie eine Denkschrift für jene Erweiterung und gegen die Wiederaufhebung der Accise und instruirten in diesem Sinn ihre Deputirten für die im November dieses Jahres auf dem Schloss zu Cölln a./Sp. stattfindenden Conferenzen mit den kurfürstlichen Commissarien. Die Folge dieser Conferenzen war die von den Gewerken und dem kleinen Mann im Allgemeinen davon gewünschte und erwartete. Die Ordnung vom April wurde gründlich revidirt, richtiger erneuert, und die neue Ordnung vom November d. J. zeigte sich als so praktisch, dass sie sich bald in allen grösseren Städten Eingang verschaffte und in erstaunlich kurzer Zeit jene wohlthätige Wirkung hervorbrachte, von der die Feder des oft genannten Berliner Bürgermeisters Michael Zarlang 1671 uns eine so beredte und authentische Schilderung hinterlassen hat.

Ja bald gingen die Städte noch weiter und ihrerseits zum Angriff gegen die Position der Ritterschaft vor. Was der „Oberstand" gefürchtet, trat nunmehr ein. Im Masse wie die Städte sich erholten, wie die Ritterschaft säumiger wurde zur Zahlung der stipulirten 24,000 Thaler, begannen erstere den Kurfürsten zur allgemeinen Einführung der Accise durchs ganze Land zu drängen (Nov. 1667), da das platte Land ein Hauptconsument sei und sich doch jeder Abgabe von seinem Konsum entzöge. Der Kurfürst indess blieb seinem Worte treu. Nicht nur blieben die Ritterbürtigen — das nächste Jahrzehnt 1670—1680 auch noch ihre Immediat-Unterthanen in den ritterschaftlichen Städten und Flecken — frei von der Steuer, auch die Klagen der Bürger über Verlegung der Krüge mit Bier und Branntwein seitens derer von der Ritterschaft wurden nicht in ihrer ganzen Schärfe verfolgt, um dem freilich gleichfalls bedrängten Adel nicht den Rest seines Muts und seiner Freudigkeit zu rauben.

Welche Wirkung die vom Fürsten proklamirten Grundsätze bereits gehabt, geht dabei aus der Motivirung hervor, mit der die Städte in ihrer Eingabe vom 28. März 1667 für Beibehaltung und Erweiterung der Accise plaidirten. Keine Exemtion oder Freiheit — sagen sie — könne in casibus extraordinariis der gemeinen Wolfahrt eines ganzen Landes vorgehen. Zur Untersuchung der Administration von Städten und ständischen Körpern sei der Landesherr wol befugt, gerade diese Untersuchung der Städte aber hätte (seit 1664) ihre völlig uneigennützige Verwaltung als Resultat ergeben. Zum Vergleich damit möge der Kurfürst jetzt doch auch einmal die Verwaltung der Kassen der Ritterschaft untersuchen lassen; dann werde sich herausstellen, dass der ihnen von dieser gemachte Vorwurf übler Haushaltung als Grund des früheren Steuerausfalls gänzlich unberechtigt, ihre Verwaltung besser als die jener gewesen sei.

Einen Schritt von ihrer Forderung zurücktretend, wollen sie sich mit der Ausdehnung der Accise auf die Mediat-Städte der Marken und der Aufhebung aller persönlichen Exemtionen in Städten begnügen. Der Kurfürst zeigt sich jetzt massvoller als sie. Wenn er auch den Oberstand, der gänzlich getrennt von den Städten verhandelte, von der übernommenen Zahlung der 24,000 Thaler nicht befreit, so gesteht er ihm doch Anfang 1668 formell zu, dass die 24,000 Thaler nur denjenigen Städten zu Gute kommen sollen, die die Accise bisher nicht eingeführt hätten.

Schon nach Jahresfrist machte sich die Erkenntniss von dem Nutzen der Accise immer weiter Raum, immer mehre auch der kleineren Städte nahmen sie an, so dass zur Unterstützung der beim alten System vorerst verbleibenden 1669 10,000 Thaler, 1670 nur noch 5000 Thaler von der Ritterschaft gezahlt zu werden brauchten, dann jede Beihülfe aufhörte.

Noch einen letzten Versuch machte dann diese letztere im Winter 1670, die Accise auf Grund und Boden, Stoffe und ausländische Waaren zu beschränken, die Produkte des Landes, vor Allem Fleisch, Brod, Bier, also die einträglichsten Artikel, davon auszuschliessen. Doch schon konnte sich der Kurfürst auf die günstigen Erfolge dreier Jahre berufen, mit der Bemerkung, dass die Accise von allen Steuern die allerchristlichste und mildeste sei und dem ganzen Lande in ihren Wirkungen zu Gute käme.

Während des Kriegs von 1672—1679 verstummten oder verhallten die Klagen der Ritterschaft über die Accise. Doch als der Kurfürst gleich nach dem Friedensschluss im Jahre 1680[1]) eine neue, umfassendere Accise-Ordnung einführte, ermannte sich die Ritterschaft, diesmal unter der Führung des Landes-Direktors der Altmark Dietrich Hermann v. d. Schulenburg, zu einmüthigem Vorgehen dagegen. Ohne besondere Berufung traten ihre Deputirten, April 1680, zu Berlin zusammen und verlangten in einer Eingabe vom 26. d. M. mit Beruf auf die §§ 14 und 72 des Abschiedes vom 26. Juli 1653, dass keine Neuerung bei der Accise ohne ihre Zustimmung vor-, die eben beschlossene aber zurückgenommen würde. Es half ihnen nichts. So wenig diese Forderung, wie eine ähnliche vom Herbst 1681 wurde vom Kurfürsten berücksichtigt, der vielmehr das Aufblühen der märkischen Städte als Argument benutzte, die Einführung der Accise in allen Ritterschaftsstädten vom 1. Jan. 1682 an aus landesherrlicher Vollkommenheit zu verfügen. Er versüsste diese bittere Bestimmung damit, dass er den Ueberschuss des Ertrags über die Quote dieser Städte auf die Contributions-Quote der Oberstände in Abrechnung zu bringen versprach. Fast ironisch klingt es, wenn er dabei dem ihm gemachten Vorhalt, dass die Accise in den Städten der Ritterschaft nicht einmal die Contributions-Quote erreichen, geschweige einen Ueberschuss abwerfen werde, mit der überlegenen Zusage begegnet, einen solchen etwaigen Ausfall aus seinen eigenen Contributions-Einkünften decken zu wollen.

[1]) Mylius IV, 3, 101—118.

Der kurzsichtige Eigennutz der Oberstände strafte sich hier in verdienter Weise. Im Begriff, selbst der Accise unterworfen zu werden, müssen sie nicht nur diese Behauptung anhören, sondern es sich auch als Thatsache beweisen lassen, dass die von ihnen verfochtene Steuerpolitik verkehrt gewesen, die gerechtere Steuervertheilung aber die Erhaltung des Heeres gestatte, ohne den einzelnen Bürger übermässig zu belasten. So endet dieser Kampf mit dem vollkommenen Sieg des Fürsten, wenngleich noch nicht, wie sich zeigen wird, der stillschweigenden Unterwerfung des Oberstandes.

Mit dem Kampf um die Accise hatte sich nämlich schon seit den sechsziger Jahren ein anderer verquickt: der um den Zusammentritt der Stände auch ohne direkte Berufung durch den Fürsten, ein Kampf, der sich allmählich mit seinen Consequenzen zu einem Ringen zwischen fürstlicher und ständischer Gewalt überhaupt gestaltete.

Das war den Ständen schon in den Jahren 1650—1653 klar gewesen, dass es sich bei den wiederholten Versuchen Friedrich Wilhelms, seinen Kriegsstaat ausschliesslich auf den Ertrag der von fürstlichen Organen zu verwaltenden Accise zu stellen, nicht nur um höhere Einkünfte, sondern mindestens eben so sehr darum handelte, die den Zeitverhältnissen nicht mehr gemässen Bevorrechtigungen des Ständischen Staats in ihrer Wurzel zu treffen. Daher der selbständige Zusammentritt der Stände-Convente 1650 und 1651, daher im Recess von 1653 die feierliche Wiederholung des ständischen Grundrechts, wenn man dem Fürsten etwas vorzubringen habe, kreisweise zusammentreten und in corpore Protest und Beschwerden vereinbaren zu dürfen. Auch 1666 und dann wieder 1680 und 1681 waren diese Versuche erneuert worden, mit Berufung jetzt auch auf die §§ 14 und 72 des Recesses vom 26. Juli 1653, das Recht der formellen Verwilligung jeder Steuer, jedes Steuerzuschlags, event. auf unberufenen Conventen. Doch alle diese Versuche scheiterten an der jeden Widerspruch ausschliessenden, abweisenden Haltung des Kurfürsten, der die Recess-Paragraphen von 1653 dahin interpretirte, dass neue Steuern zwar der Verwilligung gesammter Stände bedürften, nicht aber jeder, bei der Lage der Verhältnisse häufig notwendige, geringe Steuerzuschlag, wodurch das Tagen der Stände sich zu einem immerwährenden gestalten und grössere Zehrungskosten verursachen würde, als der Zuschlag selbst betrüge.

Um so kategorischer aber verfuhr der Fürst, je mächtiger er sich zu fühlen begann und je mehr er das materielle Unrecht der Forderungen der Stände durchschaute, die sich bisweilen den Anschein gaben, als seien sie gewillt, einzelne Forderungen durch ihr geschlossenes Auftreten zu erzwingen.

So vor Allem nach dem Ende des Schwedischen Kriegs, Winter 1679/1680, wo sie mit Rücksicht auf ein früheres Versprechen des Fürsten, die jetzt monatlich 25000 Thaler betragende Contribution nach Herstellung des Friedens herunterzusetzen, ihre Berufung verlangten, weil man nöthig gefunden hätte, mit einander zu deliberiren, wie man „sothane gnädige Resolutiones zum guten Effect befördern und deshalb alle dienliche Erinnerung thun möchte". Der Kurfürst berief keinen Landtag — weder jetzt, noch später. Wol aber kam er ihnen insoweit entgegen, dass er die Contribution für 1681 auf 30,500 Thaler heruntersetzte, von denen bei weitem die grössere Hälfte durch die Accise aufgebracht worde.

Es wäre vielleicht für die Stände am Vortheilhaftesten gewesen, wenn sie sich bei dem einmal Bestehenden beruhigt und soviel zu retten versucht hätten, als noch möglich war.¹) Dadurch, dass sie einer neuen Anforderung des Kurfürsten gegenüber aber gänzlich die Geduld verloren, setzten sie sich neuen Vorwürfen aus, die zu abermaligem Conflikt und ihrer völligen Niederlage im Frühling und Sommer des Jahres 1683 führten.

Durch Decret vom 10. Nov. 1681 hatte der Kurfürst, wie oben berührt, bestimmt, dass vom 1. Jan. 1682 ab die Accise in allen Städten des Landes, auch den stiftischen und ritterschaftlichen, durch fürstliche Organe eingerichtet und von den fürstlichen Steuer-Commissarien kontrolirt werden sollte, mit der den Ständen entgegenkommenden Bestimmung, dass der etwaige Ueberschuss der Accise über die Contributionsquote der Kreise ihrem Contributionsquantum zu gute gerechnet, davon „decurtiret" werden sollte. Mit jenem Neujahrstage 1682, wo zum ersten Male seit Jahrhunderten fürstliche Steuer-Einnehmer und Direktoren, fürstliche Steuer-Commissarien und Mitglieder des General-Kriegs-Commissariats die Grenzen der Ständischen Immunitäts-Bezirke in öffentlicher Funktion überschritten, fiel aber der letzte zusammenhaltende Stein aus dem Gewölbe, das den Ständischen Staat trug. Daher erhoben die Stände seit Anfang d. J. ihre Stimme, um einen Landtag zu verlangen, auf dem sie den schweren Bedenken Ausdruck geben könnten, zu denen die neue Einrichtung und andere verwandter Natur ihnen Anlass gäben.

Ueber den Ausschusstag vom 25. Okt. 1682 sind wir nicht eingehend unterrichtet; so viel wird aber aus dem Verlauf der Dinge ersichtlich, dass es hier noch keineswegs zu entscheidenden Beschlüssen kam. Es ist wol nur eine Art Geplänkel gewesen, das dazu dienen sollte, die Streitkräfte zu ralliiren und gegenseitig auf die Probe zu stellen. Der eigentliche Sturm brach in den Märztagen des folgenden Jahres 1683 los, wo den Ständen endlich ihr Wunsch, nur zum Zweck der Darlegung ihrer Beschwerden zusammenzutreten, bewilligt worden war. Die bisherigen Leiter der Opposition, der altmärkische Landeshauptmann Dietrich Hermann v. d. Schulenburg, der dortige Quartal- und Hof- und Landrichter v. Uechtritz und der Priegnitzer, Gans Edler zu Putlitz, scheinen zuerst eine frondirende Haltung beobachtet zu haben. Wenigstens blieben sie zunächst von dem auf den 5. März d. J. nach Berlin berufenen Tage ganz fort und erst acht Tage später, wol auf specielle Einladung der Ritterschaft des andern Körpers, erschienen sie daselbst, um dann aber sofort bestimmend auf den Gang der Dinge einzuwirken.

¹) Vgl. Ranke, Genesis I, 2, 283.

Zwei Punkte stellen sie voran, gegen die man sich zunächst sichern müsse, um ungehindert vorgehen zu können: die Nichtberechtigung jeglicher neuen Steuerforderung als nicht in dem Landtagsausschreiben befindlich und die Uebergriffe des General-Kriegs-Commissariats, das sich erkühne, nicht nur die den Ständen zustehenden steuerlichen Funktionen selbst zu übernehmen, sondern sich zum Richter über die Gesammtheit der Stände und jeden Einzelnen von ihnen aufzuwerfen, entgegen dem fürstlichen Versprechen, Anklagen gegen die Stände stets selbst anzuhören oder vor den Geheimen Räthen, als höchstem Collegium des Landes, verhandeln zu lassen. Erst wenn man in diesen beiden Punkten einig sei und die Consequenzen des Vorgehens in dieser Richtung nicht sehe ue, sei an eine erfolgreiche Behandlung ihrer mannichfachen Beschwerden zu denken. Diese letzteren gipfeln in der Steuerfrage. Zunächst wird auch hier die in den Jahren 1672—1679 wiederholentlich in Aussicht gestellte Minderung der Contribution von Neuem verlangt, sodann die Wiederherstellung des alten direkten Steuermodus, wie er ihnen 1667 und später zugesagt sei und womöglich die gänzliche Beseitigung der Accise auch in den Städten, womit die Uebergriffe des General-Commissariats von selbst aufhören würden. Daran reiht sich die Bitte um Aufhebung der abermals ohne Verwilligung eingeführten Stempel-Steuer, nach ihrer Auffassung einer Art von Accise, einem Attentat auf die Steuerfreiheit der Ritterbürtigen und auf die Wohlfeilheit der Rechtsprechung; nach des Kurfürsten Anschauung freilich nur die Ausübung eines ihm unbedingt zustehenden fürstlichen Regals; endlich die Wiederherstellung des Freihandels für Stadt und Land und die Aufhebung der entgegenstehenden kurfürstlichen Decrete, wonach alle Produkte des Landes nur auf den Märkten der Städte zum Verkaufe feil geboten werden sollten — zum Verderb des Landmanns, der vom städtischen Händler dabei auf das Schnödeste übervortheilt werde.

Der Ton der Anklagen steigert sich in den Worten der Deputirten der andern Kreise, selbst Grevenitz, Kanonikus des Brandenburger Dom-Kapitels und Sprecher der Mittelmärkischen Deputirten, ein friedliebender besonnener Mann, der für das Vorgehen ein „temperamentum" vorschlägt, findet doch die Haltung des General-Commissariats unerträglich. Sollte der Kurfürst doch einmal zur Accise entschlossen sein, so meint er, würden sie ihn von seinem Entschlusse nicht abwendig machen. Alles käme daher darauf an, unter sothanen Umständen „den Strick in der Hand zu behalten", an Stelle der Steuer-Commissarien die Verwaltung und Kontrole der Accise selbst zu übernehmen und fest darauf zu halten, dass dem Versprechen des Kurfürsten gemäss der Ueberschuss der Accise dem Landmann und Niemand als ihm für die Minderung der Contribution zu Gute komme.

Doch selbst wenn Grevenitz die andern Deputirten zu seiner Meinung bekehrt hätte, ist es immer noch zweifelhaft, ob seine Taktik von Erfolg gewesen wäre. Durch den — freilich vorgeblichen — Versuch der Ritterschaft, die Städte zu gemeinsamem Protest gegen die Accise mit fortzureissen und ihre heftigen Invectiven gegen das General-Commissariat, damals unter Leitung des gewiss nicht adelsfeindlichen Joachim Ernst von Grumbkow, aufs äusserste erbittert, beschloss Friedrich Wilhelm, fortan einen seiner Geh. Räthe mit der Leitung der Ständischen Ausschusstage zu betrauen und so jeden ferneren principiellen Widerstand und derartige Scenen auf der Landstube unmöglich zu machen. Es war ihm bereits früher gelungen, einem seiner kundigsten Finanzbeamten, dem Hofrentmeister Chr. Barthold Stille, später als Mitglied der Hofkammer viel genannt, zum Lohn seiner Dienste die Stelle eines Dekans des Stifts Havelberg zu verschaffen, wohl dem ersten bürgerlichen Beamten, dem eine solche Auszeichnung zu Theil wurde. Diese Stelle gab auf Sitz und Stimme im Ausschusse der beiden Oberstände Anspruch. Der Kurfürst aber, dem es um das Präsidium, nicht um die einfache Zulassung Stille's zu thun war, benutzte den zufälligen Umstand, dass das Brandenburger Kapitel diesmal nicht, wie sonst meist, durch seinen Dekan v. Ribbeck, sondern durch Grevenitz, einen einfachen Domherrn, vertreten war, zu der Forderung, dass dieser das Präsidium an Stille abtrete, da nach dem Herkommen der Dekan von Havelberg einem Brandenburger Domherrn vorgebe. Sowohl die Forderung um Zulassung Stilles, eines Mannes, der nicht edler Extraction sei, als besonders die, ihm die Leitung der Geschäfte zu überlassen, erfüllte die Stände mit Entrüstung. Am Tage, wo Stille auf der Ritterschafts-Stube im Landschaftshause erschien (28. März 1683), fand er dieselbe leer. Die Oberstände waren ohne Abschied, ohne irgend welche Mittheilung an die Städte, ihre Constatus, von dannen und nach Hause gezogen. Putlitz, der Vertreter der Priegnitzirischen Ritterschaft, gab in denselben Tagen ihre Beschwerde zu Potsdam ein, zugleich mit der Bitte, sie vor dem ihnen durch Stille's Eintritt drohenden Affront zu bewahren. Die kurfürstliche Resolution vom 2. April d. J. gab betreffs ihrer Beschwerden sehr allgemeine Versprechungen für die Zukunft. Daneben aber wurde, bei Androhung der schärfsten Ungnade, der sofortige Wiederzusammentritt und die Admission Stille's gefordert. Wie so oft schon gab die Ritterschaft, sobald sie erkannte, dass es dem Kurfürsten bitterer Ernst sei mit seinen Drohungen, auch diesmal nach. Nicht nur trat sie am 15. April wieder zusammen, nicht nur wurde Stille jetzt (20. April) admittirt, sondern in einer äusserst submissen Vorstellung wiesen sie jede Absicht, die fürstliche Prärogative schmälern, ihren Landesherrn persönlich kränken zu wollen, von sich und waren zufrieden, auf diese Weise des Kurfürsten Ungnade von sich abzuwenden, ohne an die Wiederholung einer ihrer früheren Beschwerden zu denken. Auf diesem Tage kam es dann endlich zur Anerkennung der kurfürstlichen Steuer-Prärogative, die sich alsbald in der General-Consumtions-Ordnung für Stadt und Land vom 1. Jan. 1684 aufs deutlichste kundgiebt.

Die Einführung der Accise.
1661—1684.

Verhandlungen aus den Jahren 1661—1666.

Der Kurfürst an die Geheimen Räthe. Dat. Cleve 18. Oct. 1661.

[Sollen einen Deputationstag zum 18. Nov. a. St. nach Berlin berufen.]

1661.
18. Oct.

„Ob Wir zwar ein gut Theil Unsrer Soldatesque anderwärts zu reduciren gn. Verordnung gethan, wodurch verhoffentlich Unsere getr. Unterthanen eine erkleckliche Erleichterung und Sublevation zuwachsen wird, Wir auch wünschen möchten, dass die Zeiten also beschaffen, dass Wir die übrigen Völker auch abdanken und also das Land von aller Beschwerung gänzlich befreien könnten: So werden doch sowol Unsre getr. Unterthanen und Stände als sonst männiglich bekennen, dass solches nicht rathsam, sondern dass Wir wenigstens soviel Völker, als zur Besetzung der festen Plätze und auch zu Verwahrung der vornehmsten Pässe nöthig, werden beibehalten müssen und leben daher der gn. Zuversicht, es werden Unsre getr. Unterthanen und Stände, wie sie bishero rühmlich gethan, Uns dabei noch ferner unterth. unter die Arme greifen.

Damit nun deswegen gebührende Anordnung geschehe und das Werk also eingerichtet werden möge, wie es sich am besten und mit wenigster Beschwer des Landes will thun lassen: als finden Wir sowol dieser als auch andrer im Lande geführter Klagten und bei dem Kriege eingerissener Unordnungen wegen nöthig, dass Unsre getr. Stände der Chur und Mark Brandenburg, auf einen gewissen Tag in Berlin einzukommen, beschrieben werden. Und weil Wir vermittels göttlicher Hülfe noch vor Martini in Unsrer Residenz zu Cölln a./Sp. einzulangen verhoffen, als ist Unser gn. Befehl an Euch, dass Ihr Unsre getr.

Ausschreiben eines Tags auf den 18./28. Nov. 1661.   489

Stände diess- und jenseits der Oder und Elbe durch gewöhnliche Ausschreiben, wie es Herkommens ist auf den 18. Nov. st. vet. in Berlin durch ihre Deputirte, damit das Land mit der Zehrung nicht zu sehr gravirt werden möge, in so geringer Anzahl als möglich einzukommen und zu erscheinen, sich vorhero in den Kreisen zusammenzuthun, die Deputirte vornehmlich auf folgende puncta und was ihnen sonsten zu Beförderung Sr. Ch. D. und der Lande Wolfahrt und Aufnehmen nach Gelegenheit der Zeit und erheischender Notdurft zu proponiren noch vorfallen möchte, zu instruiren und Vollmacht zu ertheilen, einladen und bescheiden sollet:

1. Wie der Unterhalt für die noch bleibenden Völker also einzurichten, im Lande zu vertheilen und aufzubringen, wie es mit der wenigsten Beschwer des Landes, soviel immer möglich, geschehen kann. Dabei Ihr dann denen Ständen zu bedenken geben könnt, weil der Name der Contribution fast gehässig und viele Leute sich dieserwegen in Unserm Lande niederzulassen abgehalten werden, auch grosse Streitigkeiten und Beschwerungen wegen Prägravation und Uebertragung sonderlich zwischen den Städten vorgehen, dagegen in andern Oertern fast ebensoviel, ja mehr contribuirt werden muss und dass es nicht per collectas, sondern durch andere Mittel geschieht, so doch in gutem Stande nicht allein verbleiben, sondern von Tage zu Tage sowol an Volk als Reichthum zunehmen und in gross Aufnehmen gerathen, dass sie bei sich überlegen und ihre Deputirte darauf instruiren mögen, ob nicht dergleichen General-Mittel auch zu erfinden und in Unsrer Chur und Mark Brandenburg einzuführen, davon der Unterhalt der Soldatesque und was sonst zu Defension der Lande nöthig, könne genommen werden. Dabei es doch nicht die Meinung hat, die Stände aus der jetzo gewöhnlichen Quotisation und deshalb getroffenem Vergleiche zu setzen, sondern dieselbe bleiben billig in ihrem vigore und Kräften.

2. Wie Unsern Cammer- und Rentei-Gefällen, welche sowol durch die beharrliche Kriege als anderen Zufällen in merklichen Abgang gerathen, also dass dabei ein Redressement höchstnöthig, könne geholfen werden, damit die Mittel zu Unterhaltung Unsres Churf. Staats und davon dependirenden Regierungskosten und onerum nicht ermangeln mögen."

3. Die Umwandlung des Quartiers und Service in Geld ins Auge zu fassen.

4. Für die Befriedigung der Bürger Berlin-Cölln's zu sorgen, deren Häuser in die Fortification mit hineingezogen seien.

5. Für Aufrichtung einer guten Polizei- und Kammergerichts-Ordnung Sorge tragen zu helfen.

Die Proposition vom 19./29. November ist eine genaue Umschreibung dieser Instruction.

Erklärung der Stände auf die vorgetragenen Puncte. Dat. Berlin 27. Nov. 1661.

[Dank für die Bemühungen des Kurfürsten. Untergang des Landes bei Fortdauer der derzeitigen Leistungen unvermeidlich. Einzige Rettung Reduction des Heers. Bis dahin erscheint feste Bewilligung direkter Natur der Ritterschaft und dem Altmärk-Priegnitzirischen Städte Corpus als das Beste. Die Accise unannehmbar. Verweis auf die Tage von 1623 und 1652, den Quotiaations-Recess von 1643. Bedenken gegen diesen Steuermodus aus der bestehenden Verfassung und der Besorgniss, die Sicherheit des Landes auf eine Steuer schwankenden Ertrags zu stellen, sowie der Kostspieligkeit der Erhebung. Belegung der notwendigen Nahrungsmittel mit Steuern verstösst gegen die Gerechtigkeit.]

1661.
7. Dez. Stände seien vor wie nach bereit, ihrem Fürsten nicht nur mit Leib und Leben, sondern mit ihrem ganzen Vermögen beizuspringen.

„Es kann aber in kein Verneinen gezogen werden, und erweiset os leider der klägliche Augenschein gnugsam, wie bei solcher ihrer unterth. Gutwilligkeit und sonderlich bei denen nunmehr in die 35 Jahr gewährten und ausgestandnen Kriegspressuren, Landesverheerungen, Auf- und Zusammenbringung so vieler unzählbaren hohen Geldsummen, allein bei diesen allerletzten Kriegestroublen, die doch nur etliche wenig Jahr gewährt, fast in die vier Millionen baar mit Gelde und Getreidig ordinaric aus diesen Landen aufgebracht werden müssen, zugeschweigen was die Extraordinaria, welche unstreitig viel höher und mehr denn gedoppelt zu achten, hingenommen und zugleich ganze Kreise und Städte gänzlich darbei desolirt worden, also dass darüber die Lande zu einem grossen Abnehmen gediehen, die Unterthanen ihr ganzes Vermögens daran setzen und strecken müssen, die meisten und besten Oerter des Landes totaliter ad inculturam kommen, die Anzahl der Einwohner in Städten, Flecken und Dörfern dergestalt abgenommen, dass die allerwenigsten dorer, wiewol auch selbige in bitterer Armut und grosser Dürftigkeit begriffen sein, darinnen noch befunden werden. Viel Leute, denen nichts mehr übrig blieben, womit sie sich und ihre Kinder erhalten können, haben sich durch allzugrosse Traurigkeit, zuweilen auch wol per desperationem den Tod selbsten accelirt, (l.: accelerirt), die übrigen wollen gleichwol pro moerore animi zergeben und seind oftmals nur als Sceleta anzusehen."

Nach Aufzählung andrer Unfälle elementarer Natur, daraus erfolgender Theuerung u. s. f. fahren sie fort: „Welches alles denn causirt und veranlasst, dass E. Ch. D. wir unsern Instructionen nach hiermit ganz unterth. ersuchen und anflehen müssen, dass Sie Sich die grosse Not Ihrer totaliter exhaurirten Unterthanen noch weiter zu Herzen gehen lassen, ein christlich Mitleiden mit ihnen darüber haben, und es gn. dahin zu vermitteln geruhen wollten, dass nunmehr diese Lande auch einmal der süssen Früchte des durch Gottes sonderbare Gnade erlangten und wiederbrachten Friedens, an dessen blossem Namen sie bisher ohne sonderbare Empfindung vergnügt sein müssen, würklich und in der That geniessen mögen. Welches mit einem guten Nachdruck leicht alsdann wird beschehen können, wenn E. Ch. D., da Sie nunmehr vor auswärtiger Gewalt sich nicht zu befahren haben und vor öffentlicher Hostilität gesichert sein, Ihre annoch auf die Beine habende Infanterie eines theils licentiren, sich derer hohen Officirer, ausser denjenigen, die Sie zu den Besatzungen unumgänglich vonnöthen, entfreien, die vielen Stäbe und Primas Plauns der Regimenter und Compagnien abstellen, das übrige an Fussvolk, was zu Besetzung der Vestungen und Fortification-Plätze an den Gränzen vonnöthen, in starke Compagnien reduciren und setzen, auch was auf die Artiglerie gewendet, aufheben und abthun lassen wollen; denn hierdurch wird unzweifentlich eine grosse Sublevation beschehen können. — — Und wird das beste sein, wann E. Ch. D. sich nur einer nach itziger Bewandtnüss und Beschaffenheit der Lande regulirten und erträglichen Geldsummen in Gnaden herauslassen wollen, so werden wir dagegen aller Möglichkeit nach uns auch in fernere Tractaten unterth. einlassen können. — — Jedoch haben unsre Committenten uns dahin instruirt, dass was zur Notdurft annoch versprochen werden muss, solches auf ein ganz Jahr und in gewisse Terminen, nicht aber mit einer monatlichen Aufbringung, so in Kriegeszeiten gebräuchlich, sondern mit einem andern Namen einer Land-Steuer möge angenommen und damit das invidiosum und nicht anders als in bello introducirte nomen einmal abgethan, auch den Unterthanen gute Hoffnung gemacht werden könne, dass mittler Zeit und mit anhaltendem Friede die Beschwerde sich je mehr und mehr vermindern und die Contribution-Last als ein perpetuum onus dem Lande nicht auf dem Rücken bleiben werde.

Und wann man dann mit E. Ch. D. einer solchen erträglichen Goldsummen einig sein wird, so halten, was die Ein- und Abtheilung unter die Kreise und Städte betrifft, die von der ganzen Ritterschaft dieses Churfürstenthums unanimiter davor, denen dann gleichfalls die Altmärkische und Priegnitzirische wie auch Storckow- und Beeskowische Städte allerdinge adstipuliren, und müssen also zugleich per majora schliessen, dass darzu kein besserer, sichrer und practicirlicher Mittel zu erfinden, als der bisher in Usu gewesene, und durch E. Ch. D. selbst verhandelte und seithero der Transaction, so in Anno 1643 beschehen, in vigore verbliebene Modus quotisationis, wie dann auch nicht weniger die Ritterschaft der Neumark sich auf den Vergleich de anno 1655 berufen. Denn weil solbige Arten zu contribuiren männiglichen bekannt, alhier inveterirt, auch bis hieher practicirt worden, so wird man nunmehr bei friedlichen Zeiten dieselbe desto mehr gebrauchen können, in Erwägung, dass darinne keine sonderbare Iniquität vorhanden, noch mit gutem Grunde beigebracht werden könne. Denn obzwar das Contribution-Werk gehässig genug und unleugbar viel Klagen bei männiglichen gehört worden, dass die meisten mit ihren quotis gar nicht, die übrigen aber doch mit grosser Beschwerde weiter nachsetzen können, so rührt jedoch solches nicht hauptsächlich aus dem Modo quotisationis an sich selbsten her, und dass einer oder der andre darüber sollte gravirt sein, sondern vielmehr von der unaufhörlichen Drangsal, womit diese Lande an die 35 Jahr und länger her gequält gewesen. — —

Was die in Propositione vorgeschlagene General-Mittel anlangen thut, so ist ex retroactis bekannt, dass dieselbe bereits in anno 1623 den Ständen vorgeschlagen und bei dem letzten Land-Tage, der in anno 1652 seinen Anfang genommen, von neuem hervorgesucht, aber mit solchen gnugsamen Gründen unterth. abgelehnt worden, dass E. Ch. D. hochgeehrten Herrn Vaters Christlöbl. And. Ch. D. und Sie selbsten daran ein gn. Gnügen getragen, und müssen wir denselben, weil sie annoch unbeweglich stehen, per majora anderweit inhaeriren und solches nochmaln darum, weil durch die General-Mittel die Veteres Modi contribuendi unumgänglich und sofort aufm Stutz aufgehoben werden und führen also unvermeinlich eine grosse Veränderung und Neuerung mit sich, da doch die Mutationes in omni Republica periculosae sein und selten den scopum und das Ziel erreichen, so damit intendirt wird. Und um deswillen man auch billig umsovielmehr einen Abscheu davor haben sollte. — — Sonderlich fallen hierbei so viel mehr Difficultäten vor und will wol zu erwägen sein, ob in diesem

Stände für Beibehaltung der Contribution.

Churfürstenthum, welches mit so vielen angelegenen Chur- und Fürstenthümern ganz umschränkt und bezirkelt ist, einig und allein sich eine solche Belegung aller und jeder Sachen und Ersteigerung der Commercien mit Nutzen und Vortheil wollte introduciren lassen. Denn einmal ist gewiss, dass wir der Vicinorum und deren Commercii durchaus nicht entrathen können. — Es seind diese Lande nicht an der offenbaren See belegen, dass ihnen durch die Navigation alle Notwendigkeit zugebracht werden könnte, und sie der andern Benachbarten zu Lande nicht bedürfen möchten, die Erzeugnisse dieser Lande aber werden die Nachbarn von andern billiger kaufen. — Worüber nebst der Translation der Commerciorum ad magis commodiora loca eine unerhörte Theuerung und Ersteigerung aller Mercium, maxime exoticarum, so von weit abgelegenen Landen herein gelangen müssen und auch allerdinge hierselbst nicht entrathen werden können, dieser Oerter entstehen würde."

(Es folgen Ausführungen über den Widerspruch zum Quotisations-Recess von 1643, die Verschlechterung in der Stellung der Ritterschaft, die geringe Begründung für einen neuen Modus) „do doch eine so gar urgens necessitas, warum ein andrer modus collectandi müsste ergriffen werden, noch zur Zeit nicht vorhanden. Und kann doch sonsten den Notleidenden von ihren Commembris, die etwan noch ein wenig im bessern Aufnehmen sein möchten, wol nach Billigkeit geholfen werden, dass man nun nicht erst zu einem andern extremo fallen dürfe."
(Es würde unerhört sein, wenn jetzt nach hergestelltem Frieden auf einer Versammlung, die zur Berathung des Wiederaufnehmens des Landes berufen, nova exactionum genera sollten geschaffen werden): „Wer weiss auch nicht, dass in diesen Landen niemaln etwas eingeführt worden, so nicht hernach causam continuam mit sich geführt und dabei jedesmal standhaftig blieben. — — Viel sicherer ist es und ohne Gefahr, wenn ein jeder Status in den Schranken seines Juris Quaesiti verharrt und sich dawider nichts aufdringen lässt, absonderlich da der Ritterschaft Libertät, Immunität und Exemtion von den Vectigalibus hierunter beruht und bei Einführung der General-Mittel die von Adel ebensowol als die geringsten Plebeji sich damit müssten belegen lassen und würden darüber in Patria deterioris conditionis als an andern Orten sein. — — Noch ferner und über alles vorigo, so leuchtet ja einem jeden gnugsam in die Augen, dass durch dies medium so wenig E. Ch. D. Dero gn. Intention erreichen, als auch die arme Unterthanen die mit so herzlichem Verlangen und grossen Schmerzen gehoffte Sublevation thätlich verspüren würden. Aldieweil durch dieses

Mittel zu keinem gewissen und fixo quanto, so zu allen und jeden Ausgaben, welche die Defension des Landes requiriren möchte, sufficient, zu gelangen sein würde, nachdem es in diesen Landen mit den Commerciis ein gar auf- und absteigendes Werk ist und man nicht wissen kann, was sie eigentlich thun und ertragen können; daher dann dieser Modus gar in incerto beruhen würde und leicht zu erachten, dass derselbe bei weitem dasjenige nicht austragen und bringen könne, was in den Niederlanden und an andern an der See belegenen Orten daraus zu nehmen und zu erheben. — —

Was würde auch die Eintreibung dieses Imposts vor Unkosten erfordern und was vor Salaria auf die Menge der Leute gehen, so dazu sowol auf dem Lande, sonderlich an den Grenzen und in Städten und Flecken müssten bestellt werden und würde nicht einen geringen, sondern zumaln grossen Abgang an der Einnahme verursachen. Es ist bei dem vor wenig Jahren eingeführten Salz-Commercio zu sehen und werden es die Rechnungen wol auch zeigen, was der Unterhalt der Leute, so darauf müssen gehalten werden, wegnehmen thut, da doch bei weitem dazu nicht eine so grosse Anzahl dann hierzu vonnöthen, zu geschweigen, was die Untreu bei solcher Vielheit der Bedienten vor Schaden in einem solchen gemeinen Werke thun können, dazu sich gemeiniglich solche Leute gebrauchen lassen, die notdürftig sein und vor sich selbsten wenig Mittel haben und alsdann in kurzer Zeit bei ihrem Dienst durch ihre vielfältige Practiken also emergiren dass sie sich vor andern sonderlich hervorthun und mit dem Ihrigen delicate leben können, wie dergleichen bei dem introducirten Salzwesen gnugsam zu verspüren. — —

Weiter so wird durch eine solche Art zu steuern allermeist der Contractus belegt und onerirt, dessen kein Mensch einen Tag, ja fast keine Stunde entrathen kann, da doch die Jura Communia verbieten, denenjenigen rebus eine gabellam zu imponiren, derer ad vitae sustentationem man nicht kann geübrigt sein. Allermeist wollte dieser Impost die Armut drücken, ingleichen Kirchen-, Schuldiener und Hospital-Leute und ist dabei gar keine Aequität, indem mancher den der liebe Gott mit Kindern gesegnet und darüber eine grosse familiam haben muss, viel ein mehreres steuern müsste, als ein andrer, der nicht mit so vielen Kindern versehen, und sein Hauswesen darüber einziehen kann, und doch dem andern an Vermögen nicht ungleich, sondern oftmals wol weit überwiegen mag. Die Armen müssen unstreitig von rebus eduliis, derer sie zur Lebensnotdurft bedürftig, eben dasjenige abstatten, was die allervermögendsten deswegen beitragen müssen, die doch oftmals von ihren unbeweglichen Gütern und ex propriis proventibus dasselbe zu ihrer Haushaltung nehmen können, was die andern täglich vor Geld sich erkaufen und anschaffen müssen."

Auch die Beamten, die auf ein festes Salar gestellt, die Hofbesitzer mit ihrem grossen Gesinde würden dadurch zu schwer belastet; vor Allem aber sei zu berücksichtigen, dass eben die Artikel, die der Accise unterliegen sollten, schon von Steuern betroffen seien, die zur Deckung der der Herrschaft abgenommenen Schulden bestimmt seien; diese würden also doppelt besteuert werden. Das Salz endlich und das ausgeführte Getreide unterlägen einem so hohen Licent, dass auch hier ein Aufschlag unmöglich sei. Sie bäten daher nochmals, sie lieber bei den bekannten malis zu belassen, als ihnen neue und ungewisse aufzulegen.

2. Zur Hebung der Intraden aus den kurfürstlichen Domänen schlügen sie die Vergebung aller Bedienungen auf denselben, mit den Hauptmannschaften angefangen, an tüchtige, einheimische Wirthe vor; daneben die Einziehung des Hofhalts, ohne Sr. Ch. D. dabei Mass und Ziel setzen zu wollen.

3. Gegen die Umwandlung der Servicen in baar Geld seien sie ganz entschieden, da die Soldaten das Geld nur verthun und doch den Wirthen dasselbe in natura abpressen würden, zumal die Festungen dies bisher nicht prätendirt hätten.

4. Der Anspruch der beiden Residenz-Städte auf Satisfactions-Gelder sei als in diesem Augenblick inopportun abzulehnen.

5. Die Revision der Kammergerichts-, Polizei- und Tax-Ordnung sei von ihnen bereits in die Hand genommen; die letztere würde aber nicht erfolgreich sein, „ehe und zuvor das Münzwesen besser dann noch wieder gefasst und redressirt worden"; auch die Commercia würden alsdann wieder einen guten Fortgang nehmen, „sonderlich wann die wider das Herkommen erhöhte Zölle wieder vermindert würden —".

Replik des Kurfürsten. Dat. Cölln a./Sp. 10. Dez. 1661.[1])

(Der nur eben zur Sicherung des Landes hinreichende dermalige Bestand des Heers erfordert im Minimum 25,000 Thlr. monatlich; der beste Modus zu ihrer Aufbringung die General-Mittel, für die die Städte sich bereits erklärt; die Domäneuintraden, trotz genauester Kontrole zur Deckung des Deficits unzureichend. Die Forderungen der Residenz-Städte.]

„— — S. Ch. D. werden nichts unterlassen, was zu Sublevation und Ringerung der Beschwerden immer gereichen kann. Gestalt Sie dann nicht allein Ihre Armee bereits dissolvirt, die General- und an-

---

[1]) Excerpirt bei Orlich, Gesch. des Gr. Kurfürsten II, 430, 431.

dere Stäbe abgedankt, sondern auch zu solchem Behuf nochmals fernere Reduction unter Dero Miliz vorzunehmen gn. gesonnen sein. Versehen sich aber zu Dero getr. Ständen und Unterthanen gn., dass weder sie, noch jemand anders Sr. Ch. D. rathen können, sich ganz und gar aus aller Verfassung zu setzen, sondern dass die Wolfahrt, Sicherheit und das Aufnehmen des Landes selbst erfordern, dass Sie soviel Soldaten auf die Beine behalten müssen, damit die Vestungen und Pässe mit nöthigen Guarnisonen und Besatzungen versehen und also unvermutheter Ueberfall abgewehrt werden könne; dahero Sr. Ch. D. lieb gewesen wäre, wann die Deputirte sich zu etwas Gewisses unterth. herausgelassen hätten.

Weil aber dieselbe vor besser gehalten, dass S. Ch. D. es benennen möge, so haben Sie alles aufs genaueste überlegen lassen, können aber nicht befinden, wie Sie mit weniger als 300,000 Thlrn., so monatlich 25,000 Thlr. austrägt, ausreichen können. Sie müssen zwar bekennen, dass dieses in Consideration des Landes Zustand und der bisher getragenen grossen Bürden ein grosses und schweres sei; kommen auch Ihres Orts sehr ungern und fast wider Ihren Willen dazu, dass Sie nochmals ein so hohes dem Lande zumuthen müssen, aber weil Sie nicht sehen, wie es zu ändern oder die benöthigte Miliz mit einem geringeren könne unterhalten werden, so versehen Sie sich zu Dero getr. Unterthanen, dass sie die Last, wie bisher, gutwillig auf sich nehmen werden.

S. Ch. D. seind aber der gn. Meinung und Zuversicht, dass obgleich die Summe fast gross ist, dennoch dieselbe das Aufnehmen des Landes nicht werde hindern, wenn nurt eine gleichmässige Eintheilung gemacht und in der Billigkeit und Gleichheit bestehende modi contribuendi, dadurch der Arme vor dem Reichen nicht beschwert, sondern die onera aequaliter getragen werden, ergriffen werden. Und weil nun S. Ch. D. das Medium der General-Mittel vor einen solchen Modum gehalten, es auch an andern Orten in der That zu verspüren ist, so haben Sie denselben Dero getr. Ständen gn. verschlagen wollen. —"

Ihre ablehnende Haltung zu den P. 2, 3 und 4 wird als zu hart getadelt und auf die fortgesetzten Bemühungen des Kurfürsten zur Hebung des Landes verwiesen.

Persönlich in die Verhandlungen eingreifend, geht der Kurfürst in den nächsten acht Tagen von 25,000 auf 20,000 Thlr. monatlich herunter, nach seiner hier wiederholt ausgesprochenen Ansicht auf dem von ihm proponirten

Wege ohne den Verderb des Landes aufgebracht werden könnten. Doch auch auf dies Gebot weigert sich die Ritterschaft einzugehen, wie aus der hier folgenden Duplik der Deputirten vom 21./31. Dez. hervorgeht, die ihnen, laut Marginalnotiz, gelegentlich der darauf ertheilten Resolution wieder zurückgestellt wurde, „weil man solche schriftliche Erklärung nicht bei den Akten haben wollen".

Duplik der Deputirten. Dat. Berlin 21. Dez. 1661.[1])

[Die Aufbringung von 20,000 Thlrn. monatlich gegenwärtig unmöglich; falls Kurfürst darauf bestehe, bäten sie, ihnen eine Erklärung für ihre Mandanten mitzugeben, warum eine so hohe Contribution von ihm für notwendig erachtet worden.]

1661. 31. Dez.

„Ob zwarten nebst unterth. Versicherung und Anbietung unsrer getr. und gehors. Dienste wir allerseits sehr bestürzt worden, als E. Ch. D. zu Ausgang voriger Wochen durch einige aus Mittel Ihrer Geh. Räthe uns in Gnaden vorstellen lassen, auf was vor eine jährliche und monatliche hohe Geldsumme, aus diesen Churlanden auszubringen, Sie sich resolvirt hätten, so seind wir doch noch mehr betrübt worden, wie wir vernehmen müssen, dass E. Ch. D. nochmaln zur Militie 20,000 Thlr. monatlich begehren und davon nicht abweichen wollen. Zum allerschmerzlichsten aber ist es, dass bei Abforderung einer solchen unerschwinglichen Geldsumme bei itzigem Friedenszustand nicht der modus observirt wird, der vorhin bei Land-Tagen üblich gewesen und allenthalben bei andern Land-Ständen in Gebrauch verbleibt, da die gn. Herrschaft mit ihren getr. Ständen sich solange und viel vernehmen, bis endlich per modum tractatuum ein eigentlicher und der Lande Vermögen nach erträglicher Schluss ergriffen werde. Uns aber wird hingegen dieses modo praecepti angemuthet und ein so hohes gefordert, das zu bewilligen ganz unmöglichen fallen thut. — — Denn obgleich durch die unbarmherzige militarische Execution dieses noch eine Zeit lang möchte herauszupressen sein, so dürfte sich doch endlich daran ein grosser Mangel erweisen und diese Lande vollends darüber also ausgesogen werden, dass hernach keine Hülfe und Rettung zu finden, wann gleich hiernächst E. Ch. D. dieselbe gern ertheilen wollten, sondern wird ihnen alsdann ergehen wie einem Patienten, wann derselbe in agone und in ipso articulo mortis begriffen, da dann keine corroborantia und einiges andres dienliches medicamentum mehr etwas Nutzen schaffen noch ab interitu retten kann.

[1]) Im Auszug bei Orlich, 1, 431, 432.

E. Ch. D. wollen doch gn. zu erwägen geruhen, wie herzschmerzlich nahe es diesen Ihren getr. und so gar gehors. Stünden und Unterthanen gehen müsse, wann sie sehen und spüren, dass alle andre benachbarte Chur- und Fürstenthümer die Früchte des edlen Friedens vollkömmlich geniessen. — — Absonderlich da sie auch vernehmen müssen, dass diejenige Lande, welche im Röm. Reich einer auswärtigen Nation pro arbitrio hingeben und bisher sub admodum duro jugo gehalten worden, dennoch anitzo zu einer solchen Respiration gelassen werden, dass sie fast gar nichts — und gegen das, was uns abgefordert wird, die Hälfte von einem Monat zu rechnen im ganzen Jahr zutragen dürfen. — — Daraus dann nichts anders entstehen kann, als dass die übrige Unterthanen einestheils ganz zu einer Desperation gelangen und sich selbsten an ihrem Leben Schaden zufügen müssen; die andern werden die benachbarte in eine so grosse Linderung gesetzte Oerter suchen und sich dahin begeben, diese Lande aber darüber noch weiter von aller Mannschaft entblösst werden. E. Ch. D. ist gn. wissend, was vor grosse, hohe und considerable Geldsummen Sie bei den allernächsten abgeflossenen wenig Jahren aus diesen Landen erhoben, da so lange Zeit nach einander, das Getreide mitgerechnet, monatlich an die 100,000 Thlr. müssen aufgebracht werden, und es wol zu verwundern und gleichsam pro miraculo zu achten, dass dieselbe noch erfolgen können."

(Gegenwärtig würden indess 20,000 Thlr. monatlich den armen Leuten schwerer fallen als jene grossen Summen.) „Dann zu der Zeit hatte der grundgütige Gott in ipso bello mit fruchtbaren Jahren das Land gesegnet. Es war bei einem jeden Vorrath an Getreidig zu finden und an Viehe kein sonderlicher Mangel. Es durfte auch nicht alles an Golde ausgebracht werden, sondern was der Soldat verzehrte, musste er sich an seinem Geld-Tractament decurtiren lassen. Es war damaln das Land mit der Land-Münze überhäufig versehen, und obgleich dieselbe nicht den rechten Gehalt und Werth einer recht proportionirten und nach den Reichssatzungen eingerichteten Geldmünze hatte, so ward sie doch dafür angenommen, und musste die Soldatesque sich damit contentiren lassen. Nunmehr aber ist bei den armen Leuten das liebe Brodkorn nicht mehr vorhanden, das Viehe ist gestorben und soll alles an Geld aufgebracht werden, da doch durch die Reduction der Münze |: die dann billig geschehen und solche ad justum valorem endlich wieder gerichtet werden müssen :| das Land seithero in einem Moment mehr dann an die acht oder neun Tonnen Goldes Schaden gelitten und ist dessen auch nunmehr kein Ueberfluss mehr zu finden und nichts als Geld benöthigt." — Ihr Intent gehe dahin, „dass der numerus der Soldaten und Praesidien nach dem itzigen Vermögen des Landes proportionirt und eingerichtet, nicht aber auf ein perpetuum gesetzt werde, damit sich doch die Lande nach so vielen Drangsalen in etwas wieder erholen mögen. —

Weswegen dann E. Ch. D. wir mit einem demüthigsten Fussfall hierdurch wehmüthig, gehorsamst und um der Barmherzigkeit Gottes willen anflehen müssen, Sie wollen doch Ihr bisher verspürtes gn. landesväterliches Herz und diejenige Clemenz und Gütigkeit, welche Ihr von Natur beiwohnt und zur Liebe gegen Ihre Unterthanen bewogen hat, nicht so gar von diesen Landen abwenden, sondern nebst der Consideration, was E. Ch. D. vor Dero Soldatesque zu Ihrer Sicherheit bedürfen, zugleich und allermeist auf ihre blutarme, ganz exhaurirte und gleichsam agonisirende Lande und Leute eine gn. Reflexion richten, damit beides bei einander stehen und verbleiben könne, und daher die so praecise geforderte unerträgliche Geldsumme in etwas mitigiren und sub modo tractatuum sich darüber mit uns in Gnaden weiter vergleichen.

Sollten aber E. Ch. D., alles dessen was wir nochmaln aus äusserster Noth Deroselben so beweglich und in Unterthänigkeit vorstellen müssen ungeachtet, es dennoch bei der angedeuteten Summe der monatlichen 20,000 Thlr. allerdings verbleiben lassen wollen, so müssen wir es dahin stellen, den höchsten Gott um Geduld ersuchen und zwarten die Abtheilung daraus einrichten, können uns aber zu deren gewissen Aufkommung nicht astringiren und wollen wir und unsre Heimgelassene an der Ruin entschuldigt sein, welche daraus unumgänglich weiter entstehen muss. Und würden auf solchen unverhofften Fall nichts mehr in Demuth zu bitten haben, als dass E. Ch. D. uns mit einer schriftlichen Erklärung gn. dimittiren, gleichwol aber auch noch vorher uns eine Specification in Gnaden communiciren lassen wollten, daraus zu ersehen, warum das Land mit einem so hohen Quanto eigentlich müsse belegt werden. Denn ob wir zwarten bishero ein solches nicht gesucht haben, sondern daran unterth. würden vergnügt gewesen sein, wann mit E. Ch. D. wir einer etlichermassen noch erträglich fallenden jährlichen Geldsumme hätten einig werden können und dieselbe hernach zu Dero gänzlichen Disposition gestanden sein, so will doch bei diesem schweren Postulato nunmehr vonnöthen thun, dasjenige uns vorstellen zu lassen, weswegen das Land onerirt werden muss, damit wir solches den Heimgelassenen vorlegen, unsre Personen um desto besser exculpiren und von aller Verantwortung befreien können. Und ersuchen E. Ch. D. gehors., dass uns gn. möge vergönnt werden, dennoch dabei unsre unterth. Remonstrationes beizubringen.

Geleben aber dennoch schliesslich anderweit der tröstlichen Zuversicht, dass E. Ch. D. diese unsre demüthigsten preces zu Herzen und Mitleiden fassen und einer gn. Hülfe und Moderation an dem, was bisher begehrt worden, widerfahren lassen werden. Welches der Allerhöchste Gott — — E. Ch. D. zeitlich und ewiglich vergelten wird."

Kurf. Resolution auf der Deputirten Schrift vom 21. Dez. 1661. Dat. Cölln a./Sp. 3. Jan. 1662.

[Verweis ihrer Sprache. Von der Forderung könne nichts nachgelassen werden.]

1662.
13. Jan. „Nun hätten I. Ch. D. sich wol versehen, es würde die landesväterliche Mühe, Vorsorge und Gnade, welche Sie in vielen Stücken Dero Märkischen Landen absonderlich und merklich bezeiget, auch bei währenden itzigen Landtags-Handlungen in der That verspüren lassen, mit mehrer unterth. Devotion und schuldigsten Dank erkennet, der Zustand und I. Ch. D. mehr dann zu viel bekanntes landesväterliches Herz, Dero Lande und Leute soviel nur immer möglich zu verschonen und mit keiner unerträglichen Beschwer zu belegen, in mehre Consideration genommen worden sein, als Sie leider nicht ohne sonderbarer Befremdung und ungnädigstem Missfallen aus dem ungewöhnlichen und mit unverantwortlichen Auflagen und Beimessungen angefüllten Vortrag und eingereichter Schrift verstehen und vernehmen müssen.

Denn obwol höchstged. I. Ch. D. eben bei itziger Anwesenheit der Deputirten zu verschiedenen Malen die höchste Ursach gehabt, in einem und dem andern Dero landesherrliches Amt und Recht zu interponiren und sich dessen zu gebrauchen und dahero per modum praecepti zu verfahren, so ist doch denen Deputirten selbst wol wissend, wie I. Ch. D. darauf vor das Mal eben so genau Ihre Reflexion nicht nehmen, eine und die andre Impertinenz hinpassiren und dadurch Dero Gütigkeit noch mehr vermerken lassen wollen. — — —

Und ob Sie auch gn. gerne gestehen, dass das geforderte Quantum ohne Beschwer des Landes nicht beizuschaffen, so befinden Sie dabei doch gleichwol auch, dass solche übergrosse angezogene Beschwer nicht so eben und allein aus dem Quanto, sondern zugleich und wo nicht meistentheils aus der mitunterlaufenden Ungleichheit

und dass die Contributiones vor allen andern nur die liebe Armuth
drücken, entstehe. Dahero dann und zu Vermeidung dieses ungerechten und unbilligen Wesens I. Ch. D. in Dero gn. Ausschreiben
und Proposition dergleichen Mittel vorstellen lassen, welche durchgehend und den Vermögenden und Reichen und bishero gutentheils
frei gewesenen nicht weniger denn den Armen und ohne das nothleidenden Mann, ja Witwen und Waisen treffen; und wann nur die
Deputirten auf die durchgehende Gleichheit ihr Absehen und Deliberationes gerichtet, so würden sie befinden, dass dasjenige was passirt
I. Ch. D. Ausschreiben und Proposition durchaus gemäss, dass die
Contribution und das Quantum das Land so sehr nicht drücken, eine
so befürchtende Total-Ruin nicht erfolgen, und der arme und dürftige
Mann, ja verlassene Wittiben und Waisen nicht vollends zu Grunde
gerichtet und deshalb zu Gott über die Ungleichheit werden seufzen
dürfen. Weswegen dann auch I. Ch. D., weil man Ihrer landesväterlichen Sorge und Rath nicht folgen wollen, Ihres landesfürstlichen Amts
und Decision aber hierinnen vor diesmal sich zu gebrauchen aus gewissen erheblichen Ursachen Bedenken tragen; an allem demjenigen
Unheil, welches aus dem ungleichen Modo und nicht·so sehr aus dem
Quanto erfolgen möchte, ihres Orts zu participiren nicht begehren, und
es zu derer Verantwortung gestellt sein lassen wollen, welche solches
alles verhindert und zurückgehalten. — — Ueberdem so muss I. Ch.
D. zum allerschmerzlichsten fürkommen, Sie ziehen es sich auch in
Dero Churf. Gemüth nicht unbillig zum höchsten, wann die Deputirte,
man weiss nicht aus wessen Antrieb und Eingeben, wider besser
Wissen und Gewissen sich nicht scheuen, höchstged. I. Ch. D. sanft-
müthige und gn. Regierung nicht allein mit einem schweren Joch zu
vergleichen, sondern noch dazu dieselbe für härter und unglücklicher
zu halten, als welcher sich Auswärtige, denen pro arbitrio ein Land
hingegeben, gebrauchen und welche das Land sub duro admodum jugo
gehalten. I. Ch. D. haben dergleichen unvermuthete und allzuschwere
Auflage von den Unterthanen nicht verdient, die Deputirten und wer
daran schuldig können und werden es nicht verantworten und hätten
I. Ch. D. die höheste und nöthigste Ursache, solche durch Derosolben
Churf. Herz und Seele schneidende unbedachte Bezichtigung auf das
schärfste zu ahnden. Dieweil Sie aber dabei unterth. berichtet werden, dass theils Deputirte weder von der übergebenen Schrift noch
dass dergleichen Vortrag geschehen solle, Wissenschaft gehabt, auch
nichts mit ihnen davon vorhero communicirt worden; solchemnach
wollen I. Ch. D., so lange bis Sie nähere Information erlangen, diesen

Punct ausgesetzt, die andre vorerzählte der Deputirten begangene Impertinenz aber ihnen auf das schärfste verwiesen und sie zugleich gn. zu Dero gebührenden — Respect ermahnt haben —."

Quadruplik der Deputirten. Dat. Berlin 6. Jan. 1662.[1])
(Praesent. Cölln a./Sp. 7. Jan. 1662.)

[Bitten demütig um Entschuldigung. Solidarität aller Deputirten dabei. Bitte um Minderung der Contributionslast.]

1662.
16. Jan.
„Wir können mit Worten nicht gnugsam exprimiren, in was vor eine grosse Herzensbetrübniss wir darüber gerathen, als wir nicht alleine bei der uns gn. gestatteten Audienz gewahr werden müssen, dass E. Ch. D. sich über unsre gehors. Proposition in etwas alterirt, sondern zugleich auch aus Dero den 4. huj. uns behändigten Antwort ersehen, wasmassen Sie annoch sowol den beschehenen Vortrag als auch die darbei übergebne Schrift so gar ungn. empfinden. — — Und ist derowegen E. Ch. D. gar ein ungleicher Bericht gethan worden, als ob einige Deputirte davon keine Wissenschaft gehabt hätten, da doch diese Sache in pleno consessu, so vorhero einem Jeden wie gebräuchlich kund gethan worden, zu zwei Malen ad deliberationem kommen, die Schrift dem Herkommen nach aus allen votis zusammengezogen, öffentlich verlesen, was dabei nöthig, erinnert und von allen und jeden hierher geschickten Deputirten vollkömmlich approbirt und placitirt, auch danebst abgeredet worden, dass dieselbe mit einem mündlichen Vortrag, welcher der Schrift gleich fallen müssen, durch diejenigen, so praesentes alhier verblieben, in ihrer aller Gegenwart übergeben werden sollte, massen solches auch beschehen; also, dass wir uns billig ingesammt darzu verstehen und keiner ein andres sagen und prätendiren kann, der nicht wider sein Wissen und Gewissen reden wollte, welches einem rechtschaffnen Biedermann übel anstehen würde. — — E. Ch. D. seind ja dieser getr. Stände Devotion zu aller Gnüge versichert; Sie haben sich dessen zum öftern selbst gn. erinnert und gerühmt, dass sie unter allen Ihren Unterthanen die willigsten wären, welche alles und jedes, was ihnen auferlegt werden müssen, mit grosser Geduld angenommen und ihres unterth. obsequii gloriam allen andern Respecten vorgezogen, und darin ihre Renommée gesucht haben, dabei sie denn noch ferner unverrückt verharren. — — Da-

---
[1]) Vgl. Orlich I, 433.

gegen zweifeln sie auch im allergeringsten nicht, dass wie E. Ch. D. Ihrem gn. Gemüth und Dero hochlöbl. Vorfahren Exempel nach bisher Ihre getr. Unterthanen mit ihrem Anliegen jederzeit gern gehört und wol leiden können, dass sonderlich bei Laudtagen des Landes Notdurft und was demselben angeht, Ihr mit gebührendem Respect vorgetragen worden, also auch ein solches uns zu diesem Mal noch weiter gn. concediren werden, weil E. Ch. D. sich wol versichern können, dass Deroselben wir mit keinem beschwerlich fallen werden, was wir nicht finden, dass aus unumgänglicher Noth vorgestellt und zuförderst zu E. Ch. D. selbst eignen, dann auch Dero Land und Leute, als darin Salus Reipublicae besteht, Aufnehmen und Conservirung gereichen möchten. — — Und in solcher unterth. Zuversicht nun müssen wir mit allen denjenigen Motiven, welche sowol in Exceptione als auch in dieser letzten Schrift enthalten, des Landes höchste Necessität E. Ch. D. nochmaln demüthigst vorstellen und gehors. berichten, dass bei den begehrten 20,000 Rthlrn. das Land nimmermehr wird subsistiren können. Die übrige wenige Manuschaft wird darüber verlaufen, fremde sich hereinzubegeben abgeschreckt und das Land darüber vollends depopulirt werden.

Dessen was in voriger Schrift wegen Desperation und dass mancher seinem Leben selber Schaden zufügen möchte erwähnt worden, würde nicht geschehen sein, wenn nicht dergleichen tragici casus sich in diesem Lande albereits zugotragen hätten und uns zum Theil wol bekannt sein. Es soll billig kein Christo sich des Zeitlichen also annehmen, dass er darüber Hand an sich legen und deswegen sich des Ewigen verlustig machen sollte. Allein es ist per Exempla bekannt, wohin manchmal die äusserste Armuth, sonderlich wenn der Brodtmangel darzu kömmt, und welche beiderseits sehr dura tela sein, die Menschen adigiren könne." Grund der Not sind die hohen Contributionen, nicht „der Modus Quotisationis zwischen den Ständen, welchen E. Ch. D. bei vorigen Jahren in Ihrem Secretiori Consilio zu aller Gnüge überlegt und nach vielfältigen Consultationibus durch emsige Handlung zwischen den Ständen gn. getroffen und verordnet haben, dass selbiger Transaction-Recess eine beständige und perpetua norma et regula sein sollte, darnach alle und jede Aulagen aufgebracht werden müssen. Und hierbei sind wir nun dessen unterth. gewiss, dass E. Ch. D. Ihrem gerechten Vorsatze nach über dem festiglich halten und dawider keinen Staud belegen lassen werden, kann auch denen von der Ritterschaft daher nicht übel gedeutet werden, wann sie dem modo stricte inhaeriren und solche Handlung in keine Wege löcherich machen lassen können. Sie haben dabei ein gutes unverletztes Gewissen und seind wol versichert, dass sie an ihre Mit-Stände, denen von Städten, nichts begehren, als was ihnen von Gott und Rechtswegen gebührt. Wir wollen auch allerseits hoffen, es werden der Contribution Directores soviel als die Müglichkeit zulassen kann, darob sein, damit das Contingent gleich und recht in quovis loco repartirt und eines jeglichen Vermögen und Unvermögen auch Nahrund Handtierung gebührlichermassen in Acht genommen — werde."

Schliesslich wiederholen sie ihre Bitte um Minderung der Contribution und baldige Dimission.

Der Kurfürst an die Deputirten. Dat. Cölln a./Sp. 10. Jan. 1662.
(Als Antwort auf ihre Entschuldigungsschrift vom 6. Jan.)

[Ihre Entschuldigungen. Die reducirte Contribution unerlässlich und bei gerechter Repartition erträglich. Die General-Mittel aufgegeben.]

1662.
20. Jan.
Ihre Entschuldigung nähme er nochmals an; eine stärkere Reduction sei zur Stunde, da er „die Conservation seines Estats und Landen nächst Gott in Waffen gesetzt" nicht möglich. Ihrem Wunsche nach Benennung einer bestimmten Summe habe er Rechnung getragen.

„So haben Sie (d. Kurf.) alles aufs genaueste als möglich eingezogen und darnach einen Calculum anlegen lassen und obzwar derselbe sich anfangs monatlich auf 25,000 Thlr. belaufen, so haben Sie doch zu Bezeigung Dero gn. Affection und tragenden landesväterlichen Mitleidens mit Dero getr. Unterthanen und Ständen nach und nach soviel reducirt und nachgelassen, dass Sie auf 20,000 Thlr. monatlich gekommen, können auch nicht finden, wie Sie mit wenigerm auskommen können.

Dannenhero S. Ch. D. zu denen Deputirten wie auch gesammten Dero getr. Ständen und Unterthanen das gn. Vertrauen tragen, dieselbe werden vor diesmal von weiterer Minderung der Contribution in Sie nicht dringen, sondern dasselbe was nicht zu ändern gutwillig auf sich nehmen und also zur Eintheilung schreiten, dieselbe aber, weil ihnen die vorgeschlagene General-Mittel nicht gefallen wollen, also einrichten, damit eines jeden Vermögen der Gebühr beobachtet und Niemand sich wegen Praegravation zu beschweren Ursache haben möge.

S. Ch. D. seind dabei des gn. Erbietens, dass Sie inskünftige noch weiters dahin bedacht sein und alle thunliche Mittel und Wege ergreifen wollen, damit Dero getr. Unterthanen und Ständen noch weitere Erleichterung gegeben werden möge."

Die Resolution schliesst mit der nochmaligen ernsten Mahnung, die Naturalleistungen der mit Garnisonen belegten Städte, deren billiger Forderung gemäss, gleichmässig auf alle Kreise des Landes zu vertheilen und die noch unerledigten Propositionspunkte schleunig zu erledigen.

Die Deputirten an den Kurfürsten. Dat. Cölln a./Sp.
13. Jan. 1662.

[Entschuldigung der „harten" Schrift. Bitte um möglichste Schonung bei den vorauszusehenden Militär-Executionen. Protest gegen die Uebertragung der mit Garnisonen belegten Städte. Bitte um specificirten Kriegs-Etat.]

1662.
23. Jan.

„— — Hiernächst aber hätten wir Anwesende Deputirte wol der ungezweifolten Zuversicht gelebt, weil E. Ch. D. den elenden und armseligen Zustand dieses Churfürstenthums selber so gn. und landesväterlich erkennen, es würde von dem grossen Quanto der monatlich begehrten 20,000 Thaler gleichwol noch etwas in Gnaden erlassen sein, damit wir unser langes Abwarten nicht sogar vergeblich angewendet, sondern unsern Heimgelassenen noch einige weitere Erleichterung hätten mitbringen können. Dieweil aber E. Ch. D. bei solcher Summe so präcise bestehen und voritzo gar nicht finden, wie Sie mit wenigerem auskommen können, so haben wir Anwesende Deputirte zwar beigelegte Eintheilung über 20,000 Thaler gemacht, uns auch mit unsern allermeist ruinirten Commembris der Uebertragung halber, soviel möglich, verglichen, können aber weder uns noch unsere Heimgelassene zu gewisser Auskommung derselben nicht astringiren; sondern es kann solches sub spe der so gn. Vortröstung versucht werden, dass E. Ch. D. künftig noch weiter dahin bedacht sein und alle thunliche Mittel und Wege ergreifen wollen, dass Dero getr. Ständen und Unterthauen mehrere Erleichterung gegeben werden möge. Warum wir dann E. Ch. D. in tiefester Demuth unterth. und wehemüthigst anflehen, dass solche höchstnöthige Hülfe und gn. Sublevation ja nicht lange ausbleiben, sondern der agonisirenden Armuth |: weil es sonsten hernach zu späte sein dörfte :| je ehe je lieber zu statten kommen möge. Und dieweil auch diese Summe der 20,000 Rthlr. wol in den ersten vorstehenden Monaten ohne der schärfsten militärischen Execution nicht wird können herausgebracht werden, gleichwol aber bei Exequirung der assignirten Gelder |: allen deshalb publicirten Ordonnancen ungeachtet :| zum öftern sowol von Officirern als gemeinen Knechten grosse Excesse vorgeben, als wird unterth. geboten, E. Ch. D. geruhen gn. durch anderwärts öffentliche scharfe Patenta ernstlich und bei hoher Strafe anzubefehlen und zu verordnen, dass die Commissarien auf dem Lande, wie auch Magistrat und Directores der Contribution in den Städten und dero Einnehmer, wonn Assignationes an Kreise, Städte und Dörfer gegeben werden, mit der Execution in ihren Häusern sollen verschont bleiben und weiter nicht gehalten sein, als die Anweisungen oder Zettel, so auf die noch präsentes ausgegeben werden, bei Zeiten und ohne Verzug auszuantworten. Und dass hernach, in Entstehung anderer Zahlung, Pferde, Vieh, Hausgeräth und Leinenzeug um einen billigen Werth die Executoren annehmen müssen, weil der kundbare Geldmangel so gross, dass die meisten Leute in Städten und Dörfern nicht das liebe Brod im Hause haben. Dass aber E. Ch. D. von denen mit Guarnisonen belegten Städten und insonderheit von diesen beiden Residenzien mit vielfältigen Supplicationibus fast täglich überlaufen werden, gestalt denn E. Ch. D. noch dieser Tage uns etliche gn. communiciren lassen, so können wir uns über solche ihro Importunität und dass etliche ohne Bewust ihrer Obrigkeit des Raths und ihren Mitbürgern E. Ch. D. mit stetigen querelen behelligen, nicht genugsam verwundern. Dann erstlich ist es ja ihren Deputirten, welche unsern Deliberationibus und Votis beiwohnen, mehr denn zu wol bekannt, welchergestalt in allen unsern Instructionibus |: die wir auch originaliter vorzuzeigen gehabt :| klar enthalten, dass, weil die ersten vier Puncte des Ausschreibens, welche hernach in der Proposition auch also vorgekommen, viel zu schwer, ja dem Lande wol gar unerträglich fallen dürften, so sollte man sich mit Sr. Ch. D. auf eine leidliche Summe Geldes zu Unterhalt ihres militärischen Etats überhaupt |: per modum Tractatuum, wie es bei Landtagen gebräuchlich :| vergleichen, uns aber mit den belegten Städten ratione Servitiorum ihrer in die Fortification gezogenen Häuser und angeführten Bau-Kosten, weil alles noch in illiquido bestündo, auch wider das Herkommen wäre, ganz und gar nicht einlassen, sondern wenn sie etwas erhebliches vorbringen könnten, solches alles ad referendum nehmen, damit sie ihnen ihre Executiones und Reconventiones behöriger Massen heischender Nothdurft nach wieder entgegen setzen könnten, und diesem nach haben sich auch ex communi voto die sämmtliche Anwesende Deputirte in unserer unterth. Exception gehorsamst erklärt, E. Ch. D. für dasjenige, was bei itziger Friedenszeit zu Deroselben

Krieges-Etat unumgänglich noch erfordert werden muss, eine gewisse Summe, nicht zwar als eine monatliche Contribution, sondern quartaliter als eine gutwillige Beisteuer aufzubringen, bis wir intuitu dessen von allem Anspruch frei zu sein immer höher und höher gekommen und nunmehr wider alles Vermuthen und besser Hoffen eine Eintheilung auf 20,000 Thaler machen müssen. Sollte nun öfters gedachten belegten und diesen beiden Residenz-Städten ratione Servitiorum Futurorum |: als welches von dem annoch stehenden Milite herrührt :| der Billigkeit nach etwas zukommen, so würde es wol nothwendig unter die bewilligte Summe mitstecken, und also, dass es von derselben gezahlt oder von ihrem Contingent würde abgezogen werden müssen. Allein bis auf diese Stunde haben wir Anwesende Deputirte die Actionen, damit sie ihre Mit-Stände zu belangen vermeinen, noch nicht erfahren, vielweniger solchen übermachten General-Liquidationibus, als da diese beiden Residenz-Städte allein über die 20,000 Thaler in Rechnung bringen dürften, Glauben beimessen können. Damit sie aber nicht meinen mögen, als wann man ihnen wider Recht und die natürliche Billigkeit zuwider sein wollte, so seind ihre angeführte rationes in unsern unterth. eingegebenen Schriften zur Genüge beantwortet, wollen auch, wenn sie uns ihre vermeinte Liquidationes in forma probante nebst einem Klage-Libell alhier ausreichen werden, solches alles unsern Heimgelassenen getreulich vortragen, damit sie für die nächste Zusammenkunft ihre Deputirte plenius darauf instruiren können.

Unterdessen bitten E. Ch. D. die Anwesende Deputirte unterth., sie wollen in keinen Ungnaden vermerken, dass sie sich so gestalten Sachen mit den belegten Städten zu einigem Vergleich nicht haben einlassen dürfen, weil solches unsern Mandatis schnurstracks entgegen läuft und freilich altiorem indaginem erfordert.

Und unangesehen, dass wir unser selber so weit vergessen und ausser unsern Instructionen hätten schreiten wollen, so hätten sie dadurch doch nichts erlangen, vielweniger hätten unsere Heimgelassene dasjenige, was wir hier contra expressum Mandatum abgehandelt, ratihabiren oder genehm halten werden (sic.) — —.

Und weil nunmehr nach gemachter Eintheilung E. Ch. D. Dero gn. Intention vollkommentlich erreicht, als ist auf Seiten der Stände unser unterth. und gehorsamstes Bitten, Dieselbe wolle doch die bereits längst überreichte Puncta gravaminum zu des Landes Nutzen und bessern Contento secundum petita auch gn. resolviren und wo möglich denen Anwesenden Deputirten mit nach Hause geben, damit sie nebst ihren Heimgelassenen sich desto besser daraus ersehen, und über dem, was noch nicht zur Richtigkeit gebracht, mit ihnen unterth. Erinnerungen förderlichst einkommen mögen. Schliesslich können E. Ch. D. wir klagende unterth. nicht bergen, wie es fast ein allgemeines Unglück ist, dass zu solchen Landtagen und Zusammenkünften die abgeschickte Deputirte über alle augewandte patriotische Treue und Fleiss andors nichts als bisweilen bei der gn. Herrschaft Dero Ungnade, bei den Heimgelassenen und Committenten aber nur den höchsten Undank und schwere Verantwortung mit Versäumung des Ihrigen zu Hause und grossesten Schaden verdienen und zu gewarten haben, welches letztere denn auch wegen der eingetheilten grossen Summe der 20,000 Thlr. auch nicht fehlen wird, und würden E. Ch. D. denen Anwesenden Deputirten hohe und grosse Churf. Gnade erweisen, wann sie gn. belieben wolten |: massen wir dann instäudigst und demüthigst darum bitten :| ihnen einige Specificationes derjenigen Posten in Gnaden zu communiciren, daraus unsere Heimgelassene ohngefähr ersehen möchten, dass E. Ch. D. itzund |: ob es gleich Gottlob in friedlichen Stande :| dennoch mit einer geringern Summe nicht auskommen könnte, damit wir uns um so vielmehr exculpiren und von schwerer Verantwortung befreien mögen."

Postscript Schreibens des Kurfürsten an die Geh. Räthe.
Dat. Cleve 18. Juli 1666.

[Berufung der Stände für den Kriegssteuer-Zuschlag auf den Monat Juli unnöthig.]

1666.
18. Juli.   „Auch haben Wir aus Eurem unterth. Postscripto sub no. 6 ersehen, was Ihr wegen Convocation der Stände unterth. erinnert. Nun erachten Wir eben nicht nöthig, dass, wann denen Ständen etwas zu hinterbringen, deswegen alsofort eine Convocation angestellt werde, sondern halten gnugsam, solches ihnen schriftlich zu notificiren, insonderheit wann es auf ein geringes Augmentum oder Veränderung des monatlichen Quanti ankömmt, weil Wir Uns dabei jedes Mal nach Beschaffenheit der Zeitläufte richten müssen und deswegen nicht eben alle Monat eine Convocation der Stände anstellen können, weil solches dem Lande derer dabei aufgehenden Kosten halber zu schwer fallen würde.

Wir haben sonsten alles was im Contribution-Wesen in diesem laufenden M. Julio fürgangen, denen Deputirten albier notificirt, welche solches ausser Zweifel ihren Principalen werden notificirt haben und wird demnach dieser Ursachen halber eine neue Convocation hiernächst anzustellen nicht nöthig sein."

Die Zeit von 1667 — 1671.

Landtags-Propositionen d. d. Cölln a./Sp. 26. Jan. 1667.

[Einführung der General-Mittel.]

1667. 5. Febr.

"Sr. Ch. D. gereicht es zu gn. Gefallen, dass die Anwesende Deputirte Dero getr. Stände dieser Chur und Mark Brandenburg auf Sr. Ch. D. gn. Ausinnen sich anhero gehorsamst eingefunden und zweifeln nicht, es werden dieselbe aus dem gn. Ausschreiben die Ursachen und dass solches wegen der Einrichtung des Münzwerks geschehen, gehorsamst vernommen haben.

Damit nun S. Ch. D. Dero getr. Stände gesammtes unterth. Einrathen hierüber vernehmen mögen, so haben Sie einigen Dero Räthe gn. anbefohlen, sich mit den Ständen hierüber zusammenzuthun, Sr. Ch. D. Instruction ihnen forner zu eröffnen und der Stände unterth. unmassgebiges Bedenken darauf einzunehmen.

Hiernächst und bei dieser Gelegenheit können S. Ch. D. nicht umhin, Dero getr. Ständen die grosse Noth so vieler bedrängten und verarmten Leute, auf welche die Last der Contribution fast allein bishero gewälzt gewesen und von welchen Sie täglich, ja stündlich mit vielem Winseln und jämmerlichen Klagten behelligt worden, zu remonstriren: Es möchten zwar I. Ch. D. wol nichts mehr wünschen, dann dass es in Dero Vermögen stände, die Contribution ganz aufzuheben oder doch dergestalt zu mindern, dass dergleichen Klagten nicht mehr gehört werden dörften:

Es werden aber die Stände selbst aus Betrachtung des gegenwärtigen gefährlichen Zustandes an allen Orten gnugsam urtheilen, dass bei solchen Conjuncturen vergebliche Hoffnung darauf gemacht wird, und fehlt es daran soviel, dass S. Ch. D. von dem Quanto etwas abnehmen könnten, dass Sie vielmehr stetshin sich bearbeiten müssen, fernere onera, so von dem Reiche diesen Landen aufgebürdet werden wollen, abzuwälzen.

Wie dann den Ständen genugsam remonstrirt werden kann, wie viel S. Ch. D. desfalls vor sie und diese Lande gethan, auch ferner gn. gesonnen seind, solche landesväterliche Vorsorge für sie zu continuiren, vornehmlich anitzo, da von neuen Römerzügen deliberirt wird. Wann dann solchemnach ferner billig dahin zu trachten, dass das Land ungeachtet gegenwärtiger Last conservirt und nicht alles auf einmal in die höchste Confusion gerathen möge, so wissen S. Ch. D. kein besser Mittel, dann dass der itzige Modus Contribuendi, weil nach gegenwärtigem Zustande derselbe gar zu unbillig scheint, geändert und dagegen ein solcher auf eine Zeitlang eingeführt werde, welcher die Armuth nicht so sehr drücke, und wozu der eine sowol als der andere etwas thun müsse. Den Ständen ist gnugsam bekannt, dass S. Ch. D. über alle alte Verfassungen steif und fest halten, wider dieselbe Niemands beschweren, keinem seine Execution entziehen, viel weniger die Ritterschaft an deren Immunität kränken. Sie halten aber auch gn. davor, dass man der gegenwärtigen Noth halber, welche wol um geringerer Considerationen willen, die Gefahr auf eine Zeitlang suspendirt, ein solcher Modus Contribuendi eingeführt wird; da der eine sowol als der andere etwas zuträgt, und niemand frei bleibt. Die Stände würden einst selbst den Nutzen davon erkennen und wann ja nichts anderes ist, so sie hierzu disponiren kann, wird verhoffentlich S. Ch. D. eigenes hohes Exempel, als welche bei solcher Anlage nicht frei sein wollen, gnugsam sein, dass sie dergleichen auch willig über sich nehmen.

Solchemnach wollen S. Ch. D. ihnen nochmals die ihnen allerseits gnugsam bekannte hohe Noth der itzigen Contribuenten, und in was Zustande sie selbst gerathen werden, wann selbige |: wie ohnzweiflich bei fernerer Continuation dieses Modi geschehen muss :| gänzlich ausfallen und alle Last auf etliche wenige allein devolvirt würde, reiflich zu consideriren anheim geben, und dahero sich zu ihnen gn. versehen, sie werden bei dieser itzigen Anwesenheit die Anstalt machen, dass von nun an nach dem Aufsatz, so S. Ch. D. ihnen gn. communiciren lassen wollen, eine Anlage geschehe; welches dann zum merklichen Aufnehmen dieses Landes, zur Stillung so vieler jämmerlichen und blutigen Klagten und zu ihrer allerseits Bestem gereichen wird."

Die Anwesenden Deputirten der Ritterschaft und der Altmärkisch-Priegnitzirischen Städte an den Kurfürsten. Dat. Berlin 1. Febr. 1667.

(Der bisherige Modus Contribuendi. Ein allgemeiner Landtag.)

1667. 11. Febr.

„Als E. Ch. D. in Dero gn. Vortrag, welchen Sie uns am 26sten verwichenen Monats Januarii mündlich thun und folgends schriftlich zustellen lassen, uns zugleich zu erkennen gegeben, wie der Modus Contribuendi geändert und eine neue Anlage eingerichtet werde"; so sei doch davon im Ausschreiben zum Ausschusstage nichts enthalten gewesen. Eine Erleichterung könne ihnen allein durch Reduction der Soldatesca bereitet werden.

„Auf den unverhofften Fall aber, dass unsere Heimgelassenen noch itzo in diesem ihren unterth. petito nach obhanden schwebender höchster Landesnoth nicht erhört werden könnten und E. Ch. D. dergleichen Anlage, wie Sie uns itzo gn. vorschlagen lassen, nach wie vor für die erträglichste hielten, seind wir der unterth. gewissen Zuversicht, wollen auch in aller Demuth gehorsamst gebeten haben, dass E. Ch. D. von uns wenigen, da nämlich auf Dero ausdrücklichen iu denen gn. Convocationibus zu diesem Convente begriffenen Befehl zu schuldigster Folge aus jedem Haupt-Kreise nicht mehr als einer oder zum höchsten zweene unsres Mittels und des meisten Theils einen ferneren Weg anhero abgefertigt worden, und wir dieses Puncts halber im geringsten nicht instruirt seind, ein so hochwichtiges und das ganze Land concernirendes Werk als nach dem uns gn. communicirten, weitläufigen Aufsatz eine ganz neue, in diesem Churfürstenthum noch impracticabel erfundene Anlage zu machen nicht erfordern, sondern vielmehr ob defectum Mandati uns entschuldigt nehmen und gestatten wollen, dass wir von sothanem Aufsatz und E. Ch. D. gn. Willensmeinung unsern Heimgelassenen allerseits zuvorhero gn. part geben und dieselbe zu reiflicher Berathschlagung dessen was dabei zu bedenken und zu statuiren ist, Raum und Frist haben mögen.

Wir haben dieses, weiln die übrige Deputirte von Städten vermeint, dass sie auch über ihre Instructiones und habendes Mandatum hierinnen weiter gehen und mit E. Ch. D. sub certis conditionibus sofort besonders tractiren wollten, zu unsrer unumgänglichen Notdurft unterth. berichten müssen."

Der Kurfürst an die Kreise. Dat. Cölln a./Sp. 6. Febr. 1667.

[Sollen ihre Deputirten zu einem neuen Tage, Ausgangs Februar, nach Berlin senden.]

1667.
16. Febr.

„Veste, liebe Getreue. Es wird Euch von Euren Deputirten ausführlicher Bericht geschehen, was Wir denenselben bei ihrer itzigen Anwesenheit alhier wegen eines und andern Modi Contribuendi und Einführung einer Accise durchs ganze Land proponiren lassen.

Dieweil nun bei jetzigem bekannten Zustand die allgemeine Wolfahrt des Landes hierunter versiret, dass diese Sache bald zur Perfection gebracht werde: als befehlen Wir Euch hiermit gn., nicht allein Euren Deputirten, was sie Euch desfalls von Unsretwegen referiren werden, völligen Glauben beizumessen, sondern auch Euch alsofort zusammen zu thun, das Werk schleunigst zu befördern, also dass Eure Deputirte gegen den Ausgang dieses Monats Februarii unfehlbar alhier mit vollkommner Instruction und Gewalt wieder sich einfinden können, damit alsdann ohne fernere Zeit-Verlierung solche Accise sofort eingeführt werden könne, gestalt Wir dann alles was zu völliger Einrichtung des Werkes gehört und erfordert wird, unterdessen verfertigen lassen wollen."

Die Deputirten der Sämmtlichen Altmärkischen Städte an den Kurfürsten. Dat. Berlin 18. März 1667.

[Beschweren sich über das eigenmächtige Vorgehen ihrer Gilden und Gewerke zu Gunsten der Accise.]

1667.
28. März.

„Gleichwie E. Ch. D. wir in tiefster Devotion und Unterth. zu allen gehorsamsten Diensten lebenslang nach äussersten unsern Vermögen bereit seind, also haben zu Bezeugung dessen allen auf das von E. Ch. D. dem vormaligen Deputato der Altmärkischen Städte am 6./16. Febr. an dieselben mit zurückgegebenes Rescript und beschehene Abfertigung unsrer heimgelassenen Principalen wir uns zu itzt angestellter der Chur Brandbg. Land-Stände Versammlung desto zeitiger einfinden wollen.

Und haben nun zuförderst E. Ch. D. unterth. zu berichten, wie Deroselben gn. Verordnung zu unterth. Folge erwähnte Altmärk. Städte sich alsofort aufs schleunigste zusammengethan und nach eingenommener Relation dem obhandenen Werk der General-Mittel mit schuldiger Sorgfalt und Fleiss bei denjenigen Pflichten, womit E. Ch. D. und Dero Churf. Hause sie verwandt, nachgedacht.

Und wie nun erwähnte Städte alsofort in limine Consultationis sich höchst obligat befunden, E. Ch. D. vor Dero landesväterliche Sorgfalt und christrühmliche Intention denen agonisirenden und verarmten Leuten, bevoraus in denen bis auf die todte Neige erschöpften und enervirten Städten, einige Sublevation und Erleichterung durch Einführung eines allgemeinen durchgehenden Modi Contribuendi zu geben, aus dem innersten Abgrund ihres Herzens hohen und schuldigen Dank zu sagen: Also wünschen sie und wir von ganzer Seele dass selbige Modi introducendi also angethan und beschaffen sein, die göttliche Allmacht und Barmherzigkeit auch selbige mit gn. Hand dergestalt benedeien und segnen möge, damit der darunter desiderirte heilsame Zweck beständig erfolgen und erhalten werden könne.

Denn je gewisse und wahrhaftig ist, so ein Ort in E. Ch. D. Landen einer Sublevation, Unterstützung und Beihilfe jemalen benöthigt gewesen und noch ist, so seind es sicher die Altmärkischen Städte, mit welchen es zu solchen Extremitäten gekommen, dass im Fall ihnen nicht entweder auf diese oder andre zulängliche Art und Weise ohne Verzug geholfen wird, dieselbe unumgänglich, ehe man es sich versehen dürfte, durchaus und ganz vernichtet und zu Grunde gehen werden. Welches dann E. Ch. D. die Räthe in diesen Städten darum anzeigen müssen, damit sie ihren Pflichten, womit Deroselben sie als Dero verordnete Unter-Magistratus und Aufseher verwandt, ein schuldiges Genügen leisten und sowol gegen E. Ch. D. als der werthen Prosterität, so deren nach Gottes Willen noch einige zu hoffen, entschuldigt sein und sich aller Verantwortung entheben mögen.

So viel nun die Modos Contribuendi Generales betrifft, seind die Altmärkischen Städte nicht diejenigen, welche selbige pure et simpliciter absque ullo omnino respectu respuiren und abominiren sollten, wie ihnen von einigen gehässigen wiederwärtigen Leuten ganz malitiose affingiret und nachgeredet werden wollen: sie seind aber dabei des unterth. sichern Vertrauens, weil die Vornehmsten der Altmärkschen Städte also situiret, dass sie den grössesten und meisten Theil ihrer Nahrung und Gewerbe nicht innerhalb Landes, sondern extra provinciam bei den angrenzenden und benachbarten fürstl. Magdeburgschen, Braunschweig- und Lüneburgschen Unterthanen suchen und mit selbigen ihre Verkehrung treiben müssen, es werden die Modi also eingerichtet werden, wie sie einem jeden Kreise und Ort convenient und daselbsten practicabel, damit die daselbst auch vorhandene wenige Nahrunge nicht gar profligiret, annona et alia rerum pretia flagelliret und diejenige Stücke, so nicht nur mit einem, sondern wol mit zwei- und dreifachem onere graviret, nicht ultra propositionem et mensuram, wornach andere Stücke commensuriret werden, hinangezogen und belegt werden mögen.

Es zweifeln auch diese Städte durchaus nicht, es werden E. Ch. D. Ihre gn. Reflexion auf solche Modos Generales richten, welche vielmehr in manus et oculos aliosque sensus externos incurriren, und dabei eine überaus grosse Menge Bedienten, so das Werk weitläuftiger, schwerer und kostbarer machen würden, halten und dennoch nichtsdestoweniger ein Haufen Unterschleife und Abgänge besorgen müsste.

Und hierzu wollen nun die Altmärksche Städte nach ihrem christlichen Gewissen und bei denenjenigen Pflichten, womit sie E. Ch. D. verwandt, gerne ihre Gedanken und consilia, so auf ihren Ort und Kreise sich accomodiren lassen, beitragen und conferiren.

Sie zweifeln auch nicht, allermassen wir gar unterth. darum bitten, E. Ch. D. werden gn. geruhen, uns dasjenige, was Sie von diesem vorseienden Modo haben ausarbeiten und zu Papier bringen lassen, gn. zu communiciren und dabei die Altmärkschen Städte unterth. und zu deren Conservation zielende monita specialiora gn. zu admittiren.

Wie wol nun E. Ch. D. aus diesem allen der Magistraten in Dero Altmärk. Städten aufrichtige und redliche Intention zu aller Genüge zu deprehendiren und abzunehmen haben, so müssen doch dieselbe ganz schmerzlich erfahren, welchergestalt etzliche Bürger zu Stendal, vor andern aber ein Bürger und Tuchmacher daselbst, Namens Jacob Detze, so ad incitos gerathen, aus einem intendirenden Privatnutz, allermassen er albereit in Anno 1663 angefangen, sich von neuem herumgethan, und im Anfang des Monats Februarii und ehe der Deputirte aus diesen Städten wieder zu Hause gelangt, erstlich in der Stadt Stendal einige Gilden vor sich gezogen, nachmals durch Abfertigung der itzigen Deputirten, insciis et insalutatis Magistratibus, die Bürgerschaften in andern Städten durch eigne Schreiben, die gedachter Dotze sub nomine et pallio der gesammten Gilden zu Stendal ausflichen lassen [: da doch keiner einzigen Gilden Siegel, noch einiges Gilde-Meisters Unterschrift darunter zu befinden, sondern nur mit dieses Detzen eigener Hand und Petschaft bloss und alleine muniret :] gleich zu selbiger Zeit, da die Magistratus der Altmärkschen Städte bei einander versammlet gewesen und aufs sorgfältigste deliberiret, wie E. Ch. D. gn. Intention, per constantes et sufficientes Modos Generales, vel hos vel alios, am sichersten und besten erreicht, die armen Städte dadurch zur Reconvalescenz gebracht, Dero Deputirten auch gegen diesen itzigen ausgeschriebenen conventum Statuum mit gehöriger Instruction anhero abgefertigt werden könnten, an sich erfordert und noch einen ejusdem farinae hominem mit Namen Christian Schultzen an sich gezogen, solchergestalt denn von theils Gilden und Bürgern der Altmärkschen Städte ein von ihnen zu vermeinter Vollmacht versiegeltes Blanquet emendiciret und sub et obreptitio expracticiret, sich damit wieder anhero erhoben, vorhero aber die Magistratus in allen Städten traduciret, auch wol bei E. Ch. D., wo nicht per directum, jedoch per obliquum, derogestalt anzustechen keine Scheu getragen, als wann sie und sonderlich diejenige subjecta, welche bis dahero aus des Raths Mitteln in Landes-Geschäften verschickt, diejenigen wären, so E. Ch. D. heilsamen Intention wiederstrebten und die Noth der Bürgerschaft nicht zur Genüge beherzigten.

Woraus dann dieses Unheil erwachsen, dass die Bürger aller Orten in die Magistratus ganz gefährliches Misstrauen gesetzt, ja etzliche desperate Leute sich vom Teufel, als patre et autore calumniarum, in soweit einnehmen und verleiten lassen, dass sie keine Scheu noch Bedenken getragen, mit Ausstreuung erschrecklicher Schmähe- und Lästerschriften wider den ganzen Magistratum und einige deroselben Individua insonderheit zu insurgiren, Tumult und Aufruhr anzurichten, also dass bei solchem Aufstand die Magistrats-Personen in ihren Verrichtungen fast nicht sicher mehr sein, wenn sie nicht ad praescriptum des Pöbels alle ihre actiones conformiren und in jedweden Dingen ihres Willens leben wollen.

Am allermeisten aber hat solch umfressender Krebs seinen Ursprung daher genommen, dass dieser Detze unter dem Schein und Titel aller Gilden und Gewerken in Stendal mit seinem Schreiben die arme unschuldige Bürger in andern Städten also dementiret und sich dazu eines von E. Ch. D. zweifelsfrei ad falsa narrata erschlichenen Protectorii |: welches doch nur einen Respect auf dessen Person wider einige unrechtmässige Gewalt, mit nichten aber auf dessen Aufwiegelung hatte :| bedienet und solbiges so schändlich misbraucht, wie die Copia dessen Schreiben, so hiebei gefügt, und deren Originalien zum Theil bei uns vorhanden, solches mit mehrem darthun werden; er, Detze, auch auf solch Protectorium derergestalt trotzet, dass er sich auch nicht gescheut und entfärbt, den Magistrat der Stadt Gardelegen zu Stendal in frequenti Corona Civium, ungeachtet er von einigen Bürgern deshalb corrigiret worden, ganz ehrenverkleinerlich anzugreifen, wie solches mit vielen glaubwürdigen Leuten zu Stendal, beides ex Senatorio et Civico Ordine, dargethan und erwiesen werden kann.

Und weil nicht unbekannt, was es mit dem vulgo vor ein unbeständiges und wankelbares Ding ist, und daher zu besorgen, sie möchten auch dessen, was itzo alhier statuirt und beschlossen werden wird, leicht müde und überdrüssig werden und die Magistraten darüber anfeinden, verlästern und verfolgen; zugeschweigen, was vor besorgliche grosse Gefahr, Ungelegenheiten und extremitates daraus insonderheit zu unfriedlichen Zeiten zu vermuthen, wann einem homini privato et plebeio oder Gilden und Gewerken frei stehen sollte, nicht allein in einer Stadt solche conciliabula et conventicula anzustellen, sondern auch in allen Städten des ganzen Kreises insciis Magistratibus dergleichen zu thun und die Bürgerschaften aufzuwiegeln, welches Brennen gar leicht um sich fressen, auch auf das Land und in andere Kreise schleichen und also zu einem Bauern-Krieg, wie ex Historia prioris saeculi bekannt, ausschlagen und degeneriren könnte:

Als ersuchen E. Ch. D. solchemnach wir hiermit gehors. und unterth., Sie wollen in hohen Gnaden geruhen, nicht alleine diejenige Manutenenz, so E. Ch. D. den Magistraten in Städten bei der Confirmation gn. versprochen, nachdemmal sie in E. Ch. D. hohen Namen die Administration und Verwaltung des Stadt-Regiments führen, wirklich wiederfahren zu lassen, sondern auch dieselbe durch ein gedrucktes Edictum dergestalt zu redintegriren und autoritatem Magistratus zu restabiliren, dass darinnen alles eigenmächtiges Zusammenlaufen der Bürger und Gilden, ingleichen alle Verläster- und Anfeindungen der Räthe und Magistrats-Personen, nichts weniger die daraus erfolgende tumultus und Aufstände bei Leib- und Lebensstrafe verboten, im Gegentheil aber und vielmehr die Bürgerschaft zum schuldigen Gehorsam angewiesen werden möge.

Damit auch wider dasjenige, was bishero so ganz unverantwortlicher und hochstrafbarer Weise vorgangen, mit desto besserm Nachdruck animadvertiret, und dasjenige was einige Bürger zu Stendal und in specio Jacob Detze sub nomine Gilden und Gewerke proprio ausu |: zumalen dessen hie und da ausgesprengte Schreiben von den Gilden weder untersiegelt noch unterschrieben :| tentiret und ins Werk gerichtet, desto besser am Tage kommen möge:

Als bitten wir desfalls eine fiscalische Inquisition zu verordnen und dadurch alles besorgendes Unheil zu dämpfen, dasjenige aber was wider Detzen in continenti mit Schriften erwiesen wird sofort der Gebühr nach exemplariter zu bestrafen.

Schliesslich, weil sich dieser Jacob Detze des erschlichenen Churf. Protectorii zu solcher Aufwieglung misbraucht und mit seinem Complice allhie unnöthig Unkosten den armen Bürgern causiret, zumaln da sie keinen Statum präsentiren und dahero neque ad sessionem neque ad votum zu admittiren sein, so bitten E. Ch. D. wir unterth., Sie wollen gn. geruhen, diesen alhie befindlichen Jacob Detzen und Christian Schultzen ernstlich anzubefehlen, dass sie das Churf. Protectorium, damit selbiges nicht weiter cum tam detestabili effectu misbraucht werden möge, wieder extradiren und sich alsobald von hier ab wieder an ihren Ort erheben und des Schlusses, welchen E. Ch. D. mit uns gn. eingehen und machen werden, gewärtig sein sollen."

Beilage I.

Der Stendalischen Gilden und Gewerke Schreiben an die Gilden zu Salzwedel wegen der Licenten und deshalb obhandenen Abschickungen.

Wol-Ehrnveste, Grossachtbare und Vornehme, insonders Hochgeehrte Herren, sehr werthe, nachbarliche Freunde!

„Denenselben verbleiben unsre geflissene Dienste stets bevor und zweifeln wir hiernächst nicht, es werde ihnen, was neulich bei letztgehaltenem Churf. Landtage zu Cölln a./Sp. in puncto des neuen Modi Contribuendi oder des Licents vergangen, von Ihren Magistraten gleich uns entdeckt worden sein.

Weiln dann diese Sache, wie Sie aus zugelegter Copia des letztertheilten Churf. Decreti zu ersehen haben, also beschaffen, dass zwarten S. Ch. D. die General-Mittel der armen, nothleidenden Bürgerschaft zum Besten gerne introducirt haben wollen, so erfährt man dennoch, wie sehr hart die Ritterschaft mit Beibehaltung der Contribution, als welche sie bishero wenig berührt, und um Verhütung des Licents bei Sr. Ch. D. ganz inständigst anhalten sollen, und dürfte, da dem Werke nicht in tempore von uns gesammten Bürgerschaften vorgebeugt würde, S. Ch. D. wol gar von selbigen wieder auf andre Gedanken gebracht werden, womit uns aber in unser Stadt Stendal gar nicht weiter gedient ist, weil wir in Continuirung der Contribution unsres überhobeu und schweren Quanti halber schleunigst würden zu Grunde gehen müssen.

Dieweiln wir aber gar nicht zweifeln, es werde diese Noth wol fast einen jeden Ort über Vermögen drücken, als seind wir sämmtliche Gilden und Gewerken der Stadt Stendal einhellig schlüssig worden, förderlichst bei Sr. Ch. D. deshalb mit einem unterth. Supplicato durch Abschickung zweer qualificirter Personen unsres Mittels einzukommen.

Demnach wir aber Ihre Meinung deshalb auch gerne wissen möchten, was Sie in hoc puncto zu thun gesonnen, haben wir die Herren deswegen mit diesem ersuchen wollen mit dienstlicher Bitte, Sie wollen sich förderlichst |: do es je noch nicht geschehen :| zusammenthun, ein gewisses Conclusum unter sich machen und da Sie auch, wie wir nicht zweifeln, auf diese Meinung kommen und die Licent gleich uns begehren sollten, eine schriftliche Vollmacht unter ihrer sämmtlichen Gilden und Gewerken Insiegeln aufsetzen und dieselbe uns durch eigne Expressen gegen den 18. huj. ganz unfeilbar zuschicken, alsdann wir auf den 19. unsre Abschickung ganz gewisse im Namen der gesammten Altmärkischen Städte fortsetzen wollen.

Wir zweifeln nicht, weil die Herren sich hiebevor sowol als wir herzlich danach gesehnt und es gleich uns in Preussen gesucht, Sie werden anitzo, da Sie es nunmehro gleichsam vor der Thür haben, Ihre Noth und Bestes zu beobachten wissen und, da Sie neben uns zu treten gemeint, sich ja nicht eine Stunde säumen, weil periculum in mora, sondern die Vollmacht sammt ein wenig Zehrungskosten und Reisegebühr, etwa auf 2 oder 3 Thlr., zugleich mit übersenden, weil unsere beide Herren Abgeordnete noch ein Tag oder fünf für dem angesetzten Landtag einkommen müssen, damit sie ihre Sachen fein eingeben und gn. Audienz erlangen können. Wir verbleiben nebst Empfehlung göttlicher Protection Deroselben jederzeit etc." [1])

---

[1]) Ein ähnliches Schreiben ergeht sub dato 14. Februar d. J. an die Gilden von Gardelegen.

Beilage II.

Die Gilden von Stendal an Alterleute und Gildemeister von Salzwedel. Dat. Stendal 6. März 1667.

(Bericht über den Erfolg der Berliner Reise.)

1667.
16. März.

„Denenselben verbleiben unsere geflissene Dienste stets bevor und geben ihnen hiernächst freundlich zu vernehmen, dass unsere beiden Herren Abgeordneten Jacobus Deetze und Christoph Schulze Ihre Berlinische Reise glücklich vollendet, auch soviel bei Sr. Ch. D. erhalten, dass, Gott Lob, noch alles in guten Terminis beruht, so gar, dass höchstgedachte S. Ch. D. dieselben General-Mittel zu introduciren gänzlich entschlossen sein.

Es haben aber die Stände und Ritterschaft bereits für unserer Abgeordneten Ankunft anderweit einen andern terminum, als den 25sten Martii, bei Sr. Ch. D. ausgebeten, weswegen dann unsere Deputati bis dahin uns zu gedulden und weiter anzugeben uns einige Resolution eingebracht haben; so haben selbige auch hierbei ein Churf. Protectorium unter Dero hohen Hand und Churf. gn. Insiegel erhalten, dergleichen fast noch nicht gesehen; dahero sich dann kein einziger Bürger, der diese Dinge anfängt, weiter mehr zu befürchten hat.

Weil nun die Herren aus diesem ersehen, sonder Zweifel auch wol werden gehört haben, wie sehr hart sich unser Widerpart, die Ritterschaft, dieses zu hintertreiben bemüht, dahero dann hochnöthig, dass wir vorhero aus allen Städten zusammenkommen, ein gewisses beschliessen, auch auf gute Leute weiter bedacht sein und die dazu gehörige Zehrungskosten, welche ziemlich angelaufen, zusammenbringen, und derowegen dann hiermit unser Suchen an Sie gelangt, Sie wollen auf den 9ten Martii sich bei uns in Stendal mit dem frühesten anfinden, ein paar Leute überschicken, denen wir Relation wegen unserer Reise thun, auch von dem gu. ertheilten Decreto und Churf. Protectorio, wie auch von der Zehrungsrechnung copiam geben wollen, damit Sie sehen können, in welchen terminis diese Sache besteht, so werden die Herren auch zum wenigsten dieses Mal ein zwölf Thaler von beiden Städten zur Reise mitbringen müssen, da Sie wol wissen werden, dass Berlinische Reisen viel Geld kosten, in Betrachtung, dass hierauf unser Aller einige Wolfahrt beruht und dass unser Widerpart ein grosses auf etzliche viel Tausend Thaler, wie vorgeben wird, daran zu setzen Vorhabens sein sollen, solch heilsames

Werk umzustossen. Wir seind auch, wie die Herren künftig erfahren sollen, bei der Herrschaft schon in höchster Ungnade gewesen, da berichtet worden, dass die Altmärkischen Städte die General-Mittel nicht amplectiren wollen, weswegen wir dann allenthalben in Brandenburg, Berlin, Potsdam öffentlich für Meutemacher und Hinderer dieses hochdienlichen negotii ausgeschrieen worden sein. Es ist aber solche hohe Churf. über uns gefasste Ungnade Gottlob nunmehr durch diese unsre Abschickung in lauter Churf. Gnade verwandelt worden.

Weil dann nun hierzu wir aller Städte Bürgerschaften auf den bestimmten Tag in Stendal beschieden, als versehen wir uns ihrer gewissen Ankunft, da itzo periculum in mora ist.

Postscriptum. Bitten, die Herren wollen sich ja nicht eine Stunde hierinnen säumen, sondern sich alsofort nach der Vorlesung mit der Neuen Stadt zusammenthun und einen gewissen Schluss deshalben machen; könnten Sie auch ein ziemlich Particul Ihrer Bürgerschaften Unterschriften uns mitbringen auf einem absonderlichen Bogen, wäre es sehr dienlich, weil zu Hofe darnach gefragt wird.

So wollen Sie sich auch höchst bemühen, dass Sie von Ihrem Rath ein Confirmatorium, darin sie die General-Mittel mit belieben, erlangen, weil unser Rath dadurch grosse Gnade erlangt, es auch viel zur Sache helfen kann."

Gleichlautende Schreiben vom selben Tage ergehen an Alterleute und Gildemeister von Gardelegen und Osterburg. Da Gardelegen mit der Antwort zögert, droht Jakob Deetze den dortigen Gilden und Gewerken, ohne sie, bei Einstimmigkeit übrigens aller andern Städte, in der Sache vorzugehen.

Die Anwesenden Deputirten der Sämmtlichen Städte der Chur und Mark Brandenburg an den Kurfürsten. s. d. (Praesentatum Berlin den 23. März 1667.)

[Bitte um Einführung der General-Mittel.]

1667.
2. April. „Gleichwie E. Ch. D. landesväterliche Vorsorge bei der jüngsthin im Januario geschehenen gn. Proposition in puncto der General-Mittel sämmtliche Städte der Chur und Mark Brandenburg nochmals mit untorth. Dank erkennen: Als haben auch selbe zu nöthiger Fassung und wirklicher Einführung solches Modi Generalis uns wiederum gehorsamst deputirt und abgeschickt.

Nun hätten wir zwart vermeint, die Herren von der Ritterschaft mit uns zu condescendiren und zu dem Werke zu schreiten geneigt sein würden. Allein da uns in Consessu ein widerliches vorgestellt, und wie sie ingesammt sich nicht resolviren, sondern vielmehr hinwieder separatim ihre Notdurft negotiiren würden, angezeigt worden; so haben bei E. Ch. D. wir uns hierdurch in demüthigster Unterthänigkeit anmelden und Dero gn. Resolution und Anweisung gehorsamst suchen und erwarten sollen.

Wir seind, gn. Churfürst und Herr, nicht gesonnen, mit den Herren von der Ritterschaft in einigen Disputat uns einzulassen, sondern weil E. Ch. D. aus hoher landesväterlicher Vorsorge die General-Mittel selbst gn. vorgeschlagen und wir sämmtlich dieselbe, wann sie sonder Execution sein und alle andern Anlagen und Contributiones hingegen cessiren, in keinen Reversen oder Recessen schlechterdinge verboten finden können; vielmehr zu Abhelfung so vielfältiger Querelen, alles beschwerlichen Anlaufs, gefährlichen Argwohns und Aufrückung zwischen Nachbarn, auch zu Abwendung der sonst bevorstehenden Total-Ruin und dahingegen zu Cultificirung des Landes, auch Anlockung mehrer Einwohner dienlich und an ihme selbst löblich und christlich zu sein erachten, dass Christen mit Hintansetzung des strengen Rechtens den agonisirenden Neben-Christen zu Hülfe kommen; wir auch aus getr. und aufrichtigem Herzen einig und allein suchen und desideriren, dass der Armuth sowol in Dörfern als Städten geholfen und die Chur und Mark Brandenburg wieder volkreich gemacht werden möge:

Als legen wir hiermit alles in tiefster Demuth zu E. Ch. D. Füssen mit unterth. Bitte, E. Ch. D. wollen, als Dero von dem höchsten Gott gesetzter liebster Landesvater, hierinnen den Ausschlag dahin gn. geben und richten, damit so viele tausend nach Hülfe und Linderung in Dörfern und Städten seufzende Seelen erhört und ohne Weitläufigkeit und kostbare Zehrung die Sache förderlichst zum gewünschten Stande gebracht werden möge.

Der gn. Gott, als der gewisseste Vergelter alles Guten, wird E. Ch. D. und Dero hohem Churf. Hause desto grössern Segen davor zuwenden und das Gebet aller getreuen Unterthanen, welches vor E. Ch. D. langes Leben und höchstbeständige Gesundheit mit unterth. Herzen geschieht, unerhört nicht lassen."

Die Anwesenden Deputirten von Prälaten, Grafen, Herren und Ritterschaft dies- und jenseit der Oder und Elbe an den Kurfürsten. Dat. Berlin 24. März 1667.

[Bitte um Belassung des bisherigen Steuermodus. Mängel der Acciseverfassung. Unterschied zwischen der Mark und andern Ländern.]

1667.
3. April. Gerade weil sie des Kurfürsten Bemühungen um die Hebung des Landes dankbaren Gemüths anerkennten, hofften sie, dass er die General-Mittel nicht einführen werde.

„Und werden E. Ch. D. allergnäd. geruhen und nach Dero rühmlichen Clemenz in allen Gnaden aufnehmen, dass die Ritterschaft ihr Gewissen und die Pflicht, damit sie ihrem Vaterlande so hoch verwandt ist, nach ihrer Schuldigkeit billig beobachte und dannenhero frei bekenne, dass sie weder gegen sich selbst, noch auch allermeist gegen ihre Posterität es zu verantworten haben würde, wann sie einen solchen Modum Contribuendi sollte billigen, der den wenigsten dieses Orts bekannt, auch im heil. Röm. Reich niemaln anständig befunden worden ist, welcher gewisse eversionem Statuum nach sich zieht und allermeist den Ritter- und Adel-Stand also drücken und unter sich halten würde, dass sie sich ihrer bishero so theuer erworbenen Libertät begeben, sich und ihre Nachkommen in einer stetigen Dienstbarkeit setzen, zur bittern Armuth bringen und ad tales incitos redigiren lassen müssen, dass ihnen hinfüro ein mehres nicht, als der blosse Namen des Ritterstandes und adelichen Privilegien übrig bliebe."

Da ihnen die Selbsteintheilung der von ihnen bewilligten Auflagen selbst während der Kriegszeit gestattet und belassen sei, hofften sie, dass dies jetzt um so mehr der Fall sein würde. Der Vorwurf, die Eximirten hätten bei dem bisherigen Modus gar nichts geleistet, sei grundlos. Ueberall da, wo ihre Unterthanen leistungsunfähig gewesen, wären sie für dieselben eingetreten, hätten auch viele ausserordentliche Auflagen auf sich genommen.

„Am allermeisten würden sich die Klagen von allen Ständen wegen dieser Accise darinnen häufen und mehren, wann sich ein Jeder ohne Unterscheid der grossen Menge sothaner Bedienten, als zu solchem Werke nöthig seind und ihren bösen Inventionen, Pressuren, auch Inquisitionen und Delationen müsste unterworfen sein. Und weil sie sich, wiewohl oft fälschlich, auf ihr Amt und habende Befehle beziehen, würde mancher aus Furcht und unschuldig müssen leiden und geliegen, gestalt man nicht glauben kann, dass ein jeder das Zollbare sollte an Eidesstatt annehmen müssen, weil ein solches viel perjuria, daran E. Ch. D. billig ein sonderlich Abscheu tragen, mit sich führen würde.

Endlich würde dieser Modus die Stände der Ritterschaft und Städte wieder in die verderbliche Communion bringen und weil die Ritterschaft auch dahero E. Ch. D. mit unterth. Dank hoch verpflichtet ist, dass, wie die verba lauten, der Quotisation-Recess |: weswegen die Neumärkische Ritterschaft absonderlich ihren Städten noch neulich 20,000 Rthlr. zu mehrer Festtstellung erleget :| mit E. Ch. D. vielfältiger Mühe zu Wege gebracht und selbiger Vergleich von der Zeit an hinfüro und zu ewigen Zeiten ein immerwährendes, unauflösliches Band zwischen beiden Ständen sein soll, auch also feste gestellt, dass keine clausulae confirmatoriae zu finden, die darinnen nicht begriffen seind, so gar, dass auch E. Ch. D. gn. versprochen haben, dass Sie diejenige, so sich dawider etwas unterfangen wollen, mit gebührender ernster Strafe ohne Ansehn der Person belegen wollten. Weswegen die Ritterschaft aus obigen Gründen von diesem Modo Contribuendi durch die General-Mittel ohnzählig viel Klagen und Querelen mehr denn vorhero aus dem consueto modo gewiss ominiret und billig befahrt."

(Folge der Accise würde ferner die Vertheuerung der ersten Lebensbedürfnisse sein) „aldieweil aus dem communicirten Aufsatz der künftigen Accise klärlich zu ersehen, dass der Contractus, welcher in communi usu vitae nicht zu entrathen, absonderlich Bier, Brod und Salz über die alten Aufsätze so hoch belegt werden, dass es nicht kann Bestand haben, allemassen wegen des Biers das alte Biergeld, so der gn. Herrschaft zugehört, hernach die 6 Thlr. 3 Gr., so die Landschaft erhebt, das Zuschüttel, welches den Städten zu ihrem Kasten verwilligt und dann diese 3 Thlr. nach der neuen Accise darauf geschlagen, so würde, wann der Aufschlag auf den Hopfen und die Braupfanne noch darzu käme, das Bier so hoch im Preis steigen, dass keines mehr mag verführt werden, und die Braunahrung, wo nicht gar erliegen, doch denen in Städten, die noch einzige Mittel halten, allein in die Hand gerathen, die Armuth aber, welche schon itzo solches fast wenig mehr treiben kann und die Ziesezettel erst mit dem Bier meistentheils bezahlt, gänzlich ausgeschlossen werden. — — Ob es wol an sich billig ist und nöthig, dass die Vermögendste unter den Contribuenten mehr als die Unvermögens und proportione geometrica sollten geben, so wird sich doch bald anfangs finden, dass durch Veranlassung der General-Mittel die Reiche ihnen bald monopolia vel tacito verschaffen, die Kaufleute also alles auf die Waaren, damit sie sicher und frei bleiben, schlagen, alle Zoll- und Accise-Bediente ihren Nächsten zu vervortheilen suchen werden, hergegen wird die Arme und Nothleidende, deren Vorrath von einem Tag zum andern muss verdient und erkauft werden, allermeist die Geistlichkeit, Prediger, Schulmeister und Kirchendiener, deren Einkommen albereits sehr gering fallen, wie nicht weniger die causas pias und Hospitalien auch diejenige, welche auf Besoldung dienen und consequenter der gn. Herrschaft selbst eigne Ministros die Accise heftig drücken und beschweren, und kann die Ritterschaft es anders nicht absehen, wann die Churf. hohe Ministri, gleich es vorgegeben wird, sollten das Ihrige mit hinzutragen helfen, so würde doch solches onus ihnen nicht lange auf dem Halse bleiben oder es dürfte ihren Salariis soviel hinzugelegt werden, welches die Accise zum wenigsten egalire, dahingegen würde die Ritterschaft solchem oneri, gleich es mit der doppelten Metze geschehen, wo nicht stets, doch sehr lange unterworfen bleiben und also in ihrer Patria multo deterioris conditionis sein als anderswo, da ihnen nebst andern ihresgleichen der adelichen Privilegien zu geniessen verstattet wird. — — Wollen demnach nicht hoffen, dass durch dies auch ohne das wenig einbringende Mittel der Accise sothane stets gehors. Ritterschaft und aus derselben entsprossene viel hohe Ministri und tapfre Generals sollten denen Bauern und Bürgern gänzlich gleich gemacht und sie aller ihrer Immunität, welche ihnen ratione des Rossdienstes und in remunerationem servitiorum, mit welchen sie dem Domino feudi obstringirt seind, verlustig gemacht werden. Wie ihnen dann das Exempel der Ritterschaft in Preussen nicht kann zu Nutzen kommen, inmassen es bekannt ist, obgleich die commercia propter loci situm alda besser floriren, ob auch das Land fruchtbarer und mehr bewohnt ist, dennoch dieser modus sehr alda beklagt und nach deren Befreiung herzlich geseufzt wird. Weniger können sie sich nach dem Exempel der Schlesischen Ritterschaft richten, aldieweil selbige von I. Kais. Majestät jure belli erworben, welches die getr. Ritterschaft von der Chur und Mark Brandenburg wegen ihres demüthigsten Gehorsams nie zu befürchten gehabt. So geschieht auch solche Auflage in Schlesien consentientibus Nobilibus, weil sie mit denen Bürgern viel Nahrungen gemein haben und seind ihrer und etlicher von Adel in Sachsen ihre Güter schon von Altersher mit etlichen Beschwerungen belegt. Sie stehen auch nicht mit den Städten in solcher Verfassung gleichwie wir, und hat es über dem mit solchen, ingleichen mit andern Ländern, als Italien und die Niederlande, weil eine andre Beschaffenheit weder mit den hiesigen. Dann in jenen ist einmal wegen der Commodität fluviorum navigabilium vel maris vicini, dann auch ob maximam externarum gentium affluentiam eine beständige und grosse Nahrung, daher alda auch sehr viel reiche und höchst creditirte Kaufleute zu finden, welche öfters um Credit zu erhalten oder solchen zu mehren eine grosse Licent nicht ansehen. Alhier aber seind die Kaufleute nur der Fremden ihre Factoren und handeln mit fremden Geldern, wie das Frankfurter Zeugniss lautet, und dort wird wo nicht das meiste, doch ein grosses auf die Estrangers und Passagirer geschlagen, deren alhier fast wenig zu finden seind. —"

Die Geh. Räthe an die Deputirten der Ritterschaft. Dat. Cölln a./Sp. 25. März 1667.

[Mahnung, den verfallenden Städten beizuspringen, widrigenfalls dort die Accise allein eingeführt und ihnen event. eine Aversional-Quote gut gethan würde.]

1667. 4. April.

„S. Ch. D. hätten aus der Deputirten der Ritterschaft gn. Anbringen und Verlesung der Schrift mit mehrerem vernommen, aus was Ursachen sie die Accise declinirten und warum sie es bei der alten Quotisation zu lassen gebeten, und wie auch, dass der Städte Ruin und Verderb nicht dahero, sondern aus andern Ursachen und insonderheit der bessern Administration und ingleichen Eintheilung der Contribution herrührte. Nun wollen S. Ch. D. vor dieses Mal ihre angeführte rationes an ihren Ort gestellt sein lassen und was dawider einzuwenden nicht anziehen. Weil aber die Stände selbst gestünden, dass die meisten Städte so beschaffen und in solchem Zustande wären, dass sie ohnzweiflig gänzlich ausfallen und zu den gemeinen Lasten nichts mehr zutragen würden, so wollten Sie die Stände selbsten judiciren lassen, was es endlich mit dieser Landschaft für einen Zustand gewinnen und daraus erfolgen würde, wann die Ritterschaft ein solches ansehnliches commembrum, dessen schlechten Zustand sie selbsten agnosciren müssen und männiglich ohnedem für Augen stünde, verlieren und folgends alle Beschwerden fast allein tragen sollte." Sie sollten daher den Städten „sowol aus Christlicher Liebe und Mitleiden, als auch um ihres eigenen Bestens und Interesse's willen — helfen.

Und wäre demnach Sr. Ch. D. gn. nochmaliges Gesinnen, den Städten entweder gedachtermassen zu Hülfe zu kommen oder sie würden sich hernach nicht beschweren müssen, wann S. Chr. D. die Accise in den Städten zu Abführung derorselben Quote introduciren und die Ritterschaft bei ihrem Contingent und jetzigem Modo Contribuendi liessen. Sollte sich auch hiernächst befinden, dass der hiermit entstehende Vortheil vor die Städte gar zu gross, so wollten S. Ch. D. es dahin vermitteln, dass der Ritterschaft davon ein Theil zu ihrem Contingent zu statten kommen sollte." Nur allein möchten sie mit dieser Sache eilen und hierunter auf sich selbst und ihre eigene, ja des ganzen Landes Wolfart sehen und danach ihre Resolutiones fassen.

Die Deputirten der Ritterschaft an den Kurfürsten. Dat. Berlin 28. März 1667.

[Einwände gegen die Accise.]

1667.
7. April.

Sie erbieten sich zu jeder möglichen Leistung für den Fall der Belassung beim bisherigen Modus gemäss dem kurfürstlichen Versprechen, da nach ihrer Ansicht die von ihnen dagegen vorgebrachten Gründe, dass die Accise, selbst wenn auf die Verkäufer gelegt, doch schliesslich nur die Consumenten treffe, unwiderleglich, ihre Unterthanen dadurch aber in grösste Mitleidenschaft gezogen würden.

„Sintemal die Ritterschaft wol wahrnimmt, dass obgleich in den Städten nur allein die Accise eingeführt würde, so müsste doch der Adel und ihre Unterthanen solche Accise in effectu bezahlen, aldieweil, wie gute Taxa auch gemacht, dennoch die Kauf- und Handwerks-Leute nicht lassen würden, alles auf die Waaren zu schlagen, und weil deren die auf dem Lande nicht entrathen können, so würde solches von diesen, das wenigste aber von jenen herkommen müssen. Anderntheils ist's am Tage und kann es auch die Ritterschaft nicht leugnen, dass zwar ein gut Theil der Städte sehr geschwächt und in den meisten Städten gar viel Bürger gefunden werden, denen zu dem itzigen Contingent das Ihrige hinzuzutragen solches wo nicht unmöglich, doch sehr schwer fällt, die Ursache aber dessen kann und will die Ritterschaft grund- und weitläuftig zu erörtern wol nicht gerne über sich nehmen. Sie ist auch E. Ch. D., wie bei den in Cleve und itzo alhie gn. gegebenen Audienzen wol verspürt, gnugsam bekannt, und haben's die nothleidende, auch dahero klagende Bürger zur Genüge erwiesen, das hoffen wir indessen gewisslich in der That zu erfahren, wann E. Ch. D. die gn. Verordnung wollen thun, dass die Städte per hactenus usitatum Modum Contribuendi ihr Contingent auf etwa noch 6 Monat an jedem Ort in publica quadam Cassa colligiren und in währender Zeit von tüchtigen und unparteiischen Leuten ihres Mittels mit Zuziehung an jedem Ort zweuer nahe anwohnenden und ihres Zustandes wol kundigen von Adel das Contribution-Werk gebührlich bei ihnen untersucht, der Nutz von den wüsten und verlassenen Stellen, Gütern und Ländereien nicht privatis, sondern dem Contingent zu Hülfe gegeben, denen Unbilligkeiten und Stoigerung in den Gilden gewehrt oder, welches dem Lande und Städten am fürträglichsten wäre, gar aufgehoben, die Freijahre und Exemtiones der Vermögendsten wol considerirt und coarctirt, die schwere Executiones vermieden, das Bier nach dem grossen Kauf eingerichtet, hergegen die Contribution auf die Aussaat, auf das Vieh, auf die Nahrung ohne Ansehen der Person, auch ohne Consideration der Verwandtniss geschlagen und davon gute Rechnunge gehalten werde, so würde das Contingent weit höher fallen. — —

Dass aber so schlechter Dinge und auf der Städte blosse Entschuldigung ihres Unvermögens sollte von der Ritterschaft noch ein mehres können begehrt und nach itziger Beschaffenheit in den Städten beide Theile darüber in äusserste Ruin ohnzweifentlich gebracht werden, solches ist denen von der Ritterschaft so wenig zu rathen, als klärlich es zu spüren ist, dass, ob schon von der Ritterschaft in anno 1643 von der Städte Quota, welche damals duas tertias, die Ritterschaft aber nur unam tertiam gaben, ein grosses von jener ihrer Portion über sich genommen und damit bishero continuirt, ob schon von der Ritterschaft denen Städten insgemein und absonderlich die Neumärkische Ritterschaft denen Ihrigen mit 20,000 Thlrn. succurrirt — — — dennoch keine nachhaltige Besserung im Zustand der Städte eintreten würde."

Die "Sämmtlichen Städte" an den Kurfürsten. Dat. Berlin 28. März 1667.

[Generalmittel durchs ganze Land. Beschuldigungen gegen die Wirtschaft derer von Adel in den Kreisen.]

1667.
7. April.

Die ihnen am 25. März zugesagte Geldhülfe, ohne die sie ihren Verpflichtungen nicht nachkommen könnten, sei immer noch nicht aufgebracht. Sie hielten für's Beste, die Accise durchs ganze Land ohne einige Ausnahme einzuführen. Auf die Vorwürfe und Behauptungen ihrer Mitstände liessen sie sich nicht näher ein und erinnerten nur Folgendes:

„1. Dass E. Ch. D. aus selbst eigener Bewegung und, wie wir sicherlich davor halten, aus sonderbarer Schickung und Eingebung des höchsten Gottes die General-Mittel in Vorschlag und Vortrag bringen lassen;

2. Hierzu vor Ihre hohe Person zu concurriren sich gn. erklärt;

3. Dabei bishero allezeit beständigst und landesväterlich verharrt und unsern Deputirten noch jüngsthin gn. Vertröstung gethan, bei Einkommung in das Hoflager der Sachen einen Nachdruck zu geben, dass solch heilsam Werk befördert werden solle.

4. Und also nicht allein den Städten, sondern auch dem armen Landmann selbst durch dergleichen Gnade die höchst erfreuliche Hoffnung der mit so viel Thränen gesuchten und höchst nöthigen Hülfe und Linderung gn. gestärkt und hierzu sie gleichsam encouragirt haben.

5. Dass solche General-Mittel hiernächst in keinem Recht und keinen Landtags-Recessen schlechterdinge verboten oder abandonirt;

6. Gottes Wort und der christlichen Liebe allerdings gemäss;

7. In vielen benachbarten Landen mit sonderbarer Aufnahme der Einwohner üblich und eingeführt;

8. Auch der Natur selbst, als welche eine gemeine Last gemein und mit gesammter Hülfe zu tragen anweist, gemäss seind;

9. Und keinen fremden Kaufmann, der in diesen Landen negotiiren will |: als von den Herren der Ritterschaft angeführt sein soll :| von Trafiquirung und Handlung auf diese Lande abschrecken werden.

10. Zumaln da Leipzig, Prag, Breslau, Stettin und andere Oerter und ganze Länder |: woselbst die Accise viel höher angelegt :| das Contrarium bezeugen und durchgehende Güter ohnedem nicht verlicentirt werden sollen.

11. Also dass dasjenige, was einige Kaufleute deshalb gesucht haben mögen, wiewol uns davon nichts zukommen, zweifelsohne aus Privatrespect und Nutz anbracht und erfolgt sein mag;

12. Und wir vielmehr dafür halten, dass bei Cessirung des bisherigen Modi Contribuendi und Einführung der General-Mittel fremde Kaufleute und Einwohner angelockt und in hiesige Lande zu dessen Anbauung gebracht werden könnten;

13. Dass durch solchen heilsamen Modum so wenig eine Confusion der Stände und freie Commercirung des Adels causirt oder inforirt werden möge, als wenig in andern Landen, da diese General-Mittel eingeführt, solches begehrt oder bishero, ungeachtet die Pauern fleissig contribuirt, raisonnable oder nach den Landesverfassungen zulässig sein wollen.

Wir erinnern ferner in tiefster Demuth:

14. Dass keine Execution oder Freiheit in casibus extraordinariis das Gesetz der gemeinen Wolfahrt eines ganzen Landes überwiegen könne;

15. Dass aus denen Actis und Rechnungen nicht zu befinden, dass vor dem beschwerlichen Quotisation-Recess die von der Ritterschaft ganz frei und exemt gewesen oder dem armen Unterthanen und Landmann die Last alleine aufgebürdet, sondern dass vielmehr die adeliche Hufen und Güter zu den Landes-Anlagen und Contributionen mit zugezogen werden;

16. Dass der sämmtlichen Städte merkliches Aufnehmen, ja E. Ch. D. selbst eigenes hohes Interesse hieran liege, dass durch Aufbürdung der Contribution-Last der Landmann nicht ganz zu Grunde gerichtet, sondern vielmehr die Dorfschaften anzubauen und zu besetzen durch gemeine Zutragung getrachtet werden möge;

17. Dass dofern alleine in den Städten die General-Mittel eingeführt werden sollten, nicht nurt ein merklicher Abgang und Unterschleif zu befürchten sein würde, sondern auch

18. Die Städte ganz vermüdet und vollend von aller Nahrung gebracht werden dörfen. Zumaln, da alschon wider Landtags-Recesse und Edicte viel Unordnungen in der Braunahrung, Krugverlegung und Verkaufung des Priester-, Pauern- und Schäfer-Zuwachses und Wolle eingerissen nnd

20. Im Fall denen von Adel und auf dem Lande ohne einige Accise zu brauen, Bier zu schenken, Wolle und Getreidich zu erkaufen und auszuführen und damit zu commerciren frei stehen sollte, solches alles zu Verderb der Städte gereichen und also alle wider die

General-Mittel hervorgesuchte Einwürfe erst hierdurch ihren rechten Nachdruck bekommen möchten.

Wir bitten bei so bestalten Sachen nochmals ganz demüthigst und unterth., E. Ch. D. geruhen, als der allerliebste Landesvater, derer bishero unter der Last allein gelegenen Contribuenten sich gn. zu erbarmen und nach Dero im Januario höchst erfreulichen Proposition die General-Mittel in der ganzen Chur und Mark Brandenburg generaliter ohne einige Exemtion zu Hebung und Cessirung aller andern Contributionen und Kriegsonerum versuchsweise einzuführen und dasjenige, was von dem höchsten Gott zu so nöthiger Hülfe der Armuth gleichsam an die Hand gegeben, mit landesfürstlichem Nachdruck gn. zu befördern.

Und weil, gn. Churfürst und Herr, vor uns kommen, wie die Herren von der Ritterschaft unter anderm vorgebracht, dass nicht das Quantum oder die hohe Quote, sondern die Ubele und schlechte Administration der Magistraten und die ungleiche Eintheilung an dem Unvermögen und Decadenz der Städte Ursach hätten, so ziehen wir solches tief zu Gemüthe und bitten unterth. zu unsrer hochnöthigen Exculpation um Communication der eingegebenen Schrift; wollen mit Gottes Hülfe dergleichen Auflagen von uns und unsern Heimgelassenen dergestalt ablehnen, dass E. Ch. D. der Städte Unschuld erkennen und ein gnäd. Contentament davon haben sollen.

Unterdess geruhen doch E. Ch. D. gn. zu erwägen:

1. Dass die Magistrate in Städten mit der Contribution eigentlich nichts zu thun haben, sondern die Bürgerschaft selbst die Einnahme und Ausgabe in Händen führe;
2. Dass die Catastra und Contributions-Anlagen von den Bürgern vornehmlich formirt und eingerichtet werden;
3. Dass alle Bürgermeister und Rathmannen auch mit Hintansetzung derer hergebrachten Freiheiten und Verfassungen contribuiren und zutragen;
4. Also dass bei vielen grossen Städten ein Bürgermeister und Rathsherr mehr als 10 bis 12, ja 20 Bürger erlegen und hergeben muss;
5. E. Ch. D. erwägen gn., dass unterschiedene Magistratus in Städten zu Conservation der Bürger und Abgebung der Contribution in vorigen Jahren und gutentheils seither Anno 1658 bis dato etliche Tausend Thaler Capital von Creditoren aufgenommen und davor mit Hintansetzung anderer Stadtschulden und ihrer eigenen Forderungen und Besoldungen die Rathhausgüter verschrieben haben: ja albereit

einige Stadtgüter wegen der Contribution verstossen und alieniren müssen;

6. Dass bei der Administration der Rathhäuser die Dorfschaften, so ihnen gehören, besser besetzt und bewohnt werden als fast meistentheils der Ritterschaft Dörfer;

7. Dass bei den meisten Rathhäusern alschon Commissiones und Untersuchungen gehalten und die Magistratus unschuldig befunden;

8. Und dass keiner von uns und unsern Heimgelassenen vor der genauesten Inquisition deshalb Scheu trage, sondern solche unerschrocken anzunehmen intentionirt sei;

9. Dass dahingegen die Inquisition es geben werde, ob nicht in theils Dörfern und Kreisen |: dann wir solches gedrungen anführen und ausdrücklich hierbei bedingen, wie wir nicht den ganzen Ritterstand, sondern einige nurt und die Schuldigen hierdurch meinen :| übler mesnagirt, die Pauern-Güter oder Aecker in Nutzung gezogen, die Contribution dahingegen davon nicht abgetragen, sondern der Armuth in den Amts- und der Städte Dörfern aufgebürdet und viele collectable Hufen exemt gelassen worden;

E. Ch. D. seind in Anno 1664 durch ein ausführlich unterth. Memorial die Ursachen des Ruins der Städte gehorsamst vorgetragen, wir halten auch nochmaln davor, dass solche unterth. Schrift bei Gott, bei E. Ch. D., ja aller Welt Beifall finden und die Wahrheit selbsten bestärken müsse: dass das grosse und unerträgliche Quantum, so den sämmtlichen Städten, auch über derer Gewerb und Nahrung, aufgelegt wird, die in die vierzig Jahr her continuirlichen Beschwerden, die kostbaren Executiones, die aufgebürdete Uebertragung der ausfallenden Mitcontribuenten, die Einquartierung und andere unzählbare Krieges-Onera und die vielfältigen Brandschäden, die Abnehmung und Vergehung des Vermögens, aller Nahrung, Handlung und Traffiquen — — sie gänzlich niedergelegt haben." Sie bäten daher um abermalige Untersuchung, ob dies eine Folge üblen Haushaltens oder nicht vielmehr unverschuldeter Unglücksfälle sei.

„Dafern aber, gn. Churfürst und Herr, das wir doch nicht hoffen, E. Ch. D. sich dahin beständig resolvirt haben möchten, dass der Ritterstand mit den General-Mitteln verschont und solche nurt in den Städten eingeführt werden sollen, so werden zwar, wie wir davor halten, E. Ch. D. hohen Willensmeinung unsere Heimgelassenen nicht entgegen leben; wir seind aber auf solchen unverhofften Fall vor uns der gehorsamsten Meinung, dass dieses ohne höchsten Nachtheil und

Untergang der Städte anders nicht eingerichtet werden könnte, als dass:

1. Solche General-Mittel in allen und jeden Städten der Chur und Mark Brandenburg und also
2. auch in den Amt-, Bischöflichen und Ritterschaft-Städten und Flecken und zwart
3. ohne einige Exemtion derer in Städten wohnenden Reisenden oder Consumirenden, sie mögen sein wer sie wollen, introducirt,
4. Storckow und Beeskow den Städten zugelegt werden;
5. Alles Brauen, so zu dem Krug-Verlag geschieht, zu dem Accise-Aufsatz mit angezogen und
6. hierdurch alle andere Contributiones, Anlagen und Krieges-Onera cessiren und gehoben werden müssen;

Wie dann wir unterth. bitten, dass E. Ch. D. auf solchen Fall nicht allein bei der gn. landesväterlichen Erklärung, hierbei selbst zu concurriren, gn. verharren, sondern auch mit itztgedachten praesuppositis das Werk einzurichten und uns mit unsern unterth. Erinnerungen ferner zu hören gn. geruhen wollen."

Am 2. April 1667 a. St. erbietet sich die Ritterschaft 24,000 Rthlr. in 4 Terminen den Städten zu Hülfe zu geben, wieder unter dem Beding der Nichteinführung der Accise.

Die Anwesenden Deputirten sämmtlicher Städte an den Kurfürsten. s. d. (Praesentat. 11. April 1667.)

[Bitten, dass alle Städte an den von der Ritterschaft zugesagten 24,000 Thlrn. Theil haben möchten; Erinnerungen, die bei Einführung der General-Mittel zu beobachten seien.]

1667.
pr.21.Apr. „Gleich wie E. Ch. D. vor die landesväterliche Vorsorge und angewandte hohe Bemühung, damit den armen agonisirenden Contribuenten einige Hülfe gegeben werden könne, wir demüthigsten Dank melden: Also wünschen wir auch herzlich, dass die löbliche und von dem höchsten Gott gleichsam selbst erweckte und angewiesene Intention wegen der Einführung der General-Mittel durch das ganze Land den nöthigen Nachdruck erhalten und so viel Tausend Seelen, welche seithero einzig darnach gehofft, beständig im Lande zu bleiben und anzubauen, ferner encouragirt hätten werden mögen, zumal da die meisten Einwohner bei Entstehung dessen, worauf sie bishero ver-

getröstet worden, nunmehr an dem Aufnehmen der Städte desperiren, Haud und Muth sinken lassen und desto ehender ganz davon gehen dürften. Nachdem aber E. Ch. D. von solcher gn. Intention divertirt, so müssen wir alles mit unterth. Gehorsam aufnehmen, Gott und der Zeit befehlen und vor E. Ch. D. selbst, dafern bei der anhaltenden Last die Städte gänzlich ermüden und in grössere Decadenz fallen sollten, entschuldigt sein.

Und weil wir vernehmen, dass E. Ch. D. Die von der Ritterschaft zu einiger Hülfe gegen die Städte 24,000 Thaler gehors. praesentirt haben, so wollen und müssen E. Ch. D. landesväterliche Vorsorge wir in aller Demuth veneriren; bitten hierbei in Unterthänigkeit: Nachdem sämmtliche Städte Hülfe desideriren und nöthig haben, auch billig, dass alle unter der Last liegende von der gemeinen Ergetzlichkeit participiren, E. Ch. D. die praesentirte Summa zu Hülfe der Städte dergestalt zu employiren und einzurichten gn. geruhen wollen, dass alle Städte davon wirklich participiren und Erleichterung geniessen mögen.

Wir erkennen auch mit unterth. Dank, dass, wie uns vorkommen, E. Ch. D. nichtsdestoweniger die General-Mittel in sämmtlichen Städten einzuführen und zu verstatten noch gn. resolvirt seind: Solches aber kann, gn. Churfürst und Herr, zur Sublevation der Städte anders nicht geschehen, als dass

1. Gedachte General-Mittel zu Haltung nöthiger Gleichheit und Verhütung besorglicher Verschmälerung der Nahrung in allen und jeden Städten der ganzen Chur und Mark Brandenburg und insonderheit auch in den Amt-, Bischöflichen und Ritterschaft-Städten und Flecken angelegt und eingerichtet;

2. Alles Bier-Brauen, so zum Krug-Verlag, auch in den Brau-Krügen in Dörfern ausser den Städten und Flecken geschieht, mit der Accise angesehen;

3. Keine einzige Exemtion derer in den Städten und Vorstädten wohnenden, reisenden oder consumirenden, sie mögen sein was sie wollen, angenommen oder verstattet, und

4. Storckow und Beeskow, wie auch die Amts- und Bischöflichen Städte, zu desto gewisserer Aufbringung des Contingents, dem Corpori der Städte zugelegt und damit alle andere Contributiones, Anlagen und Krieges-Onera cessiren und absonderlich die liegenden Güter aus der bisherigen Last kommen können, hierdurch vermittelt werden möge.

Und weil diese Conditiones in Billigkeit bestehen, auch in dem Quotisation-Recess einem jeden Stande frei und unbenommen ist, Mittel und Wege, durch welche das Contingent am füglichsten aufzubringen vermeint, an die Hand zu nehmen, und in specie die General-Mittel mit Vorbewusst und gn. Ratification der Landes-Herrschaft einzuführen zugelassen sein, und was Storckow und Beeskow, die Bischöflichen und Amts-Städte belangt, derselben Zulegung und Adsignirung im geringsten nicht wider den Quotisation-Recess laufet, sondern oft gedachter Recess von denselben nichts disponirt, und nur der Ritterschaft zugehörige Städte, Flecken und Dörfer nebst der Städte Dörfern zum Contingent der Ritterschaft setzt und benennet, auch vermöge der Recesse in anno 1625 und 1626 viel Jahr durch die Churfürstliche Amts- und Bischöfliche Städte zu dem Contingent des Corporis der Städte contribuirt haben und billig sein wird, dass auch nunmehro ihnen hierdurch Gnade widerfahre: so seind wir gesichert, dass die Herren von der Ritterschaft mit keinem Fug und Recht sich deshalb opponiren können, sondern leben der demüthigsten Zuversicht, E. Ch. D. aus landesväterlichem hohen Amt vor uns einen Ausschlag zu geben und uns hierinnen gn. zu schützen umsovielmehr geneigt sein werden.

Massen wir unterth. bitten, E. Ch. D. geruhen gn. zu Sublevation der Städte nicht allein bei Dero gn. Erklärung, dass Sie selbst bei den General-Mitteln gn. concurriren wollen, landesväterlich zu verharren, sondern auch auf vorgedachte Art und Conditiones unter Administration der Städte das Werk förderlichst zum Versuch einzurichten und hierbei mit unsern unterth. Erinnerungen uns gn. zu hören.

Und obzwart schliesslich, gn. Churfürst und Herr, wir begierig gewesen, dasjenige, was von Seiten der Ritterschaft uns wegen übler Administration aufgebürdet werden wollen, zu sehen und ausführlich abzulehnen: So müssen wir doch, da uns nichts zukommen, es nochmals bei demjenigen, so in unserm jüngsten unterth. Memorial deshalb vorgestellt worden, anitzo bewenden und auf die begehrte Untersuchunge, welche hoffentlich der Städte Unschuld und die übermässige Quota und dahingegen auf jener Seite ein und das andere Manquement an Tag legen soll, ankommen lassen.

Bitten hierbei unterth., dass solche Untersuchung autoritate Electorali et quidem reciproce geschehen und uns bei Untersuchung der Kreise per Deputatos mit zu sein und untersuchen zu helfen, gleichwie die Ritterschaft es bei den Städten begehrt hat, verstattet, auch inmittelst unseren Heimgelassenen und uns wider alle Beschuldigungen gehöriger und gn. Schutz gegeben werden möge."

E d i c t

dass es wegen der Contribution bei dem bisherigen Modo Contribuendi noch verbleiben solle, wie denen Städten zu helfen und dass die von Adel die Bauer-Höfe nicht wüste liegen lassen sollen d. d. Cölln a./Sp. 12. April 1667.[1])

1667.
22. April.

„Wir Friedrich Wilhelm von Gottes Gnaden etc. thun kund und geben hiermit jedermänniglich in Gnaden zu vernehmen, als uns wegen des Modi Contribuendi in diesen Unsern Churlanden verschiedene beschwerliche und bewegliche Klagen zugekommen und Wir dannenhero der Notdurft ermessen, Unsere Land-Stände anhero zu beschreiben und mit denselben aus dieser Sache Communication zu pflegen; da dann anfänglich in Mittel gekommen und mit weitläuftigen und vielen rationibus pro et contra debattirt worden, ob man nicht die gemeine Mittel, als wodurch man die Armut etwas zu sublevieren und die gemeine onera etwas gleicher, als durch den bisherigen Modum Contribuendi zu theilen verhoffte, einzuführen; so haben Wir zwar selbsten dafür gehalten, dass durch einen solchen Modum dem Lande merklich geholfen und die Contribution, wann solche ja gleich anfänglich, bis die Accise recht gefasst und eingerichtet, zum Theil und in etwas noch continuiren müsste, auf ein erkleckliches gemindert, ja endlich gar aufgehoben werden könnte. Nachdemmalen aber die von der Ritterschaft dahingegen viele erhebliche Erinnerungen eingewendet, welche nicht allein sie, sondern des ganzen Landes Interesse, in specie die Commercien concerniert, so haben Wir es zwar bei dem itzigen Modo Contribuendi allerdinge verbleiben lassen wollen; dieweilen aber einiger Städte Unvermögen so notorisch, dass auch die von der Ritterschaft solches selbsten zugestanden und erkennet, und dannenhero denselben, woferne sie nicht gar ausfallen sollen, einige Sublevation und Hülfe wirklichen geniessen lassen wollten, wiewol Wir nun gerne sehen mögen, dass die von der Ritterschaft weiter herangangen und ein mehres über sich nehmen wollen, so haben Wir es doch endlichen bei diesen 24,000 Talern bewenden lassen und

---

[1]) Abgedruckt bei Mylius IV, 3, 23.

darauf dieselbe Summa nicht allein gu. acceptirt, sondern auch sofort, wie und welchergestalt dieselbe denen Städten zum Besten distribuirt werden sollen, gebührende Einrichtung machen lassen.

Allermassen Wir daneben die von der Ritterschaft in Kraft dieses versichern, dass ihnen diese ihre unterth. Einwilligung und Erklärung an ihren habenden Privilegien und Rechten und in specie an dem Quotisation-Recesse unnachtheilig und unschädlich sein soll. Und dieweiln Unsre gu. Intention einzig und allein dahin geht, dass denen Städten hierdurch desto besser wieder aufgeholfen, die darinnen vorhandene wüste Stellen wieder erbaut werden, und also ihre Contingente hiernächst desto richtiger folgen können: So wollen Wir dahin bedacht sein, damit über dieso Erleichterung der 24,000 Rthlr. die Städte annoch durch einige andere geringe und unnachtheilige Modos auf eine Zeitlang ein wenig sublevirt und also desto eher wiederum zu Stande gebracht werden mögen.

Absonderlich aber wollen Wir in allen und jeden Städten alsofort gewisse Commissarien verordnen, welche eine richtige, durchgehende und unparteiische Eintheilung machen sollen, damit die Armut nicht alleine vor andern beschwert, sondern die Contributiones dergestalt eingetheilt werden mögen, auf dass ein jedweder nach seinem Vermögen, Gewinn und Gewerbe zutragen und sich niemand dieser gemeinen Last entziehen möge; welche Commission Wir alle halbe Jahr renoviren und dabei mit Fleiss untersuchen lassen wollen, wie ein und andern Orts die Administration geführt werde.

Aldieweiln Wir aber auch in Erfahrung gebracht, dass auf dem Lande in theils Kreisen grosse Unterschleife fürgehen und von vielen Pauer-Hufen, so doch beackert oder mit Vieho betrieben und zur Weide gebraucht werden, keine Contribution gegeben wird, ja verschiedene dergleichen Hufen ganz frei gemacht werden wollen, wovon uns einige Exempla selbsten bekannt; als wollen Wir die von der Ritterschaft hiermit gu. und ernstlich ermahnt und gewarnt haben, dass sie sich hierunter fürsehen, was von dergleichen Sachen fürgeht, solches Uns anzeigen und nicht weiter verstatten, sondern vielmehr ihren Pflichten nach dahin sehen sollen, damit alles gleich eingetheilt, niemand übersehen und die wüsten Hufen wieder besetzt werden mögen.

Gestalt Wir dann auch gemeint sein, ehestes eine Untersuchung deswegen anzustellen und darbei fürnehmlich wider einige von Adel inquiriren lassen werden, wider welche Klagen eingekommen, dass sie theils die Pauern selbst vertrieben, theils auch keine andere, wenn sie sich auch selbst schon angegeben hätten, wiederum annehmen wollten, damit sie nur die wüst liegende Wiesen und Triften alleine geniessen möchten, desfalls sich dann ein jedweder für Schaden und Ungelegenheit, so ihme hieraus entstehen wird, in Acht zu nehmen hat. Welches Wir Unsern getr. Land-Ständen in gn. Resolution melden wollen, denen Wir im Uebrigen sammt und sonders mit Churfürstlichen Gnaden zugethan verbleiben."

Die Deputirten der Städte an den Kurfürsten. s. d.

(Protestiren gegen den Versuch der Ritterschaft, den Kurfürsten von der Accise durch die Offerte der 24,000 Thlr. abwendig zu machen.)

„E. Ch. D. gn. Resolution vom 12. April haben wir mit unterth. Reverenz erhalten und gehorsamst überlegt, bedanken uns hierauf unterth. vor alle Churf. Gnade und landesväterliche Vorsorge und insonderheit dass E. Ch. D. nicht allein die offerirte 24,000 Thlr. den Städten zur Sublevation eintheilen, sondern auch zu fernerer Hülfe gn. Vertröstung thun lassen wollen.

Wir an unserm Ort, als öfters unterth. angeführt worden, haben zwart keinen bessern und nach itziger Beschaffenheit erspriesslichern und christlichern Modum Contribuendi wahrnehmen können, als die allgemeine und in der gn. Proposition so landesväterlich recommendirte Zutragung: seind gesichert, dass der Herren von der Ritterschaft dawider gesetzte Rationes, da sie uns communicirt waren, beständig abgelehnt und soviel remonstrirt werden könnte, dass dem Interesse des Landes und der Commercien die General-Mittel gar nicht schädlich fallen, wir müssen aber nunmehro alles, wie es E. Ch. D. gn. veranlassen, mit unterth. Devotion veneriren, hierbei doch gehorsamst bezeugen, dass durch die 24,000 Thlr. oder wenige geringere Modos dem notorischen Unvermögen der Städte nicht abgeholfen werde — — befürchten vielmehr, dass, da die Quoten und Quanta und der itzige Modus zum meisten Theil beibehalten werden soll, die Städte nach wie vor formidabel und fremde Einwohner abgeschreckt bleiben möchten.

Gleich wie wir aber noch hierinnen einige unterth. Hoffnung setzen, doferne E. Ch. D. ohne einzige Exemption bei allen und jeden, auch den Bischöflichen und Amts- und Ritterschaft-Städten nach dem gehors. übergebenen Anschlag zur Sublevation der liegenden Gründe die General-Mittel unter Administration der Städte einzuführen be-

ständigst und gn. beliebcn wollten, dass, wo nicht in toto, doch in
tanto Erleichterung sich finden und also nach und nach und insonderheit
da E. Ch. D. selbst von dem Quanto annehmliche und so oft
desiderirte Erlassung gn. widerfahren lassen wollten, das Land und
die Städte zum Aufnehmen wiederum kommen könnten: Also bitten
wir auch in Unterthänigkeit, E. Ch. D. geruhen gn. unsern so oft
wiederholten demüthigsten petitis zu deferiren und itztgemelten praesuppositis
nach die General-Mittel mit Zulegung der Amts- und Bischöflichen
Städte, wie auch der Herrschaft Storckow und Beeskow
ohne einige Exemption unter Administration der Städte, aller Contradictionen
so deshalb auf Seiten der Ritterschaft anbracht werden
möchten ungeachtet, nachdrücklich einzuführen und fest zu setzen:
1. Weil E. Ch. D. landesfürstliches hohes Amt solches bei gegenwärtiger
Beschaffenheit des Landes erfordert;
2. Weil die Specialeinführung der General-Mittel nirgendwo verboten,
3. Sondern vielmehr in dem Quotisation-Recess selbst gleichwie
einem jeden Stande, also auch den Städten freibehalten worden
seind;
4. Weil auf einige Hülfe, so von alle und jeden in den Städten
Consumirenden erfolgen muss, die Billigkeit selbst dringt;
5. Alles nurt zum Versuch,
6. Auf gewisse Zeit,
7. Und zwart mit ausdrücklichem Reservat, dass hierdurch keine
Privilegien gekränkt werden sollen, introducirt und eingerichtet wird;
8. Weil die offerirte und gn. acceptirte Summe der 24,000 Thlr.
das Werk, wie die notorische Wahrheit selbst bezeugt, nicht heben
oder E. Ch. D. landesväterliche Intention erreichen;
9. Die Städte auch grössere und mehr zuträgliche Hülfe haben
würden, wenn auf alle und jede Stücke im ganzen Lande durchgehend
die Consumtion placitirt wäre;
10. Zu geschweigen, dass die Aufbringung der 24,000 Thlr. doch
meistentheils die Churf. Amts- und Städte-Dörfer treffen
11. Und die arme Städte unter weit grösserem onere annoch
liegen bleiben müssen;
12. Weil hiernächst Storckow und Beeskow nach E. Ch. D Entscheidung
einem Corpori zugelegt werden können;
13. Auch die Bischöflichen und Amts-Städte weder im Quotisationnoch
einigem andern Recess praecise zu dem Contingent der Ritterschaft
gewidmet seind;

14. Und hiebevor besage unterschiedener Recesse und Rechnungen dem Corpori der Städte zugetragen haben;

15. Auch an ihm selbst billig, dass Städte andern Städten succurriren;

Und 16. nachdem die Ritterschaft selbte zu ihrem Contingent eine geraume Zeit genossen, solche auch wiederum dem Corpori der Städte zu Hülfe angezogen werden.

Die veranlasste Commission, gn. Churfürst und Herr, nehmen die Städte mit unterth. Dank an, seind hiebei gesichert, dass selbte den erbärmlichen Zustand der Städte, und wie Sie bei itzigem Modo und Quanto, da monatlich mehr und mehr ausfallen und die Last doch den Uebrigen aufgebürdet werden soll, nothwendig zu Grunde gehen müssen, an das helle Tageslicht legen werde.

Gleichwie aber unsere Heimgelassene nebst uns der unterth. Hoffnung leben, E. Ch. D. solche Commission dergestalt gn. einzurichten geruhen werden, dass alles ohne grosse beschwerliche Kosten, ohne Kränkung der noch übrigen Freiheit der Städte und ohne grössere Zerfallung mit unsern Mit-Ständen geschehen möge: Also bitten wir auch gehors., dass E. Ch. D. Dero hochansehnlichen Herren Räthe in jedem Haupt-Kreise, als der Mittel-, Alten- und Neu-Mark, zu Commissarien zu verordnen und, wie es auch vor diesem gehalten worden, einige von den Haupt-Städten zu adjungiren: Und im Fall die Herren Mit-Stände über alles Vermuthen bei den Commissionibus mit zu sein prätendiren möchten, alsdann reciproce den Städten bei Untersuchung der Kreise ihre Deputatos zu haben frei und zuzulassen gn. geruhen wollen."

Die Anwesenden Deputirten der Ritterschaft an den Kurfürsten.
Dat. Berlin 13. April 1667.

[Nochmaliger Einspruch gegen die Accise.]

1667.
23. April.

Die Proposition habe nur Ihre Einwilligung zur Beihülfe oder Accise in den Städten verlangt; ihrer Instruktion gemäss hätten sie sich gegen die Accise erklärt, die im Grunde den Landmann am schwersten treffe. Sie hoffen, dass der Kurfürst demgemäss verfahren werde.

„Und gelanget demnach an E. Ch. D. der Anwesenden Deputirten unterth. und flehentliches Bitten, Sie geruhen gn. dem Aufsatz des künftigen Recessus ausdrücklich einverleiben zu lassen, dass durch solche unterth. und gehors. Offerirung der 24,000 Thlr. die schädliche und gefährliche Versuchung der General-Mittel oder Accise ganz ausgetilgt und weiter nicht auf die Bahn gebracht, vielweniger den Städten verwilligt werden, — — einige Auflage, es sei auf was es immer wolle, zu schlagen, weil der Landmann dadurch doch oblique, wo nicht directe, unter ein neues Onus gezogen und beschwert wird. Und leben die Deputirten der tröstlichen Zuversicht, E. Ch. D. werden Dero getr. Ritterschaft so ungn. nicht erscheinen und sie triplice onere graviren, da die Städte auf solche Art triplici favore angesehen werden, welches alles doch, wie wol zu fürchten, nur vergeblich angewendet sein wird, wo die Visitation und darüber gemachte Verfassung nicht das Beste thut. Unterdessen worden die Deputirte am übelsten daran sein, hätten es auch weder gegen ihren Heimgelassenen, noch gegen der Posterität und ihrer selbst eigen Gewissen nicht zu verantworten, wann Sie, anstatt da Sie mit so starken Instructionibus abgeschicket, um Linderung des monatlichen Quanti anzuhalten und das Accise-Wesen aufs kräftigste zu hintertreiben, nunmehr aber noch 24,000 Thlr. dazu, wiewol nur sub spe ratificationis, verwilligt und das Land dem wucherlichen Uebersatz der Städte, wie sie bereits ohne das genug thun, unterwürfig machen sollten.

In dessen allen Betrachtung und weil Wir ohne das zu einem mehren uns erklärt, als E. Ch. D. gn. uns vorgeschlagen, indem wir das vor die Städte geforderte Anlehen zu E. Ch. D. freien Disposition auf gewisse Masse gestellt, so setzen zu Derselben Wir die unterth. Zuversicht, Sie werden die unserseits bedungenen conditiones gn. annehmen, die vorhin gegebene Erklärung in eine gnädigere verändern und hierüber einen Recess aufsetzen, vorhero aber das Project uns communiciren lassen, damit diese so wichtige Sache, worin der Ritterschaft zeitliche Glückseligkeit sich grossentheils gründet, eigentlich gefasst werden, dass man sich beständig darauf verlassen können;

Da Wir dessen gewiss versichert, dass Unsre Heimgelassenen lieber die Sache Gott befohlen werden, als in einige Einführung der Accise zu verwilligen, bevorab wann noch eine so grosse Summe Geldes dabei sollte aufgebracht werden."

Der Kurfürst an die Deputirten der Ritterschaft.
Dat. Cölln a./Sp. 15. April 1667.
(Auseinandersetzung der beschränkten Accise-Einführung.)

„— Sonsten können S. Ch. D. nicht ermessen, aus was Ursachen die von der Ritterschaft über die von denen Städten gesuchte Modos Contribuendi sich so hoch zu beschweren haben, anerwogen dieselbe dem Lande fast keine oder doch geringe und unempfindliche Beschwerden verursacht und nur grössern Theils auf die Einwohner der Städte redundirt, zudem nur auf eine geringe Frist und damit die Armuth in etwas sublevirt werden könne, von Sr. Ch. D. verwilligt worden ist; welche auch bei künftiger Untersuchung und wann sich dabei finden wird, dass die Städte ohne dem zu ihrem Quanto wol gelangen können oder sie dieso Mittel nicht zu ihrer Verbesserung anwenden würden, wieder abgeschafft und aufgehoben werden soll —"

Consumtions- und Accise-Ordnung d. d. Cölln a./Sp. 15. April 1667.[1]

1667.

Die Accise, die mit dem 1. Juni ihren Anfang nehmen soll, betrifft 25. April. alles Getränk, Brod, Fleisch, Nutzvieh, Salz (4 Gr. pro Tonne), Saatgetreide (1 Gr. pro Scheffel), daneben als Personalsteuer Künstler, Handwerker, Tagelöhner (letztere mit 12 Gr. pro Quartal) und Gesellen (8 Gr. pro Quartal) „Und soll jedweden Orts Magistrat nach Befinden und billigmässiger Proportion hierin anstellen: Jedoch soll dieser letzte Modus wegen der Handwerker und Tagelöhner nicht eheuder ad effectum gebracht werden, bis aus denen General-Mitteln eine würkliche Erleichterung erfolgen kann, dannenhero dieselbe, wie auch die Kaufleute, Materialisten und Krämer nach dem itzigen Modo von allerhand Handlung und Nahrung zutragen, die Gesellen der Handwerker aber vom 1. Junii hierzu concurriren müssen. Wie dann auch sonsten und bis dahin aus diesen General-Mitteln eine Sublevation eintreten kann der ordinarius collectandi modus an jedwedem Orte verbleibt, auch durch denselben dasjenige, was aus der Accise nicht erfolgen kann, ferner eingebracht werden muss".

Kurfürstliche Declaration des letzten Abschieds d. d. Cölln a./Sp. 15. April 1667.

1667.

„S. Ch. D. haben Ihr unterth. vortragen lassen, was Anwesende 25. April. Deputirte von Prälaten, Grafen, Herren und Ritterschaft der Mark Brandenburg bei der von Sr. Ch. D. ihnen ohnlängst gn. ertheilten Verabschiedung unterth. erinnern und bitten wollen.

Soviel nun anfänglich die ohnbedungene Acceptation der von denen Deputirten Sr. Ch. D. zu Dero freien Disposition unterth. offe-

---

[1] Abgedruckt bei Mylius IV, 3, 91 ff.

542   V. Die Einführung der Accise, 1661—1684.

rirten 24,000 Thlr. betrifft, da verseben sich S. Ch. D., dass, gleichwie die Deputirte die Notwendigkeit und Billigkeit dieses offerti guugsam begriffen, also deren Principales und Committentes solche auch nicht weniger begreifen und die von den Deputirten gethane Offerte vollkommenlich ratificiren und genehm halten werden, zumal dieses nur auf ein Jahr angesehen und S. Ch. D. der Hoffnung leben, dass die Zeiten sich dergestalt veranlassen werden, damit dem Lande mit einiger fernerer Sublevation und Verringerung des Quanti gefügt werden könne, im Uebrigen aber der Quotisations-Recess in salvo verbleiben und Die von der Ritterschaft bei ihren Immunitäten, Rechten und Gerechtigkeiten allerdings geschützt und gelassen werden.

Sonsten können S. Ch. D. nicht ermessen, aus was Ursachen Die von der Ritterschaft über die von denen Städten gesuchte Modos Contribuendi sich so hoch zu beschweren haben, anerwogen dieselbe dem Lande fast keine oder doch geringe und unempfindliche Beschwerde verursacht und nur grösserntheils auf die Städte redundirt, zudem nur auf eine geringe Frist und damit die Armuth in etwas sublevirt worden könne von Sr. Ch. D. bewilligt ist, welche auch bei künftiger Untersuchung und wann sich dabei finden wird, dass die Städte ohnedem zu ihrem Quanto wol gelangen können oder sie diese Mittel nicht zu ihrer Vorbesserung anwenden würden, wieder abgeschafft und aufgehoben werden soll.

S. Ch. D. leben daher der Zuversicht, die von der Ritterschaft werden dieser geringen Accise halber keine fernere Contradiction machen, sondern denen Städten gönnen, dass sie sich dadurch in etwas erholen und desto besser mit Beibringung ihres Contingents nachkommen können."

Die Deputirten der Ritterschaft an den Kurfürsten. Dat. Berlin 16. April 1667.

[Bitten, die aufrührerischen Bewegungen einiger Bürger zu Stendal und in andern Städten der Altmark zu reprimiren.]

1667.
26. April. „E. Ch. D. leben wir zu allen unterth. gehors. Diensten in pflichtschuldigster Devotion und Treuen stets bereit und wird Deroselben zweifelsohne bekannt sein, welchergestalt seit der Zeit, da E. Ch. D. unlängst den neuen Modum Contribuendi, in den General-Mitteln oder Accisen beständiget, gn. vorgeschlagen, sich bald einige unrichtige Leute in den Städten herfürgethan, welche den gemeinen Mann,

Die Ritterschaft bittet um Bestrafung der Agitatoren.

Gilden und Gewerke an sich gezogen und nachdem sie von denenselben allerhand Vollmachten expracticiret, nicht allein in vielen Schriften, darinnen sie nomine der Bürgerschaften die Einführung der General-Mittel ohne Unterschied urgiret, unsre Heimgelassenen und uns mit vielen schimpflichen Formalien angestochen, sondern auch wider die Magistratus in den Städten viele unverantwortliche Dinge, welche zu nichts anders als Tumult und Aufruhr angesehen gewesen, vorgenommen, insonderheit aber theils Deputirte der Räthe in Städten, beides hin und wieder in den Kreisen, als auch gegen E. Ch. D. in scriptis angegossen, ob colludirten sie mit den Ritterschaften, dahin zu laboriren, dass die Accise nicht möchte eingeführt werden. Insonderheit aber laufen aus der Altmark bei den letzten Posten Zeitungen ein, wie die alhier anwesende Deputirte von den Magistratibus der Städte daselbst durch die Relationes, welche zween Steudalische Bürger, die in expracticirter Vollmacht der Gilden und Gewerken in selbigen Städten sich von Anfangs dieses Conventus alhier aufgehalten, den Bürgerschaften abgestattet, in simili aufs heftigste denigriret und aufgetragen worden und dass in einigen derselben Städte die von den Stendal'schen Urhebern sehr eingenommene Bürgerschaften sich dahin verbunden, dass sie denen zur Betreibung der restirenden Contribution sich alda befindenden Executoribus die Hälse brechen und durchaus keine Contribution, sondern nur die Licenten geben wollten. Wir haben auch zum Theil von einigen zu der Ritterschaft gehörigen Flecken und Bauerschaften erfahren, dass dergl. Gift ihnen obenmässig beigebracht ist und sie von keiner Contribution mehr wissen und hören wollen.

Wann nun, gn. Churfürst und Herr, dieses ein höchst gefährliches Werk ist und die Exempla der vorigen Zeiten gnugsam bezeugen, wie leicht durch wenig böse Leute, wann ihnen in ihrem Frevel und Mutwillen nur ein wenig nachgesehen wird, in einem ganzen Lande die schädlichste Confusion und Tumultus angezündet und zu voller Flamme gebracht werden können, E. Ch. D. aber dessen nunmehro von uns aufs neue unterth. zur Gnüge berichtet seind, dass die General-Mittel und sonderlich, wann daraus ein hohes und gewisses Quantum soll aufgebracht werden, diesen Landen zum schleunigsten Total-Vorderb gereichen müssen: So gelangt an E. Ch. D. hiermit unser unterth. gehors. Bitten, Sie geruhen doch gn. beides, den besorglichen fernern motibus und Aufwieglungen des gemeinen Mannes in Städten und auf dem Lande, allermassen schon in den Städten ergangen, durch ein ernstliches, gedrucktes General-Edictum entgegen zu gehen und allerseits Unterthanen sowol in Städten als auf dem Lande von allen Conventiculis und demjenigen was nur zum Aufstand einigen Anlass und Verdacht geben kann bei höchster Strafe ab- und zu schuldigem Respect und Gehorsam gegen ihre vorgesetzte Obrigkeiten auf dem Lande und in Städten anzumahnen und dass man eigentlich wissen und erfahren möge, welche diejenige sein, so die einfältigen und unwissenden Leute in Städten und auf dem Lande ihres intendirenden Privat-Nutzens halber dergestalt mit allerhand Einbildungen beunruhigen und aufwiegeln und unter den Statibus des Landes so schändliche diversiones und separationes erregen, denen Churf. Ober-Gerichten und Regierungen, auch allen und jeden Magistratibus jedes Orts in solchem Edicto ernstlich anzubefehlen, dass sie darauf fleissig inquiriren und die Autores solcher höchst gefährlichen Dinge zu gebührender Strafe ziehen sollen und müssen."

Der Ober-Präsident Schwerin an die Anwesenden Deputirten. Dat. Cölln a./Sp. 15. April 1667.

[Die 24,000 Rthlr. zu freier Disposition. Die Einführung der Accise in Städten nur versuchsweise und auf ein Jahr.]

1667.
25. April. „S. Ch. D. zu Brandbg. p. p. haben Ihro unterth. fürtragen lassen, was Anwesende Deputirte von Prälaten, Grafen, Herrn und Ritterschaft dieser Chur und Mark Brandenburg bei der von Sr. Ch. D. ihnen ohulängst gn. ertheilten Verabscheidung unterth. erinnern und bitten wollen.

So viel nun anfänglich die ohnbedungene Acceptation der von denen Deputirten Sr. Ch. D. zu Dero freien Disposition unterth. offerirten 24,000 Rthlr. betrifft, da versehen sich S. Ch. D., dass, gleichwie die Deputirte die Nothwendigkeit und Billigkeit dieses offerti genugsam begriffen, also deren Principales und Committentes solche auch nicht weniger begriffen und die von denen Deputirten gethane Offerte vollkommentlich ratificiren und genehm halten werden, zumaln dieses nur auf ein Jahr angesehen und S. Ch. D. der Hoffnung leben, dass die Zeiten sich dergestalt veranlassen werden, damit dem Lande mit einiger ferneren Sublevation und Verringerung des Quanti gefügt werden könne, im Uebrigen aber der Quotisation-Recess in salvo verbleibt und die von der Ritterschaft bei ihren Immunitäten, Rechten und Gerechtigkeiten allerdings geschützt und gelassen werden.

Sonsten können S. Ch. D. nicht ermessen, aus was Ursachen die von der Ritterschaft über die von denen Städten gesuchte Modos Contribuendi sich so hoch zu beschweren haben, anerwogen dieselbe dem Lande fast keine oder doch geringe und unempfindliche Beschwerde verursacht und nur grösseren Theils auf die Einwohner der Städte redundiret, zudem nur auf eine geringe Frist und damit die Armuth in etwas sublevirt werden könne, von Sr. Ch. D. verwilligt ist; welche auch bei künftiger Untersuchung und wenn sich dabei finden wird, dass die Städte ohne dem zu ihrem Quanto wol gelangen können oder sie diese Mittel nicht zu ihrer Verbesserung anwenden würden, wieder abgeschafft und aufgehoben werden soll.

S. Ch. D. leben demnach der gn. Zuversicht, die von der Ritterschaft werden dieser geringen Accise halber keine fernere Contradiction machen, sondern denen Städten vergönnen, dass sie sich dadurch in etwas erholen und desto besser mit Beibringung ihres Contingents nachkommen können."

Die Anwesenden Deputirten der Ritterschaft an den Kurfürsten. Dat. Berlin 17. April 1667.

1667.
Die Einführung der General-Mittel in Städten sei von der Ritterschaft 27. April. mit dem Darlehen von 24,000 Thlr. beseitigt. Sie bäten, eine Visitation der Städte nach beigelegtem „Project" vorzunehmen, ehe man zur Einführung des Neben-Modi Colligendi schreite.

Bei des Kurfürsten Abwesenheit hätten die anwesenden Deputirten ihn freilich nicht ferner mit Petitionen belästigen wollen, doch könnten sie nicht gut sich hierüber schlüssig machen, ehe sie nicht von ihren Heimgelassenen Special-Instruktionen eingeholt hätten; sie bäten daher auf 7 bis 8 Wochen nach Hause entlassen zu werden, um dort ihren Principalen die Lage vorzustellen, die gewiss, wenn sich aus der inzwischen nach ihrem Project vorgenommenen Untersuchung der Städte deren Bedürftigkeit ergäbe, das Ihrige thun würden vorbehaltlich ihrer speciellen Freiheiten.

Unvorgreifliches Project der Ritterschaft.

Punkt 1—10 betrifft die Statistik der Einwohner, Grundstücke, Nahrungszweige.

11/12. Wie viel Braukrüge zu der Stadt gelegen? Wer selbige mit Bier verlegt?

15. Wie die Städte ihre Contributionsanlage und Ausschläge machen?

546 V. Die Einführung der Accise, 1661—1684.

16/17. Und ob die Bürgerschaft sich von den Einwohnern darüber Rechnung legen lasse?

18. Ob wüste Stellen, von Contributionsfähigen erworben, neu besteuert würden?

19. Ob die Contribution nach eines Jeden Vermögen eingerichtet und eine durchgehende Gleichheit gehalten werde?

20/21. Die Statistik der Aussaat.

22/23. Wie hoch die Zahl der Mitglieder des Raths und ob sie nicht zu verringern?

24. Wie hoch die Salaria?

25. Wie viel eine jede Stadt noch Schulden über sich habe?

26. Ob Rath und Bürgerschaften Streitigkeiten haben und worinnen sie bestehen?

27. Ob die Unkosten, wann der Rath Rechtssachen führt, aus der Contributions-Kasse genommen werden?

28—32. Ueber die Freiheiten Neuanziehender und Neubauender.

33. Wer die etwa zur Stadt gehörigen Dörfer, Vorwerke etc. verwalte und den Nutzen davon nehme?

34. Ob auch, so einiges Uebermass, solches zu der Städte und Bürgerschaft Besten angewendet werde?

35. Ob nicht unbebaute wüste Stellen, Gärten etc. besser billig an einzelne Bürger ausgetheilt und das Geld zu der Contributions-Cassa gebracht werde?

36. Ob in den belegten Städten Gleichheit mit der Einquartirung gehalten werde?

37. Ob nicht die monopolia gänzlich zu kassiren?

Folgen Vorschläge für die mit der Untersuchung der einzelnen Kreise event. zu bestellenden Commissarien.

Die Deputirten der Ritterschaft an den Kurfürsten. s. d.

(Dem Postscript der Geb. Räthe vom 22. April beigelegt.)

[Bitten um Verlagung auf 7-8 Wochen, die Heimgelassenen zur Bewilligung des Hülfsgeldes zu disponiren.]

1667.
Ende Apr. „In tiefster Ehrerbietung, welche die allerverpflichteste Vasallen ihrer Herrschaft schuldig, legen wir diese Schrift vor E. Ch. D. nieder. Gn. Herr, wir nehmen unser Gewissen aus aufrichtigem Herzen zu Zeugen, dass nach der Ehre Gottes, welche billig der Hauptzweck menschlicher Geschäfte ist, wir bei dieser unsrer Versammlung unsre Gedanken und Vorhaben auf E. Ch. D. hohen Respect, unsern rechtmässigen Gehorsam und Erhaltung der Wolfahrt des gemeinen Wesens

gerichtet haben; wiewol solches ohne das aus unsern Handlungen, wenn dieselbe erwogen werden, gnugsam horfürleuchtet.

Denn da E. Ch. D. uns die Wahl gelassen, entweder den Städten mit einem Darlehen auszuhelfen oder in die Einführung der also genannten General-Mittel unter einem vielleicht uns vortheilhaften Bedinge zu verwilligen; haben wir zu Beibehaltung unser bisher so fest gestandenen Verfassungen und zu Verhütung der Unordnung, wie auch fortwärigen Beschwerungen, die unter den Städten selbst erwachsen und sich mehr und mehr häufen würden, wenn die Accise zum Vorschein käme, eine ansehnliche Geldpost von 24,000 Rthlrn. ohne Absehn einiger Wiederforderung E. Ch. D. unterth. dargeboten und zu Dero gn. Wolgefallen gestellt, wie Sie dieselbe unter die notleidendste Städte vertheilen wollten, der unterth. Zuversicht, wie wir's denn auch nach Anleitung der ergangnen Schrift uns vorbehalten, dass uns solches an unsern wolhergebrachten Rechten und Grundgesetzen unschädlich sein und die auf unser Seiten bedungene Conditiones würden angenommen werden.

Nun haben auch zwarten E. Ch. D. in der ertheilten Resolution uns versichern lassen, dass es allerdinges bei dem Quotisations-Recesse verbleiben sollte, welches wir nochmals in schuldigster Dankbarkeit erkennen, allein es ist in derselben, wie auch darauf erfolgten Declaration uns und noch viel weniger unsern Heimgelassenen der Zweifel, ob nicht hiernächst die General-Mittel möchten auf die Bahn gebracht und behauptet werden, nicht benommen, sondern es wird derselbe vergrössert, indem, da wir die gänzliche Abtilgung dieses Modi so vielfältig gesucht, solches mit Stillschweigen übergangen wird.

Wiewol nun dieses Anliegen vor sich selbst genug ist, dass wir bitten können, E. Ch. D. wollten uns zu unserm conditionaliter gethanen Versprechen nicht pure verbunden sein lassen, so kommt noch dieses darzu, dass E. Ch. D. den Städten etliche Neben-Modos, um sich dadurch desto besser in Aufnehmen zu bringen, zulassen wollen, welches allerlei Nachdenken bei uns verursacht. Denn wiewol uns der schriftliche Aufsatz derselben nicht können communicirt werden, wie emsig wir uns auch darüber bemüht, dass wir eigentlich davon urtheilen könnten, vielmehr wir von etlichen E. Ch. D. vornehmen Ministris vernommen, dass E. Ch. D. nicht gesinnt sei, hierdurch das Land einigermassen beschweren zu lassen, so befinden wir doch aus der Eigenschaft solcher Arten, es werden dieselben geschlagen, worauf sie wollen und hoch oder niedrig gesetzt, dass die Ritterschaft und noch mehr dero, wie auch E. Ch. D. Amts-Unterthanen die schädliche

Wirkung derselben mit empfinden und die Contribution nicht alleine vor sich tragen, sondern auch zu der Städte Antheil das Ihrige geben und also vielfältig leiden müssen, massen schon alles vor Valvirung der hiesigen Landesmünze aufs höchste angeschlagen worden, worbei annoch bis auf diese Stunde continuirt wird.

Wann wir dann dergestalt gar unsres Zwecks verfehlen würden, im Fall wir unter stetigen Sorgen einer künftigen General-Accise leben und itzo fort jenige species derselben sollten einführen lassen, do wir doch beides zu verhüten und nicht aus Erkenntniss der Notwendigkeit und Billigkeit den Städten zu helfen, sintemal wir derselben Unvermögen nicht grösser als das unsrige befinden, in obige hohe Post verwilligt, so hätten wir zwar Ursach, unsere Notdurft bei E. Ch. D. ferner anzubringen und Sie der gn. Zuneigung, welche dieselbe gegen Dero getr. Ritterschaft jedesmal blicken lassen, mit beweglichen Worten zu erinnern; tragen aber Bedenken, E. Ch. D. mit ferneren Instantien als Deputirte anitzo, da wir das Glück nicht haben, E. Ch. D. hohen Gegenwart zu geniessen, beschwerlich zu sein, können gleichwol auch durch unser Stillschweigen unsern Heimgelassenen wider ihren Willen und die Beschwerungen, womit sie uns bei der Abschickung beleget, nichts vergeben, sondern ersuchen E. Ch. D. inbrünstig, uns gn. zu verstatten, dass wir zum Theil etwan auf 7 oder 8 Wochen uns nach Hause begeben und von dieses so wichtigen Werkes Beschaffenheit unsre Principalen unterrichten. Da wir dann glauben, wann die Untersuchung in den Städten vorgegangen und sie die Notwendigkeit denenselben zu helfen wahrgenommen, dass sie sich begreifen und E. Ch. D. zu Ehren etwas, jedoch ohne Nachtheil ihrer specialen Freiheit, eingehen werden; welches nicht geschehen möchte, dofern ihre Verwilligung nicht eines erfordert würde. Doch setzen wir dieses nur in Hoffnung, nicht dass wir etwas Gewisses bekräftigen wollten.

Ehe aber die Untersuchung zu Werke gerichtet ist, werden E. Ch. D. nicht zugeben, dass weder etwas von den mehr berogten 24,000 Rthlrn. gefordert, noch jeniger Neben-Modus den Städten verhängt werde. Damit denn die Untersuchung ihren Fortgang habe, senden E. Ch. D. wir unmassgeblich einen Aufsatz [1]), wie mit derselben zu verfahren sei, der Hoffnung, wann demselben nachgegangen wird, dass sie nicht ohne Nutzen ablaufen werde.

Indessen aber erbieten wir uns, jenige unsers Mittels alhier zu lassen, bis die Untersuchung auf gewissen Fuss gesetzt, wie es denn

---

[1]) s. o. S. 545, 546.

in vorberegter Zeit wol geschehen kann, unsre Heimgelassene darauf wegen der Nebenstücken einen Schluss gefasst, und also alles mit E. Ch. D. gn. Willen geendet werde. E. Ch. D. werden dieses nicht ungnädig nehmen, weil nicht wir, sondern die Noth alhier das Wort führt, vielmehr uns in Gnaden überall erhören."

Postscript Schreibens der Geh. Räthe an den Kurfürsten. Dat. Cölln a./Sp. 22. April 1667.

[Die Forderungen der Ritterschaft. Rathen, die Stände zu dimittiren; senden ein Project zur Instruktion für die Städte-Visitatoren ein.]

1667. 2. Mai.

„Auch Durchl. Churfürst, gn. Churfürst und Herr, haben wir dasjenige, was die Anwesende Deputirte von Prälaten, Grafen, Herren und Ritterschaft der Chur und Mark Brandenburg diess- und jenseit der Oder und Elbe an E. Ch. D. in unterschiedenen Puncten unterth. gelangen lassen, gebührend mit einander verlesen und erwogen.

Soviel nun die begehrte Edicta Publica wider einige unruhige Bürger anbelangt, da werden E. Ch. D. sich gn. zurückerinnern, dass Sie albereit deshalb die Notdurft verordnet und dass was verordnet von den Canzeln verlesen werden solle. Dahero dann bei diesem Punct vor diesmal weiter nichts zu thun sein wird.

Dass für das Zweite die Ritterschaft desiderirt, es möchte E. Ch. D. mit Anschlag- und Einforderung der 24,000 Rthlr. so lange in Ruhe stehen, bis die Städte visitirt, halten wir unmassgebig dafür, dass weil dieser 24,000 Rthlr. Bewilligung an der Visitation nicht gebunden, sondern ohne dergleichen Condition versprochen, es könnten E. Ch. D. mit dem Anschlag wol verfahren lassen, und weil nunmehro die Sachen, welche bei dieser Zusammenkunft der Stände abzuthun gewesen, ihre Endschaft vor diesmal so weit erreicht, so hielten wir nicht dafür, dass es nöthig, dass einige von der Ritterschaft sich von hier weg begeben und etzliche alhier verbleiben und der andern Wiederkunft abwarten, sondern dass E. Ch. D. sie nur in Gottes Namen alle gn. wieder sich nacher Hause zu begeben verurlaubten, dieweil sie doch ihrer eignen Anzeige nach noch mehr Schwierigkeiten mit sich zurückbringen werden."

Die Visitation der Städte endlich sei ja ein „abgeredetes Werk". Sie hätten daher ein unvorgreifliches Concept zur Revision und Resolution durch ihn beigelegt. Würde es bestätigt, so solle nach seiner Maasgabe die Visitation ins Werk gerichtet werden.

Kurfürstliche Resolution auf der Ritterschaft Protest d. d. 6. Juni 1667.

1667.
16. Juni.

„Sr. Ch. D. zu Brandenburg ist dasjenige, was die Deputirte p.p. wegen der verfertigten und jüngst herausgegebenen Consumtions-Ordnung erinnert haben, umständlich vorgetragen worden. Gleichwie nun S. Ch. D. sich nochmals gn. erinnern, dass die sämmtliche Ritterschaft nicht denen Städten, sondern Sr. Ch. D. die 24,000 Thlr. in diesem Jahre unterth. gewilligt, so befremdet es Deroselben nicht wenig, dass sie solches — nunmehro revociren — wollen, zumaln auch die Ursachen, so sie desfalls anziehen, ihnen schon oftmals dergestalt widerlegt worden, dass sie mit Bestande dargegen nichts einzuwenden gehabt und daher S. Ch. D. dieselbige alhier zu wiederholen für unnöthig halten. Es wollen S. Ch. D. auch zum Ueberfluss dieselbe nochmals gn. versichert haben, dass die Einführung einiger geringer Consumtions-Mittel auf eine kurze Zeit ihnen im geringsten nicht zum Praejudiz gereichen solle, und wann sich auch bei der Untersuchung, welche S. Ch. D. bereits angeordnet, finden wird, dass die Städte ohne das mit ihrem Contingent wol auskommen können, wollen S. Ch. D. alsofort solche Verordnung machen, dass die Ritterschaft daraus verspüren wird, dass S. Ch. D. hierunter nichts andres als der Landes allgemeine Wolfahrt zum Zweck gehabt."

Demnach begehre er, dass sie sofort und unverzüglich die Eintheilung machten, widrigenfalls werde er dieselbe selbst einrichten lassen müssen.

Die Anwesenden Deputirten der Mittelmark- Uckermark- und Ruppinischen Städte an den Kurfürsten. sine dato.

[Nochmalige dringende Bitte um Einführung der General-Mittel im ganzen Lande und Aufhebung der direkten Steuern.]

1667.
Juni.

„E. Ch. D. haben auf einigelaufene vielfältige Querelen einiger Haupt- und Incorporirten Städte durch unterschiedene Decrete gn. anbefohlen zu überlegen und unser unterth. Bedenken zu eröffnen, wie uns allerseits geholfen werden könne.

Darauf wir uns auch anitzo gehorsamst zusammengethan und

sobald notorisch befunden, dass wo nicht alle, doch die meisten Städte nicht allein durch unzählbare Unglück und vielfältigen Abbruch der Nahrung, sondern auch vornehmlich durch die seiter Ao. 1626 bis daher angehaltene Kriegestroublen, so ihnen in Brandschatzungen, feindlichen Occupirungen, Einquartirungen, Marchen und Contramarchen, und insonderheit in der in die vierzig Jahr continuirten hohen Contribution-Last zugestossen, dergestalt enervirt und depopuliret sind, dass nichts als die äusserste Armuth noch übrig, und bei ferner anhaltenden Quanto und Modo Contribuendi nichts gewissers als die Totalruin der Städte in Kurzem erfolgen werde.

Gleich wie wir nun genau und sorgfältig alle Baschaffenheit und Umstände überleget, also sehen wir auch nichts anders ab, als dass blos zu E. Ch. D. Füssen die notorische Noth in tiefster Unterthänigkeit niedergelegt und sowol in Linderung des Quanti als Aenderung des Modi Contribuendi Ch. hohe Hülfe mit gehorsamster Devotion gesucht werden müsse.

Und weil; gn. Churfürst und Herr, die Last auch nach natürlicher Anweisung gemein sein soll, wann viele zutragen und concurriren, solche desto leichter wird, der bisherige Modus Contribuendi nicht allen das commune onus zugelegt, die liegende Güter, darinnen sonst auch bei vernünftigen Heiden der Reichthum oder das Vermögen eines Landes bestehen soll, unwerth, ja desolat und das Land fast formidabel macht;

Dahingegen aber die General-Mittel, wenn sie sonder einige Exemption und Restriction und ohne mit beilaufender monatlicher Contribution sind, die Last unter viele eintheilen, die Güter und depauperirte Contribuenten subleviren, mit Göttlicher Hülfe Einwohner anlocken, in vielen Provincien auch in der Nachbarschaft mit ziemlichen Nutzen eingeführt und den Landes-Verfassungen im geringsten nicht entgegen, sondern vielmehr, wann E. Ch. D. sie gn. genehmhalten, allerdings gemäss sind:

Als bitten Wir in aller Unterthänigkeit, E. Ch. D. geruhen, der armen agonisirenden Städte sich gn. zu erbarmen und nicht allein die General-Mittel ohne einige Exemption und Freiheit, wie sie Namen haben mögen, aus hoher Landesväterlicher Vorsorge, zum Versuch auf gewisse Jahre, unter Administration des Landes, generaliter zu gänzlicher Hebung aller Contribution, Einquartirung und andrer Kriegeskosten einzuführen, sondern auch alsdann mit anderer monatlichen Contribution und militarischer Zutragung das Land in Ch. Gnaden landesväterlich zu verschonen.

E. Ch. Dchl. hoher Gnade unterworfen wir uns blos in tiefster Demuth und seind demüthigst versichert, dass solche Clemenz viel tausend Seelen mit unterth. Dank aufnehmen und vor E. Ch. D., Dero hochherzgeliebte Gemahlin und hochwerthesten Chur-Prinzen langes Leben und glückliche Regierung desto inbrünstiger zu beten verbunden und bereit sein werden."

Kurfürstliches Rescript an den Ober-Licent-Einnehmer Joh. Adam Preunel. Dat. Cölln a./Sp. 14. Juni 1667.

1667.
24. Juni.
„Nachdeme die Ritterschaften die wegen derer unterth. offerirten 24,000 Thlr. gewöhnliche Abtheilung über 2000 Thlr. bis dato noch nicht herausgegeben, als lassen S. Ch. D. zu Br., unser gn. Herr, Dero Rath und Ober-Licent-Einnehmer Johann Adam Preuneln hierdurch in Gnaden anbefehlen, dass er die Assignationes vor die Soldatesque wegen laufenden Junii nach voriger Abtheilung ohne fernern Verzug ausfertigen und ein jeder Stadt volles Contingent, gleichwie im vorhergehenden Majo, gehörigermassen anweisen lassen soll."

Die Deputirten der Ritterschaft an den Kurfürsten, sine dato.
(Praesentatum 5. Juni 1667.)

[Protestiren gegen Einführung der Accise in den Städten neben der Erhebung der 24,000 Thlr. Dispositionsgelder.]

1667.
pr.15.Juni
„— Demnach die Deputirte zu dem noch stehenden Landtage von E. Ch. D. gn. verurlaubet, ihren Heimgelassenen von den Tractaten und was von Zeiten zu Zeiten dabei passirt sei wegen des vorgeschlagenen neuen Modi der Accisen Relation abzustatten, haben sie solches schuldigstermassen verrichtet, und seind darüber die Heimgelassenen zum höchsten erfreut, sagen auch E. Ch. D. unterth. Dank, dass Sie fort zu Anfang eine solche hochrühmliche und rechtmässige Resolution von sich gegeben, dass Sie der Ritterschaft die Accisen aufzudringen und in ihren wolerlangten Privilegien und competirender Immunität noch wider den Quotisations-Recess zu graviren oder im geringsten beeinträchtigen zu lassen nicht gemeint wären." (Nach der Recapitulation der bisherigen Verhandlungen, die zur Bewilligung der 24,000 Thlr. geführt, fahren sie fort:) „Ob nun zwar solches Er-

bieten von E. Ch. D. gn. auf- und angenommen worden, so seind sie doch mit sonderbarer Betrübniss von denen zurückgelangten Deputatis berichtet, haben's auch aus der in währenden Tractaten, sonder dass sie etwas davon erfahren können, verfertigten und nunmehr herausgegebenen Consumptions-Ordnung ersehen, dass dennoch den Städten viel Nebenstücke zum Vorteil noch vor geendigter Untersuchung und ergangener Erkenntniss, ob solches nöthig sei oder nicht, sollen eingeführt werden; worüber sie uns aufgetragen, diese Schrift in ihrem Namen zu stellen und darinnen dero erhebliche Gründe, warum sie nicht dazu stillschweigen können, anzuführen:

1. Anfänglich erinnert E. Ch. D. Dero getr. Ritterschaft der vorgegangenen Handlung und wie die Deputirten immer etwas verwilligen würden; hätten's auch nicht zu verantworten gehabt, wenn ihnen nicht der Vortrag Hoffnung und Sicherheit gegeben, dass durch solch Mittel das Wesen und alle Zubehörung der Accise gänzlich sollte getilgt werden. Und hoffen daher, E. Ch. D. werde nicht zugeben, dass Dero getr. Ritterschaft, da sie von den zwoien vorgeschlagenen Mitteln eines erwählt, in der Zuversicht, das ander, als die Accise, dadurch zu hintertreiben, nunmehr mit beiden sollte belegt werden, sintemal es scheinen würde, als wann die Ritterschaft ein Grosses um E. Ch. D., dessen sie sich gleichwol nicht besinnen könnte, verschuldet, daher ihr dieses zur Strafe wiederführe, allermassen schon die Städte frohlockten, dass sie ein wichtiges Werk wider die Ritterschaft erhalten haben.

2. Dann es befinden vor's Ander unsre Committenten, wasmassen sie und ihre Unterthanen nicht allein die Accise per indirectum, indem sie diejenige vorhin schon gnugsam beschworte Stücke, worauf selbte geschlagen worden, unentbehrlich haben und grösserntheils aus den Städten holen müssen, werden geben und also mit einem dreifachen onere contributionis belegt werden; aldieweil sie vor's Erste ihr ordinarium Quantum juxta Quotisationis Recessum von der itzigen monatlichen Krieges-Contribution über sich behalten, danebst zu der Städte Sublevation der 24,000 Thlr. |: dasjenige unberührt, so sie eine geraume Zeit hero monatlich mehr als die Städte entrichten müssen :| welche certis cum reservatis und ausser denen niemals puré eingegangen worden, aufbringen und darüber die Accise noch sollten tragen helfen, sondern auch diejenigen von Adel, die in Burglehnen und Bischöflichen Freiheiten wohnen, ausdrücklich unter die Accise gezogen worden, da doch solcher Örter und dero Besitzer Immunität vermöge der vorhandenen Verfassungen und hergebrachten Gewohn-

heilten der andern von der Ritterschaft ihrer gleich geschätzt und niemalen, auch bei den verwirrtesten Zeiten, angegriffen worden.

3. Woraus sie Drittens besorgen, dass nach und nach unter der Hand eines und andere mehr von den Städten werde eingeführt werden, bis die General-Mittel ihren vollen Wachsthum mit Verderb des Landes erreichen, in welcher Meinung sie daher um soviel mehr gestärkt werden, weil die Bischöfliche, Amts- und Ritterschaft-Städte, wie auch Erbkrüge die Accise ebenfalls sollen entrichten, sintemal dadurch die Verfassung zwischen der Ritterschaft und ihr zugehörigen Oertern, einem oder andern zum Schaden klärlich aufgehoben wird.

4. Viertens besteht die zugelassene Accise in grosser Unbilligkeit, aldieweil Brauer, Bäcker und Fleischer alles auf ihre Waaren schlagen, welches der Käufer tragen und dabei von allem, worin sein Gewerb und Nahrung besteht, geben muss, da im Gegentheil jene nichts dem gemeinen Wesen zum Besten steuern und gleichwol durch diesen neuen Modum von der Contribution befreit werden, zu welcher sie vorhin, als öfters die vermögendste Leute, ansehnliches geben müssen.

5. Würden also Fünftens die armen Leute wider E. Ch. E. gn. Willensmeinung noch mehr als vorhin beschwert werden und die Klagen täglich sich mehren, wie dann schon dieselbe, da sie von der Beschaffenheit der Accise gehört, heftig darüber geseufzet.

6. Unter dem Vorwand der Accise würden Sechstens alle Handwerker ihre Waaren heftig steigern, dass der Landmann und andere, die ihrer bedürften, sie doppelt würden bezahlen oder mit Ungelegenheit dieselbe von fremden Oertern holen müssen. Und ob man zwarten diesem Uebel vermeinte durch Taxordnungen, welche billig diesem Werke hätten vorgehen sollen, vorzukommen, so weiss man doch, dass dieselbe öfters gemacht sein, aber niemals einigen Nutzen gehabt und würde daraus nicht andres, als stetiges Klagen und Richten erwachsen. Ja, da auch solche Leute schon durch gute Gesetze gebunden würden, bleibt doch die Beisorge, dass sie solche Arbeit verfertigen möchten, die der Landmann mit schlechtem Vorteil und kaum halb so lange als vorhin gebrauchen könnte.

7. Siebentes vornehmen sie, dass die Städte selbst sich über der Einführung nicht vereinigen können, sintemal die bewohntesten eine jede die aus der Accise gesammelte Mittel vor sich behalten, die notleidendste aber und von Einwohnern entblösste alles in eine Cassam wollen gebracht haben.

Daher wird entweder grosse Verbitterung und daraus fliessende

Unordnung unter ihnen entstehen oder die Accise niemalen den intendirten Zweck erreichen; dieweil denn der Ritterschaft daran gelegen, dass der Städte Wesen wol gefasst werde, hätte sie solches notwendig anführen müssen.

Diesem allem nach werden E. Ch. D. unterth. ersucht, dass Sie mit denen von den Deputirten der Ritterschaft auf gewisse und eigentliche Masse usque ad ratificationem offerirten 24,000 Thlrn. sie andrergestalt nicht belegen lassen wollen, als wann die gesammte Ritterschaft und deren Angehörige von der Accisen gänzlich befreit sein und verbleiben können, alsdann sie auch nochmalen unterth. erbötig seien, dieselbe auf erfolgte richtige Eintheilung abgehandeltermassen, ob es gleich einem jeden schwer genug ankommen wird, aufzubringen.

Auf allen widrigen Fall bitten E. Ch. D. wir demütigst die Ritterschaft wider die Städte in puncto Accisarum ordentlich zu hören, weil gleichwol, wie vornaugeführtermassen erwiesen, darunter etwas Neues den Kreisen will zugemutet und wider den Landtags-Recess de anno 1653 ihnen ein solch onus, dabei sie der Commercirung halber, so sie mit den Städten halten müssen, nicht befreit bleiben können, obtrudiret werden. Massen wir dann wider die Städte uns unsre Jura salva, integra et illibata hierdurch expresse wollen reservirt und uns und unsrer Posterität dadurch nichts vergeben haben. —"

Die Anwesenden zum Grossen Ausschuss, wie auch in specie zu dieser Sache Deputirten von Prälaten, Grafen, Herren und Ritterschaft an den Kurfürsten. Dat. Berlin 17. Junii 1667.

[Protest gegen die Einführung der Accise.]

E. Ch. D. gn. Resolution auf unser vorhin den 11. hj. m. über-gebenes unterth. und demüthigstes Einbringen in puncto Accisarum und begehrten Eintheilung der 24,000 Thlr., so mit gewissen cautelis et reservatis usque ad ratificationem der Heimgelassenen offerirt worden, haben wir empfangen, mit unterth. Devotion in pleno verlesen hören und| befinden! dieselbe, darauf gestellt zu sein, dass E. Ch. D. die publicirte Accise-Ordnung nicht verändern noch dieselbe, weil sie einig und allein zu des ganzen Landes und also auch zu derer von der Ritterschaft eigenem Besten eingeführt, wieder aufheben, sondern zuvorderst die Relationen wegen der Städte Visitation gewärtig sein und sich alsdann ferner in dieser Sache erklären, unterdessen aber zur Repartition der eingewilligten und offerirten 24,000 Thlr. der Ritterschaft bis zu Ausgang des Monats Augusti Frist geben wollten. Nun müssen zwar E. Ch. D. wir und unsere Heimgelassenen, wenn ja mit Flehen und unterth. Suchen ein anderes für diesmal nicht zu erhalten, es gehorsamst anheim stellen, was wegen Versuch der Accise in den Städten sie sich weiter gn. entschliessen wollen; können aber nicht geübrigt sein, mit Wiederholung voriger Protestationum der ganzen Ritterschaft ihre jura, Wolbefugnisse und rechtliche Exemptiones, welche ihnen die alte Verfassungen und Landtages-Abschiede, nebst dem so fest gestellten Quotisation-Recessui an die Hand geben, wider die von Städten, so hierunter ein anderes moliren und den Oberstand merklich zu drücken suchen, allerdings nochmaln zu reserviren und vorzubehalten, und geleben der unterth. Hoffnung, sie werden damit jederzeit zu Rechte gehört werden. — Wir haben aber bei Verlesung dieser itzigen von E. Ch. D. gn. ertheilten Erklärung ganz unvermutlich vernehmen müssen, dass dieselbe von derjenigen weit discrepire, die uns von denen unsers Mittels referirt worden, welche des Herrn Ober-Präsidenten Freiherrl. Excellenz an sich erfordern lassen und ihnen mündlich vorgestellt worden, welche dahin gangen, dass E. Ch. D. sich nunmehr so gn. herausgelassen hätten, dass Sie die Accise keinen von Städten aufdringen würden, welche dieselbe nicht gutwillig annehmen wollten, und dass davon absonderlich die Ritterschaft und Aemter, als welche mit den Kreisen ein Corpus machen, wie auch die Erbkrüge voll befreit sein könnten; da wir dann die gute Nachricht haben, dass der meiste Theil von Städten wider die Accisen mit ihren unterth. remonstrationibus einkommen und die incommoda, so daraus zu besorgen, ganz beweglich sollen angeführt haben, welches wir dann dahin stellen.

Unterdessen aber ist der Ritterschaft zum allerhöchsten daran gelegen, dass ihre Flecken, Städtlein und Erbkrüger mit einem solchen nur etlichen wenigen von Städten gefälligen Modo Contribuendi nicht belegt und dadurch wo nicht per directum, so doch per obliquum von ihrem Corpore abgerissen und mit den Städten zu einer Societät gebracht werden, deme je und allewege von der Ritterschaft in allen vorigen Zeiten widersprochen und die Avulsion verhütet worden. Gleichergestalt würde es derselben unverantwortlich fallen, wann sie diejenige, so sich entweder ex necessitate in Städten aufhalten oder daselbst mit Freihäusern versehen und mit ihnen in gleicher Freiheit stehen, abandoniren und zulassen würden, dass dieselbe ihres adelichen Privilegii personalis ohne einige ertheilte Ursache verlustig und dem arbitrio der Städte übergeben werden sollten. Wir wissen auch, dass die aus den Kreisen anhero geschickte Deputirte blosser Dinge darin eine Remedirung und Aufhebung der Accisen gehorsamst zu suchen anhero geordnet und es im übrigen in allen Kreisen festgestellt worden, dass sie sich zu dem condicionato modo und usque ad ratificationem offerirter 24,000 Thlr. und deren Abtheilung nicht einlassen sollten, weil sie des unterth. sicheren Vertrauens wären, dass E. Ch. D. sie dawider nicht graviren, noch zulassen würden, dass sie und ihre Unterthanen triplici onere blos zu der Städte Besten sollten beschwert werden, und wiederholen demnach unsere vorige demüthigste petita — —."

Kurfürstliche Resolution auf die Eingabe der Anwesenden vom Grossen Ausschuss und der Special-Deputirten. Dat. Cölln a./Sp. 18. Juni 1667.

[Freiheit für beide Theile.]

1667.
28. Juni.

„Was bei Sr. Ch. D. die anwesende Deputirte wegen der Accise unterm dato des 17. Junii abermaln unterth. eingegeben und gebeten, solches ist Deroselben unterth. referirt und fürgetragen worden, worauf S. Ch. D. denselben zu gn. Bescheid zu ertheilen anbefohlen, wasgestalt S. Ch. D. denen Städten nunmehr frei gestellt, ob und wie weit eine jedwede die Accise einzuführen dienstam ermessen möchte oder nicht, und wollen nicht gestatten, dass ein oder andern Orts solche invitis civitatibus eingeführt werden soll; dannenhero es auch denen von der Ritterschaft freistehen wird, sie in ihren Städten, Flecken oder Amtskrügen einzuführen oder es zu unterlassen, wonach sich dieselben zu achten".

Die Gewerke von Berlin-Cölln an den dortigen Rath. Dat.
Berlin 28. Aug. 1667.

[Bitten den Rath, auf Aenderung der Accise-Ordnung vom 15. April 1667 anzutragen und proponiren eine Anzahl Aenderungen.]

1667.
7. Sept.

Edle Wolehrenwerthe Herren Bürgermeister und Rathmanne! Denenselben ist erinnerlich, dass Wir aus höchst dringender Noth wegen Abschaffung des bisherigen Modi Contribuendi, da wir nicht allein noch den ordentlichen Jahr- oder Pfundschossen, sondern auch nach dem in anno 1572 von den Mittelmärkischen Städten uns aufgebürdeten Vermögen oder sogenannten Vorschosse monatlich contribuiren müssen, und dahero mancher ehrliche Mann um sein wohlerbautes Haus und allen Vermögen gekommen, manche Witwe und Waisen zu Bettler, ja viele Häuser ledig, hier und in andere Städte wüste Stellen und fast öde Gassen worden, S. Ch. D. um Aenderung und Linderung derselben öfterst unterth. gebeten, die dann auch, besage des Land-tags-Recesses vom 12. und confirmirten Accise-Ordnung vom 15. Aprilis jüngsten den schlechten und dürftigen Zustand der Städte consideriret und auf Mittel bedacht gewesen, wie durch eine durchgehende Accise die völlige Ruine der Städte verhütet und der Armuth nicht alles aufgebürdet, auch die liegende Gründe und Häuser, so bishero zu sehr beschwert worden, conservirt und erhalten werden möchten, zu welchem Ende dann einige abgefasste und von Sr. Ch. D. gn. confirmirte Accise verflossenen 1. Junii introducirt und beibehalten worden.

Nachdeme aber die Bürgerschaft befindet, dass die also eingeführte Accise wider Sr. Ch. D. gn. Meinunge laufe, indem itzo dadurch die Last recht auf den armen Manne, der das Brod von den Bäckern, das Fleisch pfundweise aus den Scharren und das Bier vor den Zappen kaufen müssen, allein geleget und dahero völlig zu Grunde gehen müssten, auch auf die Buchhalter, Schreiber, Apotheker-Gesellen, Kram-Diener und Knechte nichts, dagegen auf die Handwerks-Gesellen 8 Gr. gelegt, wäre garnicht dienlich (sic); auf der Kaufmannschaft aber, dadurch die Pracht und Uebermuth in Kleidung und sonsten gestärket, nichts geschlagen:

Als wollen wir, damit die Accise nicht gar falle, sondern Sr. Ch. D. Ziel und Zweck |: um Beibehaltung noch einiger Bürger :| erreicht werde, folgende Mittel E. Grossen Raths Gunsten unvorgreiflichen vorschlagen nämlichen, dass die Accise-Ordnung damit verbessert werden möchte". Folgen (1—4) ihre Vorschläge auf Aichung der Biermaasse und Festsetzung der Abgabe, vorzüglich auswärtiger Biere, eine Abgabe von Wein von 1 Gr. pro Quart und geringeren Sorten von 6 und 3 Pf. 5) Klagten die Bäcker mit grossen Beschweren über die hohen Auflagen von Weizen als 6 Gr. pro Scheffel und doppelte Metze, von Roggen 2 Gr. und doppelte Metze, dies sei die Ursache, dass sie das Brod so klein backen müssten, sie bäten um Verringerung der Weizenabgabe um 2 Gr., Herabsetzung und Verallgemeinerung der Roggenaccise auch auf das Hausbacken.

„6) Klagt die ganze Bürgerschaft, dass die Kaufmannschaft bei solchen Landesbürden sogar ausgeschlossen sei; welches auch einige Kauf- und Handelsleute selbsten sich davon zu entziehen nicht begehrten. Also erachtet die Bürgerschaft vor billig zu sagen, dass von jeden seidenen und wollenen vorhandenen Waaren von 100 Thlr. 1 Thlr. und von den zuwachsenden oder neuen ankommen-

den Waaren . . . . vom Thlr. 6 Pf.
zu geben wäre.
Item von allen Apotheker- und Materialistenwaaren
ohne Unterschied . . . .   „   6 Pf.
Desgl. vom Getreide, so zum Wiederverkauf aufge-
kaufet . . . .   „   6 Pf.
Item vom Wollhandel, so verführet wird . . . .   „   6 Pf.
Item vom Leder- und Häutehandel, Hanf und Flachs,
Stahl, Eisen, Fisch, Hakerei, Holz . . . .   „ . 6 Pf.

Die fremden Kaufleute, die Gewölbe, oft gar in Freihäusern, mietheten und den Einheimischen ihre Nahrung und Brod entziehen, sollten das Doppelte geben, weil an keinem Ort gebräuchlich, dass solche Lieger geduldet werden, auch anno 1641 und 62 wider dieselbe beide Städte und gleichergestalt anno 1663 Churf. Verordnung erhalten worden."

Die Schlächter bäten statt der hohen Ansätze pro Stück Vieh um denselben Procentsatz (6 Pf. pro Thlr.). Es folgen Vorschläge der Bürgerschaft darüber.

Betreffs der Abgaben vom Hausschlachten machen sie Erhöhungsvorschläge (8 und 9 Pf.). Vom Salze könnte es auch wohl bei 4 Pf. bleiben.

11. Die Aussaat sei stets mit ihrem geringen monatlichen Ansatz mit 3 Gr. pro Scheffel und Jahr zu belegen; ähnliche Vorschläge folgen betreffs der Fischkäufer und andern Detailhändler.

Bei diesen Aenderungen hofften sie auf Erfüllung der Contribution aus den Accise-Erträgen und Fortfall der Contribution auf Häuser und Aecker.

„Bitten derowegen E. Hochachtbaren Gunsten, dass die Wein- und Bierschenker |: welche auch vor andern bishero noch die beste Nahrung gehabt :| und dennoch bis dato das Ihrige nach der Churf. confirmirten Accise-Ordnung wider den 1. Junii noch nicht gegeben, sie noch dazu anzuhalten; und dass wider dero unbefugten Klagten und Widersachlichkeiten ein Gegenbericht an S. Ch. D. geschehen möchte.

Den ersten Termin aber würden die annoch wenig Säumigen, in Betracht weilen die meisten, darunter theils Unvermögende, das Ihrige durch die Execution hergeben müssen, auch albereits denen Protestirenden oder Säumigen selbst an der Contribution abgerechnet, keinesweges zu entbrechen haben. Erwarten hierauf eine gewierige Resolution und verbleiben" etc.[1])

E. E. Rath beeder Residenz-Städte Berlin und Cölln haben geschlossen folgende General-Mittel beizubehalten.

1. Die Brau-Accise von jedem Brauen 1 Thlr. 12 Gr., damit die Ritterschaft um so weniger zu opponiren Ursach hat.
2. Den Fleischpfennig im Scharren.
3. Die Becker-Accise.
4. Die Accise von Kienen Dielen.
5. Die Accise vom Hausschlachten.
6. Die Accise vom verkauften Vieh.
7. Die Accise von Holz auf Holzmarkt.
8. Die doppelte Metz, wegen des Futterkorns, so sonsten absonderlich aufgebracht werden müsste.

Dazu soll eine Vermögens-Steuer angelegt und was obige Mittel nicht bringen, dadurch aufgebracht werden.

---

[1]) Unterzeichnet von den Tuchmachern und Gewandschneidern Berlins, den Schubmachern, Tischlern und Büchsenschäftern, Schneidern von Berlin und Cölln, Zinngiessern, Tuchscheerern, Hutmachern, Tamasch-, Züchen- und Leinwebern, Corduan- und Lederbereitern, Töpfern, Schlossern, Büchsen-, Uhr-, Windenmachern, Huf- und Waffenschmieden, Posamentirern, Züchen- und Garnwebern, Seilern, Zimmerern, Drechslern, Seifensiedern, Nagelschmieden, Buchbindern, Böttchern, Stell- und Rademachern und 2 Kupferschmieden. Transcript im Archiv der Stadt Berlin.

Instruktion der Gewerke beider Residenz-Städte Berlin und Cölln für ihre Deputirten zur Conferenz über die Accise im Geh. Rathe. Dat. Berlin 26. Sept. 1667.

[Die Accise-Ordnung auf alle Berufsarten auszudehnen.]

1667. 6. Oct.

„Zu wissen, nachdem auf kunftigen Sonnabend, wird sein der 28. September dieses itzt laufenden Jahres, wegen der neulich introducirten Accise Verhör im Churfürstl. Geheimten Rathe angesetzt, und wir Noth halben uns dabei angeben müssen, in Person aber nicht alle bei solcher Verbör erscheinen können, als haben wir aus jedem Gewerke zween darzu deputirt, nemlichen: (folgen die Namen von je 2 Vertretern der Tuchmacher und Gewandschneider, Schuhmacher, Tischler, Büchsenschäfter, Schneider in Berlin, Zinngiesser, Tuchscheerer, Hutmacher, Zäichen- und Leinweber, Schneider in Cölln, Töpfer, Corduan- und Lederbereiter, Schlosser, Huf- und Waffenschmiede, Posamentiere und Schnurmacher, Seiler, Drechsler, Nagler, Buchbinder, Bötticher, Stell- und Rademacher). Dass Sie vor's Erste suchen sollen, dass die Accise beibehalten werde;

Vor's Andere, dass auch die Kaufmannschaft, sie habe Namen wie sie wolle, und sowol von Einheimischen als Ausländischen, dazu gezogen werde.

Vor's Dritte, dass keiner davon eximirt, er sei auch wer er wolle, und dass auch der Friedrichswerder nicht davon befreit sei.

Und so gestalten Sachen nach haben nicht Ursach die Bier-Brauer, Weinschenken, Bäcker und Schlächter, wie auch die Branntwein-Brenner zu klagen, weil die Accise ihnen keinen Schaden bringt, sondern sie seind mit Ihrer vermeinten Beschwerung abzuweisen; und hiermit seind wir einig, nicht aber was an vergangenem Sonnabend im Namen der gesammten Bürgerschaft vorgetragen worden.

Was nun unsre Deputirte bei der Verhör thun und verrichten werden, solches wir genehm halten.

Dessen zu Urkund ein jedes Handwerk ihre Siegel davor drücken lassen."

Kurfürstliches Mandat an die Kreise zur Aufbringung der zugesagten Beihülfe. Dat. Cölln a./Sp. 1. Nov. 1667.

1667. 11. Nov.

Falls die vom Monat Mai auf den August verschobene Zahlung der 24,000 Thlr. Hülfsgelder für die Städte nicht bis Ende November repartirt

Declaration der Accise-Ordnung vom 15. April. Dat. Cölln a./Sp. 15. Nov. 1667.

1667.
25. Nov. Auf die Beschwerde der Weinschenken, Brauer, Bäcker, Schlächter und Branntweinbrenner, nicht allein von allen Gewerben mit der Accise belegt zu werden, wird diese auf alle Victualien und die andern Handtierungen der Kaufleute ausgedehnt; letztere in Höhe von 2½ % des Werths, der für Auswärtige auf 3 % steigt. Alle Exemtionen hören auf. Wegen der trefflichen Wirkung der Accise schon in den vier ersten Monaten ihres Bestehens wird Art. 10 der Ordnung vom 15. April aufgehoben, der dem Rath und der Bürgerschaft die Abschaffung der Accise vor Ablauf der stipulirten 3 Jahre freistellte. Fernere Aenderungen und Erweiterungen der Ordnung, sowie die Disposition über die Accise-Gefälle bleiben dem Kurfürsten vorbehalten.

Protest der Ritterschaft gegen die Accise und die gleichzeitige Zahlung des Hülfsgeldes. Dat. Berlin 3. Dez. 1667.

1667.
13. Dez. Es würde für sie unverantwortlich sein zuzugeben, „dass auf diese Weise die commercia, darin doch die Seele einer wolbestellten Republik besteht, von hiesigen Landen durch die Unbilligkeit der Accisen sollten abgelenkt, sie und die Ihrigen um ihre so theuer erworbene Libertät gebracht und dem Arbitrio ihres Mitstandes untergeben und exponirt werden. Um weswillen wir dann im Namen und von wegen des ganzen Oberstandes von Prälaten, Grafen, Herren und Ritterschaft diesem der Städte Vornehmen und Bedrückungen anderweit constanter widersprechen und protestando derselben Notdurft und competentia juris et facti remedia hierdurch ihnen expresse reserviren müssen."

Sie hoffen, dass sie, die jederzeit bereit gewesen und seien, dem Landesherrn Leib und Leben darzubringen, „nicht von dem Unterstande und nunmehr nur von etlichen derselben membrorum müssten also hart gedrückt, verkleinert und gänzlich um ihre Freiheit gebracht werden; sondern im Fall dieselben von ihrer Unbilligkeit ja in Güte nicht abzubringen, dennoch die Ritterschaft wider sie zu Recht hören und ihnen justitiam mildiglich administriren lassen. Auf welchen Fall dann und nach abgestellter derer zu ihrem Praejudiz expracticirten Accisen, die Kreise allerseits nochmaln erbötig sein, die limitate offerirte und bewilligte 24,000 Thlr. alsobald abtheilen und in vier Terminen abtragen zu lassen.

Ausserdem aber geleben die Kreise allerseits der gewissen und unterth. Hoffnung, E. Ch. D. werde ihnen ein mehres, als wozu sie mit Recht gehalten sein, nicht auflegen, noch ex officio einige Abtheilung und widrige Verordnung wider sie ergehen lassen."

Der General-Empfänger Preunel an den Kurfürsten. Dat. Cölln a./Sp. 9. Dez. 1667.

[Die der Ritterschaft assignirten Quoten der zugesagten 24,000 Thlr. gehen nicht ein; bittet um Verhaltungsmassregeln.]

1667.
„E. Ch. D. gn. Rescript vom 17./27. dieses, worinnen mir an- 19. Dez. befohlen worden, von verschiedenen Punkten meinen unterth. Bericht abzustatten, habe ich mit gehorsamstem Respect empfangen und weil darin zugleich enthalten, dass wegen derer in Sublevation der Städte bishero monatlich ausgeschriebenen 2000 Thlr. mich bei dem allhiesigen Herrn Statthalter Fürstl. Durchl. von Anhalt und Herrn Geh. Räthen angeben und desfalls gewisse Resolution von ihnen vernehmen sollte, so werde demjenigen, was hierunter mir wird anbefohlen werden, gehorsamst nachzuleben wissen. So viel nun die Eintheilung der ganzen Summe der 24,000 Thlr. Sublevationsgelder betrifft, welchen Oertern solche zu Gute kommen, so berichte E. Ch. D. unterth., dass dieselbe im Monat Januario d. J. einen Anfang genommen, 2000 Thlr. davon in itzt gedachtem Monat ausgeschrieben und denen Chur-Brandenburg. Städten, wie die Beilage zeigt, zu Gute eingetheilt worden. Ehe aber solbiger Monat verflossen, haben die H. Stände sich beschwert, dass von theils Städten die Accise eingeführt worden wäre, auch zugleich unterth. angesucht, dass denjenigen Städten, so die Accise introducirt hätten, die Sublevation oder ihre davon zugeschriebenen Quoten wieder abgenommen und den Ritterschaften wieder zu Gute kommen möchten; wie auch eine solche Verordnung an die Churf. Kriegs-Kasse ergangen vom 22. Januarii 1668, dass solchen Städten, welche sie damals angegeben, wegen der eingeführten Accise, als Alt- und Neustadt Brandenburg, beiden Residenzen alhier und Frankfurt in der Mittelmark und gesammten Uckermärkischen Städten, ihre völlige Contingentia wieder zugeschrieben werden sollten. Im Monat Februario hat nun solchergestalt die Ausschreibung geschehen müssen; vor Eintheilung des Martii aber hat die Altstadt Brandenburg auf ihr übergebenes wel-

müthiges Supplicat am 12. Febr. 1668 wieder erlangt, dass die ihr von denen Sublevations-Geldern monatlich zugetheilte 80 Thlr. nicht abgenommen werden, sondern ferner zu Statten kommen sollten, daher die Ritterschaft solche 80 Thlr. wieder über sich nehmen müssen. Der Uckermärkische Kreis hatte zu den 24,000 Thlrn. in 12 Monaten 2528 Thlr. und monatlich 210 Thlr. 16 Gr. geben sollen, welche auch im Januario ausgeschrieben, im Februario aber haben 99 Thlr. wegen der des Kreises Bericht nach von den Uckermärkischen Städten eingeführten Accise, wie oben schon gedacht, wieder abgezogen und itzt bemelten Städten zugelegt, auch solchergestalt bis hierher continuirt werden müssen. Im Aprili hat dieser Kreis durch Special Churf. Verordnung vom 18. Martii 1668 noch dazu erhalten, dass er zu den 24,000 Thlrn. nur 1000 Thlr. geben und dasjenige was er im Januario, Februario und Martio, welches auf 434 Thlr. sich beläuft, entrichtet, davon in Decurtation gebracht werden sollte, daher dann von vorgedachten Aprili laut Ch. Declaration vom 2. Majo Anno 1668 F. Ch. D. dieserwegen 48 Thlr. 18 Gr. 8 Pf. monatl. gn. über sich gehen lassen und solchergestalt als ein Abgang in Rechnung gebracht werden müssen. Würde also dieser Uckermärkische Kreis, wenn der December auch solchergestalt ausgeschrieben wird, von dem Contingent, so er zu den 24,000 Thlrn. Sublevationsgelder hätte zutragen sollen, 1528 Thlr. an sich behalten und genossen haben. Und die 7 Mittelmärkischen Kreise haben von solchen Sublevationsgeldern, wegen einiger Städte, so die Accise, wie oben erwähnt, eingeführt, wieder zu sich genommen im Februario 479 Thlr. und im Martio 399 Thlr., welche sie auch ferner in folgenden Monaten solchergestalt bis Ausgang des Julii und also insgesammt mit dem Februario 2474 Thlr. genossen. Im Augusto aber haben E. Ch. D. wieder gn. verordnet, dass solche 399 Thlr. den 7 Kreisen wieder zugeschrieben und der Stadt Frankfurt abgenommen und zu Gute kommen sollen, welchem auch gehors. nachgelebt und also bis Ausgang des Monats Decembris, alsdann die 24,000 Thlr. ihre Endschaft erreichen, wird contribuirt werden müssen.

Bis ultimo Julii werden gedachte Sublevationsgelder, wie sie ausgeschrieben, richtig abgetragen worden sein. Vom Augusto an aber, da den 7 Mittelmärkischen Kreisen die 399 Thlr. wieder zugeschrieben worden, haben theils gedachter Kreise, ungeachtet solche 399 Thlr. E. Ch. D. gn. Verordnung nach angewiesen worden, ferner und diesfalls keine Zahlung thun wollen mit Vorwenden, sammt sie an E. Ch. D. dieserwegen supplicirt hätten. Wann aber ohne sondere grosse hochschädliche Confusion die von verflossenen Monaten den Kreisen schon zugeschriebene 399 Thlr. nicht wohl würden remittirt werden können, sondern wann sie je etwas erhalten sollen, solche Remission ihnen inskünftige, ehe die Ausschreibung geschieht und die Assignationes ausgefertigt werden, unmassgeblich zu Gute kommen müsste, als bitte ich unterth., nachdrücklich verordnen zu lassen, dass die Säumigen hier unter Beitreibung der schärfsten militärischen Execution ihre Quoten richtig und ohne die geringste fernere Aufzögerung abtragen sollen".

Proscript Schreibens der Geh. Räthe an den Kurfürsten. Dat. Cölln a./Sp. 23. Nov. 1668.

(gez. Anhalt, Somnitz, Joh. Köppen.)

[Bitten um Verhaltungsmassregeln wegen Prolongation der von der Ritterschaft bewilligten Hülfsgelder.]

1668.
"Auch Durchl. Churfürst, Gnäd. Herr, berichten E. Ch. D. wir auf 3. Dez. dasjenige, was Sie wegen der zur Sublevation der Städte verwilligten 24,000 Thlr. gn. rescribirt, wie nämlich dieselbe angewandt und ob inskünftige diese ganze Summe oder was davon zu erhalten sein werde, (sic) dass wir anitzo wegen Abwesenheit des Decani Gröben und andern Verhinderungen keine Nachricht davon bekommen können. Sobald man dazu gelangen wird, soll der Bericht deshalb gehorsamst eingeschickt werden. Weil wir aber vermuthen, dass der Decanus sich auf eine Verschreibung des Ausschusses der Stände berufen werde, als stellen E. Ch. D. wir gehors. anheim, was Sie auf solchen Fall uns befehlen wollen".

Der Kurfürst an die Geh. Räthe. Dat. Königsberg 21./11. Dezember 1668.

[Sollen sich bemühen, noch 10,000 Thlr. Hülfsgelder auf ein Jahr durchzusetzen.]

1668.
"Aus E. Lbd. und Eurem Schreiben vom 3. Decembris haben Wir 21. Dez. mit mehrerem ersehen, was der Dechant Gröben auf die Proposition wegen der vierundzwanzigtausend Reichsthalern zur Antwort gegeben.

Weiln Wir nun selbsten dafür halten, dass es besser sein wird, das Contingent, so vom ganzen Lande einkommt, zu verhöhen, als der Ritterschaft die fernere Uebertragung der Städte zuzumuthen, als wozu sie sich besorglich nicht resolviren würden, als ersuchen Wir Ew. Lbd. freundvetterlich, Euch aber befehlen Wir gn., mit besagtem Dechant Gröben wegen Verhöhung des Quanti auf etwan zehn- bis zwölftausend Reichsthaler zu reden und zu vernehmen, ob dieselbe ohne Convocation der Stände beizubringen sein; widrigenfalls müssten die Stände, jedoch in geringer Anzahl, verschrieben und dieselbe mit allen dienlichen rationibus dazu inducirt werden; welche zehn- oder zwölftausend Rthlr. Wir hernachgehends unter denen Städten repartiren und ihnen davon nach Proportion ihrer Dürftigkeit einige Hülfe und Zuschub widerfahren lassen wollen. Wie und auf was Weise aber diese Gelder unter denen Städten zu vertheilen, davon wollen Wir Ew. Lbd. und Eures Gutachtens gewärtig sein, welche darüber auch unsern Ober-Licent-Einnehmer Happen vernehmen können. Sonsten können die Commissiones wegen Untersuchung der Städte renovirt und Unsrer für diesem gemachten Verordnung und denen aufgesetzten Instructionen gemäss werkstellig gemacht werden, wozu auch einige von Unsern Räthen von Ew. Lbd. und Euch mit deputirt werden können, Dero Wir im Uebrigen zu Erweisung angenehmer freundvetterlicher Dienst geflissen, Euch aber mit Gnaden gewogen verbleiben."

Postscript Schreibens des Kurfürsten an die Geh. Räthe. Dat. Königsberg 22. Jan./1. Febr. 1669.

[Verlangt Bericht über die Repartition der 10,000 Thlr. Hülfsgelder.]

1669.
1. Febr. „Auch durchlaucht. hochgeborener Fürst pp., auch veste hochgelarte Räthe und l. Getreue, haben Wir Ew. Lbd. und Euer Project wegen Eintheilung der von der Ritterschaft bewilligten 10,000 Thlr. wol empfangen, welches Wir Uns also zu anfangs gefallen lassen, jedoch dass dasjenige, was Wir wegen Gardelegen und sonsten für diesem erinnert, darbei beobachtet werde und behalten Wir Uns auch daneben ausdrücklich bevor, |: welches denen Städten auch angedeutet werden kann :| dass Wir hiernächst nach Befinden einem oder dem andern Ort etwas abnehmen oder zulegen können, allermassen Wir solches Ew. Lbd. und Euch jüngsthin auch bereits gemeldet. So

werden auch ferner diejenigen Städte, welche die Accise eingeführt [: davon Wir der Specification gewärtig sein:] einen Weg als den andern wie im vorigen Jahr also auch in diesem ausgesetzt bleiben, und kann deren Contingent ad Cassam geliefert und Unsre Special-Verordnung darüber erwartet werden.

Für allen Dingen aber wollen Ew. Lbd. und Ihr hin und wieder Information einziehen lassen, ob auch die Sublevation-Gelder, welche Wir den Städten gönnen, zu der Armen und Dürftigen Erleichterung würklich angewendet und wie das gemeine Stadtwesen an allen Orten geführt und administrirt werde, dann Wir nicht gemeint sein, denen Orten, welche dieser Unserer Gnade missbrauchen oder sich nicht dadurch in Aufnehmen und bessern Stand zu setzen suchen, solche Sublevation-Gelder länger geniessen zu lassen, zu welchem Ende dann die von Uns für diesem verordnete Commissiones festgesetzt werden können".

Der im Nov. 1669 auf den 18. Jan. 1670 ausgeschriebene Deputationstag ist abermals in erster Reihe der Steuer-Reform und der Auflösung des Creditwerks gewidmet. So verlangt denn auch die Proposition von den Ständen neben der Fortsetzung der bisherigen Leistungen einen eingehenden Bericht über den dermaligen Stand ihres Schuldenwesens. Einer Supplik der Städte vom 25. Jan. a. St., dass die Ritterschaft ihnen noch auf zwei fernere Jahre mit je 10,000 Thlrn. beispringen sollte, lässt letztere drei Tage später einen Protest gegen die definitive Einführung der Accise in den Städten folgen.

Die Deputirten der Ritterschaft an den Kurfürsten. Dat. Berlin 28. Jan. 1670.

1670. 7. Febr.

(Nach der Recapitulation der Vorgänge seit Frühling 1667 fahren sie fort:) „— Wann aber inmittelst etliche aus den Städten sich den Modum der Accisen dergestalt gefallen lassen, dass sie auf vielfältige Art und Weise endlich erhalten, dass bei ihnen die Licenten oder Accisen, zu den Contributionibus zu gebrauchen, eingeführt worden, so haben die von der Ritterschaft sich wol befugt gehalten, ihr certis cum reservatis herausgelassenes Erbieten wieder zurückzuziehen und hätten damit von Rechtswegen billig gehört werden sollen.

Demnach aber E. Ch. D. dessen ungeachtet gleichwol auf die conditionirte Summe von 24,000 Thlr. bestanden, endlich auch Mili-

taros Assignationes darauf ergangen, so hat man E. Ch. D. zu unterth.
Respect und Ehren ein solches für diesmal geschehen lassen müssen.
Wie aber im Januario des vorabgewichenen 1669. Jahres E. Ch.
D. zuerst ad sublevationem der Städte, hernachmaln aber anderweit
vor sich selbsten gn. begehrt haben, dass man Ihro zu gehors. Erweisung nur noch 10,000 Thlr. auf zehn Monat aufzubringen unterth.
willigen möchte:

So haben zwarten die Anwesende von der Ritterschaft das erste
Begehren mit aller gebührenden unterth. Submission gänzlich declinirt, ihren Vollmachten aber nach zu Erweisung ihres getr. und
schuldigsten Respects zu der Summe der zehntausend Thaler sich eingelassen, jedoch anderweit mit genugsamen cautelis und ausdrücklicher Bedingung, dass nach Ablauf zehn Monaten etwas weiters nicht
gefordert werden möchte; wozu denn auch E. Ch. D. bei beschehenen
Ansinnen sich gn. erklärt, auch solches nachhero wiederholt haben.

Und nachdem nun auch solche zehn Monat mit dem abgelaufenen
Mense Decembris anno 1669 zu Ende gelangt, so haben Unsere
Committenten uns dahin instruirt, bei E. Ch. D. anitzo in schuldigstem Gehorsam anzuhalten, dass Sie, in Erwägung der wahren
Unmüglichkeit, so wenig vor sich selbsten eine prorogationem dieser
Bewilligung der Ritterschaft nicht zumuthen, noch auch zulassen
möchten, dass den Städten zum Besten dergl. Ansinnen beschehen
müsse.

Denn dass sie um derselben willen sich und das arme Land darüber mit einem höhern Contingent und Beschwer belegen lassen sollten,
es geschehe auch ein solches sub quocunque praetextu et reservatione
es immer wolle, solches könnte an sie mit Billigkeit nicht begehrt
werden. Ihr bedrängter Zustand lasse vorerst ein solches nicht zu;
es kann albereits kein Kreis fast mehr mit seinem Contingent hernachkommen und will ein jeder gern Erleichterung wissen.

Danächst will auch der Quotisations-Recess, welchen E. Ch. D.
selbst pro basi et fundamento, auch eigentliche norma aller und jeder
Anlage, Contribution und Steuern gn. intitulirt haben, sich nicht so
schlechter Dinge aus Augen setzen lassen. Würde auch gegen die
Heimgelassenen, allermeist aber gegen die Posterität, nicht zu verantworten sein, wenn man denselben vel per directum vel per indirectum löcherich sollte machen lassen.

Die Bedingungen und Protestationes, so dabei geschehen möchten,
seind facto ipsi entgegen, und weiss man wol, was dieselben in solchen Fällen operiren können. Wir werden durch Unsere Instructiones

dahin gewiesen, dass die Ritterschaft lieber alles Acusserntes erdulden würde, als dass sie sich der Städte halber weiter graviren lassen wollte, vermeinen auch, die von Städten haben nunmehr keinerlei Hülfe von Nöthen, nachdem sie ihren Zweck erhalten und die Accisen tumultuario modo fast in alle Städte haben einführen lassen und werden demnach dasjenige dadurch erlangt haben, was sie selber gewollt.

Ersuchen derowegen E. Ch. D. wir gehors. und in schuldigster Observanz, Sie geruhen gn. um der Städte willen Dero gehors. Ritterschaft ein mehreres nicht zuzumuthen, sondern auf dieselbe eine solche gn. Reflexion zu richten, damit sie um ihres Mit-Standes willen nicht mögen bedrückt, noch aus ihrem wolradicirten Recht und Befugniss unschuldigerweise herausgesetzt und praegravirt werden.

Hiernegsten hat man mit sonderbarer Verwunderung vernommen, welchergestalt der neue und dieser Orten bishero ungebräuchlich gewesene Modus Contribuendi durch die Accise an den meisten Oertern nicht mit genugsamer vorhergangener Ueberlegung und Approbation der Magistratuum, sondern vielmehr wider derselben, als auch der vornehmsten Mitglieder und Gilden in den Städten Willen und Meinung blosser Dinge nur durch des gemeinen Pöbels Tumultuiren zur Introduction befördert worden. Ob nun solches zu Nutzen und Bestem der Städte gereichen und das intendirte Aufnehmen und Erleichterung von der Contribution hierdurch möchte zu erlangen sein, solches wird der künftige Ausgang erweisen müssen, und dürfte hiernegst eine solche Uebereilung und Neuerung alsdann wol erst beklagt werden, wann derselben abzuhelfen nicht mehr in der Städte Mächten sein wird. Unterdessen läuft gleichwol ein solches wider die alte Verfassung zwischen den Ständen und kann man dem gemeinen Pöbel nicht einräumen, dass derselbe sich in solche mit vermischen und einen absonderlichen statum praetendiren wollte. Allermeist hat die Ritterschaft sich auf den Quotisations-Recess de anno 1643, wie auch den Landtags-Abscheid de anno 1653 zu berufen, darin ganz deutlich enthalten: dass kein Stand ohn des andern Vorbewust und Genehmhaltung dergl. General-Mittel einführen und seinen Mit-Stand graviren solle; weshalben wir denn nochmaln diejenige Protestationes, welche in anno 1667 beschehen und nachhero zum öftern reiterirt worden, hieher wiederholen müssen und wollen durch dieselbe der Ritterschaft und ihrer Posterität alle competentia Juris reservirt haben.

Und wenn dann nunmehr genugsam zu verspüren und mit Händen zu begreifen, auch der arme Landmann nicht geringe Querelen darüber führt, dass wider E. Ch. D. gn. Intention und desfalls ergangene Verordnung die Accisen sowol von E. Ch. D. Amts-Unterthanen, als auch von denjenigen, welche vom Lande zu den Städten kommen, das Ihrige zu Aufbringung der schweren Contribution darin verhandeln und dagegen ihre Notdurft zu ihrer bedürfenden Haushaltung hinwieder erkaufen wollen, nicht weniger als von den Bürgern gefordert und sie damit beladen und molestirt werden. So gelangt an E. Ch. D. auch hierin unser unterth. gehors. Bitten, dass den Magistratibus in den Städten und denen, die zu dem Accisewesen verordnet, ganz ernstlich mit besonderem Nachdruck möge anbefohlen werden, darauf ein genaues Absehen zu richten und Anordnung zu machen, damit der Landmann nicht forthin mit solchen Imposten möge belegt und denselben dadurch Ursach und Anlass ertheilt werden, die Städte zu vermeiden und anders wohin sich zu wenden, woselbsten sie ihrer Notdurft ohne dergleichen Auflagen mächtig sein können".

Der Kurfürst an die Deputirten der Ritterschaft. Dat. 1. Februar 1670.

[Ihre Klagen nur zum Theil begründet; ersucht sie, den Städten die bisherige Sublevation noch auf kurze Zeit zu lassen.]

1670.
11. Febr. Deputirte beschwerten sich über zwei Punkte, die Forderung der 10,000 Thlr. auch für die nächste Zeit und die „uniformirliche Einführung der Accise an etzlichen Orten". Sie höben richtig hervor, dass auch das platte Land belastet sei. Dessen Beschwerden seien aber bei weitem nicht so gross, als die der armen Städte, welche, falls ihnen nicht geholfen würde, ganz ausfallen und zu Grunde gehen würden. Den Quotisationsrecess gedenke er durchaus nicht umzustossen, sondern fordre nur ein subsidium charitativum auf hoffentlich ganz kurze Zeit.

„Was die Accise in verschiedenen Städten, sonderlich in diesen Residenzen, für Nutzen geschafft, solches ist männiglichen bekannt, und würden dieselbe nicht in so gutem Stande stehen, wenn man nicht hunc collectandi modum ergriffen hätte, welcher gleichwol das Land nicht oder doch allein etwan die nächstangelegenen sehr wenig beschwert und nur fast einzig und allein auf die Einwohner und Consumenten ankommt: Dass aber dieselbe an einigen Orten vom Pöbel modo tumultuario eingeführt sein solle, dessen wissen Wir uns nicht zu erinnern, wiewol bei etlichen Städten dem Magistrat dieser Modus nicht allerdings gefallen, weil sie nach Proportion ihres Vermögens und Consumption zu diesem onere mit concurriren müssen, da sie vorhin fast der Armuth allein die Contribution aufgebürdet. Wann aber dergleichen dissensus inter Magistratum et Cives entstanden, so haben Wir jedesmal durch Unsre gn. Verabscheidung und Verordnung gewisser Commissarien den Ausschlag der Sachen gegeben. Sonsten ist auch keinem Ort aus denen Sublevation-Geldern was zugewandt, da die Accise introducirt gewesen, welches auch ferner also beobachtet werden soll."

Die Deputirten der Ritterschaft an den Kurfürsten. Dat. Berlin 15. Febr. 1670. (Praesentat. 22. Febr.)

[Beharren auf ihrem bisherigen Standpunkt.]

1670.

"Was E. Ch. D. der Stände subsidii halber vom 1. d. M. uns 25. Febr. anderweit rescribirt haben und zugleich durch Dero vornehme Herren Geh. Räthe bei der Conference mit vorstellen lassen, solches alles haben wir in pleno nostro Consessu wol erwogen und was wir uns darüber noch ferner möchten zu erklären haben, gegen unsre Instructiones gehalten. Befinden aber daraus nochmaln soviel, dass die gesammte Kreise der Ritterschaft davon nicht wissen wollen, dass sie um der Städte willen ihr und ihren Nachkommen zum Praejudiz etwas sollten über sich genommen haben, sondern was in beiden vorigen Jahren hero geschehen, solches einig und allein in unterth. Respect und Gehorsam, vornehmlich aber auf E. Ch. D. gn. Versicherung, dass sobald die letzte zehn Monate in Aufbringung der endlich vorconsentirten 10,000 Thlr. geendigt sein würden, alsdann der gesammten Ritterschaft dieserwegen das geringste weiter nicht zugemuthet werden sollte."

Wol seien die Beschwerden der Städte begründet, doch sei auch die Lage des Landes infolge der zahlreichen elementaren Schäden derart, dass ein Theil der Kreise den andern ausfallenden mit übertragen müsse. Zudem gewährte das Land schon indirekt den Städten eine Sublevation, da der Amts-, wie der Patrimonial-Bauer bei seinem Einkauf in den Städten die Accise mit ertragen helfe.

Dennoch erbietet sich die Ritterschaft zuletzt zu nochmaliger Zahlung von 5000 Thlrn. für das Jahr 1671, ein Gebot, das dann auch vom Kurfürsten in seiner Antwort vom 12. März d. J. mit der Zusicherung angenommen wird, dass diese Zahlung der Ritterschaft zu keinem Präjudiz und Nachtheil gereichen solle.

Eine kurfürstliche Verordnung an die Städte vom 7. Nov. 1670¹) stellt diesen nochmals die Einführung der Accise auf alle hauptsächlichen Consumtionsartikel frei. Die zu Berlin im Januar 1671 versammelten Verordneten der Landschaft protestiren in einer Eingabe vom 17. d. M. gegen diese Verordnung, die den früheren Zusicherungen des Kurfürsten von 1667, dass gegen Willigung der 24,000 Thlr. die Accise in den Städten nicht eingeführt werden solle, widerspreche. Bestünde der Kurfürst trotzdem auf der Accise, so sollte sie wenigstens auf Gegenstände beschränkt werden, die die Bürger in Städten allein träfen: städtischen Grund und Boden, Kleidungsstücke, Ausrichtungen u. dergl. Hierauf ergeht folgende

Kurfürstliche Resolution auf die Eingabe der Verordneten.
Dat. Cölln a./Sp. 27. Jan. 1671.

[Die Accise die billigste Steuer. Ihre wolthätigen Wirkungen.]

1671.
6. Febr. „Was bei Sr. Ch. D. die Deputirte bei der Accise-Ordnung und dass sie nicht auf Bier, Brod, Fleisch und dergleichen Stücke, deren der Landmann auch benöthigt, sondern auf Aecker, Wiesen, Gärten, Fischereien, kostbare Kleidungen, Ausrichtungen und was dem anhängig zu richten, unterth. erinnern wollten, solches ist höchstged. Sr. Ch. D. aus dem desfalls sub dato des 17. Januarii übergebenen Memoriali gehors. fürgetragen;

Nun erinnern sich annoch S. Ch. D. gn., was denen von der Ritterschaft wegen einer allgemeinen Accise im ganzen Lande für drei Jahren gn. versprochen, dass aber nicht eine oder andere Stadt in particulari die Accise als einen Modum Collectandi einzuführen berechtigt sein sollte, solches haben S. Ch. D. niemaln verordnet und hat auch das Land mit Fug darüber keine Beschwerde zu führen, weil dem Landmann gleich viel gelten kann, ob die Bürger und Einwohner in den Städten von ihrer Nahrung und Waaren Contribution oder Accise zahlen, die pretia rerum auch deswegen zur Ungebühr nicht gesteigert werden müssen, wie desfalls in der publicirten Accis-Ordnung ausdrücklichen Vorsehung geschehen. So ist auch auf die Aussaat und Waaren ein gewisses gesetzt; im Uebrigen die Accise, wie die tägliche Erfahrung und das Exempel vieler andern Laude bezeugt, unter allen Modis Collectandi, deren sonsten ein jedweder seine Beschwerden und Inconvenientien hat, der allerchristlichste und billigste. Derowegen S. Ch. D. zu Dero Land-Ständen das gn. Vertrauen

¹) Abgedruckt bei Mylius IV, 3, 25.

tragen, sie werden dawider und dass solche in den Städten, wofern sie ja solche aufm Lande zu introduciren Bedenken haben, beibehalten werden, keine fernere Beschwerde führen."

Die Jahre 1680—1683.

Die Forderung eines Beitrags zu den Servicen für die Festungs-Garnisonen und einige andere Fragen untergeordneter Bedeutung, wie die Repartition des Traktaments etc., benutzt der Landesdirektor der Altmark Dietrich Hermann von der Schulenburg dazu, im Namen der Ritterschaft jenseit der Elbe die diesseitige Ende Januar zu einer Zusammenkunft in Berlin in der zweiten Hälfte des April 1680 einzuladen. Die Ritterschaft der Mittel-, Uckermark und von Ruppin folgt derselben, indem man der Meinung zu sein vorgab, dass es sich hier um die Berathung der auf dem letzten Ausschusstage unerledigt gebliebenen Dinge und zugleich die Willigung von noch nicht formell zugesagten Contributionen handle. Daraufhin erfordert der Kurfürst in einem Schreiben d d. Potsdam 22. April 1680 von seinen Geh. Räthen umgehend Bericht darüber, wer die Stände berufen und worüber sie sich zu berathen unterfangen.

Die Geh. Räthe an den Kurfürsten. Dat. Cölln a./Sp. 23. April 1680.

[Entschuldigungen der Ritterschaft.]

1680.
3. Mai.

(Sr. Ch. D. Befehl zufolge hätten sie heute früh einige der Deputirten zu ihrer Verantwortung auf die Geh.-Rathstube erfordert.) „Sie bezeigten darauf eine sonderbare Consternation, dass diese ihre Zusammenkunft in Ungnaden aufgenommen werden wollte, und gaben zur Antwort, dass

1) ihnen in den Landtages-Recessen freigelassen wäre, über ein und andere Notdurft zu deliberiren und alsdann bei E. Ch. D. mit ihren unterth. unmassgeblichen Erinnerungen einzukommen. Ihre gegenwärtige Deliberation nun

2) belangend, so hätten E. Ch. D. ohnlängs an die gesammten Stände wegen des Winter- und Sommer-Tractaments Dero Soldatesque ein gn. Rescript, welches sie uns auch in originali vorgezeigt, ergehen lassen, und wie nun darauf durch alle Kreise eine gewisse repartitio wegen der Verpflegung gemacht werden müsste, darüber sie ingesammt

zu deliberiren hätten, so hätten sie der Notdurft ermessen, sich alhier zu versammeln und desfalls unter sich ein gewisses Reglement zu machen.

Dann ferner (3) hätten S. Ch. D. verordnet, dass sie zu Dero beiden Residenz-Städten Berlin und Cölln, wie auch Frankfurt und Spandau Guarnisonen die Serviçen beitragen sollten, worüber sie sich nothwendig mit einander besprechen und E. Ch. D. deshalb ihre unterth. Notdurft einbringen müssen.

Sonsten auch (4) hätten sie E. Ch. D. zwar unterth. Dank abzustatten, dass Sie ihnen in verschiedenen gn. Resolutionen einige Sublevation an denen Einquartierungs-Geldern und Contributionen in Gnaden versprochen. Nachdem aber sie sich wol bescheiden könnten, dass wegen der vielen hohen Affairen, womit E. Ch. D. beladen wären, dergleichen Sachen nicht allemal zu gewünschtem Stande gebracht würden, als hätten sie mit einander zu deliberiren nöthig gefunden, wie man sothane gn. Resolutiones zum guten Effect befördern und deshalb alle dienliche Erinnerung thun möchte. Sie hätten sonst auch

5) bei ihrer Zusammenkunft davon zu reden nöthig ermessen, wie E. Ch. D. sie ein und andere Neuerungen, so von einigen zu des Landes Ruin und folglich zu E. Ch. D. selbst eigenem Nachtheil vorgenommen werden wollen, in Unterthänigkeit vorbringen und um deren gn. Remedirung bitten wollen. Würden auch im Uebrigen bei E. Ch. D. mit einer unterth. Entschuldigungsschrift einkommen."

Friedrich von Jena an den Kurfürsten. Dat. Cölln a./Sp. 24. April 1680.

[Die Eingabe des ohne Berufung zusammentretenden Ständetages.]

1680.
4. Mai.
„Es haben die Anwesende Deputirte von der Landschaft beikommendes unterth. verschlossenes Schreiben nebenst dem beigefügten Memorial mir zugestellt und begehrt, solches E. Ch. D. geborn. einzuschicken, welches auch hiermit geschieht¹); und weil das Memorial Kriegessachen betrifft, so werden E. Ch. D. gn. geruhen zu befehlen, dass die Supplicanten darauf mit gn. Bescheide versehen werden.

Dass sie sich als Land-Stände ohne E. Ch. D. Specialausschreiben und Convocation alhier eingefunden, das entschuldigen sie damit, dass von E. Ch. D. an die sämmtliche Stände gn. geschrieben und in dem

¹) Die Beilage fehlt.

Schreiben dergleichen Sachen enthalten gewesen, welche ohne dergleichen Zusammenkunft nicht hätten können überlegt werden. Ich habe ihnen dagegen remonstrirt, dass obgleich die Sache eine Zusammenkunft erfordert, so wäre doch E. Ch. D. gn. Zulass- und Vergünstigung zur Zusammenkunft nöthig gewesen und könnten die Stände als Stände auch in denen allerwichtigsten Sachen ohne E. Ch. D. Convocation und Permission nicht zusammenkommen; Welches sie auch gerne gestanden und nur ihre jetzige Anwesenheit damit entschuldigt, dass sie vermeint, indem E. Ch. D. an alle Stände gn. rescribirt und die Puncta darin benennet, Sie auch ihnen zugleich darmit vergönnt, zusammenzukommen und von denen Puncten zu reden. E. Ch. D. werden es in keinen Ungnaden vermerken, wann ich zugleich meine unterth. unmassgebige Meinung anzeige: Ob nämlich E. Ch. D. vor diesesmal die Entschuldigung bei Ihr gn. gelten und die Stände dahin bescheiden lassen wollen, dass sie künftig, wie es sich gebührt, ehe sie zusammenkommen, zuvorhero E. Ch. D. um die gn. Permission ersuchen und Dero Vergünstigung erwarten sollten."

Unterm Datum Lehnin 26. April 1680 ergeht ein solches Rescript an die Geh. Räthe zu Cölln, die davon den Deputirten der Stände Mittheilung machen und deren Entschuldigung entgegennehmen, wie die Geh. Räthe dies unterm 3./13. Mai dem Kurfürsten anzeigen.

Die Geh. Räthe an den Kurfürsten.   Dat. Cölln a./Sp.
29. April 1680.

(Concept mit dem Vermerk: Soll nicht abgehen, kann aber bei dem Protokoll zur Nachricht bleiben.)

[Berichten über die Zusammenkunft der Stände.]

1680.
9. Mai.

„Aus E. Ch. D. an uns gn. abgelassenem Rescripto vom 26. d. M. haben wir in Unterthänigkeit ersehen, wasgestalt bei E. Ch. D. die Deputirte von den Ständen mit ihrer Entschuldigung wegen der jetzigen Zusammenkunft einkommen und was darauf E. Ch. D. ihnen anzudeuten uns in Gnaden anbefohlen haben. Welches wir dann auch alsofort unterth. verrichtet.

Die Deputirten, so sich bei uns eingefunden, bekannten zwar selbst, dass denen Ständen als Ständen nicht zustünde, ohne E. Ch.

D. gn. Erlaubniss tempore pacis zusammenzukommen. Nachdemmal aber bei ihrer letzten Versammlung verschiedene Dinge unabgethan geblieben, die sie itzo zu reassumiren gemeint wären, so stünden sie in denen Gedanken, dass diese ihre Zusammenkunft nicht für eine neue Convocation der vorigen Versammlung würde angesehen werden. Und weiln den Ständen in dem Recess de anno 1653 und verschiedenen darauf erfolgten gn. Resolutionen erlaubt wäre, wann ein oder andere Dinge vorfielen, mit ihren unterth. Erinnerungen einzukommen, anjetzo auch ihnen von einer Commission, so die Einführung der Accise beträfe, Notification geschehen wäre, dabei sie einige unterth. Erinnerungen zu thun nöthig befunden, so hätten sie dafür gehalten, dass sie durch ihre jetzige Zusammenkunft nicht anstossen, sondern ihnen als getr. und gehors. Ständen in hiesigen Residenz-Städten zusammenzukommen erlaubt sein würde.

Nehmen inmittels die von wegen E. Ch. D. ihnen angedeutete gn. Verzeihung mit unterth. Dank und gehorsamsten Respect an und geben daneben zu erkennen, dass sie der unterth. Hoffnung lebten, E. Ch. D. würden ihre gethane unterth. Erinnerungen mit gn. Augen ansehen und sie darauf mit einer gn. gewiorigen Resolution versehen lassen."

Die Deputirten der Ritterschaft an den Kurfürsten. Dat. 17. Mai 1680.

[Protest gegen die Einführung der Accise auf dem Lande ohne ihre Zustimmung. Ein allgemeiner Landtag.]

1680.
27. Mai. (Sie bäten um die Erlaubniss zum Zusammentritt eines allgemeinen Landtags, der über eine so wichtige, die alte Landes-Verfassung berührende Angelegenheit, wie die Einführung der Accise auf dem Lande, berathe und schliesse. Ihre Zusammenkunft würde sich nun zu Beschlüssen über eine solche Angelegenheit für befugt halten). „Solches nun, gn. Churfürst und Herr, was vorgesetztermassen in thesi unterth. vorgestellt worden, in hypothesi ad praesentem casum zu appliciren, so wollen wir nimmer hoffen, dass entweder wir selbsten oder unsere Vorfahren jemaln Anlass geben, dass E. Ch. D. wider uns als Dero gehors. und getr. Stände einige widrige Mutmassung schöpfen dürfen, als ob solche bei Dero itzigen Zusammenkunft etwas zu machiniren Vorhabens sein sollten, was wider Dero hohes Interesse, ja wider die Wolfahrt Ihrer Lande laufen könne. Die angeborene Liebe und unterth. Treue Ihrer

gehors. Stäude, absonderlich Doro Chur und Mark Brandenburg, so dieselbe von vielen Sacculis her ohne einzige widrige Bezeigung erwiesen, geben nicht allein die vorigte Zeiten, besondern auch die in denenselben ergangenen Acta publica, absonderlich wie sorgfältig vor E. Ch. D. hohen Landes-Wolfahrt Dero getr. Ritterschaft bei letzter Schwedischen Invasion, da E. Ch. D. als ein hohes Reichs-Mitglied zu Beschützung des Röm. Reichs mit Dero tapfern Kriegsheer von Dero Ländern entfernet, mit Besetzung der Pässe und Riviers, zu Verhütung weiteren feindlichen Einbruchs, insonderheit über den Elbstrom sich erwiesen, schwebt einem jedweden annoch in frischem Andenken; ja, Gott im Himmel, der Herzen und Nieren prüft, weiss, dass auch in gegenwärtigem Fall wir und unsere Heimgelassenen bei itziger hiesiger Anwesenheit nichts anders suchen, als wozu die hohe Noth Dero armen Unterthanen, ja die unterth. Pflicht, womit wir E. Ch. D. verwandt, uns veranlasst und angewiesen."

(Bei ihrer alten Treue und seiner unendlichen Güte riefen sie ihn an), „wider sie keine böse Mutmassung zu schöpfen, sondern das an Dero Geh. Räthe abgelassene Rescript dergestalt gn. zu declariren, dass die von uns angedeutete Conventus dadurch nicht untersagt, besondern die uns schon von altershero zukommende Freiheit in unsrer unterth. Notwendigkeit zusammenzukommen nach wie vor gn. vergönnt, und die von E. Ch. D. hochlöbl. hohen Vorfahren in denen annis 1540, 1572, 1602, wie auch von E. Ch. D. selbst in anno 1653 gn. ertheilten Landtages-Recessen §. 14 öfter gethane gn. Verheissung, dass nämlich: wann Dero getr. Land-Stände in Unterthänigkeit etwas zu suchen, E. Ch. D. dieselben allemal gern hören und mit gn. willfährigster Abfertigung versehen wollten, durch solches Rescriptum nicht wiederum aufgehoben, und also folglich Dero getr. Stände bei ihrem gn. Landesherrn in ihren Angelegenheiten und sich herfürthuenden unterth. desideriis erhört zu werden aller Hoffnung entnommen bleiben müssen."

Die Steuer- und Accise-Ordnung in den Städten der Chur und Mark Br. vom 27. Mai 1680, (Mylius IV. 3, 101—118,) behält die bisherige Einrichtung bei und bestimmt, dass Niemand sich der Accise entziehen solle. Ein halbes Jahr später wird diese Ordnung in ähnlichem Sinne revidirt und mit höheren Ansätzen versehen. Bemerkenswerth ist die Einleitung dieser Revid. Accise-Ordnung vom 2. Jan. 1681, (Mylius IV, 3, 119 f. S.) Die Wirkung der Accise, zunächst auf die beiden Residenzstädte, dann auch die übrigen, heisst es da, sei so gross gewesen, „dass nicht allein jedes Orts Contingent auf eine erträglichere Art, als bei dem vorigen modo collectandi geschehen, aufgebracht, sondern auch Fremde und Einheimische die desolaten Stellen von Grund auf anzubauen, auch anstatt der ruinirten Häuser bessere aufzuführen angereizt worden und gedachte Unsere Residenz-Städte zu dem für Augen stehenden Flor und Aufnehmen durch dieses Mittel mehrentheils gediehen."

Die Anwesenden Deputirten zum Grossen und Engen Ausschuss an den Kurfürsten. Dat. Berlin 20. October 1681.

[Protest gegen die neue Accise-Ordnung und die gleichzeitige Erhöhung der Contribution.]

1681.
30. Oct. (Deputirte haben mit Bestürzung erfahren) „dass unsere unterth. Vorstellungen gegen die s. g. neue Accise nicht nur keinen Raum gefunden, besondern auch die unterth. Vorstellungen, so sie in ihrer letzten Schrift gethan, ihnen nur blosser Dinge zurückgegeben worden, woraus sie gleichsam schliessen müssen, dass ihnen in dieser höchstwichtigen Sache hinfüro aller Zutritt zu E. Ch. D. sollte abgeschnitten sein und dannenhero fast bei sich angestanden, ob sie E. Ch. D. desfalls ferner behelligen dürften; so zwingt sie ihr Gewissen doch nochmals ohne Wiederholung der früheren rationes um Abschaffung der neuen Accise zu bitten." Nur um eines bäten sie „dass E. Ch. D. gn. geruhen wollten, in gn. Erwägung zu ziehen, wie nunmehro gleichwol die grosse und dem ganzen Lande nicht mehr erträglich fallende Contribution-Last dem armen Landmann allein auf den Hals gelegt werden will; denn

Vor's Erste ist klar und beweisen die Acta zur Gnüge, was vor erkleckliche Summen die Ritterschaft zu Erleichterung und Rettung einiger nothleidenden und verödeten Städte zu E. Ch. D. froien Disposition willigst hergegeben.

Vor's Andere ist von E. Ch. D. Commissariat sattsam gestanden worden, dass E. Ch. D. mit einem weit geringeren monatlichen Contingent zu Erhaltung ihres Krieges-Estats auskommen könnten, wann Sie wegen der Städte versichert wären, dass dasjenige, so unumgänglich gefordert werden müssen, vor voll aufkommen würde.

Vor's Dritte ist ebenmässig offenbar und wird von theils Accise-Bedienten selbst zugestanden werden, dass zu der neuen Accise der Landmann fast mehr als der Einwohner in Städten zuträgt, woraus sonnenklar erscheint, dass hierdurch das Land vor die Städte zur höchsten Ungebühr gravirt und die Last nur blos auf dasselbe gewälzt wird, welches doch zum wenigsten dieser neuen Accise insoweit sich hätte sollen zu erfreuen haben, dass in Ansehung der grossen Beschwerde, so es von der Accise empfindet, die monatliche Contribution um ein grosses wäre moderirt worden, wann andern dieses Werk so heilsam und nützlich soll geachtet werden, als es von denen Autoribus desselben will ausgegeben werden.

Wir seind auch dessen wol versichert, dass die Städte solches alles und dass ihnen durch die neue Accise nicht kann oder werde geholfen werden, mehr als zu wol erkennen, und die prudentiores beides aus dem Mittel der Magistratuum und der Bürgerschaften |: denn, was nur von dem unverständigen Pöbel, so die Consequentien nicht begreifen, gut geheissen wird, solches ist wol wenig zu consideriren :| es gerne frei und öffentlich gestehen würden, wenn sie ihre Meinung nach Dictirung ihres Gewissens sagen dürften und durch die Bedrohungen, so bei Introduction der Accise wider diejenigen Bürger vielfältig adhibirt worden, welche ihr Bedenken, wiewol in einfältiger Wolmeinung dabei geben wollen, nicht davon abgeschreckt würden, und solches um soviel mehr, als die schädlichen Folgen sich täglich mehr hervorthun und zu Aufhebung vieler nützlicher und guter Ordnungen mit der Zeit gereichen dürften, indem Theils der Accise-Bedienten hin und wieder sich vieler Dinge unternehmen, welche eine grosse Verkleinerung der Stände und der Obrigkeit nach sich ziehen, wie aus dem, was E. Ch. D. wegen des Biergeldwerks bald unterth. soll remonstrirt werden, mit mehrem erhellen wird, zu geschweigen, dass der Unterhalt der vielen Accise-Bedienten einen grossen Theil von des Landes Vermögen wegfrisst und durch die Menge derselben das Land mit solchen Leuten angefüllt wird, welche nichts darinnen zu verlieren haben, zu denen gemeinen Landesbürden nichts zutragen, und von welchen, weiln sie der Gesetze und Gewohnheiten des Landes nicht kundig, noch einige gute Zuneigung zu des gemeinen Landes Besten von ihnen zu gewarten, nichts anderes als viele Confusionen und Verwirrungen, ja auch wohl Verfolgungen und Unterdrückungen vieler Unschuldigen zu befahren steht, wie leider das klägliche Exempel vieler Provincien in Europa, welche darüber seufzen, uns solches an die Hand giebt."

Der Kurfürst werde ihre Bitte sicherlich erhören „um seiner grossen Clemenz willen, die ihn nicht weniger, als sein tapferer und unüberwindlicher Arm, beides berühmt und beliebt gemacht hat.

Und weiln nun, gn. Churfürst und Herr, diese unsere Zusammenkunft das Biergeldeswerk concernirt, und der Oberziesemeister Relationes sowol als andere Umstände uns zu erkennen geben, wie

580 V. Die Einführung der Accise, 1661—1684.

durch Veranlassung der neuen Accise diesem Werke viel Eingriffe geschehen, so hat unsere Pflicht und Schuldigkeit erfordern wollen, E. Ch. D. dieselbe unterth. vorzutragen und deren Remedirung unterth. zu suchen, denn nachdem E. Ch. D. im Monat Augusto d. J. gn. Rescripta und zwar in der Altenmark an den Herrn Landeshauptmann daselbst, in denen andern Kreisen aber an etliche von denen Herren Land-Commissarien ergehen lassen, worinnen eine fast neue Ordnung wegen des Brauens, Metzens und Versichens der Säcke enthalten, welche nicht nur die von E. Ch. D. hohen Herren Vorfahren und von E. Ch. D. selbst gemachten Biergeldes-Verordnungen und andern Landes-Verfassungen aufzuheben scheinen, sondern auch das Ansehen haben, als wann der Landschaft Bediente hinfüro mehr an die bei der Accise bestellten Commissarien und Directores, als an E. Ch. D. gesetzte Verordnete der Allgemeinen Landschaft sollten verwiesen sein, würden dieselben jetzt, entgegen früheren Verordnungen, dass alles, was Biergeldessachen beträfe, mit den Verordneten communicirt werden sollte, so nude vorbeigegangen, dass den Oberziesemeistern Befehl ertheilt würde, mit Zuziehung der Neuen Commissarien die Unterziesemeister und andere landwirthschaftliche Bediente auf die Neue Ordnung zu vereidigen, sonder einmal ihnen, den Verordneten, die geringste Nachricht von solcher Verordnung mitzutheilen.

Was aber die andern in E. Ch. D. gn. Rescripten enthaltenen Punkten betrifft, so ist bekannt: 1) dass das Scheffelmass in der Chur-Mark Br. sehr von einander differirt und dannenhero nicht ohne ziemliche Confusion ein durchgehender Kornscheffel wird können introducirt werden, angesehen solches in dem Commercio mit den Benachbarten grosse Unrichtigkeit causiren würde; 2) dass die neue Metze ein Drittel kleiner als die bisher gebrauchte alte ist etc.".

Der Kurfürst an die Anwesenden Deputirten. Dat. Potsdam 10. Nov. 1681.
(Ausgefertigt vom Kurprinzen Friedrich.)

[Ihre Beschwerden unbegründet; durch Zufälle ist die Moderation der Contribution verzögert. Die Einführung der Accise in ihren Städten und Flecken.]

1681.
20. Nov. „S. Ch. D. haben Ihr das von den Prälaten, Herren und Ritterschaft der Chur-Mark Br. übergebene unterth. Memorial mit mehrem gehorsamst vortragen lassen und daraus vernommen, wasmaassen

itztbesagte Stände über die in denen Chur-Märkischen Landen für einige Zeit introducirte Accise sich noch immerhin beschweren, auch wegen Moderation und Erleichterung des monatlichen Contingents der Contribution nochmaln unterth. anhalten.

Soviel nun zuförderst die eingeführte Accise anlangt, da halten S. Ch. D. gn. dafür, es werden die Stände nunmehr selbst genugsam begreifen, dass ohne derselben Introducirung die Städte unmöglich hätten können conservirt werden; obwohl einige von denen Deputirten der Stände in den für anderthalb Jahren übergebenen unterth. Memorialien das Contrarium, nämlich der Städte gänzlichen Untergang und Ruin, genugsam vorstellen und behaupten wollen, auch dass dadurch der Adel und Sr. Ch. D. Aemter totaliter würden ruinirt werden.

Und seind demnach höchstged. S. Ch. D. destomehr vergnügt, weil dieselbe insoweit zu Dero intendirten Zweck gelangt, dass nicht allein die sonsten ohne der Accise-Introducirung fürgewesene Total-Ruin der Städte verhütet, sondern auch dass dieses ein Mittel, wodurch dem Lande könne geholfen und dasjenige Quantum, womit die Städte übertragen, moderirt werden; und haben S. Ch. D. bei Introducirung dieses Modi niemaln einen andern Zweck gehabt, als sowohl die Städte als auch das Land dadurch wieder in Flor und Aufnehmen zu bringen, und haben zu dem Ende solche gn. Anstalt gemacht, dass, da nunmehro der Städte Contingent vermittels der Accise wieder in etwas sich vergrössert, solches dem Lande zu Gute kommen oder zum Besten gereichen solle, welches auch schon, ehender und bevor die Stände mit ihrem Memorial eingekommen, zum Effekt wäre gebracht worden, wann selbiges durch die leidige Contagion nicht behindert, welche durch des Höchsten Verhängniss in denen beiden Provincien Halberstadt und Magdeburg annoch grassirt.

Es werden aber dennoch S. Ch. D. nicht ermangeln, gestalt denn auch deshalb schon Anstalt gemacht, dass vom 1. Januario nächstkünftigen 1682. Jahres anzurechnen, vermittels göttlicher Hülfe, soviel als die Accise über das moderirte monatliche Quantum ausbringen wird, dem Lande zu Gute kommen solle; jedoch wollen S. Ch. D. dieses dabei nochmaln gn. befohlen haben, dass gleich wie in denen Aemtern, also auch in denen der Ritterschaft zustehenden Städten die Accise unverzüglich introducirt werden solle, und wann in denselben dasjenige Quantum, so dieselben nach Proportion zum Corpore der Ritterschaft zu geben schuldig sein, nicht erreicht wird, so wollen S. Ch. D. dasjenige was daran ermangelt ex cassa erstatten und gut thun lassen, dahingegen aber wollen S. Ch. D. auch gn., dass wann in einigen der Ritterschaft Städten die Accise über deren Contingent ein mehres tragen wird, dieselbe dem Lande zum Besten gleichfalls davon disponiren können".

Die Stände an den Kurfürsten. s. d.

[Bitte um Gestaltung eines Deputations-Tages.]

1682.
Sommer. "E. Ch. D. können wir unterth. zu hinterbringen keinen Umgang nehmen, wie dass wir höchstnöthig befunden, E. Ch. D. einige nicht allein zum Ruin des Landes gereichende, sondern auch zum Theil E. Ch. D. hohem Interesse zuwiderlaufende Dinge, welche sich eine Zeithero geäussert und hervorgethan haben, gehorsamst vorzustellen. Weiln aber die Notwendigkeit erfordert, dass aller Kreise Interesse hierbei der Gebühr nach mit beobachtet werde, solches aber ohne einer engen Zusammenkunft einiger Kreis-Verwandten nicht geschehen kann;
 Als bitten wir unterth. gehorsamst, E. Ch. D. wollen uns gn. gestatten, dass wir in Dero Residenz Berlin und also im Gesichte E. Ch. D. dieserwegen ehistens und zwart, soviel möglich ist, in geringer Anzahl zusammenkommen, unsere und des gemeinen Landes Beschwerungen zusammenbringen und sodann selbige ingesammt E. Ch. D zur gn. Remedirung oder Abhelfung gn. vortragen mögen und können."

Ein von Fr. v. Jena gegengezeichnetes kurfürstliches Reskript vom 12. Juli d. J. gestattet, "dass oberwähnte Dero getr. Land-Stände eine enge Zusammenkunft einiger Kreis-Verwandten nach gehaltener Erndte im Monat October albier in Berlin halten mögen."

Zusammenkunft der Stände vom 5. März 1683.

Instruction für den Deputirten des Domkapitels von Brandenburg, Kanonikus von Grevenitz, ausgestellt im Namen des Kapitels vom Dechanten Hans Georg von Ribbeck.

"Demnach S. Ch. D. —— auf Dero gehorsamste Stände unterth. Anhalten, deroselben Zusammenkunft verwilligt und dazu den bevorstehenden 5. Martii angesetzt, an welchen der ganzen Chur und

Mark Brandenburg gesammte Stände — — in Berlin sich einzufinden convociret", so werde Grevenitz dahin deputirt, dem aufgegeben wird, besonders gegen Beeinträchtigung des Art. 13 des Recesses von 1653 betr. der Leistungen der Capitel vorstellig zu werden. „Das Uebrige wird der Dexterität des Herrn Abgeordneten anheimgestellt, als welcher nebst den anderen Hrn. Ständen des allgemeinen Wesens Interesse, worinnen es auch bestehen möge, fleissig zu befördern sich äusserst bearbeiten wird."

Auf diesem Tage erscheinen 18 Vertreter der Prälaten und Ritterschaft unter der Leitung des Deputirten vom Domkapitel zu Brandenburg, dessen Dechanten diese Stellung herkömmlich zufiel. Der Umstand, dass hier nicht der Dechant selbst, sondern ein Domherr die Stimme des Stifts führt, gibt nach einigen Wochen zu ernsten Verwicklungen Anlass und führt zum plötzlichen Aufbruch der Vertreter der Prälaten und der Ritterschaft.

Folgende Beschwerden werden dem Votum der einzelnen Kreise von den Deputirten des Havellands unterbreitet:

1) dass die Contribution zu hoch sei;
2) dass der Accise-Ueberschuss dem Lande noch nicht zu gut gekommen sei;
3) dass an dem Ueberschusse nur das platte Land participire;
4) dass bei Abnahme der Accise-Rechnung einige vom platten Lande möchten admittirt werden;
5) dass das gestempelte Papier abgeschafft werde;
6) dass Extraordinar-Steuern nur mit Zuthun der Stände ausgeschrieben würden;
7) dass die neue Cammergerichts-Ordnung befördert werde;
8) dass ein Appellations-Gericht von Ständen angeordnet werde;
9) dass den Einheimischen zu öffentlichen Ehren-Aemtern der Vorzug zu ertheilen;
10) dass die Herstellung einer Canzlei-Taxe befördert werde;
11) dass der Bauern liederliches Klagen bestraft werde;
12) dass die Land-Sperrung nur mit Zuziehung der Stände erfolge;
13) dass eine Visitation der Geistlichen vorgenommen werde;
14) dass die Juden wieder aus dem Lande geschafft würden;
15) dass die Monopolia abgeschafft würden;
16) dass richtige Tax-Ordnungen gemacht würden;
17) dass die doppelte Metze abgeschafft werde;
18) dass der kurfürstliche Consens bei brüderlichen Vergleichen und Cession von Juribus aufgehoben werde;
19) dass die Zeit bei Consensen auf Wiederkauf ausgedehnt werde;
20) dass die Decurtirung des Onus der Einquartierung von dem ordentlichen Contributions-Contingent erfolge;

21) dass die Abnahme der Biergeld-Rechnungen nicht nur von zehn, sondern der gewöhnlichen Anzal Personen erfolge;
22) dass die Repartition des Contingents den Ständen belassen werde, statt dem Gl. Commissariat übertragen zu werden;
23) dass die Kreis-Commissarii mit einem honorablen Titel möchten belegt werden;

Ruppin hat keine Gravamina.

Oberbarnim conformirt sich dem vorsitzenden Kreise.

Niederbarnim bringt mehrere Specialbeschwerden zur Sprache.

Teltow bittet ad 2 um völlige Abschaffung der Accise und beschwert sich
ad 6 dass Schulzen und Schöppen die Delinquenten nicht schliessen wollen.

Lebus bittet ad 3 um Abschaffung der Confusion, so durch oftmalige Reduction der Münzsorten geschehen.

Zauche spricht sich ähnlich wie Havelland aus.

Während der ersten acht Tage werden von den einzelnen Kreisen der Mittel-, Ucker- und Neumark ihre Vota schriftlich vorbereitet, unterdess die Ankunft der noch fehlenden Deputirten der Altmark und Priegnitz abgewartet. Diese erfolgt am 14. März, weshalb an diesem und dem folgenden Tage die Sitzungen ausgesetzt werden.

Nachdem am 16. März die streitige Frage über den Vorsitz dahin entschieden worden ist, dass Grevenitz für diesmal ohne Consequenz die Leitung behalte, taucht am 19. huj. m. die Nachricht auf, dass der kurfürstl. Rath und Dekan von Havelberg Stille Session nehmen wolle. Behufs einer Anfrage an den Dekan Ribbeck zu Brandenburg, wie man sich in einem solchen Falle zu verhalten habe, fällt die Sitzung an diesem Tage aus. Am folgenden Tage, 20. März, ersuchen die Deputirten der Mittelmark die der Altmark-Priegnitz ihren ursprünglichen Standpunkt, des Kurfürsten Convocation unbeachtet zu lassen, jetzt gänzlich aufzugeben und ihr Votum gleich den übrigen abzugeben. Die von der Altmark-Priegnitz sagen dies zu; die Deputirten der Neumark danken ihnen dafür und erklären, dass sie sich in den obenbezeichneten Beschwerden den übrigen conformirten.

Votum der Deputirten der Uckermark, vorgetragen durch den Landes-Direktor Georg Wilhelm von Arnim.

(Dasselbe beginnt gleichfalls mit dem Ausdruck der Freude über die Anwesenheit der Deputirten der Altmark und Priegnitz und fährt dann folgendermassen fort:) „Wie nun die UM.'sche Ritterschaft schon längst angemerkt, auch nicht wenig empfunden, dass der so theuer erworbene Landtags-Schluss de ao. 1653, als eine sanctio pragmatica und zugleich Confirmation aller mit Chf. Dchl. hohen Andenkens aufgerichteten Recesse und erhaltenen Privilegien, durch Gelegenheit mit untergelaufenen und entstandenen Unruhen nicht wenig gekränkt und in Despect gekommen, dazu auch noch andere vielfältige schädliche Emergentien sich hervorgethan, auch wol publica auctoritate eingeführt worden, wowider der Land-Stände angewandte unterth. preces und Verbittung nichts verfangen mögen, so hat die UM.'sche Ritterschaft in ihren Versammlungen herzlich dawider geseufzt, am allermeisten aber dieses dolirt, dass den gedachten Ständen eine Zeitlang noch offen gewesen, dass sie mögen in arctiori numero per Deputatos albier in der Churfürstl. Residenz und also in conspectu Principis zusammenkommen, ihre allgemeine Not in sinum Serenissimi unterth. niederlegen und gn. Erhörung suchen, welches denn auch, wie Retroacta geben werden, zu mehrmalen gar gewünschten Effect abgestattet, zuweilen etwas abgewendet, zuweilen auch einige obscuriora nubecula dadurch dissipirt worden, entlich ohne allen Anschein des Rechtens solche in Unsorn Landes-Verfassungen wol fundirte Freiheit aufgehoben und expressé untersagt, wodurch dann leider! je mehr und mehr Thür und Thor eröffnet pro lubitu alles einzuführen und Statibus invitis aut contradicere non potentibus im Schwange zu bringen; dannenhero hätte die UM'sche Ritterschaft eine allgemeine Zusammenkunft der Stände über ein und andres dem Lande gefährliches oder erspriessliches zu consultiren inniglich gewünscht.

Nachdem sie auch wahrgenommen, dass andre Haupt-Kreise und Constatus, insonderheit die Neumark, nicht weinig darnach verlangt, dass Einstimmigkeit bei ihren Fürhaben hergestellt werde; so haben sie zwar auch bei sich nicht weinig angestanden, ob die jetzige kriegsdrohende Zeiten die rechten, dieweilen von Recrutirung der Regimenter und also von Erhöhung der Armatur mehr als von allgemeinem Friede geredet wird, und sich also gar leicht begeben könnte, dass eben zu solcher Zeit wir albier versammelt wurden, da die gn. Herrschaft uns gern beisammen sähe, damit sie uns, als mit unterth. postulatis an die gn. Herrschaft angefüllt, mit noch höheren und mehren an unsre Heimgelassenen desto zeitiger dimittiren könnte und wir um so viel mehr, als die preces Principum armatas sein und paratam executionem auf dem Rücken haben, noch betrübter zurückkämen, als von Hause gezogen wären; dennoch weil wir gleichwol gesammter Hand Landes Beschwerungen vorzutragen haben und also in gerechter Sache versiren, müssen wir zuvörderst dem l. Gott in dieser Sache vertrauen, welcher an keine Zeit gebunden ist ———. Dieweil auch überdies nunmehr wir leider erfahren müssen, dass die

Communicatio cum Statibus und der einzuholende Consensus inter abrogatas Constitutiones will gerechnet werden, so haben wir es um so viel weniger zu imputiren, wenn wir mit neuen Anforderungen etwa zu Hause kämen, dieweil es uns doch wol ungehört nachgekommen wäre; als denn zum Exempel ohne unsere Anwesenheit und Consens die meisten (schwersten?) Imposten am meisten geschehen sind, auch noch voritzo die Erhöhung der Kriegskosten auf 5000 Thlr. monatlich albereit geschehen nobis plane inconsultis tantum non convocatis und können vielleicht sagen, dass ob ingruentia haec ac alia fortasse pluria wir satis opportune hier ankommen und des Landes Angelegenheit beobachten können. Es ist zwar auch nicht unbekannt, dass in consultationibus publicis einiger oder ander hoher Minister zu Hofe wäre, der ein administer derer versammelten Land-Stände und deren lingua bei der gn. Herrschaft sein will, nicht mit Gelde zu bezahlen, anjetzo auch wohl an deme, dass die gesammten Land-Stände nicht wenig darvon verlegen sein möchten.

Derhalben aber gar zu verzagen stehet uns nicht an. Kann Gott die Herzen der Herrschaft selber lenken, so wird er vielmehr der Herzen der Hofbedienten zu gebieten haben! Derowegen wollen wir ihm nur Zeit und Weil übergeben."

Im Uebrigen seien sie von Ihren Heimgelassenen dahin instruirt, sich den majoribus Votis zu conformiren.

Die Deputirten der Neumark geben ihre Antwort über die drei Präliminarpunkte am nächsten Tage, 21. März, in allgemeinen Wendungen ab.

Bericht des Landes-Direktors und Vertreters der Altmark v. Uechtritz über die Gravamina der Ritterschaft am 21. März 1683.

1681. 31. März. Erstlich sei die Einmischung des General-Commissariats in die Contributions-Verwaltung eine Neuerung, während Land-Stände früher stets direkt mit den Geh. Räthen verhandelt hätten. „Und ob nicht die Hrn. Condeputati mit ihren Heimgelassenen einig, dass in denen Puncten, welche in das Gl. Kriegs-Commissariat hineinlaufen, man inständigst und mit gebührender Bescheidenheit und darmit man dadurch ein und andern hohen Ministro nicht offendire, unterth. anhalte, dass selbige Sachen nirgends anderswo, als in Sr. Ch. D. hohen Geh. Rath debattirt oder resolvirt werden mögen.

2) da in der Proposition neue Forderungen zu erwarten, so halten der Deputirten in der Altmark und Priegnitz Heimgelassene dafür, dass nichts zu bewilligen, da nichts davon im Ausschreiben stünde, sondern dieser Tag blos zu Einstellung der gemeinen Landes-Notdurft und Gravaminum den Ständen verwilligt."

Betreffs der Beschwerden sei das Beste, auf die wesentlichsten Punkte von ao. 1653 zurückzukommen, da der Confusiones unzählig viel und zwar vorzunehmen:

1) die Ecclesiastica, 2) die Gestattung ihrer Zusammenkunft nur consensu Principis, 3) die Notwendigkeit einer neuen Tax-Ordnung, so lange die höchst schädliche s. g. Accise noch währe, dann 4) die Aufhebung der Monopolia und Contribution und die Austreibung der Juden.

Unter Beiseitelassung aller übrigen seien ff. 5 Haupt-Gravamina mit um so grösserem Nachdruck vorzubringen:

1) die Aufhebung der sogenannten Accise,
2) die Abschaffung des gestempelten Papiers,
3) die Beseitigung der Uebergriffe des Gl. Kriegs-Commissariats, „das die Total-Ruine des Landes und der Verfassung herbeiführt, allermassen denn solch Gl. Commissariat nunmehro nicht nur die Special-Abtheilung der Quartiere für die Milice in den Kreisen macht und dieser und jener Stadt so viel, wie auch der Ritterschaft und dem Lande gleichfalls gewisse Mannschaften und soviel primos planes als ihnen gut dünkt zuschreiben will — —, besondern dasselbe sich auch unternommen, als in abgelaufenen ao. 1682 im M. Julio S. Ch. D. dem ganzen Lande am Contributions-Quanto 4500 Thlr. gn. erlassen, wider den ausdrücklichen Landtags-Recess de ao. 1653 § 22 in verbis: Wir lassen auch den Modum Contribuendi, darin S. Ch. D. Dero getreue Land-Stände die Eintheilung der Contribution per expressum anheimstellen, die Abtheilung, welche sonst die Stände einrichten, zu verfertigen und an die Kreise zu versenden, ja es halten der Herren Deputirten Heimgelassene dafür, dass, wenn nicht dem Gl. Commissariat von gesammten Ständen rechtzeitig et quidem masculé entgegengetreten werde, dasselbe alle und jede Dinge, ob sie schon eigentlich vor die Geh. Räthe oder anders wohin gehören, an sich ziehen, ja die privilegia der Stände gänzlich zernichten werde. Hic labor, hic dolor."

4. Müsse man um Milderung der Contribution bitten, ohne die das Land unfehlbar zu Grunde ginge.

5. Um Aufhebung des neuen Kauf-Edicts, wonach die Landleute

aller zum Verkauf in die Städte bringen müssten, entgegen ihren früheren Rechten.

Votum der Mittelmark, durch den Domherrn von Brandenburg v. Grevenitz abgelegt am 22. März.

1683.
1. April. (Nicht nur das Uebel, sondern auch dessen Ursachen und wie ihnen am kräftigsten zu begegnen, müsse zur Consultation gebracht werden). „Es haben Deputati mit den Heimgelassenen schmerzlich beseufzt, dass Sie aus denen vom Gl. Kriegs-Commissariat an die Stände ergangenen Verordnungen öfters wahrnehmen müssen, wie solches das Interesse Principis von dem Interesse des Landes ganz und gar separirt, so doch, wann man es mit patriotischen Augen ansieht, billig insoparabiliter connex sein sollte. Sie glauben daher ganz sicher, dass die Remedirung der hauptsächlichen gravaminum schwerlich zu hoffen sein würde, wann an S. Ch. D. zu dessen Erörterung und Relation selbige remittirt würden, und amplectiren also ambabus manibus, dass höchstnöthig sei, nicht allein solches zu präcaviren, sondern auch S. Ch. D. in der ersten Schrift präliminariter unterth. zu bitten, dass der Stände sollicitatioues, damit S. Ch. D. sie unterth. anzutreten genöthigt würden, keinem andern Collegio Electorali als vor Dero hohen Geh. Herren Räthe zu weiterer Relation und gn. Resolution gebracht werden möchten. Die recommendirte Bescheidenheit lassen sich Deputati dieser Seiten auch so gar weit gefallen, dass sie rathen, in solche unterth. Vorstellung sich nicht einmal der Benennung des Gl. Kriegs-Commissariats zu gebrauchen, sondern nur in torminis generalioribus zu bleiben, weil vielleicht sonsten rancor auimi eines oder des andern vornehmen Ministri nicht leicht könnte evitirt werden.

Was die andern Präliminar-Erinnerungen betrifft, leben zwar Deputatorum Heimgelassene der guten Hoffnung, es werde die in favorem der Stände geschehene gn. Verwilligung einer Zusammenkunft in eorum odium nicht detorquirt, noch anstatt gesuchter Hülfe mit Auflegung eines neuen oneris betrübt werden, sie wollen aber auf solchen Fall solches nicht allein principaliter mit der Exception deficientis Mandati, sondern auch mit andern hiezu dienlichen Exceptionibus und Remonstrationibus submissime zu decliniren bemüht leben.

Hauptsächlich liegt allerdings am Tage und ist in vorigen Consultationibus bereits genugsam Meldung geschehen, welcher schlechten Frucht die Stände von so vielen Churfürstl. Recessen sich zu erfreuen, so doch als ein Band der Lande nach Inhalt eines anno 1594 ertheilten Reverses nicht einmal in keine widrige Disputation gezogen, viel weniger dergestalt, wie leider geschieht, durchlöchert werden sollte, und was für unzählige Gravamina sowohl in Ecclesiasticis als Civilibus et Politicis daher erwachsen und vorgestellt werden können.

Gleichwie aber Deputatorum Heimgelassene ebenfalls erkennen, dass die auf einmal vorgenommene Häufung derselben denen itzt sich ereugenden Haupt-Gravaminibus höchst präiudiciren und die Remedirung derjenigen, so das Land nicht so hauptsächlich drücken und ausmergeln, ein obstaculum der Haupt-Punkte sein würde, also haben sie auch jeder Zeit auf eine Separation reflectirt und dafür gehalten, dass sonsten vor dem grössesten Uebel kein Rath oder Hülfe zu hoffen sein würde.

Was an Gravaminibus Ecclesiasticis sich ereignet, können zwarten solche bis zur anderweitigen unterth. Vorstellung der Deputirten der Mittelmärk. Ritterschaft Meinung nach ausgesetzt werden, ohngeachtet die von den Herren Deputatis der Altmärk. und Prignitzirischen Ritterschaft pro et contra angeführte rationes, allermassen sie so christlich als raisonnable, einigen Zweifel hinterlassen.

Jedoch weil sie von ihren Mitständen und Condeputatis der Neumark in privat gehaltener Conference mitleidig vernommen, dass selbige von ihren Heimgelassenen als grössestes Gravamen vorzustellen instruirt, dass bei ihnen ihren ganz lutherischen Gemeinden reformirte Prediger etiam inconsultis et contradicentibus Patronis et Parochialibus eingesetzt und also die niemaln von Sr. Ch. D. angemasste Herrschaft über die Gewissen daselbst behauptet werden will, inferiret nach unserm wiewohl unvorgreiflichen Erachten solche Bedrängniss eine Nothwendigkeit, dass wir communem causam machen, und nicht allein als getreue Con-Status denselben unsere mögliche Assistence leisten, sondern auch uns, die wir durch Gottes Gnade dergestalt in unserm Gottesdienst nicht troublirt werden, wider solche geführte und besorgliche Eingriffe, massen solche von einem zu einem andern Nachbar gar leicht transferirt werden können, desto kräftiger zu versichern.

Im Uebrigen hätten Deputatorum Heimgelassene, was den ersten Punkt von den proponirten Haupt-Gravaminibus betrifft, nichts mehr gewünscht, als dass S. Ch. D. den so vielfältigen Remonstrationibus gn. statt gegeben hätten und solche das unbarmherzige Inventum der Accise aus den Credit setzen können; demnach aber S. Ch. D. von der sogenannten Heilsamkeit dieses Werkes so sehr eingenommen, dass in dessen so viel und mit so unbeweglichen Fundamentis gesuchter Abschaffung keine oder zum wenigsten ganz geringe Hoffnung zu machen, hingegen aber die tägliche Erfahrung, absonderlich nach der anno 1681 den 10. Novembris den Ständen ertheilten gu. Resolution, mehr als zu klar besagt, dass S. Ch. D. durch die gegen die Accise eingerichtete Postulata mehr verbittert, als auf heilsame Gedanken gn. Remedirung anderweitiger Gravaminum gebracht wird, stehen Deputatorum Heimgelassene in Zweifel, ob die Abstellung des verderblichen Inventi simpliciter zu suchen oder ob nicht vielmehr rebus sic stantibus rathsam, S. Ch. D. mit unterth. Submission zu bitten (1) dass die vorhin angezogene Churf. Resolution vom 10. Nov. 1681, welche dahin geht, dass der Ueberschuss der Accise dem Lande zu Gute käme und soviel solcher austrüge dem monatlichen Contingent decourtirt werden sollte, zum Effect möchte gebracht werden; (2) dass solches gerühmten Ueberschusses nur allein das platte Land, nicht aber das Corpus der Städte, nachdem solches onus den Landmann principaliter betrifft, und die Bürger in den Städten, zum wenigsten dem Vorgeben nach, durch diese Impost gnugsamer Erleichterung sich zu erfreuen haben mögen; (3) dass nicht allein den Ständen die Rechnungen, wie solche Einnahmen seithero, dass dieser Modus Contribuendi im Schwange gegangen, vorgelegt werden, sondern auch dass insktinftige, doferne S. Ch. D. auf die Continuation dieses Inventi bestünde, welches man doch von Sr. Ch. D. langwährenden landesväterlichen Vorsorge nicht hoffen wollte, weil sich bereits die Schädlichkeit des Werkes durch den Untergang vieler Unterthanen sowol in den Städten, als auf dem Lande zeigt, zur Abnahme der Accise-Rechnung sowol ratione der Einnahme, als wohin solche Gefälle angewendet würden, Verordnete admittirt werden möchten. Deputatorum Heimgelassene stehen in dem Gedanken, dass auf dieser Art aliqualis directio des ganzen Werkes sine approbatione in der Stände Disposition gerathen, und also vor ein grösser Uebel, welches man jetzo unumgänglich über sich gehen lassen müssen, ein kleineres erwählt werden könne. Deputati wollen ihrer erhaltenen Instruction gemäss diese Erinnerung ihrer Herren Mit-Stände vorgetragen haben und gewärtig sein, wie weit Condeputati in ihrer Meinung condoscendiren.

Den Andern Punkt und das Gestempelte Papier betreffend, conformiren sich Deputirte der Herren Altmärk. und Prignitzirischen Deputirten Meinung, allermassen sie dafür halten, dass die in so vielen Landtages-Recessen wol fundirte und theuer erkaufte Freiheit auch vornehmlich darin besteht, dass sonder Zuthuung der Stände dergl.

Extraordinar-Steuer dem Lande nicht möge aufgebürdet werden und also wider solche in hoc passu vorgenommene Eingriffe instantissime zu vigiliren sei.

Gleich wie die Herrn Deputirte der Altmärk. Prieg. Ritterschaft Heimgelassenen den

Dritten allegirten Haupt-Punkt und dessen Erörterungen von denen vom Gl. Kriegs-Commissariat geschehenen Eingriffen für den wichtigsten halten und in dessen Remedirung conservationem libertatis Statuum am meisten suchen, also können Deputirte versichern, dass derselben Heimgelassene gleiche Meinung hegen und ihnen in Instruction gegeben, ihr äusserstes Vermögen anzuwenden, dass solche gefährliche Eingriffe möchten redressirt werden, welcher sie sich auch ganz gern gemäss bezeigen wollen, zumalen man angemerkt, dass in denen vom Gl. Kriegs-Commissariat geschehenen repartitionibus nicht allemal die der Observance gemässe Gleichheit observirt worden.

Viertens, so erkennen auch die Deputirte, dass in der Linderung des unmässigen Contribution Quanti guten Theils die Conservation des armen und ganz erschöpften Landes beruhe, zumaln der von zwei Jahren her erlittene Misswachs, der hin und wieder getroffene Hagelschaden und endlich der von der Sperrung des Landes herrührende wolfeile Preis des lieben Getreides die Unmöglichkeit, die unzählige onera publica länger zu ertragen, vor Augen stelle und dass daher bei Sr. Ch. D. unterth. Bitte anzulegen, damit nicht allein die jüngsthin auferlegte Erhöhung der 5000 Thlr. cessire, sondern auch von dem bisherigen Quanto der 30,500 Thlr. empfindliche gn. Remission geschehe, allermassen überdem das onus der Einquartierung und Streichung des Services und Rauchfutters von solcher Importance, indem deshalb etliche 30,000 Thlr. aufs wenigste unter den gesammten Ständen zu repartiren, dass die Unterthanen der vormals widerfahrenen gn. Remission, dafür doch in tiefster Unterthänigkeit zu danken, ganz keine Ergötzlichkeit oder Linderung empfinden können. So ist auch

Der Fünfte Haupt-Punkt wegen Hemmung des freien Handels des Landmannes ein gravamen von wichtiger importance, welchem Deputirte Mittelmärk. Ritterschaft willig inhäriret, zumaln da die Erfahrung giebt, dass die kaufbare Waaren, wann sie in den Städten zu Markte gebracht werden, nicht nach Wirderung, wie in den nächsten anstossenden ausländischen Städten geschiehet und wie es die Recesse und Billigkeit erfordern, sondern um ein schimpflich und schnöde Geld bezahlt werden.

6) Ueber diese hochwichtige fünf Haupt-Gravamina seind Deputirte von ihren Heimgelassenen instruirt, Herren Constatibus als ein absonderliches und schwerdrückendes Gravamen noch dieses vorzustellen. Da nach aller Völker und natürlichen Rechten die Commercia einer vollkommenen Libertät geniessen, auch solche sonst zu keiner Republica Aufnehmen und Wachsthum gereichen können, dass dennoch die Monopolia in diesen Landen von Tage zu Tage sich häufen, so gar, dass nunmehro das Eisen, Schmiedezeug, Glas, Pfundleder, Toback und Zucker von keinem andern als den sogenannten Interessenten kann gekauft werden, wodurch dann geschieht, dass nur weniger Privatorum Nutz befördert und hingegen soviel Tausend Personen, indem sie böse, untüchtige und ganz unnütze Waaren für gute annehmen und theuer bezahlen müssen, jämmerlich mit grossen Wehklagen in merklichen Schaden und Hemmung ihrer Nahrung gesetzt werden; viele Unterthanen sowol in den Städten, als auf dem Lande müssen dieser Ursach halber das Ihrige mit dem Rücken ansehen, und steht fernere Depopulirung zu besorgen, doferne S. Ch. D. auf der Stände unterth. Bitten, damit freier Handel und Wandel in Dero Landen retablirt werden möge, nichts hinzuzusetzen. Deputirte wünschen, dass in allen guten Consiliis der hierunter gesuchte Effect erreicht und das agonisirende Landwesen redressirt werden möge."

Votum der Herren Uckermärkischen Deputirten durch Georg Wilhelm von Arnim abgelegt.

„Die Deputirten Ucker-Märkischer Ritterschaft haben mit sonderbarem Gefallen vernommen, wie die Herren Deputirte Altmärk.- und Priegnitzirischer Ritterschaft in ihrem gestrigen Vortrage die Seele und den rechten Grund dieser der gesammten Stände fürseienden Haupthandlung berührt, indeme sie zu anfangs den modum agendi fürgelegt, und dass gesammte Deputirte zuförderst darauf als einen notwendigen Praeliminarpunct ihre Gedanken und Consultationes richten möchten, um in progressu causae sich selber soviel weniger beschuldigen zu dürfen, wenn der Ausgang mit ihrer habenden guten Intention nicht accordiren wollte; denn es mehr als zu bekannt, dass zum öfteren auch die gerechteste Handlung diesem Felsen ihren Schiffbruch zu erweisen habe, und so meinen dannenhero Uckermärkische Deputirte, erbitten auch ihre Herren Condeputatos dazu, diesen Cardinalpunct mit der grössten Vorsichtigkeit und äussersten Ueberlegung anzugehen. Ferner haben wolgemelte Herren Deputirte vorsitzenden Haupt-Kreises wol und bedächtig bei diesem puncto angeführt, nachdem das General-Commissariat an allen den Puncten, so neulichst emergirt und citra Consensum Statuum eingeführt, das Land aber am meisten drücken und unsern Privilegiis, ja allen Landes-Verfassungen das Messer an die Gurgel setzen, am meisten interessirt, weil denenselben der Grund aller Beschwerden und die rechte Urhebung beizulegen, zu Abhelfung unsrer rechtmässigen Querelen und Seufzer nichts beitragen, sondern e diametro entgegen stehen dürfen, wie dasselbe sammt allem seinen darüber abzufassenden Judicio gänzlich zu decliniren, im Gegentheil aber also alles einzurichten wäre, damit unsre unterth. Memorialia immediate durch einen unterth. Vortrag an die Ch. D. selber und Dero hohe Churf. Räthe gebracht und die Expeditiones von da aus erhalten würden. Förders haben dieselbe auch ins Mittel bringen wollen, wie man sich zu verhalten, wann einige von Sr. Ch. D. an diese Versammlung unbekannte, auch vielleicht unangenehme Forderungen kommen sollten, und zu ihrem Voto darin abgestattet, dass exceptio defectus mandati zufördorst dagegen unterth. zu legen sei.

Endlich haben wolgemelte vorsitzenden Kreises Herren Deputati in ihrem Vortrage auch die Hauptsache berührt und darbei vornehmlich zugestanden, wie der grosse Landtages-Schluss de anno 1653 tam in Ecclesiasticis quam in Politicis hauptsächlich gekränkt sei und würden die Acta publica, seit solcher Zeit gehalten, gnugsam testiren, dass ganze Volumina mit Gravaminibus angefüllt, Sr. Ch. D. zwar vorgelegt, aber niemals mit Vergnügung der Stände absolvirt worden. Sie erkennen auch, dass auf Seiten der Stände darin nicht zu acquiesciren, sondern solche vielmehr individualiter zu reassumiren und unterth. gn. Remedirung, gleichwol mit der grössesten Behutsamkeit, zu suchen wäre, unter welcher Behutsamkeit Sie auch dieses wolmeinend verstehen, dass man die Gravamina nicht über die Massen mit einmal cumulire, sondern die pressantesten, deren sie vier Hauptpuncte zu sein vermeinen, vorangehen und andre nach und nach folgen liesse. Unter diese andre rechnen sie auch Deputatorum Bedünken nach die Gravamina in Statu Ecclesiastico, vermeinen aber endlich, dass pro nunc in dieser Sache wenig Gehör möge gefunden, das Consistorium hart bewegt, und dahero Gravamina Status Civilis, welche zufördorst das Land hart drücken, sehr würden gehemmt und also besorglich überall nichts fruchtbarliches ausgerichtet werden. Sie fügen als ein obliegendes Geschäft hiesiger Versammlung aus patriotischem Gemüthe hieran das Haupt-Gravamen, so S. Ch. D. dem ganzen

Lande an die Hand gegeben, darin bestehend, dass den Ständen anno 1680 nachdrücklich untersagt, ohne vorhergehende gn. Concession in publicis albier nicht mehr, in was für. Deputation es auch bestehen möchte, sich zu versammeln und gn. Audienz zu suchen. Es begriffen auch wolgemelte Herren Deputati gar wol, dass den gesammten Churfürstlichen Landen unerträglich fallen wollte, dabei zu acquiesciren und desfalls keine fernere Instance zu thun. Sie zählen auch, und das nicht unbillig, unter die jetzige zu procuriren seiende negotia publica die Polizei-, Tax-, Kleider- und Brau-Ordnung, wie sie dieses alles in ihrem wolabgefassten Vortrage mit mehrem satis nervose et circumstantialiter beleuchten und ausführen. Es zielen aber wolgemelte Herren Deputirte der Altmärk.- und Priegnitzirischen Ritterschaft nomine ihrer Heimgelassenen in ihrem quoad causam principalem abgestatteten voto dahin, dass man umbesorglich vor jetzo schlechten Gehöres, Ermangelung eines andern Hülfmittels, alle diese Nothwendigkeiten vor jetzo unberührt lassen, und also noch in etwas zu suspendiren, die Gedanken aber zuvörderst auf fünf der nothdringlichsten und das Land am meisten afficirende Haupt-Puncta richte und deren Abhelfung soviel möglichst beschaffe.

Das Erste ist die sogenannte Accise, dabei sie denn meinen und zugleich votirt haben, ob man wol bis dahero in Aufhebung derselben über allen angewendeten Fleiss bei so habenden stattlichen fundamentis et rationibus unglücklich gewesen, man dennoch diesen höchst schädlichen Modum auf die Seite zu bringen, abermalen, nachdeme Constatus von Städten dem Bericht nach anders Sinns sollten worden sein, diese Sache hervorsuchte und conjunctis viribus et mascule die Abstellung desselben unterth. betreibe.

Das Andere ist der citra omnem Consensum Statuum eingeführte Modus, alles schriftmässige und publicam fidem erforderndes auf ein gewisses gestempeltes und mit Sr. Ch. D. Taxa signirtes Papier ans Tageslicht zu bringen, sub comminacione, dass ein ander schlechtes nier darin ungültig sein und nichts beglaubigen sollte. Weil nun a. s ein gar neues, diesen Landen ungewohntes, S. Ch. D. auch die Stä\ mit ihrer Notdurft dawider gn. zu hören versprochen, dass man z\ rderst, nachdem es ja zur Sublevation des Landes mit angewendet \ den solle, über die bisherigen Einkünfte Rechnung praetendirt, zum\ ünftigen aber die Cassation gesucht werden sollte.

Der dritt\ Hauptpunct wäre die über alle Mass steigende und sich erhebende \ cht und Gewalt des General-Kriegs-Commissariats, welches nicht allein\ den Ständen in ihre competentia und Gerechtsamkeiten die unerträglichste Eingriffe thäte, sondern daferne demselben nicht in Zeiten widersprochen würde, endlich nichts anders zu erwarten, als dass solche Kammer hinführo und nach der Hand alle und jede Sachen, welche sonsten eigentlich für dem Geheimen Rath und andern Judiciis gehört, nach sich ziehen, endlich gar respectu Statuum qua talium vollend zernichten, confusus causiren, ja die theuero Privilegia der Stände und alle wolhergebrachte Verfassungen mortificiren würde, und werde höchstnöthig wider solche besorgliche Unternehmung bei Zeiten protestando zu sprechen und die Landes-Reverse auch Freiheiten der Stände bestmöglichst zu versichern.

Der Vierte Punct wäre die Milderung des Contributionquanti und der fünfte, dass durch ein öffentliches Edictum der Handel und Wandel eingezogen werde, und die Unterthanen ihre kaufbaren Waaren nirgends anders wohin als in Städte bringen und auf öffentlichem Markt feil haben sollten. Eine Eingabe über diese fünf Puncte solle S. Ch. D. nach dem Vorschlage der Deputirten der Altmärk-Priegnitzirischen Ritterschaft eingereicht werden. Auf das Ersuchen des Vorsitzenden Kreises, wie weit sie sich mit ihnen conjungirten, mitzutheilen, erklärten sie sich folgendermassen:

Was die Praeliminar-Puncte, worin vornehmlich modus agendi enthalten, belangt, so ist unvermeinlich, dass wir das Judicium des General-Kriegs-Commissariats aufs allermöglichste decliniren sollten, dieweil alle unsere Angelegenheiten, so wir zuforderst zu beobachten gesonnen sind, tam ex-, quam implicite dasselbe bestreiten und es pro causa principali der Landesbeschwerungen halten; wie wir aber ein solches evitiren können, obschon unsere Sachen im Geh. Rathe expedirt werden, ist mehr zu wünschen, als Hoffnung dazu zu machen, indem der hohe Geh. Rath aus keinen andern Subjectis als Etats- und Krieges-Räthen besteht, welche alle vermuthlich das General-Kriegs-Commissariat, so wie es als anjetzo eingerichtet wird, für die Seele des Etats halten und die grösseste Favoriten dafür sein würden. Ist also zu fürchten, dass auf solche Weise alle unsere auch noch so grosse Behutsamkeit nicht verfangen wird, die Gerechtigkeit unsrer Sache recht an das Tageslicht zu legen; zu wünschen wäre, dass ein solcher Geheimbter Rath vorhanden, wie solches gleichsam höchste Gerichte Unsere in Gott ruhenden Vorfahren, auch theils Unserer noch wol in ihrer Jugend mögen gesehen haben, do das gemeine Wesen nicht also sehr von dem Interesse Principis abstrahirt worden, wie leider anjetzo, oder wie zu vorigen Zeiten geschehen, do der General-Kriegs-Commissarius qua talis nur blos die Milice an den und den Kreis assignirt; mit den Mitteln aber, wovon solche Assignationes genommen, nichts zu thun gehabt, sondern selbige auf die Vereinigung Sr. Ch. D. mit Dero getreuesten Ständen zuförderst ankommen lassen; oder auch, dass ein absonderlich Geheimbtes Judicium für das Interesse des Landes formirt wurde, wozu die allgemeine Landes-Stände eine sonderbare Confidence haben könnten, wie davon unterschiedene Landtages-Recesse erwähnen, dass S. Ch. D., wann Sie eine Sache mit Jemand ihrer getr. Land-Stände überkämen, einen gewissen Rath niedersetzen wollten, so darüber unparteiisch cognosciren sollte; do nun bei diesen Zeiten die gn. Herrschaft soviel mit Ihren allgemeinen Ständen zu handeln überkommen, wäre nicht unbillig, dass ausser den Geh. Estats und Krieges-Räthen ein gewisses Collegium über solche Landesgeschäfte zu entscheiden verschafft würde, aldieweil pro nunc aber nur rem Statuum wir betreiben müssen, als man kann, so werden Uckermärkische Deputirte genöthigt, in das vorgeschlagene Mittel auch zu verwilligen und müssen ihre allgemeine Sachen am meisten Gott befehlen.

Anlangend im Fall occasione hujus Conventus unvermuthete postulata der gn. Herrschaft an diese Versammlung kämen, vermeinen sie gleichmässig, dass man defectum mandati zuförderst und auf benöthigten Fall andre sich praesentirende Entschuldigung zu Vorwand und Entschlagung einwendete.

Dass aber in dem Hauptwerke, nachdem die Herren Deputirte des vorsitzenden Haupt-Kreises sowol und auch specifice angeführt, wie merklich der Landtags-Schluss de anno 1653, welcher doch das Palladium des Wolwesens der ganzen Landschaft ist, sowol quoad Statum Ecclesiasticum et Politicum gekränkt sei, item was für grosses Unheil verursache, dass S. Ch. D. vor weniger Zeit die Deputationes der Landesabgeordneten untersagt, und dass dabei man nicht acquiesciren könne, auch was sonst für mehrere Angelegenheiten erwähnt worden, dieselbe dennoch meinen, dass pro nunc es nicht allein unfruchtbar sein würde, solche Geschäfte zu cumuliren, sondern auch, dass auch das meiste aus erheblichen Ursachen in etwas zu suspendiren und bis auf gelegene Zeit auszusetzen wäre, das stellen Deputirte der Ucker-Mark an seinen Ort, erwartende, was für Ausschlag die meisten Stimmen dieser Sache geben werden; da sie sich denn auch nicht abstimmend erweisen, sondern den meisten gern accommodiren wollen; sie meinen aber für sich und unvorgreiflich, nachdem die Heimgelassenen zu dieser Versammlung gleichwol so grosse Confidence hätten, dass diese Gelegenheit, wie geringe sie auch in den Augen des ganzen Hofes sein möchte, auf Seiten der Stände hoch zu aestimiren und sehr feste zu halten, es nicht für einen schlechten Deputation-Tag, sondern einen rechten Landtag zu halten, keinen geringen terminum uns selber zu praefigiren, sondern eigentlich den Tag für das Ende zu halten, da wir mit Recess und Vergnügung scheiden können, oder daferne ja keine gänzliche Vergnügung erfolgen wollte, dass wir in Allem unsere werthe Posterität fürschütten, in deren Ansehung wir uns verbunden hielten, unsern publicum dissensum in allen wider alte Verfassungen, wolhergebrachten und mit Churf. Reversen bestärkten Gebräuchen, Landes- und Standes-Privilegien eingeschlichen, auch wider unsern gemeinen Willen, noch besorgende einschleichende Neuerungen und Missbräuche durch allerhand Contradictiones, Protestationes, Sollicitationes, Preces zu den Füssen Sr. Ch. D. demüthigst niederzulegen, und dass dieser unsrer Posterität in keine Wege in denen an sie kommenden Gerechtsamkeiten diese unsere Gutwilligkeit und Gehorsam sollte geschadet, sondern uns und ihnen von Rechtswegen allezeit offen bleiben, solche Landesgerechtsame, als uns nach Inhalt der Landes Recesse und Privilegien unterth. will, mit der schuldigsten Bescheidenheit zu inhäriren und meliora fata zu erwarten. Dahero wir vermeinen, dass stracks anfangs zu klagen, wie derselbe Landtages-Schluss leider fast von Anfang der Sanction sofort vor unerheblich gehalten und sowol quoad Statum Ecclesiasticum et Civilem denselben zu kränken wäre unternommen worden; in Judiciis, in Consistorio wäre derselbe wenig geachtet gewesen, weniger in decidendo darauf gesehen worden, daraus dann eine Verachtung gekommen, und also ein gravamen nach dem andern daher geflossen, wie die vielfältigen Querelen Sr. Ch. D. ex Actis publicis sattsam bekannt; und weil noch zur Zeit die sonderbare Erhörung injuria temporis und Sr. Ch. D. unverschuldeter Weise sowol zugewälzte Krieges-Unruhen auf ein merkliches verhindert, so seufzen die allgemeine Landes-Stände nochmals ohne Unterlass darnach, und wie sie ohne Cessirung allemal daran gearbeitet, so könnten sie auch anitzo noch nicht vorbei, aufs wenigste der lieben Posterität die Unverdrossenheit, sie mit uns bei ihrer Gerechtsamkeit zu erhalten und nichts vergeben zu haben, zu erweisen, und wie sie alle Gelegenheit die Gerechtsamkeiten und Freiheiten dieser Lande zu erhalten angewendet, in Actis publicis zu hinterlassen; dahero S. Ch. D. unterth. zu ersuchen wäre, unsere theils allgemeine, theils derer Haupt-Kreisen einzelne Gravamina, hauptsächlich und zuvörderst in Ecclesiasticis, nachgehends nicht weniger in Civilibus et Politicis gn. anzunehmen, auch nicht ehe zu dimittiren, bis wir gn.

Erhörung erlangt und unsere Posterität, welche uns das meiste angelegen, von nun au soviel glückseliger machen können.

In Civilibus et Politicis Gravaminibus würden billig an der Spitze stehen müssen:

1. Die Redressirung der aufgehobenen Freiheit, durch Kreisabgeordnete alhier auf einmal zusammenzukommen und des Landes Angelegenheiten hervorzutragen, weil dadurch insonderheit verhütet wird, dass die Beschwerden nicht gehäufet, und S. Ch. D. auf einmal zuviel nicht fatigirt werden. Auf die Art könnte auch endlich Polizei-, Tax-, Kleider-, Brau-Ordnung nach der Hand angeschafft, auch dem endlich Rath geschafft werden, wozu auf Seiten der gn. Herrschaft in gemeldten Landtages-Recessen Vertröstung gegeben, und was dann endlich anjetzo per angustiam temporis sich nicht fort wollte niederlegen und abthun lassen, künftige Jahre reassumirt und meliori fortasse fato erhalten werden.

Hierauf folgten die andern von den Herren Altmärk- und Priegnitzern erinnerten 5 Puncten, unter denen allemal die so beschwerliche und Land und Städte drückende Accise den Anfang macht. Und weil wir nicht zweifeln, unsrer viel vermögenden Patronen Willen in quaestione an zu obtiniren, so zielen wir endlich dahin, alternative diese Querele einzurichten und käme also an entweder auf die Cassation oder Modification. Die Modification praesentirte certum terminum ad quem andere und gelindere Verordnung, auch dass Ritterschaft an das Directorium mit interessirte und also an Einnahme und Ausgabe, wie die steigend und fallend wäre, genaue Wissenschaft mit hätte, weil das platte Land zu den Einnahmen ein grosses und wol über die Hälfte austrage, die Städte thäten nur einen Vorschuss, das platte Land müsse es erstatten, und was denn endlich bei dieser Sache und Materie mehr geben würde, auch bereits vorseiende beide Kreise weitläufig geredet und in die Feder gegeben. Sollte keins von den alternativis erhalten werden, könnten die Stände nicht umhin, publico dissensu zu contestiren und ihrer Posterität alles offen zu behalten.

2. Das Stempel-Papier, welches auch deshalb gar odios, weil es die werthe Justiz beschwert und eine species der Contribution für den Adel und andere Eximirte ist, meritirt seinen locum hierbei gar wol. Es scheint aber wol, dass wir eine Zeit lang an der gänzlichen Cassation vergeblich arbeiten möchten, derowegen man auch aus zwei Bösen das Geringste zu erwählen, auf einen Terminum ad quem sub conditione eine Hand mit drinnen zu haben, abzuzielen wäre, alles nur eventualiter der Posterität salva et integra Jura zu erhalten.

3. Die sogenannte Commissions-Stube als ein neues und über alles sich erhebendes Judicium ist freilich sehr zu beklagen, auch alle Unverdrossenheit und Mühe anzuwenden, solche aufzuheben, damit wir nicht mehr Camerae oder Judicia erkennen dürfen, als unsere liebe Vorfahren erkennet haben. Weil auch guugsam schon erwähnt, worin es unerträglich, wollen Deputati der Ucker-Mark sich hierin nicht länger aufhalten, sondern auf ein andermal auf benöthigten Fall ihre Gedanken gerne zutragen.

Der 4te und 5te Punct reden für sich selber, Deputirte seien beauftragt darin Remedur, wo irgend möglich, zu schaffen."

Votum der Neumärkischen Deputirten am 23. März 1683.

ad 1) die direkte Verhandlung mit den Geh. Räthen betreffend, consentiunt, doch möge die Eingabe submiss sein;

ad 2) Neue Auflagen seien zu evitiren;

Betreffs der Gravamina Civilia et Politica (P. 3 und 4) plane consentiunt;

ad 5) die Uebergriffe des General-Commissariats betreffend seien sie zwar nicht instruirt, befinden sich aber nichtsdestoweniger verpflichtet, unitas vires zusammenzusetzen, um allen eigenthätlichen Unternehmungen desselben mascule zu widersprechen.

Nichtsdestoweniger wird bei dem praejudicirlichen Edicto, dass nichts vom Lande anderswo als in den Städten zum feilen Markte soll gebracht werden, nicht still zu schweigen sein, und könnte Deputirten Meinung nach mit unter die Beschwerden contra die Monopolia inserirt werden, massen es fast speciem Monopolii constituiren will. Sonstiges wird bis zu fernerer Consultation verspart.

Votum generale der Ritterschaft.

„Deputati von Prälaten, Herren und Ritterschaft diess- und jenseits der Oder und Elbe, zweifeln keineswegs, es werden Herren Deputirte der Städte sowol mit ihren Heimgelassenen als unter sich in den bisher gepflogenen Conferentien als getreue Patrioten überlegt haben, welchergestalt nicht nur in Civilibus et Politicis, sondern auch in Ecclesiasticis von vielen langen Jahren her viele, ja unzählige wichtige Gravamina eingeschlichen, und dass man anstatt der so oft und mit so vielen unterth. Remonstrationibus gesuchter Remedirung wahrnehmen müssen, wie in dem ganzen Lande und fast in allen Städten die höchst schädlichen Zerrüttungen und Confusiones sich je mehr und mehr gehäuft, ja die so theuer erworbene und von Churfürst zu Churfürst zu Brandenburg hergebrachte Privilegia Statuum fast dergestalt annullirt und von Kräften kommen, dass keine umbra libertatis übrig geblieben zu sein scheint. Die Deputirte dieser Seiten und deren Heimgelassene erkennen zur Gnüge, dass deren Stände durch so viele und zu specificiren unmügliche Eingriffe, allermassen sie den Legibus fundamentalibus und allen Landes-Verfassungen den Garaus spielen, gleichsam an die Seele gegriffen werde. Gleichwie aber die Erkenntniss des Uebels nicht sufficient, dasselbe zu heben, also haben sie praeliminariter den modum agendi, wie solbigen am besten abhelfliche Masse zu geben, in Deliberation gezogen und anfänglich höchst nöthig zu sein befunden, dass alles dasjenige, was von den sämmtlichen Ständen loco Gravaminum abgefasst, immediate Sr. Ch. D. nebst Uebergebung eines unterth. Memorials zum unterth. mündlichen Vortrag gebracht und nachmals von keinem andern Collegio Electorali, als von Dero hohen Geh. Rathe, nachdem die Stände niemals andere Judicia agnosciren dürfen, zu fernerer Relation und gn. Resolution erörtert würden, welches in der ersten unterth. Schrift jedennoch mit grössester Bescheidenheit an S. Ch. D. in Unterthänigkeit gelangen zu lassen die Deputirte dieser Seiten schlüssig worden. So will man auch hoffen, Condeputati von den Städten werden Ihnen die von der Ritterschaft beliebte Behutsamkeit gefallen lassen, dass von den unzählig sich findenden Graverminibus eine Separation angestellt, und diejenige, so vor jetzo das Land am meisten drücken, zuerst in einer unterth. Schrift abgefasst und deren Abthuung von den sämmtlichen Ständen unterth. sollicitirt werde, und absonderlich diejenige, so seit des Landtages-Recesses de 1653 bishero movirt und unabgestellt individualiter reassumirt worden, weil sonst die Remedirung der geringeren und nicht so importirenden Gravaminum ein unzweifelhaftes obstaculum der Hauptsache sein, Sr. Ch. D. auch fort zu anfangs Verdruss zu den allgemeinen Gebrechen erweckt würde werden.

Gleichwie nun von denselben (1) die Gravamina Ecclesiastica, deren Abthuung vornehmlich zu Gottes Ehre und Befreiung der bedrängten Gewissen ihr Absehn richten, so billig die erste Stelle meritiren, so grossen Vorzug der Seelen Cur vor der Remedirung aller andern irdischen Gebrechen sich anzumassen, also wird zuförderst Sr. Ch. D. die deshalb unsre Herren Mitstände in der Neumark in specie treffende Bedrängniss unterth. vorzustellen sein. Sonstiges in Ecclesiasticis von geringerem Belang werde besser vortagt.

Der zweite Haupt-Punct, so Deputirte von der Ritterschaft von ihren Heimgelassenen zufürderst Sr. Ch. D. vorzustellen instruirt, afficirt den so vielfältigen unterth. Remonstrationibus et Protestationibus ohngeachtet introducirten Modum Collectandi, die Accise genannt. Deputirte dieser Seiten glauben, es werde ihren Herren Constatibus in Städten annoch erinnerlich sein, mit was stattlichen und wolgegründeten Fundamentis sothanem Modo widersprochen und wie solchem sowol der Untergang des platten Landes als Armuth und Verderb vieler Bürger in den Städten auf dem Fusse nachfolgen würde, sattsam dargethan, und weil sie nicht zweifeln, dass Constatus von den Städten durch vieler Bürger Verarmung und merkliches Abnehmen der in diesen Landen vornehmsten Handtierung des Brauens und andern Handels bereits erfahren, dass diese Prophezeiungen mehr als zuviel eingetroffen, als wollen sie hoffen, sie werden den augenscheinlichen Ruin ihrer Städte nicht länger mit Geduld ansehen, sondern die Abstellung dieses verderblichen inventi conjunctis viribus et masculo, um keine Beschuldigung von der werthen Posterität auf sich zu laden, mit den Deputirten der Ritterschaft in unterth. Submission suchen.

3. Weil auch der neu erfundene Modus Collectandi des gestempelten Papiers sowol ratione inventi an ihme selbsten, weil es nicht allein den Ritterstand und nach aller Völker Recht befreite exemtos wider alle hergebrachte Immunitäten zu einer unvermerkten, wiewol ziemlich drückenden Contribution ohnstreitig zieht, sondern auch den Cursum der heilsamen Justiz wider alle Recht und Billigkeit, deren sich die Stände nach Inhalt des letzten Landtags-Recessus de anno 1653 zu erfreuen haben sollten, notorie hemmt, als auch ratione introductionis verwerf- und höchst praejudicirlich, indem solcher ohne vorhergehende Notification, viel weniger Einholung des den Ständen per tot Recessus et Pacta conventa zuständigen Voti consultativi derselben übers Haupt genommen worden, wird von Seiten der Ritterschaft für nöthig erachtet, durch inständigste wiewol unterth. Widersprechung bei Sr. Ch. D. nicht allein diesen Modum Contribuendi suchen zu heben, um sich des Restes der hierunter habenden Freiheit der Stände, kraft welcher dergleichen Extraordinaria dem Lande nicht mögen aufgebürdet werden, nicht vollends verlustig zu machen, sondern auch weil Sr. Ch. D. in hac causa der Altmärkischen Ritterschaft ertheilte gn. Resolution dahin geht, dass selbige Dero getr. Stände mit ihrer Notdurft dawider gehören wollen, und dass solcher Modus

zu nichts anders als zur Sublevation des armen Landes und dessen Einwohner angesehen, dass solche ertheilte Resolution in passibus utilibus zwar mit unterth. Dank zu erkennen, dabei aber unterth. zu suchen sei, dass nicht allein Sr. Ch. D., sondern auch denen Ständen Rechnung, was solche Einnahme seithero getragen, auch wohin dieselbe verwandt worden, und diejenige Gelder, welche a tempore introductionis dieses Modi eingekommen, bishero aber nicht zu Moderation des Contributionsquanti angewandt worden, a dato an von denselben gekürzt, nachgehends aber ganz und gar cassirt und abgeschafft werden.

Ohnstreitig ist viertens, dass durch Linderung des unmässigen Contributionsquanti verhütet werden muss, dass das arme Land unter der schweren Bürde, so demselben lange und viele Jahre auf dem Halse gelegen und noch liegt, nicht ersticke und unterliege, zumaln da ja von etlichen Jahren her ein bitterer Misswachs, der hin und wieder getroffene Hagelschaden, der nicht geringe Mäusefrass, der hiebevor unerhörte und den Untergang eines ganzen Landes zu befördern mächtige Sprenkelschade in der Mark und zudem der von der Sperrung des Landes und gestopfter Schifffahrt herrührende wolfeile Preis des lieben Getreidigs eine pure Unmöglichkeit, die ohnzählige und von Tage zu Tage sich häufende Onera publica länger zu ertragen klärlich vor Augen stellt. Dieses achten dannenhero die Deputirten der Ritterschaft vor einen Punct, so Sr. Ch. D. unterth. und wehmüthigst vorzustellen und dessen landesväterliches Mitleiden gegen ihre getr. Unterthanen unterth. zu requiriren, ihre Bitte aber also einzurichten, dass nicht allein die itzige Erhöhung der 5000 Thlr. bei nach itziger G. s. D. geruhigen Friedenszeit des Landes cessire, sondern auch an dem von etlichen Monaten her moderirten Quanto der 30,500 Thlr. eine empfindliche gn. Remission geschehe, weil das Onus der Einquartierung und die denselben angehörige Reichung des Service und Rauchfutters, so etliche 30,000 Thlr. aufs wenigste austrägt, von so hoher Importance, dass an solcher damaligen gn. Remission, so doch mit unterth. Dank zu erkennen, die Unterthanen die süsse Frucht einer Erleichterung nicht empfinden können.

5. Da auch die Monopolien billig inter morbos civiles Reipublicae zu rechnen, indem sie den Nutzen und Aufnehmen, dessen sonst eine Republik ex libertate commerciorum sich zu erfreuen, merklich hemmen, beklagen Deputirter Heimgelassene schmerzlich und finden sich nicht in geringen Pressuren, dass solche von Tage zu Tage sich nicht allein vermehren, sondern auch grössern Wachsthum erreichen,

indem sie noch von Sr. Ch. D. per sub- et obreptionem autorisirt werden. Sie rechnen solches als ein wichtiges Gravamen und wünschten daher, dass der von den sogenannten Interessenten usurpirte Eisen-, Schmiedzeug-, Glas-, Pfundleder-, Zucker- und Toback handel hinwieder so gn. aufgehoben und dadurch freier Handel und Wandel in den Churfürstlichen Landen so glücklich restaurirt werden möge, so verhasst solche Monopolin sowol in allen Reichsabscheiden, als allen Republiquen gehalten werden, um nicht allein, dass S. Ch. D. wie bishero geschehen und die Zoll-Register ausweisen, der erlittene Abgang an Wasser- und Land-Zollgefällen redressirt, sondern auch, dass so viel 1000 Personen, indem sie böse, ganz untaugliche und unnütze Waare für gute annehmen und theurer bezahlen müssen, nicht ferner so jämmerlich den Untergang und Hemmung ihrer Nahrung beseufzen und anstatt Hauses und Hofes den Bettelstab erwählen dürfen."

Dies seien die vornehmsten, zunächst an den Kurfürsten zu bringenden Punkte, über die sie der Städte Gutachten jetzt hören wollten.

„Wie sie sich denn von denselben als getreue Mitglieder versehen, sie werden ihrer patriotischen Beständigkeit nach die reliquias libertatis Statuum nicht gänzlich untergehen, viel weniger das fast agonisirende Landschaftwesen als pertaesi de sinistris satis nicht ohne die gehörige Hülfsleistung lassen, sondern ihr Möglichstes beitragen, dass unsere werthe Posterität, der zu Gefallen wir sonst so viele Sorge tragen, zum wenigsten unsere Unverdrossenheit zu rühmen habe."

Erklärung der Deputirten von Städten auf den ihnen von der Ritterschaft mitgetheilten Entwurf. Dat. Berlin 26. März 1683.

1683.

(Betreffs der Punkte 1, 3, 4 und 5 stimmten sie mit dem andern Stande 5. April. überein, nur nicht über den 2ten, die Aufhebung der Accise betreffenden.) „Aldieweil aber der Löblichen Ritterschaft es zur Gnüge bekannt, wie durch die continuirliche Contributiones die Städte ganz enervirt, also dass in den meisten Städten durch die Executores kaum soviel hat erpresst werden können, als die Executionsgebühr an sich selbsten requirirt, auch die von den Städten vor diesem ins Mittel gebrachte Vorschläge der Accise zu entgehen als 1) dass die Ritterschaft von der Städte Contingent ein erkleckliches über sich nehme; 2) der neue Aufsatz im Neuen Biergelde, als worzu die Städte nach glücklich geringertem trunco aeris alieni ohne dem nicht weiter gehalten, aufgehoben oder doch duae tertiae davon zu der Städte Contingent gelassen werden möchten, sogar in keine Consideration haben genommen werden wollen, da doch S. Ch. D. den letzten Vorschlag der Städte selbst an die Hand gegeben und sich durch einige Dero Geh. Räthe bemüht, die löbliche Ritterschaft dahin zu disponiren, so haben Sie wol gesehen, was die Accise vor Inconvenientien mit sich führen würde, müssen geschehen lassen, dass dieselbe in den Städten eingeführt worden, welcher der gemeine Mann, und absonderlich die Handwerker, weil sie bei solcher Accise sehr wol fahren, nunmehr fest anhangen, dass Deputirte von Städten fast zweifeln müssen, ob post vulneratam causam auch ein remedium übrig sein werde, das solche heben könne. Städte wollten gern sich conformiren, wenn Mitstände ihnen die Art, wie den Städten sonst zu helfen, nur angeben wollten."

Sie beantragen schliesslich die Aufnahme eines sechsten Puncts: die Aufhebung der doppelten Metze.

Antwort der Ritterschaft vom selben Tage.

1683.
5. April. Den Beitritt der Städte begrüssten sie mit Freuden; die von ihnen gewünschten Zusätze sollten aufgenommen werden; nur dass sie ad punctum secundum discrepirten, befremde sie, da doch der Ruin der Städte, als Folge der Accise, vor Augen liege, und alle Vermögenden sich dabei jedenfalls schlechter stünden, auf die andern aber komme ja nicht soviel an.

„Sie stellen die angezogenen Rationes an ihren Ort, erkennen aber' auch darneben, obgleich der gemeine Mann und absonderlich die Handwerker dem Ansehen nach einigen Vortheil von der Accise ziehen, dass dennoch an der Erhaltung derjenigen, die das meiste zutragen und das Land am besten unterstützen können, mehr gelegen, als an der Sublevation eines Häufleins, auf dessen Zuschub und Beihülfe man auf entscheidenden Fall kein Facit zu machen. Unterdessen, weil die von der Ritterschaft sattsam begreifen, dass die einseitige gute und wolmeinende Intention nicht möchte zu Werke gerichtet werden können, möchten sie endlich —" [Mit diesen Worten bricht das Protokoll dieses Tages ab; zu ergänzen ist etwa: sich der Ansicht der Ritterschaft conformiren und dadurch die Eintracht vollends herstellen.]

Replik der Städte. Dat. Berlin 27. März 1683.

1683.
6. April.

Die Ritterschaft gebe in ihrer Antwort keinen Ersatz für die Aufgabe der Accise an, ausser eine eventuelle Minderung der Contribution die „mehr im Wünschen und Hoffen" bestehe. Sie könnten nicht begreifen, wie sie unter solchen Umständen ihren Mandanten zur Aufgabe der Accise rathen sollten; zumal selbst mit dem Ertrage dieser Steuer von vielen kaum ihr Beitrag erschwungen würde. Sie knüpfen daran die Bitte, die halben Auslösungskosten der Städte für Beschickung der Landtage aus dem Biergelde zahlen zu lassen, um den Aermeren die Beschickung zu ermöglichen.

Berlin den 28. Martii 1683.

1683.
7. April.

Als der Decanus zu Havelberg, Herr Stille, vor genommener Session, ob er gleich nicht vociret gewesen, sich in pleno gestellt, und dass er solches auf der Herren Geh. Räthe Betreff thäte, fürgoben, haben die anwesende Deputati der Ritterschaft keine Session genommen, sondern sind davon gegangen und haben Herrn Stille stehen lassen. Der Herr Deputatus aus der Priegnitz, Baron v. Putlitz, ist darauf mit der desshalb zum Gegenbericht abgefassten Schrift nach Potstamb deputirt worden.

Berlin den 31. Martii 1683.

1683.
10. April.

Der Baron v. Putlitz übergibt die Schrift zu Potsdam dem Oberhofmarschall Freih. v. Canitz. Der Kurfürst bleibt, betr. Stille's, bei seiner ersten Bestimmung. Die Herren Geb. Räthe rathen, dass die Ritterschaft sich an der mündlichen Antwort genügen lasse und keine schriftliche verlange, weil sie den Ständen nicht zu Gefallen gereichen würde.

Am 1./11. April empfängt der Kurfürst die Delegirten des Ausschusses zu Potsdam und ermahnt sie nochmals zur Nachgiebigkeit. Es findet indess seitdem kein Convent auf der Landstube mehr statt, um Stille die verlangte Session nicht zu gewähren.

Unterm 11./21. April ergeht an sie eine Verordnung des Kurfürsten, dass Stille, als Dechant von Havelberg, gleich seinen Vorfahren Session und in Abwesenheit des Dechanten von Brandenburg den Vorsitz vor einem Kanonikus von Brandenburg und damit die Leitung des Tages haben solle.

Die Stände an den Kurfürsten s. d. (vom 3. April 1683 laut beigefügter Notiz).

[Bitte um Beseitigung ihrer Beschwerden.]

1683.
13. April.

„Gleichwie E. Ch. D. Wolfahrt sich nicht in den Schranken Deroselben Residence einschliessen lässt, sondern sich über alle getr. Unterthanen ausbreitet, hingegen aber Deroselben Unglück und Widerwärtigkeiten vom ganzen Lande merklich empfunden werden, also können E. Ch. D. gehorsamste Stände nicht gnugsam beschreiben, mit wie viel unzählig tausend Seufzern wegen E. Ch. D. schleuniger und völliger Reconvalescence alle getreue Unterthanen in Dero Landen der Chur und Mark Brandenburg den Höchsten angeflehet, und wie hoch sie durch Erfüllung ihres Wunsches in ihrer Betrübnis aufgerichtet und getröstet. Denn indem sie den Vater des Vaterlandes nicht andern als durch väterliche Gnadenerweisungen haben kennen lernen und daher zu E. Ch. D. die unterth. Zuversicht tragen, dass durch die erquickende Strahlen Dero landesväterlicher Barmherzigkeit sie in ihrer Betrübnis und Bedrängnis am kräftigsten erfreut werden, geht ihr vornehmster und einiger Wunsch zu Gott dahin, dass Er E. Ch. D. — so segne, wie Dero siegreiches Haupt bisher mit Lorbeer bekrönet gewesen." Umsomehr als der Kurfürst ihnen durch Gestattung ihrer Zusammenkunft erst wieder eine neue Probe seiner Fürsorge gegeben habe.

„Welche gn. Concession, wie wir solche mit unterth. Veneration und Dank erkennen, in uns die Kühnheit erweckt, E. Ch. D. vermittelst dieses unterth. Memorials zu beunruhigen und die allgemeine Landesnoth und grosse Beschwerden für Dero gn. Füssen in tiefster Unterthänigkeit auszuschütten; so grosser Zuversicht wir und alle gehorsame und getr. Unterthanen leben, wie der unermessliche Glanz der Churf. Gnade sie allerseits bis auf diese Stunde erspriesslich angesehen, dass das Wachsthum Dero hochgesegneten Jahre nicht minder ein Wachsthum Dero hochgeschätzten landesväterlichen Gnade mit sich bringen, E. Ch. D. aber diese unterth. Schrift, als unzählig tausend Thränen so vieler bedrängten Unterthanen, mit väterlichen gn. Augen betrachten und solche ein Sujet einer gn. Remedirung so grosser Landesbeschwerden sein werde.

Gleichwie nun von denselben, so E. Ch. D. wir unterth. vorzustellen genöthigt worden, die Gravamina Ecclesiastica so billig die erste Stelle meritiren, so grosser Vorzug der Seelen und Gewissen Cur vor der Remedirung aller andern irdischen Gebrechen gebührt, also können wir nicht umhin, E. Ch. D. zuförderst wehmüthig zu klagen, obwol die Leges fundamentales und unter andern der so theuer erworbene Religionsfriede und das zuletzt aufgerichtete Instrumentum Pacis Caesareo-Succicum de anno 1648 ausdrücklich erfordern und haben will, dass keiner in seiner Religion beeinträchtigt, noch wider das Herkommen denen Orten, welche der Evangelisch-Lutherischen Religion von langer Zeit zugethan gewesen, anderer Religion Prediger aufgedrungen werden sollten, sondern auch S. Ch. D. hierzu durch verschiedene Zeiten in vim pacti aufgerichtete Recessus, als Leges fundamentales dessen, dass solches nimmermehr geschehen, noch einige Religionsmengerei durch Anstellung verdächtiger Prediger eingeführt werden solle, desfalls unterth. getr. Stände Churfürstlich und festiglich toties quoties versichert, dass man dennoch wahrnehmen müssen, dass nicht allein zu verschiedenen Malen alles dawider geschehenen Protestirens und Contradicirens ohngeachtet von dem Churf. Consistorio zu Cüstrin ganz Lutherischen Gemeinden unstreitig reformirte Prediger, als wie im Amt-Städtlein zu Fürstenfelde, Schaumburg, Zorndorff, Zichen, Blumberg und auf dem Berge vor Crossen geschehen, ohngeachtet des denen von der Ritterschaft Membris zustehenden Juris Compatronatus vorgesetzt, sondern auch einige der Com-Patronen Reformirter Religion zugethan contra praxin Ecclesiae Lutheranae, nach welcher das Exercitium Actuum Parochialium dem ordentlichen Prediger des Ortes competirt, der Oerter, wie zum Balckow und Zibingen geschehen, sich selbstmächtig unterstanden, die Kirchenschlüssel vom Ordinario loci mit Gewalt abzufordern und den Gottesdienst und Administrirung der Sacramenten durch fremde und auswärtige reformirte Prediger bestellen zu lassen.

Wie nun dieses sowol denen so theuer versicherten und erworbenen Landes-Recessibus zuwider, als die nachhero ertheilte gn. Declarationes klärlich zeigen, wie wenig E. Ch. D. geneigt, Ihnen die Herrschaft über die Gewissen anzumassen, das letztere aber einem Patrono, in dem die Bestellung des Kirchenwesens und dessen Veränderung kein annexum Juris Patronatus, sondern Episcopalis, nach Anleitung der Reichs- und Land-Rechte, in keinerlei Wege zuständig, als wird E. Ch. D. unterth. gebeten, nicht allein die gn. Verfügung zu thun, dass dergleichen Seelen und Gewissen drückende Proceduren in Dero Landen nicht weiter vorgenommen, sondern auch die Lutherischen Gemeinden in der Neumark hinwiederum mit Lutherischen

Predigern versehen und ihnen ihre Gewissen freigelassen, auch einem Patrono fernere Veränderung im Kirchenwesen zu machen wider das Herkommen der Oerter nicht verstattet, auch dass zu solchem Ende eine nachdrückliche gn. Verordnung an das Churf. Cüstrinische Consistorium, solches alles gesuchter massen zu redressiren, ins künftige aber nicht ferner zu gestatten, noch selbst vorzunehmen, abgelassen werden möge. So sehnlich nun E. Ch. D. unterth. getr. Stände ihr Wünschen auf die Befreiung der bedrängten Gewissen richten, so schmerzlich beklagen selbige, dass von E. Ch. D. sie nicht allein zum öftern mit Extraordinar-Auflagen belegt, sondern auch wider denen von E. Ch. D. und Dero glorwürdigsten Vorfahren per Recessus et Pacta Conventa als Grundgesetze zwischen Haupt und Gliedern geschehene vielfältige Versicherungen, dass sonder vorhergegangenen Consultationen mit den Ständen, ob solche Insolita dem Lande zuträglich oder nicht, sollten eingeführt werden, des so theuer versicherten und von Churfürsten zu Churfürsten zu Brandenburg wolhergebrachten Characteris Statuum wider allen Verdienst und unverschuldet entsetzt werden, wie sie denn noch neulich an der Introducirung des sogenannten gestempelten Papieres mehr als ein zu klares Exempel mit so grosser Bestürzung haben sehen müssen, als grossem Wehklagen sie wahrnehmen und empfinden, welchergestalt solches Inventum nicht allein eine abermalige neue Contribution mit sich bringe und ohnstreitig ein General-Mittel involvire, dadurch das ganze Land und absonderlich der Ritterstand nebst allen nach aller Völker Rechte befreiten Exemptis wider alle hergebrachte Immunitäten zu einer ziemlich drückenden Contribution gezogen werden, sondern auch solches, wie alle Indicia zeigen, durch die daher erfolgende Erhöhungen der bereits gar zu hoch gesteigerten Canzlei-Gebühren, so ein armer Mann nicht ertragen kann, den Cursum Justitiae notorie hemmt und also manche gerechte Sache succumbiren mache.

Weil nun Durchl. Churfürst, gn. Herr, E. Ch. D. in der der Altmärkischen Ritterschaft ertheilten gn. Resolution sich gn. erklärt, dass selbige Dero getr. Stände wider diesen Modum Contribuendi gn. hören wollten und darneben gn. versichert, dass solcher zu nichts anders als zur Sublevation des armen Landes und dessen Einwohner angesehen, erkennen wir zwar solche gn. Erklärung mit unterth. Danke; weil nun aber die aus diesem Modo entstehende Inconvenientien mit deren fernerer Vorstellung, weil solche bereits vor diesen geschehen, E. Ch. D. wir nicht incommodiren wollen, sich mehr und

mehr hervorthun, bishero aber auch E. Ch. D. gn. Vertröstung die
gewünschte Moderation des Contributions-Quanti aus solchen Gefällen
nicht erfolgt, als gelangt an E. Ch. D. unser unterth. wehmüthigstes
Bitten, das ganz verarmte Land dieser neuen Contributions-Bürde und
deren aus derselben erwachsenden unzähligen Klagten gn. zu entheben,
vorher aber gn. zu verstatten, dass nicht allein E. Ch. D., sondern
auch Dero gehors. Stände die Rechnungen, was solche Einnahme a
tempore Introductionis getragen und wohin dieselbe verwandt worden,
vorgelegt und die daraus gehobenen Gelder, E. Ch. D. gn. Vertröstung
zufolge, von dem Contributions-Quanto decurtirt werden mögen.

Dieweil auch von Deroselben getr. Unterthanen keiner einen
Blutstropfen im Leibe so kostbar hält, den er nicht zu dankbarer
Erkenntniss vor alle gn. väterlichen Liebes-Wolthaten E. Ch. D. mit
Freuden anfopfern würde, als bitten Dieselbe wir unterth. und mit
Thränen, sich so gnädig gegen Dero getr. Land-Stände zu erweisen
und mit Entziehung ihres wolhergebrachten und in allen Recessen
fundirten Voti Consultativi in Auflegung neuer und ungewöhnlicher
Beschwerden ins künftige nicht zu betrüben und ihrer hierunter habenden Gerechtsamkeit so unverschuldet zu entsetzen. Also möchten
sie absonderlich wünschen, dass E. Ch. D. um gn. Linderung des unmässigen Contributions-Quanti anzutreten sie sich ermässigen könnten,
nachdem aber ohnstreitig, dass dadurch einzig und allein verhütet
werden kann, dass das arme Land unter dieser centnerschweren Bürde
nicht gänzlich ersticke und unterliege, zumaln da der von etlichen
Jahren her erlittene Misswachs — — — eine pure Unmöglichkeit,
die unzähligen onera publica länger zu ertragen augenscheinlich an
den Tag legen, müssen E. Ch. D. sie solchen überaus grossen und
unglaublichen Jammer des Landes in Unterthänigkeit vorstellen und
dabei versichern, dass anstatt der schuldigen praestandorum nichts
als Thränen, Wehklagen und Seufzer bei den armen Einwohnern des
Landes auszupressen und dass der unausbleibliche Total-Ruin und
Verwüstung des Landes nicht anders, als durch E. Ch. D. landesväterliches Mitleiden zu evitiren.

E. Ch. D. stellen demnach wir derselben unzählige Millionen
Thränen als Bewegungsmittel in unterth. Gehorsam für, nicht allein
die itzige Erhöhung der 5000 Reichsthaler bei noch itziger Gott sei
Dank geruhigen Friedenszeit des Landes, sondern auch von dem
vorigen Quanto der 30,500 Rthlr. eine gn. Remission dem erschöpften
Lande widerfahren zu lassen, allermassen das Onus der Einquartirung
und die demselben anhängige Reichung des Services und Rauchfutter,

so etliche 30,000 Rthlr. aufs wenigste austrägt und unter die Gesammt-Stände zu repartiren, von solcher Importance, dass von solcher damaligen gn. Remission, so wir doch mit unterth. Dank erkennen, kein Unterthan die süsse Frucht einer Erleichterung nicht empfinden können — —.

Weil aber unter andern auch nicht wenig zu des ganzen Landes Recolligirung helfen würde, wenn die eine zeithero eingerissene von E. Ch. D. per sub- et obreptionem autorisirte Monopolia, als Eisen, Salz, Schmiede-Zeug, Glas, Pfundleder, Zucker, Kalk, Mühlensteine und Tabackhandel, als welche billig inter morbos Reipublicae zu rechnen, hinwieder abgeschafft und dadurch der zu dem Nutzen und Aufnehmen eines Landes zielende freie Handel und Wandel retablirt würde; als bitten E. Ch. D. wir unterth., die hierunter leidende grosse Bedrängniss so vieler tausend Unterthanen in gn. Consideration zu ziehen und ferner nicht zu verstatten, dass auch mit E. Ch. D. höchsten Praejudiz, so Sie deshalb wegen des Land- und Wasser-Zolls leiden, selbige, indem sie böse, ganz untaugliche und unnütze Waaren für gute annehmen und theurer bezahlen müssen, so jämmerlich ihren Untergang und Hemmung ihrer Nahrung beseufzen und mit Hinterlassung ihres Hauses und Hofes den Bettelstab erwählen müssen, sondern solche sowol in den Reichs-Abschieden verbotene und in allen Republiquen verhasste Monopolia gn. aufzuheben und, wie E. Ch. D. landesväterliche Sorgfalt sonst vor das Gemeinwesen absonderlich sich auf dasjenige, so zu des Landes Aufnehmen und Zuwachs gehörig, erstreckt, solche ins künftige nicht zu verwilligen.

Weil auch die Juden durch ihren Wucher, Debitirung falscher und verlegener Waaren und sonsten betrügliche Ränke nicht geringen Abgang der freien Handtierung zufügen, überdem auch zu besorgen, dass sie als abgesagte Feinde unsers Heilandes durch Lästerungen in ihren Schulen und Versammlungen Landplagen und Strafen dem Lande zuziehen können, so gelangt an E. Ch. D. unser unterth. Bitten, solche inutilia terrae pondera et hostes Christiani nominis nicht länger zu dulden und aus Dero Landen zu schaffen, weniger fixam sedem denselben zu verstatten.

Durlauchtigster Churfürst,
Gnädigster Herr!

Das seind diejenige vornehmste Gravamina, so E. Ch. D. zufördert zu derselben gn. Remedirung nebst gegenwärtiger unterth. Schrift zu Dero Füssen niederzulegen wir von unsern Heimgelassenen Instruction empfangen. — Wie wir dann insonderheit gehors. bitten, dass, gleichwie diese Gravamina immediate E. Ch. D. zum unterth. Vortrag gebracht, also dieselbe vor keinem andern Collegio Electorali, als Deroselben hohen Geheimen Rathe zu weiterer Relation und gn. Resolution kommen, auch allemal die Expeditiones von da erwartet werden mögen."

Der Kurfürst an die Geh. Räthe. Dat. Potsdam 2. April 1683
(unterzeichnet vom Kurprinzen Friedrich).

[In welcher Weise der Stände harte Schrift zu beantworten.]

1683.
12. April.

"Es haben Uns die Deputirte von Ständen aus Unserer Chur und Mark Brandenburg die hiebei gehende Schrift eingereicht, worinnen Wir nicht sonder Gemüthsbewegung verschiedene herbe und empfindliche Redensarten angemerkt. Wir befehlen Euch darauf in Gnaden, dieselbe der Gebühr zu erwägen und ein Project einer Resolution und Antwort abzufassen und Uns solches zur Verles- und Vollenziehung zu überschicken. Ihr habt aber unter anderen darinnen anzuführen: Wie dass Wir gehofft hätten, man würde Unsere nunmehro ins drei und vierzigste Jahr geführte mühesame und mit unzähligen Gefährlichkeiten umgeben gewesene Regierung und darunter allemal bezeugte väterliche Liebe und Sorgfalt, auch mit Darsetzung Unserer eigenen Person vor die Erhaltung und den Wolstand Unserer Lande und Unterthanen, vielmehr mit Lob und Danksagung erkannt, als Unser ohne dem wegen der jetzigen gefährlichen Läuften sorgsames und nicht so sehr von den zunehmenden Jahren, als der unermüdeten landesväterlichen Vorsorge vor das Beste Unserer Lande fatigirtes Gemüthe mit vielem unnöthigen Gravaminiren noch mehr beschwert haben.

Wir hätten jedennoch selbige in Gnaden angenommen und erwogen, aber nicht ohne Gemüthskränkung bald bei denen anfangs angeführten vermeinten Gravaminibus Ecclesiasticis angemerkt, wie dass man Uns darunter vieler Seelen und Gewissen drückender Proceduren beschuldigen wollen. Es wäre land- und weltkundig, in was Ruhe und Sicherheit alle und jede der Evangelisch-Lutherischen Religion zugethane unter Uns lebten, Unserer Protection, Schutzes, Gnade und Güte, auch zu Erbauung ihrer Kirchen und Schulen alles möglichen Zuschubs genössen, ja wie Wir sogar keinen Unterscheid zwischen denenselben und denen Evangelisch-Reformirten machten, dass Wir nicht weniger jene als diese zu denen vornehmsten Aemtern, Dignitäten und Chargen und zur vollkommenen Confidenz bei Unserer hohen Person selber zögen: Und wäre es dem Allerhöchsten wissend, wie Wir so gar nicht einen Gedanken hätten, Jemanden in seiner Gewissensfreiheit zu kränken, dahero Uns diese unverdiente Auflage um so viel tiefer zu Herzen ginge, bevorab da die angeführten Beschwerden theils unerheblich, theils aber und zwar die meisten ungegründet, und dafern ja ein oder ander Patronus etwas wider Recht vorgenommen hätte, könnte man solches an Uns bringen und rechtlicher Entscheidung gewärtigen.

Man möchte doch nur erwägen, wie es an andern Orten, da die Herrschaft von den Unterthanen in der Religion discrepirte, daher ginge und sich hütten, dass man durch dergleichen nichtige und ungegründete Klagten des Höchsten Zorn und Bestrafung nicht übers Land brächte.

Was die folgende beide Puncte wegen des gestempelten Papiers und der übrigen onerum publicorum anbetrifft, so ist Euch Unsere dabei führende gn. Intention zur Gnüge bekannt, und zweifeln Wir nicht, Ihr werdet in deren Beantwortung die schwere und mit Unruhe und vielen Kriegen angefüllte Zeiten, worinnen Uns Gott die Landes-Regierung anvertraut hat, und welche jetzo gefährlicher, als jemalen zu sein scheinen, dergestalt anführen, dass Stände daraus erkennen, wie die geklagte Beschwerden nicht aus einem Vorsatze sie zu drücken oder zu enerviren, welches ja mit der Liebe, so Wir vor Unsere Unterthanen haben, gar nicht übereinkommt, sondern vielmehr aus einer unumgänglichen und gesetzlosen Noth, womit Uns Gott, als einer wolverdienten Landplage belegt und welcher auch die von Ständen invidiose angeführte leges fundamentales weichen müssten, herrühren. Und möchten demnach Sie, Stände, durch dergleichen centnerschwere Vorstellungen selbige nicht noch schwerer machen. Wir wünschten von dem höchsten Gott bessere Zeiten und solche ruhige Nachbarn, wie Unsere in Gott ruhende Vorfahren gehabt und sollte Uns auf der Welt nichts angenehmer sein, als dass dessen Güte Unser anwachsendes Alter mit einem vollkommenen und sichern Ruhestand krönen und Wir hiernächst mit der Vergnügung sterben möchten, dass Wir Unsere Lande und Unterthanen in den würklichen Genuss der so oft verlangten Erleichterung gesetzt hätten. Dass Wir sonsten die Stände in demjenigen, was die Pacta conventa und Landes-Recesse mit sich brächten, nicht zu beeinträchtigen gedächten, könnten sie unter andern auch daraus erkennen, dass Wir ihnen diese Zusammenkunft verstattet und sie mit ihrer Notdurft gehört hätten.

Belangend, viertens, die geklagte Verstattung der Monopolien, habt Ihr denen Ständen vorzustellen, wie dass sie Unsere zu Beförderung der Commercien im Lande tragende sonderbare Sorgfalt ganz verkehrt und widrig ausdeuteten, dass Wir niemalen im Sinne gehabt, einige schädliche Monopolien zu verstatten, aber wol durch Einführund Anrichtung allerhand Manufacturen, auch durch Vertrieb derjenigen Waaren, so das Land selber hervorbringt, den Handel und das Commercium dergestalt zu beneficiiren, damit das Geld nicht an auswärtige Nationen aus dem Lande verschleppt und viel tausend Menschen, so entweder betteln oder müssig gehen oder sich sonst auf verbotene Künste legen, zu Arbeit und zum Gewerbe angeführt werden möchten; dass in allen solchen Dingen der Anfang schwer und nicht ohne Klagton, aber die aus dem Fortgang erwachsene Früchte desto süsser und dem Lande erspriesslicher zu sein pflegten. Dass das Salzwesen und was von Mühlsteinen, Kalk und andern dergleichen mehr angeführt worden, hieher gar nicht gehört und sie wol wüssten, wie Wir dazu zum höchsten befugt wären; dass endlich die Verordnungen, so Wir in allen diesen Sachen ergehen lassen, nicht per subet obreptionem, sondern wolbedächtlich zum Aufnehmen des Landes ertheilt und dafern ja bei dem usu hie und da einige abusus eingeschlichen sein möchten, wären Wir geneigt, selbige auf gebührende Anzeigung zu heben.

Schliesslich, was die Juden anbelangte, hätten Wir ohne dem die Vorsorge, dass das Land damit nicht weiter überhäuft werden möchte. Es wäre sonst bekannt, dass die Uebervortheilung im Handel nicht weniger von den Christen, als den Juden, ja fast mit mehrer Impunität geschehe und fortgesetzt würde. Sollte auch geklagt und dargethan werden, dass sie sich einiger Lästerung gebrauchten, würden Wir solches dergestalt exemplarisch abstrafen, dass ein Jeder daraus zu erkennen haben sollte, wie hoch Uns die Ehre Gottes und Unseres Heilandes touchirt.

Dafern Ihr nun noch sonst etwas zu beantworten findet, habt Ihr solches mit anzufügen, auch weil Stände noch mehre Beschwerden vorzubringen sich vorbehalten, ihnen zu verstehen zu geben, dass es hieran gnug sein könnte und habt Ihr Uns das Project anbefohlenermassen förderlichst zu übersenden, und Wir verbleiben Euch mit Gnaden gewogen."

Die hierauf begründete Resolution wird von den Geh. Räthen den Deputirten sub dato Cölln 12. April 1683 ausgefertigt.

Votum der Deputirten der Altmärkisch-Priegnitzirischen Ritterschaft. Dat. 16. April 1683.

[Gegen Stille's Zulassung.]

1683.
26. April.

(Sie seien hoch betrübt über die ungnädige Aufnahme ihrer submissen Eingabe und über die heftige Reproche einiger Formalien halber), „hauptsächlich aber, dass eine so widrige Verordnung an sie ertheilt worden, deren man sich nicht vermuthet, sondern vielmehr gehofft, dass die von Seiten der Ritterschaft angeführte wichtige Rationes bei der gn. Herrschaft würden stattgefunden haben, dagegen er, der Decanus Stille, mit seinen ungegründeten Praetensionen abgewiesen sein. Da aber solches nicht geschehen, so stehen sie fast bei sich an, was bei dem Werke ferners zu thun und kommen fast auf den Gedanken, dass nicht wol zu verantworten sein würde, das Interesse publicum zu abandonniren, die Consultationes zu unterlassen und diese Zusammenkunft gänzlich aufzuheben, in Betrachtung, ein solches dem ganzen Lande schädlich fallen dürfte, dannenhero sie anfangs dafür gehalten, gestalt sie auch von ihren Heimgelassenen bei jüngster Post also instruirt worden, bei so gestalten Sachen in majore lieber zu codiren, nomine der Ritterschaft aber und sonderlich der Heimgelassenen wegen mit einer wolgefassten schriftlichen Protestation, so ad acta gelegt, auch da möglich Sr. Ch. D. in unterth. terminis eingeschickt werden könnte, vor sich zu bewahren und die fernere Befugniss per expressum zu reserviren, dergleichen Protestation man dann ingleichen mündlich bei der ersten Session zu wiederholen und dabei anzuzeigen, dass der ganze Adel diesen Tort, so ihm hierdurch widerfahren, in keine Vergossenheit stellen würde. Wann aber gleichwol Deputati betrachten dasjenige, was in facto von dem Herrn Decano Stille wegen angestellter Zusammenkunft in Privat-Häusern contra rei veritatem vorgestellt worden, unterth. von sich abzulehnen, so halten sie dafür, dass bei solcher Gelegenheit zugleich annoch eine Exception, welche stringiren könnte, nämlich die praescriptio temporis immemorialis dem Herrn Decano Stille entgegenzusetzen, wodurch dann das onus probandi auf denselben gewälzt werden dürfte, dass er einige actus erweisen müsse, welche in Contrarium durch Canonicos ja auch wol Decanos Civilis Ordinis bei öffentlichen Zusammenkünften in puncto Sessionis et Voti exercirt worden; wobei zugleich unterth. zu entschuldigen und sich zu erklären, in was für einen Verstand man die Worte „Generense Stände" in voriger Schrift gebraucht; zu dem Behufe haben Deputirte hiesiger Seiten ein unterth. Memorial, jedoch unvorgreiflich, abgefasst, welches sie hiermit den andern Herren Deputirten communiciren und denselben anheimstellen wollen, wie weit dieselben solches zu approbiren oder worin sie dasselbe zu ändern oder hinzuzuthun belieben wollen.

gez.: Curd Gottfried v. Uechtritz. Hans Albrecht Gans,
  Levin Friedrich v. Bismark. Edler Herr zu Putlitz.

Votum der Deputirten der Mittelmark vom selben Datum. 1683. 26. April.

„Höchst schmerzlich ist freilich wie allen Patrioten, also auch den Deputatis dieser Seiten, dass die Stände leider in die Condition gerathen, dass derselben unterth. Remonstrationes so gar verworfen und aus den Formalien Ursache solcher Reprochen genommen, hingegen aber die ungegründete Praetensiones, so derselben Gerechtsamkeiten zuwiderlaufen |: wie wir an dem Exempel des Herrn Decani Stillen sehen :| so starken Schutz finden. Deputati dieser Seite müssen gestehen, dass deren Heimgelassene, nachdem sie erfahren, dass derselbe seiner Meinung und eingebildeten Rechte ratione Sessionis et Voti inhaerire, vielmehr auf die Dissolvirung dieser Versammlung, als dass man denselben zu seinem Zwecke sollte gelangen lassen, reflectirt, allermassen sie dafür gehalten, besser zu sein, eine ungewisse Hoffnung einer Hülfe fahren zu lassen, als dadurch einer gewissen Prärogative, so protestando nicht leicht zu erhalten, sonsten aber nicht leicht zu recuperiren, sich verlustig zu machen. Nunmehro, nachdem die Churfürstliche gn. Resolution vom 12ten Aprilis denen Ständen in deren unterth. vorgestellten Hauptgravaminibus nicht die geringste Remedirung, sondern vielmehr anderweitige sehr scharfe unverdiente Reprochen und überdem die gn. Dimission mitbringt, werden Deputirte in voriger Meinung um desto mehr gestärkt und müssen glauben, dass von den forneren Instantion und Zusammenbleiben der Stände kein glücklicher Success zu hoffen, und also die Dimission nach geschehener unterth. Vorstellung der übrigen Gravaminum ambabus manibus zu amplectiren.

Unterdessen aber kann der Deputirten Meinung nach nicht unbeantwortet bleiben, dass bei Sr. Ch. D., Unserm gn. Herrn, der Decanus Stille die Deputirten dergestalt mit seiner unbedachtsamen Feder verunglimpft, sammt hätten sie, um sein Recht zu illudiren, privatos conventus in ihren Häusern angestellt, weil ohnedem Sr. Ch. D. zu der Ritterschaft Gegen-Notdurft muss vorgestellt werden, dass die Actus possessorii, darauf er sich berufen, ganz ungegründet, wie denn der Landschaft Register von Anfang dieses Saeculi weisen, dass der bürgerliche Decanus Matthaeus Lüdeke, durch dessen Exempel er sein Recht decidiren und welchen man contra rei veritatem für einen Vorordneten ausgeben will, etwan als Consulent, wie der berühmte Johannes Köppen und andere mehr, seine Besoldung bekommen, hingegen die Ritterschaft per praescriptionem immemorialem das Recht, keinen Decanum oder Canonicum, so Civici Ordinis gewesen, auf der Ritterbank zu nehmen, ohnstreitig erhärtet; ingleichen dass die Worte Generouse Stände, nicht also, wie sie in odium derselben detorquirt werden wollen, anzunehmen, massen sie sich principaliter auf einen Reichsfürsten, nicht aber so sehr auf einen Ritterstand, der Tugend und Tapferkeit von rechtswegen ambiren soll, beziehen und welche sonst den unterth. Respect gegen S. Ch. D. als unterth. getreue Vasallen nimmer aus den Augen setzen wird. Sonsten haben Deputirte über dem von den Herren Altmärkern abgefassten Memorial keine Erinnerung beizufügen, als dass sie unvorgreiflich dafür halten, weil man in dem ersten Supplicato libere gestanden, dass Capitulo Havelbergensi die Session ganz gern verstattet würde, wenn sie auf der Ritterbank zulässige Subjecta deputirten, auch sonst selbigem ratione Sessionis nicht leicht Streit gemacht werden kann, dass der sub no. 1 beigefügte Zweifel von Abfertigung eines Deputati, wann mit Approbation desselben ein andrer aus der Priegnitz abgeschickt würde, wol könnte ausgelassen werden.

Weil auch das Churfürstliche Postscriptum sub eodem dato an die sämmtlichen Deputirten addressirt und solches von denselben zu beantworten, wird Sr. Ch. D. unterth. vorzustellen sein, dass, gleichwie alle Haupt-Kreise, also auch die Capitula ihre fixas Sessiones hätten, sie möchten erscheinen durch was für Deputatos sie wollten, der Decanus Stille aber durch die beigefügte Nachricht von der Subscription im Recessbuch seine Intention durchaus nicht behaupten könnte; denn zugeschweigen, dass der Anfang solcher Bedienung de anno 1644 von Christoph Ludwig von Winterfeld, so zugleich Canonicus zu Havelberg gewesen, herrühre, der aus Respect für seinen Dechanten, den von Barleben, seinen Namen zuerst einschreiben lassen, nicht aber primum locum abgetreten zu haben erwiesen werden kann, so ist gewiss jedermänniglich bekannt, dass in der Session eine weit andere Ordnung, als in der Unterschrift observirt wird, wie solches mit dem Exempel der Uckermärkischen Deputirten, so in Sessione bei dem Deputato des Havelländischen Kreises, in der Unterschrift aber nach allen Sieben Mittelmärkischen Kreisen den gewöhnlichen locum haben, augenscheinlich kann dargethan werden. Am allerwenigsten aber würde der Herr Decanus Stille sich solcher Prärogative anmassen können, weil aus solcher Specification erhellt, dass die vorgeschriebene Decani Equestris, keineswegs aber Civici Ordinis gewesen, daher S. Ch. D. unterth. zu bitten, auch in diesem passu keine Neuerung Herrn Stillen zu verstatten, sondern bei der alten Observance es gn. zu lassen.

Alles nach Verbess- und Aenderung der Herren Condeputirten H. G. v. Ribbeck, G. G. v. Grevenitz, H. L. v. Bredow, Hur. Wilh. von der Gröben, Cuno Hans v. Wilmerstorf.

Ebenso nun auch nach dem Voto der Uckermärkischen Deputirten Sebast. Georg v. Wedel und der Neumärkischen Deputirten Herren Christ. v. Benckendorf, Busso Ernst v. Blankensee, Ernst Rudolf v. Ilow.

Actum Berlin, den 18ten April.

1683.

Deputati der Altmark und Priegnitz sagen, dass die Conferenz zwischen 28. April. dem Decano Stille und den Deputirten v. Bredow und v. Blankensee sie mit ihren rationibus für und wider fast zweifelhaft gelassen. Hätte man gewusst, dass Herr Dec. Stille so opiniatre sein würde, wäre es im Interesse ihrer Berathungen besser gewesen, ihn gleich zu admittiren, auf die Gefahr hin, dass der gesammte Bürgerstand sich dessen sehr gloriiren würde. Stille's Angabe, dass er edler Extraction, genüge keinesweges, da Nobilitirung nur hohen Ortes her erfolgen könne. Was anbelangt das Gerücht einer sehr scharfen und nachtheiligen Verordnung, könnte auch solches gar leicht ein Panicus terror sein; sie seien für ein temperamentum, dem Decanus Stille nämlich mitzutheilen, dass, wann S. Ch. D. würklich ihre Eingabe so scharf bescheide, sie dann weichen würden.

Folgen die Vota der Deputirten der übrigen Kreise in ähnlichem Sinne.

Actum Berlin, den 20ten April 1683.

1683.

Als die Deputirten der Ritterschaft die sichere Nachricht erhalten, dass 30. April. auf die wegen praetendirter Session des Dec. Stille übergebene Schrift keine gewierige Resolution zu hoffen, sondern vielmehr anderweitige scharfe

Verordnungen sub poena 200 Thlr., so die Deputirte individualiter erlegen sollten, sine Contradictione ad Sessionem zu admittiren, den folgenden Tag gewiss würde insinuirt werden, sie auch nach diesem eine abermalige Dimission erhalten würden, hat man, souder solche Verordnungen zu erwarten, unanimiter resolvirt, des Morgens frühe davon zu ziehen, die übrigen gravamina, weil ganz keine gn. Erhörung zu hoffen, unerörtert und die kurf. Resolution, so den Ständen den 22. April (st. n.) gn. ertheilt, unbeantwortet zu lassen. Womit also die Zusammenkunft der Stände zu schliessen! Gott gebe ins künftige bessern Effect und verleihe alles dasjenige, was der gn. Herrschaft und dem ganzen Lande nützlich ist.

Ein kurf. Rescript vom 4. Mai verschreibt die Deputirten auf den 16. Juni unter scharfer Verweisung ihres Auseinandergehens ohne Entlassung und dem ernsten Befehl, Stille der früheren Verordnung gemäss zu admittiren. Die Deputirten beeilen sich darauf, in einer neuen motivirten Eingabe die Bedeutung der früheren Schrift mit den fünf Beschwerden, als nicht persönlich gegen den Kurfürsten gerichtet, abzuschwächen, und bitten um Verzeihung sowol deswegen, als wegen des Auseinandergehens. Am 2. Juni erlässt der Kurfürst das Reglement über die Verfassung des verkleinerten und in seiner Kompetenz beschränkten Ausschusses.[1])

Die Deputirten der Ritterschaft an den Kurfürsten. Dat. Berlin 19. Juni 1683.

1683.
29. Juni. (Deputirte bedauerten tief, dass ihr Vorgehen Sr. Ch. D. missfallen habe.) „Stände der Ritterschaft erinnern sich ihrer Pflicht, womit sie E. Ch. D. unterth. verwandt, gar wol, und vermeinen, dass sie bei voriger Versammlung im April d. J. hierwider nicht impingirt, denn ob Sie gleich wider die von Herrn Conr. Barth. Stillen praetendirte Session und Votum des Decanats halber zu Havelberg in praeliminaribus sich etwas aufgehalten und einige Schriften deshalb eingegeben, so haben sie doch solches alstets in submissis Terminis verrichtet, dafür haltende, dass sie der Posterität wegen, pro tuendo Jure Nobilium, damit ihnen von Niemand Schuld ihrer Negligenz halber beigemessen werden könnte, solches zu thun schuldig, hielten sich zwar auch annoch in possessione vel quasi dieser Sache halber fundirt, welche sie, wann auf den Fall die Sache ad Processum ordinarium verstattet und Herrn Decano Stillen in petitorio dieselbe auszuführen anbefohlen worden, solche in possessorio gnugsam zu behaupten sich getraut hätten.

¹) Vgl. Mülverstädt 237.

Damit sie aber der Ungnade Sr. Ch. D. inskünftige befreit sein, haben sie consideratis considerandis aus keiner andern Ursache, sondern nur aus unterth. Respect gegen E. Ch. D. Herrn Decano Stillen die Session auf der Ritterbank vor seine Person gelassen, sie bitten aber alleruntertb., demselben gn. anzubefehlen, dass er bei itzigen und allen Conventibus Publicis Mandatum der Prignitzirischen Ritterschaft zu produciren und also seine Person gleich andern Deputatis von Capitulis und Kreisen, davon keiner absque speciali mandato admittirt worden, zu legitimiren schuldig sei, zumaln den Capitulis, so wenig zu Brandenburg als Havelberg, tanquam Capitulis einige Deputation, viel weniger Votum zugestanden wird, in Anschung nur dem Herkommen und aller Observanz nach' den vier Haupt-Kreisen, der Alt-, Mittel-, Ucker- und Neumark mit allen ihren incorporirten Kreisen und Provinzien vier Vota gestattet werden. Das Dom-Capitel zu Brandenburg, als welches alstets das Directorium über die Mittelmark führt, macht mit denenselben ein Votum, Capitulum Havelbergense, Altmark und Prieguitz das andere, die Ucker-Mark das dritte, die Neu-Mark mit ihren incorporirten Kreisen, Storckow und Beeskow, das vierte Votum und hat ausserdem kein Kreis oder Capitul ein apartes Votum. Sie bedingen aber hiebei in Unterthänigkeit, ihrer Posterität wegen, dass solcher Actus ihnen und ihrer Befugniss nicht nachtheilig, einige interruptionem temporis in ihrer Berechtsamkeit machen möge, des unterth. Vertrauens, E. Ch. D. werde gn. den Ritterstand, als welcher sowol zu Krieg- als Friedenszeiten dem gemeinen Besten dient und dessen glücklichen Zustand jedesmal conserviren hilft, bei allen seinen bisheren gehabten Freiheiten, Privilegien und allen Juribus Nobilium beständig lassen und contra quoscunque manuteniren."

Für das Ausschreiben vom 4. Mai sagten sie ihren Dank, erkennten daraus, dass der Kurfürst sie mit ihren petitis hören wolle und ihnen seine Gnade nicht ganz entzogen habe; der nahenden Erndte wegen bäten sie aber um Vertagung bis zum 25. October.

Hierauf erfolgt die Zulassung Stille's und ein umgehendes kurfürstl. Rescript vom 22. d. M., das, vom Kurprinzen Friedrich unterzeichnet, die Stände der alten kurfürstlichen Huld versichert, die Vertagung indess nicht gewährt.

Unterm 4. Juli d. J. wendet sich eine neue substanziirte Eingabe, unterzeichnet von den „Anwesenden von Prälaten, Grafen, Herren und Ritterschaft", gegen die kurfürstliche Verordnung vom 2. Juni, die den Grossen Ausschuss so coarctire, dass dadurch der Kredit des Landes geschädigt, die alte Verfassung und die Recesse von 1664 und 1670 umgestossen würden.

Diese Eingabe wird mit einem kurfürstlichen Rescript vom 25. Juli beantwortet, das den Vorwurf, gestützt auf die Inkompetenz der wenigen zu Berlin noch weilenden Deputirten, scharf zurückweist.

Kurf. Mandat d. d. Potsdam 25. Juli 1683.

(Praesentatum den 6. Augusti.)

1683.
4. Aug.

„Demnach Sr. Ch. D. dasjenige, was Anwesende von Praelaten, Grafen, Herrn, Ritterschaft etc. vermöge eines unterth. Memorials vom 4ten d. M. gehorsamst eingereicht, in Unterthänigkeit vorgetragen und Sie daraus vornommen, dass Anwesende Deputirte wider die zu Untersuchung des Landschaft-Creditwesen verordnet gewesene Churfürstliche Commissarien einige Anzüglichkeit bald anfangs angeführt, S. Ch. D. aber nicht zugeben wollen, dass was Sie mit dero Gutwissenschaft und vorhero geschehener Untersuchung gn. verordnet, denen zu dieser Sache verordneten Commissarien imputirt werde, so wollen Sie, dass hinfüro die Deputirten dergleichen sich enthalten; und ob zwarten Sr. Ch. D. wol wissend, Sie auch selbst aus den ergangenen Actis wahrgenommen, dass es mit Administration des Landschaft-Creditwesen so richtig, wie von Deputirten angeführt, nicht daher gegangen und Sie wol Ursache hätten, Dero hohen Churfürstlichen Landes-Interesse halber eines und das andere genauer, auch wol nach dem Landes-Recess de Anno 1670 zu ahnden, so wollen Sie dennoch aus sonderbarer Gnade für diesmal es dahin gestellt sein lassen, verordnen aber zugleich auch hiermit gn. und wollen, dass, weil diese Sachen nur die Verordneten zum landschaftlichen Creditwesen und andere zu solchem Werke bestalte Bediente angehen, Dero Gemeine Landschaft dessen sich nicht annehme, weniger nomine collectivo an S. Ch. D. desfalls etwas übergebe; zumaln Deroselben nicht unbewusst, dass auch von dieser itzo eingegebenen Schrift nur wenig Anwesende, zu diesen Sachen keineswegs Deputirte Wissenschaft haben und davon weder in den Kreisen noch sonsten etwas communicirt worden.

Die in obgedachtem Memorial angeführte Puncte an sich selbst betreffend, befinden S. Ch. D. dieselben grossentheils wie in facto ungegründet, also auch unerheblich, angemerkt S. Ch. D. bei Veranlassung Dero letzteren Commission zu Untersuchung der Landschaft gemeinen Creditwesens kein anderes Absehen gehabt, als wogen dessen Zustandes benöthigte Information einzuziehen, welche Sie dann von denen zu solchem Creditwesen bestalten Bedienten· füglicher haben können, als wann Sie hierzu die gesammte Verordnete und zwar nicht ohne wenige Kosten hätten verschreiben lassen. Höchstgedachte S. Ch. D. gestehen auch Dero Land-Ständen gar nicht zu, Ihro Ziel und Mass vorzuschreiben, von wem und auf welche Weise Sie dergleichen Information einnehmen mögen, finden auch, dass in denen Landes-Recessen und Verfassungen das widrige keineswegs disponirt, weniger, dass solches denen Landes-Verfassungen, wie Deputirte in ihrer Schrift angeführt, zuwider sei. Die an die Verordnete der Landschaft ertheilte Resolutiones seind dergestalt eingerichtet, dass, wann Deputirte sie nur selbst recht ansehen, dieselbige, ob S. Ch. D. gleich darzu nicht unbefugt gewesen, dennoch denen Recessen de Anno 1664 und 1670 keineswegs derogiren, und ist dahero Dero gn. und eigentlicher Befehl und Wille, dass sothanen ertheilten Resolutionen lediglich und gehorsamst nachgelebt werde.

1. Dann, soviel den von ihnen angeführten ersten Punct belangt, ist es fremd, dass Deputati nicht haben begreifen können, warum denen Professoribus der Universität zu Frankfurt an der Oder die Freiziesen gelassen, hergegen solche bei denen Landschaft-Verordneten und Bedienten aufgehoben worden, denn ihnen ja nicht unbewusst sein kann, dass nicht allein die Professores, nicht weniger als die Geistliche und Schulbediente, favorem pium haben, ja auch gestalten Sachen nach unter denenselben mit begriffen' seind, sondern dass auch die Verordnete bei der Landschaft selbst vor diesem bei Sr. Ch. D. unterth. angesucht und von selbsten, soviel an ihnen, veranlasst, dass aus Liebe gegen die freien Künste und zu Beförderung des allgemeinen Besten ihnen die Freiziesen gegönnt werden möchten, welche Liebe dann verhoffentlich die itzige Verordnete gegen dieselbe, als das gemeine Beste, nicht werden abgelegt haben. So haben auch die Professores zu Frankfurt an der Oder nicht deswegen Freiziesen mehr zugewiesen, gleich ob sie der Landschaft bedient wären, als die Prediger und Schulbedienten, denen doch freiwillig solche Freiziesen zugestanden worden. Die fürgeschützte Mühe und stetige Arbeit, so die Verordnete bei der Landschaft Creditwesen verrichten, ist leidlich und haben sie deswegen ihre Besoldung, welche in Ansehen solcher Mühe zureichend, also dass sie über dem keine Freiziesen zu praetendiren haben.

Im Uebrigen haben S. Ch. D. wegen der Bedienten bei der Landschaft Creditwesen in der ertheilten Resolution sich gnädigst erklärt, dass wann dieselbe besser, als bishero geschehen, beibringen, dass es ihnen pars Salarii gewesen, ihnen nach Proportion und Befinden dafür Geld gereicht werden sollo; wegen des Bierschankes im Carthaus, wenn die Universität selbigen wird continuiren wollen, soll Veranlassung geschehen, dass sie wegen der zur Landschaft gehörigen Ziesen sich vergleichen.

2. Bei dem andern Puncte, dass S. Ch. D. den Land-Rentmeister und andere bei der Landschaft Creditwesen bediente Einnehmern gleich denen Verordneten confirmiren und nochmals alle in Pflicht nehmen lassen wollen, befinden S. Ch. D. solches Dero hohen Landes-Obrigkeit gemäss, massen Dero Land-Stände und Unterthanen auch aus der Kaiserlichen Wahl-Capitulation und gemeinen Römischen Reichs-Verfassung sich bescheiden werden, dass keine einige Landschaft, was Landessteuern angeht, die Einnahme und Ausgabe unter keinerlei Vorwand mit Ausschliessung des Landesherrn an sich ziehen dürfen.

3. Wegen des numeri Deputatorum ist nicht allein vor diesem verordnet, sondern auch von einigen Dero getreuen Land-Ständen selbsten, dass der numerus coarctirt werden möchte, nöthig befunden worden; wollen also S. Ch. D., dass denen hiebevor dieserwegen und noch neulich in der Resolution enthaltenen Verordnungen unverbrüchlich gehorsamst nachgelebt werde. Dass aber bei Zusammenkunft des gemeinen Landschaft Creditwesens nichts, als was zu solchem Werke gehörig, tractirt werden solle, solches kann Niemanden befremden; dann nicht allein in gemeinen Römischen Reichs-, sondern auch dieses Landes Verfassungen enthalten, dass ohne S. Ch. D. als der hohen Landes-Obrigkeit Vorwissen die Stände keine Conventus oder Zusammenkünfte anstellen, vielweniger Deliberationes halten müssen, dahero dergleichen Verfassungen auf den widrigen Fall per indirectum geschwächt und durchlöchert, auch denen Landschaft-Verordneten unverantwortlich fallen würde, wann Sie wegen angemasster Deliberation des gemeinen Wesens mehr Unkosten aus diesen Mitteln hergeben wollten, die doch nicht das gemeine Land, sondern grossentheils die Städte unter dem Neuen Biergelde hergeben. Dass die Verordnete oder Ausschüsse nur vier Tage des Creditwesens halber allemal beisammen sein sollen, ist nicht ohne guten Bedacht geschehen, angemerkt vorhero Bericht eingezogen worden, dass insgemein die Verordnete wegen Abnahme der Rechnungen mehrere Zeit nicht zuzubringen pflegen; damit sie aber auch desfalls sich nicht zu beschweren haben, sollen die vier Tage hiermit auf sechs Tage extendirt sein; dafern aber die Verordnete und Land-Rentmeister mehrere Unkosten bei der Landschaft in Rechnung desfalls bringen werden, sollen selbige nicht passirt, sondern aus ihren eigenen Mitteln bezahlt werden.

Auf dass auch die Ausschösse und Verordnete bei Abnahme der Rechnung sich lange aufzuhalten destoweniger Ursache haben mögen, so wollen und verordnen S. Ch. D. hiermit, dass dieselbe hiernächst, wie solches an ihm selbst Rechtens, keine Recesse oder Neben-Recesse für sich allein machen, sondern sich einzigst und allein nach denen von Sr. Ch. D. des Creditwesens halber ertheilten Resolutionen gehorsamst richten, im Fall aber etwas Neues zu erinnern vorfiele, sollen sie solches Sr. Ch. D. oder wen Sie darzu committiren werden, vorhero unterth. referiren, worauf alsdann ungesäumt Resolution erfolgen soll, zumaln S. Ch. D., wie kurz vorher erwähnt, Dero Land-Ständen und viel weniger denen Verordneten zugeben können, ihrerseits Recesso oder Gesetze zu machen, und dadurch wol gar, wie auf solche Weise geschehen könnte, denen Churfürstlichen Verordnungen zu derogiren.

4. Dass nicht so füglich ein Extract von der Ausgabe, als von der Einnahme quartaliter eingesendet werden könne, solches finden S. Ch. D. in der von denen Deputirten eingegebenen unterth. Schrift nicht gegründet und wollen dahero, dass es nach Inhalt Dero gn. Resolution in diesem Stücke unverbrüchlich gehalten werde. Die Behandlungen der Capitalien mögen wol nach wie vor gestalten Sachen nach von denen Verordneten geschehen, nur dass deswegen nichts vollzogen, ehe und bevor die Summa Distribuenda eingesendet und, der gn. Veranlassung gemäss, die Distribution von Sr. Ch. D. confirmirt werde.

Was vormals zu Bezahlung der Zinsen gewidmet, solches ist in der Churfürstlichen Resolution nicht abolirt, sondern nur suspendirt, und zwar aus einer wichtigen Ursache, damit man absehen könne, dass dermaleinst die gesammten Creditores bezahlt und das Land von der Schuldenlast befreit werde.

Die Deputirte und Verordnete haben sich auch nicht zu befürchten, dass desfalls ihnen mit Fuge etwas imputirt werde, als wenn sie |: wie sie anführen :| denen Creditoren wegen der Bezahlung Maasse und Ziel setzten, dann, wie solches ihnen als Unterthanen keineswegs zustehen kann, sondern der hohen Landes-Obrigkeit allein zukömmt, also wird auch Niemand, wer des Reichs und der Landes-Verfassungen erfahren, ihnen dergleichen beilegen.

Creditores bedürfen auch nicht mehr Versicherung, dass ihnen die Zinsen nach Proportion, wann die Capitalien bezahlt, auf eins sollen vergnügt werden, als sie bereits haben, dass ihnen jährlich 18 Gr. vors Hundert bis bieher bezahlt worden.

Es ist auch dieser Modus weder ungebräuchlich, noch in denen Rechten unbekannt, dass also deswegen keiner von denen Creditoren, noch sonsten Jemand das Creditwesen geschwächt achten wird. S. Ch. D. seind auch versichert, dass wann Sie Creditores particulariter wollten vornehmen lassen, an denen Capitalien und Zinsen ein grosses gewonnen werden könnte.

Dass diese Resolution zu Verkleinerung der Verordneten gereiche, können S. Ch. D. nicht finden, dann ja treuen Land-Ständen und Unterthanen niemals verdacht worden, wann sie selbst des gemeinen Landes Bestes, als wohin die Resolutiones einzig angesehen, befordert, und ihre obliegende Devotion gegen ihren hohen Landesherrn in Sachen, wie diese ist, bezeugt haben.

Wegen Richtigkeit der Brauerkrüge und Krugverlage ist bereits zureichende Verordnung sowol unter denen Churfürstlichen Aemtern, als sonsten geschehen, dass es also dabei sein Verbleiben hat.

Dass letztlich Anwesende Deputirte und Verordnete der Landschaft sich erklärt, wegen der Fürstin von Holstein die Sechstausend Thaler Berlinische Stipendien-Gelder anzurechnen, desfalls eine gewöhnliche Obligation auf gewöhnliche Art auszustellen und jährlich mit Sechs vom Hundert zu verzinsen, solches gereicht Sr. Ch. D. zu gn. Gefallen¹), wollen auch, wann das Project der Obligation also vollzogen, solches hierdurch gn. confirmirt haben. Was aber danebenst unterth. erinnert worden, dass die Märkische Unterthanen für andern damit beneficiirt werden möchten, solches kann anders nicht, als nach Inhalt der Stiftung sothanen Stipendii geschehen, wobei es dann S. Ch. D. gn. bewenden lassen und befohlen im Uebrigen denen getr. Land-Stände Verordneten, ingleichen grossen und kleinen Ausschusse hiermit in Gnaden, denen vorher angezogenen des Creditwesens halber ertheilten Resolutionen unverbrüchlich und gehorsamst überall nachzuloben und verbleiben denenselben mit Churfürstlichen Hulden und Gnaden sammt und sonders wol zugethan.

Signatum Potsdam, den 25ten Julii Anno 1683.

Friedrich Wilhelm.

(L. S.)

---

¹) Es bezieht sich dies auf ein Anlehen von 6000 Thlrn., das der Kurfürst behufs Hewidmung eines Berlinischen Stipendums bei der Herzogin Maria Sibylla von Holstein-Beck, Witwe seines verstorbenen Generals, Aug. Philipp v. Holstein-Beck hatte aufnehmen lassen und für das er jetzt, bei der Herabsetzung des Zinsfusses für Darlehen der pia corpora auf 4%, den bisherigen Satz von 6% ausbedang.

Personenverzeichniss.

Albrecht, Kurfürst von Brandenburg 8. 9. 367.
v. Arnim, Berud Friedrich, Oberstlieutenant 187. 226.
v. Arnim, Georg Wilhelm, Landesdirector u. Vorordneter der Uckermark 373. 584.
v. Arnim, Stephan Bernd, Verordneter der Uckermark 414.

v. Bardeleben, Joachim 161.
v. Bardeleben, Dechant des Stifts Havelberg 616.
v. Benekendorf, Hans Heinrich, Director der Neumärkischen Ritterschaft und Stände-Deputirter 387.
v. Benekendorf, Christian, neumärk. Stände Deputirter 617.
Berchelmann, Landrentmeister der Neumärk. Stände 165. 275. 429.
v. Bismark, Christoph, Kreis-Commissar der Altmark 98. 161.
v. Bismark-Crevese, Levin Friedr., Stände-Deputirter 387. 615.
v. Blankensee, Busso Ernst, neumärk. Stände-Deputirter 617.
Blechschmidt, Friedr., Bürgermeister v. Berlin, Verordneter zum Neuen Biergelde 77. 92.
v. Blumenthal, Joachim Friedr., kurf. geh. Rath und Statthalter v. Halberstadt 175. 176. 179. 222. 254. 256. 262.

v. Bredow, Heinr. Albrecht, Hauptmann 57.
v. Bredow, Verordneter des Kreises Havelland 414.
v. Bredow, H. L Stände-Deputirter 617.
v. Bruon, Balthasar, kurf. geh. Rath und Gesandter zu Stockholm 31.
v. Burgsdorf, Konrad, kurf. Oberst und Oberkammerherr 34. 36.
v. Burgsdorf, Georg Ehrenreich, kurf. Oberst und Oberstallmeister 36. 77. 92

v. Canitz, Melchior Friedr., kurf. Oberhofmeister und Commissar zur Untersuchung des Ständ. Creditwerks 356. 410. 411. 414. 605.
v. Canstein, Raban, kurf. geh. Rath und Amtskammerpräsident 430.
Carl X., Gustav, König v. Schweden. 301.
Christoph Wilhelm, Markgraf von Brandenburg, Administrator des Erzstifts Magdeburg. 230.

Deetze, Jacob, Bürger von Stendal 514 515. 516. 517. 519. 520.
v. Dequede, Balzer, Kammergerichtsrath 148.
v. Derfflinger, George Frh., kurf. General 318.

Dieckmann, Gerhard, 246.
Dohna, Christoph Graf zu, kurf. Generallieutenant, Gouverneur von Küstrin und Statthalter der Marken 304, 317.

Ernst, Markgraf von Brandenburg, Statthalter der Marken 36, 37, 40, 41, 48, 99, 100, 101, 106.

Ferdinand II, Kaiser von Deutschland 176, 260.
Friedrich I, Kurfürst von Brandenburg 7, 8, 9.
Friedrich II, Kurfürst von Brandenburg 7.
Fritze, Christoph, Amtmann zu Spandow 429.
Fritze, Peter, Kammergerichtsrath 118.

Georg Wilhelm, Kurfürst v. Brandenburg 22, 23, 24, 33, 59, 93, 104, 110, 171, 231, 477.
Goeckel, Wilhelm, Bürgermeister der Altstadt Brandenburg u. Stände-Deputirter 311.
Görling, Archivar 431.
v. Götze, Sigismund, kurf. geb. Rath 20.
v. Grevenitz, G. G., Kanonikus des Stifts Brandenburg und Deputirter auf dem Ständetage von 1683. 486, 487, 583, 584, 588, 617.
v. d. Gröben, Hans Ludwig, kurf. geb. Rath, Dechant des Stifts Brandenburg und Director der Mittelmärkischen Landschaft zum Neuen Biergelde 353, 354, 355, 356, 367, 368, 371, 372, 373, 381, 383, 386, 387, 388, 403, 405, 409, 418, 565, 566.
v. d. Gröben, Heinrich Wilhelm, Stände-Deputirter 617.
v. Grumbkow, Joach. Ernst, kurf. geh. Rath und Generalkriegscommissar 358, 443, 444, 455, 469, 487.

Gustav Adolf, König von Schweden 29.

v. Hacke, Otto, Verordneter des Kreises Teltow 414.
Hasse, Joachim, Bürgermeister von Perleberg und städt. Verordneter 77, 92.
Heinse, Prediger, Magister u. Docent zu Frankfurt a. O. 287, 288, 292, 296, 298.
v. Hünecke, Senior und Verordneter des Stifts Brandenburg 414.

v. Jena, Friedrich, kurf. geh. Rath und Director der Landschaft 357, 358, 430, 442.
v. Ilow, Ernst Rudolf, neumärk. Stände-Deputirter 617.
Joachim I., Kurfürst von Brandenburg 9, 10.
Joachim II., Kurfürst von Brandenburg 11, 42, 351.
Joachim Friedrich, Kurf. v. Brandenburg 12, 19, 22.
Jobst, Markgraf von Mähren 6.
Johann, Kurfürst von Brandenburg 8.
Johann Casimir, König von Polen 321.
Johann Georg, Kurfürst von Brandenburg 12, 15, 42, 123, 423.
Johann Georg, Fürst von Anhalt, kurf. geh. Rath und Statthalter der Marken 109, 563.
Johann Sigismund, Kurfürst von Brandenburg 17, 19, 22, 351.

Karl IV., Kaiser von Deutschland 5.
Kempnitz, Joachim, Kammergerichtsrath 148.
v. Kleist, Ewald, kurf. geh. Rath 214, 220.
v. d. Knesebeck, Hempo, Landeshauptmann der Altmark 98, 171, 172, 175, 210, 213, 219, 221, 460.
v. d. Knesebeck, Levin, kurf. geh. Rath 29.

Personenverzeichniss. 627

v. d. Knesebeck, Thomas (II) der Aeltere, kurf. geh. Rath u. Landeshauptmann der Altmark 172.

v. d. Knesebeck, Thomas (III) der Jüngere, kurf. geh. Rath, Kreis-Commissar der Altmark 98. 172. 173. 176. 179. 180. 251. 259. 262. 336.

Kohl, Andreas, Vice-Kanzler und Präsident des Kammergerichts 148.

Köppen, Johannes, kurf. Rath 616.

Krüger, Amtsrath 352. 361. 365. 370.

v. Leuchtmar, Rumelian, kurf. geh. Rath und Gesandter in Stockholm 34.

v. d. Linde, Landrentmeister der märk. Stände 356. 403. 404. 405. 409.

v. Löben, Johann, kurf. geh. Rath und Kanzler 16.

Lüdecke, Matthäus, Dechant 616.

Ludwig d. Ä., Markgraf von Brandenburg 5.

v. Lüderitz, Ludolf, Kammergerichtsrath 365. 370. 381.

Matthias, Michael, Hofrentmeister 431.

Mieg, Carl, Altmärk. Quartalgerichtsrath 467.

Müller, Joh. Friedrich, Geheimeraths-Secretär 220.

Muth, Nicolaus, Bürgermeister von Salzwedel und Stände-Deputirter 387.

Oelven, Geheimeraths-Secretär 372.

v. Oppen, Jobst Friedrich, Oberstlieutenant 57.

Otto, Johann Christoph, Syndicus von Berlin 469.

v. Pfuel, Kurd Bertram, kurf. geh. Rath 478.

v. Platen, Claus Ernst, kurf. geh. Rath und Generalkriegscommissar, 254. 259. 297. 344.

Prennel, Joh. Adam, Ober-Licent-Einnehmer 297. 552.

Pruckmann, Friedrich, kurf. geh. Rath und Kanzler 20. 22. 29. 352. 422. 429.

Putlitz, Adam George Gans Edler Herr zu, kurf. geh. Rath 214. 220. 254. 259. 336.

Putlitz, Hans Albrecht Gans, Edler Herr zu, Stände-Deputirter der Priegnitz 485. 487. 605. 615.

v. Quitzow, Hans 8.

v. Rahden, Lucius, Vice-Kanzler u. Präsident des Kammergerichts 352. 358. 360. 361. 363. 365. 370. 413. 441. 445. 455.

Reinhardt, Joh. Georg, Kammergerichtsrath 148.

v. Rhetz, Joh. Friedrich, kurf. geh. Rath 358. 443. 444. 445. 455.

v. Ribbeck, Hans Georg, Dechant des Stifts Brandenburg 487. 583. 584. 617.

v. Röbel, Joh. Georg, Verordneter des Oberbarnim 387. 414.

v. Röbel, Kreis-Commissar des Niederbarnim 414.

v. Rochow, Moritz August Frh., Obrist u Kommandant v. Spandow 56.

Romswinkel, Kammergerichtsrath 352. 361. 365. 370. 381.

Salvius, Adler, schwedischer Gesandter zu Hamburg 34.

Sayn-Wittgenstein, Johann Graf zu, Statthalter der Marken 304. 323.

v. Schlieben, Adam, Director der Mittelmärkischen Landschaft 16. 21.

v. Schlieben, Maximilian, Comthur zu Lietzen, Director der Mittelmärk. Landschaft 77. 92. 99. 171.

Schreiber, Andreas, Rathsverwandter und Secretär der Altstadt Salzwedel und Stände-Deputirter 373.
v. d. Schulenburg, Achaz, Landeshauptmann der Altmark 360. 363.
v. d. Schulenburg, Dietrich Hermann, Landesdirector der Altmark 483. 485. 573.
v. d. Schulenburg, Werner, kurf. Kammerjunker 68.
Schulze, Christian, Bürger von Stendal 515. 517. 519.
Schwartzenberg, Adam Graf, kurf. geh. Rath und Statthalter der Marken 29. 30. 33. 34. 42. 75. 80. 82. 116. 117. 477.
v. Schwerin, Otto, Kammergerichtsrath 148, kurf. geh. Rath und Oberpräsident aller Collegien 211. 351. 352. 355. 356. 357. 358. 361. 366. 383. 384. 410. 411. 414. 430. 431. 412.
Sesselmann, Friedrich, Bischof v. Lebus und Kanzler 8.
Sigismund, Kaiser v. Deutschland 6.
v. Somnitz, Lorenz Christoph, kurf. geh. Rath und Kanzler des Herzogthums Pommern 353. 365.
Spiring, Gebrüder 108.
Stille, Christoph Barthold, kurf. Rath, Hofrentmeister und Dechant des Stifts Havelberg 487. 605. 614. 615. 616. 617, 618. 619.
Stöckel, kurf. Resident zu Danzig 381.
Strasburger, Syndicus von Berlin und Stände-Deputirter 414. 418. 430.
Striopo, Hoyer Friedrich, geh. Kanzlist 297.

Taschenberger, Caspar, Protonotar im Geh. Rath 119.
Thauer, Karl, Münzwardein 222.
Tiefenbach, Rathsherr von Berlin und Stände-Deputirter 414.
Tornow, Johann, kurf. geh. Rath 173. 175. 176. 179. 214. 254. 259. 275. 328. 336.

Torstenson, Leonhard, schwedischer Feldmarschall 107. 108.
v. Uechtriz, Curd Gottfried, Quartal-, Hof- und Landrichter der Altmark 485. 586. 615.
Vilthuet, Licential, Altmärk. Quartalgerichtsrath und Landrentmeister der märkischen Stände 436.

Waldeck, Georg Friedrich, Graf, kurf. geh. Rath 173. 179. 478.
v. Wallenstein, Albrecht, Kaiserl. Generalissimus 29.
v. Wedel, Hasso Adam, Kammergerichtsrath 467.
v. Wodel, Sebastian Georg, Deputirter der Uckermark 617.
Welmann, Daniel, kurf. geh. Rath und Kanzler von Cleve 173.
Wernicke, Andreas, Kammergerichtsrath 148.
v. Wesenbeck, Matthäus, Kammergerichtsrath, kurbrand. Gesandter auf dem Deputationstag zu Frankfurt 148. 152. 181.
v. Wilmersdorf, Cuno Hans, Stände-Deputirter 617.
v. Winterfeld, Samuel, kurf. geh. Rath und Stände-Deputirter 29. 31. 77. 92. 352. 422. 429.
v. Winterfeld, Christoph Ludwig, Kanonikus von Havelberg 616.
Witte, Friedrich, Bürgermeister von Stendal und Verordneter zum Neuen Biergelde 353. 368. 370.
v. Wolffen-Steinhöfel, Adolf, Stände-Deputirter 341.
Wrangel, Karl Gustav, schwed. Feldmarschall 62. 212.

Zarlang, Michael, Bürgermeister v. Berlin, städtischer Verordneter zum Neuen Biergelde 353. 367. 368. 370. 372. 373. 387. 414. 482.
v. Zastrow, Kammergerichtsrath 34.

www.ingramcontent.com/pod-product-compliance
Lightning Source LLC
Chambersburg PA
CBHW021224300426
44111CB00007B/421